# 東洋／西洋を越境する

## 金森修科学論翻訳集

金森 修 著

小松美彦・坂野 徹・隠岐さや香 編

読書人

撮影／金森晶子（2015 年 8 月 26 日、自宅玄関前）

# 推薦の辞――越境のスリル、そして輝き

芳賀　徹

まだパソコンなど使わなかった時代、修士学生金森修の書く文字は下手くそで、金釘《かなくぎ》流という以外になかった。その文章までも金釘流に近かった。そのことで私はよく彼をからかった。ところがどうだ。パリ留学から帰国し、やがて大学教師となってからの彼の科学史・科学哲学の論文は、科学と哲学と文学の間を越境し、東西の文明の間を自在に往復しはじめた。自分の仕事場を一気にひろげ、そこに自信とよろこびを持つようになったのだ。まさにそのためだろう、文章ものびやかになり、こまやかになり、二宮尊徳とか加藤弘之とか丘浅次郎とか、思いがけぬ人物を取りあげると、その評価までが新鮮に輝きはじめた。あの金釘流は、科学思想史家金森修の抱える知的マグマの早すぎる噴出をしばし抑える役割を果していたのだ。昔の一秀才のこの鮮やかな展開を私は大いに喜んだ。そしていま、あの気鋭の学究の早すぎた死をあらためて心から惜しまずにはいられない。

（東京大学名誉教授、比較文学）

# まえがき

本書は、二〇一六年五月二六日に早世した金森修（享年六一）によるフランス語論文の邦訳集である。八篇の科学史・科学論の論文が収録されている。宮沢賢治論、バシュラール論、ベルクソン論、二宮尊徳論、加藤弘之論、丘浅次郎論、下村寅太郎論、リスク論（と訳者解題）であり、これらは金森自身が逝去の九日前に厳選し、いずれも金森に縁《ゆかり》のある七名が翻訳したものである。また、巻末には、略年譜と研究業績一覧が掲載され、事績全体が見渡せるようになっている。おそらくは、本書が金森最後の著作になるであろう。八篇の構成を一瞥しただけで研究の幅広さが窺えるだろうが、その内容評価は読者に委ね、以下では本書刊行に至る経緯を詳細に記しておきたい。

一九九〇年代以降の日本の科学史・科学論研究を牽引したといえる金森修は、二〇一四年七月、大腸癌を患っていることがわかった。すぐさま八月に手術。その後、快復に向かっているように思われたものの、翌二〇一五年二月、肝臓にかなりの転移がみられることが判明。ただし、抗癌剤治療が奏功し、病巣は徐々に縮小して、九月には再手術が可能な段階にまで漕ぎつけた。だが、手術準備のために抗癌剤治療を中断した間に、病巣は元の状態へと一挙に戻り、摘出手術は不可能となった。

かような状況の一五年一〇月二一日、本書の編者の一人となる小松は、入院中の金森を見舞った。さまざまな話を交わした後、すでに死をなかば覚悟していた金森は、没後に著作集を刊行することを小松に託したのであった。指名した編者は、坂野徹、隠岐さや香、小松である。また、その補助者として、金森が受け入れ研究者になっていた日本学術振興会特別研究員の奥村大介の名を挙げた。以上に対して小松は、たしかこう応えたのであった。「承知しました。しかし、ともかく今は治療に専念しましょう」。

実際、金森は治療にかけた。ただし、その一方で、猛烈な研究活動を周囲の忠言を振り切って続行した。二〇一五年の一年間で、単著として『科学の危機』(集英社新書)、『知識の政治学』(せりか書房)、『科学思想史の哲学』(岩波書店)を次々と上梓し、また、編著として『リーディングス 戦後日本の思想水脈2 科学技術をめぐる抗争』(岩波書店)、『帝国日本の科学思想史』(勁草書房)の企画を進めた(後に、前者は塚原東吾氏が、後者は塚原東吾氏と坂野徹が、それぞれ継承)。加えて、数々の論文、エッセイ、書評を執筆しつづけた。さらには、最後の講演となった「〈遠隔的な知識〉としての死」(二〇一五年一二月)をはじめとして、講演、対談、インタビューなども数多く手がけたのである。まさに鬼気迫る勢いであった。

しかしながら、二〇一六年四月七日、金森から小松のもとに、〝最後の抗癌剤もほとんど効かなくなった、著作集の話を進めてもらいたい〟という旨の連絡があった。そこで小松は急遽いくつかの出版社に打診したが、やはり出版不況のため、しかも要望が著作集であるため、芳しい回答は得られなかった。が、そうではあっても、出版困難な実状を直接に伝えるべく、金森家での会合に御足を労した編集者もあった。出版社探しはその後も続けられたものの、結果は同様であった。坂野の発案で、金森の論著の一切をデータとして国会図書館に寄贈するという方法も検討されたが、諸般の事情でそれも無理という結論に達した。

五月に入ってからも著作集出版は追求されたが、叶わぬ公算が高いため、金森との話し合いで対案が用意された。金森が欧文誌に執筆し、日本では未公開に近い論攷のなかから何篇かを厳選し、その邦訳論文集を出版する、という案である。かねてより相談に乗っていただいていた「週刊読書人」の明石健五編集長にこの案を報告したところ、「金森さんと懇意にしている版元さんが無理なら、私のところで」、と至極の一言を頂戴した。その厚情は即刻金森に伝えられ、金森にも編者三人にも絶大な励みとなった。かくして前述のように、五月一七日、金森から翻訳希望のフランス語論文八篇の一覧表が小松に届けられたのであった。

五月一九日、「今生の別れがしたい」という連絡を受けた小松は、金森宅へ馳せ参じた。金森はもはやベッドから身を起こせぬまま、いくども咳き込み、息を切らしながら、思いの丈を語った。それは容易に口を挟めぬ五〇分間であった。小松はすべてを聞き漏らさぬよう全身全霊を傾けつつ、なんとか最低限の要だけは確認しえた。

そのうち出版に関しては、選択した八篇はフランス系の招待論文ないし招待講演原稿、いずれも当国ご高評価を得た自信作であり、宮沢賢治論とバシュラール論は絶対に収録してもらいたい、とのことであった。また、あえて明記しておくと、没後に諸企画がある場合、STS（科学技術社会論）の主流派（当時）の人々に主導させないでもらいたいという意向を強調した。とくに福島第一原子力発電所の激甚事故に対するその姿勢に、金森は憤怒の感情を抱きつづけていたのである。さらに付言するなら、編著『昭和後期の科学思想史』（勁草書房、二〇一六年六月）が近々上梓の運びとなること――愼蒼健氏の計らいで二〇一七年九月一六日に合評会が大々的に催された――、単著『人形論』（平凡社、二〇一八年）のゲラ校正を生前に終えられたこと、この二点を金森は満足げに語ったのであった。

小松は、指名された者たちと書籍刊行に尽力することをあらためて約束し、その日なんどかめの握手を求められた後、「また来ますよ」といつもどおりに述べ、金森家を後にした。出しなに金森は階上から永別の声を振り絞った。

金森は、明くる日から都内の緩和ケア病棟に入院し、六日後の二〇一六年五月二六日、六一年間の短い生涯を閉じたのであった（葬儀で小松が読んだ弔辞が「週刊読書人」二〇一六年六月二四日号に掲載されている。合わせて参照されたい）。

五月二九日通夜。坂野、隠岐、小松が一堂に会し、基本方針を決めた。出版物はやはり翻訳論文集、刊行時期は三回忌ないしは三周忌。ただし、坂野は翌年二月までサバティカルで沖縄に滞在中であり、隠岐も同時期まで公務で制約されるため、始動はその頃とした。

二〇一七年二月、作業の開始である。まず、奥村が金森の研究室から探しだしていた八論攷のコピーを編者三人に送付し、卒読・確認。次に、出版助成金の調査である。採択経験のある隠岐が担当した。しかし、調査の結果、外国語からの邦訳出版に対する助成は、文部科学省科学研究費以外に存在しないことが判明。しかも、その申請時期の一〇月には、翻訳原稿がすべて揃っていなければならない。つまり、三回忌（二〇一八年）に出版するには、八ヵ月間で翻訳をすべて完成させなければならない。そのため、刊行目標をもう一年先の三周忌（二〇一九年）とした。

一周忌の墓参を終えた二〇一七年六月、編者三人で絞っていた金森縁の翻訳候補者に依頼。バシュラール論＝近藤和敬氏、ベルクソン論＝山口裕之氏、二宮尊徳論＝東慎一郎氏、加藤弘之論と丘浅次郎論＝田中祐理子氏、下村寅太郎論＝香川知晶氏、リスク論＝田口卓臣氏、である。はたして、ことごとく快諾という幸を得た。宮沢賢治論に関しては、編者の隠岐が当初より名乗りを上げた。ただし、翻訳者はいずれもフランス系の哲学や科学史・科学論の優れた研究者ではあるものの、翻訳対象を狭義の専門としていない。そこで、各々の専門家や通暁者に訳文校閲の担当を依頼し、こちらもすべてご快諾いただいた。バシュラール論とベルクソン論＝香川知晶氏（山梨大学名誉教授）、二宮尊徳論＝早田旅人氏（平塚市博物館学芸員）、加藤弘之論と丘浅次郎論と下村寅太郎論＝斎藤光氏（京都精華大学教授）、リスク論＝柿原泰氏（東京海洋大学大学院准教授）、宮沢賢治論＝岩野卓司氏（明治大学教授）、である。翻訳締め切りは一年後の二〇一八年五月末日。その後、校閲者が確認・検討し、必要に応じて翻訳者が修正を施し、科研費申請の一〇月までに翻訳原稿を完成させる、という日程である。

さて、二〇一八年六月、翻訳原稿が出揃った。そして、校閲者・翻訳者・編者の三者間でやりとりを繰り返して、一〇月までに翻訳はすべて基本的に完成した。また、奥村が金森の略年譜を作成。膨大な量をなす研究業績一覧については、東京大学大学院教育学研究科基礎教育学研究室の『紀要』第四三号（二〇一七年）に掲載されたものの転載をお許しいただいた。こうして同一〇月、以上をもとに、文部科学省科研費に応募した。

二〇一九年四月二日、吉報が舞い込んだ。科研費採択内定である。しかも、申請額の高率の給付が認められるという快挙である。版元も読書人に内定した（すべての決定は六月）。かくして、明石氏を交えて編集会議を重ね、刊行を金森の結婚記念日一〇月一〇日に変更して出版作業を開始し、本八月現在、最後の校正などがあわただしく進められている。

あの日の金森の遺言から現在に辿りつくまでには、多くの方々のご厚情に与った。

まず、翻訳者への謝辞は異例のことかもしれないが、やはり、香川知晶、近藤和敬、田口卓臣、田中祐理子、東慎一郎、山口裕之、これら各氏のご尽力がなければ、本書の出版はそもそも実現しなかった。各氏はフランス語に熟達されているとはいえ、ルネサンスの科学史・哲学史の専門家に二宮尊徳論の邦訳を引き受けていただくなど、専門外の翻訳は並々ならぬご苦労があったと拝察する。また、かような事情のため、岩野卓司氏、香川知晶氏、柿原泰氏、斎藤光氏、早田旅人氏に校閲をお願いすることで、欠礼ながら翻訳者諸氏も、われわれ編者も、安心して作業に取り組むことができたのである。谷口雄太氏（東京大学大学院人文社会系研究科特任研究員）には、早田氏をご紹介いただいた。東京大学大学院教育学研究科基礎教育学研究コース主任の小国喜弘教授、同学博士課程出身の稲田祐貴氏には、稲田氏作成の研究業績一覧の転載と修正をご快諾いただいた。

金森の修士論文の指導教員でいらした東京大学名誉教授の芳賀徹先生、ならびに、金森が大学院生時代から薫陶に与った同じく東京大学名誉教授の伊東俊太郎先生からは、珠玉の推薦文を頂戴した。前掲の香川氏と田中智彦氏（東京医科歯科大学准教授）には、さまざま援助を賜った。東京大学文学部事務部財務・研究支援チームには、科研費申請などでご苦労をおかけした。金森晶子夫人には、本書の基盤を支えていただいた。また、事あるごとに連絡し、辛いことを思い出していただく難行を強いてしまった。

最後に、読書人編集長の明石健五氏には、一方ならぬお世話になった。金森を偲びつつ続けられた明石氏と編者三名の協同作業は、悲喜こもごもの充実したものであった。作業の終盤では、明石氏が金森の活字化第一作「パリ便り」（東大教養学科フランス科『アルゴ』第一〇号）を発見することもあったのである。

総じて以上の各位に、深甚の謝意を心底より捧げる。

本書の出版に際しては、平成三一年度文部科学省科学研究費補助金研究成果公開促進費（課題番号：19HP5006）の交付に与った。

本書『東洋／西洋を越境する——金森修科学論翻訳集』が刊行された暁には、出版記念会が執り行われる予定である。しかし、それは、金森修不在の祝祭にほかならない。

二〇一九年八月四日　金森修生誕六五周年の朝

編者代表　小松　美彦

東洋／西洋を越境する——金森修科学論翻訳集　目次

## 第三章



## 第四章

## 【凡例】

・原注（金森による注釈）は傍注とし、左頁端に掲載した。
・参考文献のうち邦訳があるものは、原著と邦訳書の書誌情報を、原則的に傍注に挙げた。ただし第一章と第二章については、論文の構成上、章末にまとめて参考文献を挙げた。邦訳がある場合は、邦訳書の参照頁も併記した。
・参照・引用が多数におよぶ文献については、初出箇所に書誌情報を挙げ、その後は編著者名・文献名のみ記した。
・引用文中の旧字は、原文の雰囲気を損なわない限り新字に改めた。難読文字には、ふりがなをつけた。
・訳者による注記がある場合は、本文中に〔　〕で括って示した。ただし、注記が長文の場合、読みやすさを鑑みて、章末に〔訳注1〕〔訳注2〕…として掲載した。
・原文の明らかな誤植・誤記と判断された箇所は、訳者が適宜改めた。

# 東洋／西洋を越境する

# 第一章　宮沢賢治*——ある詩人の物質的読解

〔訳者解説〕

本稿はフランス語の総合的人文社会科学系雑誌 *Revue de synthèse* 誌のガストン・バシュラール特集号「壁の外のバシュラール——経験の回帰」に掲載されたフランス語論文の訳出である。同誌は二〇一二年にパリでバシュラール死去五〇周年シンポジウムを企画・開催しており、金森を含め、そのときの登壇者たちが寄稿したのがこの特集号であった。

同誌は当時、編集委員長であったエリック・ブリアン（Éric Brian, 1958-）の方針により、多言語展開を意識して独特な体裁をとっていた。掲載論文の内容要約を、フランス語、英語、アラビア語、ドイツ語、イタリア語、中国語、日本語の七ヵ国語で冒頭に掲げた後、さらに英語による長文の概要説明をつけて

＊　宮沢賢治は生前、苗字に関して「宮沢／宮澤」二種の記し方をしていた。現在では前者が通常使われているため、本書でもそれにならった。〔編者注〕

いたのである。その後に、フランス語で論文の本文が始まる形となっていた。

本稿を訳すにあたり、七ヵ国語の要約部分は省略することにしたが、英語の長文概説は訳出することとした。なぜなら、金森はそこに本文と重複しない内容を記述しているからである。すなわち、概説部分は本文の忠実な解説というよりは、本稿の主題に詳しくない読者のためのイントロダクションの役割を果たしており、日本の読者にとっても理解の助けになると思われる。

**〔英語の長文概説部分〕**

ガストン・バシュラール（Gaston Bachelard, 1884-1962）は通例、フランスの合理主義科学哲学者だとみなされている。しかしながら、周知のように、彼は定期的に文学と著述に取り組み、後年の業績においては多くの詩をも残した。これらの「非科学的」とみなされる宇宙への進出は、彼自身のかつての仕事における合理主義的な姿勢を問題化することにつながった。事実、実にこの文学への取り組みを通じて、彼は高度に独創的な文芸理論を創り上げた。それを彼は「物質的想像力」（imagination matérielle）と呼んだ。物質的想像力、すなわち形式的想像力の対は、作品を生み出す心理的なエネルギーを宿す無意識の層が織りなす場を構成している。その独自の古典あるいは現代文学の読解において、バシュラールは、エンペドクレス（Empedocles, c.490-c.430 BC）の四つの元素、空気、火、水、土の変形版となる、四つの無意識的な創造性の重要領域を突きとめたのである。バシュラールは次のように論じた。著述家たちは、多かれ少なかれ、語り、プロットや文体を展開させる場合にこれらの重要な要素の一つあるいは二つとともに、無意識のうちにも留まるものだ。この視点から、彼は『水と夢』（一九四二年）、あるいは『大地と休息の夢想』（一九四八年）などのいくつかの見本となる著作を著した。

しかしながら、バシュラールは、われわれが期待するほどにはその理論的枠組みを発展させなかったといわねばならない。それよりは、書き手の物質的想像力を強調する独自の読みについて、彼が行う注意深い具体的な描写こそに、この思考の力が宿っている。さらにいえば、それは厳密には文芸批評ではないものの、彼の物質的想像力の理論は、とりわけジョルジュ・プーレ（Georges Poulet, 1902-1991）やジャン＝ピエール・リシャール（Jean-Pierre Richard, 1922-2019）による受容により、今日の文芸批評の語彙のなかに入りこんでいる。物質的想像力の永続的で、異文化混淆的な次元を探求するために、本稿は、バシュラールのいた欧州からは遠く離れた世界に生きたある著者と関連づけることにより、バシュラールの理論的枠組みを再考する。このような理論的置き換えの試みは、バシュラールの企図にあった文脈的かつ歴史的な基盤をゆがめてしまうし、とても不適切だとの主張が難なく行えることだろう。だが、このような認識論的置き換えの獲得目標は、バシュラール研究の世界をはるかに超越するものである。すなわち本研究は、バシュラールの方法を、それが出現してきた文脈や条件を超えて一般化することで、われわれに、物質的想像力の潜在的な（おおよその）普遍性と、その文化的特異性あるいは地域的限界などを検証することを可能にするのである。このような研究は存在していないのだから、バシュラールの物質的想像力を、日本の文学史の観点から考察しようとする者たちの好きにさせてほしい。

本論は、そのようなわけで、宮沢賢治（一八九六－一九三三）という、二〇世紀日本文学の最も重要な詩人であり作家である人物の著作を、バシュラールのレンズを通じて、再読する。それはいまだかつてなされたことのない読解である。西洋ではいまだに、いささか知名度が低いものの、賢治は日本の文学と文芸理論の中心的な人物でありつづけており、子どもにも大人にも読まれるため、その影響は世代をまたいでいる。生前はどちらかというと世に埋もれていたものの、一連の重要な詩や童話を執筆した。

初の詩集『春と修羅』(一九二四年)は最も重要なものでありつづけている。これらの詩は難解ではある。地域の言葉が盛り込まれ、東北地方の歴史的な参照事項も織り交ぜられ、詩は独特な語法と韻律と、自由な連想の遊びにより展開する。たとえば、『春と修羅』の「序」(英語に翻訳するのはとても困難である)は、読者に、賢治にあっては詩形の独創性と密度が両立している感覚を与えるものである。

わたくしといふ現象は
仮定された有機交流電燈の
ひとつの青い照明です

この断篇は、賢治の独創性が、部分的には、科学と詩への問いかけに由来することを示している。賢治は科学(物理、化学、地質学、土壌学、等々)について深い知識を有していたので、詩作のなかに科学的な言説を用いることをあまり躊躇うことがなく、そのため、科学と詩を一つのものであるとか、あるいは互いに敵対的な文化的現象であるなどとみなすような、既存のバイアスを乗り越えていた。だが、賢治はその独創性の代償を払いもした。少なくともそれが出版された当時、彼の詩的創作は日本の一般読者たちにも文壇にも見向きもされなかった。いずれにせよ、物質的想像力の理論を適用したいと考える私にとっては、賢治の詩はこの実験の最初の対象とするにはいささか難しすぎるのである。それゆえ、本稿では、私は彼の仕事の他の側面を選びたいと考えた。それは彼の童話である。かといって、彼の童話がわかりやすいといいたいわけでも、子どものためだけにそれが書かれているといいたいわけでもない。それとは逆に、賢治の童話にはその作風固有の難しさ、複雑さと毒がある。「フランドン農学校の豚」

において、賢治はとてつもない知性をもつ豚、それも近い将来殺されることを予想できるような豚を描写した。そのこと〔豚の知性〕がわかっているので、農学校の人々は豚自身から殺す許可を得られるよう、豚を「魅了」しなければならない。豚は、とても奇妙なことに、どうなるかわかっていながら、そのような要望に順応していく。この童話は、撲殺に至るまでの豚の躊躇い、苦悶、そして痛みを追認する場面で終わっている。子どもの童話であるのだが、賢治の物語は寓話的であり、児童文学として連想される陽気さや明るさを決定的に欠いている。だが、この寓話的構造の深みにもかかわらず、彼の童話は、彼の詩よりも扱いやすいうえに、バシュラールの物質的想像力の光学を通して、理論化へと導きやすいのである。

すでに言及したように、バシュラールはエンペドクレスの四元素を参照し、自身の物質的想像力の理論を発展させた。本研究における私の意図は、賢治の想像力における土の要素の支配的重要性を確認することである。だが、本稿で結論づけるように、彼の文章にみられる「土」の要素の検証は、その物質的想像力に関する洞察をもたらすだろうが、彼の文学的想像力——言い回し、イメージ、個人的な文体の好みというもう一つの世界にはまりこんだままのもの——については、一連の解決不能な問いを残すことになる。したがって、賢治をめぐる私の読解に、まったく「全体的」ではなく、むしろ、彼の文学的表現の物質的基層に関するものとなる。それゆえ本稿は、賢治の文学的世界の解明のための慎ましい一歩を成すものでしかないが、日本文学史におけるその分析と位置づけにあっては、一連の挑発的な新しい方向性を付け加えるものである。本稿ではとりわけ、異文化間の類似性と基本的他者性が交互に現れるものとして、バシュラール的パラダイムが記述される。

だが、「全体的」ではないにせよ、このバシュラール的置き換えは無意味ではない。逆に、本研究はバシュラールと賢治の接点で出現する一連の豊かな潜在的方向性を切り拓く。それらは、次のようなものである。（一）物質的想像力の理論に依拠した、より精妙でわかりやすい賢治の童話の分析。（二）それと同じ理論を用いた賢治の詩の分析。（三）やはり同じ理論を用いた、他の日本の著者や詩人の分析。このようにして、本稿は私や他の研究者のために、さらなる同様の探求を示唆することに寄与しうる。そしてもちろん、この種の異文化間での応用研究は、それが類似性と同様に文化的差異を明白にするという意味で、各々の文化の相互理解にも寄与することになる。

**〔以下、フランス語による本文〕**

日本文化においてはあまり馴染みのない視座から、日本の詩人宮沢賢治を扱ってみよう。それは、物質的想像力という理論装置からみた賢治である[1]。賢治の生涯はそれ自体特別な興味に値する。彼は謹厳実直な人物で、我流のやりかたで仏教的な生活様式を実践しようとし、山がちで雪深い比較的貧しい地域である日本の東北地方でそうした生活を真摯に追求した。詩集と童話集を一冊ずつ出したとはいえ、生涯を通じてほとんど無名だった。一九二四年に刊行した二冊はともに自費出版である。不幸なことに、それらは少なくとも出版当時、ほとんど評価されないままだった。

一八九六年、賢治は政次郎とイチの長男として生まれた。父親の政次郎は質屋を営んでおり、賢治はこの稼業を後に嫌うことになる。彼の人生の第一の特徴は、仏教教義を熱心に学ぼうとしたことにある。とりわけ一八歳のころ、仏教の伝統的経典の一つ法華経の近代的な解釈と解説に熱中した。彼の信仰の形成期において、法華経は彼の人生そのものだった。一九一五年、賢治は盛岡中学に、その後さらに盛岡高等農林学校に入り、優秀な成績をおさめた。彼は山野を歩き回るのが好きで、標本にするために石や鉱物を採集した。一九二一年、彼は誰にも告げずに家を出て東京に向かった。右翼系の仏教組織国柱会と接触するためである。入会を断られた彼は、ある印刷所で校正係として働きながら東京で暮らした。この間たくさんの童話の執筆をはじめる。一二月には故郷に戻っていて、実家近くの農学校で講師となった。

一九二二年一一月、賢治の心理に決定的な影響を及ぼす出来事がおきる。妹トシが亡くなったのである。兄妹は子どものころから深く愛し合っており、妹の死後数ヵ月たっても、その不在を認められずにいて、北へ遠くサハリンにまでその「影」を探して旅立ったほどである。彼が妹の死の少し後に書いた詩句の数々は、悲しく崇高なまでに美しい。

講師をしていた期間の賢治は比較的安定した余裕のある生活をしていたが、一九二六年の三月に学校を退職する決意をし、一種の「農民のための学校」羅須《らす》地人協会を組織しようとする。この学校で彼は農民相手に印象的な忘れがたい授業をする。生物学や土壌学などの科学の講義で、非常に個性的で独創的な授業を行ったため、聴講生は「化学詩」の朗唱を聞いているような気がしたという。このころから彼は、周りの人達にとってますます生ける伝説のような存在となっていった。

だが、賢治に残された時間はもう長くはなかった。羅須地人協会はほぼ二年間存続したが、この間彼はろくに食事もせず、教育や肥料の販売、農業技術の指導のために過剰に働いた。彼はついに一九二八

1　文学の著者〔作家〕をファーストネームで呼ぶのは、親愛と尊敬の情を込めてその人物を示すときに日本人が取る方法で、フランス人がルソーのことを「ジャン＝ジャック」と呼ぶのに似ているが、苗字が日本によくある名前でその人を特定しにくいという事実もある（編者注）。〔訳注：*Revue de synthèse* 誌掲載時の編者による注〕

年の夏、病に倒れた。そしてこの病気から完全に回復することはなかった。晩年は詩作、特に文語詩を制作する一方で、農民たちに教えることもつづけた。

しかし、一九三三年九月二一日、彼の健康状態を知らない農民にやっとのことで助言を与えると、間もなくその生涯を終えた。三七歳になったにすぎなかった。彼は他人の幸せを願うという人生規範に最後まで従っていたのだ。

繰り返すが、賢治は同時代の人々にほとんどまったく無名のままだった。しかし、それでも彼の作品の本質的価値を認める炯眼な文人はいた。死去とほぼ同時に作品の出版や普及が始まったのだ。以来、二〇世紀の日本文学史における彼の評価はとどまるところを知らず高まりつづけており、彼は最も研究され、解説され、とりわけ愛読される作家でありつづけている。

この小論は、よく知られた五つの著作のなかでガストン・バシュラールが提起した物質的想像力という理論を理解するために、賢治には用いられたことのない文学分析の方法を敢えて採用する危険を冒す。一見すると、この努力はわざとらしく不適切であるようにみえる。彼の全生涯は仏教的な規範に導かれており、それはヨーロッパの文化的堆積層とは異質なものだからである。

とはいえ、彼の生涯を詳しく調べると、彼とバシュラールとに一致するものがありえるとわれわれは認めざるをえない。すでに述べたように、賢治は法華経に熱中していた。一方、ほぼ同時期に彼は、片山正夫（一八七七―一九六一）の千ページをこえる大著『化学本論』（一九二九年）を愛読していたのである。片山は表面と界面の化学の専門家だった。そのうえ賢治はほぼ同時期に定型や無定形の詩を書くことを始めた。つまり賢治の知的世界は、当初から宗教と科学そして文学の三つに分割されていたのだ。

以上にくわえ、彼は田舎で生活しながら、最新の科学的知識を得ることを渇望した。たとえばジョン・アーサー・トムソン（John Arthur Thomson, 1861-1933）の大著『科学体系』（一九二二年）は当時評判となって、一九二二年から二六年にかけて非常に早々と和訳の八巻本が刊行され、賢治の愛読書のなかに数えられていた。彼は山中を歩き回って自分の岩石標本を増やしたり、星座を観察したりするなどの個人研究にくわえて、本や資料からも知識を得ようと努めたのである。こうした側面は、賢治の作品の読者も、その詩や童話に頻繁に科学用語が登場することから感じ取ることができるだろう。

つまり、もしこういったバシュラールと賢治との類似がうわべだけのものにすぎず、地理や歴史そして言語のような他の対比を計算に入れずに異なる文化のなかで成立した作品に物質的想像力の理論を応用するのは妥当ではないと判断されるなら、この論文の射程やアプローチそのものに関して常にわれわれは懐疑的になりうるだろう。エンペドクレスの元素説や、文学作品一般の「創造的無意識」を理解するためにその元素説を応用することは、ある種の普遍性をもちうるのか、あるいはこの種のアプローチは受け入れがたい理論的方便なのか。この重大な問いの答えは未来から振り返ることでしか与えられないだろう。というのも、答えの有効性は、この理論条件から出発して実現されたことから導き出されるだろうから。だからわれわれはこの実験を始めるしかない。

# 1　空気について

有名な『風の又三郎』[2]には実は第一ヴァージョンとされるテクストがある。〔訳注1〕ここでは又三郎は赤い髪の奇妙な少年で鼠色のマントを纏い、透明なガラスの靴をはいており、より直接的に空想上の存在としての「風のエルフ」を連想させる描写となっている。賢治は「風のエルフ」〔訳注2〕ヴァージョンを書いた後に、主要人物や場所などの枠組みを保ったまま全体を大幅に書き直した。初稿はある意味、又三郎の途方もない手柄話に話が偏っている。「エルフ」つまり人間ではない存在であるため、〔訳注3〕彼は好きなときに風を起こしたり、止めたりできる。話は東北の田舎でうっとりと聞き惚れる小学生を前に語るエルフの自慢話を中心に構成されている。たとえば賢治は気圧の低下や竜巻、エルフを北極まで運んでゆく大きな空気循環などを説明するのである。その過程で賢治は、今日ですら科学的に解明されていない、ごく局地的な突風が人の皮膚に傷をつくる現象、カマイタチにも触れる。それについて、人々は昔から悪霊がみえないカミソリのように皮膚を切ろうと狙うのだと考えてきた。

『風の又三郎』の第二ヴァージョンは、最初のものに比べて童話としてより練られたものとなり、又三郎自身はけっしてエルフとして描かれず、より現実的である。しかしながら、赤い髪をしたちょっと風変わりな少年の性格と、田舎の小学生の前に突如現れるという点は同じである。物語は馬遊び、魚釣り、鬼ごっこなどの遊びの話にまつわって展開する。しかし子どもらが又三郎といると、ほとんどいつも彼らは奇妙で説明のつかない風に見舞われる。まるで又三郎が彼らを驚かせ反応を面白がるために随意に風を起こすように。一方、小学生の一人嘉助が寝入ったとき、軽やかな一飛びで空を飛ぶ又三郎の夢をみる。読者はこれが単に子どもっぽい幻影にすぎないのか、それとも又三郎の本当の顕現なのかととまどう。彼の出現がすごく唐突であったように、父親の仕事の都合で転居するという理由で、又三郎は子どもたちに別れの一言すらなく急にいなくなる。ほんの一二日間ほどを小学生たちと過ごした又三郎は、風のように消え、彼らに得体の知れない超自然的な存在の印象と、人生がうつろいやすく素早く動いていくという印象を残した。

『空と夢』の第一一章でバシュラールは風を取り扱う。この章で彼は、嵐、竜巻、叫び、息遣いについて述べ、いつものように文学的テクストの断片とともに、逆説的なイメージやあまり日常的でない連想を好んで引き出そうとする。したがって、たとえば、風で回る風車や動物の叫びを連想させる風としての大気の動きについて語る。たしかに彼は風の諸相について多くを述べるが、この主題についての記述には、怒りという心理的価値が比較的支配的な印象である。

さて、話を『風の又三郎』に戻すと、どうなるだろう。第一ヴァージョンにおいてこの少年が明らかに風のエルフとして提起されていることにあえて目をつぶるとしても、より重要と思われる第二ヴァージョンでも、又三郎の存在はやはり謎めいており、田舎の小学生たちの好奇心と困惑を誘うのである。怒りというある心理的方向性をもつものが、逡巡、疑い、推定といったはっきりとした方向性をもたない心理に置き換えられている。この少年が何かをすると、彼の周りに頻繁に風がおこる。しかし、小学生たちが彼は人間ではないと確信するには、それだけでは十分でない。又三郎はちょっとしたいたずらをするのに軽々と木に登り、その軽やかな仕草は空気の軽さという彼の内なる性格を思わせる。しかし、

2　エレーヌ・モリタの翻訳参照（Miyazawa, 1995, pp. 37-111）。翻訳はこの童話の第二ヴァージョンを基にしている。

それでも彼の空気的本質を啓示するのに不十分である。最後に突然いなくなることによって、小学生たちは彼が尋常の存在ではないと確信するにいたる。虚構の現実感はこうして、意図的に宙ぶらりんとされるのであり、それは、日常世界やわれわれの存在一般がうつろいやすいものであることを間接的に感じさせる効果のためである。[3]

『空と夢』のなかでバシュラールは、風のほかに空気に関して上昇と下降の相反する動きの優位という説を展開し、雲や星雲といった大気中の存在にも言及する。「大気の樹木」という驚嘆に値する章を除けば、バシュラールの空気に関する想像力は、異文化の枠を超えて予測しうる、事実上普遍的なものにみえる。エンペドクレスの四元素のうちで最も非物質的な空気にとって、このことはかなり逆説的に思える。というのも、ほとんど実体をもたない空気というこの要素は、元来純粋で単純な無ないしニュートラルな媒体と考えられてきた。他方、空気が単一ではなく異なる物質で構成されているものであることがついにわかり始めるのは、一八世紀になってからである。ここにはある種のパラドックスがある。つまり一番非物質的なもの、いわばわれわれの心的現象を決定する作用因を最もわずかにしかもたないものが、最も普遍的に共有される要素となっているようにみえるからである。空気は心的現象の領域で豊かなものなのか、貧しいものなのか。この疑問の答えは出ないままだが、われわれにはバシュラールの空気に関するこれらの文章は、この要素の領海に深く錨をおろすという難題を裏切っているように思える。

実をいうと、この要素の普遍性を論じるのは少し安直で性急にすぎる。たとえば、空気の想像力の領域に関していえば、賢治の場合には、他の童話で語られるよりずっと個人的なイメージや連想が存在する。しかし、細部の検討に入るにあたっては、われわれは混合的で複合因子的なイメージをつくり出すため、他の要素と空気とを結びつけて考えねばならない。

## 2　火について

『貝の火』[4]においては、話のテーマはむしろ道徳教訓的である。これは、「貝の火」と呼ばれる特別な宝珠をもらったホモイという子兎の話である。彼は溺れている子ひばりを救ったため、母ひばりからお礼にこの宝石を贈られた。この球状の透明な珠は、中心に燃える炎のような輝きをもつという特殊なものだ。その輝きを保つには、持つ者が善良で優しくないといけないという大変不安定な宝石で、小さな生き物の命を救った善行のゆえに、ホモイはこれを手に入れた。しかし、他の動物たち皆が彼の前にひれ伏すのに感化された彼は、その後自分を司令官のように思ってしまう。悪賢い狐におだてられ、そそのかされた彼は、モグラを脅かし、狐に動物たちを捉えるための網を設置する許可を与えてしまう。この行いによってホモイはだんだんと天性の善良さを失い、命を大切にする心をなくしてゆく。最後には、この報いとして「貝の火」は輝きを失い曇ってゆき、皆が驚くなか、ひび割れ砕けちってて煙のよう

3　日本のいくつかの地方では子どもたちが凧揚げをする際、最も強い風を呼ぼうと三郎（又三郎にとても近い）という名を唱えるという事実を付け加えておこう。この風習を参考にして賢治が又三郎という名を用いた可能性もある。三郎とは明らかに強風を想像する象徴なのである。

4　モリタの翻訳参照（Miyazawa, 2006, pp. 89-122）。この章では童話の題名はアルファベットの大文字で、その名前の宝石を意味するときは小文字で区別する。〔訳注：フランス語を念頭に置いた記述〕

に砂状になる。この粉塵のせいでホモイは目がみえなくなる。煙のような粉塵は再び凝縮して宝珠「貝の火」にもどるが、窓から飛んでいってしまう。ホモイの父親はこの種の物事は誰にでも起こりうる、いつか彼の目も治るだろうといって彼を慰める。

したがってこの童話の全体的枠組みは、褒美と懲罰という道徳法則によって支配されている。この意味で取り立ててオリジナルでも面白いものでもない。より興味深いのは、ホモイが愚行を繰り返すたび、宝石の火が、毎回少しずつの違いをともないながら彼の行動に反応する点である。驚くべきパワーとして、持ち主の行状に反応するこの宝珠は、蠟燭が完全に燃えつきる前にその炎がより大きくなるように、火勢をすぐに失う代わりに、一層強く激しく燃え立つ。中心にヴェールのような白が現れたとき、繰り返した愚行を償おうとしても少々手遅れであり、宝珠の崩壊を止められなくなるのである。

賢治の物質的想像力に興味をもつわれわれは、宝珠の中心に閉じ込められた炎のイメージは、これが火のイメージなのか、それとも石（つまり土）のそれなのかどうかの問いが可能であるという事実が気にかかってしまう。「色のついた水晶は二酸化ケイ素という異なった物質で汚染されている」という文章を著せば、岩石学の分野の「貝の火」に近づくことになるのだし、「この宝石の中できらきらする火は倫理的な怒りの象徴かもしれない」という文章なら、宝石の形容を詩的な宗教神話世界へと帰結させる。岩石学が石を呼び、神話が火を呼ぶのだ。火はなんらかの純粋な物質というよりむしろ非常に非物質的現象であるがゆえに、創造と破壊を象徴している。それに、「貝の火」は話の最後の方で粉々に破裂し、その散らばった欠片で、いたらない所有者であったホモイを盲目にする。この意味で珠のなかの火は持ち主の道徳的価値を測り、その価値査定に応じて反応する一種の時限爆弾である。だからこの火は化学的であると同時に、道徳的、象徴的なものともいえる。

一見教訓的な小話のようにみえる『貝の火』は、賢治の物質的想像力のまたとない実例であり、エンペドクレスの四元素説とほぼ対応しうる内容ながら、要素間の相互依存的性格がより顕著である。

## 3 水について

賢治のある童話の主人公は、ペンネンネンネンネン・ネネムという妙な名前である。日本語の固有名詞にふさわしいリズムが、「ネン」という音の非常にうっとうしい繰り返しにより意図的に破壊されている。『ペンネンネンネンネン・ネネムの伝記』というこの童話の内容は、その名前と同じように奇妙である。[5] さらにこの話は賢治によくあるように未完でもある。[6] それでも、われわれはこの童話の筋を手短に紹介したい。

極度に貧しい両親にほったらかしにされているネネムと妹のマミミは、大人に庇護されることがなかった。一人の見知らぬ男が彼らに食べ物をくれたが、その見返りにマミミを連れていってしまう。ネネムは「ばけもの紳士」[7] に出会って、その窮状を話す。するとその紳士は彼に自分のところで働くように提案する。その仕事は栗の木の天辺によじのぼり、昆布という一種の海藻を取るため網を投げることだ。その仕事は簡単でも稼ぎがいいわけではなかった。しかし、ネネムは一〇年のあいだ、この仕事を

5　宮沢、一九八六年、二七〇－三二〇頁。

6　一部の例外を除いて、宮沢賢治の作品は生前出版されることはなく、当時ほとんど知られないままだった。彼が文章にさほど注意を払わず、最終原稿を仕上げないまま部分的に削除したり、何度も書き直したりしたのはおそらくそのせいもある。そのような事情があるので、この童話には始まりもなければ、決定的な終わりもない。

つづけた。その後彼は、雇い主の紳士のもとを離れ、地位のある人物の書記になりたいと思う。そのため彼は、人に出会いにムムネ市へ行こうと旅立つ。街に近づくとネネムは道沿いに流れている水銀で顔を洗う。この街で彼は、有名な先生であるフゥフィーボー博士をみつけ、自分の知識をみせようと提出したノートを先生に飲み込まれてしまったりするものの、自分を認めてもらう。こうして彼は「世界裁判所」の書記となるため、先生の推薦状をもらう。世界裁判所に着くと、ネネムは多くの召使いたちに迎えられるが、彼らは全員一致してこの裁判所の裁判長はネネム自身であるという。こうしてネネムは突然裁判長になり、その後しょっちゅうおこるこの世（ばけもの世界）とあの世（人間世界）の国境侵犯によって引き起こされるもめ事に見事な判決を下す。よい裁判長としての彼の名声は高まるばかりだったが、ネネムは八歳でいなくなってしまった妹のマミミの身を案じて憂いに沈んだままだった。ある日彼は、妹におきたことについて情報収集をする決心をする。そしてついに、その町の人気の奇術師一座のなかに彼女がみつかるかもしれないと知るにいたる。この一座が率いるサーカスを訪ねた彼は、かくも長い年月離れ離れだった妹に再会して、大きな喜びを感じる……。

この辺で話の筋を追うのはやめておこう。ところどころ未完ないし著者自身によって削除されているこの童話は、楽しげな歌や火山の突然の噴火によって巻きおこる大混乱をともなう大騒ぎの笑劇で幕となる。無秩序で明らかに非現実的でありながら、この話はわれわれを惹きつける。実際これは、物質的レアリズムがごくわずかしか守られない「ばけもの」世界の話なのだ。ネネムは中空に投網をして海藻（日本で大量に消費される「昆布」）をとる。つまり水と空気は混じり合い、組み合わされている。彼は水銀で顔を洗う。水と金属（大地）も混じり合い、組み合わされる。海藻の表面はねばねばとぬめり、たゆたう水やコロイド状の液体に近似する。コロイドはある直径の、つまり極小の微粒子から成る。この微粒子が液体のなかで表面をもつものとして機能するため、コロイドは化学的にきわめて活発である。その（球形の）表面という、二次元的な観念が三次元の液体のなかに潜んでいるのである。その上、海藻はミネラルやヨードを豊富に含む。海藻は海中の植物であり、海のなかに酸素を生み、ミネラルとヨードをその体内に凝縮させる。生物はというと、水、大地（ミネラル）、空気（酸素）という物質的に異なる領域に立脚している。賢治における物質性の空想世界はしばしば多元素的かつ混交した状態で示されるのである。

『水と夢』の第四章においてバシュラールは、混ぜ合わされた水について論じている。物質的混合が二以上の数をこえてなされないとみなして、彼は水と火、水と土（特に後者）の混合を検証している。彼が水の粘性について述べるくだりは特に目を引く。[8] 大地の元素と緊密に混合した水は、粘りをもつというのである。海も同様に、わずかに粘り気をおびている、とジュール・ミシュレ（Jules Michelet, 1798-1874）を引用しつつバシュラールは述べる。この直感もわれわれに何かを教えてくれる。命あるものすべての母なる海は粘っこいものなのだ。海は水中に生きる多くの種を粘りあるものにする。海藻は比較的よく知られた実例の一つにすぎない。さて、賢治の話にもどると、彼がエルンスト・ヘッケル（Ernst Haeckel, 1834-1919）の熱心な読者であったことが知られている。ヘッケルが仮説的にその存在を主張した、原初の（原生動物的）生命体である原核生物はまさしく、科学的かつ文章表現的なイメージとしては、ほとんど形をもたないふにゃふにゃネバネバした塊なのである。『ペンネンネンネンネン・ネネムの伝記』の空

7　非常に奇妙なことに、この童話の登場人物の多くが、ばけものA、ばけものBといった具合に、それぞれを区別する呼称で「ばけもの」と呼ばれている。
8　Bachelard, 1942, pp. 143-144.

気液体的な空間は、栗の木の高みから網を投げて収穫する海藻のような、命あるネバネバした存在で満ちており、原核生物が繁殖する仮想の太古の名残をとどめている。宮沢賢治の優秀な研究家である作家の畑山博（一九三五―二〇〇一）は、賢治における水のイメージを強調して、彼の「宇宙羊水」まで論じている。[9] しかしながら、われわれの目に映る賢治の水は、優しく清らかなそれではなく、コロイド状で粘る水である。その水は生物的化学的に活動する微粒子でいっぱいなのだ。賢治の水は濁って色を帯びている。言い換えると、彼のイマジネールにおいては水より土のほうが支配的である。このことは空気や火と比べても常にいえる。したがってわれわれは、賢治における土の想像力については、すでに述べた三元素以上に深く詳細に検証するとしよう。

## 4　土について

賢治の土＝大地（terre）に関する空想世界の豊かさをあかしてくれる三つの童話がある。〔訳注4〕まず、『楢ノ木大学士の野宿』[10] と題された作品では、話の筋書きは取り立ててさほど面白いものではない。実際、重要な展開はあまりない話なのだ。楢ノ木大学士は宝石学の専門家で、上質の蛋白石を探すために派遣される。彼は宝石と一種呼び合う能力があると豪語して、この役目を引き受けた。この能力のおかげで彼の足はおのずと重要な鉱脈の方へ向くというのだ。これが話の冒頭である。その後彼が野宿していると、どこから聞こえて来るのかわからない声がする。最終的に彼は、与えられた期限内でよい蛋白石をみつけることができない。そして、不満を抱いた依頼主に調査旅行の費用を弁償しなければならなくなる。

これはあまり出来のよい作品ではない。しかし、この作品には賢治の地質学、岩石学、地球物理学などなど、言い換えれば「大地の諸科学〔すなわち「地学」(les sciences de la terre)〕」についての深い知識のほどを非常によく感じ取れることが、ここで取り上げる理由である。つまり、たとえば登場人物が、岩頸(火山の火道内のマグマが硬化してできた尖峰)とは何であるかなどを、少々話の進行に齟齬をきたすことすら顧みずに説明しまくるのである。地質学的スケールの時間経過において、岩が粘度や砂粒に変化することに関する「説明」などがあったりもする。この文脈においては、岩の病気や、それが一万年の寿命という重篤な状態になっている、などということが問題となり、ある種の視点の転換と「大地の擬人化」とに遭遇することの面白さがあるといえよう。

賢治の詩的で文学的なインスピレーションは、ときには当時の諸科学に関する彼の豊富すぎる知識によって台無しにされるように思えるのだが、この童話は、おそらくその「科学と詩想の対決」を絵に描いたような作品の一つだろう。それにもかかわらず、これは賢治の科学知識と大地世界への空想的親和性を裏付ける作品である。

これに対し、二つ目の童話『十力の金剛石』[11]はかなり面白い。この話の主要テーマは、子どもの童話によくある古典的な「宝探しの物語」であるにもかかわらず、賢治が宝石についての豊かな想像力を自由に飛翔するにまかせているだけに、大いに興味深い箇所がある。話は、若い王子が大臣の子と「ルビーの絵の具皿」を探しに行くところから始まる。この絵の具皿は虹の脚もとにあるという。さらに場

9 畑山、一九九六年。
10 モリタの翻訳を参照(Miyazawa, 1997a, pp. 17-52)。
11 モリタの翻訳を参照(Miyazawa, 1997b, pp. 157-176)。

合によっては、むしろルビーより輝くダイアモンドの探索なのだ。思った通り、「虹の脚もと」は二人の少年が近づけば近づくほど遠ざかる。そのうちに彼らは道に迷ってしまう。このとき、王子の帽子の飾りについていた二羽の蜂雀《はちすずめ》（一種の夜の蝶[12]（ママ））が帽子から飛び出し、この状況からどう脱出しようかと思案する王子の困惑に反応して空を飛ぶ。二羽は、ここから先は自分たちは空を飛んだり歌ったりできると告げる。今や二人の少年は、二羽の蜂雀にともなわれ導かれて驚異の世界に踏み入ったのだ。

蜂雀がさえずり始めると彼らはまず、降り始めた雨が雹に変わり始めたことに気づく。すると驚いたことに、雹だと思ったものは、実はダイアモンド、トパァス、サファイアなどの宝石だった。賢治が「宝石の雹」を叙述する文章はとても美しい。一部を引用してみよう。

その宝石の雨は、草に落ちてカチンカチンと鳴りました。それは鳴る筈《はず》だったのです。りんどうの花は刻まれた天河石《アマゾンストン》と、打ち劈《さ》かれた天河石で組み上がり、その葉はなめらかな硅孔雀石《クリソコラ》で出来ていました。黄色な草穂《くさほ》はかがやく猫睛石《キャッツアイ》、いちめんのうめばちそうの花びらはかすかな虹《にじ》を含む乳色の蛋白石《たんぱくせき》、とうやくの葉は碧玉《へきぎょく》、そのつぼみは紫水晶《アメシスト》の美しいさきを持っていました。[13]

宝石の雹は、「宝石の野原」に落ちて音を響かせる。賢治は、バシュラールが『大地と意志の夢想』の第八章で述べる内容を少し改変するような調子で、バシュラールのいうところの「石化した風景」の夢想を書き綴る。りんどうの花冠のなかにはトパァスの粒が入っており、うめばちそうの花のなかにはダイアモンドの雫が隠れ、野ばらの花には透明な水晶の雫が溜まっている。

すべてが目の覚めるように美しい。しかし、これらの宝石の花たちは、「仏陀のダイアモンド」（すなわち「十力の金剛石」がないと嘆いている。特別なダイアモンドの出現を待ち望む花たちのいっせいの声に突き動かされて、蜂雀が鋭い鳴き声を発する。そのとき、二つのキラキラ輝く宝石が空から降ってくる。これこそ十力の金剛石だった。それから宝石の花たちが喜びの歌をうたうのが聞こえる。すると、再びそのダイアモンドが空からたくさん降りはじめ、野原中をほとんど覆いつくすように降りそそぐ。実をいえば、これらのダイアモンドの正体は天からの露なのだ。これらの「ダイアモンド」に降りそそがれて、野原は本物の野原になる。そこで花々は、（たとえ宝石だったとしても）石花という鉱物質な性格を脱して、樹液の滲む、柔らかに生き生きとした植物性のものになるのだ……。

これがこの夢想にあふれた童話のあらかたの筋書きである。宝石の花の執拗で豊かなイメージはとても忘れがたく、それ自体矛盾に満ちている。命のないもの（石）と命あるもの。硬さと柔らかさ。固体（水晶）と液体（樹液）。賢治が幼少のころから貴石や岩石の熱心な採集家であって、石の色や形、化学的性質などを非常によく知ったうえで石のイメージを用いているという事実を強調しておこう。瑠璃の深い青色、翡翠の優しい緑色、シトリンのつや消しの黄色などは、彼の詩や童話で頻繁に用いられる岩石学のイメージをごく部分的に示すものにすぎない。『農民芸術総論綱要』（一九二六年）を書いた一人の「農民哲学者」であったとしても、賢治はまずなによりも大地のイマジネールのただなかで石を語る詩

12　モリタは「ハチスズメ」という語を「ハチドリ（colibri）」と訳した。だが、colibriは日本語では「ハチドリ」であり、ハチスズメは実際には、「雀蛾（sphingidae）」である。「ハチ（蜂）」は両者で同じ語であるが、「ドリ」は「鳥」であり、「スズメ」は「雀（すずめ）」である。混乱があったのは無理もない。完訳の価値はむろん、これで損なわれるわけではない。〔訳注５〕

13　Miyazawa, 1997b, pp. 167-168.〔訳注：訳文は『十力の金剛石』「宮沢賢治コレクション３」（筑摩書房）を参照。〕

人だった。『十力の金剛石』は、まさしく彼の物質的想像力を示す最も魅力的な作例の一つといえる。最後、三番目に取り上げる童話は『銀河鉄道の夜』[14]である。彼の作品のうちで最も有名でたびたび解説されるものの一つで[15]、これを読んでいくと、自己犠牲の理想と規範とをくっきりと示す賢治の思想の仏教的基盤が感じられる。ごく手短かなあらすじは以下のようなものである（ここでは銀河のなかをいく汽車の旅を事細かに物語ることはあえて避ける）。

物語は教室で先生が生徒たちに銀河の正体はなにかと問うところから始まる。先生はジョバンニに答えるようにいうが、彼はほぼ確実に答えを知っているのに答えられない。ジョバンニの親友のカムパネルラも、おそらくジョバンニに恥をかかせたくない一心で答えない[16]。それで先生はみずから銀河の正体を説明する。次に情景は、母親が病気のためジョバンニが生活費をかせぐ活版所となる。かせいだ銀貨をもって、家で待つ母のために食料を買おうと彼はパン屋に急ぐ。家に帰ると彼は毎日配達される牛乳が届いているかと母親に尋ねる。彼女は届いたかどうか知らない。二人は北の地方で出稼ぎ漁師をしている父親のことを話題にする。父親は禁漁地区で漁をして監獄に捕らえられているという悪い噂があったが、ジョバンニはそんなことは信じない。彼は父親が次に戻るときにもってきてくれるラッコの毛皮の上着の話をする。その夜は銀河の祭であるケンタウル祭が行われようとしており、ジョバンニも母親のための牛乳をもとめがてら、それを見に行く。

途中で出会った学校の同級生のいじめっ子ザネリは、ラッコの毛皮の上着のことを口にしてジョバンニをからかう。ジョバンニはカムパネルラがこのグループのなかにいて、彼が冷やかされているあいだ、不愉快そうな顔をしつつも目をそらしたことに傷つく。悲しい気持ちで心がいっぱいになったジョバンニは、暗い丘のほうへ一人で向かう。その丘の頂上には「天気輪の柱[17]」がみえる。息を切らして悲しい気持ちのまま丘の頂上に着いた彼は、冷たい草に身を投げ出して、空を眺める。

突然ジョバンニは「銀河ステーション」という声を聞く。そしてこれが彼の銀河の旅の始まりなのだ。驚いたことにカムパネルラもいっしょの旅だ。ジョバンニは大喜びで彼に話しかける。するとカムパネルラはザネリの名を口にして、彼はこの汽車に間に合わなかったので父親と家に帰ったという。少し青い顔をしたカムパネルラは、母親が自分のしてしまったことを許してくれるかどうかと心配している。

---

14　モリタの翻訳を参照（Miyazawa, 1995, pp. 113-204）。

15　しかしながらこの作品の解釈はそう簡単ではない。その一因に、賢治が一〇年ものあいだこの作品に手を加えつづけ、最終的に未完のまま残したということがある。他方、この童話には四つの異なるヴァージョンがあり、そのうちの二つは部分的にしか残っていない。第三と第四のヴァージョンのあいだにはかなりの相違があり、いくつかの文章が削除され、あるいは加わったりしている。客観的評価の対象とするにはあまりに断片的で不十分な最初の二つは別にしたとしても、第三と第四のヴァージョンを読んだ人の価値判断もまちまちであることが、事態を一層複雑にしている。第四ヴァージョンつまり最後のものが必ずしも決定版に最も近いわけではない。というのは、著者が死ぬ前までこれに手をくわえつづけており、何人かの批評家は彼らの目からすれば重要と思われる第三ヴァージョンの文章を賢治が削除していることを嘆いてもいるからである。したがっていくつかのヴァリアントが存在する他の童話と比べても、文章校訂に明らかな問題があるのだ。こうした留保をあえて別にしてわれわれは最後のヴァージョンを問題にしよう。というのも、その理由の一つは、モリタが仏訳したのがこの第四ヴァージョンだからである。

16　ジョバンニ、カムパネルラといったイタリア人的な名前は、著者みずからが主要人物の名前につけたものだということを指摘しておきたい。これは一九二〇―三〇年代における日本の田舎に住んでいた人物としては、賢治の感性がとても「近代的」であったことを示す一例である。

17　この論文のためにわれわれはモリタの翻訳表現（le pilier du cycle des éléments（諸元素の循環する柱））を用いている。日本語では、この語は「Tenkirin no Hashira」という表現に相当し、いっそうの説明を要するものである。「Hashira」は「柱」を意味する。ところで「Tenkirin（天気輪）」とは、石柱か木柱の中程をくり抜き、そこに小さな輪をはめたもので、東北地方の寺や墓地の入り口でしばしば目にする。つまり「天気輪の柱」は、死者世界への入口の門を示唆している。仏訳の「諸元素の循環する柱」はこうした意味合いをあまり伝えていない。

ジョバンニは、彼がなんのことをいっているかあまりわからない。この旅のあいだに彼ら二人は、プリオシン海岸を訪ねたり、鳥を捕まえる男やタイタニック号〔訳注6〕で遭難した人々にあったりする。カムパネルラと一緒の旅が嬉しいジョバンニは、あるときは喜んだり、あるときは嫉妬したりする。自分とカムパネルラがこれからもいつもいっしょだと確認したく思っていた矢先、突然ジョバンニは彼を見失う。困惑して泣きわめくジョバンニは、再び丘の草原にいる自分に気づくのだ。ジョバンニは全速力で丘を駆け下りる。まず母親が待っている牛乳を探しにいき、さらに道をたどると、橋のところで人々がランプを手に集まっているのをみる。不安にかられたジョバンニは、何が起きたのかを知ろうと傍の人に問いかける。子どもが水に落ちたのだと誰かが答える。橋に向かって走っていくと、警官も含めた人々が川をみつめているのをみる。彼は橋から広い土手まで降りる。友人をみつけた彼は、なにが起きたか尋ねようとそちらのほうへ走っていく。その友人はザネリが舟から落ちたので、すぐに彼を助けようとカムパネルラが彼を追って飛び込んだという。そのおかげでザネリはなんとか舟にたどり着けたが、そのうちにカムパネルラのほうが行方不明になったのだ。驚愕したジョバンニは、皆が集まっている場所に向かう。その人々のなかにカムパネルラの父親がいた。父親は息子が水に落ちてから四五分が経過したので、もはや彼を探してもむだだと冷静にいう。さまざまにせめぎあう感情でいっぱいになったジョバンニは、友人の父親に何もいうことができず、母親の待つ自宅へと走っていく……。

これがこの複雑な童話をできるだけ短くまとめた内容である。物語の筋道は、ジョバンニの親友、カムパネルラの行動をめぐって構成されている。問題となっているのは、「意地悪な」ザネリを救うための一種の自己犠牲である。銀河を行く夜汽車が、実は、あの世への列車だと判明する。そしてジョバンニを除けば、死んだばかりの人だけがこれに乗れるのだ。ジョバンニが旅のあいだに体験したことの性質は故意に明らかにされず、これが彼の夢なのか、死者の国ないし「天国」の門への本当に特別な旅なのかわからない。

あらすじの説明で省いた旅のあいだには、象徴的に多岐にわたる意味をもつ多くのことがおこる。日本語で銀河を意味する「天の川」[18]という言葉は、文字通り天空の川を意味する。銀河を意味するヨーロッパの表現は「ミルクの道」という意味で、水という要素が牛乳という液体イメージを通してあるものの、日本語表現のほうが川のイメージを通じてもっと直接的に水の要素をもっている。もちろん銀河は数え切れない星の集合にすぎない。それら天体は燃えてきらめいている。ゆえに土と火の混合物に属している。われわれは夜空のずっと遠くに大きな河が存在しているような思いで夜空を眺める。水が空気（空）と大地と火（星）から滲み出るわけである。

プリオシン海岸では一人の学者が地質学の調査をしている。またしても海岸（水の近く）と地質学（大地）が互いに接近している。鳥をつかまえる人の場面でも、元素のイマジネールの反響と混交が存在している。彼がつかまえた鷺はお菓子の味がする。この鷺は空から降りてくるところを捕えられ、袋に入れられる。白くなり目を閉じる前に鷺は一瞬蛍のようにまたたく。つかまらずに砂に降りたった鷺は、足が砂に触れるや否ややせ細り、平たくなって砂浜に溶け込んでしまう。このように鳥のイメージがお菓子（砂糖の）、昆虫（蛍の）、押し花（平で、乾燥した）、砂（大地）のそれと混じり合う。食べもの、生物、すでに死んだもの、粉々に砕ける石。お菓子の鷺は童話の常套物をたどるようにみえる。にもかかわらず、常識と不可思議のあいだに開く深淵をなすものが、鷺が背景の砂に溶け混じるとき、姿を現すのだ。こ

18　この童話のタイトル「銀河鉄道の夜」は「銀河へと向かう汽車の夜」という意味である。

こにもまた、賢治において大地のイマジネールが優勢であることを示す一例がある。

他方で、この童話における元素についてのわれわれの議論がやや強引であることを認めねばならない。というのも、一般的な読者にとっては、メインテーマはむしろ他者の幸福を願い自己を犠牲にする蠍の火のエピソードにこそあるからだ。このことはジョバンニみずからの口で明白に語られる。[19] そう、おそらく、結局そのとおりなのだ。それでもなお、賢治のテクストから象徴的な諸元素を抽出しようとするわれわれの試みは、彼のイマジネールの「無意識」を浮き彫りにしうるという点で、それ自体の価値をもつ。この「無意識」はたしかに自然そのものによって感化されてはいるが、それだけではなく、あらゆる類の神話文化によっても影響を受けているのである。

以上の三つの童話を吟味したうえで、われわれは、賢治において大地のイマジネールこそが頻繁かつ支配的に作用していると結論できよう。特に石のイメージ（小石、岩、宝石、星、銀河等々）の頻出の点でそれは示されるのである。


バシュラールのインスピレーションに従って日本の詩人を「物質的に読み解く」この試みが、手探りでおそらく不器用な端緒的試みにすぎないことはよくわかっている。しかも、バシュラールと違ってわれわれのテクストへのアプローチは、多少巨視的で総合的すぎるかもしれない。彼に倣うには、全体の筋書きにも、一見したところ物語には重要でなさそうな細かな一節にも、もっと注意深くあらねばならないだろう。バシュラール的解読とは、それが短い一節におけるイメージの機械的な想起へと適用されるときに、その天才性を発揮する。この手法によってわれわれは、著者の心理現象と内的言語を生み出す力の源である「無意識の核心」に達する可能性を高めることだろう。残念ながら、この小論はその難易度の高い作業を実現したとはとてもいえないものである。

さらにわれわれの作業の射程を限界づけているのは、賢治がこの時代の日本の最も偉大な詩人の一人であるにもかかわらず、彼の詩作品をあたかも知らないかのごとくわれわれが振る舞っていることである。この言い落としの理由は主に彼の詩の難解さにある。しかし、こうして前進しさえすれば、それが賢治の実に豊かな作品を網羅的に理解しようと努める道筋のほんの一歩にすぎなくとも、物質的解読からは、彼の詩作に関しても豊かな他の成果をきっと引き出せることだろう。

日本の近現代の秀逸な詩人は賢治のほかにもいるのはいうまでもない。バシュラールのテクストを範例に用いつつ、同じような分析をあてはめるべく、他の一般の作家や詩人たちを探求するなら、興味深い作業の大いなる可能性の沃野がわれわれの前に広がることだろう。この小論は未来のそうした作業の可能性や振幅を示唆する不確かな一段階にすぎないのである。

〔訳注1〕この第一ヴァージョンには「風野又三郎」のタイトルがついている。

〔訳注2〕通例、日本語では「風の精」あるいは「風の妖精」と記述されるが、あえて金森のフランス語表記を尊重して「エルフ」とした。次の訳注で示すように、この語の選択自体に言語・文化を越境するにあたっての、金森の思索の跡が残されているからである。

〔訳注3〕北欧系神話における妖精の総称である。ギリシア神話の「ニンフ」と同様、自然崇拝が形をとったものと思われるが、「ニンフ」は女性の姿が一般的であるため、「エルフ」の語が選ばれたのだろう。

19 ジョバンニは次のようにいう。「カムパネルラ、また僕たち二人きりになったねえ、どこまでもどこまでも一緒に行こう。僕はもうあのさそりのようにほんとうにみんなの幸《さいわい》のためならば僕のからだなんか百ぺん灼《や》いてもかまわない」（Miyazawa, 1995, p. 197）。〔訳注：訳文は『銀河鉄道の夜』「宮沢賢治コレクション1」（筑摩書房）を参照〕

〔訳注4〕フランス語原文において、金森は一貫して「土」と「大地」に対して terre の語を用いている。terre という語を前にすると、フランス語を解する読者は文脈に応じて、日本語での「土」あるいは「大地」に相当するイメージを思い浮かべることができる。しかし「土」は日本語読者にとって必ずしも「大地」を想起させないし、その逆もしかりである。そのため訳し分ける必要があり、以下では文脈に応じて語を使い分ける。なお、エンペドクレス自身は『自然について』の断片B17で、四元素として火・空気・水・土を列挙した後、断片B21では、火を太陽に、空気を光に、水を雨に、そして土を大地にと、自在にイメージを入れ替えている。(Hermann Diels, Walther Krantz, *Die Fragmente der Vorsokratiker*, Bd.1, Weidmannsche, 1956. 内山勝利編『ソクラテス以前哲学者断片集』第II分冊、岩波書店、一九九七年)。

〔訳注5〕日本語の蜂雀は、ハチスズメと読む場合南米に生息する昆虫のように小さな青緑色の鳥、ハチドリをさし、ホウジャクと読めば雀蛾を意味する。金森はなぜか「蜂雀」を蛾と考え、モリタの仏訳「ハチドリ」は誤りだと主張する。しかし賢治の原文は、蜂雀の飛ぶ軌跡を青い輪と述べ、二羽の「はちすずめ」と表記しているので鳥と考えるのが妥当と思われる。

〔訳注6〕原典には船の名はないが、時代背景からして「タイタニック号」だと自明視されている。

## 参考文献リスト


Bachelard, Gaston (1942) *L'Eau et les rêves*, Paris, José Corti.『水と夢』小浜俊郎・桜木泰行訳、国文社、一九六九年、および及川馥訳、法政大学出版局、二〇〇八年。

Bachelard, G. (1948a) *La Terre et les rêveries de la volonté*, Paris, José Corti.『大地と意志の夢想』及川馥訳、思潮社、一九七二年。

Bachelard, G. (1948b) *La Terre et les rêveries du repos*, Paris, José Corti.『大地と休息の夢想』饗庭孝男訳、思潮社、一九七〇年。

Bachelard, G. (1949) *La Psychanalyse du feu*, Paris, Gallimard.『火の精神分析』前田耕作訳、せりか書房、一九九九年。

Bachelard, G. (1943) *L'air et les songes*, Paris, José Corti.『空と夢』宇佐見英治訳、法政大学出版局、一九六八年。

畑山博『宮沢賢治《宇宙羊水》への旅』NHK出版、一九九六年。

畑山博『宮沢賢治　幻の羅須地人協会授業』廣済堂出版、一九九六年。

片山正夫『化学本論』第二版、内田老鶴圃、一九一六年。

加藤碩一・青木正博『賢治と鉱物』工作舎、二〇一一年。

宮沢賢治『宮沢賢治全集』ちくま文庫、第五巻、一九八六年。

Miyazawa, Kenji (1995) *Train de nuit dans la voie lactée*（『銀河鉄道の夜』仏訳）Hélène Morita, Paris, Le Serpent à Plumes.

Miyazawa, Kenji (1997a) *Les Pieds nus de Lumière*, Hélène Morita, Paris, Le Serpent à Plumes.

Miyazawa, Kenji (1997b) *Le Diamant du Bouddha*, Hélène Morita, Paris, Le Serpent à Plumes.（『十力の金剛石』ほか仏訳）

Miyazawa, Kenji (2006) *Les Astres jumeaux*, Hélène Morita, Paris, Le Serpent à Plumes.

大塚常樹『宮沢賢治　心象の宇宙論《コスモロジー》』朝文社、一九九三年。

# 第二章　ガストン・バシュラールにおける実験装置の科学認識論

## 1　はじめに

ガストン・バシュラール（Gaston Bachelard, 1884-1962）は、フランスにおいて詩論関係の著作によってのみならず、科学認識論関係の著作によってもよく知られている。実際、彼の三〇冊ほどにもなる全著作のほぼ半数は、科学認識論に関係したものである。そして歴史研究と科学哲学との融合を実現しているものとして、フランスの科学哲学において正統な形式をもつ彼の科学認識論には、ジョルジュ・カンギレム（Georges Canguilhem, 1904-1995）、アンヌ・ファゴ＝ラルジョー（Anne Fagot-Largeault, 1938-）、ジル＝ガストン・グランジェ（Gilles-Gaston Granger, 1920-2016）、ルイ・アルチュセール（Louis Althusser, 1918-1990）といった、独創的で重要な哲学的伝統を形成する面々が関連づけられている。日本においては、彼の仕事の紹介の仕方のせいか、彼の名前が引用されるのは特に詩論関係の著作に関してである。その思考のこの二つの潮流について正確に評価しようということは、ここでの問題にはならないだろう。なぜなら、そうするためには精神の大変しなやかさが要求されることとなろうからだ。そのような精神のしなやかさとは実際にはたとえば、一方で量子力学を理解し、他方ではたとえばアンリ・ボスコ（Henri Bosco, 1888-1976）の叙情性を理解するといったことだろう。さらに、彼の詩論関係の著作が数多くの研究の対象となってきたからこそ、彼の科学認識論はわれわれの関心をそれ以上に惹きつけるものとなるのだ。したがって、われわれの論文はそれよりもずっと厳密で狭い射程のものとなるだろう。そうであるからといって、バシュラールが一五冊以上の著作を費やした問題のすべてを踏破することも、おそらく問題となりはしない。数ある彼の科学認識論の特徴のなかから、われわれは厳密なある主題に限定することにしよう。つまり、実験装置の哲学に関する主題に、である。彼の実験装置についての科学認識論は、機械の哲学、技術の哲学、装置の哲学などといったその派生的な主題を包摂しうる。実験装置の検討に際して、われわれが同時に技術の哲学の下絵にまで至ることを、われわれはとりわけ期待している。たしかに哲学者の観点からすると、実験装置は哲学者の概念的宇宙とはあまりなじみのない物事のうちの一つと考えうるのかもしれない。だがしかし、バシュラールの科学認識論はこの場違いな感じを十分に理解しているのであり、だからこそ彼の選択がある種の哲学的文法という点においてほとんど挑発的で偶像破壊的であると、われわれはいいたくなるのだろう。哲学者たちにショックを与えるという危険を冒して、バシュラールは哲学が技術と実験装置の領域にほとんど重要性を認めていないからこそ自分はこの主題を選んだのだと、喜んで主張しただろう。以上で導入的な注釈を終えたので、いまやわれわれは、バシュラールの実験装置の科学認識論をより具体的なやり方で検討しはじめることができる。

## 2　実験装置の哲学的価値

われわれは実験装置を扱うことになる、と少々近似的な仕方ではあるが、そのように述べた。しかし、実験装置の領域はそれだけで非常に多様である。その領域はレバーや滑車といった素朴な形式だけではなく、コンデンサやダイオードといった洗練された形式ももつ。だが、実験装置に固有である具体的な物質性はそれ固有の枠組みから逃れ、次いで純粋な観念性の領域へと上昇するといったことを拒む何かしら微小なものを有している。実験装置の近傍概念の一つである技術以上に、実験装置は物質的で具体的な実効性と緊密に結びついている。実験装置について哲学することは、それゆえまた、最初にそう信じることができたかもしれない以上に困難なものになる。実験装置の領域においては、それを機械の領域や技術の領域と比較するならば、幸か不幸かそれらのいずれも実験装置ほどあまり人目を惹くものではない。モルタルや石膏ベラは、タービンほどわれわれを怖気づかせることはなく、むしろわれわれを仕事へと駆り立てる。錬金術師の実験室のなかでは、カチャンという金属などがぶつかる音や何かが沸騰する音が時々掻き乱すだけの深い沈黙が支配している。それにもかかわらず実験装置は、その繊細さを知らないわけではない。偏光計や屈折計のような厳密な実験装置は、高度に進んだある種の技術性の、重要なある部分を実現している。各時代には、その実験装置の登録簿が存在するのであり、それによってどの程度までその時代が技術的な新規性を実効的な実現にまで結びつけることに成功していたのかということが示される。実験装置にはどこか知を表象するというところがあるのだ。

ところで、バシュラールの科学認識論もまた、実験装置の領域において認識的価値を第一のものと認めている。実験装置の精巧さが反省の深さと相関しているのである。新しい実験装置はその装置が実現される以前には、想像されることさえなかった新しい世界を発見させる。たとえば、ピエール＝ルイ・モロー・ド・モーペルテュイ（Pierre-Louis Moreau de Maupertuis, 1698-1759）は率直な驚きをもって、顕微鏡を用いた精液の観察内容について記述していなかっただろうか。「精液は非常に多様な方向に向けて無数の小さな魚たちが泳ぐ海であった」[1]。ところで、顕微鏡の導入がどれほど生物学の発展で決定的な役割を演じたのかということは知られている。この実験装置は他の実験装置同様、観察可能な測定の階梯を変化させた。このことの重要性はとても無視できるものではないということを忘れてはならない。バシュラールは一般的な命題のなかで次のように述べている。「実験家たちによってなされた努力を追いかけると、測定の問題がいわばその発展において、科学の歴史全体の根底にあることを確信させられる。測定の厳密化はわれわれがすでにみたように、ある時代の科学的方法を特徴づけているのである」[2]。科学的発展の歴史的な規定作用は、利用可能な実験装置のレベルとの関係で決められるのである。バシュラールは次のようにも述べている。「もっと鮮明でかつ疑似物質的なやり方で、測定の実験装置の技術によって科学のさまざまな年代を決定することができるかもしれない。流れ去っていったそれぞれの世紀は、特定の予測と、正確な小数点の集まりと、それ特有の実験装置の階梯をもっているのである」[3]。

また、すべての上位の階梯を基礎づけることのできる測定の最小値を決定することは、古典的な実証主義者に含まれる幾人かが正確な測定による数値的決定と科学的認識一般を同一のものとする考えにいたるほどに、彼らにとって関心の対象なのである。ウィリアム・トムソン（William Thomson, 1824-1907）による意見が、その最もよく知られた例の一つである。

物理科学においては、なんであれ主題となるものの認識に向かう歩みの最初の一歩は、数値計算のための原理を発見することであり、その主題と結びついている要素のいくつかの測定のための実践的方法を発見することである。私はしばしば次のようにいう。もしあなたが論じているものを測定することができて、それを数字で表現することができるなら、あなたはあなたの主題について何かしらを知ることになるのだ、と。しかし、もしあなたがそれを測定することができないなら、つまりそれを数字によって表現することができないなら、あなたの認識は非常に貧しいものであり、ほとんど満足のいくものではないのだ、と。そのような認識は認識の端緒ではありうるかもしれないが、それがどのような主題であれ、あなたの思考においては、あなたは〈科学〉のほうへとほとんど前進したことにはならないのだ、と。[4]

多くの科学者が多かれ少なかれ同じ意見を共有していた。その一方で、アンリ・ポアンカレ（Henri Poincaré, 1854-1912）は、かなり意表をついた描写によって同様のアイデアを開陳している。「仮に皮膚が熱の絶縁体であったとして、そしてその結果これまで冷たいという感覚も、熱いという感覚も経験したことがないという学者であったとしても、その人はほかの人とまったく同様によく温度計をみることがで

1　*P.-L. M. de Maupertuis, Vénus physique*, 1 part., cap. 4, p. 28.〔訳注1〕
2　*ECA*, chap. V, p. 69.
3　*FES*, chap. XI, pp. 216-217.
4　W. Thomson, *Conférences scientifiques*, II, P. 53.〔訳注2〕

きるだろうし、そのことは熱力学の全理論を構築するのに十分なものであるだろう」[5]。主観的といわれるようなデータが、科学的客観性を伴って十分に質的差異を表示するべく抑圧されているために、みずからの身体ではなく、その実験装置でのみ思考するような怪物を前にすることになるのだ！　だが、バシュラール自身も次のように述べていなかっただろうか？「しかし、顕微鏡の後ろにある眼はまったく実験装置化することを受け入れていたのであり、それ自身が装置の後ろにある装置になりさえしたのである」[6]と。ここにあるのは、ますます客観化が推し進められていくなかで脱臼し、分裂した主体であり、そこにおける実験装置はある疎外された受肉を表象している。たしかにそこには、かなり危うく疑わしいイデオロギーをみることができるかもしれないが、ここでの文脈においては、そうすることによってむしろ扱われる問題の高度に客観的な特徴を保証できる実験装置の実証的な側面を、指摘することとしよう。バシュラールは別のところで次のように述べている。

反対に、実験装置が洗練されていくにつれて、それらの科学的産物はますます明確になっていく。認識はそれが実験装置になるのに応じて客観的になるのだ。[7]

実際、測定の結果はときとしてあまりにも厳密であるために、その結果をなおも傷つける非常に小さい誤差を人は考慮に入れないほどである。感覚可能なほどの不一致をもたない微細な測定は、一般的合意を、議論のつけ入る隙を与えることなしに生み出す。厳密な測定によってこそ、対象は永続的で固定されたものとしてその姿を現すのであり、言い換えれば、対象は真の意味で対象として認識されるのである。[8]

心理学はバシュラールに確信を与えるのにはあまりに浮動的である。実験装置の巧みに組み合わされた物質だけがもっぱら信用に値する。扱われた現象の永続性は、その現象を測定する装置の質を保証し、発展した技術が疑い深い躊躇に立ち向かう。「反対に、技術はその対象を十分に実現するのである。その対象は生まれるために非常に多くの、そして非常に異なった諸条件を満足させなければならないために、あらゆる懐疑論による反論を免れている。それはまさしく事実による証明なのだ。[9]」

この実験装置の客観性の原因は、実験装置の存在が不慮のものによってぼかされた余白といったものを最初から排除していることからなる。

……あらゆる技術的な機械は、それだけで合理性の一領域である。たしかに、技術的な機械は非合理な使用をもたらす場合もありうるし、労働者はある種の配置を非合理な仕方で翻訳することもできる。しかし、誰にとっても明らかなものとなるのは、合理力学の原理に従った機能編成であって、非合理性は取り消される。〔訳注4〕機械のなかには非合理性は存在していないのであり、X線のための装置のなかに非合理性は存在しないのである。[10]

5 H. Poincaré, *La Science et l'Hypothèse*, chap. 6, pp. 129-130.〔訳注3〕『科学と仮説』河野伊三郎訳、岩波文庫、一九五九年。
6 *ARPC*, Intro., p. 11.
7 *FES*, chap. XI, p. 218.
8 *ECA*, chap. IV, p. 52.
9 *Ibid.*, chap. IX, p. 155.
10 *RA*, chap. IX, p. 178.

しかしこのやっかいもの、この自然な無秩序、自然が引き起こす無秩序は、自然を制限し、それらの無秩序を取り消す合理的で技術的な組織化の力をよりよく理解させるだけである。技術的な因果性は、自然のカオス的因果性にもかかわらず、しっかりと確立されるのである[11]。

「撹乱的な運動を陰伏的な力によって妨害すべしというのが、機械の本質そのものに内属する原理である」(『理論運動学』〔一八七五年〕)というフランツ・ルーロー(Franz Reuleaux, 1829-1905)による文章を引用しながら、著者の立場としてバシュラールは、「言い換えれば、機械は原則として誤ることがないということ、つまり安全性の範囲内で機械は絶対的かつ自動的に正確なのである」というアイデアを展開している[12]。

この厳格な規定と計算された予見を前にして、バシュラールはわれわれに機械の目的因を喚起させる。「ある機械装置が十分に理解されるためには、われわれがその機械装置の純粋で単純な記述に加えて、たえず繰り返される判断を生じさせる手段と目的の調和を検討しなければならない。テクノロジーは目的の支配のもとで発展するのである[13]」。驚くべき警告だ。というのも事実に則るならば、近代力学は、むしろアリストテレスの目的論を排除することで、正道を見出したと信じていたからだ。バシュラールに従えば、目的因は実験装置の存在に形式的に埋め込まれている。しかし、もしこのことが単にある実験装置はつねに何かしらの目的のために制作されたものであるということだけを意味するのであれば、その主張はむしろありきたりなものだろう。重要なのは、撹乱させる物質性による恒常的な抵抗にもかかわらず、合理性がそこにおいて具体化されるということのうちに、ある実験装置の特殊な形式が存する、という事実に注意することである。通常の実験装置においては、合理的な繊細さが非合理な浮動性を抑圧することができる。
ところで、偶然性を廃棄することは、否定的な働きによって可能な限り実効的でもあるやり方でなされるのである。

実際のところひとつの装置は、もしこのように表現することが許されるなら、否定的にも肯定的にも記述しうる。装置の定義は、それが免れている攪乱によっても、あるいは攪乱を分離する技術によってもなしうるが、よく定義された影響を無視することができることに対して与えられた保証によっても、要するにその装置が閉鎖系を閉じ込めているという事実によってもなされうる。現象を閉鎖したものにしておくのは、遮蔽板、覆い、固定装置といったものの複合体である。こうして立ち上げられた否定性こそが、現代物理学の装置なのであり、これは未規定な現象学的な介入の可能性をだらだらと肯定することを禁じているのである。[14]

よく規定されたその機能によって、装置はそれ固有の量化する対象とは何の関係もない現象を退けることを物象化する。実験装置の一義性は、十分に調整された装置配列が、それ自体が意味を欠くとはいえない別の現象に余地を残さない、という事実に基づいている。

11 *ARPC*, Conclusion, p. 306.
12 *ECA*, chap. IX, p. 160.
13 *Ibid.*, p. 160.
14 *FES*, chap. XI, pp. 222-223.

ある実験装置の機能的な実効性は、われわれを技術者によって長いあいだ熟慮された構想へと差し戻す。ここにもまた深く考えるべきもう一つの命題がある。「測定の実験装置は、いつも最終的にはある理論へと行きつくのであり、顕微鏡は眼を延長するというよりもむしろ精神を延長するのである」[15]。選択的な否定性を物象化したものであることによって、実験装置は連続的な反省の具体化でもありうる。

そのとき現象は区分けされ、ふるい分けられ、純化され、実験装置の鋳型に流し込まれ、実験装置の平面の上で生み出される。ところで、実験装置は物質化された理論であるにすぎない。そこから出てくるのは、全身に理論の刻印を押された現象なのである[16]。

実験装置は、現代科学においては真の意味で物象化した定理である。〔…中略…〕仮説は実験装置の観点から調整されなければならないということがわかる。ミリカンの装置やシュテルン－ゲルラッハの装置といった装置類は、電子や原子と直接的にかかわるものと考えられている[17]。

反省は、実験装置の存在に向き合うとき、知覚よりも優位なものとなるのだが、このことは実験装置の生成である実験装置化 instrumentalisation が問題であるとき、つまり実験装置の実現のプロセスが問題であるときに、ずっと鮮明なものになる。叡智論的な構成の能力としての反省の自由のおかげで、自然性の規準は、ある種の数世紀来の価値を失うことになる。「質量分析器のなかでアイソトープを分離するのに役立つ粒子の軌跡は、自然のなかには実在しない。それは技術的な仕方で生み出さなければならない。その軌跡は物象化された定理である[18]」。

ところで以上のことは、その物質性に恒久的に従属させられる実験装置よりも、自由による理論的反省のほうがつねに有効であるということを必ずしも導かない。物質の牢獄から自由である正しい推論は、科学的発見に到達するためにいつも十分であるわけではないのだ。シャトレ侯爵夫人（Émilie du Châtelet, 1706-1749）は、一八世紀に次のように述べていた。「もし運動が火を生み出すのであれば、冷水は強く振動されると熱くなるだろう。しかしそれは感覚可能な仕方までにはならない。もし水が熱せられるとしても、それは極めて困難である」[19]。彼女の推論はその原理においては正しかったことを認めなければならない。温度のわずかな上昇を検知するのに十分繊細な実験装置を彼女が用意することができなかったという事実によってのみ、彼女は自身の反省がそれ以上追跡するに足る価値をもたないと結論づけなければならなかったのである。このジェームズ・プレスコット・ジュール（James Prescott Joule, 1818-1889）の熱力学との疑似的な等価物は、かくして無へと帰ったのだ。

バシュラールは、合理的認識と実験装置技術の相互依存性を忘れることはない。「最後に、実験の条件とは、実験化の条件である。このちょっとしたニュアンスが、科学的精神のまったく新しい側面を与えている。というのも、このニュアンスは、前もって考えられた理論的計画を実現するという技術的困難を強調しているからだ。実在による教えが価値をもつのは、それが理性による実現を示唆する限りに

15 *Ibid.*, chap. XII, p. 242.
16 *NES*, Intro., p. 16.
17 *LA*, chap. VI, pp. 140-141.
18 *RA*, chap. VI, p. 103.
19 次に引用 *FES*, chap. XI, p. 218.

おいてであるにすぎない」[20]。思考することと実現することは、異なる二つの事柄である。そして科学の実践においては、すべての理論的な予測が同じだけの実効性をともなって認められるわけではない。学者のなかには、彼の全人生を、与えられた問題の物質的な解決を探求することにささげる者もいる。そのうえ忘れてはならないのは、実現することと存在することは同義ではない、ということだ。実験装置によって提起された問題が純粋に認識論的であるような場を離れる瞬間がやってくるのであり、その結果その問題は、それがもつやり方で存在論的な問いに触れる微細な領域へと入っていくのである。
実験装置はそれに固有の存在論をもっている。以下のものが実験装置の存在論だ。

……測定されるものは実在しているのであり、測定が厳密であるのに比例して、測定されるものは認識されるのである[21]。

他面では測定こそ存在の永続性を保証し、この存在をその正しい場所に統合し、最終的に科学的存在論を正当化する[22]。

実験室の現象の歴史は、きわめて正確に現象の測定の歴史である。現象はその測定と同時的である。因果性はある意味で、われわれの実験装置によって凝固させられる[23]。

この容易さは、現代の科学的思考の本質的な実験装置性と対になっている。現代科学の科学的現象は、真の意味で装置を動かす瞬間に始まる。したがって、ここでの現象とは装置的現象なのである。[24]

〔この語のバシュラール的な意味での〕科学的「現象〔の〕学」は、多次元的である。そして、複雑な階層構成をもつその構造を保証しているのは、まさに実験装置の永続的な物質性である。現象の各レベルにおいて、特別な仕方で配置された実験装置は、それに固有の機能を実効化する。たとえば、ある実験装置は微細な物的出来事を把握するための感受性が与えられている〔写真乾板上への光子の照射〕一方で、別の実験装置は山の高さを測定することになる。心理学的で生理学的な継起から自由になることで、実験装置の非人間的な規則性が、実験装置の物質性のなかに、研究者によって長いあいだ積み重ねられてきた科学的反省すらも濃縮させるのである。〔科学的〕現象の同一性はそれを同定する実験装置によって確かなものとなる。そして、実験装置的技術が理論に依存していたことはすでにみたので〔実験装置は物象化した定理であった〕、科学的現象もまた、理論的規定可能性と共外延的であるということが結論されなければならない。このきわめて繊細な認識論的‐存在論的な錯綜を表現するために、バシュラールは、「現象工学 phénoménotechnique」という新造語を導入する。

20 *NES*, Intro., p. 13.
21 *ECA*, chap. IV, pp. 52-53.
22 *Ibid.*, chap. IV, p. 53.
23 *DD*, chap. III, p. 63.
24 *ARPC*, Intro., pp. 10-11.

真の科学的現象〔の〕学は、したがって、まさに本質的な観点から現象工学である。現象工学は、現れるものの背後に透けてみえるものを強化する。[25]

現象工学は現象学を延長する。ある概念はそれが技術的になるにしたがって、つまりその概念が実現の技術を伴うにしたがって科学的になる。[26]

適応合理主義は技術性による証明を与えるのだが、それは一般的な懐疑を退ける行為横断的な哲学philosophie transactionnelleである。現象工学の変奏力は、哲学の新しい審級である。それは実現されたものによって実在を二重化するのだ。[27]

ここには、他のところと同様、古典的な経験論の素朴な実在論が、凝固した時代遅れの存在論であるとして全体的に追い払われている。「したがって、わたしたちは以下のように述べることができる。その場合、数理物理学は、科学的経験論に閉じこもろうとする現象学とはまったく違う知性学nouménologieと一致するのだ、と。この知性学は新しい現象が単に発見されるのではなく発明され、あらゆる断片から構成される際の現象工学を明らかにする[28]」。進んだ物理学において、現象はありのままの形では与えられない。したがって学者は、その間接的な物質的な痕跡を通して現象を構築し、解釈しなければならない。現象は技術的にも理論的にも媒介されているのだ。われわれはここに、バシュラールの科学認識論と英語圏の科学哲学の伝統との一致を見出す。科学的事実がもつ理論的特徴についてのノーウッド・ラッセル・ハンソン（Norwood Russell Hanson, 1924-1967）の注釈を想起すれば、われわれには十分である。科学的事実の新しい存在論についてよく意識するためには、あらゆるやり方で実験装置の科学認識論に光を当てることの重要性に注目することが必要であるだろう。

結論にいたるまえに、バシュラールが実験装置の存在論の非連続性という特徴を示唆するために、以下のパラグラフで練り上げた〈実験装置の原子〉という語について一言述べておくことにしよう。「このような抽象化は、問題となっている装置の感受性の限界に到達するようになるまさにそのときに、座礁することになる。それぞれの実験装置とそれぞれの技術には、ジョージ・バークリ（George Berkeley, 1685-1753）の「視覚可能な最小量」を一般化して実験装置の原子と呼ぶことのできるようなものが対応しているのである」[29]。現象が実験装置のさまざまな能力と共外延的であるものと考えられるならば、この能力をこえてまでその現象の同一性を保存することは断念しなければならない。奇妙なことにも、この概念はカンギレムの以下のパラグラフにおいて、もっとうまく表現されている。「マリー・フランソワ・グザヴィエ・ビシャ（Marie François Xavier Bichat, 1771-1802）は顕微鏡を好んでいなかった。おそらくそれは、フランソワ・マジャンディ（François Magendie, 1783-1855）に従ってマルク・クライン（Marc Klein, 1905-1975）がそう示唆するように、ビシャが顕微鏡をうまく使うことができなかったからではないだろうか。ビシャはメスを好んだし、解剖学的秩序において彼が最終要素と呼ぶものは、メスによって切除し、切

25　*NES*, Intro. p. 13.
26　*FES*, chap. III, p. 61.
27　*MR*, chap. VII, p. 197.
28　*E*, 1, pp. 18-19.
29　*ECA*, chap. IV, p. 63.

り離すことができるものなのである」[30]。メス－実験装置の能力は、いかなる生理学的実体も、その外では考えることのできない唯一の存在論をもたらす。実験装置がもつそれ自身との同一性は、存在と無のあいだで境界画定を行う線として役に立つこの閾が気まぐれに動きまわることを禁ずる。曖昧な存在論の連続的な浮動性といったものは、実験装置の堅固な物質性によって働かなくなる。現象の液状化は（たとえそれが存在するにしても）、偶然的な誤差という枠組みに分類されなければならない。実験装置の存在論は、けっして調子のよい迎合的なものではないが、構成的で累積的であるといった、それがもつ並外れた特徴がそのことから生じるのである。

## 3　知の物象化

伝統的なマルクス主義の用語において、物象化（Verdinglichung, Versachlichung）という語彙は、ほとんど常に否定的なコノテーションをもっていたのであり、そのコノテーションによって、資本主義システムのただなかで解体された労働主体の悲惨な特徴や、消費という純粋な機能に縮約された人間存在を右往左往させる市場－対象の物心崇拝的特徴が表現されてきた。ジョルジュ・ルカーチ（György Lukács, 1885-1971）の『歴史と階級意識』（一九二三年）という有名な著作のなかで、この用語が担う重要な位置について想起するには及ばないだろう。もっと目立たない文脈で探すなら、社会主義者や共産主義者の議論のそこかしこにこの語を見出すことができる。例を一つだけ引用するにとどめよう。ジャン＝ポール・サルトル（Jean-Paul Sartre, 1905-1980）の『弁証法的理性批判』（一九六〇年）の第一部のC－二章は、事実、一般化された物象化についての反省に割かれていると考えることができる。とはいえわれわれは、この伝統への反論をここで定式化するつもりは毛頭ないのであって、もっぱらやろうとするのは、ある種の文脈において物象化という用語に肯定的な意味作用を付与することで、この用語に含みをもたせようとすることである。たしかにカール・マルクス（Karl Marx, 1818-1883）自身は、人間の労働が物質的対象の形に具体化され、凝集されたあとでのみ、ある種の価値を手にすることができるということを無視してはいなかった。しかし、この事実はこの概念の否定的なコノテーションを和らげることができるブレーキとしてはまったく機能しなかったのだ。

ところでわれわれの議論においては、われわれがその意味作用をみてきたバシュラールの実験性との関係にこの〔物象化という〕概念を置くことで、この概念を反対から読ませるものとなっている。哲学の伝統では、物象化も実験装置も概念としては好意的な運命をもたないという事実を考えるなら、これは奇妙な試みである。実験装置の、という形容詞はむしろ考察されている名詞の重要性を引き下げるために用いられる。しかし、省察された合理性と選択的な否定性を実験装置が物象化するというバシュラールのアイデアをいまや知ることによって、われわれは次のように述べることができる。すなわち、実験装置性とは、ある意味で、休息の哲学のための予備課程を粗書きするのに役立つのだ、と。

技術者が解くべき問題の難しさに苦しんでいるあいだの時間は、実験装置化〔実験装置の生成〕の一連の手続きに対応している。忘却、しり込み、誤解という百年周期での不幸を考慮に入れないがゆえに、知的な集中は日常の些事によってあまりに頻繁に邪魔されるのだ。可能な限り速やかに良い結果に到達しようとして、自分自身の理性を機械化する夢をみない者がいるだろうか。たとえ理性それ自体を機械化

30　G. Canguilhem, *La connaissance de la vie*, II, p. 64.『生命の認識』杉山吉弘訳、法政大学出版局、二〇〇二年。

するにいたらないにしても、繰り返すことや、すでに獲得したことを忘れることや、躊躇したことで従うべき道をとうとう失ったりすることを避けるために、人は道標を立てようとしてきた。そしてこの道標こそが、まさに実験装置と呼ばれるのである。〔そのとき〕実験装置は、実験装置化の生成を免れた存在になる。すでになされたことは、いまだなされていないことよりもより高く評価される。この緻密性のおかげで、心理的な動揺を恐れる必要がもはやなくなる。実験装置はより多くでもより少なくでもない仕方で存在するものである。このような存在になることで、技術者は最終的に平穏を得ることができる。というのも、彼はそれを作動させるのにボタンを押すだけで済むからだ。骨の折れる苦しみのあとでの休息。イラつかせる緊張のあとの平穏。この意味においてこそ、実験装置は知を物象化するのである。そして、実験装置が発見と創造の律動的な努力によって順を追って完全なものになりうるという事実は、実験装置の肯定的な価値を取り払うことはない。それは常に、より高度なところに位置づけられる別の実験装置化のための出発点を固定するのに役立つのである。物象化の概念は政治経済と社会学の重大な領域からこのように離れることで、実験装置の領域でみずからの価値を高める小さな曲り角を見出す。この価値の向上はたしかにつかの間のものであって、最終的にはそれ自体は実験装置には属さない何かであるところの創造的精神に、その向上は依存している。だが、実験装置を取り巻くこのはかなさは、ある意味でこのニュアンスの問いに所在しているのだ。

われわれは、実験装置についてのバシュラール哲学の本質について述べたと信じている。しかし、この論文を閉じる前に、われわれはバシュラールのもう一つ別のパラグラフを引用したいと思う。そこでは、実験装置がその水準にまで上昇することなどいわば出来っこないのだとする「概念可能性concevabilité」の自律的な価値について考察することが問われている。

しかし、実現不可能な経験の組み合わせは、キャンベル氏も注意するように、可能な経験に関する予見へと非常にうまく導くことができる。最初の経験が概念可能であるということを議論するためにはそれで十分である。したがって、最初にこだわる必要があろうものは、諸原理の概念可能性に対する単純な問いだ。次に概念可能であるものが可能であるという公準が措定されることになる。言い換えれば、アプリオリな可能性に言及することになるのであって、そのアプリオリな可能性はいかなる経験によっても教えられず、合理的な不可能性の限界によってのみ保証されるのである。したがって、わたしたちが信じるところによれば、実在の可能性を理想的なものの可能性とするために、実在の可能性のほうをいくばくか拡大したことになるのだ[31]。

われわれが実験装置について述べたすべてのあとでも、実験装置的ではない合理性の豊かさがいまなおその価値を保存しているようだ。ところで、錬金術の伝統が得た結果の不正確さについて語りながら、アレクサンドル・コイレ（Alexandre Koyré, 1892-1964）は、「錬金術に欠けているのは温度計ではない。欠けているのは、熱は正確な測定を受け入れることができるという理念だ[32]」と述べている。また、別の実験装置化が実験装置を十全に実現するためのその努力を実効化する生成的な場を規定するのは、実験装置それ自体ではありえない。それは思考する精神によって把握されたインスピレーションであり、それは物質的なくびきからかくも自由なものであるので、その必要条件として知解可能であることのみをも

31 *VIR*, chap. IV, p. 143.
32 A. Koyré, *Études d'histoire de la pensée philosophique*, p. 350.

つのである。知解可能性はかくして実験装置性を包摂するのだ。
しかし結論を急がないようにしよう。最後の注意がこれまでのすべての議論を一撃のもとで廃棄するわけではないのだ。ちょっと寄り道することで非物質的である精神の優位性を再確認することが問題なのではない。この最後の注意はバシュラールの率直さの印であるといおう。バシュラールは、味方の緻密さを過大評価し、敵の緻密さを過小評価することがあまりにも多いステレオタイプの哲学的議論を模倣しようと望んだりはしていなかった。実験装置の哲学は、最後の留保にもかかわらず、注目されるに値する。技術的領域がわれわれの活動とわれわれの環境の不可欠な一部となっている現在の社会において、実験装置のあまりにも安易な断罪は怠惰な不用意さの印でしかないのであって、もし実験装置的ではない知性がいまなお物質的な痕跡を乗り越えるのだとしても、知性が示す効力の大部分は実験装置という、みたところ屍に極めて近い痕跡のなかにこそあるのだ。

〔訳注1〕原著論文では p.22 と指示されている。ただしモーペルテュイの *Vénus physique* のどの版のものかの指示がなかったため、本文中ではここで参照している一七四五年版の頁数を記した。
〔訳注2〕この引用はおそらくバシュラールの著作からの孫引きであり、版と頁数が記されていない。ここではトムソンの一八九三年の仏語訳を参照し、それの頁数を記した。
〔訳注3〕原著論文では pp.135-136 と指示されている。ただし、ポアンカレの *La Science et l'Hypothèse* のどの版のものかの指示がなかったため、本文中ではここで参照している一九〇二年版の頁数を記した。
〔訳注4〕この「取り消される」はバシュラールの原論文ではイタリックにより強調されていたが、これを引用した著者によってこの強調は意図的かどうか定かではないがなくされていた。ここでは金森の引用を尊重し、強調はなしとした。

## 文献一覧


Bachelard, Gaston (1928) *Éssai sur la connaissance approché*, Paris, J.Vrin.『近似的認識試論』豊田彰・及川馥・片山洋之介訳、国文社、一九八二年。

Bachelard, Gaston (1929) *La valeur inductive de la relativité*, Paris, J. Vrin.

Bachelard, Gaston (1933) *Les intuitions atomistiques, essai de classification*, Paris, J. Vrin.『原子と直観』豊田彰訳、国文社、一九七七年。

Bachelard, Gaston (1934) *Le nouvel esprit scientifique*, Paris, PUF.『新しい科学的精神』関根克彦訳、中央公論社、一九七六年。

Bachelard, Gaston (1936) *La dialectique de la durée,* Paris, PUF.『持続の弁証法』掛下栄一郎訳、国文社、一九七六年。

Bachelard, Gaston (1938) *La formation de l'ésprit scientifique. Contribution à une psychanalyse de la connaissance objective,* Paris, J. Vrin.『科学的精神の形成：対象認識の精神分析のために』及川馥訳、平凡社、二〇一二年。

Bachelard, Gaston (1949) *Le rationalisme appliqué,* Paris, PUF.『適応合理主義』金森修訳、国文社、一九八九年。

Bachelard, Gaston (1951) *L'activité rationaliste de la physique contemporaine*, Paris, PUF.

Bachelard, Gaston (1953) *Le matérialisme rationnel*, Paris, PUF.

Bachelard, Gaston (1970) *Études,* Paris, J. Vrin.

Canguilhem, Georges (1965) *La connaissance de la vie,* Paris, J. Vrin.『生命の認識』杉山吉弘訳、法政大学

出版局、二〇〇二年。

Koyré, Alexandre (1971) *Études d'histoire de la pensée philosophique,* Paris, Gallimard.

Maupertuis, Pierre-Louis Moreau de, (1745) *Vénus physique.*

Poincaré, Henri (1902) *La Science et l'Hypothèse*, Paris, Flammarion.『科学と仮説』河野伊三郎訳、岩波文庫、一九五九年。

Thomson, William (1893) *Conférences scientifiques et Allocutions sur la constitution de la matière*, traduites et annotées sur la 2e édition par P. Lugol, Gauthier-Villars.

## G・バシュラール著作の略号一覧

ARPC *L'activité rationaliste de la physique contemporaine*, Paris, PUF, 1951.

DD *La dialectique de la durée*, Paris, PUF, 1936.『持続の弁証法』掛下栄一郎訳、国文社、一九七六年。

E *Études*, Paris, J. Vrin, 1970.

ECA *Éssai sur la connaissance approchée*, Paris, J. Vrin, 1928.『近似的認識試論』豊田彰・及川馥・片山洋之介訳、国文社、一九八二年。

FES *La formation de l'esprit scientifique. Contribution à une psychanalyse de la connaissance objective*, Paris, J. Vrin, 1938.『科学的精神の形成：対象認識の精神分析のために』及川馥訳、平凡社、二〇一二年。

IA *Les intuitions atomistiques, essai de classification*, Paris, J. Vrin, 1933.『原子と直観』豊田彰訳、国文社、一九七七年。

MR *Le matérialisme rationnel*, Paris, PUF, 1953.

NES *Le nouvel esprit scientifique*, Paris, PUF, 1934.『新しい科学的精神』関根克彦訳、中央公論社、一九七六年。

RA *Le rationalisme appliqué*, Paris, PUF, 1949.『適応合理主義』金森修訳、国文社、一九八九年。

VIR *La valeur inductive de la relativité*, Paris, J. Vrin, 1929.

# 第三章　一瞬の形態を固定する——ベルクソン論

## 1　思考の連続写真

エピステモローグ（科学認識論研究者）としてわれわれにできることは、アンリ・ベルクソン哲学そのものについて深く分析するようなことではなく、むしろいささか離れたところから外在的にベルクソン哲学を観察することである。ここでわれわれがあまり整理されていない形で行うのは、かくも美しいベルクソン（Henri Bergson, 1859-1941）の形而上学的構造物を単に貶めようとするものではないにせよ、ベルクソンの美しさに比していささか不格好な試みではある。その試みにおいてわれわれは、ベルクソン的持続についての言説の領野からは外れた資料を参照する。主題は、ベルクソンへの知性主義的アプローチである。もちろんこれはきわどいアプローチだが、ベルクソンにとって本質的な意味をもつ。具体的にいうと、われわれは二人のフランス思想家を分析する。一人は明白に反ベルクソン的であり、もう一人はベルクソン的世界観への距離という点では前者より曖昧だが、結局のところベルクソン的持続への反対者として位置づけることができる。一人目は、現代のエピステモローグであるフランソワ・ダゴニェ（François Dagognet, 1924-2015）であり、二人目はアラン（Alain, 1868-1951）である。ただし、アランといっても、ジョルジュ・カンギレム（Georges Canguilhem, 1904-1995）が練りあげた視点から見たアランである。

一般的にいって、批判とはその対象となる議論の限界や欠陥を解明するために行うものである。その著者が思想家として何らかの偉大さをもっているにしても。とはいえ、分析対象がもつ潜在的な豊かさや隠れた深みを押しつぶすだけで終わってしまうような批判もある。批判対象の言説の領野の入り口で立ち止まってしまい、批判している事柄について実質的な影響を及ぼさないような批判もある。そうしたことを承知してはいるが、ベルクソン的持続に対するこの批判的な論文が、特にダゴニェの事例については、そうした生産的でない種類の批判になっていないかどうか、まったく自信がない。とはいえ、ベルクソン的世界観の構造をより精緻なものにする可能性を引き出せるのではないかという希望をもって、議論を始めよう。ベルクソン的世界観の有効性に限界があるとすれば、それを明らかにすることも、われわれの議論に含まれる。

周知のように、ダゴニェの諸作品は、カンギレム世代以降のフランス・エピステモロジーの発展に一時代を画するものである。いうまでもなく、われわれはこの論文で彼の仕事の全体を分析する意図などもっていない。なにしろダゴニェは、現時点で六〇冊を超える著作がある本当に多産な著者として知られているのだから。われわれが明らかにしたいことは単に、彼の膨大な仕事が含むさまざまな主題のうちの少なくとも一つとして、知的世界の確立があるということだけである。そうした世界は、ベルクソンの議論全体、とりわけ持続についての根本的なインスピレーションに正面切って反論するもの、あるいは実質的にその価値を引き下げるものである。

ダゴニェが彼の議論の流れのなかで行ったベルクソンに関する断片的な否定的言及を引用するだけで事足れりとするなら、どれを取り上げたらよいのか迷うほどにある。たとえば彼は、『ネオ唯物論』（一九八五年）で、高度に技術化された新たな物質世界の価値を高く評価している。これはある意味ではバシュラール（Gaston Bachelard, 1884-1962）の『合理的唯物論』[1]（一九五三年）における議論を発展させたものである。同時に彼は、伝統的形而上学が物質の柔軟性や創造的性格の価値を貶める傾向をもつことを暴き出している。彼がベルクソンを引用するのは、そうした文脈においてなのである。[2]『われわれの世界の発明』（一九九五年）で工業や工場について語るとき、ダゴニェは常にそうしたインスピレーションに従っている。こうした文脈において、彼は何人かの哲学者を工業社会の批判者として参照するが、そのなかにベルクソンも含まれている。[3]

加えていうと、ダゴニェのベルクソン批判には何らかの体系性があるような印象を受ける。たとえば、彼が『意識に直接与えられているものについての試論』（一八八九年）を『測定についての考察』（一九九三年）で引用するのは、哲学が空間的数値的なものに対してとかく難癖をつける傾向をもつことを描き出すためである。[4]またダゴニェは、『脳という城塞』（一九九二年）で長大な議論をくりひろげ、ベルクソンが『物質と記憶』（一八九六年）で展開した脳の機能局在説批判に対して否定的な見方を示している。[5]『創造的進化』（一九〇七年）は、『物体礼賛』（一九八九年）で扱われている。それは、古典的な心身二元論において物

1　Gaston Bachelard, *Le Matérialisme rationel*, Paris, PUF, 1953.
2　François Dagognet, *Rematérialiser*, Paris, J. Vrin, 1985, chap.1, p.17.『ネオ唯物論』大小田重夫訳、法政大学出版局、二〇一〇年。
3　François Dagognet, *L'Invention de notre monde*, La Versanne, Encre Marine, 1995, chap.4.
4　François Dagognet, *Réflexions sur la mesure*, La Versanne, Encre Marine, 1993, chap.1, p. 48, sq.

体が常に難癖をつけられてきたと語る一節においてである。[6] 最後に、『今日の技術のために』（一九九二年）でダゴニェは、質素礼賛の典型的な主張として『道徳と宗教の二源泉』（一九三二年）の一節を引用し、そうした主張を問題視している。[7] たしかに、こうした否定的な参照はいずれもその場限りの言及にすぎず、批判として十分に展開されたわけではない。そうはいっても、ベルクソンの四大主著がそれぞれ、ある種の執拗さをもって言及され、引用されていることは間違いない。それゆえ、一見するとダゴニェにはベルクソンへの特別なこだわりがないかのようにみえるとしても、彼がベルクソン的世界観を破壊するために対抗的な議論を細心の注意を払って体系的に練りあげたのだという印象をもたざるをえないのである。[8]

名指しか名指しでないかを問わず、ベルクソン哲学に言及したダゴニェの一節をこうした仕方でいくらでも引用して、われわれの議論を補強することができるだろう。しかし、それではいささかうんざりするだけである。そこで、あと二つの例だけ加えることで満足しよう。そこではダゴニェはもう少し詳細な仕方で反ベルクソン的な議論を展開している。

（A）ここで引用したい一例目は、『具象空間の認識論』[9]（一九七七年）である。マリイヴォンヌ・ル・ベール（Maryvonne Le Berre, 1940-2012）によると、地理学一般について書かれたこの本は、地理学界のど真ん中に相当のショックを与えたが、最終的にはそこにポジティブな空気を吹き込むものであった。つまりこの本は、地理学を亜流ではない本物の科学として、他の自然科学や人文科学に従属しない自律的な独自の知として復権させたのである。[10] しかしもちろん、この本の意義は地理学内部にとどまるものではない。一九八四年にすでに、イヴ・ミショー（Yves Michaud, 1944-）は、その時点までに出版されたダゴニェの諸作品全体のなかにあってもこの本がとりわけ高い価値をもつと主張している。隠された本質を否定し、表面や痕跡（地理学の場合は化石や小石や地表）から微細な情報を読み取ろうとするダゴニェのハイパー現象主義宣言に注意を向けつつ、ミショーはこの本が重要な決定的作品であると結論した[11]。

もちろん、本論文の文脈では、こうした高評価はこの本をわざわざ参照する十分な理由とはならない。この本を通じて、とりわけ反ベルクソン的世界観を構築しようとするダゴニェの議論に接近を試みることにする。先に、この本は地理学に関するものだと書いたが、実はこの本は地形学や地質学などの近接領域も同様に扱っている。反ベルクソン的な概念的世界を鍛えあげようとする著者の意図を巧みに描き出す箇所はいくつもあるが、そのなかでも特に、第二章でダゴニェがチャールズ・ダーウィン（Charles

---

5 François Dagognet, *Le Cerveau citadelle*, Paris, Laboratoires Delagrange, 1992. とりわけ「脳の領域特異性」を参照。その他にも、『物質と記憶』を明確に名指さずに（といってもほとんど名指したも同然だが）参照した箇所もある。それは、『未来への記憶』（*Mémoire pour l'avenir*, Paris, J.Vrin, 1979, Conclusion, p. 199）で、最新の情報技術と情報の自動圧縮についての一連の記述を行った後に、「物質と記憶」と「物質的記憶」とを対比した箇所である。こうした参照は明らかに、ベルクソンは少々時代遅れの議論だ、あるいは少なくとも一面的な議論だという印象を与えるために行われている。

6 François Dagognet, *Éloge de l'objet*, Paris, J. Vrin, 1989, chap.2. とりわけ pp. 60-61をみよ。

7 François Dagognet, *Pour l'art d'aujourd'hui*, Paris, Dis voir, 1992, chap.1, pp. 18-19.

8 批判は隠れた形で、名指さずに行われる場合もある。たとえばダゴニェが放浪と定住の二分法について議論し、後者を高く評価するとき、彼は可動性一般についてのベルクソンの議論の射程を減じることを、直接的ではないにせよ考えている。

9 François Dagognet, *Une épistémologie de l'espace concret*, Paris, J. Vrin, 1977.『具象空間の認識論』金森修訳、法政大学出版局、一九八七年。以後、*EEC*と略記する。

10 Maryvonne Le Berre, «François Dagognet, "l'espace concret" et la geographie», dans Robert Damien, sous la dir. de, *François Dagognet, médecin, épistémologue, philosophe*, Le Plessis-Robinson, Institut Synthélabo, 1998, pp. 211-227.

11 Yves Michaud, "Extérieur sans intérieur, corps sans âme?" dans Georges Canguilhem et al. éd., *Anatomie d'un épistémologue : F. Dagognet*, Paris, J.Vrin, 1984, pp. 69-81. とりわけ p. 71をみよ。

Robert Darwin, 1809-1882）の最初期のテクストの一つ、『珊瑚礁』（一八四二年）を参照している箇所を引用しよう。[12] 実はダゴニェはこの本の第一章ですでに、石の表面について巧妙な解釈が可能であることを強調している。細かいひびの入った石、角張った石、押しつぶされた石。細かい擦り傷や縞模様の入った石。それらを観察することで、われわれはそうした石の歴史や生成について知ることができる。それらが形成され、たどってきた来歴は、岩石学的分析の助けを借りて明らかになる。[13] この意味で、石の小さな破片はその表面や内面に生成と歴史を、つまりはある種の時間を保持しているのである。そして、先に言及したサンゴ礁の例でも、規模の違いこそあれ、議論の本質は同じである。こちらの場合に主題となるのは単なる石ころではなく、サンゴ礁の三つの形態、すなわち裾礁、堡礁、環礁である。それぞれについて手短に説明したダゴニェの一節を引用しておこう。

海はその全域において三つの状態をわれわれに示す。（a）裾礁と呼ばれるもの。陸の近くにあり、陸と並行している。干潮時には足を濡らさずに歩いて渡れる。（b）堡礁は一般に規模が大きく、数キロメートルの海岸がある。線形だが、直線、曲線、弓状などさまざまな形をとる。ひとつの島を環状に囲む場合もある。（c）最後に環礁は、透明で穏やかな湖《ラグーン》を囲んで閉じたものである。[14]

環礁の石灰質の堆積物は、海藻の屑や軟体動物の殻などの有機物と混じりあっているが、ダーウィンはそうした堆積物を分析し、同時に地形学的なデータについても分析することで、環礁の形成についての既存の理論に反論している。当時、多くの学者が、環礁は火山の崩壊によって形成されると主張していたのである。彼は、いわば二次元的な解釈を試みる。すなわち、サンゴ礁の三つの形態のあいだの関係を見渡す水平的な解釈と、それらサンゴ礁の底にある岩盤の構造を探査する垂直的な解釈である。それと並行して彼は、成長するために光や澄んだ水を必要とするサンゴ虫の生態を考えあわせた。こうした二次元的な解釈から、ダーウィンは驚くべき結論を引きだす。地質学的な時の流れのなかで、つまり非常に長い時間のなかで海底は沈降をつづけており、海面下に沈みすぎた分を埋めあわせるために、サンゴ虫の生態を理由として、サンゴ礁は上へ上へと成長していくというのである。こうして海底の沈降過程は先述のサンゴ礁の三形態へと翻訳される。つまり、三つの形態はそれぞれ岩盤の沈降の三段階を表現しているのである。まず裾礁があり、海底が沈降していけば堡礁に変わる。さらに沈降が続けば、最終的に堡礁は環礁に変わる。つまり、地形学的なデータとしてのサンゴ礁の三段階は、非常に長期にわたる沈降過程という地質学的データの翻訳なのである。同時にこの三段階は、それを生みだした地質学的時間がいわば凝固したものでもある。サンゴ礁の三形態は、持続する時間、地質学的時間を固定している。しかし、その固定された時間のおかげで、海底の垂直方向の運動が明らかになるという、認識がひらめく瞬間が得られるのである。こうした認識は、地質学一般にとって非常に実り多いものである。ここでの議論から、ある一瞬を固定することは、ある種の文脈では有益だということが明らかとなった。

もちろん、この種の指摘がベルクソン的な持続に対する実質的な批判となっているかどうかについては疑問があるだろう。ベルクソン自身が自然科学の実用的価値を進んで認めていたのであるから。そう

12 *EEC*, chap.2, pp. 78-94. cf. Charles Darwin, *On The Structure and Distribution of Coral Reefs*, 1842; *Les Récifs de corail, leur structure et leur distribution*, Paris, Germer Baillière, 1878.『珊瑚礁』永野為武訳、白揚社、一九四〇年。
13 *EEC*, chap.1, p. 24, p. 48 etc.
14 *EEC*, chap.2, p. 83.

はいっても、海底の隆起や沈降のメカニズムを地質学的に明らかにすることには、まったく実用的価値がないということは事実である。実用的価値とは、とりわけ日常生活や有用性に結びついたものなのだから。とはいえ、ここではこの問題について長々と議論することはやめよう。われわれの議論はいまだ道半ばである。いまは二つ目の例に移ることにしよう。

（B）二つ目の例として、『エティエンヌ＝ジュール・マレー』[15]（一九八七年）と題されたダゴニェの本に言及したい。エティエンヌ＝ジュール・マレー（Etienne-Jules Marey, 1830-1904）は、その時代における著名な生理学者であったが、現在では彼の仕事はどちらかというと忘却されている。しかし、ダゴニェの諸作品のなかに反ベルクソン的世界観を構築する試みを探そうとしているわれわれにとっては、マレーはほとんどキーパーソンだといってよい。ある意味では、この本全体が鋭い反ベルクソン主義を提示するものである。

マレーの研究生活を回顧することで、ダゴニェは連続する三つの段階を取りだす。われわれにとっては、それらのうちとりわけ最初の二つが興味深い。マレーは、研究生活の第一段階において、隠された人体の運動を検出することを試みる。そのために彼は、運動を変換し記録する巧妙な装置を採用した。マレーは、生体内に存すると考えられた神話的な生気論的原理をきっぱりと否定し、心拍や筋肉の振動、肺における換気など、隠されてはいるが機械的な運動を捉えた。彼は脈波計や筋運動記録器といった検出装置を案出し、実際に作製したが、そこには確固たる理念がある。物質的な媒介であるそうした装置によって、マレーは生理学的なデータを収集した。そうしたデータもまた、固定され物質化されたものである。しかし、そうした固定化の作業によって、彼は人体の隠された動的な運動を明らかにしたのである。固定化と運動とが重ね合わされることで、お互いを解明していく。

マレーの仕事にコメントするとき、ダゴニェは抜かりなく哲学上の仮想敵——この場合はベルクソン自身——に照準を合わせる。たとえば以下のような一節がその一つである。

われわれは、「位置変化」は連続的で漸進的であると信じてきた。われわれの網膜カメラはわれわれを欺くのだ。われわれの目は混ぜ合わせ、融合させる。しかし本当は、宇宙には跳躍と墜落、すなわち裂け目しかない。われわれがそうした裂け目をふさいで小さくするのだ。われわれの目に映る風景が裂け目なく塗りあげられているのは、われわれが自分で作った虚構である。マレーの思想はこうした虚構を破壊するはずだったが、哲学（ベルクソン）がこうした虚構を強化した。[16]

マレーの第二段階は、第一段階よりもはっきりと反ベルクソン主義的である。マレーは、人体の内部を離れて、馬の走りや鳥の飛翔、人間の歩行やジャンプの分析を始める。つまり、日常的な世界における外部的な運動の分析である。馬が走るところや鳥が飛ぶところなど、誰でもいつでもみているのだから、理屈からいえば誰でもそれらについてよく知っているはずである。しかし実際は、一般にそうした動きは速すぎて肉眼ではよくみえない。マレーは第一段階のときと同じ理念に従って、精巧な検出装置を発明した。マレーが作ったのは、「瞬間記録写真銃」と呼ぶ装置である。これは一種の携帯型のカメラで、たとえば一連の鳥の飛翔過程を固定し分解する。持続する世界において、鳥は連続的な運動に

15 François Dagognet, *Étienne-Jules Marey*, Paris, Hazan, 1987. 以後、*EJM* と略記する。
16 *EJM*, Préface, p. 13.

よって飛翔する。そこにマレーがその銃を持ってやって来て、そうした持続を一連の固定された瞬間的な像として検出し分解する。

そしてもちろん、こうした固定化が発見や解明に役立つというまぎれもない価値を持つ場合がある。たとえば、馬が走る速度を変えるとき、四本の足の動きをどのように協調させるかが異なってくる。つまり、常歩と側対歩、速歩、駈歩では、四肢の動きの協調パターンが異なるのである。これを発見し記載したのはマレーが最初ではないが、彼は肉眼ではみえにくい四肢の協調パターンの変化を一連の視覚的データに分解し固定することで、異論の余地のない明晰さで明らかにしたのである。もちろんこれは、われわれが意識の内奥において認識するあるがままの運動の流れを追跡するものではなく、ある意味では運動を運動としては殺してしまい、その背後に見出されるメカニズムに還元してしまうことではある。他の場合と同様、ここでもマレーの思想は、運動と停止のある種の弁証法を実演する。ここで演じられるのは、「思考の運動記録（シネマトグラフィー）」ではなく、「思考の瞬間記録写真（クロノフォトグラフィー）」とでもいうべきものなのである。運動を分断された諸瞬間へと固定することは、実用的な価値とは異なる価値をもち、世界についてのわれわれの理解を実際に豊かにしてくれるのである。[17]

大雑把だが、これがダゴニェの反ベルクソン主義の要点である。われわれは特に地理学についての本とマレーについての本を取りあげてみてきた。いうまでもなく、こうした反ベルクソン主義は、完全な形で、あるいは徹底的な形で主張されているわけではない。たとえば、ダゴニェお気に入りのテーマは、形態や基体や局在化といったものがもつ豊かさについてのものである。[18] これら三つのテーマはいずれも反ベルクソン主義の文脈で分析することができる。しかし、ダゴニェの事例についてはすでに十分に論じたと思うので、似たような議論を並べたてることは避けたい。

そこで、ここからはアランの作品の検討に移ろう。アランといっても、主にはジョルジュ・カンギレムの視点からみたアランである。

## 2　形態の創造と固定

カンギレムの論文のなかでもあまり知られていない一編が、ここでのわれわれの注意を引く。それは、「アランにおける芸術的創造についての考察」[19]と題された一編である。本論文第二節の目的は、芸術についてのアランの著作の一つである『諸芸術の体系』[20]（一九二〇年、一九二六年）で展開された彼の元々の思考を取りあげて、カンギレムの分析の光の下で検討することである。そうすることで、アランの思想を、

---

17　マレーの第三段階については簡潔に済ませてもよいだろう。マレーは、その最終段階である第三段階において、徐々に物理的世界そのものに関心を向けるようになる。生物学的な世界への関心が薄れ、物質的な基盤から離れてそれ自体として成り立つような運動を検出することに精魂を傾ける。たとえば彼は、空気の渦や水上の波紋、波の動きなどが示す一瞬の形を捉えて視覚化する。このように、第三段階においてマレーの関心は生物学的であるよりは物理学的、あるいは流体力学的なものとなったが、それにもかかわらず、最初と同じ理念をけっして捨てることはない。すなわち、運動を固定することで、日常生活においては捉えられない微細な形態を発見するという理念である。

18　たとえば以下の諸作品をみよ。François Dagognet, *Écriture et iconographie*, Paris, J.Vrin, 1973; idem, *Pour une théorie générale des formes*, Paris, J. Vrin, 1975; idem, *Le nombre et le lieu*, Paris, J. Vrin, 1984.

19　Georges Canguilhem, «Réflexions sur la création artistique selon Alain», *Revue de métaphysique et de morale*, avril-juin 1952, pp.171-186. 以後、*RCA*と略記する。

20　Alain, *Système des beaux-arts*, Paris, NRF, 1920, nouvelle édition avec notes, 1926 ; Alain, *Les Arts et les Dieux*, Paris, Gallimard, 1958所収。以後、*SBA*と略記する。（『諸芸術の体系』桑原武夫訳、岩波書店、一九七八年）。

潜在的な反ベルクソン主義を探査するというわれわれの文脈のなかに置いてみたい。

上記論文のなかでカンギレムは、創造一般、つまり神による創造と人間による創造についての理論への解釈に取りかかる。彼がいうには、西洋の伝統において「デミウルゴス的活動に対する知性主義的な捉え方」が強い影響力を保ってきたという。しかし、こうした表現によって彼はいったい何をいいたいのか。彼のいわんとすることをわれわれなりにいいかえてみよう。いわゆる知性主義的理論において、なんであれ創造的活動は必ず明確な意図を前提するものだと考えられてきた。つまり、創造の産物について、それがほぼ完成した状態があらかじめ把握されていなくてはならないということである。たとえば職人が家具作りの仕事に取りかかるとき、彼の頭のなかにはすでに明確にできあがりのスタイルや形、装飾などが入っている。つまり、彼は作業の途中においても、頭のなかにある最終的な目的を目指しており、すべての作業が一致してその目的のために行われるのである。ミケランジェロ（Michelangelo Buonarroti, 1475-1564）は、大理石を刻む仕事を始める前に、その石塊のなかに完成した「ピエタ」のイメージをみる。創造の決定的な瞬間は、実際に創造を行う作業の少し手前に位置づけられる。着想した者の頭のなかにあるものは、アトリエで行われる作業よりも重要である。なぜなら、アトリエで行われることとは、たかだか、すでに意図のなかに存在していたものの単なる展開か、物質への転写にすぎないからである。しかし、このような知性主義的な図式が反対例として取り上げるものが、いろいろなことを考えさせてくれる。たとえば、ソクラテス（Socrates, 470(69)-399 BC）の対話において明らかに、自分がやっていることについてまったく説明できない職人や、神懸りの状態で詩句を書く詩人は軽視され、真の創造者とはみなされていない。本当の意味での創造は、達成すべきことの起源と目的を明確に意識していなくてはならない。

これがデミウルゴス的な活動に対する知性主義的な見方だとすると、アランの芸術理論は明らかに反知性主義的である。ここでは、こうした彼の反知性主義をさまざまな言い方で示す三つの文章を引用してみよう。

制作する力が考える力や夢想する力よりもずっと遠くへいくことがないならば、芸術家というものは存在しなかったことだろう[21]。

しかし、私がここで示した原則に立ち返るならば、なんであれ美しい物が作業なしで創造されるなどという考えは捨て去られたはずである。そして、芸術家にとってじっくり考えるとは夢想することではなくむしろ観察することであり、よりよい観察とは、自分がすでに作ったものを、これから作るべきものの源泉や規準として観察することである、と理解されたことだろう。要するに、人間がなす発明の最終法則とは、作業することによってのみ発明はなされるということである。職人が先立つのだ[22]。

今度は、肖像画を描く画家の仕事について考えてみよう。画家が、描きはじめた絵に今後使うすべての色についてあらかじめ計画しておくことなど、明らかに不可能である。描きすすむにつれて、

21 *SBA*, Livre premier, chap. VII, p. 238.
22 *SBA*, Livre premier, chap. VII, p. 237.

アイデアが頭に浮かぶのだ。もっと厳密にいうなら、アイデアは描いた後に浮かぶ。できあがった絵を鑑賞する者がアイデアを思い浮かべるのと同様である。画家は、生まれかけの自分の絵の鑑賞者でもあるのだ。これこそが芸術家の本質である[23]。

こうしてアランは着想と制作の上下関係を逆転させる。着想した者は、細心の注意を払って計画を詳細に練りあげようとし、作品の完成形態をはっきりしたイメージのなかに固定しようとするかもしれないが、実際の制作の過程において、事前の構想の不十分さに気づかざるをえない。着想者は、未完の形態のなかに改めて新鮮なインスピレーションを見出し、それを最初の着想に組み込む。そうすることで、最初の着想はより完全なものになっていく。あるいは、着想者は物質の側からの予期せぬ抵抗にあって、それに合わせるために最初のイメージの変更を余儀なくされる。着想や構想は、頭のなかを去来するものである。ところで創造が真に創造的になるのは、単なるアイデアの段階を離れた瞬間においてでしかありえない。創造のための作業は、それ自体が創造的である。創造が決定的な瞬間に行われるというイメージは、想像上のものでしかない。芸術家は、作業中に自分の手の下に出現したものをみて、いわば仰天する。「創造者は自分自身に驚く。自分が自分自身以上のものだということを見出す。しかしそれは、作品ができた後のことだ」とカンギレムはいう[24]。

こうした反知性主義的でデミウルゴス的な見方は、同時に反プラトニズム的だといってよいだろう。さらに、こうした見方はベルクソン的世界観にかなり近いということもできるかもしれない。なぜなら、ベルクソンの作品全体から判断すると、ベルクソンの創造論はまちがいなく反プラトニズム的だと考えられるからである。意識は創造的な持続の各瞬間において豊かになっていく。最初の着想とできあがった作品とを比較するなら、できあがった作品の方がより豊かであることが見出されるだろう。なぜなら、少なくとも理論的には、持続する意識と世界において、相互に異質で予見不可能な瞬間が去来することを通じて創造的な作業は洗練されていき、最終段階の作品を豊かなものにするからである。

しかし、ベルクソンとアランの親近性はここまでである。アランの創造論が反プラトニズム的であることは本当だが、『諸芸術の体系』で示された芸術についての見解は、結局、全体としてむしろプラトニズムに近い[25]。カンギレムが指摘するように、アランにとって芸術の働きは「結局のところプラトン的である。それは生成よりも存在を好む傾向を反映している。芸術の目的は瞬間を固定し、不動化することである」[26]。たしかに、アランにおいて生成より存在を好む傾向をみつけだすことができるが、アランはしばしば凝った表現をしており、ざっと読んだだけではそれほどはっきり分かるわけではない。彼なりのプラトニズム的傾向を示すと思われる文章を三つ、引用してみよう。

そこで、彫刻の目的はむしろ本当に不動のものを表現することだといおう。つまり、大理石に人間が動いているかのような見かけを与えるのではなく、人間の形態を不動の大理石で置きかえるので

23 *SBA*, Livre premier, chap. VII, p. 239.
24 *RCA*, p. 175.
25 カンギレム自身は、彼の議論の流れのなかで、アランの美学をプラトニズムという観点から切り取って評価することに多少のためらいをみせている。アランの著作のさまざまな文脈のなかには、どちらとも解釈できる要素がいくつもあるからである。*RCA*, p. 182.
26 *RCA*, p. 181.

ある。しかし、これは簡単にできることではない。当然のことだが、動物の形態は動きたがるものであり、彫刻にされることを常に拒むものだからである。そこで、落ちつきのない動きは抑制され、不動性がみずからのうちに自足し、みずからに満足するようにしなくてはならない。それゆえ、子どもたちを彫刻にしてはならない、彼らが眠っているのでない限り。[27]

おそらく建築家の力は、その作品が常に重量や気候からの必然性によって規定されている点から来る。それらは作業する人間に素材と手がかりを与える。そしてこれは諸原理にかなうことである。なぜなら、人間の自由が最高に行使されるのは、障害が純粋なメカニズムに還元されるときだからである。対するに、自由な発明は実際のところ無秩序な情念と人間の小ささを露わにするだけである。[28]

すべての芸術作品は、軽妙なものであれ重厚なものであれ、物体としての存在性格をはっきりともっているのだから、私は、作品の外見のなかに、必然的なものとして確固として居座る基体の存在を、いかなる曖昧さもなしにみてとる。そうした基体が変化することなど考えられないし、自分自身の存在を断固として主張している。このことは、物であるところの作品について、とりわけ装飾や彫刻や絵画を擁する建築については十分に明白である。[29]

周知のとおり、情念や想像力を貶めるのがいわばアランの特徴である。また、これも周知のとおり、アランは建築や彫刻を偏愛している。情念は精神を痙攣させ道に迷わせる。想像力は知覚によって得られたものの断片をひっかきまわす。改めてカンギレムを参照しよう。「人間は世界についてしか、つまり秩序についてしか考えることができない。自由は現実のなかにおいて可能だが、可能性のなかでは不可能である。知覚すべき有限な対象や探求すべき明確な形態を想像力に与えること、それは、カオスをコスモスに置きかえることであり、不安定なものを安定したものに置きかえることである」[30]。想像力が物体に与えがちな曖昧さを一掃することで、芸術家は世界を輪郭のはっきりした諸物体の総体として純化し洗練させる。結局のところ、芸術家の作業とは、情念と想像力が不透明にし混乱させたカオス的な経験のなかから、形態を純化しようとする探求である。まとめるなら、おそらくアランにとって芸術的世界の象徴は部屋のなかに一つ置かれた彫刻のイメージなのだろう。そうした彫刻は、人間の肉体がもつ落ちつきのない動きや時間による破壊に立ち向かう。こうした美学において、絶え間ない運動や持続の創造的進化は芸術作品の国から追い出される。芸術作品は、安らかで断固たる不動性がもつアポロ的な透明さを表現するものでなくてはならないのだ。

かくして、アランの美学は全体としてプラトン的で反ベルクソン的な世界観を構築する。こうした事実を確認した後で、ベルクソン哲学をより直接的に論じる最終節へと向かうことにしよう。

27 *SBA*, Livre septième, chap.III, pp. 372-373.
28 *SBA*, Livre sixième, chap.III, p. 345.
29 *SBA*, Livre premier, chap.VI, p. 236.
30 *RCA*, p. 182.

## 3　ブレた写真か、不断の変形か

ここまでの議論で、われわれはベルクソン的世界観の裏側についてのみ語ってきた。われわれが期待するのは、その裏側が、ベルクソン的持続の射程やその真の意義、哲学的な有効性を、ベルクソンとは別の仕方で、ベルクソンに対する他者的な立場から探求することをわれわれに教えてくれることである。

ここまでの議論は、特にダゴニェとアランという二人の著者を参照することで展開してきたが、その要点を思い出そう。ダゴニェの事例では、認識が生産される二つの場面を明らかにした。一つ目は、地形学がサンゴ礁の表面を解釈する場面であり、二つ目は、瞬間記録写真が運動を固定し一連の不動の断片に変換する場面である。これら二つの例がそれぞれなりに示すのは、空間には認識論上の価値があり、その点でまぎれもない意義があるということである。地質学的な時間であれ生理学的な時間であれ、時間というものは地表や写真といった不連続な痕跡においてその秘密を明かす。つまり、これら二つの場面が示唆するのは、動きつづける現象をある種の形態に固定することによってわれわれの認識は大いに助けられ、高度な洗練された段階にいたるということである。

ある意味では、アランの事例がそれ以外のことを示したわけではない。われわれは、アランの反知性主義的な創造論は目下の議論にとって副次的だと考えるので、むしろ、彼が建築と彫刻に対して示した偏愛が、芸術活動一般についての彼の深遠な見解を反映している点を強調したい。アランにとって、「芸術家は歌うのであって、叫ぶのではない。詩人は語るのであって、ため息をついたり呻いたりするのではない」[31]。彼にとって芸術とは、発作的な欲望や歯止めのない想像力がもたらす擾乱をみずから進んで模倣することなど避けて、むしろ形態の輪郭や安定性といった清澄さを求めるものなのである。そのために、あらゆる種類の制約が根本的だと考えられることになる。それゆえにこそ、たとえばアランは流行に従うことを高く評価し[32]、軍事パレードに美そのものを見出したのである[33]。要するに、アランの美学もまた、その理論の根本的な骨格において、形態を求め憧れるものなのだ。

結局、以下のようにまとめることができるだろう。すなわち、これら二人の著者は形態に重要性を認めているが、彼らのいう形態は非常に広い意味をもつ。つまり、形態の概念は、認識論や存在論にかかわると同時に、美学やその他の領域にもかかわっているのである。そして、カンギレムがベルクソンについていつもいうように、「エラン・ヴィタルが変化していくことにより、形態は絶え間なく形成されていく。そのことによって、暗々裏に、すべての形態の価値が失墜させられる[34]」。つまり、ベルクソン的持続が形態にいかなる位置づけも与えないことは必然なのである。形態とは、その定義からして、ある時間の流れのなかで自分自身との関係において同一にとどまるものなのだから。ここで、ベルクソン自身の文章をみておこう。

しかし、実際には、身体はたえずその形態を変化させる。あるいはむしろ、形態などというものはないのだ。なぜなら、形態とは不動のものであり、他方、実在は運動なのだから。実在するものは、

31 *SBA*, Livre deuxième, chap. VII, p. 261.
32 *SBA*, Livre deuxième, chap. VIIをみよ。
33 *SBA*, Livre deuxième, chap. Iをみよ。
34 *RCA*, p. 185.

> 形態の連続的な変化である。形態とは、ある移行の過程を撮ったスナップショットにすぎない。それゆえ、ここでも繰り返すなら、われわれの知覚は、流動的な実在の連続性を不連続的なイメージへと固体化することで取り繕っているのである。[35]

ベルクソンは、マレーの瞬間記録写真を評価することなく、固定された瞬間は持続する実在に強いられた虚構にすぎないという点を強調する。実在を映すためには、写真は常に多少ともブレざるをえない。形態への憧憬は、不断に形を変える実在の再認に取って代わられるべきである。形態の概念は、ベルクソン的世界観とダゴニェ＝アランの世界観とを鮮明に対比させる。

しかし、われわれがダゴニェとアランについて述べてきたことが、結局のところ日常生活や知の実用的価値にのみかかわるものであるなら、われわれの努力は無益無用な駄弁に堕す運命を甘受しなくてはならないだろう。『意識に直接与えられているものについての試論』序文の最初の段落で、以下のような指摘がなされているからである。

> われわれは必然的に言葉によって自分を表現するし、われわれが最も頻繁にものを考えるのは空間においてである。言い方を変えると、言語が要求するのは、観念のあいだに、物質的対象がもつのと同様の明晰で正確な区別、あるいは非連続性を確立することである。こうした観念と対象の同一化は、生活上の実践において有用であり、たいていの科学において必要である。[36]

それゆえ、もしもわれわれが空間にはまぎれもない意義があると単に指摘するだけで満足するなら、つまり、真理についてであれ美についてであれ、日常的な認識には形態を固定することが必要だと主張するだけなら、われわれがダゴニェとアランについて述べてきたことは、ベルクソン自身がすでに想定している凡庸で皮相な反論にとどまるだろう。しかし、サンゴ礁の三形態が形成されるメカニズムを説明するために海底の沈降を仮定することや、鳥の飛翔を写真に固定すること、彫刻を美学的に高く評価することなどは、やはり日常生活には直接関係ないし、実践的な有用性をはみ出しているのではないか。われわれは常にそのように問うことができる。つまり、有用で実践的な認識を得るためだけでなく、理論的認識一般を手に入れるためにも、対象を空間的ないし形態学的に固定しなくてはならない場合が多々ある。そうしたことを考えてみる必要があるのではないか。

もしもこうした問いに対して肯定的に答えなくてはならないとすれば、ベルクソンを重視するか否かは別にして、純粋なベルクソン主義に全面的に従うことは実際上不可能だということになる。必ずしも日常生活や通常の有用性とは関係ないことについてであっても、何かを認識するためには、たとえ一瞬であれ持続を停止させ、何らかの形態においてそれを捉えなくてはならない。直観は多くの場合に有効だが、全能というわけではない。何らかの真理に徐々に接近するためには、認識の各段階における知の形態を明確に規定しなければならない。要するに認識とは、無定形なものやブレたものに形態を与えることにほかならないのである。不断の変形や、物と言葉とが溶けあっていく過程からは、認識は構成されない。

35 Henri Bergson, *Œuvres*, Paris, PUF, 1959, *L'Évolution créatrice*, chap.IV, p. 750.
36 Henri Bergson, *Œuvres*, *op.cit.*, *Essai sur les données immédiates de la conscience*, Avant-propos, p. 3.

そこでもう一度繰り返すと、純粋なベルクソン主義に全面的に従うことは実行不可能であるらしいのだ。やってみようとしても、できはしないだろう。少なくとも、ここで行った考察を踏まえてのわれわれの印象では、そうなのである。

それはそうとして、われわれがベルクソンという力のある深遠な思想家のために特別な場所を取っておくのは、おそらく、純粋持続という概念が、われわれが認識を形成するときにはいつでも本質的な要素を見落とす可能性があることを思い出させてくれるからである。われわれはその可能性を常に意識しておかなくてはならない。われわれが見落とした要素は、目立たないところで物事を生みだしている持続を間近で捉えるものだったかもしれないし、このような認識を得ているこの瞬間においても、われわれは何かを見落としているかもしれない。知的主体が働くのは、ある種の軽い罪悪感を抱きながらである。そうした罪悪感のおかげで、われわれは、流れ去る純粋持続の聞き取りにくいが絶え間ないささやき声に、耳を貸すことができる。

# 第四章　ある「改革派」農民の肖像――二宮尊徳をめぐって[1]

## 1　尊徳の生きた時代

われわれの取り扱いたい人物の紹介に取りかかる前に、彼が生きた時代について少しみておくのが望ましい。八戸藩に関する行政文書には、江戸期にたびたび起きた飢饉のあいだに書かれたものもある。そのなかには次のような記録もみられる。

名久井《なくい》村卯之木沢という所に手廻六人の家族があったが、四人が餓死し、残る二人も心中し一家が死に絶えた。隣村に嫁いでいた娘が「家ニ火ヲ付ケ火葬」にしようと里にきたが、親兄弟の死骸が勿体ないといって食べてしまった。それ以来「人ノ味」を覚え、夫や自分の子を殺し、倒死の死骸

1　本稿は筑波大学比較文化学類外国人教授ジョエル・ブーデルリック氏の協力のもと執筆された。

を食べ、また人の子を追いかけ回すなどした。そこで「近村相談イタシ打殺」すことにし、山に隠れているところを「猟人ヲ相頼ミ犬ヲ以テ狩リ出シ、鉄砲ニテ打殺シ」た。[2]

この類の恐ろしい記録は多数ある。たとえば、死んだ母親の乳を吸いつづける赤子の話、あるいは死んだ父親のももを犬のように食べている話など。

こうした記録は地獄のような世界を描き出すが、それを引いたのは読者の恐怖心をあおるためではなく、江戸期の日本社会がいかに貧困な状態にあったかを理解するためである。当時、飢饉は数年続いた。最も深刻なものは、一七三〇年代の享保の大飢饉、一七八〇年代の天明の大飢饉、そして一八三〇年代の天保の大飢饉である。享保の大飢饉は浮塵子《うんか》大量発生が原因で、日本の南半分に被害を及ぼした。天明、天保の場合は冷害が原因で、[3]関東と東北、すなわち日本の北半分に甚大な被害をもたらした。推計によっては、天明の飢饉の餓死者は百万人を超えたとされる。[4]飢饉がおきると、民衆はしばしば大商家を襲ったが、最も悲惨な出来事は農村地帯で起きた。村人たちがさまざまな私刑を行い、やむにやまれぬ事情から盗みを働いた村人たちを殺害した。たとえば「叺被《かますかぶ》り」という刑は、盗人を叺（藁のむしろを二つ折りにして作った袋）に押しこめて川に投げ込むというものだった。場合によっては、こうして殺害された人が餓死者を上回っていた。[5]

幕府は飢饉の度に緊急の策を施した。こうして出されたものに新しい食物、すなわち救荒《きゅうこう》があった。たとえば野老《ところ》という芋はその苦味のために普段は食されないが、よく煮込んであく抜きし、キビやソバの粉と混ぜて食べるようふれまわった。あるいは昆布の切り刻んだものをキビの粉と混ぜて食べるめのこ飯もあった。幕府は悪名高い藁餅も推奨した。藁を半日ほど水に浸し、それを洗って切り刻んだ後、蒸し、次いで乾燥させ、さらにそれを挽いて粉にしたうえで五対一の割合で白米と混ぜ、最後に蒸し焼きにして食するのである。

このような逸話から、当時飢えをしのぐために用いられたさまざまな技法が浮かび上がる。それらは日常経験と農学的な知識から編み出されたものであった。残念ながら、こうした知恵はたびたび実践される機会があったのである。

## 2 尊徳とその時代

前述の時代背景を踏まえつつ、二宮尊徳（一七八七－一八五六）の活動について考察したい。尊徳は一九世紀前半に活躍した農民で、その生きた時代には先述したふたつの大飢饉が重なる。尊徳は天明の大飢饉のさなかに生まれ、天保の大飢饉のときはその社会的活動の最盛期であった。尊徳の生は、その時代

2 菊池勇夫『飢饉の社会史』校倉書房、一九九四年、第四章、一二二頁。
3 天明の大飢饉については、浅間山の大噴火が原因とされることが多い。たとえば渡辺尚志「浅間山噴火」『岩波講座 日本通史』第一四巻、岩波書店、一九九五年、三三九－三五三頁参照。
4 中島陽一郎『飢饉日本史』雄山閣出版、一九七六年、第一章。餓死者の数は、正確な統計の欠如のため不確かである。
5 菊池、前掲書、第四章。よく知られた逸話に作兵衛（一六八八－一七三二）なる人物のものもある。飢えで死にそうになりながらも、作兵衛は翌年の作付け用の苗には手をつけず、腕に苗を抱えたまま死んでいたその姿を発見して、人々は嘆き悲しんだということである。たとえば大西伍一『改訂増補 日本老農伝』農山漁村文化協会、一九八五年、第一章参照。

の飢えと死の空気と切り離せない。おそらく尊徳の思想も、そうした空気に影響されている。『二宮翁夜話』[6]にもそのことがはっきりとみてとれる。たとえば、尊徳は繰り返し植物の葉や根を食べるべきではないといっている。補助的な食材として少量食べるのならば問題ないが、常食すると健康を害する、と。[7]その代わりに尊徳は汁もの、粉ものや炭水化物などを勧める。そうすれば最小限の食事で生き延びることができるというわけだ。[8]尊徳は現実の諸事情に精通し、その知識は経験にしっかりと根差していたのである。

こうした話のうち、茄子の話は最もよく知られた部類に属する。[9]一八三六年のある夏の日、尊徳がとれたばかりの茄子を食べたところ、秋に収穫されるような味がした。少しためらった後、尊徳はその年が不作になる可能性があると人々に伝えることにした。また、綿の栽培を中止し、代わりにそばや蕪《かぶ》、大根や人参等を植えさせ、またひえや大豆の畑の手入れもさせた。農民たちは当初、尊徳の予想に半信半疑であったが、秋になると、尊徳の注意に従った地域に餓死者は出ず、それ以外の地域を襲った飢餓を免れることができたということである。

先見の明に恵まれた農民であった尊徳はまた、江戸期の農本主義者のひとりとしても知られる。その点で安藤昌益（生年不詳－一七六二）と比較される。しかし昌益が謎に包まれた医師としての生涯を北方の寒村で送り、封建制と根源的に対立する思想を提唱したのとは対照的に、尊徳の封建制との関係はより複雑である。詳細は後論に譲るが、ここではひとまず、尊徳の思想が封建制を補強するものとしてもまた超え出るものとしても理解することができるとだけ述べておく。いずれにせよ、尊徳の意義について判断する前に、その生と思想についてみておくべきだろう。その理論的著作である『三才報徳金毛録』[10]（一八三四年）をみれば、尊徳が生成と生産の唯一の源泉として農業を見なしていたことがよく理解できる。[1]

日本の農村の疲弊がみられるようになるのは一八世紀以降のことである。その主な原因はふたつあるとされる。[12] ひとつは重い年貢で、収穫の八〇パーセントまで上ることもあった。財政難にあえぐ藩はこうした手段に頼っていた。もうひとつは米商人が利益を蓄積し、武士たちが借金の高い利子を負担したことで、結果として農民への年貢が重くなったのである。くわえて、肥料の価格や日雇いの労賃高騰でいっそう農民は困窮した。関東においてこうした状況は特に際立っており、農民はしばしば農地を放

---

6　これは尊徳の発言を、その高弟、福住正兄（一八二四－一八九二）が収録したものである。著書は二部からなり、五巻からなる第一部は一八八四年から一八八七年のあいだに出版された。「続篇」は四八の断片からなり、初めて出版されたのは一九三一年に尊徳の全集が出版されたときである。『二宮尊徳全集』（以降、『全集』と略記）第三六巻（一九三一年、復刻、龍渓書舎、一九七七年）、六六六－八五三頁参照。同じく、『二宮尊徳』児玉幸多責任編集「日本の名著」第二六巻、中央公論社、一九八四年、二〇五－三七八頁、また、『久遠の道標――二宮翁夜話精説』八木繁樹訳注、静岡新聞社、一九七五年も参照。この作品はこれ以降『夜話』と略記する。

7　『夜話』第一八八、第一九〇など。

8　同書、および「続篇」第二八など。

9　『夜話』第一九六。

10　『全集』第一巻、七－四〇頁、とりわけ三一－三三頁参照。尊徳はそこで、一種唯物論的な発想をみせつつ、すべて存在するものは農具に由来するとまで主張している。

11　『三才報徳金毛録』にはしばしば円環の考え方が登場する。奈良本辰也（一九一三－二〇〇一）はそこに周濂渓（一〇一七－一〇七三）の影響を読み取っている。周濂渓は宋学の創始者として知られる。奈良本辰也「二宮尊徳の人と思想」『二宮尊徳・大原幽学』、「日本思想体系」第五二巻、岩波書店、一九七三年、四〇三－四四一頁参照。

12　こうした問題については、江藤彰彦「村と暮らしの立て直し」『日本農書全集』第六三巻、農山漁村文化協会、一九九五年、七－二四頁、が有益な文献である。

棄して逃亡し都市へと流れていった[13]。

文政・天保期の関東地方は、尊徳が最も集中的に活動した場所である。彼は農村の困窮のどん底をみていた。現在に伝わる尊徳の非常に勤勉な生涯は、日本人にしては例外的に頑強な体軀のおかげだったのだろう。彼は身長一メートル八二センチ、体重九四キロであったとされ、特に当時においては大柄であった。こうした強靱な体でなければ、彼の活動は不可能であったに違いない。次に、彼の生涯に関してみてみよう。

## 3　尊徳の生涯について

尊徳は一七八七年、天明の大飢饉のさなかに、小田原藩の栢山《かやま》という村に生まれた。その父親は比較的裕福な農民であったものの、人の求めに応じて物を与えたり、金を貸したりしていたため「善人」と呼ばれていた。一七九一年に洪水が起き、一家の田畑が礫に覆われたため、一家はますます困窮した。尊徳は、幼少時は金次郎といったが[14]、一四歳のときに父親を亡くしている。三人の息子を抱えたその母親も、やはり苦労を重ねて一八〇二年に若くして亡くなっている。金次郎一六歳のときであった。金次郎は萬兵衛という伯父に預けられ、その弟たちは母方の実家に預けられ、こうして一家は離散した。萬兵衛のもとで金次郎は完全な奉仕の生活を送り、萬兵衛が命ずる農村の日常的な仕事はすべて行った。ある日、農民であっても最低の学を身につけたいと思い、金次郎は萬兵衛に願い出たところ、萬兵衛はもし日中よく働き、滞りなく年貢を納めれば、あとは何をしてもよいと答えた。しかし、仕事のあとに読書をすると灯油がよけいにかかるともいわれた。そこで金次郎は、仕事の合間に誰も使わない小さな荒れ地を耕し、そこにアブラナを植えて収穫を油の商人に売り、こうして読書に必要な油を手に入れた。この経験で金次郎は、小さな事柄でも努力を続ければ大きな結果になるということを学び、それを成長したのちに「積小為大」という有名なことわざで言い表すことになる。

この時期、金次郎は近親者の多くが零落していくのを目撃し、一家の再興がほかならぬ自分にかかっていると感じた。彼は重労働のかたわら学ぶことを休まず、たとえば稲の脱穀の際にはかたわらに書を置き、作業しながら声に出して読んだとされる。[15] しばしばからかわれ、また狂人呼ばわりされようと、金次郎はひるまず、やがて一八〇五年に伯父の庇護から脱して独立することになる。この最初の成功の後も、金次郎は几帳面な出納簿をつけつづけ、農業においても、また同じ農民に金を貸すときでも、財産をふやすことができた。一八一〇年には農地を取得し、その大部分を小作人に耕させた。こうして一六歳から二四歳までのあいだ、金次郎は成功をつづける。

一八一二年、尊徳は小田原藩家臣の服部家という武家に呼ばれる。このとき彼は初めて武家の世界に接することになる。農地の経営をつづけながら、尊徳は服部家の子どもたちのさまざまな世話をし、同時に、みずからの学を深めるため子どもたちと一緒に儒教の講義を受けている。三年の奉公の後、尊徳は服部家を辞し、小作人を雇うこともやめて、みずから田を耕し始める。彼はすでに二ヘクタールほどの田を所有しており、三〇歳前後の農民としては独立した生計を営むために十分な財をなしていたとい

13 農地から逃亡した農民は潰れ百姓と呼ばれた。

14 実のところ、尊徳は一八四三年まで、すなわち齢五七歳のときまでは「尊徳」の号を使わなかった。また尊徳は、実際は「たかのり」と読むが、世に通っているのは「そんとく」の読み方である。

15 奈良本、前掲書、四〇八頁。

える。

服部家に奉公しているあいだ、尊徳は家計の管理において卓越した才能をもつ人物として知られるようになった。お金を貸せば、かならず殖やして返すことができた。彼は、利益の計算や景気の先読みにおいて他の者よりも優れていた。彼は各人の借金を減らし、生涯にわたる家計の管理術を考えることができた。この時代においてすでに尊徳は「分度《ぶんど》」の概念をもっていたが、これはその社会経済思想において中心的な概念になる。これはある人物がもつ収入に対して一定に定めた支出限度額で、尊徳は各個人や各世帯の分度を正確に割り出す能力をもっていた。彼は分度の計算において、一家で消費する食料品や商品について調査と計算を繰り返した。こうして分度が割り出されると、尊徳は各人にこうした分度の範囲内で生活し、無駄なあるいは気まぐれの出費を厳に慎むよう勧めた。尊徳はまた、五常講と呼ばれる一種の協同金融を発案し、その基礎として相互の信頼と尊重の念をおいた。五常講からは構成員に無利子で少額の金が貸与され、計画通りの返済が滞る場合を除いて借用を更新できた。貸与の際、尊徳は必ず儒教風の訓話をたれ、講全体の成否が構成員ひとりひとりの精一杯の努力にかかっていることを借り手に理解させた。こうして、構成員たちは経済的な絆により、しかしそれ以上に倫理的な絆により結びつけられたのである。

一八一八年、服部家は再び尊徳の出仕を要請した。今度は子どもたちの後見人としてではなく、一種の財政指南役としてであった。事実、藩の重臣とはいえ、服部家は大きな借金と収入の減少に悩まされていた。一族の経済的立て直しに尊徳は全精力を傾けることになる。この企図は成功したものの、不幸にも二年前に結婚したばかりの妻と離縁せざるをえなくなることにもなる。尊徳はほどなく二度目の妻を迎える。

尊徳のこうした活躍は、小田原藩主大久保忠真（一七八一－一八三七）の耳にも入ることになる。尊徳の生涯において忠真は重要な役割を果たした。小田原藩は元来譜代大名、すなわち江戸幕府初代将軍徳川家康（一五四二－一六一六）に、関ケ原の戦いより前から仕えていた大名を先祖としてもつ大名の藩であったが、地震や火山の噴火により財政状況が急速に悪化していた。忠真の代においても状況は改善されず、家政の問題に力を発揮するという尊徳の話を聞いた忠真が、尊徳に小田原藩領の分家の領地復興を命じたのであった。これにより尊徳の運命は大きく変わることになる。一八二一年、尊徳三五歳のときであった。

小田原藩の分家に宇津《うつ》家というものがあり、北関東の桜町領という地域——現在の栃木県南部に大まかに相当する——を治めていた。戸数一五〇ほど、人口八〇〇ほどの地域であったが、当時、住民は極貧にあえぎ人心は荒んでいた。年貢の負担が重くなるにつれ、農民たちは農地を捨てて江戸のような大都市に逃亡した。また、賭け事も盛んでいさかいごとも絶えなかった。住民は激高しやすく、地域には暗い絶望がたちこめていた。忠真は、尊徳をこの地に派遣することにより、人心を宥《なだ》め、宇津家の財政を安定させようとした。尊徳はこの役目を幾度か辞退したものの、最終的には公の命に従い、じかに検分するために幾度か桜町に赴き、状況の困難さを認めつつもこの地方を立て直す決意をした。一八二三年、尊徳は「仕法」の実施を開始する。藩主は尊徳を援助するために彼に武士に近い身分を与え、禄以外にも米や金を下賜し、さらに一〇年間は成果を問わず自由に改革の手腕を発揮させた。尊徳は桜町の立て直しのすべての責任を任されたのである。尊徳はそのとき、所有していたすべてのものを売却したり貸与に出したりして、それまで困難な状況のなかで努力してなした財を処分した。彼にとっては、提督がみずからの艦隊を焼くような、英雄的行為であった。

桜町の立て直しの道は平坦ではなかった。住民は、所詮は自分たちと同じ身分の者でしかなかった尊徳には従わなかった。彼に挨拶をせず、背後で噂話をし、あるいは賄賂を贈ろうとした。しかし尊徳は諦めず、住民の個別訪問を重ねては各人の債務高や土地の状態などを正確に把握し、家政や農事についてへりくだらずまた熱意を失わずに助言を与えた。尊徳は特に水理や灌漑の事業に優れた手腕を発揮した。彼はまた、住民同士の競争心をうまく利用し、模範的な農民を選び出しては農具を与えたり、無利子で金銭を貸与したり、家屋を建て直してやるなどの便宜を与えた。悪天候のなかでも働く者、老齢にもかかわらず若者同様に精勤する者には褒美を与えた。尊徳自身もまた休まず働き、森や野で一夜を明かし自宅には戻らないこともしばしばであった。少しずつ住民たちの態度は変わってゆき、その助言に耳を傾ける者が増えた。

しかし、物で努力の報酬を払うというやり方は、成功がもたらす成果に対する住民たちの欲望を刺激はしたが、自身の労働がもつ価値に気づかせるまではいたらなかった。考え方は簡単には変わらないのである。一八二八年は凶作となり、農民たちは些細なことでいさかいを起こすようになる。精根尽き果てた尊徳は一八二九年初め、姿をくらましてしまう。困った住民たちは彼を探した。尊徳は、三ヵ月ほど寺に籠もって立て直しの成就を祈願しつづけていたのである。彼は大願成就のため三週間の断食もしていた。言い伝えによれば、この苦行の後、二〇日間食べていなかったにもかかわらず、尊徳は八〇キロほどの道のりを歩いて村に戻ったということである。この出来事以降、村人たちは尊徳を認め、真剣にその仕法に従うようになる。

こうして一五年の歳月が過ぎた。成果は抜群ではなかったものの、尊徳が当初計画したところは達成できていた。桜町の仕法は、尊徳がその生涯を通じて各地で行った仕法のうち、最初でありかつ最も重要なものであった。冗長にならないために、ここでは単に尊徳のその後の生涯を飾った重要な出来事だけをみておこう。その後の生涯において尊徳が実施してゆく仕法は、さまざまな社会的階層からの要求に応えようとするものであった。たとえば青木村における仕法は、尊徳を師と仰ぐ農民四十数名の依頼から始まったものであったのに対し、最も晩年の仕法のひとつであった日光の仕法は、幕府そのものの命によった。仕法によって成功の度合いはまちまちであった。たとえば、青木村の仕法は、農民の依頼から始まっただけに、尊徳と当該地の領主との考え方の違いからさまざまな困難に見舞われることになる。

仕法の原理に賛同していた忠真も一八三七年に死去し、それ以降小田原藩士たちは尊徳の方針に反対することが増えた。公的には武士の身分を与えられていたものの、藩士たちにとって尊徳は本質的には成り上がりの農民にすぎなかった。また、藩士たちにとっては、尊徳の影響力が農民のあいだで高まることも厄介なことに思えた。彼らにとって尊徳は社会改良家よりはよそ者であった。最終的に尊徳は幕府に登用され、幕臣として生涯を終えることになる。

尊徳は生涯の終わりまで社会的経済的施策を実施しつづける。数え方によっても異なるが、一説によれば彼がかかわった村落は驚くべきことに六〇〇ほどとされる。村落の正確な数は措くとしても、尊徳の生涯は労苦と勤勉と自己犠牲の一生であった。彼は一八五六年、齢七〇で亡くなる。

## 4　尊徳の思想

尊徳は独学の農民で、通常の意味における学者とはいいがたい。現在、決定版ともいえる全集があり、三六の大部の巻からなっている[16]。しかしそれらをみてみると、驚くべきことに二〇巻ほどは仕法関連の文書からなる。経済史の専門家でもないかぎり、これらの文書は理解が難しく、場合によっては読解できない。それは個々の家族あるいは地域の家政や財政の記録である。記録されている膨大な数値や、一束の藁などの実に細々とした日常品の値段をみていると、尊徳が成し遂げた仕事の大きさに思いいたり、読者は気が遠くなる。尊徳は資本主義前夜の会計士であったといっても過言ではないだろう。とはいえ、その仕事の膨大さだけが、彼の思想において注目すべきところではない。彼は経営に通じていながら、ほかの人の家政や財政の世話をする過程で、原理的な事柄の考察も行っている。『全集』第一巻は全体が理論的著作からなっており、また最終巻の第三六巻は、弟子による尊徳の伝記や言行録から成り立っている。ここではそうした言行録のうち、特に『二宮翁夜話』という興味深い著作についてみてみる[17]。

尊徳の思想の微細なニュアンスを無視することになるかもしれないが、ここでは尊徳の思想を三つの特徴に注目しながら紹介する。それは実践と合理性、推譲と義務、そして自然と人間の二元性である。そのあと、尊徳の最後のそしてその最も重要な仕法のひとつ、すなわち一八四〇年に著された仕法書を取り上げながら、尊徳の説得の手法についてみてみる。

### 実践と合理性

その生涯についてすでにみたので、尊徳がけっして書斎の人であったわけではなく、彼の思想がすべて実体験にもとづいていたことは容易に理解できるだろう。彼が書物の知識をあまり尊重しなかったというのは不正確である。しかし、尊徳が、あらゆる知識が具体的状況のなかで使用されてはじめて有効になると考えていたことはたしかである。実際尊徳は、文字の世界のみに生きる学者を批判してやまない。彼にとっては、いかなる優れた書物もそれ自体においては一塊の氷である。[18] そしてそれに対する学問的注釈はつららである。書物が社会の役に立つためには、尊徳によれば氷を人間の心の情熱で溶かさなければならない。「大道」は文字のなかにはない。文字は道の仲立ちでしかなく、「道」そのものではないからである。[19] たとえば、『夜話』の最初の講話には次のようにある。

翁曰、夫誠の道は、学ばずしておのづから知り、習はずしておのづから覚へ、書籍もなく記録もなく、師匠もなく、而して人々自得して忘れず、是ぞ誠の道の本体なる、渇して飲み飢て食ひ、労れていねさめて起く、皆此類なり〔…中略…〕夫記録もなく書籍もなく、学ばず習はずして、明らかなる道にあらざれば誠の道にあらざるなり、夫我教は書籍を尊まず、故に天地を以て経文とす、予が歌に「音もなくかもなく常に天地は書かざる経をくりかへしつゝ」とよめり、此のごとく日々、繰返しくてしめさるゝ、天地の経文に誠の道は明らかなり。[20]

ここには、概念的分析を意図的に排除するというある種のイデオロギー的傾向がみられる。分析する

16 『全集』である。これは一九七七年に再刊されている。
17 注6参照。既述のように、『夜話』と略記する。
18 『夜話』第六二。
19 『夜話』第一七四。
20 『夜話』第一。

側に、その成果が本質的な事柄を逸しているというのは、批判を回避する古典的な手法である。だいいち、「天」も「地」もそれら自体は、真理もまた他のいかなる事柄も語っていない。したがって、それらだけのうちに永遠の真理があると主張することは、それらの代弁者になろうという尊徳の欲望の表れにすぎないともいえる。天と地の名において、現実には尊徳はいかなることでも主張することができた。

とはいえ、こうした批判的分析を行っても、それは現実のプロセスを安易に単純化するような傾向の言説からきているといえる。こうした分析により明らかになるのは、せいぜいのところ、研究対象そのものよりも、こうした言説を発する側の精神性向にすぎない。分析的視点をもつものは、実践の本質を把握し損ねる危険性を抱えている。それは、分析が文書史料ばかりにもとづき、現実のプロセスにもとづかないからである。

こうした批判やその欠点についての議論は措くとしても、ひとつだけ確実にいえることがある。すなわち、尊徳の哲学の実践面は、理論よりも生そのものに近く、また尊徳の事業と思想を本質的に決定づけているということだ。

ただし、尊徳の実践的な哲学においては——実践の本質について普遍的な定式に到達できると主張するのはやや滑稽であるにしても——合理性の力も大きく働いている。それは、貧困の家族を経済面で補助するそのやり方において示されている。尊徳は、出費の能力を明確に定めようとした。それが彼のいうところの「分度」を定めることであった。実のところ、こうした計画は節約を目的に収入と支出を計算することにもとづいていた。この点に関して尊徳はさらに付け加えて、各自がみずからの分度を認識した後は、そうした計算表よりもさらに少なめに支出して貯蓄にまわすことが望ましいといった。尊徳の方法とは、あらゆる予見されない可能性を取り除くことに本質があり、それゆえ尊徳は家政においてあらゆる気まぐれな行動を禁じ、また偶然も排除しようとした。実際、積小為大というその原理は、因果の連鎖において他なるものの介入をいっさい拒むことを意味する。それは、同一のものを積み上げ、それを無限に繰り返すことにより、最終的には大きな効果を発揮させようという原理であった。[21] いかなる事情があろうと、行動様式もまたそれを可能にする条件も変えてはならない。天も地も、それに則ろうとする者によって、自身の行動と同時に役割が決まってくるのである。

このように尊徳が偶然性や自発性をいっさい排除しようとしたことから、たとえば田中王堂[22]（一八六七－一九三二）などはその仕法を冒険心を欠くものと特徴づけた。[23] 見方によっては、仕法とは忍耐強く仕事を繰り返してゆくべきだという命令にすぎない。しかし、人間はその本性からして、ときおり日常の義務から逸脱して楽しみを追求したがる。したがって、仕法によって推奨される勤勉さと単調さは反感を引き起こす場合もしばしばであった。『夜話』のある一節で、尊徳は仕法と貪欲の違いについてながと説いているが、[24] ここからはしばしば両者が混同されたことがはっきりとみてとれる。

これは実践の哲学だろうか。然りといえよう。ただここでの実践とは、冒険心や人間の情熱を取り除かれたものである。こうした内的な矛盾を度外視するならば、仕法とははたしてどのような魅力をもった考え方だろうか。実際、もしそれが経済的な困難を乗り越えるために節約し貯蓄することに尽きるの

21　この点に関しては、『夜話』第一四、第一五、および「続篇」第四五等も参照。
22　田中はアメリカのプラグマティズムの思想家として明治大正期に著名になった。
23　下程勇吉『増補 二宮尊徳の人間学的研究』初版一九六五年、広池学園出版部、一九八〇年、第二章、一〇一頁。下程の著作は八〇〇頁を超える大部のもので、現時点では尊徳に関する最も網羅的な研究の一つである。
24　『夜話』第一六。

であれば、それは倫理的、哲学的観点においていかなる意義があるだろうか。こうした問題に答えるためには、分度の考え方と関連する「推譲」の考え方についてみなければならない。そこで次に、尊徳における推譲と義務について考えてみよう。

## 推譲と義務

推譲とはいくつかの意味において使われる。尊徳自身がいうように、それは今年の収入から来年のために貯蓄をしておくことを意味する。しかし他の文脈のなかでは、それは子どもや親族のために両親が遺した財産という意味も、またある個人が地域や国のために遺す財産という意味ももちうる。[25] すなわち、意味の核になっているのが、財を他人あるいは他の機会のために譲るということである。

もし分度の考え方がある種の倫理的意義によって高められているならば、それは推譲と一組で考えられるからである。収入をこつこつと貯めるのは、自分だけのためではなく、こうした貯蓄が他の人々の幸福に役立つからである。[26] それにしても、なぜこうまでして自己犠牲をしなければならないのだろうか。とりわけ、ありあまる富から貯蓄を行うのではなく、困難な個人的努力のなかから貯蓄を行うだけに、そのような疑問が浮かぶ。それは、尊徳によれば、個々人の生とは、両親が絶え間ない努力を払いながら惜しみなくわれわれの面倒をみてくれた結果だからである。こうして尊徳は、各自の生が自身だけに属するとは言い切れないという立場をとる。同じことは両親それぞれの生についてもあてはまり、それはそれぞれの両親の面倒見の結果であり、同様にどこまでも続くのである。こうして原初の混沌にまで人は思いを馳せる。そこから宇宙のあらゆる元素が由来するのである。[27] この原初の状態によって、各個のもつ固有性が最終的に決まるのである。こうしてみると、貯蓄と倹約はあらゆる利己主義と区別され、原初の一体性のなかに溶け込む。経済的な枠（分度）を決めて得られた財を手元に置いておくことと、絶えざる推譲とは一つに融合する。

このような推譲はなんら悔いを起こさない。というのも、生きていられること自体が一つの利益だからである。

然れば人と生れ出たるうへは、必死する物と覚悟する時は、一日活れば則一日の儲、一年活れば一年の益也、故に本来我身もなき物、我家もなき物と覚悟すれば跡は百事百般皆儲なり[28]、〔……〕

つづけていうに、われわれはみずからのはかない身体にいっさいとらわれず、他の人々の幸福実現のために生きるべきだ。こうした献身の心を尊徳は「覚悟」と呼ぶ。

こうして、何人たりとも、生まれて以来はかりしれないほどの義務を受け取り、生きているあいだはずっとそれを果たさなければならないのである。みずから獲得したものや努力を他の人々や社会に与えるのも、最初に生じたこうした義務を果たすためにほかならない。各人にとっては人生そのものが借り物なのである。これが尊徳の犠牲と奉仕の倫理の根拠である。

こうした義務は普遍的な意味合いをもつ。『夜話』の一節には次のようにある。

25 「続篇」第四三。
26 『夜話』第四六、第七七、第七九。
27 『夜話』第一八〇。
28 『夜話』第一〇。

翁曰、世人の常情、明日食ふ可き物なき時は、他に借に行んとか、救ひを乞んとかする心はあれども、弥明日は食ふべき物なしと云時は、釜も膳椀も洗ふ心なし、と云へり、人情実に恐るべく尤の事なれども、此心は困窮其身を離れざるの根元なり、如何となれば、日々釜を洗ひ膳椀を洗ふは明日食はんが為にして、昨日迄用ひし恩の為に、洗ふにあらず、是心得違ひなり、たとへ明日食ふ可き物なしとも、釜を洗ひ膳も椀も洗ひ上げて餓死すべし、是今日迄用ひ来りて、命を繋ぎたる、恩あれば也、是恩を思ふの道也、[29]〔……〕

ここでの「恩」の概念は訳が困難である。ただ、意味としては義務の概念が遠くない。義務の概念においては、倫理的そして社会的責務として、それを守らないと犯罪と同様に法的枠組みのなかで咎を負うおそれのあるようなものが考えられる。それに対し、恩の概念はそれを守らない場合でも、受ける扱いはより寛容でそれほど厳格に決まってはいない。恩は、義務と違い、より自発的なものである。たとえば、恩とは親切に対する自発的な報いが強制なしに呼び覚まされるような場合を指す。こうした道義的な負い目を完全に忘れてしまったとしても、人は犯罪者として追及されることはないが、恩知らずとみなされる。恩知らずとは恩を認識しない者である。それどころか事情はもう少し複雑で、ある人がたびたび恩を無視すると、やがて誰も彼を助けたり彼のことを思いやったりしなくなるだろう。よって、その者は刑法で処罰されることはないにしても、社会的制裁は受けるにいたる。その作用からみれば、道義的責任と社会的責任と自発的な欲望とが恩の概念のなかに密接に関連しあっているのである。

すでにみたように、尊徳において恩は普遍的な広がりをもつ。それは人間同士の関係だけに限られたものではなく、人間と物との関係も含まれる。人は日々使う食器や台所用具に対して恩がある。人は道具を多く使う以上、それらと恩の網の目によって結ばれているといえる。こうした視点をとると、恩を単に自発的なものと捉えることは難しくなる。尊徳のいう恩とは純粋な義務に近づく。この点についてはは本稿末尾でまた論じることにする。

## 自然と人間の二元性

現代日本の思想界で名高い丸山眞男（一九一四―一九九六）が大著『日本政治思想史研究』[30]を出版して以来、自然と作為の二元性は江戸期儒教の記述的分析においてよくみられる図式になった。丸山自身は、みずからの問題意識の枠内では尊徳について通りすがりに言及しているにすぎない。[31]丸山はその著作で主として儒学者荻生徂徠（一六六六―一七二八）の革命性に光を当てることを目指していた。とはいえ、自然と作為の二元性は、尊徳の思想においても非常に重要な軸とみなされるべきである。

---

29　『夜話』第二〇一。

30　丸山眞男『日本政治思想史研究』東京大学出版会、一九五二年、とりわけ第二章「近世日本政治思想における『自然』と『作為』」、一九三―三一八頁参照。日本思想史研究における本書の影響力は絶大である。現代の研究者の一人、子安宣邦による厳しいがやや感情的な批判（『「事件」としての徂徠学』青土社、一九九〇年、第一章）も、実際は丸山の影響力が続いていることを傍証している。

31　丸山は尊徳に一度しか言及していない。それも本文ではなく、第二章第六節の注（二）（三〇八―三〇九頁）においてである。だからといって、丸山は尊徳を重視しなかったわけではない。丸山は尊徳が意識的に使った作為の概念を非常に重要なものと考えている。だが、丸山が引く尊徳の一節では、政治体制について考察することは禁じられ、個人的実践の範囲から出るべきではないといわれている。これで尊徳は丸山の問題意識から外れることになる。丸山が目指したのは、主として、江戸期の政治体制を維持するための正当化の議論や、あるいはその崩壊を目指した批判的議論を分析することだったのだ。

実際、『夜話』の冒頭においては自然と作為の違いについて何度か言及されている。ただ、尊徳の場合はやや語彙が異なっている。彼は最初から自然と作為というかわりに、「天道」と「人道」という言葉を選んでいる。

それでは尊徳にとってこの二つの道の違いとはなんだろうか。尊徳のいうように、世界はたえずさまざまな事柄が完結している。寒さの後は暑さが来て、またその後寒さが戻ってくる。夜が明けて昼が来た後は、昼が過ぎてゆき再び夜になる。こうした過程のどこにも、人の介入できる余地はない。しかし天道は、人間の努力をいっさい受け付けないがゆえにまさしく非人間的である。肥沃な農地も人手が入らなければすぐ荒れ地と化し、人の住まない家はたちまち朽ち果ててゆく。天道は、非人間的であるがゆえに善も悪も知らない。天道の何たるかを書物なしに知ることができる者は、またそれがまったく非人間的であることも知ることができる者は、代りに作為の道すなわち人道を行わなければならない。毛皮も鱗もなく、天道の支配するこの世に人間は裸のまま産み落とされる。この世の恐るべき冷たさに対して天道はまったく無頓着であるが、人間は服を着たりみずから家を建てたりしないと生きていけない。天道にとっては、米も雑草もまったく同じである。両者を区別するのは人道だけである。[32]

このように、尊徳は自然への技術的介入を正当化する。少なくともそれによって自然がより快適かつ役に立つものになれば、の話である。ふたつの道のあいだの類似性も、巧妙な類比によって説明される。

翁曰、夫人道は譬ば、水車の如し、其形半分は水流に順ひ、半分は水流に逆ふて輪廻す、丸に水中に入れば廻らずして流るべし、又水を離るれば廻る事あるべからず、[33]〔……〕

このたとえをもとに、尊徳は仏門の徒も在俗も同様に批判する。門徒はあらゆる欲望を捨て去るよう命ずるが、それは水の外にある水車に似ており、また個人的欲望ばかり追い求める在俗の徒は水中に完全に没した水車に似ている。どちらも人々の幸福に貢献しない[34]。したがって人道とは中庸の道である。人は天道に従って種をまき、天道に逆らって草を取る。人道がもつ中庸の性格は注目に値する。それがけっして意図や欲望のそのままのあり方に沿って発揮されるものではないということを忘れてはならない。人道の建設のためには、一瞬でもこのことを忘却すれば簡単に天道に埋没してしまうことを心に留めておく必要がある。天道とは永遠の原理であり、それに対し人道とは天道に逆らう一時的ではかない抵抗の試みである[35]。こうした抵抗は自然ではないので作為といわれなければならない[36]。

こうした議論は明らかに、尊徳の倫理的見方を補強するために使われている。この見方によれば、人は継続的、自覚的に努力を続けなければならない。とはいえ、ここにはある種の両義性が生じる。尊徳は貪欲や贅沢や放縦やその他の悪徳を批判するにあたり、それらを人道ではなく天道として分類する。たとえば、欲望をいっさい抑えずに、あるだけの食べ物を食べてしまうとき、あるいはあるだけの金銭を使い果たすとき、それは人間の本性ではなく天から与えられた性質からだとされる。こうした堕落を避けるには、われわれは人道に従い、それによって命じられる禁忌を守ったり、奨励される貯蓄をした

32 『夜話』第二。
33 『夜話』第三。
34 仏教への批判については『夜話』第七〇も参照できる。
35 「続篇」第一。
36 『夜話』第五、第一八二。「作為」という言葉は尊徳自身が使っている。

りしなければならない。天道は財産を使うように人を仕向ける。そうはいっても、人道もまた、人間による介入を表すが、その厳格さから、少なくともその通常の意味では、非常に非人間的であることも判明する。尊徳がいうように、天道が永遠不変の真理を表しているとするならば、そして放縦や欲望に走ることも天道のうちであるとするならば、いかなるときも欲望に身を任せるべきだと結論すべきではなかったのだろうか。こうした疑問は、まさしく人道の位置づけから生じる。人道においては天道が重視されており、天道という自然の流れに対抗することによりその存在が生まれるのである。[37]

人間の倫理とは作為から生まれたものであり、それがその弱点である。個人の考えからあるいは社会的要請からそれをたえず修正することによってのみ、それは不都合なく機能する。こうして、天道と人道の二元性が、尊徳が推奨する勤勉で持続的な方法の正しさを示す。尊徳の哲学の根源にあるのは、勤勉な労働の義務である。

本節を締めくくる前に、尊徳の仕法のあり方を簡単に分析しておきたい。そのなかから思想家としての、また農村地域の革新者としての、尊徳の戦略が浮かび上がるだろう。取り上げるのは、最後の仕法に近くかつ意義も非常に大きい、「暮方取直日掛縄索手段帳《くらしかたとりなおしひがけなわないてだてちょう》」である。[38] これは尊徳の戦略を理解するうえで最適な例である。この仕法は一八四〇年、現在の静岡県内にある藤曲《ふじまがり》村のために発案された。初めに印象づけられるのは、この仕法の単調さである。尊徳はみずからの考え方を歌で示す。

瓜蒔は瓜蔓はへて瓜のはな／さきつゝ瓜の実法る世の中[39]

瓜について数行分注釈した後、ほとんど同じことを茄子についていう（「茄子まけはなすの木はへて茄子の花

／さきつゝ茄子の実法る世の中」）。さらに、数行ばかり注釈を行った後、米について同じことを記す[40]（「米蒔は米草はへてこめのはな／さきつゝ米のミのる世の中」）。同様に、麦、あわ、ひえ、梅、桃、栗、そして柿についても同じように記している。歌は自動的なものになり、教えの内容も定型句のようになる。尊徳は意識的に反復宣伝を行っている。この反復は考え抜かれた戦略なのだ。尊徳は、みずからの聴衆が教育程度の高くない農民であることを知っており、したがっていいたいことは何度も繰り返すようにした。そのために彼は歌と反復という手段を選び、そうやって聴衆が教えを容易に理解し記憶するようにした。尊徳の実践は一見したところ単純素朴であるが、実際はそのやり方は高度な戦略から来ていた。

　こうした序の部分の後、尊徳は本題に入り、縄ないの代金の見積りを行う。たとえば尊徳は、一日に縄一房を作り、それで得られる代金が五文だと仮定し、村の全戸がこれに従事した場合の合計代金を示す。次に、同じ手順で一ヵ月間、毎日同じ作業を続けた場合の合計代金が示され、そうやって最後に一年分の代金総計が示される。次に、こうした計算を元に一日二房作った場合、三房作った場合等々の計算も示される。

　こうした計算が、順次大きな額を扱いながら実に単調な仕方で行われる。そこから尊徳は次のように

37 この問題に関しては、たとえば最近の研究として、大藤修「二宮尊徳」『岩波講座 日本通史』第一五巻、岩波書店、一九九五年、三三三－三四八頁参照。

38 二宮尊徳「暮方取直日掛縄索手段帳」『日本農書全集』、前掲書、一六三－二八八頁。

39 同書、一六七頁。

40 同書、一六八頁。とはいえ、ほとんど同じ言葉の繰り返しのなかでも、少しずつ書き方を変え、漢字や平仮名を使い分けなければならない点に注意したい。

結論づける。

御趣法ニ基キ壱軒ニ付一日ニ縄壱房ツヽ励出候ハヽ、一村壱ヶ年合弐万三千四百房、代金拾七両弐分弐朱・銭弐百六拾文、願ひ不求して天より降り来るか如く、又地より湧出るが如し。壱ヶ年索ヘハ壱ヶ年丈ヶ之代銭自から集り来て、其家々を潤す事疑ひなし。[41]

たとえ〔一日〕五文でも、もし続ければ一年後にはまとまった金額になる。その役割は変わらないため、尊徳は利益も貯蓄も同じものとみなす。

すべての仕法が同じような仕方で教えられるわけではない。しかし、それらはすべて明確な経済合理性を原理としている。気まぐれや心変わりに影響されないよう注意を払いさえすれば、崩壊を始めていた封建社会という不可避の危機も乗り越えることができる——尊徳の教える方法は、たしかに天才的なものではないが、非常に信頼できるものであったことはたしかだろう。

## 5　死後の尊徳像

一八五六年、尊徳は七〇歳で死去するが、その名は彼みずからが仕法を施した地域以外の場所では知られていなかった。しかし、彼には優れた弟子が多数おり、彼らは生前の尊徳とともに活動し、あるいは面識はないものの畏敬の念をもって尊徳に注目していた。特に『夜話』を著した福住正兄、義理の息子で『報徳記』の著者であった富田高慶（一八一四―一八九〇）、『二宮先生語録』の著者であった斎藤高行（一八一九－一八九四）、さらに、岡田良一郎（一八三九－一九一五）、そして安居院庄七（一七八九－一八六三）といった者たちがそうであった。彼らの運動は一般的に「報徳」（徳に報いる）と呼ばれている。その思想は農村地域に急速に広まったわけではない。しかし、一八八三年に明治天皇が『報徳記』を読んで称賛すると、また一八八四年から八七年にかけて『夜話』が出版されると、尊徳の名は全国に知られるようになる。尊徳の孫であった二宮尊親（一八五五－一九二二）もまた、尊徳の思想の宣伝に努めた[42]。加えて、加藤弘之（一八三六－一九一六）や井上哲次郎（一八五五－一九四四）のような、著名な学者がこうした尊徳像に寄与した。彼らは尊徳を独自の哲学をもった人物として称賛した[43]。

　明治期における報徳のさまざまな運動を歴史的に追跡することはそれなりに興味深いことではあるが、ここでは尊徳死後の動きについて別の観点をみておきたい。すなわち学校現場における尊徳像の利用である。問題に先立って、まず明治期以降の学校教科書の歴史について知っておく必要がある。唐澤富太郎『教科書の歴史』はこの点に関する古典的研究である[44]。

　明治初期の低学年のための学校教科書は、多くの場合、欧米のものを翻訳したものであった。内容は間違ってはいなかったが、生徒の日常生活とは関係の薄い内容であった。たとえば、ナポレオンの没年

41　同書一九一頁。これは小さなことでも努力をやめなければ大きな効果を生み出すという「積小為大」の考え方である。

42　とはいえ、こうした運動の内部に不協和音やゆがみがまったくなかったわけではない。これは入り組んだ歴史であるが、ここでは単に、運動内部にいくつかの異なった方向性があったことだけ述べておこう。たとえば、富田高慶は運動が「武士道」の方へ向かうべきだと考えていたが、福住正兄は神道と融合する方向をとった。富田と岡田良一郎とのあいだには、運動と財界との関係をめぐって激しい議論が行われた。神谷慶治「日本経済と報徳」『二宮尊徳と現代』、理想社、一九七六年、八一－九九頁参照。

43　たとえば、加藤仁平「報徳運動史管見」、前掲書『二宮尊徳と現代』、一六三－一八一頁参照。

44　唐澤富太郎『教科書の歴史』「唐澤富太郎著作集」第六－七巻、ぎょうせい、一九八九－九〇年。

を、フランス史をほとんど知らない、それどころかヨーロッパ史すらほとんど知らない子どもたちに教えるなどしていた。こうした手法の目的は、ヨーロッパの社会的な考え方を吸収させることであり、よってこうした教科書も合理主義的、功利主義的、そして個人主義的思想に従って書かれていた。[45] 対照的に、歴史の知識は軽視された。この時代を代表する（科学啓蒙の）著作に、福沢諭吉（一八三四–一九〇二）の『訓蒙窮理図解』（一八六八年）がある。

一八八〇年代の初期に、こうした状勢が変化する。[46] その前の時期への反動から、教科書では歴史の知識や日本語を重視するようになる。背景には儒教的な視点があった。その一方で、自然科学や地理が軽視されるようになる。こうした新しい傾向は、一八八一年の初等学校教員向けの政令にはっきりとみてとれる。そこでは教員が道徳の教訓を与えるよう奨励され、奉仕と尊敬の心を育てることが強調された。たとえば『童子教』においては、父への恩は山より高く、母への恩は海より深いとある。家族の結びつきが特に強調されていることはたしかである。[47]

教科書の歴史においては、その出版に関する政府の検定制度が発足したことが大きな節目となった。[48] 一八八六年発布の初等教育の政令では、政府の認可なしに教科書を出版することが禁ぜられた。国家による教育の統制の始まりである。一八九〇年の教育勅語は、こうした国家統制の強化でしかなかった。教育の現場ではこの勅語はほどなく尊崇の対象になってゆく。[49]

一九〇〇年、道徳教科書に関する政府調査委員会が設置され、加藤弘之が委員長になる。加藤はそのエリート主義的で貴族主義的な学説で知られる。[50] 長い議論の末、委員会は道徳教科書を含むすべての学校教科書を政府予算で出版するよう提言する。一九〇一年、出版社による収賄という大きなスキャンダルが表面化すると、この意見に支持が広がり、その結果政府は教科書検定をすべての教科書に広げて適用する決定を下した。これ以降、文部大臣が教科書を執筆し、民間の出版社はそれを印刷するだけになる。

教科書の歴史にはもう一つ、明治末期に大きな節目があった。一九一〇年前後から国家主義的で軍国主義的傾向が強まった。第二次世界大戦終結までの日本の歴史からみれば、これは驚くべきことではない。

教科書へのこうした国家の介入が始まったばかりのころ、すなわち一八八五年から一九〇〇年までのあいだ、尊徳の名が教科書に現れ始める。唐澤によれば、その名（ただし金次郎というその幼名で呼ばれた）は一七世紀の儒学者貝原益軒（一六三〇－一七一四）とともに、この時代の教科書に非常に頻繁に登場する。さらに、もし明治期の全出版物を調べれば、尊徳は明治天皇についで最も頻繁に登場する人名だろう。単に何度も言及されるだけではなく、尊徳の名が出てくる文脈をみれば、尊徳にいかなる役割が期待されたかがわかる。この時代、生徒たちに伝えられた尊徳のイメージとは、天皇に仕えるというものだった。ふたつのイメージは相互補完的で、人民を愛する主人と、主人に忠実に仕える勤勉で崇拝の心

45　同書、第六巻第二章。
46　同書、第六巻第三章。
47　なお、この時代以降、教育効果を上げるために歌を利用するようになった点にも注目すべきである。生徒たちに歌を歌わせ、習ったことを補強するのである。
48　同書、第六巻第四章。
49　Pierre Lavelle, *La pensée politique du Japon contemporain*, Paris, PUF, «Que sais-je», 1990. とりわけ p. 36 参照。
50　加藤に関しては拙論 Osamu Kanamori, «D'un darwinisme à l'origine des suicides volontaires au Japon moderne», dans le *Dictionnaire du darwinisme et de l'évolution*, Paris, PUF, 1996 参照。〔本書第五章収録〕

に満ちた従者というペアになっていた。[51] たとえば天皇は、一八九〇年の大軍事演習に、土砂降りにもかかわらずほかの兵士と同じように無帽で参加していた。こうして、天皇が臣民をみずからの子どもたちのように考え、その喜びも苦しみも分かちあうというメッセージが広められる。こうした偉大なる主君のイメージに対し、金次郎は理想の従者として描かれる。尊徳の最もよく知られたイメージは、今日でも多くの日本人に知られたものであるが、薪を背負って歩きながら本を読む若き金次郎のものである。このイメージには、尊徳という神話化された人物を通じて伝達されようとした、勤勉な従属の象徴がはっきりとみてとれる。一九〇〇年に出版された『尋常小学校修身書』という道徳教科書の第二巻には、やはり尊徳の重要性を的確に示す例がみられる。金次郎は三〇節のうち八節まで登場する。あるページには、尊徳が休まず縄をなっている絵がある。その父親はというと、食卓で酒を飲んでいるのである。あるいは、金次郎が夜更けまで書を読んでいる絵もある。そこには、その伯父の命に忠実に、日々の仕事の後も一家繁栄のため努力を続ける尊徳が描かれている。生徒たちが課せられたことの一つに、金次郎を称える次のような歌もあった。

柴刈り縄ない　草鞋をつくり
親の手を助け弟を世話し
兄弟仲良く孝行つくす
手本は二宮金次郎

ひとことで、金次郎は混じりけのない従順、忠実、そして誠実を体現していたのである。

明治政府の戦略は、今日から振り返れば明らかである。尊徳は子どもたちの道徳的訓育において非常に有益だったのである。しかし、このとき取り上げられたのはもっぱら幼年時代の尊徳すなわち金次郎であり、仕法や分度の思想家としての成年の尊徳ではなかったことが注目に値する。あるいは、成熟した尊徳が、その経済活動や合理主義的な考え方のため、政府が前面に出そうとしていたイメージに合わなかったということがあったのかもしれない。改革者尊徳は、勤勉な金次郎に道を譲らなければならなかったのである。多くの学校の校庭に金次郎像が作られたが、これは常に薪を背負いながら本を読む子どもの像であった。政府の戦略は巧妙かつ効果的であったといえる。その目的達成に文字情報、歌、そして造形を用いたのである。

日本が先の大戦に負け、突然アメリカ文明が導入されたとき、尊徳の道徳的なイメージとそのイデオロギー的含意が一時的に消滅したが、それは伝統文化が急速に忘れ去られたことを非常に明瞭に物語っている。連合国占領軍本部であったGHQをめぐっては奇妙な逸話がある。あまりにも多くの小学校で尊徳の像があることに驚いたGHQが、尊徳の人物と事績について調査し、最終的にはおそらく不本意ながらも尊徳が尊敬すべき人物であったと結論している。しかしこうしたことはむしろ例外で、一般的には尊徳とその事績は急速に忘れ去られていった。実際、尊徳忘却の風潮はあまりに急で、ある尊徳関連の文献冒頭には、尊徳の肖像として、ある建物工事の際にあやまって台座から落ちた尊徳像を写真に使用しているほどである。[52] 誰も倒れた尊徳像を修理しようとする者はいなかった。尊徳と報徳に対し、

51 唐澤、前掲書、第六巻第一〇章、一一三–一一四頁。
52 児玉責任編集、前掲書、五九頁参照。

人々がいかに無関心になっていたかがうかがえる。また別の逸話によれば、一九六〇年にある文部大臣が尊徳像の除幕式に出席を拒否したこともあった。[53] 尊徳は場面によっては人々にとって邪魔なものになっていた。とはいえ、今日、報徳がまったく消滅してしまったかというとそうではない。その伝統も、また尊徳への崇敬の念も受け継ぐ人々はいる。しかし、今世紀前半に比べれば、やはり尊徳およびその運動が社会的に重要性を失ったことは疑いない。尊徳はその死後、政治的目的のもと歪められて利用されたが、今日においては、より自由で生産的な仕方で甦ることができるだろう。

## 6 結語

結局のところ、尊徳とは何者だったのだろうか。彼は再び舞台の前面に出てくるべきなのだろうか。すでにみたように、尊徳は死後、そのときどきの政治情勢に直接左右されるかたちで利用されてきた。こうしたかたちで利用された結果、彼の美化された伝記が広まっていた時代においてすでに、あるマルクス主義的歴史家から厳しい批判を招くことになる。一九三六年出版の奥谷松治（一九〇三―一九七八）による古典的研究、『二宮尊徳と報徳社運動』のことである。[54] 尊徳の社会的政治的背景の分析から始めた奥谷は、尊徳の思想と行動が来るべき未来ではなく、崩壊しつつある武士階級のイデオロギーを反映していると結論づける。報徳も農民自身よりも封建社会における支配階級の利害を代弁しているとされる。尊徳は反動思想家以外の何ものでもない、というわけだ。

こうした断定的な解釈は戦後歴史学において広くみられる。学識界においては数年のあいだマルクス主義が非常に影響力をもっていたこともこうした状況を手伝っていただろう。たとえば、安丸良夫

（一九三四―二〇一六）によれば、尊徳は民衆の貧困が民衆自身の日常的振る舞い、たとえば怠惰や放恣にあると主張していたが、こうやって尊徳は貧困の真の原因が封建末期の幕府や金貸し資本による重い搾取であったことを隠蔽したのである[55]。ただし、安丸は完全に断定的であったわけではなく、尊徳の思想が農民たちの教育への需要に応えるものであり、みずからの社会的役割を自覚させるのに貢献したと判断している。最後に青木美智男（一九三六―二〇一三）による尊徳論[56]をみてみよう。青木もまた尊徳に対しては否定的である。尊徳の思想には政治批判がみられない、とされる。尊徳は繰り返し勤勉な労働の重要性を説いたが、これはある人の経済的、社会的困窮が本人の怠惰から来るという、完全な誤謬を結論せざるをえない見方である。こうした視点をとれば、貧しさとは道徳的にみて未熟である、あるいはまったく取るに足らない状態にあるということになる。そうすると、財産や経験に格差があることの真の原因が、支配者に有利なかたちで隠蔽されたままでありつづけるだろう。

こうした議論が尊徳に向けられた批判の主要なものである。それらは疑いなく当を得ており、尊徳の思想や仕事には間違いなく批判されたような側面が存在する。しかしながら、こうした批判にはそれなりの限界もある。そこからは尊徳の別の側面が漏れ落ちており、尊徳についてより丁寧でより多面的な見方を逸している。尊徳のうちに封建社会の傀儡以上のものをみようとしないのは、尊徳の真の姿を半

53　下程、前掲書、第二章に引用されている。

54　大藤、前掲書、および同「戦後歴史学における尊徳研究の動向」『尊徳開顕』佐々井典比古他編、有隣堂、一九八七年、二〇二―二二九頁。

55　大藤、前掲書、二〇八―二一〇頁に引用。安丸良夫『日本の近代化と民衆思想』青木書店、一九七四年も参照。

56　大藤、前掲書、二一一頁に引用。青木美智男「金次郎と尊徳」『文化文政期の民衆と文化』文化書房博文社、一九八五年も参照。

分しか捉えないことになろう。残りの半分に光を当て、尊徳の全体像――同時に反動でありまた社会改革者でもあるという――を確認する必要があろう。
第一の側面に関しては、これまでみてきた尊徳批判のうち、その著作の保守性を指摘したものが注目される。たとえば尊徳は次のように論じる。

汝が身、何のために生れ来たるぞ。君たるがために、生れ来たるか。武士たるがために、生れ来たるか。農たるがために、生れ来たるか。〔…中略…〕自心に問いて、答えて見よ、〔…中略…〕何のために生れたるか、知るべからず。ただ父母の生みしと云うよりほか、一言の述ぶるところあるべからず。しからば、父母に孝養をつくし、父母の道を継ぎて、今日を送るよりほか、汝が道なし。迷うなかれ[57]。

この議論で尊徳は幾度か論理の飛躍を犯し、存在論的問題と道徳的あるいは社会的問題を混同している。祖先への崇敬がみずからの存在理由の問題とは関わりなく重要なものであることは、尊徳自身がよく知っていたに違いない。尊徳はただ議論の相手を説伏したかっただけであろう。そのために誰も答えることのできないことを問いかけ、儒教の刻印をはっきりと帯びた道徳教訓を与えているのである。
しかし恩の概念をめぐっては、尊徳について判断を下すことが難しくなる。周囲のあらゆる事柄において義務と徳行の機会をみつけ出すというのは、それ自体は批判の余地のない尊敬の態度かもしれない。しかし、階級制度のなかで困窮する者たちにもそうした態度を勧めることは、その社会的地位をみずから正しいと認めよといっているに等しい。とはいえ、こうしたことは尊徳の思想においてしばしばみられる。尊徳は突発事や粗野な事柄を注意深く排除しようとする。あるいは『三才独楽集』[58]という歌集を例にとっても、同じ懸念が生まれる。そこにはたとえば、「西にせよ東にもせよ吹風の、さそふ方へとなびく葉柳」[59]という歌がみられる。ここにみられるのは、逆らわない服従の勧めだろうか、それとも危機における柔軟さの推奨だろうか。あるいはここには、繊細な中庸の感覚がみられるのだろうか、それとも狡猾な二枚舌が表れているのだろうか。断定は難しい。

同様に、農本主義者でありながら、尊徳は農業についてやや意外な見解を示している。たとえば、彼が農業を物事の根源だというのは、その価値が低く卑しいからだと繰り返している。家が建っている土台のように、農業は社会の最も下を支えている。[60]この見解は肯定的評価にも否定的評価にもみえる。また尊徳はみずからの思想を泥、それに対して仏教の教えを美しい砂浜の砂だとたとえている。[61]みずからにとって最も大切であったはずのものをこうして貶めているのは、当時の社会的制約なのかもしれない。封建社会においては、みずからの出自から解放されることはなかったからである。尊徳はたしかに聡明な農民であったが、また身分相応に振る舞うだけの知恵ももっていただろう。いずれにせよ、こ

57 『報徳秘稿』の一節で、下程勇吉「天地と共に行く道」、前掲書『尊徳開顕』、七－八頁に引用されている。
58 『全集』第一巻、八五九－九〇〇頁。この歌集は尊徳がみずからの思想をわかりやすく伝える目的で編まれた。「暮方取直日掛縄索手段帳」においてみたように、尊徳の教育戦略はよく考えられており巧妙である。
59 同書、八九八頁。
60 『夜話』第一四一。
61 『夜話』第二三〇。

こでみてきた事柄はすべて、尊徳が多かれ少なかれ保守的側面をもっていたことの証拠か、あるいはその疑いを抱かせるものである。

尊徳の革新的側面については、単純な一義的評価は下せないが、彼が実際に果たした社会的役割や、社会の階層における反響をみなければならないだろう。実のところ、小田原藩主の忠真がその領地の財政を立て直すために最初に尊徳を起用したわけだったが、その忠真以外の藩士たちは尊徳の施策に対して好意的ではなかった。彼らにとって尊徳とは、少々の才覚に恵まれた一農民にすぎなかった。尊徳を起用する利点とは、藩の農民の信頼を得て、彼らに怠けさせずより多く働かせ、年貢の納入を安定させることであった。尊徳と藩の重臣のあいだの緊張関係は当初表面化しなかっただろう。しかし、忠真の死後は、重臣たちは尊徳への不信の念を隠そうとしなかった。これは尊徳に対し感謝をもって支持した農民たちとは対照的であった。小田原藩における仕法は一八三八年に始まったが、その二年目からすでに藩の重臣たちによる反対に遭う。藩政が乱れるというのがその理由であった。藩士からみれば、尊徳の仕法は、農民と同様に士族にも倹約と質素な生活を命じるもので、本末転倒に思えた。尊徳への反発は次第に高まり、結果、一八四六年には小田原の仕法は中止されるにいたる。これは尊徳にとって不本意な事態であり、亡き忠真の遺志にも反するものであった。[62] 烏山仕法など、いくつかの他の仕法も同様の結末にいたった。尊徳の仕法とは、少なくとも一部の支配階級には、農民の努力を犠牲にしつつ封建制を支える施策ではなく、むしろ支配階級を追い詰め封建制の土台を揺るがしかねない危険なものに映ったのである。

くわえて、尊徳は政治についての話題を注意深く避けたとされる。[63] これもまた不誠実と解釈することができるが、彼が自身をきわめて弱く危うい社会的立場にあったことをはっきりと意識していたゆえの行いだと考えることもできる。その日記の末尾の方、一八五五年に記された文言には以下に引くものがあるが、それはこうした危険な立場を痛々しいまでに物語っている。

> 予が足を開ケ、予が手を開ケ、予が書翰ヲ見よ、予が日記ヲ見よ、戦々兢々深淵に臨むが如く　薄氷をふむが如し[64]

これは恐怖と内的緊張の告白であるが、こうした尊徳を守旧的な封建制の傀儡とみなすことがいったいできるだろうか。江戸期の封建社会において農民として生きることがどのようなことであったかを想像することは疑いなく難しい。とりわけ、支配階級の生活様式の改革まで提唱した農民のことともなれば、である。いずれにせよ、尊徳の死のほんの一二年後、危機の封建制はついに崩壊した。後世の見地からすれば、封建制への抗議や反抗など、いくとおりもの仕方が可能であったのではと容易に想像して

---

62　下程、前掲書『増補二宮尊徳の人間学的研究』、第四章とりわけ二六八－二六九頁参照。

63　同書、第三章一四五頁。

64　『全集』第五巻（一九七七年）、一一〇四頁。正確には、尊徳の既述は一八五五年一二月二一日、すなわちその死の一〇ヵ月前のものである。尊徳は明らかに『論語』の一節を念頭に置いている。泰伯第八に以下のような断章がみえる。「曾子疾あり。門弟子を召して曰はく、「予が足を啓け、予が手を啓け。詩に云はく、『戦戦兢兢として、深淵に臨むが如く、薄氷を履むが如し』と。今よりして後、吾免るることを知るかな。小子。」（宇野哲人『論語新釈』講談社学術文庫、一九八〇年、二一九頁）。この箇所の中心的部分はまったく同じである。ところが文脈が大いに異なっている。『論語』の一節は、孔子の弟子であった曾子が死のさいに発した、やや誇張の見られる言葉を記録している。曾子はみずからの身体に傷をつけることなく健康を保持できたことを満足とともに振り返っている。親や祖先への忠孝の念が、その儒教思想の枠組みとともにはっきりと表れている。

しまう。しかし、こうした見方はいうまでもなく純粋に観念的なものでしかなく、異なる時代の歴史的制約や内在的な見方の現実的重みに考慮をいたさない見方でしかない。たしかに尊徳の活動は革命を起こすことはなかった。しかし、彼はみずからの実践を可能なところまで推し進めた。尊徳は、自分が過酷なまでに抑圧的な社会という歴史の流れから自由ではないということをよく知っていたのである。

最後にもう一点だけ、尊徳の活動や思索すべてを特徴づけ、その全体的な色調を規定する根底的衝動とでもいえる事柄について確認しておこう。そのすべての仕法を含む尊徳の実践においては、表に表れないが切迫した恐怖がかいまみえる。その恐怖とは、渇きと飢えを満たすという最も基本的な生の欲求に駆られたものであり、こうしたものはいかなる学問的解釈も捉えることはできないだろう。

# 第五章　日本の「社会ダーウィニズム」の思想家――加藤弘之論

## 1　はじめに

現代の日本人にとって、加藤弘之（一八三六―一九一六）の名といえば、ほぼ第二次世界大戦の勃発とその破滅的な敗北にいたる近代日本の軍国化の暗い歴史に関係づけられる。それは日本の性急な近代化における、日本人ができれば忘れたいと願う負の側面である。今日、彼の全集は存在しない。現代の研究者の一人は彼の思想を研究したのち、それを「恐ろしい悪の思想」[1]と結論した。しかし、ある文明の現段階の価値を判断するために、過去を抑圧することがよい方法でないことはいうまでもなく、またこの忘却が、同様の危険思想の再現を許してしまうことを恐れるべきである。このような思想について教

1　鵜浦裕「近代日本における社会ダーウィニズムの受容と展開」柴谷篤弘他編『講座 進化』第二巻、東京大学出版会、一九九一年、一一九―一五二頁、引用は一五〇頁。

育し、それによって歴史的意識を涵養すべく、きちんと向き合うことこそ望ましいと考えられる。そもそも加藤は、彼の生きた時代においては、イデオロギー的にも社会的にも大変な重要人物だった。彼は明治期の最も影響力ある思想家の一人だったし、彼の社会的栄達の目覚ましさについては、その長い経歴のなかで彼が得た肩書のすべてを列挙するだけでも容易でないというほどである。彼が一五年間にわたって務めた東京大学綜理の職は、そのうちでは比較的有名なものの一つにすぎない。しかしそうでありながら、このきらびやかな経歴も彼についてては、多くの同国人たちからの憎悪と嘲笑のためのさらなる機会でしかなかった。間違いなく加藤は、明治時代の最も悪罵され憎まれた思想家の一人であった。彼自身その自伝のなかで、自分は少年のころから人に嫌われる性質があったと認めている。[2] 実際、このように彼が嫌われたというのはさほど驚くべきことでもない。そのこれ見よがしのエリート主義、傲慢なパターナリズムと政治における現実主義で、一般的な日本人の目に、加藤は冷血でずる賢く思いあがった役人の典型的なイメージを体現していたのである。さらにそこに、もう一つの理由がくわわる。驚くべきことに、この「冷血な役人」は四〇歳近くになるまでは民主主義政治理論の最高の論者の一人だったのであり、この領域に関する彼のいくつかの著作は、いまなお近代日本の政治思想の古典の地位にとどまっている。だが一八八一年から一八八二年にかけ、彼はその考え方を根底から変えて、それからは貴族主義的・エリート主義的理論を説きはじめ、今度は死ぬまで変わらなかったのである。この転向の理論的基盤となったのが、ダーウィニズムの発見であった。このように、彼はまず人民の友であり、そこから人民の敵に転じたのである。いかにその才能が豊かなものだったとしても、彼の同国人はけっしてこの裏切りを許さなかったのである。

だからといって、彼が第一級の思想家であり、見事な学識を備えた、体系的な本物の哲学者であったことに変わりはない。明治時代の哲学的思想に関して語るときには、中江兆民（一八四七―一九〇一）や元良勇次郎（一八五八―一九一二）といった名前とともに、いまでも彼の名が挙がる。加藤は明治期を代表する唯物論者であり、その有名な転向ののちにも、彼はみずからの哲学的理論を練りあげることをやめなかった。本稿では彼の知的道程の主要な場面を紹介しつつ、できるだけ図式的でなく彼の思想と人物を理解することに努めてみたい。

## 2　転向以前

一八六一年、蕃書調所に勤めていたときに、加藤は『隣草』と題した小さな本を書いた。[3] そこでは、当時の中国の政治的・軍事的な問題に関する二人の登場人物の対話が描かれていた。アヘン戦争での清王朝の無残な敗北について語りながら、この二人の登場人物は、国家を強化する方策を提起する。この本が書かれた第一の動機として、中国におこったことが、いつの日か日本にもおこりうるという事実があったのである。軍事的体制より政治的体制を強化することがより肝要と論じて、彼らは四つの政治体制、すなわち絶対君主制（君主握権）、制限君主制（上下分権）、貴族共和制（豪族専権）、民主共和制（万民同権）を比較する。第一と第三の体制は過去のものとみなされ、対話は主に第二と第四の体制の比較を論じる。論理的には民主共和制が最上であろうが、日本国家の社会状況に鑑みるに、すぐさまこ

2　「経歴談」植手通有編『日本の名著三四　西周・加藤弘之』中央公論社、一九八四年、四六三―五〇一頁、引用は四六七頁。
3　『隣草』（一八六一年）、植手編、前掲書、三〇七―三二七頁に所収。

れを適用するのは不可能である。それゆえ、国家の政治的・文化的成熟がなるまでは、制限君主制をとるのが最善の策と考えられる。この体制においては、君主の権力は議会によって制御され、暴君は直ちに中央権力から追放されるだろう。

その後も加藤は同様の政治的な推奨に力を注ぎ、一八六八年に『立憲政体略』[4]、一八七〇年に『真政大意』[5]、一八七四年には『国体新論』[6]を、立てつづけに執筆する。これは加藤の「民主主義」時代の最盛期であり、彼の著作は一八七〇年から一八八〇年代の「自由民権運動」に大いに影響を与えた。『真政大意』では、権利と義務が釣り合うことの重要性が説かれ、天皇といえども法の拘束から逃れさせてくれるような例外的なありかたは与えられていないと論じられている。人間の権利は平等に賦与されており、社会的身分も出自もそこに考慮しないということが重要である。『国体新論』でも、神権政治は基盤に乏しい説にすぎず、天皇のために人民の独立を放棄することを拒否すると表明している。

したがって、少なくとも外見上は、ここに近く生じる転向を予見させるものはみつけられない。彼の転向はほとんど唐突に、つまりのちに彼が主張した通り、ヘンリー・バックル（Henry Thomas Buckle, 1821-1862）とチャールズ・ダーウィン（Charles Darwin, 1809-1882）の著作を読んだ際に生じたものなのだろうか？[7]現実には、その非連続性はたしかなものではない。この民主主義的時代においても、注意深く読めば、彼の将来の「変わり身」をまさに予兆するような文章をみつけることができる。たとえば『真政大意』で加藤は、社会がどのような段階にあるかにかかわらず立憲制を置くべきだとする主張を否定している。ろくに進歩していない文明に立憲制を適用して人民の権利を拡大すれば、人々は無用で下らない議論に時間を浪費するばかりだろう。よって、寡頭体制をしき、人民が十分に成熟するのを待つ方がよい。[8]これにつづけて、彼は人民の教化と文字を知らぬ民の開化の大切さを主張する。彼の見方からすれば、平等な体制の価値は認められるが、社会主義と共産主義を支持する者たちは間違っている。なぜなら彼らは、一個の社会の幸福を実現するには、競争によるしかないということを忘れているからだ。富の均一的配分は、むしろ社会的活力を失わせるものだ。[9] 同様に『国体新論』においても、「家産貧小なる者等には、やむをえずこの権利を許さざるなり。けだしけっして貧小なる者を賤しむにあらずといえども、貧小の民にいたりては、多くは学問に従事するあたわざるがゆえに、知識蒙昧にして事理を弁識するあたわざる」と書かれているのがみられる。[10] そもそも、この同じ時期に加藤が、板垣退助（一八三七－一九一九）や後藤象二郎（一八三八－一八九七）らによって起草された「民撰議院設立建白書」に対し、このような体制がまだ十分に熟していないと述べて反対したことを思い起こす必要がある。彼を恨んだ毒舌家たちは、このとき彼に「尚早」とあだ名をつけた。要するに、転向の前にも加藤は一種の傲慢なパターナリズムをまとっていたのであって、一般人民の知的水準を信頼せず、上からの教化の必要性を主張していたのである。フリードリヒ二世の名前が理想的な君主として挙げられていることは、それをよく示している。[11] 彼にとって、社会改良を実現するのは必然的に上位に身を置く者でなくてはならず、そ

4 『立憲政体略』谷山楼、一八六八年、植手編、前掲書、三二九－三四三頁。
5 『真政大意』谷山楼、一八七〇年、植手編、前掲書、三四五－三七九頁。
6 『国体新論』谷山楼、一八七四年、植手編、前掲書、三八一－四〇七頁。
7 『自然と倫理』実業之日本社、一九一二年、『加藤弘之文書』第三巻、同朋舎出版、一九九〇年所収、序、四六一頁を参照。〔以下、参照箇所についてはすべて同朋舎出版の版による〕
8 『真政大意』、三六二頁。
9 同書、三六九－三七〇頁。
10 『国体新論』、四〇〇頁。

れはいかなる場面においても人民大衆ではなかった。[12] 彼の政治的理想とは、ある種の知識人による寡頭政治であったのだ。

このように加藤の思想は、転向の前後で一定の首尾一貫性を示していることが確認できる。ただし、この連続性を強調しすぎてはならない。一八八二年ごろに、彼の立場が多くの点で、かなり急激に変化したことは確かである。そしてこの転向は一八八二年、『人権新説』[13] という題のよく知られた作品で、公に宣言されたのだった。そのようなわけで、彼の知的経歴の転回点を示すこの文献の要点を振り返っておかなければならない。

## 3　スキャンダルとなった転向

『人権新説』はある特定のヨーロッパ思想の流れを称揚することから始まる。この称揚は、辛辣な嘲りと一対のものであった。彼の説明によれば、アイザック・ニュートン（Isaac Newton, 1642-1727）らのおかげで物理学は大変な進歩を遂げたが、しかるにその一方で哲学、政治学、法学は実験的方法をとりいれられなかったせいで、深刻な妄想主義の段階に止まっている。「しかれども」と、彼は指摘する。「近日におよびては、右等心理に係われる諸科の学士中、往々物理の学科の裨補《ひほ》を得て、もっぱら実理の研究に従事せんと欲する卓見高識の徒ある〔…中略…〕。すなわち〔…中略…〕バックル氏、〔…中略…〕スペンセル〔ハーバート・スペンサー〕氏（Herbert Spencer, 1820-1903）、〔…中略…〕ブエフネル〔ルートヴィヒ・ビューヒナー〕氏（Ludwig Büchner, 1824-1899）」〔訳注：植手編『人権新説』、前掲書、四一一頁〕。なかでも加藤は二人の学者の名前、すなわちダーウィンとエルンスト・ヘッケル（Ernst Haeckel, 1834-1919）を挙げて論じる。彼の物理学主義的な認識論は、これ以降も不変であった。多かれ少なかれ、加藤は常に科学主義的、物理学主義的および唯物論的な発想のなかで研究をつづけていったのである。実際彼にとっては、上記の枠組みから外れるものは妄想か幻想でしかなかった。そして物理学的でない妄想の一つに、彼は「天賦人権」を分類したのである。このきわめて手厳しく扱われる歴史的文脈のうちにジャン＝ジャック・ルソー（Jean-Jacques Rousseau, 1712-1778）が存在するのであり、フランス革命の「恐怖政治」とは、その幻想でしかない理論がもたらしたものの典型的な例証である。全能なる進化主義が、天賦人権説を「駁撃する」。加藤はダーウィンの進化主義の本質を、二つの概念、つまり生存競争と自然淘汰作用に集約する。優者が劣者に勝るのである。ただし諸々の能力として、彼が体力だけでなく、勇気や活力などの精神力を数え入れていることに注目しておきたい。彼は遺伝にもとづく生得の差異を認めるが、しかし同様に、獲得形質の遺伝可能性についても認めていた。優れたものが生き残り、劣ったものが滅びる。これが日本語でいう「優勝劣敗」の血も涙もない世界の本質的な掟である。この宇宙は広大な戦場でしかない。しかし人間社会が歴史的に発展する過程で、自然淘汰がより剝き出しでない、ぼんやりとしたものになるのも事実である。ある段階以降は、淘汰を決定するのはもはや直接的な体力ではなく、才能や知略といった精神力の方である。こうして、彼は野蛮な力のあらわれである「邪悪なる優勝劣敗」と、剝き出しのものではない「良正なる優勝劣敗」とを区別する。後者は人民の文明「開明」にとって不可欠のものである。

11　同書、第二章。
12　加藤の立場における連続性という問題については、特に次の論文を参照。松本三之介「加藤弘之――転向について」『思想の科学』一九六二年五月号、三四―三九頁。
13　植手編『人権新説』谷山楼、一八八二年、前掲書、四〇九―四六二頁。

しかるに、社会にはさまざまな階級が存在する。だが貴族階級というものが存在するのは、理由なきことではない。なぜなら彼らの祖先が敵をうち負かし、産業を発展させることに貢献したからだ。階級の上下は、それぞれの階級の祖先が体現した徳の大きさに対応しているのである。

つづいて、加藤は権利一般の本性を論じる。アルベルト・シェフレ（Albert Schäffle, 1831-1903）、ルドルフ・フォン・イェーリング（Rudolf von Jhering, 1818-1892）らの説を高々と掲げて、彼は諸権利とは優者が劣者に与えた保護から生じたものであるとする歴史解釈に賛同する。人間による権利の創設は、国家の成立と存亡をともにしている。人権とは、劣者に応分穏当な権力を与えることで、社会的安定を確保しようと欲する優者が生んだフィクションなのである。この論文における彼の議論はいささか性急にすぎ、説得力に欠けるところがあるのは事実である。いずれにせよ、権利の存在論的・歴史的な基盤が優者のフィクションにあるのだとする理論は、これ以後もずっと彼の主導動機でありつづけた。

『人権新説』の結びにおいて、彼は再び、普通選挙制の創設に異をとなえ、制限選挙制の利点を主張している。その論理はまたもや同じである。つまり、一般的な市民は才能も必要な知識ももちあわせていないので、彼らに参政権を与えるのは危険だというのである。制限選挙は確実に社会総体にとって最適の結果をもたらす。なぜなら制限選挙は一般的に財産を必要とし、そして富はおおむね知的水準に対応している。そもそも富者はみずからの社会的立場に満足しており、最も彼らの国を愛する傾向を示し、ゆえに無分別の危険が少ない。豊かで選ばれた市民が社会を動かしているかぎり、その社会は安定し繁栄するだろう。このような言い方で、加藤は「良正なる優勝劣敗」の重要さと必要性を強調したのである。

この本の出版とほぼ時を同じくして、みずからの思想がより確実に理解されるよう、加藤は民主主義的主張を行った過去の自著を絶版にすると雑誌で発表した。これに対する反響の大きさは、おそらく彼の予想を超えたものであった。『人権新説駁論集』[14]をその代表とする、数多くの一連の批判が発表されることとなった。ここではそれらの批判を詳細に検討することはできないが、渡辺正雄（一九二〇－）による要約の助けを借りて、反対意見の要点を順番にみておく。[15]

（一）加藤の論理は、自然現象と人権とのあいだに区別をもうけておらず、説得力に欠ける。
（二）人権には二つの次元が存在する。すなわち行政上の権利と心的な権利であり、「優勝劣敗」は前者にしか関わらない。心的な世界は、「優勝劣敗」の影響を受けない。
（三）「優勝劣敗」がこの世に存在することは事実だが、それは、だからこそ人権が必要なのだということが理解できる、さらなる理由である。
（四）「良正なる優勝劣敗」と「邪悪なる優勝劣敗」の区別は馬鹿げており、まったく理解できない。
（五）「優勝劣敗」の勝利を主張しつつ、実のところ加藤は社会主義者および共産主義者各派の伸長を恐れている。
（六）進化論は社会改革に連なる理論であるべきなのに、加藤はこれを保守的な目的のために利用している。

14 中村尚樹編『人権新説駁論集』（訳注：出版人・内田弥平衛）、一八八三年。
15 渡辺正雄『科学の歩み・科学との出会い――世界観と近代科学』下巻、媒風館、一九九二年、第五章「明治初期のダーウィニズム」、七一－八九頁、引用は七九－八〇頁。ただし本稿では二点を省略した。

これらの論争に悩まされた加藤は、みずからの議論がまだ十分に堅固なものたりえていないと感じた。そこから彼は、長い独学の時期に入る。加藤はこのとき既に四七歳になっていたが、一〇年をかけ膨大な文献を読み、ついに一八九三年、その沈潜した思索の成果を出版した。それが『強者の権利の競争』と題された本である。[16] この本はまずドイツで、*Der Kampf ums Recht des Stärkeren und seine Entwickelung*〔『強者の権利の競争とその発展』〕というタイトルのもと刊行された。田畑忍（一九〇二－一九九四）は加藤の思想を詳細に研究し、この本こそ加藤の知的経歴の頂点に位置づけられるとしているが、[17] 本への反響は大きくはなかった。とはいえそれは、この本には注目すべき点がないということを意味するわけではない。反対に、ルートヴィヒ・グンプロビチ（Ludwig Gumplowicz, 1838-1909）、イェーリング、シェフレらの理論を用いながら、この本において加藤はみずからの権力と権利に関する理論を展開してみせる。要約していえば、そこで問題となっているのは人権を権力とはまったく別個のものとして扱うことへの否定であり、加藤は人権の歴史的・系譜学的な起源を分析することによって、権利とは最も優位にある者たちによって強いられたフィクション以外のなにものでもないことを明らかにする。したがって、諸々の権利には本質として強者の隠された利益関心がこめられているのであり、法的強制は権力の社会的バランスの機械的なあらわれでしかないのである。

加藤はこの本の執筆の後も止まることはなかった。彼は疲れ知らずの人であり、何冊もの重要な哲学的著作を立てつづけに発表した。これらの著作のうちに、われわれが「加藤晩年期哲学四部作」と呼ぶことのできるものがある。[18]

『道徳法律之進歩』（一八九四年）

『道徳法律進化の理』（一九〇〇年、特に一九〇三年の増補改訂第三版）
『自然界の矛盾と進化』（一九〇六年）
『自然と倫理』（一九一二年）

この四冊の作品のなかで、『自然と倫理』が加藤の思想の集大成をなすものだといえるだろう。晩年に書かれたこの大著は、彼がそれまでの著書で論じた中心的主題を再度とりあげた体系的な本である。したがって、四部作を個別の作品ごとにまとめるのではなく、ここでは『自然と倫理』に特化して、この本全体を貫く中心的なテーマについて紹介することとしたい。

## 4　晩年の加藤の主要哲学テーマ

『自然と倫理』からは、重要な要素として次の三点をとり出すことができる。つまり、唯物論、利己主義に関する理論、社会有機体論である。

A　加藤はみずからの物質的一元論を再確認することから始めている。「序」で、彼はあらためて

16　『強者の権利の競争』哲学書院、一八九三年。
17　田畑忍『加藤弘之の国家思想』河出書房、一九三九年、一一二頁。
18　『道徳法律之進歩』敬業社、一八九四年。『道徳法律進化の理』博文館、一九〇〇年、一九〇三年。『自然界の矛盾と進化』金港堂、一九〇六年。『自然と倫理』前掲書、一九一二年。

みずからの決定的な転向を回想する。そこで述べられるところによれば、彼はバックル、ダーウィン、ヘッケルおよびスペンサーの著作を読むことで、深く心を動かされた。数理を措いて世界に確実なものはなく、理論的に人間諸科学は数理科学を適用したものとならねばならないと彼は考える。ただし、誤りなくこのような適用を実現することは現時点では不可能であることは彼も認めており、生物学こそがこれら二つの知の領域をつなぐことが期待される。すなわち、生物学は今日における人間の知の基盤としての役割を果たすべきなのである[19]。

彼は形而上学的議論に踏みこむことをためらわないが、それは形而上学を展開するためではなく、むしろ解体するためである。普遍の調停者の存在は、いかなる形態においても否定される。神は幻影とされ、すべてを基礎づける唯一の物質的原理のほかに何も存在しない一元的宇宙からは、追放される。その原理とは、彼が「マテリアとエネルギーの合一体」たる「本体」と呼ぶものである。マテリアすなわち物質にエネルギーを包摂して考えれば、超物質的なものは存在しない。加藤は倫理学に独自の地位を認めず、自然法則に関係する領域としてとり扱う。人間の意志は進化エネルギーの一部でしかない。魂と肉体を分けて扱うことはできない。加藤はみずからの立場を生物学主義的な認識論であると称する。そして当然のことながら、この認識論から見ればすべては物質的因果性で決定づけられているのだから、自由意志のための余地などは存在しない。心理学は少しずつ物理学に接近していくのである[20]。

加藤の唯物論は、『続一年有半』[21]を一九〇一年に発表した中江兆民の仕事と並んで引用されることが多いが、そこには明確な違いがある。しかし同時に加藤の作品は、明治期の唯物論が表現された最良のものの一つであるとみなしてよいだろう。そして加藤の意見の大部分は、この哲学的基盤から発されている。ただし、彼の思想にとって最も重要な影響は、ダーウィン以上にヘッケルから与えられたものであった。実際に加藤は何度も繰り返して、特に『自然創造史』（一八六八年）および『生物の驚異的な形』（一九〇四年）から、そのままの形で文章を引用している[22]。

B　利己主義と利他主義の解釈に関しては、加藤が四部作のうちの最初の二作で、まず利己主義の理論を展開したということを忘れてはならない。しかし『自然と倫理』において彼はこの理論を再検討しており、そこでの彼の立場はかなりはっきりとしている。加藤は最初に、自然のうちには以下の三つの根源的な矛盾が存在すると論じる。

a　生まれる子の数と、成体に到達できる個体の数とのあいだには、矛盾がある。限られた一部だけが生き残り、大部分は未成熟のうちに死ぬ運命にある。

b　個体の生とその食物となるもののあいだにも、矛盾がある。生体は、食べるためであれ、みずからを守るためであれ、他の生体を殺さずに生きつづけることはできない。

c　最後に、「利己的根本動向[23]」（*Der einzige egoistische Grundtrieb*）と個体の体力・精神力とのあい

19　『自然と倫理』、序、四六一－四六六頁。
20　同書、四七〇－四九四頁。
21　中江兆民『続一年有半』集成社、一九〇一年。本書は喉頭がんのため医師に余命一年半と告げられた後の、中江による哲学的遺書が記されたもの（死後解剖では実際には食道がんであったことが判明した）。大きく述べて、中江の唯物論は加藤のそれより物理学主義的であったといえるだろう。残念ながら、中江の哲学は長いあいだ直接の後継者をもたなかった。
22　たとえば以下を参照。『自然と倫理』第六章、四八〇頁、および第一七章、五二二頁。
23　このドイツ語の表現は彼自身によるもの。なお、加藤はドイツ学を専門とする最初期の日本人研究者の一人であった。

だの矛盾がある。すべての生体は利己的であるが、この性向とこれを実現する能力とのあいだには、無視できない差異が存在している。

複数の幼体のあいだにも、複数の成体のあいだにも、そして幼体と成体のあいだにも、絶えまない闘争しか見出されない。その発想は常に同じである。この宇宙は峻厳たる戦場であり、個体は必然的に利己的なのだから、生存闘争が唯一の法である。利己的な欲動は二つの方向に分岐する。すなわち、自己自身の保存に向かう欲動と、種の保存に向かう欲動である。では二つ目の欲動は、利他的なのだろうか？　まったくそんなことはない。なぜなら、子孫は自己の延長でしかないからだ。子孫のうちに、みずからが永遠に生きつづけるのである。[24]

つづけて、加藤は利他主義と呼ばれるものを分析して、その表現を三種類に大別している。そこでは利他主義は、「感情的利他」または「同情的利他」（Der Gefühls-oder mitleidende Altruismus）、「知略的利他」（Der kluge Altruismus）、「被教養的利他」（Der anerzogene Altruismus）に分かれる。はじめの二つは自然のものであり、三番目は人為的であって人間の世界にしか存在しない。概して、みずからに近しいものは好まれ、遠いものは好まれない。みずからに近いもの、たとえば父親や友人を愛するとしたら、この感情は自己との関係上の距離に応じて生み出されている。したがって、親近者に対する自然発生的愛情としての感情的利他とは、実際には利己主義が姿を変えたものでしかない。この感情的利他主義は常に自覚されるものではないが、知略的利他主義の場合は、自分が何をしているかは常に自覚されている。感情的利他主義の快感は一般的に感情の水準にとどまるが、知略的利他主義のもたらす快感は物質的水準に達することもありうる。生において、自分の利益になるものだけを獲得する幸運はめったにない。もし何か特権を得たいときには、利益のかなりの部分を相手に受け渡しながら、間接的な手段を利用しなければならないこともしばしばである。親切という手続きをとっておけば、相手も次に何かを得るときに必ず同じことをしてくれるだろう。ことわざにいう通り、「情けは人のためならず」。これこそが知略的利他主義のメカニズムである。これは不道徳であろうか？　とんでもない。その逆に、感情的利他主義が限られた親近者のあいだでしか機能せず、そのため必然的に主観的になるのに対して、知略的利他主義はどのような者に対しても向けられることができ、よって主観的でないという点において、社会生活には不可欠なのである。異なる階級、異なる集団、異なる国を代表する相手に対してさえ、知略的利他主義者であることができる。このことから、知略的利他主義とは、利他主義のより進歩した形態であると結論するべきだろう。では、被教養的利他主義とはどのようなものか。これは人間にしか存在しない独特の利他主義の形態である。道徳家が死後の救済と極楽浄土行きを説きながら善行を奨励するとき、実は彼は被教養的利他主義を教えているのだ。これは原初的な利他主義が、文化的に洗練されたものである。そもそも、人間は文化的存在であるから、社会的・倫理的な規範に従うことに深い満足を覚える。言葉を変えれば、人間は物質的損害を被ったときに快感を覚えることもできるのだ。それらが快感の契機と感覚されるかぎりにおいて、損害は機能として通常の快感と一致している。そうだとすれば、いかにその迂回と媒介の様態がはるかに複雑であったとしても、被教養的利他主義もまた、唯一の「根本動向」である利己主義の一つの姿であるとみなされるべきなのである。[25]

24　『自然と倫理』、五〇七－五一六頁。
25　同書、五二〇－五三九頁。

以上のようなところが、加藤の利己主義と利他主義に関する議論の概略である。ご覧の通り、彼の説の肝要は利他主義の表現様態を利己的欲動に還元することにあり、またそのようにして利己主義を土台とする一元的倫理学をうち立てることにあった。しかし興味深いことに、この利己主義的倫理は、ある強力な社会理論を媒介として、絶対的犠牲を喚起する倫理へと転じることになる。ここからは、この点を詳細にみていくことにしたい。

C　その社会理論とは、社会有機体論である。もちろん、国際的な水準でほとんど同時期に、この理論のさまざまなバージョンが存在した。よく知られているものを挙げるだけでも、スペンサー、アルフレッド・エスピナス（Alfred Espinas, 1844-1922）、アルフレッド・フイエ（Alfred Fouillée, 1838-1912）、ルネ・ウォルムス（René Worms, 1869-1926）らによる構想がある。[26] 加藤の理論は、この国際的な思想の動きの、日本における代表的な事例であったといえるだろう。

加藤はまず、有機体における三つの段階を区別する。第一段階は「単細胞体」（Einzellige oder Protisten）、第二段階は「複細胞体」（Vielzellige oder Histonen）、第三段階は「複複細胞体」（Stock oder Cormus）である。第一段階にあたるのは、ゾウリムシのような原生動物である。第二段階にあたるのは、一般的な意味での動物、植物である。動物や植物が共生することを望み、協同的集合を形成することで、「複複細胞体」へと変貌する。この世には多くの「複複細胞体」が存在し、下等生物から高等生物まで階梯をなしている。膜翅目のケースは、それらのうち比較的上位に位置する事例となる。「複複細胞体」の最も進化した形態が、人間の社会である。下等な段階にある「複複細胞体」は直接的な効果しか示さないが、高等な段階のものは間接的・媒介的にその効果を実現する。ボルボックスの成員は物理的に結合されているが、（複複細胞体の発展形の代表たる）国家の成員（個々人）は、互いに共通の利益によってのみ関係づけられるのである。

この点について、加藤はルドルフ・フィルヒョウ（Rudolf Virchow, 1821-1902）を引用して「人間は全く吾吾の国家と同じく生活ある細胞から組成されてある」と述べている。しかしここで加藤は、その命題を逆転させることを提案しているのである。つまり、「吾吾の国家は生活ある細胞から組成されている人間と全く同じく、生活ある人間から組成されているのである」と。この逆転はきわめて重大な意味をもつ。彼にとって、最も根本的なものとは、個々人によって組成されている国家の方なのである。彼はここにある違いを強調する。これまでは、国家を一個の有機体にたとえることがあったとしても、それは実際には語りの形式としてのアナロジーでしかなかった。しかしいま国家が一個の有機体だというとき、それは語の強い、文字通りの意味においていわれているのだ。国家とは真に、そして本質的に、一個の有機体である[27]。

ここからつづいて、利己主義の理論と社会有機体論とのあいだで、一種の論理的転倒が生じる。「利己的根本動向」は単細胞生物にとって有効なものである。顕微的な世界においても、「各自が自己のために」という法則が働いている。しかし、客観的にみて協同的行動の否定しがたい価値を認めずにいられないことから、単組胞生物はそれらなりの方法で孤立した生存を放棄し、集合を始める。同様に、多

26　たとえば以下の文献を参照。H. Spencer, *The Principles and Sociology*, 3 vol., 1876-1896; A. Espinas, *Des sociétés animales*, 1877., A. Fouillée, *L'évolutionnisme des idées-forces*, 1882., R. Worms, *Organisme et société*, 1896.

27　『自然と倫理』、五一六–五一八頁。この現象については、パトリック・トール（Patrick Tort, 1952-）が *La pensée hiérarchique et l'évolution*, Aubier, Paris, 1983. で分析している。

細胞生物も次第に集団を形成することを選択する。ただしここで忘れてならないこととして、一個の有機体が他の個体と共に生きようとするのは、それは真にそれらの他者を愛するからではなく、みずからを愛しているからなのだと加藤は強調する。加藤は、常にみずからにとって最適の環境を求めることこそ、生物に特有の性質（「固有性」）のあらわれであると述べる。ある集団が正しく利他的な個体によって組成されていれば、この集団は敵対する集団に対して強い効力を発揮する。それゆえに、個体による何らかの利他的傾向の獲得は部分的にはそれが属する集団に利するものだが、最終的にはその個体自身を利するのである。協同的生活とは、利己的傾向の仮の姿にほかならない。しかしここから、加藤によるこの「固有性」という概念の濫用が始まる。たとえば、彼によれば、みずからの属する多細胞生物を救うために一個の細胞が損傷を受けることを選ぶのも、この「固有性」のためである。なぜなら、この文脈での自己犠牲はけっして真の自己犠牲ではなく、この特性をおしすすめた形態であるにすぎないからである。このことは、国家というもの、すなわち「複複細胞体」にとっても同様である。ある個人がみずからの国家のために苦痛を受けることを決意したとして、それは真の自己犠牲ではなく、その個人自身の完成体になろうとする欲求のあらわれなのである。そしてこの「固有性」という特性は、あらゆるものに優先して繁栄すべきものが国家であることを求める。国家こそが高位の成員および人民を統べるものであり、個々人の「固有性」は例外なくこの複合体をその姿で維持しようと欲するのだ。何のために？　なぜなら、国家の「利己的根本動向」というものが存在するからである。国家こそが生き延び、敵をうちやぶり、より強大となり、そうやってつづいていくのだ。したがって、君主が人民のために存在するとか、人民が君主のために存在するなどというのはいずれも誤りである。真実としては、君主も人民も国家のために存在するのである。[28]

加藤の論理は崩壊しており、彼の議論は科学的論証というよりむしろ国家主義もしくは全体主義への信仰告白に近い。人間は進化の頂点にある生きものであるから、ただ平凡に生き延びることに固執しても最高の満足を覚えることができない。人間はみずからを精神的に高尚だと感じることを欲するのであり、それゆえ、もしそれが真に必要であるならば、なんとしてでもみずからの命を捧げることができるのである。これこそは最大最高の利己的な行為である。なぜなら、彼は彼自身のために自殺するからだ。[29] 利己的欲動の消滅と完成が同一化される、なんと異様なパラドックスであろう。自発的自殺を推奨するダーウィニズムとは！ 加藤はここでとどまらない。国家にとって有益な行為であるかぎりは、たとえそれがその大部分の構成員にとって望ましくないものであっても、それは道徳的な行為と見なされるべきである。社会主義や共産主義はおそらく人民にとって有益だろうが、国家にとってはきわめて危険である。[30] そしてこの国家主義の選択は、当然のごとく国粋主義という選択肢に行き着く。加藤にとって日本は単なる国家ではない。日本は、国民の核たる万世一系の天皇家が存在する、特別な国家である。天皇は人民の精神的な父であり、天皇はいにしえの昔に臣下をみずからの家族の一員として選ばれた。その愛は相互的なものであらねばならず、力と契約の論理が支配している他の国々に対して、日本は例外的である。[31] 最終的には、たとえそれが正しくとも他国を滅ぼし、そしてたとえそれが道徳的に間違っていたとしても、この例外的な国を救わなければならない。[32] ここには狂信的極右の典型的論理

28　同書、五二〇－五二六頁。
29　同書、五三三頁。
30　同書、五六二頁。
31　同書、五八九－五九〇頁。

が展開されている。加藤が同時に体系的唯物論者でもあったことを考えれば、これはなおいっそう驚くべきことである。

最後に、この国家主義的・全体主義的枠組みにおいて完璧な役割を果たした、加藤のある概念についてみておきたい。ここで論じる概念はダーウィニズムの影響が色濃く示されているものの、もはや科学的展開の態をまったくなしていない。その概念とは、「自力淘汰」(Selbstselektion) なるものである。[33] 自力淘汰は、自然淘汰とは異なり、徹頭徹尾意図的で、一切偶発的ではない行為である。最高位の生きものである以上、人間はみずからの道徳的生存を完成すべくたえず努力せねばならない。別の言い方をすれば、人間は自己自身との競争によって、道徳世界を進化させるべく努めるべきなのだ。そして、社会にとって有益なものであれ、有害なものであれ、多くの欲望が存在するからには、人間はよき欲望を区別して選べるようでなくてはならない。それ以上のことは文章では述べられていない。しかし加藤の本のこのくだり、および他の箇所を注意深く読むならば、その意図は間違いようがない。天皇への献身がほぼ最高善そのものなのだから、各人はまずみずからと争い、それからみずからと同じ欲望を抱く他者と争って、みずからの身を天皇とその係累のために捧げるべく力を尽くすことこそ道徳的に望ましい。このようにして、加藤のダーウィニズムは最も扇動的な国家主義と完全に融和するのである。

## 5 結語

一九世紀後半における、いくばくか唯物論的な生物学主義の日本型バージョンという点では、加藤のケースはおそらく総体としてはかなり凡庸な、一つのエピソードにすぎないものといえるだろう。だがここまでみてきた通り、この生物学主義は強く政治的な意味合いを帯びており、加藤は彼個人のイデオロギー的信条を強化するため、科学由来の理論を利用したのだった。しかしながら、彼の仕事のすべてがみるべきところのない愚論であったと主張するのは言い過ぎであり、不正確でもあるだろう。生前、加藤は長く重要な論争の場に身を置きつづけ、ことあるごとに人々は彼の意見を求めた。同時に加藤は、非常に論争的な思想家でもあった。本稿で挙げた問題のほかにも彼は数多くの論争にくわわっており、そのなかでおそらく最も重要なものとしては、キリスト教に関する論争がある。[34] 実際、加藤は井上哲次郎（一八五五－一九四四）らとともに、最も激烈な反キリスト教運動を代表する人物であった。これに関しては、彼の『基督教の害毒』[35]（一九一一年）を特に引用することができるだろう。金森通倫《みちとも》（一八五七－一九四五）や大西祝《はじめ》（一八六四－一九〇〇）などのような何人かの重要なキリスト教者が、この論争に感化されて教会から離脱している。ただし興味深いことに、彼はおそらく真の論争家ではなく、むしろ議論に対し肩をすくめて嫌悪を示すことの方を好んだ。論敵を否定する際、彼は概して論理的・具体的に論破するのではなく、むしろほとんどの場合、ただ彼らの立場を「馬鹿げている」と宣告するだけだったのである。加藤は数多くの論争にくわわったが他者と議論を闘わせたことはなく、実際にはただただ独り

32　同書、六〇九頁。
33　同書、六一五－六一六頁。
34　このほかに、唯物論論争（対・井上円了）、権力論論争（対・元良勇次郎）、因果性論争（対・清沢満之）、利己主義論争（対・中島力造）、ダーウィニズム論争（対・井上哲次郎）などが挙げられる。船山信一『明治哲学史研究』ミネルヴァ書房、一九五九年、一六一－二一頁。
35　『基督教の害毒』金港堂、一九一一年。本書は同じ主題に関する過去の三冊の著書をまとめたもの。

語りを繰り広げたのだ。それは偏執的な病状であったのか、それとも自己に対する深い自信のあらわれだったのだろうか。この問いに答えることは永遠に不可能であろう。

しかし、一つだけ確かなことがある。先入観なく加藤の仕事を吟味しようとすれば、少なくとも彼の「知識人による寡頭政治」という政治構想は、明治維新期に有効な働きをみせた一連の革新と実際かなり合致している。日本の近代化とは、特異な革命、すなわち中央権力によって率いられた革命であった。それは官吏による革命だった。その歴史的背景からみれば、彼のパターナリズムと官僚主義は社会的状況を忠実になぞったものであり、人民から多くの嘲りと敵視を受けたとはいえ、人々は彼の言葉の根底に一定の真実があることを感じていたのである。そもそも、彼の国家主義的・全体主義的な「ダーウィニズム」が、軍事的拡張を後押しした唯一の勢力だったわけではないということを忘れてはならない。現代において彼の理論が「恐ろしい悪の思想」を含むものだと感じられるとしても、人民というものがいつでもみずからの身を犠牲にできてしまう傾向をもつ以上は、いまなお聖性と永続性で神格化されている天皇家の力をもってすれば、はたして何がおこるとも限らない、そのことを忘れてはならないのである。

（執筆協力　ジョエル・ブーデルリック）

# 第六章　丘浅次郎――一八六八－一九四四年

日本の生物学者であり、「社会ダーウィニズム」の立場をとった思想家。明治時代末期の日本の読者に対し、チャールズ・ダーウィン（Charles Darwin, 1809-1882）の理論を紹介したことで特に知られる。この紹介は、最初は科学的な形でなされた。それまでのいく人かの前例とは異なり、丘は生物学の専門家として、生物学的に正しい例証を示しながら、かつ大衆にもわかりやすいようにダーウィンの学説を教えることができた。一九〇四年に出版された彼の著書『進化論講話』[1]は大きな成功を収め、いまでも一般読者向け科学教育の見本となる一冊として語られることがある。ただし、丘はむしろ陰鬱でシニカルな、親しみを呼び起こすにはほど遠い人物であった。晩年までやむことなく発表しつづけた論攷では、人間と歴史に関する、きわめて悲観的な彼の考えがあけすけに述べられている。

明治維新と同じ年に静岡県に生まれた丘は、若年期に次々と近しい家族を失う不幸に見舞われ、一六

1　『進化論講話』開成館、一九〇四年。本稿では一九六九年の有精堂版のテクスト〔『丘浅次郎著作集五――進化論講話』〕を使用した。

歳のときには天涯孤独となっていた。東京大学予備門の試験で二度落第したため、退学せねばならず、彼は大学では選科の学生として学んだ。本人の告白したところによれば、彼はどうしても歴史上の人物の固有名詞を暗記することができなかったといい、優れた記憶力を要求する教育システムに対しては、終生、変わらぬ恨みの念を抱きつづけた。[2] それでも、彼は東京大学の理学部に在籍し、一八九一年から一八九四年にかけ、ヨーロッパにおいて最初はアウグスト・ヴァイスマン（August Weismann, 1834-1914）、次いでルドルフ・ロイカルト（Rudolf Leuckart, 1822-1898）のもとで学んだ。丘はのちに、ヴァイスマンよりロイカルトの方が好ましかったとうちあけている。これらの恩師から学んだというだけのことはあり、丘はその研究生活の終盤にかけて『最新遺伝論』[3]（一九一九年）と題された大著を執筆し、そこで獲得形質は遺伝すると主張した。一八九七年からは東京の高等師範学校で生物学を教え、そこで定年まで教鞭をとった。生物学者としては、ヒル、ホヤ、コケムシの比較解剖学的研究で特に有名である。いくつかのヒルやホヤの学名と結びつく形で、彼の名前は、今日の分類学者にも知られるものとなっている。その業績のなかで、彼は一〇冊を超える中等教育向けの生物学教科書を執筆し、また一般向け雑誌にさまざまな事柄について、数多くの論攷を発表した。彼の論攷は以下の四冊の論集[4]にまとめられている。

『進化と人生』（一九〇六年、増補版・一九一一年および一九二一年）
『人類之過去現在及未来』（一九一四年）
『煩悶と自由』（一九二一年）
『猿の群れから共和國まで』（一九二六年）

おそらく『進化論講話』がこの著者にとって最もよく読まれた本だろうが、主著はといえば、一九一六年の『生物学講話』であったと思われる。[5] この本において、丘は生命活動とは四つの行為、すなわち、「生まれること、食べること、産むこと、死ぬこと」によってなりたつものとし、さまざまな動物の例を示しながら、それらの生命活動の姿を活き活きと描き出した。たとえば、この本を読めば、いくつかの寄生虫の驚くべき解剖学的構造や、ある種のタコの想像を絶するような生殖のありかたを知り、楽しむことができる。そのようにして生物のあまたの苦難を語り、彼はそこから、完全に保障され安定した状態で生をまっとうできるものなどけっして存在しないのだと結論するにいたる。生存のための闘争は、生体の存在様態を絶えまなく彫琢しているのである。[6]

『進化論講話』のベストセラーとしての成功に比すれば、その著者の生活は静かで単調なものだった。しかしその生涯は、まさしく日本が史上かつてない、その進行の速度においても、また社会的な反響の大きさにおいても、およそ世界的に類のないような近代化の局面に突入した時代――それはつまり軍国主義の高まりと、やがて第二次世界大戦に行きつくことになる一連の戦争の時期でもある――と一致する。この歴史的・社会的背景は、生命、世界および社会に対する丘の見方に、強く影響を与えた。それは科学理論、この場合は特に進化論を、とりわけ教育や倫理といった領域に拡大適用しようとする典型

2　「落第と退校」『猿の群れから共和國まで』共立社、一九二六年、二一一―二二一頁を参照。
3　『最新遺伝論』六盟館、一九一九年。
4　これら四冊は、一九六八年の有精堂版〈訳注：著作集〉に再編されている。本稿はそれを使用する。
5　『生物学講話』開成館、一九一六年。新版、有精堂、一九六九年。
6　同書、第三章、七二―七三頁。

的な事例であった。

## 1　生物学主義とその認識論的基盤

丘の思想の第一の特徴は、進化論を決定的に証明された科学的事実として提示する点にある。とはいえ、この学説のうちにはまだ解明されておらず、論争の種となっている点がいくつも残されており、獲得形質の遺伝がそのような論争の種の最も有名な見本にほかならないことを、もちろん丘は知らなかったわけではない。[7] 今日では、丘の姿勢が日本において例外的なものではなかったことが、日本人研究者たちによって確かめられている。[8] 明治期には、とりわけエドワード・シルヴェスター・モース（Edward Sylvester Morse, 1838-1925）と石川千代松（一八六〇－一九三五）らによって日本に紹介されて以来、進化論はすぐさま、あらゆる領域の思想家が同意するものとみなされる規範的な真理として活用されることになった。彼らはおしなべて、この理論がその出自となる領域では、科学性という点で決定的に保証されたものであり、したがって残る問題は、いかにうまくこれを他の領域に適用するかだけであると考えていた。そのため、日本はダーウィニズムを自然科学における価値というよりも、むしろイデオロギー的・政治的な歪曲のために受容することとなった。そこではダーウィンよりも、ハーバート・スペンサー（Herbert Spencer, 1820-1903）がまさっていたというわけである。高名な社会学者であった外山正一（一八四八－一九〇〇）が、「スペンサー輪読の番人」とあだ名されることすらあった。一八八〇年代から一八九〇年代の明治の社会・政治理論が、スペンサー主義からどれほど強く影響を受けていたのか、厳密に評価することはかなり困難である。しかし劇的な事例として、加藤弘之（一八三六－一九一六）と彼の一八八〇年代における悪評高い転向を挙げることができる。加藤は、ダーウィンとエルンスト・ヘッケル（Ernst Haeckel, 1834-1919）の著作を読む以前の自分は、「人間の権利と平等」の誤った理論によって目をくらまされていたのだと宣言した。しかるに真実においては、人間社会の真の原動力とは、貧者にとっては容赦なく、そして弱者に対しては冷酷な、生存のための闘争以外にないのだ、と。さらに彼は立憲制と民主主義を支持していたみずからの著作を絶版にしたうえで、それ以後、生涯にわたって貴族的で軍国主義的な選民論を説きつづけたのである。[9]

丘も当然のことながら、この直近に起こった日本的なダーウィニズムの導入に影響された。彼もまたこの学説の科学性を疑うことなく、科学の域を超え出る数々の主張の根拠にこの学説を据えながら、『進化論講話』を書いたのであった。しかし、おそらく彼は、ダーウィニズムが同時代の欧米において満場一致で認められた理論などとはほど遠いものであり、丸ごとこれを拒絶したり、あるいはその主導原理を否定するような説が多く存在していたのだということについては知らなかった。有名な例を挙げるだけでも、ヘッケルやエドワード・コープ（Edward Cope, 1840-1897）、ヘンリー・オズボーン（Henry Osborn, 1857-1935）、フェリックス・ル・ダンテック（Félix Le Dantec, 1869-1917）らによるネオ・ラマルキズム、ある

7　そもそも今日においてもなお、進化論は最も論争的な主題の一つではないだろうか。

8　Eikoh Shimao, "Darwinism in Japan, 1877-1927," *Annals of Science*, 38, 1981, pp. 93-102.

9　この主題について数多くの文献があるが、特に、鵜浦裕「近代日本における社会ダーウィニズムの受容と展開」柴谷篤弘ほか編『講座 進化』第二巻、東京大学出版会、一九九一年、一一九－一五二頁を参照。加藤の著作については、以下を参照のこと。『人権新説』（一八八二年）、『強者の権利の競争』（一八九三年）、『自然界の矛盾と進化』（一九〇六年）、『自然と倫理』（一九一二年）。〔訳注：加藤に対する金森の見解については、本書第五章を参照〕

いはサミュエル・バトラー（Samuel Butler, 1835-1902）の記憶説などがある。この時期の活発な論争に関しては、ピーター・ジョン・ボウラー（Peter John Bowler, 1944-）の『ダーウィニズムの衰微』[10]の研究を参照することができる。つまり、ダーウィンの学説のヨーロッパでの受容と、日本での受けとられ方とのあいだには、驚くべき不均衡があったというわけである。

丘の思想を生物学主義であるとして批判する研究者も存在する。しかし、この生物学主義は完全に自覚的なものだったのであり、この言葉自体、彼にとってはみずからの思想をわかりやすく示してくれるものとしかみなされなかっただろう。彼の立場ははっきりとしており、人間を例外として他の生物から区別する見方を否定するものであった。[11]彼によれば、宇宙のなかでかくも小さい存在であるのに、人間が存在の本質を代表したり、事物や永遠の本質を理解できるなどと信じてきたとは、ほとんど滑稽に近いことである。そこに認められるのは、誇大妄想の幻想だけだ。しかるに、宗教や倫理、哲学の書を読んで、なんらかの誇大妄想の症候をみつけずにいられることはめったにない。藤村操（一八八六－一九〇三）という若者は一八歳で、「生きるということの不可解」を訴える遺書を残し、華厳の滝に身を投じて有名人となり、明治期の多くのロマン主義者に影響を及ぼした。丘の目からみれば、この若者もまた自身の分を超えた問題を前にして嘆く、ばかげた「誇大狂」のひとりでしかない。生きとし生けるものが例外なく進化のはかりしれない流れのうちにあるのと同様、人間の脳もまたうつろいゆくものと考えるべきであるのだ。この考察には、二つの意味がある。脳が進化の途上にある以上は、知性の極限にまで達してしまったなどと思いこむのはおろかである。しかしながら、進化のおかげで、この脳という器官がいつか、現時点では理解不可能な問いを解決できるようになると考えるのはおろかなことではない。丘は、この考察に関する否定的な側面の方をいっそう強く主張した。今日における人間は、未来の超人の素地でしかない。哲学者や神学者たちはまず何よりも、自分たちにとって不愉快であるこの事実を覚えておけと、彼は述べている。[12]

このように、丘は「ダーウィン主義的」進化論をみずからの認識論的立場として利用した。哲学・神学的体系に対峙する偶像破壊者として、彼は現在の人間の知性、すなわち来るべきより高度な知性からみれば、たとえ戯画とまでいわずとも下描きにすぎないような、今日の人間の知性による演繹的手続きを信用しない。彼は哲学を芸術になぞらえる。彼が哲学的な作品を読むときには、そこで展開されている命題が真か偽かなどということを知ることは求めず、ただ復唱するのにふさわしい格言やうまい言い回しがあるかを確かめるだけである。哲学者は「俳諧の宗匠」のようなものとみなされる。[13]すなわち、哲学者にはなんらかの真理としての価値をもつ内容は求められず、ただ美的な価値をもつ文学的行為だけが認められるのである。ただし、不確かな論理に逃げ込むことを避けるために、常に具体的なデータを求めるよう推奨し、帰納法を称揚するという点では、あきらかに彼はイギリス経験主義の古典的主張に近いところがある。彼は演繹的観念論、および批判的観念論をも嫌悪し、むしろ素朴現実論の方がよいと断言している。[14]ある種の観念論にかくも特徴的なものである抽象的で必然的な土台の探究は「橋杭哲学」と呼ばれ、幻想として否定される。観念論哲学者たちが膨大な専門用語を弄して難解で深遠と

10 Peter John Bowler, *The Eclipse of Darwinism*, Baltimore, The Johns Hopkins Univ. Press, 1983.
11 『進化と人生』、第四章、三九－四〇頁、および『煩悶と自由』第七章、九六頁を参照。
12 『進化と人生』、第一章、一－一〇頁。
13 同書、第三章、二七－三八頁。
14 同書、第二章、二六頁以降。

思われるような命題を説きたがるのは、強者の政治的・文化的な権威とあいいれない思想を公言することは避けて、自分の社会的安定を確保したいからだと述べた箇所では、彼の皮肉な調子は極みに達する。[15] 隠者哲学を嘲笑して、「曖昧に思考するのは寝た子を起こさないため[16]」と彼は宣告するのである。彼はまた別の箇所では、われわれの知識の状態は、「暗夜に小さな提燈をさげて徘徊している」のと同じようなものだと書いている。[17] これは懐疑論か、あるいは不可知論というべきだろうか？ ウィリアム・ジェームズ（William James, 1842-1910）が哲学者について「暗い部屋のなかでそこにない黒い帽子を探している盲人」のようなものだと記したことは周知の通りである。[18] おそらく、ここにはなんらかの類似性が認められる。また丘が「人間は美を形に現わすためには若い女の裸の像を造るが、〔…中略…〕豚ならばおそらく若い牝豚の像を造るだろう[19]」と戯れてみせるとき、彼はまさしくヴォルテール（Volraire, François-Marie Arouet, 1694-1778）のように思考している。他方、もし釈迦とアルトゥアー・ショーペンハウアー（Arthur Schopenhauer, 1788-1860）の二人が亜酸化窒素を吸っていたら、彼らの唱えた説はずいぶん違ったものになったのではないかと述べるときには[20]、彼の議論の調子は唯物論者に近いものになる。とはいえ、辛辣な言葉遣いに走るきらいがあったことはさておいても、丘が一定の哲学的伝統について十分に深い知識をもっていたことを言い添えるとともに、彼の認識論的立場に対しては、ある首尾一貫性を認めなくてはならない。

　このようにして、丘は「ダーウィン的」生物学主義、および一定程度の経験主義にもとづく認識論で身を守りつつ、生物学とは直接関係のないさまざまな領域に対しても、批判を向けていったのである。

## 2 教育と倫理への反映

丘による科学の範疇を超えた領域についての数多くの発言を、二つのカテゴリーに分類することができる。すなわち、教育と倫理である。

### A 教育

丘は歴史の試験に失敗したせいで、若年期の経歴に精彩を欠くことになった。個人的な恨みによるものか、あるいはそれ以外の理由があるのか、その判別は難しいが、彼は教育について多くの発言をし、その大部分は同時代の者たちを厳しく批判する内容だった。彼は痛烈な皮肉とともに、専門家たちによる数々の教育書への感想を表明した。これらの本を読んでも実質的に何も得ることはなかった、またこれらの本の文章の何ヵ所かはまったく理解不能なものであった、そのように彼は述べている。ならば、

15 同書、追加三、二六九―二七三頁。
16 『煩悶と自由』、第二章、一四―一五頁。〔訳注：フランス語原文は「曖昧に考えるのは、寝ている猫を起こすのを避けるためである」。『煩悶と自由』の当該箇所で、丘は「『触らぬ神に祟り無し』という諺」を引きつつ、ヨーロッパの哲学を批判している〕
17 『進化と人生』、第三章、三二頁。
18 William James, *Introduction à la philosophie*, Paris, Marcel Rivière et Cie, 1914, chap. 1.〔訳注: *Some Problems of Philosophy: A Beginning of an Introduction to Philosophy*, 1911〕
19 『進化と人生』、第一四章、一四二頁。
20 同書、第二章、二三頁。

教育システムを改良すべきであろう。彼は最初に、子どもたちの精神をくじいているものについて論じる。たとえば子どもたちに、無意味だったり大して価値のない事柄、つまりあれやこれやの国体転換に関わった歴史的な人名を暗記するように強いるといった事実について[21]、である。また彼は、大人たちは子どもがみずから物事を判断するための力を育てようとしないで、自分たちの判断をそのまま真似するように強いる傾向があるのは嘆かわしいとする。しかるに、科学にとって重要なのは、権威から独立して自由に考えることではないか。大人たちは字のきれいな子どもを褒めそやすが、しかし本来は、彼らの言葉の中身に注目することこそが重要なのである。[22]別の箇所では、彼は日本人が漢字の習得に多くの時間を費やさねばならないことを嘆き、何世代かのうちに漸次ローマ字に移行したほうがよいと主張している。[23]古来の文字体系を廃止しようと考えたのが彼だけでないことは、もとより周知の通りである。彼が指摘していたことに類似する多くの問題点が、いまなお日本の教育システムにも残ることを考えれば、総体として彼の推奨したことそれ自体は、肯定すべきものであるようにも思える。だが、より細かくみてみると、彼の言葉を彩るイデオロギー的な傾きに気づかないわけにはいかない。彼が生物学を教育の土台とすべきだと主張するのは[24]、彼にとっては生物学という科学の原理を拡張することこそが重要だからだ、ということは理解できる。しかし、教育の最終的な目的とは国家の繁栄である、あるいは、科学による教育の改良を論じる文脈において、これからの戦争の結果は科学的知識の水準で決まるといわれていることを読めば[25]、彼がこれらの論攷を書いていたのがまさに第一次世界大戦の時期であるだけに、その思考の基盤が当時の社会的な関心にぴったり一致していることを無視するわけにはいかない。列強の予想に反して日本がロシアを打ち負かして以来、日本はもはや、諸外国がすすんで技術的・文化的支援の手をさしのべてやるべき後進国であるとはみなされなくなった。ゆえに、これらの

丘の教育に関する提案には、政治的な背景の存在を考慮すべきである。ただし、政治について論じるときには、結局のところ、その基底となっている倫理を問わずにいるわけにはいかないのだということを忘れてはならない。

## B　倫理

実際には丘の生物学主義は、倫理的な問題を前にしたとき、さらに決定的に姿をみせるのである。著書『生物学講話』で、さまざまな昆虫の巧妙な擬態の例を紹介した際に、彼はこの章に「詐欺」という題をつけた。そこには以下のような事例が書かれている。捕食者に好まれてしまう種類の蝶が、捕食者が嫌う別の種の蝶に似た姿をしている。カメレオンは、周囲の環境に応じて色を変える。いくつかの種類の蛾は、斑点の形状によって蜂にみえる。これらのすべては、詐欺ではないだろうか？　答えは是であり否でもある。丘の説明は次の通りである。端的に、餌を得たり捕食者を避けたりするためにいかなる手段をとるかについて、生物が責任を負うことはない。詐欺もこの不動の原理の延長上にある。人間社会では、明確に戦いの意志を宣言し、互いに武装して向き合うことが称揚され、奇襲や計略は軽蔑されている。しかしよく考えれば、どちらの選択も同一の目的をかなえるための手段にすぎず、その意味

21　『煩悶と自由』、第二〇章、二三四－二三九頁。
22　同書、第五章、七一－七七頁。同第一五章、二〇一頁。同第一七章、二一八頁以降。
23　『猿の群れから共和國まで』、第一二章、一五九－一六二頁。
24　『煩悶と自由』、第一三章、一七七頁。
25　同書、第一三章、一七八－一八四頁。

においては価値に違いはない。詐欺がうまくいけば遂行者が生き残る可能性は大きく、うまくいかなければ遂行者は死ぬ。それだけである。水が高いところから低いところに流れる事実と同じくらい、何も驚くことはない[26]。このようなものが丘の典型的な説明の仕方であって、そこではもはや彼が生物について話しているのか、人間の話をしているのか定かではない。彼の倫理的・社会的な判断には生物学的知識が浸透しており、規範の領域に関わるものとみなされる倫理的原則も、諸々の事実や存在の領域に結びつけられる。規範性は事実性のうわべの姿であり、主導権を握るのは事実性の方なのである。その議論はシニカルなものとなる。つまり、善も悪についても同じことなのだ。両者の区別はどこから来るのか？　同じ団体に属する存在にとって利益をもたらすあらゆることは、善と判断されると彼は述べる。そして逆に、それらの存在に害をもたらすものが悪である。したがって、孤立した生を営んでいるものには、この二つの語は何の意味もなさないだろう。良心というものそれ自体、違反が露見したときに他から受けるかもしれない罰から生じる恐れの感情でしかない[27]。利己主義と利他主義を論じる箇所での丘の議論は、クロード＝アドリアン・エルヴェシウス（Claude-Adrien Helvétius, 1715-1771）や今日の社会生物学の思想を思わせる功利主義的な表現を用いている。そこで彼は、人間を観察するに、その精神の九十九パーセントまでは利己主義で占められており、利他主義が占めるのはわずか一パーセントだという印象を受けると述べる。生物と人間が置かれた存在論的な背景からみれば、これは何も驚くべきことではない。なぜなら彼によれば、生物は相互的な衝突と永続的な競争のなかで生きつづけなくてはならない以上、利己主義とは生物の原初的な本性だからである。だが、ならばなぜ、それでも一パーセントは利他的にふるまうのか？　これもまた、自然淘汰によって説明することができる。それというのも、利他主義はそれを実践する個体の生存可能性には不利であるかもしれないが、この個体が属する団体にとっては望ましいものと判断されるからだ。言葉を変えれば、利己的な構成者しか存在しない団体が他の団体との闘争で敗れる運命にあるのに対し、最適の割合で利他的な個体を含んでいる団体は、他の団体と比して強さをもつのである。このように、丘は原理的に、他の団体に対する利他的行動というものの存在を否定する。もし誰かが利他的であるとしたら、それは必然的にみずからの団体のために身を投じる準備ができているということであるが、それは他の団体をうち負かすためである。だからこそ歴史のなかでは、利己主義者のみで構成された団体は、少数の利他主義者を含んだ利己主義者の団体に対して敗れてきたのだ。「団体」の語を「国家」に置き換えてみると、この著者の考えを軍国主義的・帝国主義的扇動者のそれと区別するのは難しくなる。たしかに、個体がみずからの属す団体の利益から外れた利他的行動をとる可能性があることを丘は認めるが、それは純粋な砂糖を甘いものと認識するようになった舌が、大した栄養にもならないサッカリンをも同じように甘いと感じるというのと変わらない。つまりその種の利他的行動は、原初における利己主義的原理から生じる、二次的な付帯現象でしかないのだ。それゆえに、国際的な水準で人道主義を語るなど、丘からみれば無意味なことである。真の人道主義とは、みずからが属す団体のためになされる行動のうちにしか認められない[28]。したがって、戦争が存在するのはまったく理屈にかなっており、これを永久になくそうとするなどとは生物学的に誤っている[29]。

26　『生物学講話』、第六章、一五九－一六〇頁。
27　『進化と人生』、第五章、四七－五〇頁。
28　同書、第六章、五八－六五頁。
29　『進化論講話』、第二〇章、三八一頁。

人間の小さな団体において善と呼ばれるのはその戦闘力を増大させるものであり、悪と呼ばれるのは戦闘力を減じさせるものである、彼がそのように記す箇所では、軍国主義の背景がなおいっそうはっきりと姿をあらわす。だからこそ、近い者を救う援助は団体を強くするので善きものとされ、虚言は団体を弱くするために悪とされる。ある個体が命を犠牲にしてその団体を救うのは、最上の善である[30]。ここからつづく箇所を読んで、ただ純粋に生物学的な証明が論じられているのだと考える者はほとんどいないだろう。丘は次のように書いている。「かくのごとく人間はつねに命を非常に尊いものとして取り扱う癖がついているゆえ、これより類推して、他の生物の命もすべて尊いもののごとくに思〔う〕。〔…中略…〕実際を調べて見ると、〔…中略…〕種類によっては命の価のほとんど零に近いものがいくらもある[31]」。そこから考えれば、あらゆる種類の生命を救済しようと欲し、一匹の蚊すら殺すなと人に教えるインドの仏教など何の意味もない。蚊など一片の呵責もなく殺してよい。ならば、いったいどのような生物からは尊重されるべきだというのだろうか。はたして、なんらかの理にかなう境界線があるのだろうか。もし一匹の蚊が何の価値ももたないのだとすれば、戦争のような特殊な状況では、蚊と兵士の区別を消してしまうこともありうるのではないか？　丘がみずからの生物学主義を国家の防衛という主題に当てはめるとき、その議論が苦く、かつ問題あるものとなるのは、この点においてである。

彼の解釈するダーウィニズムがもたらす影響は、これにとどまらない。優生運動に関する彼の考えをみれば、その思考には印象・感覚主義的なところが一切なく、完全にシステムにのっとったものであるということが理解できる。周知の通り、優生主義は婚姻への介入や出生コントロールによって人口団体の質の向上を主張し、「劣等因子」、つまり犯罪気質や、その他あらゆる知的・身体的障碍の保有者について、ときに声高にその意図的な絶滅を提案するものであった。劣ったものを絶滅することはわれわれの倫理と一致しないと思われるかもしれないが、実はこれこそが人道的な選択なのだ、と丘は評価する。なぜなら、人道の原理の名のもとで累犯者や障碍者を救えば、いずれ人的資源のうちに同様の歪みが出現する確率を高めることになる。もし優生主義が人道の原理にもとるものであると映るとすれば、それはひとえにわれわれの子孫の幸福というものを考えたことがないからである。だから目の前の感情や、人間の自然の権利などという抽象的な理屈に惑わされてはならない。[32] そしてそれゆえ、丘の目からみれば、死刑廃止を求めるなど馬鹿げている。それは明日を生きる健常者よりも、今日を生きる危険人物の方を尊重するということになるからだ。彼によれば、反対に死刑はもっと熱心に執行されるべきである。[33] これと同じ理屈で、寿命をのばそうとする医学の努力は、むしろ否定的に評価される。老人は社会における若者の場を奪い、この団体の社会的な活力を減少させてしまう。平均寿命が一定の年齢に固定するとしたら、それは自然淘汰の論理が最適に働いている結果にほかならないのであり、したがってこれを変えようとするのは、自然それ自体に背くことである。自らの属す団体のためにも、自分自身のためにも、最適の年齢で死ぬべきなのだ。[34]

30 『生物学講話』、第八章、二二〇頁。
31 同書、第一八章、四六五－四六六頁。
32 『進化と人生』、第一六章、一九一－一九三頁。第二〇章、二一二－二一三頁も参照のこと。
33 『進化論講話』、第二〇章、三八二－三八三頁。
34 同書、一九章、四八一－四八五頁。

## 3　滅亡の理論

進化論の推進者が滅亡や退化の考えについても同じように語っていたとは、一見すると矛盾したことのように思われるかもしれない。しかし丘は専門家として、生物学的な進化と、進歩という概念とを一緒にすることはありえなかった。したがって退化について論じることは彼の進化論となんら矛盾することではなく、むしろ進化論を参照するがゆえにこそ、彼は人類の活力の必然的な衰退と人間社会の避けがたい劣化を論じることとなった。それは彼がことさら関心を注いだ主題であり、いく度も繰り返し形を変えて論じられた[35]。三葉虫や恐竜が、古生代や中生代を通じて長いあいだ繁栄したにもかかわらず、地球の歴史のなかでその姿を消すにいたったことは周知の通りである。人間だけがこの同じ運命を逃れうると考える理由はない。しかし、この事実を認めるだけでは不十分である。なぜ、そしてどのようにして人間がその歴史を通じて弱っていくのかを説明しなくてはならない。丘は他の人類学者と同様に、人間がそれ以外の種の生物と区別されるのは、その脳の大きな発達と手の器用さの恩恵であるとみなす。だがまさにそのためにこそ、人間は共同と従順の精神という、団体〔集団〕生活に重要な意味を持つ特性を失う方向へと向かってしまったのである。その逆に、人間以外の動物の団体では、この類の精神はきわめてよく目にされる。蜂や蟻などの膜翅目の団体は、その最も顕著な事例の一つでしかない。そして、ある団体が規律正しく従順な成員で構成されていれば、他の団体との衝突においてそれが実に強力なものとなることはいうまでもない。つまり自然淘汰の論理に従えば、この種の団体は他の団体に比べ、より大きな生存と発展の可能性を備えている。このように、従順さという性質は自然淘汰によって保存されるものなのであり、したがって太古の人間もまた従順で、そして人間の社会は階級的なものであったと推察されるのである。そのような社会的安定性が変わることなく存続していてもおかしくなく、たとえば平等や自由などといったことについて語ろうなどとは思いも及ばないでいてもよかったはずなのだ。しかし現実には、人間の歴史はそのようには展開してこなかった。なぜか？　それは人間が、道具を使うことができるという、ほかならぬ特性をもっていたからである。発達した脳と器用な手によって、それは可能となったものだ。だが技術の進化を通じて、伝達の能力と情報網の発達はやむことなく複雑化してきた。人間の団体は道具の発達の結果、膨大なものとなる傾向をもった。そうなると、二つの団体が戦争となっても、どちらか一方が最後の一人まで殲滅されるということはほぼおこりえなくなる。つまりは自然淘汰がもはや以前ほど効力を発揮しえなくなり、選択の圧力に対して有効であった、従順な成員による団体がもう十分な力をもちえなくなったのである。こうして、従順と奉仕の精神は年々退化してゆき、扇動家たちが自由や平等への権利を求め始めた。そして人間は以前より利己的になったのである。「技術革新が耳目を集めているこの時代に、自分の意見は奇妙に映るだろう。だが正しいのは自分の方なのだ」と丘は書いている〔出典不明〕。人類の全盛期はもうすでに終わったのだ。今日のわれわれは、団体生活に適した性質と利己的な性質とがごちゃまぜになってしまった段階に入っている。前者の性質は人類の運命の上昇線を描くものであり、後者はその下降線を描き出すものである。個人主義は共感を打ち壊し、独立志向は共生を阻害する。社会的規範の力は弱まってしまった。さらに、協力一

35　多くの箇所のうち、以下を挙げる。『煩悶と自由』、第三章、三二一－五〇頁。同書、「追加」〔訳注：「現代文明の批評」〕、二四一－二六八頁。『生物学講話』、第二〇章、四九五－五二六頁。『猿の群れから共和國まで』、第一章、七－一〇頁。

致の精神が破壊されてしまったために、競争はこれまでになく激しいものとなる。生存の条件はより厳しいものになり、みずからの労苦を忘れるために人々は酒や煙草に頼る。人々は神経衰弱にむしばまれる。現代の文明は実際のところ、煙草を吸いながら暮らしているガン患者のようなものだ。その外観は光り輝いているが、中身は手の施しようがなく変質してしまっているのである。

原始人からの発展を可能にしたものも、今日の人間の退化を引き起こしているものも、同じ原因である。退化の要因は、人間の本性に内在している。矛盾は人間の内側にあるのである。論理的には、この衰退を止める手段は何ひとつない。ならば、ただ進むがままにする以外ないのか？　丘はここで、わかりやすいたとえを用いる。[36]かたわらに重い荷物を積んだ馬車があり、それが坂道のうえにいると考えてみよう。荷物の重さから考えて、われわれが何をしようとも、この荷車で坂をのぼることは不可能である。荷車は手の施しようもなく坂をくだるばかりだ。だがわれわれが馬車の落ちるのを防ごうとせず、ただ落ちるがままにするなら、荷車は落ちる速度を速めて、われわれに深刻な打撃を与えることだろう。だからこの荷車に坂道をのぼらせることはけっしてできないとわかっていても、それができるかぎりゆるゆると坂を落ちるように、われわれは押さなければならない。人間の運命もこれと同じことだ。人間はもはや決定的にその期限を使い果たした。だが人間は、みずからの文明の退化が加速するのをみたくなければ、よりよい生存に向かって戦いつづけなければならないのだ。

以上が、滅亡に関する丘の説の概要である。そこに仏教的な影響を見出す研究者も存在する。[37]実際に、運命論的な存在の哲学は、日本においては馴染み深いものである。丘の説が自己中心主義に団体生活の破壊の芽を発見するものであるという点では、それが何らかの相互扶助の道徳へとつながることもありえただろう。だが丘の精神においては、自己中心主義は、自由と平等にきわめて近いところにおかれる。

それゆえに、利己的な性向を破滅的なものと断じることには、自由主義者や社会主義者への悪罵も含まれることとなった。彼が滅亡を論じることには、イデオロギー的・政治的な含意があったのである。彼の言葉は、ただ古代の生活や黄金時代へのノスタルジーを表明する嘆きであったのか、それとも同時代の特定の政治運動に対する間接的な抑圧を意味するものだったのだろうか？　そのどちらであるにせよ、その悲観主義がもつ意味のイデオロギー上の不明瞭さにおいて、彼の滅亡に関する説は問題を含んでいる。かつ、そうでありながら、この滅亡説は彼の生物学主義の大きな特徴をなしているのである。

## 4　結語

科学外の領域におけるダーウィニズムの拡大適応の数多くの試みのなかで、首尾一貫性や表現の強さという点でも、そこかしこに散見されるイロニーという点でも、丘の生物学主義は代表的な形象である。それは帰納的経験主義や明晰な唯物論哲学、あるいは体系的功利主義にとっての認識論的土台を提供することができる。また、多かれ少なかれ頑迷固陋な隠者哲学への彼の批判は、実証的で合理的な明晰さを推し進めるものでありえたかもしれない。彼の議論はおしなべてシニカルな調子をたたえている。なんらかの宗教は必要なものであると評価する場面でさえ、それは信仰のためではなく、とりわけ教養がなく慰めを必要とする人々にとっては、宗教一般というものが役に立つと考えるからである[38]。つまり

36　『人類之過去現在及未来』、第九章、一四〇頁。
37　渡辺正雄「丘浅次郎の生物学と無常思想」『科学史研究』第二期、一二（一〇七）〔訳注：一九七三年〕、一一四－一二二頁。
38　『進化と人生』、第九章、九五－九六頁。

宗教もまた、シニカルで功利主義的な視角のもとで価値づけられているのである。『生物学講話』の冒頭[39]で著者自身が認めているとおり、彼は世界や生に関わる諸問題を常に桟敷の観客の視点から眺めており、けっしてして舞台のうえで動く役者の目からはみていない。このへだたりが、彼の認識論的立場に本質的な要素であるように思われる。それはある種の冷淡さをあらわすものでもありえようが、同時に平静さの表明でもありうるものだ。だが、国際関係上の競争と軍備の拡充の必然性を称揚したのは、ほかならぬ丘である。この点では、彼はけっして無関心な隠者ではなかった。とはいえ、人間の退化に関する悲観的な見方がそれ以外の彼のあらゆる意見を生み出す動機となっていたこと、そして彼が国粋主義的イデオロギーを大いに奨励したということが本当だとしても、彼はけっしてみずからの行動が日本の問題点の数々を決定的に解決しうるなどと思っていたのではなく、ただあわよくば、人々をその悲劇的運命からそらすことに役立つかもしれないと考えていた。

ちょうど第二次世界大戦の終わりにほど近い一九四四年の死から、おそらくはその国粋主義と戦争に関する考えが原因となって、日本人は彼の業績については忘れようとしてきた。今日、彼の全集は絶版となっている。



39 『生物学講話』、第一章、三頁。

# 第七章　下村寅太郎とその機械観

## 1　知られざる大地

日本の科学哲学は田邊元（一八八五－一九六二）の一連の著作、『最近の自然科学』（一九一五年）、『科学概論』（一九一八年）、『数理哲学研究』（一九二五年）によって華々しく開始された。特に『科学概論』は日本の読者から熱烈に受け入れられ、長くつづく影響を残してきた。ただし、これらの著作は当時ヨーロッパで支配的であった新カント学派の論争をほとんどそのまま紹介するものであった。他方、この報告で対象とする下村寅太郎（一九〇二－一九九五）は、科学史研究にはるかに近い方向性をもつ[1]。京都学派の田邊の流れを引き継ぐ有名な学者たちのうちでも、おそらくはきわめて強い合理主義者の色彩をもってい

1　下村も同じく新カント学派に大きな影響を受けていた。彼はヘルマン・コーヘン（Hermann Cohen, 1842-1918）の著作に感銘を受けていたようで、自分でも「新カント学派の学者の論理的鋭利さには美感にちかい爽快感を感受した」（下村寅太郎『エッセ・ビオグラフィック』みすず書房、一九九九年、三〇一頁）と述べている。

た下村こそがその三部作、『自然哲学』（一九三九年）、『科学史の哲学』（一九四一年）と『無限論の形成と構造』（一九四四年）によって、科学史に最も直接的な寄与を果たしたのである。[2] とはいえ、これらの著作は純粋に学問的ないしアカデミックな雰囲気で書かれたものではない。その点は著作が刊行された時期をみれば、理解できる。下村を科学史の議論に駆り立てた背景には、科学的・技術的戦争の相貌を露わにしていた第二次世界大戦があった。実際、『科学史の哲学』のなかには次のような指摘がある。

すでに今日においては、科学は単なる教養や教育の問題としてでなく、政策の、国策の根本問題として提唱されるようになった。〔…中略…〕それはいわば人文主義的世界主義的な立場から政治的国民的立場への転換である。今日では科学は、十七世紀の科学者たちが意図した如く「神の栄光のために」ではなく、「国家の繁栄のために」である。〔…中略…〕今日の世界状況においては科学は一国の興廃を決定し、国家の存在そのものに係わるものであることが端的に実感されている。[3]

科学の奨励は何よりもまず技術の奨励を目指しており、技術の奨励にとっては国家の威光の増大と戦場における高い有用性が肝要な点であった。そのことは、たとえばほぼ同時期に科学主義工業社と称する出版社が刊行した多数の書籍に明確に示されている。下村は、他の多くの知識人たちと同じく、この状況に気づいていた。

ところで、下村の先駆的著作が今日なお読むに値するのは、下村がこの種の状況認識からくる時代性を超えた普遍的な問題を提起していたことにある。日本では、科学史研究は下村とともに始まったわけではない。にもかかわらず、下村がその先駆的三部作で提示した分析は科学史に思想史としての意味を付与し、非専門家にとっても関心の的となる要素を含んでいた。下村は、関心の中心は「科学の歴史」ではなく、「科学への歴史」にあるというモットーを幾度となく繰り返している。このモットーは自然科学の歴史を成熟へと導いた科学思想の歴史という地平を拓くものであった。『自然哲学』は概念史的に物理学の発達における三つの段階として、古典力学、一九世紀の電磁気学、二〇世紀初頭の量子論を区別する。『無限論の形成と構造』はメタ数学における論争全体に一つの見通しを与え、ダヴィド・ヒルベルト（David Hilbert, 1862-1943）の形式主義に近い数学観を提示する。[4]『科学史の哲学』は純粋数学が主に古代ギリシアにおいて基礎づけられたことを思い起こし、その真正な認識としての純粋数学が西洋における後の文明の発展をもたらしたことを哲学的に明らかにする。この最後の著作については後で再度取り上げる。

たしかに、その後の下村を科学史家あるいは科学思想史家として分類することは難しい。とりわけ、五五歳のころのヨーロッパ旅行[5]をきっかけとして、下村はその研究領域を拡張しつづけていった。そのため、下村の知的世界について単一の統一された肖像を仕立てることは難しい。レオナルド・ダ・

2　これら三部作は『数理哲学・科学史の哲学』（みすず書房、一九八八年）に収められている。本報告での指示は、初版ではなく、この論文集による。
3　下村『数理哲学・科学史の哲学』、同右、二九三頁。
4　ダヴィド・ヒルベルトは、アンリ・ポアンカレ（Henri Poincaré, 1854-1912）とともに、一九〇〇年前後の時代を支配した。この二人はその時代の数学全体を把握できたおそらく最後の数学者たちであった。ヒルベルトの墓に刻まれた勇ましいモットーは、«Wir müssen wissen. Wir werden wissen»、すなわち「われわれは知らなければならない。われわれは知ることができるであろう」というものだった。
5　下村『エッセ・ビオグラフィック』、前掲、三四七頁以下参照。

ヴィンチ（Leonardo da Vinci, 1452-1519）やアルブレヒト・デューラー（Albrecht Dürer, 1471-1528）のようなルネサンス期の芸術家の著作についてなら、まだよい。彼らは芸術と科学がまだ一体であると考えられる時代に活躍した人たちである。さらに透視法に従った空間の表象が数学的基礎をもつものであったことを考え合わせれば、彼らの仕事の内容は科学史家の大きな関心の的となるだろう。だが、アッシジの聖フランチェスコ（Francesco d'Assisi, 1181(82)-1226）の場合は、どうか。[6] 下村の気質とその初期の研究成果を考慮すれば、ドミニコ修道会への関心という点には、ある種の連続性を認めることはできる。しかしアッシジの聖フランチェスコに関しては、合理主義や科学思想史とのつながりはほとんど見出せず、下村の他の著作とある種の統一性ないし連続性をつけようとしても難しい。下村は、みずからの関心の領野を拡大することによって、いわば、みずからの知的統一を最終的には破壊するにいたったのだ。[7]

もっとも、下村は思想研究として数学を論じている場合でも、実のところ、「自然科学に関わる事柄」に関心を抱くにふさわしい気質をさほどもっていたわけではない。実際、下村は若いころ、理科の教室には「何か病院のような臭い」がするのでなじめなかった、ましてや人体模型については、「嫌悪感というよりも戦慄」を感じたと述べている。[8] 数学と科学においては、一般に学的態度と存在論的身分にかなりの相違があり、順序立てずに取り組むことはできない。とはいえ、下村は生まれつきの性向をいわば抑え込むことで、[9] 少なくとも一定期間は、自然科学の領域における思想史に沈潜することをみずからの課題と責任とみなしえた。事実、みずから述べるところでは、下村は芸術と文化への関心を「むしろ意識的に傍流にとどまらしめていた」。だが、ひとたびそうした禁欲から解放されるや、「何とはなしに「生活」が明るくなったように感じられてきた」[10]と書いている。下村からすれば、遅ればせの思索の展開は無秩序な弛緩などではなく、思索世界の考え抜かれた拡張であったことは疑いない。

ともあれ、こうした比類なき探求領域の拡張のゆえに、京都学派の他の重要なメンバーについては研究がかなり盛んとなり、知られるようになったのに対して、下村の著作は不幸にも今日にいたるまであまり語られることのないままとなっている。ほぼ完全な全集としての価値をもつ重要な著作集が一九八〇年から一九九〇年にかけてみすず書房から刊行された。にもかかわらず、日本の学会は今なお下村の世界を消化できぬままにとどまっている。下村は理解されていない。日本の学会にとって、彼は相変わらず「知られざる大地」なのだ。

私の報告に与えられた紙幅は限られている。そこで、下村の豊饒な世界を包括的に描くことは断念し、どれほど下村が理解されていないのかをはしなくも明かす同時代の挿話に言及したい。それは悪名高い座談会、「近代の超克」（一九四二年）の際の下村の発言に関わる。

6　ちなみに、やや皮肉なことに、『アッシシの聖フランシス』（南窓社、一九六五年）は下村の著作のうちで最も読まれた著作の一つである。なお、同署は下村寅太郎著作集第3巻（『アッシジのフランシス研究』みすず書房、一九九〇年）では「アッシジの聖フランシス」と表記されている。

7　下村は晩年の一〇年間をヤーコプ・ブルクハルト（Jacob Burckhardt, 1818-1897）研究にささげた。たしかに下村は、研究開始の当初から「思想史」の概念に従って学術研究を進めてきた。そのことを想起すれば、ブルクハルトのいう「文化」の概念は重要な位置を占めうるものだし、下村の仕事の連続性をその最後の局面で保証するものであるとはいえる。

8　下村『エッセ・ビオグラフィック』、前掲、二八六頁参照。

9　同右、四〇三頁参照。

10　同右、三五〇頁参照。

## 2 「近代の超克」

下村は、たしかに、「知識人たちによる戦争協力」とされてきたこの座談会に参加していた。座談会には全部で一三名が参加した。一般に、参加者はそれぞれの所属によって三つのグループに分けられる。雑誌『文學界』に拠るグループ、日本浪曼派のグループ、京都学派である。西谷啓治（一九〇〇－一九九〇）と鈴木成高（一九〇七－一九八八）は問題なく京都学派に分類できる。通常、下村もその京都学派のグループに属すはずだと考えられている。しかし、竹内好[11]はこの座談会に関して、下村は『文學界』のグループであったのではないかという疑問を提示している。[12]この判断の当否は別にして、竹内は京都学派に属す人物として、西谷と鈴木に加え、高山岩男（一九〇五－一九九三）と高坂正顕（一九〇〇－一九六九）の二人をあげている。これら四人の哲学者と比べると、下村の性格の違いは明白である。違いは、科学史についてもっていた包括的な認識と、先にみたような学識によって下村は、「西洋近代」に対して、科学技術一般に対してと同じく、他の哲学者たちよりも肯定的な判断と積極的な評価を下しえたことに関わっている。

実際には、下村はこの座談会に参加していたものの、ほとんど発言はしていない。けれども座談会終盤で下村もくわわった議論は忘れられてはならない。いささか引用しよう。[13]そこではアメリカの「機械文明」の評価が問題となり、河上徹太郎（一九〇二－一九八〇）は、機械文明はここでいう近代の超克の対象にはなりえない、なぜなら「精神にとつては機械は眼中にない」からだといい放った。この河上の指摘に小林秀雄（一九〇二－一九八三）が賛意を示す。そのとき、「魂は機械が嫌ひだから」という言葉[14]を聞いて、それまで長く沈黙を守っていた下村は、もう黙っているわけにはいかないかのように、「機械も精神が作つたものである。機械を造つた精神を問題にせねばならぬ」と発言する。下村は近代の超克を語るとすれば、（古風な精神の）古典的な精神性の超克もまた論じられるべきであるとつづけ、「近代の超克」という問題のそもそもの枠組み全体を覆すべきであることを示そうとした。下村によれば、超克すべきは近代ではなく、むしろあらゆる方向に揺れ動き、近代の実際の展開以前に位置している前近代なのである。下村は次のようにつづける。

> 今まで魂は肉体に対する霊魂だつたが近代に於ては身体の性格が変つて来た。つまり肉体的な身体でなく、謂はゞ機械を自己のオルガン（器官）とするやうなオルガニズムが近代の身体です。古風な霊魂ではもはやこの新らしい身体を支配することが出来ない。新らしい魂の性格が形成されねばならぬと思ふ。近代の悲劇は古風な魂が身体に――機械に追随し得ない所にある。[15]

参加者はいずれも著名な知識人であったにもかかわらず、下村のこの発言は座談会の時点で理解され

---

11　竹内好（一九一〇―一九七七）は近現代中国文学を専門とする文芸批評家であった。彼はその専門に加え、政治的意見も積極的に表明し、第二次世界大戦を厳しく批判した。

12　河上徹太郎ほか『近代の超克』冨山房、一九七九年、二八八―二八九頁参照。

13　同右、二六〇―二六二頁参照。

14　これは近代日本の代表的な文芸批評家の一人であった小林秀雄の言葉である。フランス象徴主義をよく知り、アルチュール・ランボー（Arthur Rimbaud, 1854-1891）の詩の鮮やかな翻訳者であった小林の発言は、しばしば痛々しい。

15　河上ほか『近代の超克』、前掲、二六二頁参照。

たとは思われない。つづく討論は「機械対精神」、「機械対神秘主義」といった月並みな対比に終始している。要するに、座談はあたかも下村がまったく発言しなかったかのようにつづけられたのだ。

しかしその点については、理由がなかったわけではない。というのも下村の言葉はかなり切り詰められたものであり、当然のことながら、それを理解するのは、下村の著作をかなりよく知っているのでもない限り、難しいからである。下村の言葉を理解するには、下村が「機械と精神」や「精神と身体」のような重要な概念装置に与えていた位置を明確にする必要がある。わけても「機械」という概念に下村が与えている位置は重要で、注目に値する。この短い論攷の残りの部分では、その本質の抽出を試みたい。

## 3　機械と精神

先に触れた『科学史の哲学』に立ち戻ることにしよう。私のみるところ、この著作こそ科学理論に関する下村の著作で最も重要なものである。周知のように、「近代の超克」と実際には同じ時期に、もう一つ別の座談会が開かれた。その内容はまず一九四一年と一九四二年に雑誌に発表され、後に著作『世界史的立場と日本』[16]にまとめられ、刊行された。おそらくはこの座談会での論争を念頭に置いて、下村は『科学史の哲学』の「序」[17]に「近代日本の歴史的使命は古典的東洋と近世的西洋との統一にあった」と書いたと思われる。明治維新後の日本の急速な近代化は一つの歴史的出来事であるという観念は、下村だけに特有のものではない。同じ見方は、同時期の多くの知識人、わけても京都学派に属す知識人たちが共有していた。このテーゼが「戦争協力」として実際に果たした歴史的役割を括弧に入れれば、そこに含まれている構想と大きな広がりをもつ見通しの力から引き出すべき教訓があるように思われる。『科学史の哲学』全体を通じて、下村は単に「科学史」に限らず、世界史における日本の使命という問題をも検討する。その問題によって西洋近代の特殊性、すなわち西洋文明全体の特徴を問いなおさざるをえないという判断から出発して、下村は議論を拡張し、展開していく。

この著作の第二章には数多くの重要な指摘が含まれている。たとえば、

――西洋が創造した純粋数学は、三角法による測量や日常的な計算のような直接的な有用性に結びついた数学とは働きをやや異にする。

――この数学は、その起源からして、哲学と深く結びついていた。

――その哲学が数学のような普遍的で理論的な学知に強固な基礎を与えることができたがゆえに、西洋は東洋とは異なる学問観をもちえた。

東洋における研究は本来宗教や道徳や政治と区別できなかった。対して、西洋では、哲学と形而上学が、研究の布置全体の進化のなかで、他の領域の認識群からみずからを区引することによって確固たる基盤を得た。それは、まさに純粋数学がしっかりと確立されたがゆえであった。[18]

この事実は古代ギリシアですでに確認できるが、近代になるとそこに新たな要素が加わる。近代にお

16　藤田親昌編著『世界史的立場と日本』中央公論社、一九四三年。
17　この序の日付は一九四一年八月、つまり太平洋戦争勃発の直前である。
18　下村は数学の確立に「世界史的事件」をみている（下村『数理哲学・科学史の哲学』、前掲、二〇三頁参照）。

いては、以下のような変化が生まれたのである。

——学問の性格は古代ギリシアでは著しく観想的であったが、それが実践的活動的なものへと変化した。

——人間は古代においては何よりもまずポリスの構成員、すなわちあるグループの成員であったが、それが個別的な個人を本質とするようになった。

——そのことに並行して、主体／客体という対比が浮かび上がった。

客体がはっきりと「客観化」されたとき、主体の活動的構成的性格が直接的かつ明確に認識された。個人の内面の観察という契機が近代的人間の確立と同時に明確になる。客体の客観化と主体の主観化が同時並行的に成され、それによって外的世界と個人とのあいだには存在論的空虚が穿たれる。かくて客体は純粋な操作対象として現れる条件が整えられた。外的世界がこうして死せる事物に接近すればするほど、活動的で積極的な人間主体は内的自由を獲得するのだ。

下村によれば、この図式によって近代の哲学的意義はまとめることができる。ところで、下村は、こうした議論のなかで、しばしば機械を論じている。それは一見したところ副次的で補足的なテーマのように思われるが、実際には、まったくそうではない。下村が第二章で展開している機械一般をめぐる議論がとりわけ注目に値する。その議論を他の著作も援用しながら、下村独自の表現を自由に敷衍し、みていくことにしたい。

機械は、その機構を構成する配置の組み合わせが、たとえば力学法則やその素材の物理特性に従っていなければ、動かない。その意味で、機械は自然の論理を内在化し、反映している。機械は自然の論理を模倣する。人間が木の実を棍棒の一撃で砕くという技術的な事実からすれば、木の実よりも固いものを砕かなければならないときには、道具の材質を替えるか、さもなければ、人間の力はあきらめて、機械的動力を制作して目標を達成しようと試みることになろう。その場合、動力機械のような強力な道具は自然と切れ目なしに位置づけられるだろう。すなわち、それは自然の論理を単に模倣するだけではなく、それを豊かにするのだ。

そこまでは、機械の通常の見方が問題となっている。その通常の見方をきっぱり拒否することなく、下村はもう一歩先に進む。下村が機械にみるのは単に模倣や拡張の契機だけではなく、「自然の再編成、再構成[19]」の契機でもある。すなわち、人間が自然の内在的な論理に多少とも根本的な変容を積極的にもたらし、自然をより大きな力をもつ人工的な対象物へと向け直すことによって、それまでは接近不可能であった新たな地点へといたるのはもっぱら「自然の自然性」によるのだ。単なる拡張が問題だとすれば、あるのは規模の違いだけになろう。だが実際には、機械は一般的に拡張のみをもたらすわけではない。たとえば、飛行する機械を開発するには、トンボの羽を金属に替え、トンボのものよりも強力な動力を装備すればいいのではない。飛行機は、別の構造と別の動力システムを装備することで、空へと飛びたてる。ミシンは女性が行う縫い合わせる行為をスピードアップし、洗練させることによって成り立つのではない。ミシンが当初の目的を達成したのは縫い合わせるという人間の行為を、単純といえば単純な、機械的運動に置き換えたことによる。しかし、その運動は人間の腕や指の身体的運動を模倣す

19　下村『数理哲学・科学史の哲学』、前掲、二〇六頁参照。

るわけではない。機械は模倣や拡張のうちに成り立つのではない。機械は目的論的で自律的な本質を組織するのだ。

ちなみに、科学史の今日の研究者にはすでにかなり月並みな歴史的事実となっているためにさほどのインパクトはないかもしれないにしても、下村が研究を開始した当初から近代科学の黎明期における魔術の重要性を指摘していたことにはやはり注目すべきである。[20] 占星術の運命論的な諦観に対して、魔術的行為は精神の根本的な自由への信頼を具現し、欲望充足を目指して行われる自発的な試行である。それは、間接的に近代科学を準備した。科学的経験は、自然の再現というよりも、ある概念の真実性を検証するために構成された経験・実験であり、その意味では魔術とも共通する積極的な性格をもつ。今では、自然の自然性を機械が乗り越えたことが強調されている。機械が実現することはどれをとっても魔術師の仕業と似ているのだ。機械は魔術師と同じく公衆を驚かせる結果を具現できる。機械論と呼ばれる哲学は、自然の配置をある種の機械であると考える一種の形而上学であった。しかし、機械は自然の論理を思うがままに具現する。その自然の論理は自然そのものには近づきえない豊かさを備えており、形而上学としての機械論に固有の観念や理論とは隔たっている。そうした機械がより物質的な帰結を引き出すのだ。機械は機械論よりも魔術にはるかに近い位置にある。この意味で、魔術は非合理的というよりもむしろ超合理的だ。近代科学の合理性とは魔術的な合理性、すなわち能動的で積極的で超自然的な合理性なのである。この「超合理性」は合理性を超克するものでも、合理性を迂回するものでもない。それは合理性を拡大し、拡張するのだ。

ここで下村は、「近世の形而上学は古代の形相の形而上学――主知的直観的立場の形而上学でなく、主意的実践的立場のそれとして性格付けられる」、「実践的とはカントによれば自由によって可能なるものである」と付言する。[21] 自由が内的主観を外的客観と区別し、主観と客観を相互に対立させ、主観が客観に対してみずからに与える自由において客観に対する主観の優位を認識させる。もし自由が客観性と自然性の超克においてみずからを確立し、そこに精神（Geist）がみずからを確立するとすれば、機械の形成は対象性の完全な超克となる。まさにそのために、機械化された社会は近代のGeistesidealismus（精神観念論）と内的な関係を取り結ぶのだ。機械化された社会を非人間的なものとみなし、そこでは人間が奴隷に等しいとみなすことは、人間性の構成的契機がすでに自然に内在する要素であるという事実を無視することである。そうした思考様式は、自然をいっさいの人間の働きが混じることのない純粋な対象とする古代以来の観念論に依拠しているのである。[22]

こうした注釈につづいて、先に触れた座談会での下村の発言に立ち戻ろう。そこでは、近代の確立が能動的主観や主観が実現する機械的な配置の観点からではなく、身体観の変化によって特徴づけられている。大昔から、手は一つの器官であった。その点は近代でも変わらない。石弓を使えば重い物を手よりも遠くに投げることができる。しかし、増幅されているとはいえ、そのメカニズムは手のそれに近いことに変わりはない。しかるに、近代の大砲のメカニズムは、重い物を投げるという目的では石弓と同じではあるにしても、手のメカニズムとは異なっている。近代の機械が証するのは、人間身体の模倣から解放された一つの自律性である。しかし、近代の機械も、「重い物を投げたい」という主体の意図を

20　同右、一五一三七頁参照。
21　同右、二〇六頁。
22　同右、二〇六―二〇七頁参照。下村は明示的には言及していないものの、この観念はロマン主義を特徴づけることのできるものだ。

実現する一種の器官となっている限りではさほど自律しているわけではない。近代以降、主体は、みずからの生得的な身体を模倣するか否かにかかわらず、自律的な器官を物質から製作する。それらの物質は主体が収集したり、作り出すことで、みずからの生得的身体の周りに配置したものだ。自動車は足、望遠鏡は目、潜水装置は肺にあたる。自由で活動的な主体は、近代以降、自己の身体を人工的装置によって強化する。というよりもむしろ、「肉体的な」主体とその配置とのあいだにある存在論的境界線を跨ぎ越し、曖昧にするのだ。下村がここで「近代の悲劇」と呼んでいるものは、古代以来息づいてきた精神がもはやこの新しい身体的環境に適応しえないということのうちにある。

近代以降、身体は、必ずしも実体的にではなく、むしろ機能的に内的器官の機能を外在化することによっていわば機械的身体となり、それがみずからの全体のうちに外在的な部分を統合することによって、拡張された身体として働く。下村の思想的世界において、その機械観は、身体観と文明観とともに、重要なライトモティーフの役割を果たしているのだ。

このようにみてくると、下村が発言したときにいおうとしていたことが理解できるだろう。しかし、座談会でいきなり発言した際には、その言葉が無視されることになるのはほとんど不可避だったのである。

# 第八章　リスクと不安

最初に、喚起力に富む二つの例を思い出しておこう。どちらも日本で起きたことであり、われわれの考察を進めていくのに資するものとなるだろう。

第一の例はこうである。一九九九年九月三〇日午前一〇時三五分頃、東海村ＪＣＯ（ジェー・シー・オー）工場で、濃縮度一八・八パーセントのウラン溶液が臨界状態となり、これによって三人の作業員が重傷を負った。うち二人は数ヵ月後に原爆の犠牲者と似通った状態で亡くなっている。日本社会は事故後、この作業員たちが安全基準をまったく無視し、ウラン溶液を沈殿槽に流しこむためにバケツを使っていたことを知って衝撃を受けた。〔訳注1〕たしかにこの種の作業マニュアルには、作業を容易にし、作業時間を短縮しようとする姑息なやりくりの跡が認められる。このようなやりくりが作業員の命を危険にさらしたのである。事故後に登場したあるテレビ解説者は、作業に慣れてしまうと、作業員はもはやウラン粉末と小麦粉とを見分けようとしなくなる、と述べたものだった。おそらくこの世界には、かくも軽率に慣れてしまってはいけない事柄があるのである。ＪＣＯ社は、現場で雇っていた作業員たちに対し、自分が割り当てられた仕事にどのような危険がありうるのかについて十分に情報を伝えていなかったという疑いがある。さらに衝撃的だったのは、ある原子力発電所の責任者が今回のトラブルをふり返りながら、「自動車事故の死亡者が毎年一万人であることに比べれば、作業員二名の死亡はまったく大したことはない」と放言したことだった。それをいうのなら、なぜこういわなかったのだろうか?「広島原爆投下時の即死者が一〇万人であったことに比べれば、作業員二名の死亡はまったく大したことはない」と。まさに誰よりも放射能の恐怖を知っているとみなされている国において、驚くべき感性の欠如がみられるのだ。

第二の例はこうである。日本のかなり著名なリスク論研究者である中西準子(一九三八-)が、アマゾン川流域における水銀汚染のリスクを算定しようと試みている。[1] この地域では、砂金を精錬するためにたくさんの水銀を用いるのだが、精錬後の水銀の大部分は環境中に放出されるので、同地域では水俣病に似た疾患が現れはじめているほどである。ところで、水銀の汚染状態と住民の健康状態について調査を依頼された中西は、同地域の住民の毛髪中に平均二二・三ppmの水銀が含まれていることを認めたうえで、この数値を、阿賀野川流域に住む水俣病患者の毛髪中に含まれる水銀の濃度と比較している。中西は次のように推論している。水俣病が発症する水銀汚染の最小値は、約四〇ppmである。したがって、アマゾン川流域住民の健康状態はまだ水俣病に当たるわけではない、と。彼女はこう報告した後で、アマゾン川流域における重症疾患の復活は憂慮すべきだ、と住民に警告してきた日本のジャーナリストたちを批判までしている。そのような警告は社会をパニックに陥れることにしかならない、というのだ。ところで周知のように、一九五〇年代半ばに水俣病が発生したとき、チッソ水俣工場は既におよそ二〇年間にわたって、工場排水を何の処理もせずに廃棄していた。これは、問題が(汚染の)蓄積にあるということを意味している。体内汚染のレベルがまだ最小値に達していないからというだけで、規制の導入や検査の実施を免れてよいということにはならない。中西が出した結論と批判はつまり、何もしないための口実とみなすことができるのだ。それにしても、切迫した危険を想定できず、予防原則に基づいて行動できないのなら、そのような科学的調査が何の役に立つというのだろうか？　くりかえすが、まさに誰よりも深く環境汚染の苦痛と悲しみを感じているとみなされている国において、その汚染の危険に対するほとんど破廉恥というべき感性の欠如をわれわれは目撃しているのである。

このような例はどんどん増えていく可能性がある。そういうわけで、こうした感性の欠如とは何なのかを自問せずにはいられなくなる。これはただ単に特定の個人の冷淡さの表れなのだろうか、それとも、とりわけ効率性や経済的な収益性を目指す文明そのものの一面が表れたものなのだろうか？　この問いは、ほぼそのままリスク論の構造とその根底における含意について考えるようにわれわれを導くことになる。

## 1　「リスク」イデオロギー

実際、いくつかのリスク論の文献を注意深く読んでいくと、リスク論とは概して、望むと望まざるとにかかわらず、工業文明の特性に関する最も明らかな代弁者のひとつだ、ということを認めずにはいられなくなる。ある種のリスク論を読解することで気づくのは、自分が奇妙な時代に、つまり安全・安

1　中西準子『環境リスク論——技術論からみた政策提言』岩波書店、一九九五年、第一章。

心な暮らしを望むためにはまず弁解しなければならず、一定のリスクの存在を本質的かつ不可避なものとして容認しなければならない時代に生きているということなのだ。ウルリッヒ・ベック（Ulrich Beck, 1944-2015）が著書の『危険社会』で明確に述べたように、危険にさらされた状況は現代文明の宿命である、というわけだ。[2] リスクを拒絶したければ、人は社会のなかで生きることを断念しなければならない。しかも、世捨て人のような避難生活を送ることは、必ずしも完全な安全を保証しない。なぜなら、たとえ最も人里離れた農村で世捨て人として暮らしたとしても、おそらく、人はわずかに汚染された空気を呼吸しなければならず、ごく微量のＰＣＢ（ポリ塩化ビフェニール）や環境ホルモンなどを含んだ食品を摂取せざるをえないからである。リスクとは本質的で、普遍的で、避けて通ることのできない与件なのである、と。こうして、リスクの理論家たちは、了解された事実を本質的なものとして強調することしかせず、この強制的な堂々めぐりから逃げ出そうとする人々を非難するのである。彼らはみずからを文明の「成人」とみなし、やや宗教文明の司祭たちのように振舞ってみせる。なぜだろうか？　彼らの理論を信じる者たちを熱愛しているだけでなく、これを信じない者たちを嫌悪しているからだ。

たとえば、ハロルド・ウォーレン・ルイス（Harold Warren Lewis, 1923-2011）の著書『科学技術のリスク』には、リスクのない世界で生きようと望むことを「奇妙な考えかた」と決めつける一節を読むことができる。工業文明を信じない者たちは、安心・安全のなかで、有毒物質のない食品のなかで、放射能のない環境のなかで生きたがっている人々である。[3] こんなものはユートピアの空想でしかなく、少しばかり偽善的ですらある、とルイスはいうのだ。人間の生命は取り替えがきかないと主張する人たちがいるが、現実の人間社会が、本当に個人の生命を取り替えのきかないものとして扱ったことは一度もない、と彼は明言している。[4] たしかに、これはよく考えてみれば本当のことかもしれない。しかし、ルイスが米国原子力規制委員会（NRC）のメンバーだということを思い出しておこう。〔訳注2〕ルイスのもっと明確な意図を検討するためには、性急であいまいな判断を述べる前に、とても注意深くならなければならないのだ。社会が時おり個人の生命を交換可能な手段として扱うにしても、だからといって、原子力発電所がどんな異議にも免疫のある適切なシステムだと判断しなければならない、という話にはならないからである。

リスク論の専門家として、とりわけ原子力発電の推進者として、ルイスはしばらくすると、もはや奥底にある意図を隠そうとすらしなくなる。たとえば、彼はこういっている。放射性廃棄物に対する恐怖は、しばしば素人のあいだにみられる恐怖であって、これはただ単に、彼ら素人が放射性物質に慣れていないということを物語っているにすぎない、と。[5] それにしても、「放射性物質に慣れている」とはどういう意味だろうか？ ルイスが「素人」と呼ぶ人たちが、数値や方程式を使いこなせないのは事実だとしても、人が直観的かつ質的な判断を用いることで評価できる事柄は存在する。そして、そのような判断がささやきつづけるのは、けっしてこの種の事柄に慣れてはいけない、ということなのである。ルイスは次のような主張すらしている。放射性廃棄物の貯蔵施設に由来するリスクの割合を是が非でも減

2　Ulrich Beck, *Risikogesellschaft*, Suhrkamp, 1986, chap.1. ウルリッヒ・ベック『危険社会――新しい近代への道』東廉、伊藤美登里訳、法政大学出版局、一九九八年、第一章。
3　Harold Warren Lewis, *Technological Risk*, New York, W.W. Norton, 1990, chap. 3. ハロルド・ウォーレン・ルイス『科学技術のリスク――原子力・電磁波・化学物質・高速交通』宮永一郎訳、昭和堂、一九九七年、第三章。
4　*Ibid.*, chap.2.
5　*Ibid.*, chap.15.

らそうとするのは、とんでもない無駄遣いである、と。ルイスは筋金入りの功利主義者として、ほんの一握りのがん患者のことなどまったく気にかけない、と事実上認めているのだ。がん患者数は、エネルギー備蓄と社会的な論理の必要性の前では無視してよい、と判断しているからである。これはひとつの人格の冷淡さだろうか？　それとも、ひとつの文明の冷淡さなのだろうか？　ルイスは、ごく微量の放射能はワインのように健康に良いと考える人たちもいる、とも断言している。[6]このように破廉恥な議論を前にすると、むしろ怒りのあまり批判的な良識が枯れてしまいそうになる。

私はもはや原発推進か原発反対かという論争の文脈のなかでルイスの著書を批判しようとは思わない。ある意味で、私の論証は、ただ単に反原発の活動家たちと結びつく恐れがあるからだ。このように述べたからといって、もちろん反原発の活動家たちの重要性を否定したいわけではないが、私のねらいはもっと広範なものである。私が強調しておきたいのは、リスク論は、数値と統計という客観的な外見の下で、みずからのイデオロギー的背景と政治的方針を隠す傾向がある、ということだ。確率と統計は誰にでもアクセス可能な話題ではないので、専門家たちは実にやすやすとこの知的武器を用いて、自分たちに有利な政治観を推進しようとするのだ。もっと悪いのは、こうした防衛的な客観性が、それを唱える者をして、みずからの無意識の目的を忘れさせる、という事実である。リスク論はあまりにしばしば、科学者たちの見せかけの良心を守るために利用されている。もう一度ルイスの一節に戻るなら、次のような一文を読むことができる。「もしも私たちの祖先が、野禽を得るために命の危険を冒そうとしなかったなら、人類の歴史ははるかに悲惨なものとなっただろう」[7]。奇妙なロマン主義である。そこでは、冒険への誘いと、危険を正当化する科学技術至上主義的な計算が混じりあっている。野禽を狩ることはたしかに冒険的だが、ダイオキシンを含む食品を食べたり、ガンマ線を浴びせられたりすることもまた冒険だとでもいうのだろうか？

もちろん、一方的な議論に陥ることは避けなければならないし、ある種の文脈におけるリスク論の価値は認めるべきだろう。工業を保護しようとする衝動が、環境保護主義的な配慮と真っ向から対立するとき、あらゆる対立の過程においてリスク評価（リスク・アセスメント）ならではの貢献を否定するのは、行き過ぎというものだろう。リスク評価は、可能な選択肢のあいだで優先順位を決定するための一つの手段なのだ。ただし、それでも私が強調したいのは、この種の評価法がしばしば歴史的に、環境保護主義的な規制に対立する強力な武器として機能してきた、という事実である。たとえば、シャロン・ビーダー（Sharon Beder, 1956-）の著書『グローバル・スピン』の分析には、そのことがよくみてとれる。[8] リスク評価は多かれ少なかれ保守的な頭脳集団のお気に入りなのだ。リスク評価の客観性なるものは、あまりにしばしば人を欺く見かけだおしのものだった。何しろ、パラメータの選択、計算方法、データ解釈などにおいてあらゆる種類の調整が可能なので、評価の結果がまったく当てにならないからだ。それにもかかわらず、評価の結果という形式は、かなりの分量で提供されるため、人は科学的な研究がきちんとなされたという印象をもちうるわけである。こうした作業の後には、準-客観的で、とりわけ威圧的な、膨大な量のデータ群が蓄積されることになる。これは事実上、効果的で迅速な社会的決定にとって障害となる。つまり、しばしば軽蔑的な口調でいわれた「分析による麻痺」という状態になるのだ。

6 *Ibid.*, chap.15.
7 *Ibid.*, Introduction.
8 Sharon Beder, *Global Spin*, Green Books,1997, chap.6. シャロン・ビーダー『グローバル・スピン――企業の環境戦略』松崎早苗監訳、創芸出版、一九九九年、第六章。

それゆえ、リスク論の洗練された、やや不公平な政治を批判しつづけるだけではなく、産業界や行政組織に近い頭脳集団とある意味で同じ戦略をとり、同じ問題を研究しながらこれに代わる見解を提示していくように努めなければならない。別の言葉でいえば、科学性の独占を拒否することが何にもまして大切なのだ。もう一度、われわれの二重の戦略を復唱しておこう。第一に、リスク論の疑似科学性と政治的不公平性を批判すること。第二に、リスク論のスタイルをとりいれ、これに代わる判断を示すことである。社会的決定のための軸を複数化することは、達成すべき重要な目標なのである。

この点でいえば、現代社会における「政治の普遍化」というベックの表現に留意できるはずだ。[9] われわれがはっきりと拒否しなければならないのは、「科学性の欠如」、「非合理主義」、「科学技術嫌悪」などといった軽蔑的な呼び方を受け入れることである。こうした呼び方は、不公平性を推進する者たちの決まり文句だからである。リスクの理論、リスク概念そのもの、リスクという見方の許容限度などはすべて、メアリー・ダグラス（Mary Douglas, 1921–2007）とアーロン・ウィルダフスキー（Aaron Wildavsky, 1930–1993）の著書『リスクと文化』で見事に述べられていたように、現実にはひとつの社会的構築物なのだ。[10] リスク概念は、問題の社会的な意味内容を脱文脈化し、政治的な問題を脱政治化する。この概念の根底にあるイデオロギー崇拝は、政治的な巧妙さのなせるわざであって、おそらくは科学的な仕事でもあるのだ。

## 2　参加の政治への称賛

さて、われわれはリスク概念の中立性を受け入れることを拒否し、この概念を社会的構成主義と科学的概念の政治化というひとつの主義のなかに位置づけようと試みた。そもそも、この概念を科学と政治の一種の混合物ととらえるわれわれの判断は、けっして自前のものではない。これは実は、リスク論に打ち負かされてきた側のものなのだ。しかしながら、リスク論が数学的な恰好をしており、その結論を最もしばしば利用するのが行政や大企業である以上、私はこれに代わって、対決と警戒という意識をもつことを強調する必要がある、と考えた次第である。

ところで、シーラ・ジャサノフ（Sheila Jasanoff, 1944－）は、著書の『リスク・マネージメントと政治的文化』において、[11]リスク管理が政治的なベクトルと科学的なベクトルの合成であるということを成果として受け止めたうえで、その分析をより具体的に、ホルムアルデヒドの規制のような現実のケースに向けている。ジャサノフは、規制の方式に関する比較研究の成果を盾にとることで、科学の専門家たちの参加の割合が、たとえばドイツよりも低いアメリカ合衆国のケースに注意を払っている。技術者と科学者に多くの社会的な力を与えているドイツと異なり、アメリカ合衆国では、社会的決定を練り上げるためにイニシアチヴをとるのは、むしろ行政である。しかし、このことが原因で、さまざまなちぐはぐな意見がひっきりなしに社会の領域の内側に現れてくる。こうして、その社会の領域が、規制の決定を遅

9　U.Beck., *op.cit.*, chap.8.

10　Mary Douglas & Aaron Wildavsky, *Risk and Culture*, Univ. of California Press, 1982, Introduction, p. 6, chap. 4, p. 73 etc. K. S. Shrader-Frechette, *Risk Analysis and Scientific Method*, D.Reidel Publ., 1985. Chap.6 et chap.7 etc. もみよ。著者はそこで、リスク概念の規範的な性質について語っている。ひたむきに自然主義に没頭するのでなければ、規範や価値について語る人は、もはや科学的事実と客観的データの秩序のなかにはいないのである。

11　Sheila Jasanoff, *Risk Management and Political Culture*, Social Research Perspectives 12, Russell Sage Foundation, 1986.

らせるという効果を生むことになるのである。ある意味で、これはひとつの欠陥である。何しろ、ここで問題になっているのは、有毒かもしれない物質の社会的な統制を促進させるのか、それとも遅らせるのか、ということだからだ。しかし別の点でいえば、これはひとつのメリットにもなりうる。なぜなら、公衆はこうした議論の過程を通して、ホルムアルデヒドは発がん性物質かもしれないということにとても敏感になったし、この種の物質の加工処理に際してより適切な注意を向けられるようにもなったのだから。[12] このような公共圏をめぐる意識の覚醒は、考察に値する興味深いテーマである。

実際、リスク論に対する多くの批判のなかでも、次に掲げる二つの要点は、伝統的にしばしば指摘されている。第一に、リスク論は、環境規制の導入を遅らせる傾向をもつこと。第二に、リスク論は、重要な決定の過程から、多くの公衆を排除する傾向をもつことである。すでに述べたことだが、科学者による専門技術の独占に警戒心を保とうとするにしても、多くの公衆の批判的なセンスをどのレベルまで高めることができるのかは、今後の課題である。科学者たちの有能さを神聖化することが、専門家出身の官僚《テクノクラート》の夢にすぎないとすれば、多くの公衆の明敏さを神聖化することは、民主主義者《デモクラート》の夢にすぎないのかもしれない。しかし、ここでアメリカ合衆国のケースに費やされたジャサノフの分析を思い出すなら、われわれが「参加の政治」と呼ぶものの可能性を垣間見ることができるだろう。

周知のように、英語圏の「科学論」の伝統において、「公衆の科学理解（ＰＵＳ）」という問題意識は、はやりの論題の一つである。まさに公衆と専門家のあいだの、もしくは素人とプロのあいだの、社会的かつ認識論的な関係の仕方を評価することが主題となるのだ。このような問題意識には、公衆の良識をわが物にし、より巧妙にコントロールしようとする、まったくもってテクノクラート的な感性の跡をみいだすことができる。ただし、これはこの問題の否定的な側面であって、ここではより肯定的な仕方で、物事をみておくほうがよいだろう。たとえば、ブライアン・ウィン（Brian Wynne, 1947-）がチェルノブイリの放射能汚染に関する論文で紹介している事例研究を引いてみよう。[13] 一九八六年四月に起きたチェルノブイリ原発の破局的な事故の後、ヨーロッパのいたるところに放射能汚染が広がった。同じことは、イギリスのセラフィールド放射性廃棄物処理施設の周辺地域でも起きた。つまり、セラフィールドの畜産家たちが羊肉の販売を禁じられたのである。畜産家たちは途方に暮れたが、科学者たちは彼らに対してパニックを起こさないように忠告し、セシウムの汚染はかなりすぐに消えるから、行政による差止めもやがて終わるだろう、と予測した。ところが、セラフィールドの土壌は酸性で泥炭質であったにもかかわらず、放射能汚染の改善に関する科学者たちの予測は、アルカリ性で粘土質の土壌から出たデータに基づくものだった。このため、完全に予測がまちがってしまったのである。このような一連の出来事の最中にあっても、科学者たちは自分たちこそたった一つの合理性の源泉であるとみなしつづけたし、畜産家たちの疑問や抗議を無視していた。もしも科学者たちがもっと謙虚になって、現場を訪れ、畜産家たちの知っていることについてきちんと情報を得ていたら、彼らはたぶんまちがった予測の引き延ばしを避けることができたかもしれない。ブライアン・ウィンはそう述べている。

このエピソードから引き出せるのは、どのようなことだろうか？　われわれが学ぶことができるのは、合理的な知識の独占化はいつでも一時しのぎになるということであり、科学的な合理性はより寛容で柔

12　*Ibid.*, chap 6, et chap9, pp. 79-81.
13　Brian Wynne, «Misunderstood misunderstandings: social identities and public uptake of science», in *Misunderstanding science?*, Alan Irwin & Brian Wynne eds, Cambridge Univ.Press, 1996, pp. 19-46. ブライアン・ウィン「誤解された誤解——社会的アイデンティティと公衆の科学理解」立石裕二訳、『思想』一〇四六号、二〇一一年六月、六四—一〇三頁。

軟な社会的合理性によって調整されるべきだ、ということである。社会の領域で、認識にかかる軸を増やす必要があると自覚することは、同時に、リスク概念とそれに基づく理論的構築物を問題視する、ということでもある。日本の原子力発電所の責任者やリスク論の日本人研究者が、退屈で冷淡な感性しかもち合わせていないのは、みずからの洗練された合理性が窮屈で一方的な規則《シンタクス》の表れにすぎないのかもしれないということを、彼らが一度たりとて考えたことがなかったからである。直感的な印象や、日常的な知恵や、質的な判断や、現地の伝統的ないし民族的な知などに一定の敬意を払いつづけるのなら、リスク論とその偽りの評価法における準‐客観性を前にしてある種の不安を抱くということは、ほとんど認識論的な義務となるはずである。

〔訳注1〕金森は「バケツ」と述べているが、これは当時の報道内容に依拠したもので、実際に用いられていたのはステンレス製容器である。この容器は、金森も言及している「マニュアル」に基づく作業工程で、ウラン化合物の粉末を溶解するために使われていた。本来ならば、この溶解の工程は「溶解塔」で実施されなければならないが、ＪＣＯはその工程を無視していたのである。

〔訳注2〕ハロルド・ウォーレン・ルイスは、一九七七年から七九年にかけてＮＲＣが組織したRisk Assessment Review Groupの議長を務めていた。しかし管見によれば、彼がＮＲＣ自体のメンバーだった形跡は認められない。

本論は、二〇〇〇年一一月、フランスのブルゴーニュ大学のシンポジウムで発表された講演録の日本語訳である。初出は、ジョスリーヌ・ペラール、マリヴォンヌ・ペロー監修『人間と環境――恐怖の歴史と破局の地誌』（ブルゴーニュ大学、二〇〇三年八月、一二五―一三二頁）。原文は、聴衆を前にしていることの臨場感が伝わってくる講演調だが、本書では、論文集としての文体的な統一感を出すため、論文調で訳出してある。

本論の論旨は、次のように要約できるだろう。産業技術社会の「科学」は本性的に、化学物質による環境汚染や人体への影響を過小評価しようとする。そのような被害の現実は、行政や大企業の方針にとって都合が悪いからである。リスク論はこうした「科学」の典型である。リスク論は総じて、現代文明の下で生きるなら化学物質による一定のリスクは受忍しなければならない、という前提に立つが、この前提は効率性や収益性を求める資本主義の原理と親和的である。行政や産業界に近い科学者たちはコスト・ベネフィットの原則に基づいて、高度の数学的操作と膨大なデータを駆使しながら、汚染による健康被害を取るに足らぬものと決めつける。このように「客観性」や「合理性」の外見をまとった専門家集団による「科学」の独占を阻止するために、公衆はリスク論のスタイルを学ぶことで対抗していかなければならない。

金森が念頭に置いている汚染被害の事例は、東海村ＪＣＯ臨界事故、チェルノブイリ原発事故、熊本水俣病、新潟水俣病、アマゾン川流域の有機水銀汚染、さらには、ホルムアルデヒド、ダイオキシン、有機塩素化合物による複合汚染など、多岐にわたっている。しかし本論の凄みは、何といっても福島第一原発事故後に登場した「科学」的言説と照らし合わせることで明白になるだろう。いわく、「原発事故のもたらす被害は、交通事故による年間死亡者数に比べれば、大したことはない」、「健康被害をもたらす汚染の最小値（閾値）は、〇〇である」、「汚染に対する不安をもつことは、汚染物質そのものよりも健康に有害である」、「多少の放射線は、むしろ健康に良い」等々。金森は二〇〇〇年の時点で、これらの言説が、コスト・ベネフィット原則に基づくイデオロギーであることを明確に指摘していた。この意味で、本論は現在進行中の言説空間を射抜く予言的なテクストだといってよい。

本論の先見性は、科学哲学者、科学思想史家としての金森の学問経歴と無縁ではない。たとえば、『科学的思考の考古学』（単著、人文書院、二〇〇四年）、『〈生政治〉の哲学』（単著、ミネルヴァ書房、二〇一〇年）、『合理性の考古学――フランスの科学思想史』（編著、東京大学出版会、二〇一二年）といった業績は、本論の内容と深い所で響き合っている。これらの業績を支えているのは、近代ヨーロッパの「合理主義」に基づく「科学的思考」が、歴史的・政治的・社会的に形成された権力性やイデオロギー性と不可分の構築物である、という問題意識にほかならない。そして、このような問題意識は、金森自身が各所で述べているように、ジョルジュ・カンギレムやミシェル・フーコーの仕事を継承しようとする意志にもとづいているのである。

近代の産業科学技術の発展は、凄惨な公害事件の歴史と切り離すことができない。本論は、「科学的思考」の権力性を一貫して批判的に描き出してきた金森ならではの切り口で、この歴史的な法則に切りこんでいる。もともと講演録であったため、やや性急な議論も散見されるものの、そのことで本論の価値が下がることはない。本論は紛れもなく、金森の学問経歴から生み落とされた重要なテクストである。

内容理解に必須な事項についてのみ、注釈を付けておこう。

東海村JCO臨界事故は、一九九九年九月、茨城県東海村にあるJCOウラン加工工場で起きた原子力事故である。少なくとも二人の作業員が大量被曝によって死亡し、多数の周辺住民が被曝を余儀なくされた。当時は日本の原子力開発史上、未曾有の大事故と呼ばれた。事故の原因として、事業者であるJCO（住友金属鉱山株式会社の子会社）が、安全性の確保よりも経営の効率化を優先していた、という指摘がある（七沢潔『東海村臨界事故への道――払われなかった安全コスト』岩波書店、二〇〇五年）。二〇一一年の福島第一原発事故に関しても、東京電力の元幹部三人（勝俣恒久、武藤栄、武黒一郎）が、巨大津波の可能性を予見していたにもかかわらず、コストを優先して対策を怠ったことが原因である、と判明している（海渡雄一『市民が明らかにした福島原発事故の真実――東電と国は何を隠ぺいしたか』彩流社、二〇一六年）。金森がJCO事故について指摘したように、原子力産業を構造的に蝕む安全性軽視の論理が看て取れる。

水俣病は、日本の熊本県水俣市、新潟県阿賀野川下流域を皮切りに、世界各地で発生した有機水銀による健康被害の総称である。たとえば、熊本水俣病は、新日本窒素肥料株式会社（通称、チッソ）が、一九三二年から一九六八年までの三六年間にわたって海に排出した有機水銀が原因で発生した公害病である。チッソ水俣工場から排出された有機水銀の総量は七〇トンから一五〇トンともいわれており、死亡、麻痺、痙攣などの急性劇症から、知覚障害、視野狭窄、手足の感覚障害までさまざまな健康被害をもたらした。母親の胎盤を通して被害を受けた胎児性患者も数多く存在する。その汚染被害は「水俣湾から天草や鹿児島県の長島、獅子島など対岸の島々まで不知火海全体に広がって」いる（水俣学ブックレット12『水俣を歩き、ミナマタに学ぶ』熊本日日新聞社、二〇一四年）。政府から認定を受けた患者数二二七五人、認定申請を棄却された患者数二万人、「水俣病被害者特別措置法」（二〇〇九年）に基づく医療事業の申請者は六万人以上にのぼり、これまで自分が水俣病であると声をあげた人だけで九万人、現在も潜在的な患者総数は二〇万人と推定されている（政野淳子『四大公害病』中公新書、二〇一三年）。金森が本論で中心的に言及しているのは、アマゾン川流域の汚染被害であるが、世界的にはこの他にも、カナダの先住民居留地、中国の吉林省など、各地で水俣病の発症が報告されている（原田正純『水俣病と世界の水銀汚染』実教出版、一九九五年）。これらに共通する原因もまた、コスト計算に基づいて住民の安全を軽視する差別的な企業体質であろう。

セラフィールドは、イギリス最初の核燃料再処理を目的とする巨大コンビナートである。一九五〇年代初期には既に、イギリス本国や諸外国からの数千トンの使用済み核燃料を貯蔵・加工していた。金森が参照しているブライアン・ウィンの論文を読むと、チェルノブイリ原発事故後、セラフィールド周辺で起きた被害が詳述されている（ウィンは当時、ランカスター大学教授で、専門は科学社会学であった）。ウィンによれば、一九八六年四月のチェルノブイリ事故により、セラフィールド周辺の高地は、高濃度のセシウムに汚染された。事故直後、イギリスの政治指導者や科学者たちは、当該地域の汚染は「全く問題ない」と公言していたが、同年六月二〇日には、同地域の畜産家たちに対し、羊肉の出荷を禁止する命令が出された。この措置が下った当初は、「三週間程度で解除できるだろう」というのが科学者たちの公式見解であったが、現実にはそうならなかった。最初期に羊肉出荷を禁止された畜産家は四〇〇〇戸にのぼり、この措置は三ヵ月をかけて徐々に解除されたものの、最も高濃度の汚染をこうむった一五〇〇戸は、長期にわたって出荷制限を課されつづけた。

このあいだに起きた経緯の詳細は、福島原発事故後の経緯を彷彿とさせる。イギリス農務省は当時、出荷制限の対象となった畜産家たちに対し、羊の殺処分をめぐって一定の賠償額を提示した。他方、科学者たちは畜産家たちに対し、「汚染はすぐにおさまる」という理由で、羊を殺処分する必要はない、と助言した。この助言に従った畜産家たちが直面したのは、羊肉のセシウム汚染が高止まりしたまま、政府からの賠償をカットされる、という最悪の事態であった。金森も注目しているように、イギリスの科学者たちが致命的な過ちを犯した原因は、セラフィールド周辺地域の土壌の特性を踏まえることなく、異なる土壌モデルに基づいてセシウムの挙動を推定したことであった。その背景には、長年、畜産を営んできた生産者の経験知を軽んじた専門家たちの思い上がりも控えていた、といえるだろう。

# 東洋／西洋を越境する
## ――金森修科学論翻訳集

2019年10月10日　初版第1刷発行

著　者　金森修
編　者　小松美彦・坂野徹・隠岐さや香
訳　者　隠岐さや香・香川知晶・近藤和敬・田口卓臣
田中祐理子・東慎一郎・山口裕之
発行者　黒木重昭
発行所　株式会社読書人
〒101-0051　東京都千代田区神田神保町1-3-5
Tel. 03-5244-5975　Fax. 03-5244-5976
https://dokushojin.com/
email:info@dokushojin.co.jp
編　集　明石健五
組版協力　岩﨑工房（岩﨑清）
装　丁　大森賀津也
印　刷　モリモト印刷株式会社
製　本　加藤製本株式会社

ISBN978-4-924671-41-6　C0010

**近藤和敬**（こんどう　かずのり）

一九七九年、福井県出身。大阪大学人間科学研究科博士課程修了。博士（人間科学）。現在、鹿児島大学法文教育学域法文学系准教授。専攻は、現代哲学・フランス哲学史・科学認識論。主な著書に『構造と生成I　カヴァイエス研究』（月曜社）、『〈生成の哲学〉へ——ドゥルーズ、カヴァイエス、スピノザ』（青土社）など。

**山口裕之**（やまぐち　ひろゆき）

一九七〇年、奈良県生まれ。東京大学大学院人文社会系研究科博士課程修了。博士（文学）。現在、徳島大学総合科学部教授。専攻は、フランス近代哲学。主な著書に『語源から哲学がわかる事典』（日本実業出版社）、『「大学改革」という病』（明石書店）など。

**東慎一郎**（ひがし　しんいちろう）

一九七一年、千葉県生まれ。トゥール大学大学院（フランス）、および東京大学大学院総合文化研究科修了。Ph.D.（哲学）。現在、東海大学現代教養センター准教授。専攻は、科学史。主な論文に Shin Higashi, *Penser les mathématiques au XVIe siècle* (Paris: Classiques Garnier, 2018)（フランス学士院・アカデミー・フランセーズより二〇一九年、マルセル閣下賞受賞）など。

**田中祐理子**（たなか　ゆりこ）

一九七三年、埼玉県生まれ。東京大学大学院総合文化研究科博士課程単位取得退学。博士（学術）。現在、京都大学白眉センター特定准教授。専攻は、哲学・科学史。主な著書に『科学と表象』（名古屋大学出版会）、『病む、生きる、身体の歴史』（青土社）など。

**香川知晶**（かがわ　ちあき）

一九五一年、北海道生まれ。筑波大学大学院哲学・思想研究科単位取得退学。現在、山梨大学名誉教授。専攻は、哲学・倫理学。主な著書に『生命倫理の成立』『死ぬ権利』（いずれも勁草書房）など。

**田口卓臣**（たぐち　たくみ）

一九七三年、神奈川県生まれ。東京大学大学院人文社会系研究科博士課程修了。博士（文学）。現在、中央大学文学部教授。専攻は、哲学・文学。主な著書に『ディドロ——限界の思考』（風間書房）、『怪物的思考』（講談社）、『脱原発の哲学』（共著、人文書院）など。

# 著者・編者・訳者略歴

**金森修**（かなもり　おさむ）著者

一九五四年北海道生まれ。東京大学大学院人文科学研究科博士課程満期退学。Ph.D（哲学）。元・東京大学大学院教育学研究科教授。専攻は、フランス哲学、科学思想史、生命倫理学。九五年『フランス科学認識論の系譜』により渋沢・クローデル賞、二〇〇〇年『サイエンス・ウォーズ』によりサントリー学芸賞、従来の業績に対して山崎賞、一一年『〈生政治〉の哲学』により日本医学哲学・倫理学会賞。

**小松美彦**（こまつ　よしひこ）編者

一九五五年、東京都生まれ。東京大学大学院理学系研究科博士課程単位取得退学。博士（学術）。現在、東京大学大学院人文社会系研究科教授。専攻は、科学史・科学論、生命倫理学。主な著書に『死は共鳴する――脳死・臓器移植の深みへ』（勁草書房）、『生権力の歴史――脳死・尊厳死・人間の尊厳をめぐって』（青土社）など。

**坂野徹**（さかの　とおる）編者

一九六一年、東京都生まれ。東京大学大学院理学系研究科博士課程単位取得退学。博士（学術）。現在、日本大学経済学部教授。専攻は、科学史・フィールドワーク史。主な著書に『〈島〉の科学者』『帝国日本と人類学者』（いずれも勁草書房）、『フィールドワークの戦後史』（吉川弘文館）など。

**隠岐さや香**（おき　さやか）編者

一九七五年、東京都生まれ。東京大学大学院総合文化研究科博士課程単位取得退学。博士（学術）。現在、名古屋大学大学院経済学研究科教授。専攻は、科学技術史・社会思想史。主な著書に『文系と理系はなぜ分かれたのか』（星海社新書）、『科学アカデミーと「有用な科学」』（名古屋大学出版会）など。

# 初出一覧

第一章　宮沢賢治――ある詩人の物質的読解

"Une lecture matérielle d'un poète japonais : Kenji Miyazawa,"
*Revue de synthèse*, tome 134, 6e série, no.3, septembre 2013, pp. 373-389.

第二章　ガストン・バシュラールにおける実験装置の科学認識論

"Une épistémologie de l'instrument chez G. Bachelard,"
*Annals of the Japan Association for Philosophy of Science*, vol.8. no.5, march 1995, pp. 267-278.

第三章　一瞬の形態を固定する――ベルクソン論

"Fixation de l'instantanéité de la forme,"
Shin Abiko, Hisashi Fujita & Naoki Sugiyama eds., *Disséminations de l'évolution créatrice de Bergson*, Hildesheim, Olms, coll. "Europaea memoria," mars 2012, pp. 137-150.

第四章　ある「改革派」農民の肖像――二宮尊徳をめぐって

"Portrait d'un paysan 'réformateur' dans la société féodale du Japon: Le cas de Ninomiya Sontoku"
*Ebisu*, no.14, 1996, pp. 45-75.

第五章　日本の「社会ダーウィニズム」の思想家――加藤弘之論

Article "Kato,"
*Dictionnaire du darwinisme et de l'évolution*, F-N, Paris, PUF, janv. 1996, pp. 2434-2442.

第六章　丘浅次郎―― 一九六八― 一九四四年

Article "Oka,"
*Dictionnaire du darwinisme et de l'évolution*, O-Z, Paris, PUF, janv. 1996, pp. 3268-3276.

第七章　下村寅太郎とその機械観

"Shimomura Toratarō et sa vision de la machine,"
*Ebisu*, no.40-41, automne 2008 - été 2009, Numéro spécial, pp. 115-125.

第八章　リスクと不安

"Risques et malaises,"
Jocelyne Pérard et Maryvonne Perrot, dir, *L'homme et l'énvironne-ment,* Actes du colloque organisé à Dijon du 16 au 18 novembre 2000, Dijon, Université de Bourgogne, août 2003, pp. 125-132.

# 金森修 略年譜

1954年（昭和29年）8月4日　金森宗三、金森泰子の長男として、札幌に生まれる。

1961年（昭和36年）4月　札幌市立幌西《こうさい》小学校入学。

1967年（昭和42年）3月　同校卒業。

1967年（昭和42年）4月　札幌市立啓明中学校入学。

1970年（昭和45年）3月　同校卒業。

1970年（昭和45年）4月　北海道立札幌南高校入学。授業無期限拒否闘争（札南闘争）を経験。

1973年（昭和48年）3月　同校卒業。

1973年（昭和48年）4月　東京大学教養学部文科Ⅲ類入学。

1975年（昭和50年）4月　同学教養学部教養学科フランス科進学。

1976年（昭和51年）1月　パリに1年間留学。

1978年（昭和53年）3月　東京大学教養学部教養学科フランス科卒業。卒業論文は「パウル・クレー　欲情する結晶、彼の理論的基底とその曖昧性」（Paul Klee, Cristal désirant - De ses fondements théoriques et de leurs ambiguïtés）。

1978年（昭和53年）4月　東京大学大学院人文科学研究科比較文学比較文化専攻修士課程進学。

1980年（昭和55年）3月　同課程修了。文学修士。修士論文は「画像解釈試論」（主論文「サルバドール・ダリ或いは自己愛の自己解釈」、副論文「曾我蕭白『群仙図屏風』或いは桃の征服」）。指導教員は芳賀徹教授。

1980年（昭和55年）4月　同専攻博士課程進学。

1981年（昭和56年）10月　パリ第一大学留学。

1984年（昭和59年）　この年から1986年にかけて、明治学院大学、法政大学、東京女子大学短期大学部で非常勤講師。

1985年（昭和60年）1月　哲学博士（パリ第一大学、第三サイクル）。博士論文は「ガストン・バシュラールの認識論についての研究」（Étude sur l'épistémologie de Gaston Bachelard）。指導教授はジャン＝トゥサン・ドゥザンティ（Jean-Toussaint Desanti）。

1986年（昭和61年）3月　東京大学大学院人文科学研究科比較文学比較文化専攻博士課程満期退学。

1987年（昭和62年）4月　筑波大学現代語・現代文化学系専任講師に着任。

1990年（平成2年）10月10日　古川晶子と結婚。

1991年（平成3年）10月　助教授に昇任。

1994年（平成6年）6月　初の単著『フランス科学認識論の系譜』刊行。

1995年(平成7年)『フランス科学認識論の系譜』により第12回渋沢・クローデル賞本賞。

1997年（平成9年）4月　東京水産大学（現・東京海洋大学）水産学部助教授に転任。

2000年（平成12年）4月　教授に昇任。

『サイエンス・ウォーズ』により第22回サントリー学芸賞（思想・歴史部門)。それまでの業績に対して第26回哲学奨励山崎賞。

2001年（平成13年）4月　東京大学大学院教育学研究科助教授に転任。

2002年（平成14年）5月　教授に昇任。

2009年（平成21年）5月から7月　臓器移植法の改定に反対し、小松美彦、田中智彦、市野川容孝らと、主として人文・社会科学系の大学教員からなる生命倫理会議を設立（総数71名)。3回の声明文と1回の国会議員への要望書を発表し、それらをもとに3回の記者会見。

2011年（平成23年）3月　東京大学大学院情報学環教授兼任。

2011年（平成23年）3月11日に発生した東日本大震災による東京電力福島第一原子力発電所の事故に対して、批判的言論を展開。この年、『〈生政治〉の哲学』により第8回日本医学哲学・倫理学会賞。

2014年（平成26年）7月　大腸癌の罹患が判明。

2015年（平成27年）11月　『科学思想史の哲学』刊行。生前最後の単著。

2015年（平成27年）12月　第15回河合臨床哲学シンポジウムにて、「〈遠隔的な知識〉としての死」と題する発表。公の場で行われた最後の講演。

2016年（平成28年）5月26日　大腸癌のため死去。享年61。

2018年（平成30年）5月26日　書き下ろしの遺作『人形論』刊行。

2019年（令和元年）10月10日　『東洋／西洋を越境する』刊行。


（作成者＝奥村大介）

# 金森修 研究業績一覧

## 単著

1)『フランス科学認識論の系譜——カンギレム、ダゴニェ、フーコー』勁草書房、1994 年（第 12 回渋沢・クローデル賞受賞）
2)『バシュラール——科学と詩』講談社、1996 年（翻訳：『巴什拉』武青艶・包国光訳、河北教育出版社、2002 年）
3)『サイエンス・ウォーズ』東京大学出版会、2000 年、新装版、2014 年（第 26 回山崎賞・第 22 回サントリー学芸賞受賞）
4)『負の生命論』勁草書房、2003 年
5)『ベルクソン』NHK 出版、2003 年
6)『自然主義の臨界』勁草書房、2004 年
7)『科学的思考の考古学』人文書院、2004 年
8)『遺伝子改造』勁草書房、2005 年
9)『病魔という悪の物語——チフスのメアリー』ちくまプリマー新書、2006 年
10)『〈生政治〉の哲学』ミネルヴァ書房、2010 年（第 8 回日本医学哲学・倫理学会学会賞）
11)『ゴーレムの生命論』平凡社新書、2010 年
12)『動物に魂はあるのか』中公新書、2012 年
13)『科学の危機』集英社新書、2015 年
14)『知識の政治学』せりか書房、2015 年
15)『科学思想史の哲学』岩波書店、2015 年
16)『人形論』平凡社、2018 年
17)『東洋／西洋を越境する』読書人、2019 年

## 共著

1)『現代科学論』金森修・井山弘幸著、新曜社、2000 年
2)『遺伝子改造社会　あなたはどうする』金森修・池田清彦著、洋泉社新書、2001 年

## 編著

1)『エピステモロジーの現在』慶應義塾大学出版会、2008 年
2)『科学思想史』勁草書房、2010 年
3)『昭和前期の科学思想史』勁草書房、2011 年 ( 翻訳 :*Essays on the History of Scientific Thought in Modern Japan,* Translated by Christopher Carr and M.G. Sheftall, Japan Publishing Industry Foundation for Culture, 2016)
4)『合理性の考古学』東京大学出版会、2012 年
5)『エピステモロジー――20 世紀のフランス科学思想史』慶應義塾大学出版会、2013 年
6)『昭和後期の科学思想史』勁草書房、2016 年
7)『明治・大正期の科学思想史』勁草書房、2017 年

## 共編著

1)『科学論の現在』金森修・中島秀人、勁草書房、2002 年
2)『VOL05 特集：エピステモロジー』金森修・近藤和敬・森元斎、以文社、2011 年
3)『生命倫理のフロンティア』粟屋剛・金森修、丸善出版、2013 年
4)『科学技術をめぐる抗争』リーディングス戦後日本の思想水脈第 3 巻、金森修・塚原東吾、岩波書店、2016 年

## 分担執筆

1)「自己言及からの逃亡――ゾラの『パスカル博士』」『フランス文化のこころ――その言語と文学』駿河台出版社、1993 年
2)「征服と消滅――ゾラにおける宗教性 の戯画」山形和美編『聖なるものと想像力』下巻、彩流社、1994 年
3) Article “Kato”（加藤弘之論）*Dictionnaire du Darwinisme et de l'Évolution*, F-N, Paris, PUF, janv. 1996
4) Article“Oka”（丘浅次郎論）*Dictionnaire du Darwinisme et de l'Évolution*, O-Z, Paris, PUF, janv. 1996
5)「生物学から生命論へ」『講座生命 '97』第 2 巻、哲学書房、1997 年
6)「バフチンとフロイト」『バフチンを読む』日本放送出版協会、

1997 年

7) "A Discursive Sphère of Self-référential Zone of Cultural Anthropology. Essay on P. Rabinow," *ISLA1*, *Philosophical Design for a Socio-Cultural Transformation*, Nov. 1998, E.H.E.S.C., Rowman & Littlefield

8) "Réception de Bachelard au Japon," *Bachelard dans le Monde*, Sous la direction de Jean Gayon & Jean-Jacques Wunenburger, Paris, PUF, 2000

9)「国家と産業と科学の結合——現代科学へ」樺山紘一・坂部恵・古井由吉・山田慶児・養老孟司・米沢富美子編『20 世紀の定義 5 新コペルニクス的転回』岩波書店、2001 年

10) "Bio-pouvoir et Ingénierie Sociale au Japon," *Michel Foucault et la Médecine*, Sous la direction de Philippe Artieres et Emmanuel da Silva, Paris, Éditions Kime, juillet, 2001

11)「遺伝学的人間観とその教育学的射程」藤田英典・黒崎勲・片桐芳雄・佐藤学編『教育学年報 8 子ども問題』世織書房、2001 年

12)「科学知識の社会学」金森修・中島秀人共編『科学論の現在』勁草書房、2002 年

13)「科学のカルチュラル・スタディーズ」金森修・中島秀人共編『科学論の現在』勁草書房、2002 年

14)「科学と超域的世界——『科学の自律性』の融解」坂本百大・野本和幸編著『科学哲学——現代哲学の転回』北樹出版、2002 年

15)「概念史から見た生命科学」廣野喜幸・市野川容孝・林真理編『生命科学の近現代史』勁草書房、2002 年

16)「場の自律性と社会力学」宮島喬・石井洋二郎編『文化の権力』、藤原書店、2003 年

17) "Risques et malaises," Jocelyne Perard et Maryvonne Perrot, sous la direction de, *L'Homme et l'Environnement*, Actes du colloque organise à Dijon du 16 au 18 novembre 2000, Université de Bourgogne, 2003

18)「PVS 患者の生と死」桑子敏雄編『いのちの倫理学』コロナ社、2004 年

19)「場所のこころ」『環境心理学の新しいかたち』第 2 章、誠信書房、2006 年

20)「装甲するビオス」『身体をめぐるレッスン』第 3 巻、岩波書店、2007 年

21)「エピステモロジー」『哲学の歴史』第 11 巻、中央公論新社、

2007 年
22)「人とヒト——パーソン論の視座を通して」野家啓一編『ヒトと人のあいだ』ヒトの科学第 6 巻、岩波書店、2007 年
23)「〈認識の非自然性〉を頌えて」岩波講座哲学第 4 巻『知識 / 情報の哲学』岩波書店、2008 年
24)「序論：現代フランスの主知主義的伝統」金森修編『エピステモロジーの現在』慶應義塾大学出版会、2008 年
25)「〈科学思想史〉の哲学」金森修編『科学思想史』勁草書房、2010 年
26)「エピステモロジーに政治性はあるのか？」＋「福島第一原発の事故に寄せて」金森修・近藤和敬・森元斎編『VOL05 特集：エピステモロジー』以文社、2011 年
27)「G・バシュラール『科学的精神の形成』：あまりに鮮やかな間違いの群れ」「科学」編集部編『科学者の本棚』岩波書店、2011 年
28)「〈科学思想史〉の来歴と肖像」金森修編『昭和前期の科学思想史』勁草書房、2011 年
29)「第二部 4：1985-2007 年 ポスト近代の到来」『思想』編集部編『『思想』の軌跡——1921-2011』岩波書店、2012 年
30) "Fixation de l'instantanéité de la forme," Shin Abiko, Hisashi Fujita & Naoki Sugiyama eds., *Disséminations de L'évolution créatrice de Bergson*, Olms, coll. "Europaea memoria," 2012
31)「〈放射能国家〉の生政治」檜垣立哉編『生命と倫理の原理論』大阪大学出版会、2012 年
32)「システムの信用失墜と機能不全」藤原書店編集部編『3・11 と私』、2012 年
33)「〈動物霊魂論〉の境位——或る言説空間の衰退と消滅」金森修編『合理性の考古学』、東京大学出版会、2012 年
34)「愛するゴーレム」大場昌子・佐川和茂・坂野明子・伊達雅彦編『ゴーレムの表象』南雲堂、2013 年
35)「序論〈客観性の政治学〉」、「解題」金森修編『エピステモロジー——二〇世紀のフランス科学思想史』慶應義塾大学出版会、2013 年
36)「虚構に照射される生命倫理」粟屋剛・金森修編『生命倫理のフロンティア』丸善出版、2013 年

37)「失われた輝きを求めて　安部公房『他人の顔』」、「しびれるような読後感にため息　ヘンリー・ミラー『南回帰線』」東京大学新聞社編『東大教師　青春の一冊』信山社新書、2013 年
38)「『人間の尊厳』は解体すべき概念か――動物・理性・霊魂」小松美彦『生を肯定する』青土社、2013 年
39)「生命とリスク」たばこ総合研究センター『談 100 号記念論集』水曜社、2014 年
40) “The biopolitics of contemporary Japanese society,” 法政大学国際日本学研究所編『受容と抵抗』国際日本学研究叢書 22、2015 年
41)「フレネの教育思想」橋本美保・田中智志編『大正新教育の思想』東信堂、2015 年
42)「カリキュラム・ポリティクスと社会」東京大学カリキュラム・イノベーション研究会編『カリキュラム・イノベーション』東京大学出版会、2015 年
43)「限界体験の傷口――〈原爆文学〉と原発事故」内田隆三編『現代社会と人間への問い』せりか書房、2015 年
44)「〈遠隔的知識〉としての死」、木村敏・野家啓一監修『生命と死のあいだ――臨床哲学の諸相』河合文化教育研究所、河合出版、2017 年

## 論文

1)「火の化学」『言語文化論集』第 24 号、1988 年
2)「カメレオンの情操」『比較文学研究』第 53 号、1988 年
3)「バシュラールと化学」⑴〜⑹：⑴『言語文化論集』第 26 号、1988 年、⑵『言語文化論集』第 27 号、1988 年、⑶『言語文化論集』第 28 号、1989 年、⑷『言語文化論集』第 29 号、1989 年、⑸『言語文化論集』第 30 号、1989 年、⑹『言語文化論集』第 31 号、1990 年
4)「分析への認識論的障害」『化学史研究』通巻 44 号、1988 年
5)「物質的想像力論とその自己喪失」『言語文化の理論的・実践的研究』、1990 年
6)「化学認識の言語束縛性」『化学史研究』通巻 57 号、1992 年
7)「M・フーコー――近代と〈危険人物〉」『情況』1992 年 3 月号
8)「冗長な自然と冗長な宇宙――ロジェ・カイヨワ論」『言語文化論集』第 35 号、1992 年

9)「カンギレムにおける生命と機械」『現代思想』第 20 巻第 8 号、1992 年
10)「M・フーコーのトポグラフィー」『言語文化論集』第 36 号、1992 年
11)「固定と俯瞰――F・ダゴニェにおける〈風景〉」『現代思想』第 20 巻 第 9 号、1992 年
12)「G・カンギレムにおける生命論的技術論」『科学基礎論研究』第 21 巻第 1 号、1992 年
13)「粘稠なる浮動性――薬の認識論」『イマーゴ』1993 年 1 月号
14)「生命と美的創造理論との交錯――カンギレムとアラン」『言語文化論集』第 37 号、1993 年
15)「主体性の環境理論とその倫理的射程」『応用倫理学研究』加藤尚武・飯田亘之編集、千葉大学教養部倫理学研究室編、1993 年
16)「コントにおける生物学」『自然哲学研究』第 7 号、1993 年
17)「記憶と遺伝――概念の奇形学のために」『現代思想』1993 年 10 月号
18)「コントと生物学者たち」『科学史研究』第 2 期、第 33 巻、1994 年
19)「消化器系の唯物論――パリ学派をめぐる思想的挿話」『言語文化論集』第 38 号、1994 年
20)「擬人主義の認識論」『生物学史研究』第 58 号、1994 年
21)「真理生産の法廷、戦場――そして劇場」『情況』1994 年 6 月号
22)「刺激感応性の概念史素描」『現代思想』第 22 巻 第 9 号、1994 年
23)「ベルクソンと進化論」『現代思想』第 22 巻第 11 号、1994 年
24) "Une Philosophie de l'Approximation,"『自然哲学研究』第 8 号、1994 年
25) "Une Épistémologie de l'Instrument chez G. Bachelard," *Annals of the Japan Association for Philosophy of Science*, vol.8, no.5, 1995
26) "Portrait d'un Penseur Bouddhique a l'Age des Lumières de Meiji—Le Cas Inoue Enryo—,"『言語文化論集』第 40 号、1995 年
27)「物質との対話の想起のために」『バフチンを考える』、筑波大学現代語・現代文化学系学内プロジェクト報告書、1995 年
28) "La Normalisation du Savoir Normatif—Au tour de Hayashi Razan—,"

*EBISU*, no.9, 1995
29)「内も外もない世界へ」『情況』1995 年 6 月号
30)「科学主義者の生物学」『現代思想』第 23 巻第 13 号、1995 年
31) "La matrice négative de l'orthodoxie néo-confucianiste japonaise— Le cas Hayashi Razan,"『言語文化論集』41 号、1995 年
32)「化学物質の産婆術」『ユリイカ』1995 年 12 月号
33)「ホモ・ホリビリス」『現代思想』第 24 巻第 2 号、1996 年
34)「科学の人類学――ブルーノ・ラトゥール試論」『現代思想』第 24 巻 第 6 号、1996 年
35) "Portrait d'un Paysan 'Réformateur' dans la Société Féodale au Japon—Le Cas Ninomiya Sontoku—," *Ebisu*, no.14, 1996
36)「私鏡という破片」『情況』1997 年 3 月号
37)「われら、快楽を知らぬ者たちのために」『現代思想』第 25 巻第 3 号、1997 年
38)「橋田邦彦の生動と隘路」『年報科学・技術・社会』第 6 巻、1997 年
39) "The Politics of Pharmacological Human Designing," *iichiko intercultural*, no.9, 1997
40)「状況と場所」『情況』1997 年 11 月号
41)「サイエンス・ウォーズ」『現代思想』第 26 巻第 9 号、1998 年、『現代思想』第 26 巻第 10 号、1998 年
42)「技術的環境構成の果てに」『季刊 iichiko』第 48 号、1998 年
43)「遺伝子研究の知識政治学的分析に向けて」『現代思想』第 26 巻第 11 号、1998 年
44)「普遍性のバックラッシュ」『現代思想』第 26 巻第 13 号、1998 年
45)「環境の文化政治学に向けて」『科学』第 69 巻 第 3 号、1999 年
46)「エコ・ウォーズ」『現代思想』第 27 巻第 9 号、1999 年
47)「健康という名の規範」『科学哲学』第 32 巻第 2 号、1999 年
48)「『科学的』とは何か」『科学基礎論研究』第 27 巻第 1 号、1999 年
49)「生殖のバイオポリティクス」『思想』第 908 号、2000 年
50)「遺伝子改良の論理と倫理」『現代思想』第 28 巻第 10 号、2000 年

51)「設計的生命観の射程」『環境情報科学』第 30 巻第 1 号、2001 年
52)「タスキーギ梅毒研究の射程」『科学医学資料研究』第 29 巻第 4 号、2001 年
53)「遺伝子改造社会のメタ倫理学」『現代思想』第 29 巻第 10 号、2001 年
54)「リスク論の文化政治学」『情況』2002 年 1・2 月号
55)「漏れた心、溜まる場所」『感性哲学』第 2 号、2002 年
56)「汚れた知――タスキーギ研究の科学と文化」『負の生命論』勁草書房、2003 年
57) "Science Wars and Japanese Postmodernism," *Korean Journal for the Philosophy of Science*, vol.6, no.1, 2003
58)「リベラル新優生学と設計的生命観」『現代思想』第 31 巻第 9 号、2003 年
59) "Philosophy of Genetic Life Designing," *Jahrbuch für Bildungs-und Erziehungsphilosophie*, 5, 2003
60)「摂食障害という文化」『思想』第 958 号、2004 年
61) "Cultural Morphology of Eating Disorders,"『医史学』、大韓医史学会誌、*Korean Journal of Medical History*, vol.13, no.1, 2004
62)「医学的一元論者の肖像」『科学的思考の考古学』第 2 部第 1 章、人文書院、2004 年
63)「生気論の運命」『科学的思考の考古学』第 2 部第 4 章、人文書院、2004 年
64)「仮想世界の遺伝学」『科学的思考の考古学』第 2 部第 5 章、人文書院、2004 年
65) "Cultural Attendance on Homo Geneticus," *Journal of International Biotechnology Law*, vol.2, no.1, 2005
66)「設計の自己反射・離陸する身体」『現代思想』第 33 巻 第 8 号、2005 年
67) "The Problem of Vitalism Revisited," *Angelaki*, vol.10, no.2, 2005
68)「生命倫理学――ヤヌスの肖像」『思想』第 977 号、2005 年
69) "Lingering Dawn of Homo Transgeneticus," *Journal of ELSI Studies*, vol.3, no.2, 2005
70)「科学思想史へのオマージュ」『季刊 iichiko』第 89 号、2006 年
71)「血液循環の認識論」『フランス哲学・思想研究』第 11 号、2006

年
72)「遺伝子改造の倫理と教育思想」『近代教育フォーラム』第 15 号、2006 年
73) "Bios and his Self-armor," *Journal of Philosophy and Ethics in Health Care and Medicine*, no.2, 2007
74)「『創造的進化』と〈生命の形而上学〉」『哲学と現代』第 23 号、2007 年
75)「ビオスの本源的装甲」『生命倫理』第 17 巻第 1 号、2007 年
76) "Shimomura Torataro et sa vision de la machine," *Ebisu*, no.40-41, Automne 2008-Été 2009, Numéro spécial
77) "L'Évolution créatrice et le néo-lamarckisme," Arnaud François ed., *L'Évolution créatrice de Bergson*, Paris:Vrin, Septembre 2010
78)「病と死の傍の賢治」『死生学研究』、「東アジアの死生学へ」東京大学大学院人文社会系研究科、2010 年(翻訳:「病與死旁的賢治」『東亞生死學』2010)
79)「〈人文知〉の不可還元性のために」『研究室紀要』(東京大学大学院教育学研究科・基礎教育学研究室)、第 37 号、2011 年
80) "After the Catastrophe—Rethinking the Possibility of Breaking with Nuclear Power," *Peace from Disasters*, Proceedings of HiPec International Peacebuilding Conference 2011, September 18-19, 2011, Hiroshima International Conference Hall.
81)「科学技術と環境倫理」『環境情報科学』第 40 巻第 3 号、2011 年
82)「公共性の黄昏」『現代思想』第 39 巻第 18 号、2011 年
83)「自律的市民の〈叛乱〉のために」『Kototoi』第 2 号、2012 年
84)「合成生物の〈生政治学〉」『思想』岩波書店、第 1066 号、2013 年
85)「医療倫理の〈事務化〉に抗して」日本蘇生学会編『蘇生』第 32 巻第 1 号、2013 年
86)「認識論とその外部――汚染と交歓」日本哲学会編『哲学』第 64 号、2013 年
87)「3.11 の科学思想史的含意」サントリー文化財団・アステイオン編集委員会編『アステイオン』第 78 号、2013 年
88)「専門知と教養知の境域」『近代教育フォーラム』第 22 号、2013 年

89)「〈変質した科学〉の時代の宗教」『宗教研究』第 87 巻 第 2 輯、2013 年
90) "Une lecture matérielle d'un poète japonais: Kenji Miyazawa," *Revue de Synthèse*, Tome 134, 6e série, no.3, 2013
91)「〈理性〉という砦」＋ 2014 年春季研究大会シンポジウム・イントロダクション、日仏哲学会編『フランス哲学・思想研究』第 19 号、2014 年
92)「生命の価値」『臨床麻酔』第 38 巻第 9 号、2014 年
93)「〈人間の尊厳〉概念の超越的性格の根源性」『生命倫理』第 24 巻第 1 号、2014 年
94)「死・臨死を巡るアメリカ生命倫理学の歴史」『麻酔』第 63 巻、2014 年
95)「〈自発的隷従〉の回避へ」『iichiko』第 125 号、2015 年

## 翻訳

1) サミュエル・ビング編『芸術の日本』美術公論社、分担訳、1981 年
2) M・サンドライユほか著『病の文化史』リブロポート、1984 年
3) F・ダゴニェ『具象空間の認識論』法政大学出版局、1987 年
4) G・カンギレム『反射概念の形成』法政大学出版局、1988 年
5) C・ベルナール『動植物に共通する生命現象』朝日出版社、共訳、1989 年
6) G・バシュラール『適応合理主義』国文社、1989 年
7) F・ダゴニェ『面・表面・界面』法政大学出版局、1990 年
8) G・カンギレム『科学史・科学哲学研究』法政大学出版局、監訳、1991 年
9) F・ダゴニェ『バイオエシックス』法政大学出版局、共訳、1992 年
10) G・ガッティング『理性の考古学――フーコーと科学思想史』産業図書、共訳、1992 年
11) F・ダゴニェ『病気の哲学のために』産業図書、個人訳、1998 年
12) ロシュディ・ラーシェド「科学史――科学認識論と歴史との狭間で」『みすず』第 460 号、1999 年
13)『ミシェル・フーコー思想集成』:「アレクサンドル・コイレ『天

文学革命、コペルニクス、ケプラー、ボレッリ』」、『狂気、精神分析、精神医学』筑摩書房、1998 年、「ミシェル・フーコーとジル・ドゥルーズはニーチェにその本当の顔を返したがっている」、「哲学者とは何か」、「メッセージあるいは雑音 」『文学、言語、エピステモロジー』筑摩書房、1999 年、「F・ダゴニェの論考『生物学史におけるキュヴィエの位置づけ』に関する論考」、「生物学史におけるキュヴィエの位置」『歴史学、系譜学、考古学』筑摩書房、1999 年

14) スーザン・ボルド「イデオロギーとしての飢え」『思想』第 946 号、共訳、2003 年

15) H・トリストラム・エンゲルハート「医学哲学」『生命倫理百科事典』第 3 版、第 I 巻、丸善、2007 年

16) Introduction, pp. 391-398 et Traduction d'un texte de Omori Shozo,"Le passe et le rêve en tant que fabrication langagière," pp. 398-421, Dalissier, M., S. Nagai et Y. Sugimura, sous la direction de, *Philosophie Japonaise*, Paris, J. Vrin, 2013

## 参考論文・エッセイなど

0)「パリ便り」『アルゴ』第 10 号、1977 年

1) "Esquisse de l'épistémologie de Gaston Bachelard," D. E. A. de l'Université de Paris I, パリ第一大学 D.E.A. 論文、1982 年

2) Étude sur l'épistémologie de Gaston Bachelard, Thèse de doctorat de troisième cycle pour l'Université de Paris I (Thèse dactylographiée), パリ第一大学哲学博士学位請求論文、1984 年 10 月提出、1985 年 1 月 22 日受領

3) 由良君美監修『世界のオカルト文学』自由国民社、1985 年、項目: ユルスナール、ウィルソン、マンディアルグ、バルザック、イェンセン、ディドロ

4) "Le traducteur indépendant au Japon," *META*, vol.3, no.1, 1988

5)「カンギレム、グランジェ紹介」『理想』第 645 号、1990 年

6)「戦争を巡る考察」『人間の生き方の探求』鈴木博雄編、図書文化社、1991 年

7)「フーコーの言説概念」『談話研究の諸相』( 現代語・現代文化学系 斎藤武生編 )、1992 年

8)「こんな大学になったらうれしい」『筑波フォーラム』第 35 号、

1992 年
9)「新たな自然哲学の形成に向けて」『現代思想』1992 年 11 月号
10)『現象学事典』木田元ほか編、弘文堂、1994 年、項目:バシュラール、空間の詩学、合理的唯物論
11)「近似的認識の価値について」『光陰』比較文化学類通信、第 6 号、1994 年
12)「フーコー」『哲学がわかる』Aeramook 第 6 号、朝日新聞社、1995 年、『新版 哲学がわかる』Aeramook, 朝日新聞社、2003 年
13)「〈後の見えない治療〉という不安——ブーヴレスを巡って」『季刊 iichiko』第 36 号、1995 年
14)「インタヴュー:ジャック・ブーヴレス氏に聞く」『週刊読書人』第 2094 号、1995 年 7 月 28 日
15)「装置としての生物」『青淵』第 559 号、1995 年
16)「『フランス科学認識論の系譜』について」『日仏会館通信』第 76 号、1996 年 1 月
17)「文科系と理科系との架橋」『出版ニュース』出版ニュース社、1996 年 12 月下旬号
18) 読書日録上「影響を受けた本 ?」『週刊読書人』第 2173 号、1997 年 2 月 21 日、読書日録中「涼やかな論敵君のために」同第 2174 号、1997 年 2 月 28 日、読書日録下「辞書への弁証法」同第 2175 号、1997 年 3 月 7 日
19)「十勝の場所の意志に学ぶ 16」『十勝毎日新聞』1997 年 9 月 14 日、「『気まぐれ』の存在論」同 1997 年 9 月 19 日、「漏れる心、溜まる場所」同 1997 年 9 月 26 日
20)「不器用な自分探し」『わが道を歩む』茨城編 ( 上 )、文教図書出版、1997 年
21)「薬と、人間設計の政治学」『日仏薬学会 Correspondance』第 5 巻第 2 号、1998 年 1 月
22)『社会学文献事典』見田宗介ほか編、弘文堂、1998 年、項目:バシュラール『科学的精神の形成』、バシュラール『空間の詩学』
23)「自然と人工という対立の彼方で」バシュラール『否定の哲学』解説、白水社、1998 年
24)『哲学・思想事典』廣松渉ほか編、岩波書店、1998 年、項目:バシュラール、カンギレム、エピステモロジー、条件反射、ウィリス

25)「知識政治学による人類学の再分節化に向けて」『IDOLA 科学史・科学哲学』第 14 号、1988 年
26)「ジョフロワ・サン＝ティレール論」『科学史フォーラム』第 1 号、国際基督教大学キリスト教と文化研究所、1998 年
27)『クロニック二〇世紀人物史』講談社、1998 年、項目：ベルクソン、バシュラール、バタイユ、メルロ＝ポンティ、フーコー、バルト、デリダ、ドゥルーズ／ガタリ、アルチュセール
28)『フランス哲学・思想事典』弘文堂、1999 年、項目：バシュラール、カンギレム、ダゴニェ、18 世紀エピステモロジーの系譜、ブランシュヴィック、ロトマン、タンヌリ
29)「場所と環境の思想に向けて」『岐阜を考える』第 100 号、1999 年
30)「物在論宣言――エアロジェルの想像的読解を契機にして」『SD』第 9905 号、1999 年 5 月号
31)「フランスのウィトゲンシュタイン研究」『ウィトゲンシュタインの知 88』野家啓一編、新書館、1999 年
32)「科学をめぐる戦争」『学術の動向』日本学術会議編、1999 年
33) "The logic of intervention in knowledge production," *Social Epistemology*, vol.13, no.3/4, 1999
34) 十勝環境ラボラトリー『まちづくり・ひとづくり提言集』第 1 号、2000 年
35)「科学を見ると時代がわかる」（養老孟司との対談）『日経サイエンス』、2000 年
36)「科学論・生命論」「科学的知識の社会構成主義」「サイエンス・スタディーズ 1950-2000」（野家啓一との対談）『現代思想』第 28 巻第 3 号、2000 年
37)「社会的認識論と生命科学」『20 世紀の生命科学と生命観』総合研究大学院大学、2000 年
38)「科学者と科学論者の戦争」『新分野開拓 '99』総合研究大学院大学、2000 年
39)『新・社会人の基礎知識 101』樺山紘一編、新書館、2000 年、項目：テクノロジーの未来像、科学と人間倫理、技術の国際競争、臓器移植と人工臓器
40) マイクロソフト『エンカルタ百科事典 2000』イヤーブック「環

境問題：これからの科学者に求められるもの」1999年7月、「ロボット：真の意味での『新しい感性』にむけて」1999年10月、「原子力公害：『権力』そのものを具現するシステムがもつお粗末なほころび」2000年1月、「インターネットの虫」2000年4月
41）「科学論を読む」『日経サイエンス』、2000年
42）「ジャック・ブーヴレス」『大航海』第34号、2000年
43）「ヒトゲノム解読後に何が起こる？」（池田清彦との対談）『公研』2000年9月号
44）「科学的事実の社会的構成という視点がもつ射程」『社会思想史研究』第24号、2000年
45）「私の二〇〇〇年」『週刊読書人』第2367号、2000年12月22日
46）「あしたを紡ぐ(2)：無限の生　迷い道」『日本経済新聞』2000年12月30日
47）「進歩が変える人間観」『読売新聞』夕刊、2001年1月26日
48）「シンポジウム：サイエンス・ウォーズから考える」（鼎談：金森修・佐倉統・茂木健一郎）『UP』340号、東京大学出版会、2001年
49）「社会構想としてのゲノム学」『毎日新聞』2001年3月4日
50）「The Tuskegee Study」『科学と社会』文部科学省科学研究費平成12年度研究成果報告書、2001年
51）「文化系におけるインターネット利用」『タフネット』第9・10合併号、2001年4月1日
52）「新任教官の紹介」『部内報』東京大学大学院教育学研究科・教育学部、第31号、2001年
53）「トライアングル　安全社会への道㊥」『読売新聞』夕刊、2001年4月4日
54）「人文学への弔鐘」『大航海』第38号、2001年
55）「21世紀のための20世紀の文化遺産」『季刊iichiko』第70号、2001年
56）「撤退的な傍観者として」『生物学史研究』第67号、2001年
57）「科学と社会構想」『科学』第71巻第4・5号、2001年
58）「『科学の政治性』にとっての一級資料」富士川游主筆『人性』復刻版推薦文、不二出版、2001年
59）「紙の時間、Eの時間」『本とコンピュータ』第2期、第1号、

2001年
60)「デカルト──未来の発見者たち 第1回」『毎日新聞』夕刊、2001年9月10日
61)「ヒューム──未来の発見者たち 第2回」『毎日新聞』夕刊、2001年9月17日
62)「鉄腕アトムの世紀、人間・社会㊦」『読売新聞』夕刊、2001年9月20日
63)「東大から何が見える 21世紀の展望：最終回 生命倫理」（新井賢一との対談）『東京大学新聞』第2145号、2001年9月25日
64)「なぜ、今、感性哲学なのか？」（桑子敏雄・金森修・萩原なつ子・清水正之）『感性哲学』第1号、2001年
65)「コント──未来の発見者たち 第3回」『毎日新聞』夕刊、2001年10月1日
66)「自著紹介『ナイエンス・ウォーズ』」『LISA』第8巻第10号、2001年
67)『角川世界史辞典』角川書店、2001年、項目：アラン、ヴェーユ、カミュ、コクトー、サルトル、世紀末思想、ソシュール、デカダンス、フーコー、ベルクソン、ボーヴォワール、レヴィ＝ストロース
68)「フーリエ──未来の発見者たち 第4回」『毎日新聞』夕刊、2001年10月22日
69)「ニーチェ──未来の発見者たち 第5回」『毎日新聞』夕刊、2001年10月29日
70)「遺伝子組換えは、人類を衰亡させる？」（談話）『Free&Easy』第4巻第37号、2001年
71)「『文化の切れはし』と『自然』」（中村桂子との対談）『季刊生命誌』第9巻第2号、2001年
72)「レオポルド──未来の発見者たち 第6回」『毎日新聞』夕刊、2001年11月5日
73)「科学論の現在：『サイエンス・ウォーズ』を経て」（鼎談：金森修・小松美彦・塚原東吾）『週刊読書人』第2411号、2001年11月9日
74)「バシュラール──未来の発見者たち 第7回」『毎日新聞』夕刊、2001年11月12日
75)「ヨナス──未来の発見者たち 第8回」『毎日新聞』夕刊、2001

年 11 月 19 日
76)「工学世界の機械狩り」『MeSci』創刊号、日本科学未来館、2001 年
77)「科学論①メタ科学の腐葉土」『現代思想』第 29 巻第 15 号、2001 年
78)「トフラー――未来の発見者たち 第 9 回」『毎日新聞』夕刊、2001 年 11 月 26 日
79)「遺伝子をめぐる近未来 Q&A」『まとりた』第 12 号、2001 年
80)「私は『ロボットと科学』をこう考える」『高 2 講座 encollege 小論文』2001 年 12 月号
81)「フーコー――未来の発見者たち 第 10 回」『毎日新聞』夕刊、2001 年 12 月 3 日
82)「自然との調和求めて――パネル討論会:生命科学の世紀と生命観・価値・民主主義」(鼎談:梅原猛・中村桂子・金森修)『読売新聞』2001 年 12 月 6 日
83)「神学者による、技術推進派的な論理の構築」『生物学史研究』第 68 号、2001 年
84)「ヒトゲノム計画の社会的倫理的意味」「討論」渡邊悦生・中村和夫編『科学を学ぶ者の倫理』成山堂書店、2001 年
85)「『場所』の変幻」『10+1』第 26 号、2002 年
86) インタビュー「『高木仁三郎著作集』刊行によせて」『図書新聞』第 2571 号、2002 年
87)「『日本の博物図譜』展」『比較文学研究』第 79 号、2002 年
88)『3 日でわかる哲学』坂本百大監修、ダイヤモンド社、2002 年、項目:「エコロジーの中の哲学」「さまざまな形態をとるエコロジー思想」「医療という名の女性への迫害」「女性差別問題とエコロジーの接点」、「人間がクローンの人権を侵害する」「遺伝子の解明によって人工的に生命が生まれるか ?」「生きている時だけでなく、死も共同体験」
89)「生命倫理」(新井賢一との対談)『東大は主張する』東京大学新聞年鑑 2001、2002 年 ＊ 63) の再掲
90)「東大教師が新入生にすすめる本」『UP』第 354 号、東京大学出版会、2002 年、『東大教師が新入生にすすめる本』文春新書、2004 年
91)「『場所』のナラトロジー」『10+1』第 27 号、2002 年

92) 談話：「生命とリスク――科学技術とリスク論」『談』第 67 号、2002 年
93)「ナレッジ・マネジメントと『一般人の科学理解 (PUS)』」(S・フラーと共に)『臨床評価』第 29 巻第 2-3 号、2002 年
94)「『風景画』としての都市」『10+1』第 28 号 , 2002 年
95)『生命倫理とは何か』市野川容孝編、平凡社、2002 年、項目：人体実験、ヒトゲノム計画
96)「都会性の夢」『10+1』第 29 号、2002 年
97)「リスク論は社会のなかでどのように使われているのか」(討論：金森修・入来篤史・可知直毅・鳥海光弘・和達三樹)『科学』第 72 巻第 10 号、2002 年
98)「デジタル・デモクラシーについて」『FINE 研究会報告書』第 9 号、2002 年
99) "Ethics of Genetic Life Design," *Proceedings of IV Asian Conference of Bioethics*, 22-25 November 2002 in Seoul, Asian Bioethics Association et al. "Ethics of Genetic Life Design," Song Sang-yong, Koo Young-Mo, Darryl Macer eds., *Asian Bioethics in the 21st Century*, Eubios Ethics Institute 2003
100)「摂食障害のスペクトル」『生物学史研究』第 70 号、2002 年
101)「工学的世界のなかの都市」『10+1』第 30 号、2003 年
102)「著者のこの視点――この人に聞く」(『負の生命論』をめぐって)『創価新報』2003 年
103)「私が大学時代に学んだこと」『進学情報ニュース』第 34 号、2003 年
104)「日本の博物図譜――19 世紀から現代まで展」今橋映子編『展覧会カタログの愉しみ』東京大学出版会、2003 年
105)「仮装の遺伝学」『環』第 14 号、2003 年
106)「人体実験と医療倫理」(小俣和一郎・田村修との鼎談)『東京保険医新聞』第 1243 号、2003 年 8 月 5・15 日合併号
107)「科学的医学の周縁に潜むものへの配意――摂食障害を事例として」『講演集』第 13 回、七川歓次・志水正敏監修、近畿リウマチ病研究会、2003 年
108)「生命にとって技術とは何か」(松原洋子との対談)『現代思想』第 31 巻第 13 号、2003 年

109) 著書を語る「『ベルクソン 人は過去の奴隷なのだろうか』」『書標』、2003 年 11 月号
110) 「PVS 患者の生と死」、「総合討論」『メディカルエシックス』29、第 29 回医学系大学倫理委員会連絡会議記録、ホテルグランドパレス、2003 年 7 月開催、2003 年 12 月刊行
111) 「日本における生命倫理学の成立と展開」討論参加『生命科学・生命技術の進展に対応した理論と倫理と科学技術社会論の開発研究』科学研究費平成 15 年度研究成果報告書、2004 年
112) 「待機の薔薇」最相葉月『青いバラ』新潮文庫、解説、2004 年
113) 「ES 細胞研究と人間の尊厳」『人間会議』、2004 年夏号
114) 「生命倫理 科学の足かせか」『朝日新聞』2004 年 9 月 19 日
115) 「萌えだし、つなぐ壜」『高橋禎彦──花のような』FORUM ART SHOP 展覧会カタログ、2004 年
116) 「科学は他人事か」『朝日新聞』2004 年 10 月 24 日
117) 「研究室散歩：正解のない現代医療」『東京大学新聞』第 2275 号、2004 年 10 月 26 日
118) "Beyond Therapy and Liberal New Eugenics," Darryl Macer ed., *Challenges for Bioethics from Asia*, Eubios Ethics Institute, 2004
119) 「治療を超えた医療は許されるか」『聖教新聞』第 15012 号、2004 年 11 月 18 日
120) 「頑張れ、教養人」『朝日新聞』2004 年 12 月 5 日
121) "Philosophico-cultural Attendance on Homo Geneticus," *Proceeding of the 5th East Asian STS Conference*, Hoam Faculty House, Seoul National University, 2004
122) 「ひとりぼっちのユートピア」『朝日新聞』2005 年 1 月 16 日
123) 「この瞬間を歴史に刻む」『朝日新聞』2005 年 2 月 20 日
124) 「科学哲学① PVS 患者の生と死」、「科学哲学②クローン研究をめぐる諸問題」、「科学哲学③治療を超えて」『科学における社会リテラシー 2』総合研究大学院大学、2005 年
125) 「リベラル新優生学の設計的生命論」高等研報告書『臨床哲学の可能性』国際高等研究所、2005 年
126) 「意味と価値を含めた科学研究を」『MOKU』、2005 年
127) 「仮想の遺伝学」小倉孝誠・宮下志朗編『ゾラの可能性』藤原書店、2005 年

128)「サイエンス・ウォーズ：現状からの総括」、「総合討論」『科学・社会・人間』第93号、2005年
129)「基礎学力――科学論の立場から」、「質疑応答(1)」、「質疑応答(2)」『「基礎学力」の再検討』文部科学省21世紀COEプログラム、2005年
130)「対談:いのち、ゾーエーとビオスの狭間で」(小泉義之との対談)『談』第74号、2005年
131)「北京国際科学史学会に出席して」『湘南科学史懇話会通信』第13号、2005年
132)「本は人生そのもの」『文藝春秋』特別版、11月臨時増刊号、2005年
133)「脳科学の最前線で」(茂木健一郎との対談)『週刊読書人』第2613号、2005年11月18日
134)「言葉が抱える〈地理学〉」『すばる』2005年12月号
135)「思想 メタ・バイオエシックス合評会」『応用倫理学研究』第3号、応用倫理学研究会、2006年
136)「〈世界不妊〉の思想をめぐる断章」『生命科学・生命技術の進展に対応した理論と倫理と科学技術社会論の開発研究』、2006年
137) "Review of Shigehisa Kuriyama et al. Kindai nihon no shintai kankaku," *Historia Scientiarum*, vol.15, no.3, 2006
138)「ビッグブラザーの、自由な末裔」『Webマガジンen』財団法人塩事業センター、2006年4月号
139)「青春の一冊：『南回帰線』ヘンリー・ミラー」『東京大学新聞』2006年5月2日
140)「アメリカ生命倫理学に対するメタ分析的、かつ歴史的な研究」『第29回日産学術研究助成報告書』日産科学振興財団、2006年
141)「「死への運動」の運動性の保護のために」『an- jali』第11号、2006年
142)「命の裁量――"安楽死"事件を考える」(橋爪大三郎との対談)『公研』第514号、2006年
143)「"エコロジーの文化政治"から「平和」を紡ぐ」(綿貫礼子との対談)『季刊 軍縮地球市民』第6号、2006年
144)「心にのこる一冊：バシュラール『科学的精神の形成』」『科学』第76巻第11号、2006年

145)「遺伝的デザインの文化的制御」山中浩司・額賀淑郎編『遺伝子研究と社会』昭和堂、2007 年
146)「産業社会とは異なる規範を示す空間に」『科学』第 77 巻第 5 号、2007 年
147)「知識社会を支える基盤組織としての自覚を」『淡青評論』第 1359 号、東京大学広報委員会、2007 年
148)「本当の『公益』の在り処を探る」公開自主講座『宇井純を学ぶ』2007 年、宇井紀子編『ある公害・環境学者の足取り』亜紀書房、2008 年
149)「Mad Engineer?」日本ジュール・ヴェルヌ研究会『Courrier du Czar』第 6 号、2007 年
150)「蝉と人間」『鉄門だより』第 639 号、2007 年
151) “Bios et Bioéthique,” “Rationalité Scientifique et Praxéologie Orientale,” “‘Science Wars’ et ses Suites au Japon,” “Gouvernement Culturel de ‘Design’ Génétique,”『フランス科学文化論の歴史的展開及び現代的意義に関する思想史的・哲学的包括的研究』、2008 年
152)「思想の 100 年をたどる (4)」(座談会:荻野美穂・金森修・杉田敦・吉見俊哉)『思想』第 1008 号、2008 年
153)「ミシェル・セール　混合体の哲学」『哲学の歴史』第 12 巻『実存・構造・他者 20 世紀 3』鷲田清一編、中央公論新社、2008 年
154)「近未来社会の中の理科教育」『「倫理的観点に立った日本の教育の問題点の解明及び求められる基本戦略の研究」について』財団法人二十一世紀文化学術財団、加藤研究会報告書、2008 年
155)「書物が私を作った」『哲学の歴史』別巻『哲学と哲学史』内山勝利ほか編、中央公論新社、2008 年
156)「記憶の反実在論」『Mobile Society Review』第 14 号、2008 年
157)「ビオスの生政治学的な射程」『立正大学人文科学研究所年報』別冊第 17 号、2009 年
158)「思い出の中公新書」『中公新書の森』中央公論新社、2009 年
159)「ベルクソンを通して、世界と繋がる」「会員の声」『フランス哲学・思想研究』第 14 号、2009 年
160)「編集後記」『医学哲学 医学倫理』第 27 号、2009 年
161)「〈ヒステリーの失踪〉という謎」『フロイト全集』第 6 巻、岩波書店、月報 12、2009 年

162)「日常世界と経験科学」『寺田寅彦全集』第 3 巻、岩波書店、月報 3、2009 年
163)「〈座談会〉ベルクソンの過去から未来へ」(金森修・合田正人・檜垣立哉)『思想』第 1028 号、岩波書店、2009 年
164)「死生学の可能性」、シンポジウム発表・討論『死生学の可能性』東京大学大学院人文社会系研究科、グローバル COE プログラム、シンポジウム報告集、2010 年
165)「心に残る藤原書店の本」『心に残る藤原書店の本』創業二〇周年記念アンケート、2010 年
166)「青春の一冊:安部公房『他人の顔』」『東京大学新聞』2010 年 4 月 27 日
167)「聴こえない声を聴く」『いのちの選択』、岩波ブックレット No.782, 岩波書店、2010 年
168)「巻頭言:〈人為〉の人間学」『研究室紀要』第 36 号、東京大学大学院教育学研究科基礎教育学研究室、2010 年
169)「病」『宮沢賢治イーハトヴ学事典』天沢退二郎・金子務・鈴木貞美編、弘文堂、2010 年
170)「編集後記」『医学哲学 医学倫理』第 28 号、2010 年
171)「〈シモンドン哲学〉への道案内」2010 年秋季シンポジウム・イントロダクション、『フランス哲学・思想研究』第 16 号、2011 年
172)「著者に聞く:ゴーレムが「語る」人間」『東京大学新聞』第 2536 号、2011 年 1 月 1 日
173)「脳死・臓器移植行政反対のためのメッセージ」「やめて!! 家族同意だけの『脳死』臓器摘出!」緊急市民集会用、メッセージ、大阪府商工会館 7 階第 2 講堂、講演者:冠木克彦・小松美彦ほか
174)「カズオ・イシグロ『わたしを離さないで』:〈公共性〉の創出と融解」『現代思想』7 月臨時増刊号:震災以後を生きるための 50 冊、2011 年
175)「3.11 後を考えかるために:ホルクハイマー・アドルノ『啓蒙の弁証法』岩波文庫」『東京新聞』2011 年 6 月 19 日
176)「〈翳り〉の誘惑」『Topophilie 夢想の空間』東京大学大学院総合文化研究科、田中純ゼミ、2011 年
177)「臓器移植法改正案に反対した科学哲学者、金森修さんの思い」『哲楽』第 3 号、2012 年

178)「カリキュラムの政治性の視点から」東京大学大学院教育学研究科・学校教育高度化センター『2011 年度年報』、2012 年

179)「明確な〈脱原発〉に向けて――市田良彦氏の反論に応答して」『週刊読書人』第 2926 号、2012 年 2 月 10 日

180)「〈疎外〉としての心――吉本隆明追悼」『図書新聞』第 3058 号、2012 年 4 月 14 日

181)「科学見直し、文化の視点で」『日本経済新聞』2012 年 4 月 14 日

182)「ツァラトゥストラ」『東大教師が新入生にすすめる本』東京大学出版会『UP』編集部編、東京大学出版会、2012 年

183)「システムの信用失墜と機能不全」『環』第 49 巻、2012 Spring(特集:3.11 と私)、藤原書店、2012 年

184)「ベルモント・レポート」、「薬害の定義と歴史」盛永審一郎・松島哲久編『医学生のための生命倫理』丸善出版、2012 年

185)「iPS の"次の壁"」(米本昌平との対談)『公研』第 591 号、2012 年

186)『現代社会学事典』大澤真幸・吉見俊哉・鷲田清一編、弘文堂、2012 年、項目:異常 / 正常、科学知の社会学、バイオサイエンス / バイオテクノロジー、バシュラール、村上陽一郎

187)「〈人間の尊厳〉は悪魔の概念か」(小松美彦との対談)『週刊読書人』第 2972 号、2013 年 1 月 11 日

188)「〈人間圏〉の周辺で人間を考える」『聖教新聞』2013 年 3 月 12 日

189)「日本の科学思想史を俯瞰した先駆的作品」『場』UTPADA 第 46 号、辻哲夫『日本の科学思想』刊行に寄せて、こぶし文庫、2013 年

190)『行動生物学辞典』上田恵介ほか編、東京化学同人、2013 年、項目:動物機械論、動物霊魂論、生気論

191) "Rapport sur la demande d'une habilitation à diriger des recherches concernant le dossier d'Arnaud François," Service des admission set des études, Bureau des doctorants et hdr, École normale supérieure, le 5 decembre 2013

192)「エピステモロジーの未来のために」『現代思想』第 42 巻第 1 号、2014 年

193) “Commentary: Before the Dawn of Ethics in Synthetic Biology,” Akira Akabayashi ed., *The Future of Bioethics*, Oxford University Press, 2014
194)「高木仁三郎『市民の科学』解説」高木仁三郎『市民の科学』講談社学術文庫、2014 年
195)「人文科学は滅びるのか 」( 島薗進・小松美彦との鼎談 )『週刊読書人』第 3031 号、2014 年 3 月 14 日
196)「つまらない現実との穏やかな闘争」『こころ』第 18 巻、平凡社、2014 年
197)「桜井智恵子『〈現代日本の教育観〉を問いなおす』」コメント『現代と親鸞』第 28 号、親鸞仏教センター、2014 年
198)「私の思い出の一冊」『こころ』第 19 巻、平凡社、2014 年
199)「哲学はいかに生命を語ってきたか」『Kotoba』第 16 号、集英社、2014 年夏号
200)「発生学の考古学」『科学史研究』第 53 巻第 270 号、2014 年
201)「今井康雄　教育におけるモノとメディア：質疑応答」『研究室紀要』第 40 号 ( 東京大学大学院教育学研究科・基礎教育学研究室 )、2014 年
202)「科学批判学の未来」( 近藤和敬との対談 )『現代思想』第 42 巻第 12 号、2014 年
203)「科学と可能的・幻想的世界」『科学フォーラム』東京理科大学、2014 年 12 月号
204)「三・一一後の日本と、人の命」『高校生と考える日本の問題点』桐光学園大学訪問授業、左右社、2015 年
205)「原爆が変えた世界、そして今」( 緑慎也との対談 )『週刊読書人』第 3091 号、2015 年 5 月 29 日
206)「科学の危機からの目覚め」『聖教新聞』2015 年 6 月 18 日
207)「文明史の転換と科学批判」『情況』第 4 期、2015 年 12 月 /2016 年 1 月新年合併号、2015 年
208)「酒席の議論」『日本経済新聞』朝刊、2016 年 4 月 2 日
209)「動物哲学から動物の哲学へ――動物霊魂の周辺」『談』第 106 号、公益財団法人たばこ総合研究センター、2016 年 6 月

## 学会発表・講演

1)「エレーヌ・メッツジェの評価を巡って」化学史学会春の学校、東京大学、1990 年 3 月
2)「F・ダゴニェ哲学の概要」化学史学会春の学校、東京大学先端科学技術研究センター、1992 年 3 月 21 日
3)「カンギレムにおける生命と機械」フランス哲学会シンポジウム、東京日仏会館、1992 年 4 月 6 日
4)「初期コントにおける生命論」日本科学史学会、東海大学、1993 年 5 月 30 日
5)「フランスにおけるネオラマルキズムの一挿話――記憶説を中心に」生物学史学会夏の学校、1993 年 8 月 21 日
6) "De la critique culturelle d'Asajiro Oka," 日仏会館、1994 年 2 月 10 日
7)「アナロジー論争」筑波大学理論文学会、1994 年 3 月 24 日
8)「刺激感応性の概念史素描」日本科学史学会、立命館大学、1994 年 5 月 29 日
9)「フーコーの真理論」第五回科学技術社会論研究会、東京大学先端科学技術研究センター、1994 年 9 月 24 日
10) "Sur Ninomiya Sontoku," Journée des Études Japonaises, Maison Franco-Japonaise, 1995 年 2 月 25 日
11)「科学と政治の関係を巡って」第七回科学技術社会論研究会、東京大学先端科学技術研究センター、1995 年 3 月 21 日
12)「ブルーノ・ラトゥール論」第十回科学技術社会論研究会、東京大学先端科学技術研究センター、1995 年 12 月 9 日
13)「場と文化技術」文化科学高等研究院・ホロニック技術研究会、有楽町朝日スクエア、1996 年 1 月 25 日
14) "État du Paysan à la Société Féodale du Japon: Le Cas Sontoku Ninomiya," シンポジウム「一八世紀・一九世紀日本における知の秩序」フランス共和国リヨンアジア東洋研究所、1996 年 3 月 15 日
15)「技術の哲学」第 11 回科学技術社会論研究会、東京大学先端科学技術研究センター、1996 年 3 月 23 日
16)「場所概念を巡って」金沢工業技術大学、場所ラボラトリー、1996 年 7 月 2 日

17)「場所としての心」帯広環境ラボラトリー、1996 年 9 月 20 日
18)「橋田邦彦論」科学・技術と社会の会、NTT データ通信システム科学研究所、1995 年 12 月 9 日
19) “Mindas Place,” 場所とシントピー国際会議、ドイツワイマール、1997 年 9 月 29 日
20)「社会的認識論の真理観と知識観」日本科学哲学会、千葉大学、1997 年 11 月 16 日
21)「ジョフロワ・サン＝ティレール論」ICU 科学史の学校、1997 年 12 月 12 日
22) “Réception de Gaston Bachelard au Japon,” ブルゴーニュ大学ガストン・バシュラールセンター、1998 年 3 月 12 日
23) “On Social Épistemology,” STS 国際会議、京阪奈プラザ、1998 年 3 月 21 日
24)「社会的認識論と好奇心を巡って」国際日本文化研究センター、1998 年 3 月 28 日
25)「場所概念をめぐって」ワークショップ『生物の内と外』、葉山湘南国際村センター、1998 年 4 月 1 日
26)「ジョフロワ・サン＝ティレール論」日本科学史学会、愛知大学、1998 年 5 月 31 日
27)「加藤弘之の晩年の思想」Melyst 研究会、目黒久米美術館、1998 年 6 月 23 日
28)「技術哲学を巡って」科学技術論研究会、東京大学先端科学技術研究センター、1998 年 6 月 27 日
29)「サイエンス・ウォーズを巡って」STS 夏の学校、東海大学山中湖セミナーハウス、1998 年 7 月 19 日
30)「医療の哲学に向けて」日本科学哲学会、鹿児島大学、1998 年 11 月 21 日
31)「環境の文化政治学に向けて」国際高等研究所、1999 年 1 月 24 日
32)「サイエンス・ウォーズを巡って」シンポジウム『科学を考える』、名古屋大学、1999 年 1 月 30 日
33)「環境の政治学」東京工業大学、火ゼミ、1999 年 2 月 23 日
34)「環境の政治学」科学技術社会論研究会、1999 年 3 月 29 日
35) “Shinpei Goto, Bio-pouvoir et Ingénierie Sociale,” シンポジウム『フー

コーと医学』、カン IMEC、1999 年 4 月 17 日
36)「サイエンス・ウォーズを巡って」日本科学史学会、拓殖大学、1999 年 5 月 23 日
37)「科学的とは何か」科学基礎論学会、大阪大学、1999 年 5 月 30 日
38)「サイエンス・ウォーズを巡って」総合研究院大学院大学、1999 年 7 月 10 日
39)「ラディカル環境アクティヴィズムの一断片」STS 夏の学校、関西地区大学セミナーハウス、1999 年 7 月 25 日
40)「科学的事実の社会的構成という視点がもつ射程について」シンポジウム『思想のメディア』、社会思想史学会、愛知大学、1999 年 10 月 11 日
41)「技術衝迫の行方、自律性の射程」シンポジウム『複雑系：理論と新技術』、早稲田大学、2000 年 5 月 1 日
42)「サイエンス・ウォーズを巡って」科学史学校、東京上野科学博物館、2000 年 7 月 22 日
43)『サイエンス・ウォーズ』（東京大学出版会）刊行記念、金森修＋佐倉統＋茂木健一郎パネルトーク『サイエンス・ウォーズ』とは／から」青山ブックセンター本店、カルチャーサロン青山、2000 年 8 月 28 日
44)『サイエンス・ウォーズ』合評会、東京大学先端科学技術研究センター、2000 年 9 月 11 日
45) “An Analysis of SMON Case,”「遺伝子強化の論理と倫理」(Logic and Ethics of Gene Enhancement) 4S/ EASST 国際会議、ウィーン大学、2000 年 9 月 27 日～ 30 日
46)「ヒトゲノム計画の社会的倫理的意味」ならびに「討論」『科学を学ぶ者の倫理観』東京水産大学、2000 年 11 月 6 日
47) “Risques et Malaises,” ディジョン国際シンポジウム『気候のリスクと千年期の強迫観念』ブルゴーニュ大学気候研究センター、2000 年 11 月 16 日～ 18 日
48) “Jinzaburo Takagi, The Third Pole of Environmental Think Tank,”『第二回東アジア STS 会議』韓国ソウル、延世大学、2001 年 5 月 11 日
49)「タスキーギ研究の背景」日本科学史学会、早稲田大学、2001 年

5月26日
50) “Discourse on Life Designing and Its Ontological Signification,” メキシコシティ、科学史国際学会、2001年7月8日～14日
51)『遺伝子改造社会　あなたはどうする』合評会、国際高等研究所、2001年8月4日
52)「リスク論を考える」『グローバルスピン研究奨励金成果発表会』新宿カタログハウス、2001年9月1日
53)「場所の心」『第3回感性工学学会』中央大学理学部、2001年9月13日
54)「遺伝子改造社会の論理と倫理」『EMCA2001年度研究会』筑波大学学校教育部、2001年9月29日
55)「バイオレジョナリズムを巡って」都市・地方研究会、明治大学、2001年10月10日
56)「科学論からみたタスキーギ研究の背景」『医療・技術・社会研究会』上智大学、2001年10月20日
57)「リスク論を考える」提題・司会、日本科学哲学会、専修大学、2001年11月17日
58) パネル討論会「生命科学の世紀と生命観・価値・民主主義」(梅原猛・中村桂子・金森修・米本昌平) 三菱化学生命科学研究所、創立30周年記念シンポジウム『21世紀の生命科学を創る』大手町経団連会館、2001年11月22日
59)「遺伝子が語りかける21世紀の日常生活世界」EHW研究会、日立製作所、2001年12月20日
60)「21世紀の生老病死：遺伝子改造社会の文化」横浜市立大学、よこはまアーバンカレッジ、2002年2月2日
61)「技術哲学の基底性について」Fine Chiba Forum、千葉大学、2002年2月8日
62)「場所について」東京大学比較文学比較文化研究会、大学セミナーハウス、2002年3月18日
63)「ヒト遺伝学の新優生学的な展開の意味と射程」科学技術社会論研究会、東京大学先端科学技術研究センター、2002年3月20日
64)「場所としての心」感性工学会哲学部会研究会、岩出山地域福祉センター、2002年3月30日
65)「科学的医療観の一元化への留保」FDRUGシンポジウム2002『医

療における一般人の科学理解』リクルート GINZA7、2002 年 5 月 25 日
66)「設計的生命観の射程」信濃木崎夏期大学講座、長野県大町市木崎湖畔、2002 年 8 月 5 日
67)「摂食障害のカルチュラル・スタディーズ：ボルドを巡って」生物学史夏の学校、国民年金宿舎おくたま路、2002 年 8 月 30 日
68)「医学における科学性の定位――摂食障害を事例として」近畿リウマチ病研究会、都ホテル大阪、2002 年 8 月 31 日
69)「人体実験論の一具体例に関する考察」科学技術社会論学会、東京大学、2002 年 11 月 16 日
70)「ジャーナリズム的スタンスの内在化について」科学技術社会論学会、東京大学、2002 年 11 月 17 日
71) "Science Wars and Japanese Postmodernism," the 72th Colloquium, the History and Philosophy of Science, Seoul National University, 20 November 2002
72) "Ethics of Genetic Life Design," IVth Asian Conference of Bioethics, Seoul National University, 24 November 2002
73)「タスキーギ研究の科学と文化」科学技術社会論研究会、東京大学先端科学技術研究センター、2002 年 12 月 7 日
74) "Comment on Public Lecture of Professor Barbara Koenig," Cornell/Sophia Universities Joint Workshop: Empirical Bioethics in Cultural Contexts、上智大学、2003 年 1 月 30 日
75)「PVS と生命倫理」第 30 回日本集中治療医学会、ロイトン札幌・北海道厚生年金会館、2003 年 2 月 5 日
76)「遺伝的生命設計の哲学」第 10 回応用解析研究会、箱根パークス吉野、2003 年 3 月 4 日
77)「私が大学時代に学んだこと」東京大学教養学部進学情報センターシンポジウム、2003 年 4 月 25 日
78)「健康の科学をめぐる知」共同主催、レスポンダント、科学技術社会論研究会ワークショップ、東京大学先端科学技術研究センター、2003 年 6 月 21 日
79)「PVS 患者の生と死に関わる倫理的考察」第 29 回医学系大学倫理委員会連絡会議シンポジウム、ホテルグランドパレス、2003 年 7 月 5 日

80)「遺伝子改造論の射程」生命科学・生命技術の進展に対応した理論と倫理と科学技術社会論の開発研究、第 1 回研究会、北沢タウンホール、2003 年 9 月 20 日
81) “Topography of eating disorders,” East Asian STS Conference, Institute of History and Philology, Academia Sinica, Nankang, Taipei, Taiwan, 5 October 2003
82)「摂食障害論」身体医文化論研究会、慶應義塾大学、2003 年 10 月 22 日
83)「明治期における進化論受容の一形態」学習院大学、2003 年 11 月 29 日
84)「自然主義と反自然主義について」(戸田山和久との対談) 池袋ジュンク堂、2003 年 12 月 1 日
85) “Portrait and Shadow of Liberal New Eugenics,” 国際シンポジウム『先端医療技術における政策形成』大阪大学文学部、2003 年 12 月 13 日
86)「遺伝的公共性の哲学」第 51 回公共哲学京都フォーラム、リーガロイヤルホテル京都、2003 年 12 月 21 日
87) “Beyond Therapy and Liberal New Eugenics,” Fifth Asian Bioethics Conference, Eubios Ethics Institute, University of Tsukuba, 14 February 2004
88)「遺伝子改造論の射程」21 世紀における生存科学としてバイオエシックスの構築研究会、生存科学研究所、2004 年 2 月 27 日
89)「場所の心」玉川大学脳科学研究施設「生命観」部門第 15 回研究会、箱根湯本ホテルおかだ、2004 年 3 月 7 日
90)「PVS 患者の処遇問題」『科学文明において平等と公正を実現する社会システムについての研究』第 5 回研究会、東京工業大学、2004 年 4 月 5 日
91)「摂食障害の文化論」日仏会館 2004 年度日仏文化講座、日仏会館、2004 年 6 月 18 日
92)「精神薬理の現代的展開と倫理問題についての一考察」第 50 回くすり勉強会、2004 年 10 月 16 日
93)「或る医学的一元論の極北」第 23 回日本医学哲学・倫理学会、昭和大学、2004 年 10 月 23 日
94) “Cultural governance of Homo Geneticus,” 第 23 回エコエティカ国際

シンポジウム、京都パークホテル、2004 年 11 月 8 日
95)「生命倫理成立初期における神学者の役割についての素描」第 3 回科学技術社会論学会年次研究大会、金沢工業大学、2004 年 11 月 13 日
96)「遺伝子改造論の行方」日本生命倫理学会、第 16 回年次大会、鳥取環境大学、2004 年 11 月 27 日
97)「ゾラの遺伝学」科学技術社会論研究会ワークショップ、東京大学先端科学技術研究センター、2004 年 12 月 4 日
98) "Philosophico-cultural governance of Homo Geneticus," The 5th East Asian STS Conference, Seoul National University, Seoul, 8-11 December 2004
99)「サイエンス・ウォーズ、その後」日本物理学会、東京理科大学、2005 年 3 月 25 日
100)「学力論――科学論の立場から」東京大学教育学部 COE 研究会、東京大学、2005 年 5 月 11 日
101)「生命観の探求ワークショップⅠ」総合研究大学院大学、八重洲ホール、2005 年 7 月 11 日
102)「サイエンス・ウォーズ：現状での総括」北京大学、2005 年 7 月 21 日
103)「橋田邦彦論」北京大学、2005 年 7 月 22 日
104) "Cultural Governance of Genetic Design," 第 22 回国際科学史大会、北京、2005 年 7 月 25 日
105)「遺伝子改造の哲学」哲学若手研究会フォーラム、大学セミナーハウス、2005 年 7 月 30 日
106)「遺伝子改造の哲学をめぐって」19-20 世紀医学思想史研究部会、東洋大学、2005 年 8 月 3 日
107)「遺伝子設計と教育思想」教育思想史学会、日本大学文理学部、2005 年 9 月 18 日
108)「プロメテウスの束縛」聖心女子大学キリスト教文化研究所、2005 年 10 月 20 日
109)「遺伝子改造論をめぐって」東京都都立高等学校公民科『倫理・現代社会』研究会、東京都立文京高校、2005 年 11 月 11 日
110)「科学論者と科学者の対話――歴史としての『サイエンス・ウォーズ』の教訓から」司会・コメント、科学技術社会論学会、名古屋大学、

2005年11月13日

111)「生命と設計」日本科学哲学会、東京大学教養学部、2005年12月4日

112)「アメリカの死・臨死に関する考え方の歴史的変遷について」持続可能社会へ向けた日本の科学技術の転換の社会史的研究、福岡ワークショップ、2005年12月18日

113)「理科教育と知識社会」広島大学高等教育研究開発センター、2006年2月23日

114)「フランスの医学哲学——ミルコ・グルメクを中心に」日仏哲学会、同志社大学、2006年3月25日

115) "Fundamentality of enhancement-seeking desire for Bios," *The 8th World Congress of Bioethics*, Beijing, 北京国際会議中心、2006年8月8日

116)「自然主義と文化」京都文化会議2006、第三回ワークショップ、京都大学三才学林、2006年10月8日

117)「ビオスの装甲的生命観」総合研究大学院大学ワークショップ、京都ぱるるプラザ、2006年10月23日

118)「キャラハンの生命倫理」日本生命倫理学会第18回年次大会、岡山大学、2006年11月11日

119)「ビオスの本源的装甲」日本生命倫理学会第18回年次大会、岡山大学、2006年11月12日

120) "Bios et Bioethique," *Institut d'Histoire et de Philosophie des Sciences et des Techniques*, Paris, 24 Novembre 2006

121) "Rationalité scientifique et praxéologie orientale," "La 'Science wars' et ses suites au Japon," "Gouvernement culturel du 'design' génétique," *Centre Alexandre Koyre*, Paris, 27 Novembre 2006

122)「自然主義と文化による設計」『イノチのゆらぎとゆらめき』シンポジウム:「未来を拓く人文・社会科学」(独立行政法人日本学術振興会人文・社会科学振興プロジェクト研究事業)、サンケイプラザホール、2007年3月9日

123) "Évolution Créatrice et Métaphysique de la vie," Ateliers euro-japonais sur «L'évolution créatrice» de Bergson, Université de Toulouse II Le Mirail. Maison de la Recherche. Salle des Actes, Toulouse, 4 Avril 2007

124)「『創造的進化』と生命の形而上学」名古屋哲学研究会、名古屋

市立大学、2007 年 5 月 12 日
125) “Fixation de l’instantané et de la forme,” ベルクソン『創造的進化』刊行百周年記念国際シンポジウム『生の哲学の今』法政大学（講演)、2007 年 10 月 17 日、京都大学（司会)、10 月 20 日
126)「身体哲学と倫理」サイエンスアゴラ 2007『サイボーグに未来はあるか』東京国際交流館メディアホール、2007 年 11 月 25 日
127)「エンハンスメントの哲学」国際公開シンポジウム『人間改造のエシックス ブレインマシンインターフェースの未来』京都大学、2008 年 1 月 14 日
128)「虚構の『近代』」:ブリュノ・ラトゥールとの対談、エスパス・イマージュ、日仏会館、2008 年 6 月 13 日
129)「三木の自然学と自然哲学」『第 17 回三木成夫記念シンポジウム:発生と進化』順天堂大学、2008 年 7 月 23 日
130)「下村寅太郎の機械観」Être vers la vie, Colloque Euro-japonais, Cerisy-la-Salle, 23-30 Aoû 2008
131) “Autour de la question de Bios et de Zoé,” Autour du corps humain, Bioéthique comparée France-Japon, Centre Georges Canguilhem, 4-5 Septemble 2008
132)「死の扉と、生の出口」シンポジウム『死生学の可能性』東京大学文学部、2009 年 6 月 14 日
133)「生権力と死の思想」、「安楽死の思想史」『学術俯瞰講義』東京大学教養学部、2009 年 6 月 29 日、7 月 6 日
134)「病と死の傍らの賢治」日台国際研究会議『東アジアの死生学へ』台湾国立政治大学、2009 年 10 月 30 日
135)「伝染病対策と、その文化」『吉岡やよいさん追悼シンポジウム』東京大学教養学部、2009 年 12 月 19 日
136)「死の臨在、死の消失点」朝日カルチャーセンター、2010 年 4 月 24 日
137)「あなたは臓器を提供しますか？――臓器移植の是非を問う」まちだ市民大学 HATS、人間科学講座、2010 年 5 月 31 日
138)「〈いのち〉のありか」ノートルダム清心女子大学、国際教育フォーラム講演、2010 年 7 月 24 日
139)「芸術的創造と反自然主義」東京芸術大学大学院美術研究科、特別講演、2010 年 11 月 29 日

140)「亜人ゴーレム」シンポジウム『ゴーレムの表象――ユダヤの人造人間と現代』基調報告、日本女子大学目白キャンパス、2011 年 2 月 19 日
141)「臨死の人間学的構造の根源性について」第 16 回日本緩和医療学会学術大会シンポジウム『緩和ケアにおける EBM の意義と限界――総合的人間学としての緩和医療学へ』ホテル・ロイトン札幌、2011 年 7 月 29 日
142)「合評会 VOL05 エピステモロジー：知の未来のために」大阪大学人間科学研究科、2011 年 8 月 26 日
143) “After the Catastrophe—Rethinking the Possibility of Breaking with Nuclear Power,”『HiPeC 国際平和構築会議 2011』広島国際会議場、2011 年 9 月 18 日
144)「専門知と教養知の境域」第 22 回教育思想史学会、東京大学本郷キャンパス、2012 年 10 月 14 日
145)「誰のための生命倫理なのか」『日本蘇生学会』第 31 回、ピアザ淡海、2012 年 11 月 23 日
146)「原発事故と科学思想史」第 61 回湘南科学史懇話会、藤沢市労働会館、2013 年 1 月 19 日
147)「認識論とその外部――汚染と交歓」日本哲学会、第 72 回大会、シンポジウム「知識・価値・社会――認識論を問い直す」お茶の水女子大学、2013 年 5 月 11 日
148)「〈衰退する社会〉の中の社会倫理」東京大学公開講座『変わる / 変える 20 年後の世界：20 年後の超高齢社会』東京大学、2013 年 9 月 29 日
149)「〈反自然性〉の定位としての尊厳」シンポジウム『いまの時代、尊厳を問い直す』日本生命倫理学会、第 25 回年次大会、東京大学、2013 年 12 月 1 日
150)「一九世紀ヨーロッパにおける人工世界の表象――シャルル・バルバラの『ウィティントン少佐』を中心に」『科学の知と文学・芸術の想像力――ドイツ語圏世紀転換期の文化についての総合的研究』東京大学教養学部、2014 年 3 月 17 日
151)「死と臨死を巡るアメリカ生命倫理学の歴史」第 61 回『日本麻酔科学会』招待講演、パシフィコ横浜、2014 年 5 月 16 日
152) “The biopolitics of contemporary Japanese society,” 国際シンポジウ

ム『受容と抵抗――西洋科学の生命観と日本』法政大学ボアソナード・タワー、2014年6月12日
153) "Implications of the 3.11 nuclear power plant disaster," Workshop on "The neuro-turn and us: the history of science and medicine in the age of biomedicine," 東京大学、2014年6月22日
154)「〈遠隔的な知識〉としての死」第15回臨床哲学シンポジウム『生きられる死』、東京大学、2015年12月13日

## 書評

1) Ferenczi Sándor, *Thalassa, psychanalyse des origines de la vie sexuelle*, Payot, 1977.『季刊書評』第5号、1981年
2) F・ダゴニェ『エティエンヌ・ジュール・マレー論』、『比較文学研究』第54号、1988年
3) G・バシュラール『火の詩学』、『信濃毎日新聞』1990年11月18日
4) P・ロッシ『哲学者と機械』、『化学史研究』第18巻第2号、1991年
5) ジェイムズ・バーナウアー『逃走の力』、『情況』1994年7月号
6) 西川富雄監修『シェリング読本』、『図書新聞』第2226号、1994年12月17日
7) J・バルトルシャイティス『鏡』/E・カッシーラー『シンボルとスキエンティア』、『化学史研究』第23巻第1号、1996年
8) J・ロビンソン=ヴァレリー編『科学者たちのポール・ヴァレリー』、『図書新聞』第2300号、1996年7月6日
9) 小松美彦『死は共鳴する』、『図書新聞』第2304号、1996年8月3日
10) F・ダゴニェ『イメージの哲学』、『図書新聞』第2320号、1996年11月30日
11) 森際康友編『知識という環境』の書評、『図書新聞』第2322号、1996年12月14日
12) スティーヴン・J・グールド『八匹の子豚』、『図書新聞』第2326号、1997年1月18日
13) 河合隼雄・佐藤文隆共同編集『現代日本文化論』13巻『日本人の科学』、『図書新聞』第2330号、1997年2月15日

14) 佐々木正人『知性はどこに生まれるか』、『図書新聞』第 2333 号、1997 年 3 月 8 日
15) Ｄ・Ａ・ノーマン『人を賢くする道具』、『図書新聞』第 2336 号、1997 年 4 月 5 日
16) Ｊ・ブーヴレス『ウィトゲンシュタインからフロイトへ』、『週刊読書人』第 2180 号、1997 年 4 月 11 日
17) サンダー・ギルマン『性の表象』『病気と表象』『健康と病』、『図書新聞』第 2340 号、1997 年 5 月 3 日
18) 日高敏隆・竹内久美子『もっとウソを！』、『図書新聞』第 2342 号、1997 年 5 月 24 日
19) ドロシー・ネルキン／M・スーザン・リンディ『ＤＮＡ伝説』、『図書新聞』第 2347 号、1997 年 6 月 28 日
20)「1997 年上半期の収穫から」『週刊読書人』第 2195 号、1997 年 7 月 25 日
21) 吉川弘之監修／田浦俊春・小山照夫編『新工学知』、『図書新聞』第 2351 号、1997 年 7 月 26 日
22) ロビン・ダンバー『科学がきらわれる理由』、『図書新聞』第 2355 号、1997 年 8 月 30 日
23) 茂木健一郎『脳とクオリア』、『図書新聞』第 2359 号、1997 年 9 月 27 日
24) ヴァンダナ・シルバ『緑の革命とその暴力』、『図書新聞』第 2363 号、1997 年 10 月 25 日
25) マイケル・ギボンズ編著『現代社会と知の創造』、『図書新聞』第 2367 号、1997 年 11 月 22 日
26) 伊藤邦武編『コスモロジーの闘争』、『週刊読書人』第 2220 号、1998 年 1 月 30 日
27) 都城秋穂『科学革命とは何か』、『図書新聞』第 2380 号、1998 年 3 月 7 日
28) 桑子敏雄『空間と身体』、『図書新聞』第 2389 号、1998 年 5 月 9 日
29)「1998 年上半期の収穫から」『週刊読書人』第 2245 号、1998 年 7 月 24 日
30) 松本三和夫『科学技術社会学の理論』、『週刊読書人』第 2249 号、1998 年 8 月 28 日

31) 村上陽一郎『安全学』、『週刊読書人』第 2275 号、1999 年 3 月 5 日

32) M・バー編『男たちの知らない女』、『週刊読書人』第 2282 号、1999 年 4 月 23 日

33) 長崎浩『技術は地球を救えるか』、『図書新聞』第 2438 号、1999 年 5 月 22 日

34) I・ハッキング『偶然を飼いならす』、『週刊読書人』第 2294 号、1999 年 7 月 23 日

35)「99 年上半期読書アンケート」『図書新聞』第 2448 号、1999 年 7 月 31 日

36) ブルーノ・ラトゥール『科学が作られているとき』、『科学哲学』第 32 巻第 2 号、1999 年

37) S・ビーダー『グローバルスピン』、『図書新聞』第 2463 号、1999 年 11 月 27 日

38) ブルーノ・ラトゥール『科学が作られているとき』、『科学史研究』第 38 巻第 212 号、1999 年

39)「99 年下半期読書アンケート」『図書新聞』第 2467 号、1999 年 12 月 25 日

40) S・フラー『科学が問われている』、『週刊読書人』第 2336 号、2000 年 5 月 19 日

41) L・ウィナー『鯨と原子炉』、『図書新聞』第 2490 号、2000 年 6 月 17 日

42)「2000 年上半期の収穫から」『週刊読書人』第 2346 号、2000 年 7 月 28 日

43)「2000 年上半期の収穫から」『図書新聞』第 2496 号、2000 年 8 月 5 日

44) D・ハラウェイ『猿と女とサイボーグ』、『週刊読書人』第 2354 号、2000 年 9 月 22 日

45) 高木仁三郎『鳥たちの舞うとき』、『週刊読書人』第 2366 号、2000 年 12 月 15 日

46)「2000 年下半期の収穫から」『図書新聞』第 2515 号、2000 年 12 月 23 日

47) ダナ・ハラウェイ『猿と女とサイボーグ』、『科学史研究』第 39 巻第 216 号、2000 年

48)「2000 年読書アンケート」『みすず』478 号、2001 年 1 月 15 日
49) ロイス・ウィンガーソン『ゲノムの波紋』、『読売新聞』2001 年 1 月 21 日
50) スティーヴ・ハイムズ『サイバネティクス学者たち』、『読売新聞』2001 年 1 月 28 日
51) アラン・リピエッツ『政治的エコロジーとは何か』、『読売新聞』2001 年 2 月 11 日
52) 南木佳士『海へ』、『読売新聞』2001 年 3 月 4 日
53) 佐江衆一『自鳴琴からくり人形』、『読売新聞』2001 年 3 月 11 日
54) 向井承子『脳死移植はどこへ行く 』、『読売新聞』2001 年 3 月 25 日
55) 中沢新一『フィロソフィア・ヤポニカ』、『読売新聞』2001 年 4 月 1 日
56) グレゴリー・ペンス『医療倫理』、『読売新聞』2001 年 4 月 8 日
57) カール・サフィナ『海の歌　人と魚の物語』、『読売新聞』2001 年 4 月 29 日
58) 上野千鶴子編『構築主義とは何か』、『週刊読書人』第 2385 号、2001 年 5 月 4 日
59) ロジャー・シャタック『禁断の知識』、『読売新聞』2001 年 5 月 13 日
60) 村瀬学『哲学の木』、『読売新聞』2001 年 5 月 20 日
61) 桑子敏雄『感性の哲学』、『読売新聞』2001 年 5 月 27 日
62) 荻野美穂『中絶論争とアメリカ社会』、『読売新聞』2001 年 6 月 3 日
63) 最相葉月『青いバラ』、『読売新聞』2001 年 6 月 10 日
64) レイ・カーツワイル『スピリチュアル・マシーン』、『読売新聞』2001 年 6 月 24 日
65) ジークムント・バウマン『リキッド・モダニティ』、『読売新聞』2001 年 7 月 22 日
66)「2001 年上半期の収穫から」『週刊読書人』第 2397 号、2001 年 7 月 27 日
67) ジョナサン・ビーチャー『シャルル・フーリエ伝』、『読売新聞』2001 年 7 月 29 日
68)「2001 年上半期読書アンケート」『図書新聞』第 2544 号、2001

年8月4日
69) 近藤誠・日垣隆ほか『死の準備』、『読売新聞』2001年8月5日
70) 粥川準二『人体バイオテクノロジー』、『週刊読書人』第2399号、2001年8月10日
71) ドミニック・オフレ『評伝アレクサンドル・コジェーヴ』、『読売新聞』2001年8月19日
72) 西村肇、岡本達明『水俣病の科学』、『読売新聞』2001年9月2日
73) エリック・シュローサー『ファストフードが世界を食いつくす』、『読売新聞』2001年9月23日
74) 最相葉月『青いバラ』、『感性哲学』第1号、2001年
75) マーガレット・アトウッド『寝盗る女』、『読売新聞』2001年9月30日
76) 青山潤三『世界遺産の森　屋久島』、『読売新聞』2001年10月7日
77) 村上龍『最後の家族』、『読売新聞』2001年10月14日
78) ポパー哲学研究会編『批判的合理主義』第1巻、『週刊読書人』第2408号、2001年10月19日
79) ディヴィッド・クーパー、ロバート・ランザ『異種移植とはなにか』、『読売新聞』2001年10月28日
80) シェルドン・クリムスキー『ホルモン・カオス』、『読売新聞』2001年11月4日
81) ヘンリー・ペトロスキー『橋はなぜ落ちたのか』、『読売新聞』2001年11月11日
82) 御輿久美子ほか『人クローン技術は許されるか』、『読売新聞』2001年11月18日
83) 平澤正夫『超薬アスピリン』、『読売新聞』2001年11月25日
84) デボラ・ブラム『なぜサルを殺すのか』、『読売新聞』2001年12月16日
85)「2001年下半期読書アンケート」『図書新聞』第2563号、2001年12月22日
86)「2001年私のベスト3」『読売新聞』2001年12月23日
87) ジョナサン・ビーチャー『シャルル・フーリエ伝』、『科学史研究』第40巻第220号、2001年

88) ユーリー・ストヤノフ『ヨーロッパ異端の源流』、『読売新聞』2002 年 1 月 13 日
89)「2001 年読書アンケート」『みすず』第 490 号、2002 年
90) 森岡正博『生命学に何ができるか』、『読売新聞』2002 年 1 月 20 日
91) 福島真人『暗黙知の解剖』、『週刊読書人』第 2421 号、2002 年 1 月 25 日
92) 安保徹『医療が病いをつくる』、『読売新聞』2002 年 2 月 17 日
93) 植村恒一郎『時間の本性』、『読売新聞』2002 年 2 月 24 日
94) ロンダ・シービンガー『ジェンダーは科学を変える !?』、『読売新聞』2002 年 3 月 3 日
95) 森部一編『文化人類学を再考する』、『読売新聞』2002 年 3 月 10 日
96) ロジャー・ゴスデン『デザイナー・ベビー』、『読売新聞』2002 年 3 月 17 日
97) グレアム・スウィフト『ウォーターランド』、『読売新聞』2002 年 3 月 31 日
98) 橋本毅彦『〈標準〉の哲学』、『読売新聞』2002 年 4 月 14 日
99) 江原由美子『自己決定権とジェンダー』、『読売新聞』2002 年 5 月 5 日
100)L・ジープ、K・バイエルツ、M・クヴァンテ『ドイツ応用倫理学の現在』、『読売新聞』2002 年 5 月 12 日
101) 山口節郎『現代社会のゆらぎとリスク』、『読売新聞』2002 年 5 月 26 日
102) ペリー・アンダーソン『ポストモダニズムの起源』、『読売新聞』2002 年 6 月 9 日
103) 和田敦彦『メディアの中の読者』、『読売新聞』2002 年 6 月 30 日
104) ボリア・サックス『ナチスと動物』、『読売新聞』2002 年 7 月 14 日
105) 松本哉『寺田寅彦は忘れた頃にやって来る』、『読売新聞』2002 年 7 月 21 日
106)「2002 年上半期の収穫から」『週刊読書人』第 2447 号、2002 年 7 月 26 日

107) ミゲル・デリーベス『異端者』、『読売新聞』2002 年 7 月 28 日
108) 薬師院仁志『地球温暖化論への挑戦』、『ifeel』第 21 号、2002 年
109)「2002 年上半期の収穫から」『図書新聞』第 2592 号、2002 年 8 月 3 日
110) マクシム・シュワルツ『なぜ牛は狂ったのか』、『読売新聞』2002 年 8 月 4 日
111) トム・カークウッド『生命の持ち時間は決まっているのか』、『読売新聞』2002 年 8 月 11 日
112) 大橋健二『反近代の精神　熊沢蕃山』、『読売新聞』2002 年 9 月 1 日
113) リチャード・ローティ『リベラル・ユートピアという希望』、『読売新聞』2002 年 9 月 15 日
114) 小俣和一郎『ドイツ精神病理学の戦後史』『近代精神医学の成立』、『週刊読書人』第 2454 号、2002 年 9 月 20 日
115) 村上義雄『人間　久野収』、『読売新聞』2002 年 10 月 6 日
116)R・E・タンジ、A・B・パーソン『痴呆の謎を解く』、『読売新聞』2002 年 10 月 20 日
117) 二宮陸雄『インスリン物語』、『読売新聞』2002 年 10 月 27 日
118) バンダナ・シバ『バイオパイラシー』、『ifeel』第 22 号、2002 年
119) 林真理『操作される生命』、『読売新聞』2002 年 11 月 10 日
120) 小川隆夫『マイルス・デイヴィスの真実』、『読売新聞』2002 年 11 月 17 日
121) 山口裕之『コンディヤックの思想』、『読売新聞』2002 年 12 月 1 日
122) 山口裕之『コンディヤックの思想』、『週刊読書人』第 2466 号、2002 年 12 月 13 日
123) 小松美彦『対論　人は死んではならない』、『読売新聞』2002 年 12 月 15 日
124)「2002 年私のベスト 3」『読売新聞』2002 年 12 月 22 日
125) トール・ノーレットランダーシュ『ユーザー・イリュージョン』、『ifeel』第 23 号、2003 年
126)「2002 年読書アンケート」『みすず』第 502 号、2003 年
127) 安保徹・無能唱元『免疫学問答』、『週刊読書人』第 2479 号、

2003 年 3 月 21 日
128) フランシス・フクヤマ『人間の終わり』、『ifeel』第 24 号、2003 年
129)「2003 年上半期 3 冊」『週刊読書人』第 2497 号、2003 年
130) J・ブーヴレス『アナロジーの罠』、『図書新聞』第 2641 号、2003 年 8 月 9 日
131) 重田園江『フーコーの穴』、『週刊読書人』第 2511 号、2003 年 11 月 7 日
132)「2003 年読書アンケート」『みすず』第 513 号、2004 年 2 月 1 日
133) 金子勝・児玉龍彦『逆システム学』、『週刊読書人』第 2531 号、2004 年 4 月 2 日
134)「2004 年上半期 3 冊」『週刊読書人』第 2547 号、2004 年 7 月 30 日
135) マス・レヴェンソン『錬金術とストラディヴァリ』、『日本経済新聞』2004 年 9 月 19 日
136) 伊勢田哲治『認識論を社会化する』、『日経サイエンス』2004 年 10 月号
137) パラケルスス『奇蹟の医の糧』、『週刊読書人』第 2566 号、2004 年 12 月 10 日
138)「2004 年下半期の 3 冊」『図書新聞』第 2707 号、2004 年 12 月 25 日
139)「2004 年読書アンケート」『みすず』第 524 号、2005 年 2 月 1 日
140) 池田清彦『生きる力、死ぬ能力』、『図書新聞』第 2714 号、2005 年 2 月 19 日
141) 金子務『オルデンバーグ』、『日本経済新聞』2005 年 4 月 17 日
142)「2005 年上半期 3 冊」『週刊読書人』第 2597 号、2005 年 7 月 29 日
143) ベルトラン・ジル『ルネサンスの工学者たち』、『週刊読書人』第 2604 号、2005 年 9 月 16 日
144) ジェイムズ・グリック『ニュートンの海』、『日本経済新聞』2005 年 9 月 18 日
145) D・ヒーリー『抗うつ薬の功罪』、『週刊読書人』第 2606 号、

2005 年 9 月 30 日
146) ナタリー・アンジェ『女性のからだの不思議』、『からだの科学』第 245 号 , 2005 年
147) デイヴィッド・ムーア『遺伝子神話の崩壊』、『高知新聞』2005 年 12 月 18 日ほか
148)「2005 年下半期読書アンケート」『図書新聞』第 2755 号、2005 年 12 月 24 日
149)「2005 年読書アンケート」『みすず』第 535 号、2006 年
150) マーシャ・エンジェル『ビッグ・ファーマ』、『週刊読書人』第 2627 号、2006 年 3 月 3 日
151) 島薗進『いのちの始まりの生命倫理』、『図書新聞』第 2767 号、2006 年 3 月 25 日
152) エドマンド・ブレア・ボウルズ『氷河期の「発見」』、『日本経済新聞』2006 年 5 月 28 日
153) ジュリアン・パジーニ、ジェレミー・スタンルーム『哲学者は何を考えているのか』、『週刊読書人』第 2646 号、2006 年 7 月 21 日
154)「2006 年上半期三冊」『週刊読書人』第 2647 号、2006 年 7 月 28 日
155)「2006 年上半期読書アンケート」『図書新聞』第 2784 号、2006 年 7 月 29 日
156) デイヴィッド・R・ウォレス『哺乳類天国』、『日本経済新聞』2006 年 8 月 27 日
157) 島薗進『いのちの始まりの生命倫理』、『宗教研究』第 80 巻第 349 号、2006 年
158) エイミー・B・グリーンフィールド『完璧な赤』、『日本経済新聞』2006 年 12 月 10 日
159)「2006 年下半期読書アンケート」『図書新聞』第 2803 号、2006 年 12 月 23 日
160) ミッシェル・セール『人類再生』、『日本経済新聞』2007 年 1 月 21 日
161)「2006 年読書アンケート」『みすず』第 546 号、2007 年
162) 桜井徹『リベラル優生主義と正義』、『週刊読書人』第 2675 号、2007 年 2 月 16 日

163) 山本義隆『一六世紀文化革命』、『週刊読書人』第 2691 号、2007 年 6 月 8 日
164) 美馬達哉『〈病〉のスペクタクル』、『図書新聞』第 2827 号、2007 年 6 月 30 日
165)「2007 年上半期三冊」『週刊読書人』第 2698 号、2007 年 7 月 27 日
166)「2007 年上半期読書アンケート」『図書新聞』第 2831 号、2007 年 7 月 28 日
167) カイ・バード、マーティン・シャーウィン『オッペンハイマー』、『日本経済新聞』2007 年 8 月 26 日
168) 香川知晶『死ぬ権利』、『フランス哲学・思想研究』第 12 号、2007 年
169) 鈴木貞美『生命観の探究』、『図書新聞』第 2839 号、2007 年 9 月 29 日
170) D・ボダニス『エレクトリックな科学革命』、『日本経済新聞』2007 年 10 月 7 日
171) 町田宗鳳・島薗進編『人間改造論』、『図書新聞』第 2846 号、2007 年 11 月 17 日
172) 河野哲也『善悪は実在するか』、『週刊読書人』第 2715 号、2007 年 11 月 30 日
173)「2007 年下半期読書アンケート」『図書新聞』第 2851 号、2007 年 12 月 22 日
174)「2007 年読書アンケート」『みすず』第 557 号、2008 年
175) 原克『流線形シンドローム』、『日本経済新聞』2008 年 3 月 23 日
176)『岩波講座 哲学』05『心／脳の哲学』、『週刊読書人』第 2743 号、2008 年 6 月 20 日
177)「2008 年上半期三冊」『週刊読書人』第 2748 号、2008 年 7 月 25 日
178)「2008 年上半期読書アンケート」『図書新聞』第 2880 号、2008 年 8 月 2 日
179) フェリペ・フェルナンデス＝アルメスト『人間の境界はどこにあるのだろう？』、『日本経済新聞』2008 年 9 月 7 日
180) ブルーノ・タトウゥール『虚構の「近代」』、『週刊読書人』第

2758号、2008年10月10日
181)「2008年下半期読書アンケート」『図書新聞』第2899号、2008年12月27日
182) ジョン・H・リーンハード『発明はいかに始まるか』、『日本経済新聞』2008年12月21日
183)「2008年読書アンケート」『みすず』第568号、2009年
184) 福岡伸一『動的平衡』、『週刊読書人』第2781号、2009年3月27日
185) フィリップ・ド・ラ・コタルディエールほか『ジュール・ヴェルヌの世紀』、『日本経済新聞』2009年4月26日
186)「2009年上半期読書アンケート」『図書新聞』第2927号、2009年7月25日
187)「2009年上半期三冊」『週刊読書人』第2798号、2009年7月31日
188) 最相葉月『ビヨンド・エジソン』、『週刊読書人』第2809号、2009年10月16日
189) 藤川信夫『教育における優生思想の展開』、『近代教育フォーラム』第18号、2009年.
190)「2009年下半期読書アンケート」『図書新聞』第2947号、2009年12月26日
191)「2009年読書アンケート」『みすず』第579号、2010年
192) スティーヴン・バートマン『ハイパーカルチャー』、『日本経済新聞』2010年6月13日
193)「2010年上半期3冊」『週刊読書人』第2848号、2010年7月23日
194)「2010年上半期読書アンケート」『図書新聞』第2975号、2010年7月24日
195) マイケル・J・サンデル『完全な人間を目指さなくてもよい理由』、『週刊読書人』第2861号、2010年10月22日
196) 大澤真幸『量子の社会哲学』、『日本経済新聞』2010年10月31日
197) マット・リドレー『繁栄』、『週刊読書人』第2868号、2010年12月10日
198) ジェームズ・ロバート・ブラウン『なぜ科学を語ってすれ違う

のか』、『日本経済新聞』2010 年 12 月 19 日
199）「2010 年下半期の 3 冊」『図書新聞』第 2995 号、2010 年 12 月 25 日
200）「2010 私の 3 冊」『東京新聞』2010 年 12 月 26 日
201）「2010 年読書アンケート」『みすず』第 590 号、2011 年
202）ジョン・ボードマン『ノスタルジアの考古学』、『日本経済新聞』2011 年 3 月 6 日
203）檜垣立哉編『生権力の現在』、『週刊読書人』第 2884 号、2011 年 4 月 8 日
204）隠岐さや香『科学アカデミーと「有用な科学」』、『図書新聞』第 3009 号、2011 年 4 月 9 日
205）ロベルト・エスポジト『三人称の哲学』、『図書新聞』第 3014 号、2011 年 5 月 21 日
206）「2011 年上半期三冊」『週刊読書人』第 2898 号、2011 年 7 月 22 日
207）「2011 年上半期読書アンケート」『図書新聞』第 3023 号、2011 年 7 月 23 日
208）フレデリック・カプラン『ロボットは友だちになれるか』、『日本経済新聞』2011 年 7 月 31 日
209）キティ・ファーガソン『ピュタゴラスの音楽』、『日本経済新聞』2011 年 10 月 16 日
210）小坂洋右『人がヒトをデザインする』、『週刊読書人』第 2913 号、2011 年 11 月 4 日
211）「2011 年下半期の 3 冊」『図書新聞』第 3043 号、2011 年 12 月 24 日
212）市田良彦・王寺賢太・小泉義之・絓秀実・長原豊『脱原発「異論」』、『週刊読書人』第 2921 号、2012 年 1 月 6 日
213）「2011 年読書アンケート」『みすず』第 601 号、2012 年
214）エティエンヌ・ボノ・ド・コンディヤック『動物論』、『図書新聞』第 3048 号、2012 年 2 月 4 日
215）原克『白物家電の神話』、『日本経済新聞』2012 年 4 月 22 日
216）山下恒男『近代のまなざし』、『週刊読書人』第 2938 号、2012 年 5 月 11 日
217）保阪正康『日本の原爆』、『日本経済新聞』2012 年 6 月 24 日

218)「2012 年上半期読書アンケート」『図書新聞』第 3071 号、2012 年 7 月 21 日
219)「2012 年上半期三冊」『週刊読書人』第 2949 号、2012 年 7 月 27 日
220) 渡辺哲夫『フロイトとベルクソン』、『週刊読書人』第 2953 号、2012 年 8 月 24 日
221) ミチオ・カク『2100 年の科学ライフ』、『日本経済新聞』2012 年 11 月 11 日
222) 廣重徹著・吉岡斉解説『戦後日本の科学運動』、『図書新聞』第 3088 号、2012 年 12 月 1 日
223)「2012 年下半期読書アンケート」『図書新聞』第 3091 号、2012 年 12 月 22 日
224)「2012 年読書アンケート」『みすず』第 611 号、2013 年
225) ジェイムズ・グリック『インフォメーション』、『日本経済新聞』2013 年 3 月 10 日
226) 島薗進『つくられた放射線「安全」論』、『週刊読書人』第 2984 号、2013 年 4 月 5 日
227) マンジット・クマール『量子革命』、『日本経済新聞』2013 年 5 月 5 日
228)「2013 年上半期読書アンケート」『図書新聞』第 3119 号、2013 年 7 月 20 日
229)「2013 年上半期三冊」『週刊読書人』第 2999 号、2013 年 7 月 26 日
230) グレゴリー・クレイズ『ユートピアの歴史』、『週刊読書人』第 3008 号、2013 年 9 月 27 日
231) リサ・ランドール『宇宙の扉をノックする』、『日本経済新聞』2013 年 12 月 15 日
232)「2013 年下半期読書アンケート」『図書新聞』第 3139 号、2013 年 12 月 21 日
233)「2013 年読書アンケート」『みすず』第 623 号、2014 年 .
234) ヘンリー・ニコルズ『パンダが来た道』、『日本経済新聞』2014 年 3 月 2 日
235) ジャン = ピエール・デュピュイ『聖なるものの刻印』、『週刊読書人』第 3030 号、2014 年 3 月 7 日

236) ピーター・H・ディアマンディス、スティーヴン・コトラー『楽観主義者の未来予測』、『日本経済新聞』2014 年 3 月 30 日
237) チップ・ウォルター『人類進化 700 万年の物語』、『日本経済新聞』2014 年 5 月 11 日
238)「ロバート・M・サポルスキー『サルなりに思い出す事など』、『日本経済新聞』2014 年 6 月 22 日
239) ティム・インゴルド『ラインズ』、『週刊読書人』第 3046 号、2014 年 7 月 4 日
240)「2014 年上半期読書アンケート」『図書新聞』第 3167 号、2014 年 7 月 19 日
241)「2014 年上半期三冊」『週刊読書人』第 3049 号、2014 年 7 月 25 日
242) エレーヌ・ミアレ『ホーキング Inc.』、『日本経済新聞』2014 年 7 月 27 日
243) ジョー・マーチャント『ツタンカーメン 死後の奇妙な物語』、『日本経済新聞』2014 年 10 月 19 日
244)「2014 年下半期読書アンケート」『図書新聞』第 3187 号、2014 年 12 月 20 日
245)) クリストファー・ボーム『モラルの起源』、『日本経済新聞』2015 年 1 月 4 日
246)「2014 年読書アンケート」『みすず』第 634 号、2015 年
247)「2015 年上半期読書アンケート」『図書新聞』第 3215 号、2015 年 7 月 18 日
248)「2015 年上半期三冊」『週刊読書人』第 3099 号、2015 年 7 月 24 日
249)) クリストファー・ボーム『モラルの起源』、『図書新聞』第 3229 号、2015 年 11 月 7 日
250) マーティン・フォード『ロボットの脅威』、『日本経済新聞』2015 年 12 月 6 日
251)「2015 年読書アンケート」『みすず』第 645 号、2016 年

## 大学院ゼミ課題

2005 年度：遺伝子がもたらす文化的・哲学的・倫理的問題群
2006 年度：ユートピア／ディストピア論

2007 年度：フーコー『安全性・領土・人口』
2008 年度：フランスの教育哲学
2009 年度夏：知識論・学問論の古典をめぐる初歩的な文献案内ならびに読解の訓練
2009 年度冬：デューイ『経験としての芸術』
2010 年度：フーコー『主体の解釈学』
2011 年度：ゴシック小説
2012 年度：大学の思想史
2013 年度：カッシーラー『認識問題』
2014 年度：デューイ『経験としての芸術』
2015 年度：シュスターマン『プラグマティズムと哲学の実践』、*Thinking through the Body: Essays in Somaesthetics.*
2016 年度：シュスターマン（前年度から継続）

（作成者＝稲田祐貴）

# ノモス主権への法哲学

法の窮極に在るもの
法の窮極にあるものについての再論
数の政治と理の政治

**尾高朝雄**

書肆心水

# ノモス主権への法哲学　目　次

## 法の窮極にあるものについての再論

# 数の政治と理の政治

# ノモス主権への法哲学

# 凡　例

本書は尾高朝雄著『法の窮極に在るもの（新版）』（一九六五年、有斐閣刊〔初版一九四七年、新版初刷一九五五年〕）『法の窮極にあるものについての再論』（一九四九年、勁草書房刊）『数の政治と理の政治』（一九四八年、東海書房刊）を合冊化したものであり、「ノモス主権への法哲学」の書名は本書刊行所によるものである。

本書は新漢字標準字体で表記した。「聯」は旧漢字ではないが、『法の窮極に在るもの』の一九六五年再版第一刷が新漢字表記にあらためられた際にあわせて「連」に置き換えられた。現今一般に「連」のほうが用いられることでもあり、また「国際連合」「国際連盟」の語で本書中に頻出することでもあり、本書でも「連」に置き換えて表記した。

漢字の字形以外は原則として元本の表記のままであるが、ごく一部の表記――「もとずく（基く）」「つずく（続く）」「かういう」「いふ」など――は現今標準の仮名遣いに置き換え、著者同時代の引用文における仮名遣いも現今標準の仮名遣いに置き換えた。ごく明らかな誤記と誤植は特にそれと示すことなく訂正した。些細な不統一（「各《おのおの》」と「各々《おのおの》」など）はそのままに表記した。

索引は本書刊行所が独自に作成した。

# 法の窮極に在るもの

# 新版へのはしがき

この本は、戦争の末期から終戦直後の窮迫の時期にかけての産物である。混乱の時代には、法の権威が薄らいで、政治の力が幅を利かす。その中にあって、私は、なおかつ法は政治の矩としての役わりを演ずるものと考え、その趣旨にもとづくいくつかの論文を書いた。戦争が終わってまもなく、有斐閣で「法学選書」を出す計画がすすめられ、私もその一つを担当することとなったので、それらの論文を組みあわせ、これを一つの構想の下にまとめて、この本に書き上げたのである。力に走り、法を破ってはばからなかった日本が、そのむくいを苦難のどん底で味わっていたころの反省の一端が、私のつたない思索を通じて、この一篇を生み出したものといってよい。

そのときから、十年の歳月が流れた。しかし、この本の中で論ぜられている問題は、平和と再建の時代にも無用に帰すべき性質のものではない。さいわいにして、読書界にはいまでも需要があるというので、有斐閣のすすめにしたがい、縮冊の形に装を改めて、かさねて世に問うこととする。もちろん、内容や文章に不備な点は多々あるけれども、手を加えると、かえってこれを書きおろしたときの調子がくずれると思うので、新かなづかいに改めたほか、表現、用語も、法律の引用も、すべてもとのままにしておいた。ただ読者の便を考え、事項索引、人名索引を付した。これを大きく書き改めて、法哲学の根本原理の再探究を試みることは、別途の仕事に期したいと思っている。

昭和三十年二月二十日

尾高　朝雄

# はしがき

この数年間、著者が最も力を注いで来たのは、法と政治の関係の問題であった。実定法の現象を考察すると、法は政治によって作られるし、また、しばしば政治によって破られる。それを見ると、法の窮極に在るものは政治の力であると考えざるを得ないようになる。単に、法そのものが政治の力によって動かされるばかりではない。それにつれて、法を研究する学問も、政治に対する客観性を維持することができなくなって、政治動向への追随に浮身をやつすようになる。しかし、かくては、法も法学も政治の傀儡に堕してしまう外はない。こういう趨勢に対して、何とかして法および法学の確乎たる自主性を基礎づける道はあるまいか。——それが、昼夜を問わず著者の脳裡から離れない主題であった。

本書は、この主題について書いたいくつかの論文を解きほぐし、それに、残された重要な問題に関する部分を新たに書き加え、全体として一応のまとまりをつけたものである。新たに書き加えた部分には、唯物史観に対する批判があり、国際法の根本理念についての考察がある。ともに、著者の力に余る大問題である。しかし、政治の圧力がいかに強大であっても、経済の法則がいかに一切のイデオロギイを無視して作用するように見えても、その更に根底には、政治の矩となり、経済に方向を与えるところの法の理念が厳存するという著者の信念は、つたないながらに全篇を通じて表現されているであろう。

政治が法を破って恬として省みないというのは、第二次世界大戦終結にいたるまでの大きな風潮であった。独裁主義の政治動向が昂然として民主主義的法治国家の法を破り、いわゆる枢軸側の国々が嵩にかかって国際法を破ってその政治目的の達成を図ったごとき、それである。戦争の結果は、こうした傾向に一つの終止符を打った。法を破る必然性を力説する点ではむしろ急先鋒というべき共産主義も、「合法的」な枠の中でその活動をつづけるという態度に帰着しつつある。国内の矯激な政治動向に法を破る権利を認めるならば、同じ政治動向が更に国際法を破って武力を行使することに、同様に理由があるということになって来る。そうした考え方を一掃することは、法の権威をば高め、平和の基礎を確立するための根本前提である。しかしながら、法の権威がふたたび確立された今日こそ、ひるがえって法自らの徹底した反省が行なわれなければならない。そうした問題について関心を有する読者諸賢にとって、本書に何らかの参考となる点があるならば、著者の本懐これに過ぐるものはないであろう。

本書の稿が漸く成ろうとしていた頃、著者がウィインで一方ならない学恩を受けたケルゼン教授からの絶えて久しい音信が、未知の朝鮮の新進法学者・黄聖秀氏によってもたらされた。ケルゼン教授はナチスの圧迫を受けてアメリカに移り、目下バアクレイのカリフォルニア大学に在任しておられ、黄氏はその下に在って法学および政治学の研究をつづけて来られたのである。進駐軍に随伴して帰国の途に就こうとする黄氏にあてどもなく託された恩師のこの音信は、国際的な文化の交流から全く遮断されていた日本の一学究に、いかに大きな歓喜と激励とを与えたことであろうか。著者は、ケルゼン教授の純粋法学に必ずしも全面的に帰依する者ではなく、本書の中でも随所に純粋法学に対する批判を試みている。しかし、あらゆる政治の圧迫に毅然として対抗し、終始変わらず法および法学の自立性を擁護するために戦いぬいて来られた教授の崇高な学者的態度に対しては、改めて心からなる畏敬の念を捧げないではおられない。

戦争中、著者は去るに忍びぬ朝鮮を去って、京城帝国大学から東京帝国大学に移った。その朝鮮もいまは日本から離れて、受難の環境の中に建国の大業を目ざして雄々しく起ち上りつつある。著者はその名も京城大学と改められた過去一六年間の職場に対して断ち切り難い愛着を感じ、朝鮮の最高学府としてのその健やかな発展を祈ると同時に、あくまでも客観的な真理第一主義を以てこれまでの歴史を貫き、したがって、今日もまた著者の身辺を純粋に学問的な雰囲気をもって包んでくれている東京帝国大学法学部に、尽きない感謝を覚える。

本書は、有斐閣の「法学選書」の第一篇として公刊される光栄を担った。校正を終わるに当たって、有斐閣主人江草四郎氏をはじめ、本書の刊行に尽力せられた鈴木善一郎氏その他の各位に対して、衷心の謝意を表する次第である。

昭和二十一年十二月二十五日

尾高　朝雄

# 緒論　法の窮極に在るものは何か

## 一　考察の出発点

法と人間生活との間には、考えれば考えるほど深い関係がある。一片の法規の有無は、人間の吉凶禍福を、いな人間の生死をさえも左右することがある。例えば、日本民法第一条の「私権ノ享有ハ出生ニ始マル」という規定は、一見しただけでは、別段深い意味があるとは思われない。しかし、この規定によって、人はすべて権利能力者であり、権利能力のない奴隷は存在しない、という原則が示されている。この原則は、一方からいえば、人間解放の趣旨に立脚するが、他方からいえば、法制上の人間解放だけで片づけて、経済上の解放の裏づけをともなわないのは欺瞞である、というはげしい論難の的ともなっているのである。また、日本では、主として共産主義運動を弾圧するために、治安維持法という法律が大正一四年に制定され、終戦後廃止された。この法律のあるとないとで、社会思想家や社会運動の闘士の運命にいかにきびしい明暗の双曲線が描きいだされたかは、今日だれしもの痛切に知るところである。兵役法にもとづく赤紙の召集令状一枚で人はいかに大きなショックを受けたことか。金融緊急措置令が発表されたとき、どれだけ多くの人々が狼狽し、狂奔したことか。憲法一箇条の改廃は国家の相貌を一変せしめるに足りる。法の人間生活におよぼす影響力は、まことに測り知れないものがあるといわなければならない。

法は人生にかように大きな影響をおよぼすものであるから、法の良し悪しは常に深刻な論議の対象となる。各方面にわたって法の大規模な変革が行なわれつつある今日において、殊にしかりである。例えば、家族の関係は法によって詳しく規定されているが、その根本方針としては家という共同体を本位とするのがよいのか、家を廃して個人本位にするのがよいのか。日本のような家族制度は淳風美俗なのか、封建時代の遺物なのか。容易に解決し得る問題ではない。また、例えば、個人の財産権は憲法の保障するところであるが、所有権は権利としての保護に重点を置くべきか、社会信託的な義務の面を強調すべきか、すすんで、これに大いに公法上の制限を加える必要があるのか。制限するとすれば、いかなる方法によりどの程度まで制限すべきものなのか。生産財貨は国家の管理に移すべきであるのか。特に土地は国有とするのが至当であるのか、正に白熱の論争の的となるべき問題である。あるいは、契約自由の原則のごときも、いまどき啓蒙期の自然法論のように国家による干渉をなるべく排除することを理想とする者はないとしても、さりとてこれを統制法の金縛りにしてしまうのがよいとは決していえないであろう。ナチス・ドイツの学者さえ、経済活動の流動性と創意性とを重んずる立場から、ある限度の契約の自由は認めなければならないと論じた。自由か統制か。どこまでの自由の制限か、どこに統制の限界を置くべきか。これまた国民経済上の福祉と至大の関係を有する重要な論点である。

更にすすんで、国家という制度そのものの是非・善悪となると、問題は一層複雑・重大となる。国家は一つの法制度である。国家は法によって組織された国民生活共同体である。この巨大な法制度については、古くから氷炭相容れざる両極端の考え方が対立している。すなわち、積極の尖端には、国家を人倫の理念の最高の具現と見る国家至上主義があり、消極の先鋒には、国家をあらゆる人間邪悪の根源としてその廃絶を主張する無政府主義がある。しかし、それは別として、その両極端の間にも、国家の価値をどこまで肯定し、国家の機能をどの程度まで拡張しようとするかについては、世界観の相違によってさまざまな段階がある。今日の日本のように、戦時中の国家至上主義が敗戦によって国民の胸奥とのつながりを絶たれたあとでは、逆に国家の比重を軽く見る思想に走り易い。しかし、他面また、国内の逼迫した事情からいえば、経済生活を色々な点で高度に社会化して行く必要がある。それには、国家の権力による一貫した統制を行なわなければならない。さてしからば、今後の国民生活に対して国家の枠を大いにゆるめるべきであろうか。――個人の自覚のために、世界人としての教養を高めるために、はたまた超国家的な世界組織の建設にむかって一歩をすすめるために。あるいは、国家から離れ去ろうとする人心に対して、もう一度国家の組織力の強化を図るべきであろうか。――国民共同体の統一を確保するために、国民が精神上の無国籍人と化するのを防ぐために、はたまた道徳・経済・文化の再建にむかって国民の足並みを揃えて行くために。これらの二つの方向と密接に結びついて、天皇制の意義をどこに求むべきかの問題がある。更に、国会中心民主主義の一本槍で進むべきか、政府の執行権を強める工夫が必要ではないのか、行政機構の中央集権か地方分権か、等の諸問題も、これにともなって切実な法的価値判断の対象となって来る。

最後に、国家を超越する今後の世界構造の問題もまた、いまだかつてない真剣さを以て全人類の関心事となりつつある。

その当面の焦点が国際連合に存することは、いうまでもない。国際連合は、第一次大戦後の国際連盟に比して色々な点でたしかに強力である。したがって、将来の国際平和維持のために国際連盟よりもはるかに効果のある活動を行なうであろうことが期待される。しかし、国際連合も、やはり国際連盟と同じように、世界が多くの独立の主権国家から成り立っているという前提から出発する。そうして、それらの主権国家の間の協定をその組織原理としている。さような主権国家を単位とする国際組織がはたして真の平和の保障たり得るか否かは、依然として疑問である。主権国家相互の間の協定や条約は、国家がそれを守ることに利益を認めている間だけ守られるということは、過去の国際法が骨身にしみて体験して来たところだからである。そこで、主権国家の概念を否定し、各国家をば高度の自治性を有する地域行政団体の地位にまで引き下げ、以て人類全体を単一の世界連邦に統合するのでなければ、恒久平和はあり得ないという議論が成り立つ。しかしながら、かかる世界連邦が現在または近い将来の歴史の段階においてはたして実現可能であろうか。よしんばそれが実現可能であるとしても、さような世界連邦によって複雑・微妙な諸民族の利害関係を確実に調整して行くことができるかどうか。むしろ、各国家の独立性を認め、法の前でのその平等を原則としつつ、現実政治の面ではきわめて少数の強大国がヘゲモニイを掌握し、世界警察の任務を担当するという組織の方が、かえって平和のための有効な保障たり得るのではないか。かような将来の世界構造の構想をめぐって、これからの国際法または世界法をいかに建設するかが、人類当面の大問題として提起されているのである。

これらの多岐・複雑な問題を解決するための努力は、二つの方向にむかってすすめらるべきであろう。その一つは特殊化の方向であり、他の一つは一般化の方向である。一方からいうと、これらの問題の一つ一つを論究するためには、それぞれ特殊化した専門の知識と研究とを必要とする。家族の問題、所有権の問題、契約の問題は、いずれも民法の領域に属するが、そのおのおのが更に色々と特殊の問題を派生せしめる。家族の問題にしても、都会生活者の家族と農業経済単位としての家族とでは同日に談ずべからざるところが多いであろう。所有権にしても、農地の所有権などになると、農業経済学上の精密な研究と結びつけてこれを検討することが必要であろう。契約となると、借地借家の関係、小作契約・労働契約の関係など、いよいよ特殊の事実に立ち入って立論しなければならなくなるであろう。国家の問題、国際法の問題、いずれも同様に特殊・具体の観点に立って考察して行くのでなければ、正しい解決のいとぐちを見出すことはできないであろう。

しかしながら、それらの問題は、一方ではいかに特殊化した研究を必要とするものであっても、その根本において同じ

「法」の問題であるという一般性を有する。したがって、その解決のためには、他方また一般化の方向にむかっての、すなわち、法一般の根本原理の方向にむかっての、突っこんだ考察をすすめて行かなければならない。ここに「突っこんだ」考察というのは、問題の皮相面にとどまることを許さないという意味である。もしくは、概念や論理の綺麗ごとを以て片づけることのできないという意味である。単なる法の形態論ではなく、法の存立の根本にまでさかのぼる論究のことである。実定法に対する評価の最高の規準は何であるか。実定法を動かし、実定法を破り、法を破ったあとに新たな法を作り出す力はいかなるものであるか。それは、法とは異なる力であるのか、あるいはやはり法的な力であるのか。そういうところにまで吟味のメスを深く入れて行こうとする考察のことである。要するに、それは「法の窮極に在るもの」の論究である。一方で、ますます具体・個別の現象領域に立ち入る実定法学の特殊研究が真剣にすすめられているとき、他面これと相呼応しつつ、法一般の窮極に在るものにまでさかのぼる論究を行なうことは、法の根本原理の学たる法哲学の任務でなければならない。

## 二　法の本質・法の形相・法の理念

一般に用いられている法哲学の言葉を以てするならば、ここに論じようとする法の窮極に在るものは、「法の本質」であるといってもよい。法の窮極に在るものは、法をしてまさに法たらしめているもの、それを度外視しては法を考えることのできぬもの、それなくしては法が法として存在し得ないもの、すなわち、法の本質に外ならないのである。

けれども、もしも人が単なる論理的な捨象の手つづきによって法の概念を抽出し、これを法の本質と呼ぼうとするならば、さような意味での法の本質は、ここにいうところの法の窮極に在るものではない。まして、人が多様な法現象の異を去り、同を採り、法と呼ばれるものの類概念を構成してみたところで、それによって、法を法たらしめている根源が示されたことにはならない。法の特質、例えば、法は対人関係の行為の規律であるとか、あるいは、法は強制の契機とむすびついた規範であるとかいうような特質をとらえて、それによって法という対象を明確に見さだめ、法を法以外の対象から明らかに区別することも、学問の仕事として重要な意味をもたないわけではない。しかし、概念上いかに完全に法たる特質を備えている規範が「規範意味」の世界に存在していても、もしもそれが実在する人間の関係を有効に規律する力をもたないならば、それは実際には法ではないのである。法たる効力のない規範は空文である。効力の根拠から切りはなされた法規範の構造をいかに精細に分析してみたところで、それは概念と論理の綺麗ごとであるにすぎない。故に、法の窮極に在るものを法の本質と呼ぶならば、その法の本質は、普通の法哲学にいわゆる法概念論とは全く別個の角度から探究されなければならない。

すなわち、法の窮極に在るところの法の本質は、法の根底に在って法を動かし、法を通じて自己自らを実現して行くところの創造的な力を意味する。それは、法の本質といわんよりも、むしろアリストテレスにならって、法の「形相」(eidos) と名づけらるべきであろう。アリストテレスの哲学によれば、すべての事物は「素材」(hyle) をもつ。素材のない純粋の理念は、実在性をもたない。だから、素材から切りはなされた事物の本質を求めて見ても、それは実在する事物の本質とはいい得ないのである。[1] けれども、逆にまた、単なる素材だけを取り出して見ても、それは事物の実体の可能態であるにすぎない。かように、素材の中に可能態として潜在しているところの事物の実体を、現実態にまで発展せしめ、顕在化して行くものは、そのものの「形相」である。例えば、石や瓦や木材は家の素材であり、可能態における家である。石や瓦や木材などを素材としてもたない家は、人の住み得る家ではない。しかしまた、石や瓦や木材は、それだけでは家にはならない。これを現実に人の住む家たらしめるものは、建築せられた家の中に自己を実現して行くところの家の形相である。[2] その意味で、形相は、或るものを正にそのものたらしめる本質であるにとどまらず、事物に内在しつつ、そのものに不断の自己発展の力を与える原動者であり、そのものの本来あるべき姿を顕現せしめて行くところの「目的因」(causa finalis) である。[3] 法の中にも、そうした意味での形相がなければならぬ。例えば、夫婦の関係、親子の関係は、動物にも人間にも共通する家族の素材である。しかし、人間の場合には、その素材が単なる素材として在るだけではなく、色々な形の家族制度として構成され、変化して行く。そこに、家族法の形相がなければならぬ。夫婦の関係や親子の関係を素材としつつ、家族の真にあるべき姿を顕現せしめて行く家族法の形相は、はたしていかなるものであろうか。そこに問題がある。現実の特殊の法現象の中にひそむかような法のエイドスを、家族法とか、財産法とかいう特殊領域を越えた法一般のエイドスとしてとらえることができるならば、それこそ法を動かし、法を発展せしめ、法に法たる生命を与える原動者に外ならないであろう。法の窮極に在るものは、かくのごとき形相としての意味をもつところの法の本質なのである。

法の形相としての法の本質は、別の言葉を以てすれば、法の「理念」(idea) であるといってもよいであろう。法は理念をもつもの、理念を実現しつつあるもの、ラアドブルッフにしたがえば、「法の理念につかえるという意味をもつところの実在」である。[4] 故に、法の根底にある理念をとらえることは、正に法の窮極に在るものを明らかにする所以に外ならない。けれども、法の窮極に在る理念は、プラトンの説いたイデアのように、個物をはなれ、現実を超越して恒存する絶対者ではない。現実から全くはなれて存在する法のイデアは、現実とは没交渉であるから、現実の法の創造・変化の原動力とはならない。だから、現実の法の中に内在し、実定法を動かしつつ、自らを実定法の中に実現して行く法のイデアは、プラトン哲学に説かれているような意味でのイデアではない。いいかえると、事実の目標として与えられているだけであって、決して事実となって経験界に現われることのない理念、すなわち、カントの考えたような「規制原理」(regulatives Prinzip)としての理念は、ここにいう法の理念ではない[5]。更にいいかえると、単に現実を「規正」(richten)するだけであって、自分自身は永遠に現実化されることのない理想、シュタムラアの法哲学が法の導きの星としてかかげているような法の理念は、ここに求める法の窮極者ではない[6]。もちろん、法の窮極に在る理念は、現実そのものではなく、現実の目標であり、現実に対する価値の尺度となるであろう。その意味で、法に内在する理念も、これらの二元論的理想主義哲学のかかげるようなイデアと同じく、実定法に対する価値判断の標準としての意味をもつであろう。しかし、法の理念が実定法の価値尺度としての意味をもつとき、その理念は、すでに実定法をばその価値尺度にかなうように動かして行こうとする意欲によって裏づけられている筈でなければならぬ。実定法に対するかような意欲的・主体的な働きかけをともなわない法の理念は、いかに崇美の空に高く輝いていようとも、現実の人間生活から見て、ほとんど何の意味をももたないといわなければならないのである。

したがって、ここにとらえようとする法の理念は、実定法に内在し、実定法を動かし、実定法を通じてそれ自らを実現して行くものである点で、ヘエゲルの説いたようなイデエに近いということができる。ヘエゲルのイデエは、現実を形成する力であり、現実の歴史的発展の原動者である。ヘエゲルの説いた法の理念は、実定法から隔絶した自然法ではなく、低い実定法の殻を破っては、絶えず高い実定法の段階の中に顕現して行くところの法の理性的な根拠なのである。

けれども、ヘエゲルは、理念と現実との結びつきを強調するの余り、両者の完全な一致を認めることとなった。理性的なものは現実的であり、現実的なものはそのままに理性的であると見るにいたった[7]。かような考え方は、現実を無差別に理念と同一視することによって、現実に対する批判の精神を消耗せしめる。現実の制度をあるがままに理性の要求に合致すると見做すことによって、人間の努力の効率を冷笑する保守主義に堕する。あるいは、逆に、実定法を破る力の暴逆をも、自由の理念の自己実現の一過程として是認するという結果に陥る。ヘエゲルの法哲学が国家絶対主義となり、国際法を否定する覇道実力国家思想となったのも、理念と現実の懸隔を認めぬ一元論の方向に走りすぎたがために外ならない。理念は現実の中に宿るというのは真理であるが、さればといって、現実そのものが理念であると考えるのは誤謬である。理念が現実の中に宿るというのは、理念が、現実を動かそうとする人間の努力の中にその姿を現わすということである。現実は、かような努力によって、絶えず理念に接近しては行くが、人間の努力によって動かされて行く現実が、そのあるがままの状態において飽和した理念であるということはあり得ない。現実が飽和した理念であるならば、現実に対する人間の努力とか、改善・向上の意欲とかいうようなものは、およそ無用の贅物となってしまう外はない。歩々に理念を実現しつつある現実は、理念からの距離によって評価せらるべき対象であり、その意味で理念そのものではない。現実に内在して現実を動かす理念は、かくして同時に、現実に対する価値尺度としての役割をも演ずるのである。

法の窮極に在るものは、かように現実と不即不離の関係に立つところの法の理念なのである。これを不即の関係から見るならば、法の理念は現実そのものではない。法の理念が現実に対する評価の規準となるのは、そのためである。しかし、これを不離の関係から眺めるならば、法の理念は現実の彼岸に在るものではない。法の理念は現実に内在し、現実の法を作り、現実の法を動かす「力」として働いているのである。かように、現実そのものとは一定のへだたりを保って現実の彼方にあるところの理念が、しかも、なおかつ、現実に内在して現実を動かす力となるためには、法の理念と現実との間に立って、両者を媒介する何ものかがなければならない。両者の間のこの媒介者をとらえないかぎり、理念と現実とを隔絶せしめるプラトン的の二元論に帰着するか、現実をそのままに理念と見るヘエゲル的の一元論に帰依するか、そのいずれかの外に道はないのである。そこで、法の窮極に在るものを探ねることは、転じて、「法の理念と現実とを媒介するもの」は何であるかを求めることとなって来る。

（1） Aristoteles : Metaphysik, übersetzt von Eugen Rolfes, 3. Aufl., 1. Hälfte, S. 152.
（2） A. a. O., 2. Hälfte, S. 214.
（3） A. a. O., 1. Hälfte, S. 7.
（4） Gustav Radbruch : Rechtsphilosophie, 1932, S. 29.
（5） Kant : Kritik der reinen Vernunft, 2. Aufl., 1787, Cassirers Gesamtausgabe, Bd. 3, S. 441 f.
（6） Rudolf Stammler : Lehrbuch der Rechtsphilosophie, 2. Aufl., 1923, S. 206, Anm. 3.
（7） Hegel : Grundlinien der Philosophie des Rechts, 1821, Lassons Ausgabe, 2. Aufl., Vorwort, S. 14.

## 三　法の理念と現実とを媒介するもの

法の窮極に在るものは、法の理念である。けれども、法の理念といっても、それは現実に対して無力な、単に崇高な、しかし実は蒼白な法の理想ではない。法のユウトピア的理想は、複雑・深刻をきわめる人間共同生活関係の実際問題を解決する上からいっては、何の役にも立たないのである。現実の問題を処理する指標となるべき法の理念は、よしんば理想としての純度は低くなっても、それだけ現実に接近して現実を動かす逞ましさを発揮せねばならぬ。いいかえると、それは、現実の法の上に働きかけ、多くの矛盾や不合理を含むところの実定法制度を改廃して、不断に新たな法を作る「力」とならなければならぬ。現実の法制度の中に内在して、法を作り、法を支え、場合によっては法を破り、破られた法の廃墟の上に改めて新たな法を作る力をさえもつところの法の理念が、ここに探究さるべき法の窮極に在るものなのである。

それでは、理念はいかにして現実に内在し、現実の法を作り、法を動かす力となるのであろうか。理念が現実に内在して、現実を動かす力を発揮するというのは、一体いかなることを意味するのであろうか。

一切の哲学的思弁を排除して、きわめて現実的にこの問題を考察するならば、理念が現実に内在して現実を動かすというのは、理念が達成せらるべき目標として現実の人々の現実意識の中に宿り、現実人の意欲を方向づけることなのである。それも、一人または少数の人々の理想として描き出されているだけでなく、社会に生活する大多数の人々が、同一の理念を達成すべき目標として渇望し、これを共同の意欲の対象とし、共同の行動によってその理念を実現して行くことなのである。多数の人々が同一の理念を意欲の対象とし、それにむかって主体的に働きかけるとき、そこに、統一のある行動が現われて来る。それが、法を作り、法を動かす「力」となるのである。この力は、対抗する力があれば、これと抗争してこれを制圧し、場合によっては現存の法制度を破砕する革命力ともなって爆発する。それは、実に「政治」と名づけらるべき力である。理念は、かような政治に媒介されることによって現実に内在し、現実を動かす力となる。法の理念と現実とを媒介するものは、正に政治なのである。故に、法の窮極に在るものを現実に内在する理念と見ることは、これをば法を動かす「政治の力」としてとらえることに外ならない。

政治は法を作り、法を動かす力である。なぜならば、すべての法は政治から生まれる。したがって、政治的に無色な法、政治の上に超然たる法はあり得ない。それは、過去の永い歴史の物語るところであり、現在の激動する時代の実証するところである。例えば、国家の法制度は、そのいずれの部分を取って見ても、政治の所産でないものはない。国家は、政治の行なわれる最も主要な場所であり、それ自体すでに政治によって作られた法制度である。しかも、いわゆる公法の制度が最も明瞭に政治の所産であるばかりではなく、私法の領域、特に、政治上の権力からの自由ということを標榜する私法自治の原則も、政治上の自由主義を根本の推進力として発達して来たのである。そののち、私法自治の原則には色々の制限が加えられ、私法の公法化と称せられる現象が起こって来たが、この法の変化もまた、自由主義の行き過ぎを是正しようとする新しい政治動向のしからしめた結果に外ならない。更に、国際法は、国家間の政治関係を基礎として発達し、変化する。国際政治は、ときには法を作って安定し、ときにはまた法を破って荒れ狂う。しかし、法を破って荒れ狂ったいわゆる枢軸側の政治力が、既成の国際法秩序を守ろうとする民主主義諸国家の団結した政治力によって完全に屈服せしめられた今後の世界構造は、いままでの国際法発達の線に沿いつつ、更に飛躍した段階において法的に整備せられて行くであろう。およそ、法にして政治の力を背景としないものはない。その意味で、法を作る力も、法を破る力も、結局は政治であるといってさしつかえない。

政治には理念が内在している。民主主義は「自由」と「平等」とを理念として発達した。独裁主義の政治は、国家または民族の絶対価値をかかげてこれと対抗し、「全体への奉仕」とか「公益優先」とかいうような理念をその行動の規準とした。しかし、政治の実体は力である。政治は、理念によって動く力である。場合によっては、それは理念によって粉飾された力である。理念を単なる宣伝の道具に用いる政治は、なおかつ政治であり得るが、徒らに崇高な理念をかかげているだけであって、現実の行動力をともなわない政治は、政治としては取るに足らぬ存在であるに過ぎない。故に、哲学的な政治学は理念を重んずるが、科学的な政治学は現実政治の現実力の分析に主力をそそぐのである。こういう立場から見るならば、法の窮極に在るものを政治に求めることは、すなわちこれを「実力」と解することに外ならないであろう。

ところで、法の窮極に在るものを蔽う理念のヴェエルを除き去り、これを現実の力と見る見方を更に押しすすめて行くと、政治に代わって「経済」が考察の前景に現われて来る。

なるほど、人は理念を意識し理想を追求して行動する。それが統一的な大衆行動としての実践力を発揮したものが、政治である。しかし、人はいかなる理念を意識し、いかなる理想を求めて行動するのか。人間のいだく理念である以上、それは何らかの意味で人間の生活に関係のないものではあり得ない。自由といい平等という、いずれも人間の生活のあり方である。しかも、人間の生活は根本において経済生活である。精神生活も、文化生活も、道徳に精進する生活も、その基礎を成す経済生活を離れては成立しない。したがって、経済生活の変化は、一切の社会理念を動かす。特に、財貨の生産力および生産関係の変化は、すべての人間の社会生活を変化せしめ、したがって、人間の社会生活についての理念に変動を生ぜしめる。或る生産関係の下で人間の生活に自由と平等とを与えると考えられていた条件も、生産力が変化し、経済関係のあり方が変動すれば、もはや自由と平等との保障ではあり得なくなる。むしろ、逆に、自由と平等とを保護する制度と称せられたものが、一部の経済上の特権階級にのみ利益を吸収せしめる結果をもたらす。そこで、利潤から遮断された無産大衆と経済上の特権階級との間に画然たるへだたりが生じ、両者の間の階級闘争が激化する。無産大衆は経済上無力であるが、その数はますます増加する。しかも、かれらは自ら生産する手をもっているから、それが団結すれば強大な政治力を発揮する。そうして、最後には革命によって一切の法および政治の組織を転覆せしめる。その力には、色々な社会主義的な「理念」がつけ加わって来るであろう。しかし、かれらのもつ力の根本は、経済上の生産力である。生産力が、資本家から労働者の手に移ったのである。かような財貨生産の基盤関係からはなれて見るならば、すべての理念は実体のない「イデオロギイ」にすぎない。ヘエゲルは理念が歴史を動かすと考えたが、歴史を動かすものは、実はかくのごとき唯物的な生産力である。かくて、理念の頭を下にして逆立ちしていたヘエゲルの観念弁証法は、物の生産力を基礎として、その上に理念を載せた関係に逆転せしめられる。この関係から見れば、道徳も法も政治も、経済の土台の変化とともに動く人間共同生活の「上部構造」にすぎない。これが、法の根底を経済的生産力に求める唯物史観の論旨である。

唯物史観は、法の窮極に在るものに対するきわめて突っこんだ見方である。法はたしかに経済によって動く。例えば、自由交換経済、ならびに、その地盤の上に存立する資本主義経済との連関をはなれては、近代的所有権の形態や複雑な契約法の組織を説明することはできない。しかるに、資本主義経済の高度化にともなう多くの不合理は、更に法の形態の変化をうながした。この変化を自然のいきおいのみにまかせて置かないで、非合法の実力手段に訴えて実現しようとすれば、革命になる。革命は最も急激な法の変革である。いずれにせよ、法の合法・非合法の変革の根底には、経済上の生産関係の変化が動因としてよこたわっている。国家制度の成立や変化も、経済によって制約されているところが大きい。国際法の変動も、社会経済の動きを度外視しては説明できない。第一次および第二次の世界大戦は、後進資本主義国家が先進資本主義国家に対抗して、世界の資源の配分および市場の縄張りを変革しようとする企てから起こった。今後の国際社会ならびに国際法の構造にしても、国民経済から世界経済への大きな発展を考慮せずにこれをとらえようとする試みは、徒労に帰するか、空論に終わるかの外はないであろう。法を動かすものは経済である。法の窮極に在るものを探ろうとする測鉛は、その意味で経済の深底にまで到達しなければならないのである。

しかしながら、唯物史観は経済上の生産力が法や政治の上部構造を動かすというけれども、生産とは物から物ができることではなくて、人が物を作ることである。物を作る場合、作られる物の原料も物であり、作る工程に用いられる手段も、簡単な道具から近代的な大工場にいたるまで、すべて物である。土地も物であり、種子も物であり、肥料も物であり、農具も物である。しかし、物を用い、物を加工し、土地を開発し、工場を建築し、あらゆる生活物資を生産するのは、人である。生産された物資を需要し、これを価値づけ、これを交換し、これを消費して行くのは、人間の社会関係であり、人間の社会組織である。したがって、生産力というものも、根本は物の力ではなくて、組織化された人間の社会的目的活動であるといわなければならない。このように、統一的な組織の下に営まれる社会的目的活動は、経済活動であると同時に一つの政治活動である。新たな生産様式が発明され、経済活動の方法が変化する場合、これをいかに組織化し、いかにして生産の実を挙げ、生産された物資をいかに配分して行くかは、政治によって決定される。生産の能率を高めるためには、企業家の利益を重んじた方が効果があるというのも、政治の一つの態度である。その方が大量生産により廉価な品物を広く民衆生活に行き渡らしめる所以であるというのは、政治の一つの理念である。逆に、労働者こそ実際に勤労によって物を生産する主体であるから、その利益を先に考えなければならないというのも、政治の一つの方針である。この方針の方が、貴い勤労に対して正当な報酬を与える意味で、社会正義の要求にかなっているというのは、これまた政治の一つの理念である。故に、経済活動は政治の内容である。経済上の生産力に、それだけ独立して社会組織を動かす力となるのではなく、政治の素材として政治活動の内容に取り入れられることによって、はじめて法を作り、あるいは法を破る力となるのである。しかるに、政治には必ず理念がある。理念によって政治が動き、政治によって経済が調整される。これを一方からのみ見て、理念もなく、政治もない、単なる物質の生産力なるものが存在し、それが働いて政治が生まれ、理念が構成されるという風に考えるとするならば、さような意味での唯物史観は偏狭な一面観として排斥されなければならない。

故に、法の窮極に在るものを現実の方向にむかって追求して行くと、人は必ず経済の地盤に突きあたるのであるが、問題を解決する根本の力は、この地盤それ自体の中に存するのではなく、そこからもう一度跳ねかえって政治の中に求められなければならないのである。ところが、政治には理念がある。政治は理念と現実とを媒介するものである。そこで、ふたたびひるがえって理念の方向にむかって法の窮極に在るものを探究して行くと、今度はまた政治の世界を突きぬけて、別個の文化的な領域に突きあたることになる。その別個の文化領域というのは、あるいは「道徳」であり、あるいは「宗教」である。なぜならば、政治が理念としてかかげるものの内容は、あるいは道徳であり、もしくは宗教である。例えば、人間はすべて自由な人格者として平等に取りあつかわれなければならないというのは、道徳の理念である。国家の道義目的達成のために、私益をすてて公益に奉仕すべしというのも、別の意味での道徳の理念である。これに対して、神の愛に則って人類を救済すべしというのは、宗教の理念である。神国の思想を鼓吹して、選民の威力を発揮すべしというのも、別個の宗教の理念である。かような観点を特に取り出して考えると、法の窮極に在るものは、むしろ道徳であり、宗教である、という結論が生まれ出て来るであろう。

けれども、道徳や宗教は、単なる理念として法を作り、法を動かす力となるものではない。道徳や宗教がそういう力を発揮するには、それらの理念が現実人の現実意識によって消化され、社会大衆の現実意欲を方向づけて、その現実行動の中に自己自身を顕現することが必要である。しかるに、さような理念によって方向づけられた現実人の社会的な現実行動は、結局やはり政治である。道徳や宗教の理念は、政治の内容に取り入れられ、政治の力と化したときにはじめて、法を動かすという作用を営むことになるのである。だから、法の窮極に在るものを理念の方向にむかって探究して行った場合にも、その探究の線は、一たびは道徳や宗教の理念に突きあたるけれども、そこでそのまま理念に吸収されてしまうのではなく、そこから跳ねかえってふたたび政治の領域に戻って来るのである。それは、法の窮極に在るものを経済に求めようとした場合と全く同様である。政治は、かくのごとくに現実を素材としてこれを理念と結びつけ、理念を引き下してこれを現実化する。政治は、この点から見ても法における理念と現実の媒介者である。理念の面から道徳や宗教の要素を取り上げて、これを法の内容に流し込んで行くものも、政治である。現実の面に根ざしている経済を素材として、これに適応するような実定法を作り上げて行くものも、また政治である。法にして道徳にもとづかぬものはなく、何らかの意味で宗教と関連をもたぬものはなく、ましていわんや経済の地盤に立脚しないものはないが、法を取りまくそれらの契機は、すべて政治を媒介としないでは法を形成する力とはなり得ないのである。

それでは、法の窮極に在るものは、結局のところ政治であろうか。法は政治の理念によって規定され、政治の力によって動かされるのであって、法それ自身としての窮極の根拠をもたないのであろうか。法は、政治の動くがままに動かされる他律的な傀儡であり、法を作る力も、法を破る力も、すべて政治の中に、あるいは、政治を媒介とする道徳や宗教や経済の中に求められなければならないのであろうか。あるいは、それにもかかわらず、法には法独自の原理があって、逆に政治を規律する力をもつものと考える余地があるであろうか。——そのいずれの結論が導き出されるかは、法に対する世界観的態度を左右する。単に法に対する抽象的な世界観を左右するばかりでなく、立法の方針を左右し、法の解釈の動向を決定する。最も突きつめた場合についていえば、政治の要求次第によって法を破ってもよいのか、あるいは法の保全も法の変革も最後には法そのものの規準によって決せらるべきであるかについての、法学の心構えを定める。一方の立場をとれば、法および法学は政治に阿付・追随すればよいということになり、他方の態度を確立すれば、法を動かす政治の力はいかに強大であっても、少なくとも最後の一点で法および法学は政治に対する自主性を堅持し得るということになる。独裁政治の横行や戦争熱の瀰漫によって将に崩壊の危機に瀕した法治の精神が、世界を通じてふたたび力強く復興しつつある今日において、こうした問題についての徹底した検討を試みることは、真理の究明につかえると同時に実践の要求に応えることを任務とする法哲学の、まず着手しなければならない当面の重大な課題であるというべきであろう。

# 第一章　自然法の性格

## 一　法を超越する法

法には理念がある。正義・公平・秩序・報償・奉公、等の理念は、法に法たるの意義を与え、法の発達を指導している。故に、法の窮極に在るものとしてこれらの理念をかかげることは、もとより問題解決の第一の着手であるといって差しつかえない。

しかしながら、理念という言葉はやや崇高に過ぎて、法の存立のすべての根拠を示すためには、いささか狭きに失する嫌いがある。法は、もとより崇高な理念につかえるもの、もしくは、崇高な理念をかかげるものであるが、必ずしも崇高でない動機も、現実の法を基礎づける力として、崇高な理念に劣らぬ大きな作用をいとなむ。権力者の権勢欲によって法が利用せられ、一般民衆の生活を圧迫するために法が鉄鎖の役割を演ずるような場合は別として、きわめて卑近な便宜上の理由や、切実な事態に対処する必要というがごときものが、法の創造の直接の根拠となることも、決して少なくない。交通機関の発達にともない、その利用および取締りの便宜のために各種の規則が制定せられたり、戦時の防空という必要に迫られて防空法という法律が議会を通過したりするのは、その一例である。かような複雑・多元な実定法の機能を考えるならば、法の根底に在るものを単に理念と呼ぶことは、必ずしも適当でない。故に、理念といわずに、あるいは理念という言葉と並んで、これを「目的」と名づけることもできるであろう。目的という言葉ならば、正義のごとき崇高な理念も含み得るし、民生・福祉・交通・衛生・技術、等に関する目的、国防・警備・治安、等の必要も、その中に包含せしめることができる。法は、かように多様な目的にもとづいて作られ、それらの目的に支持されて効力を発揮する。その意味では、目的はすべての法の創造者であるといったイエリング(1)の言葉は、よく全般にわたって法の窮極に在るものを指し示しているといってよいであろう。

そこで、改めていい直すならば、およそ法には目的がある。いかなる法も目的なしには存在し得ない。法を作るものも目的であり、法を効力あらしめるものも目的であり、法を動かし、法を改廃して行くものも目的である。一つの目的から見てはなはだ不合理・不都合と思われる法も、他の目的が作用してその改廃を阻んでいるような場合には、依然として有効な法として行なわれる。逆に、甲の目的のためには何とか存置せしめたい法も、一層切実な乙の目的によって廃止され、新たに乙の目的にかなった法が制定されることもある。人間共同生活の目的は多種・多様であり、かつ、それらが互に牽連・交錯しつつ、あるいは徐々に、あるいは急激に動いて行くから、法の創設・存立・改廃の過程もきわめて複雑である。しかし、総じていえば、目的の連関から全く切り離された法は、もはや法としては存続し得ない。実定法の根底に在って、法の効力を根拠づけると同時に、実定法の歴史的変遷をうながして行くものは結局、人間共同生活の目的の体系なのである。

ところで、法の生成・変化の原動力を法の「目的」と見るならば、その当然の帰結として、法の窮極に在るものの所在は、法を超越する領域に求められなければならないこととなるであろう。

例えば、夫婦互に扶養し合うという義務、親権を行なう親がその家に在る未成年の子の監護・教育に任ずるという権利または義務は、法によって規定せられている。かような規定が法として成立し、法として有効に行なわれているのは、それらの制度が、家族の人倫関係を確保する目的から見て必要であるからに外ならない。しかるに、夫婦・親子の人倫関係は、人間道徳の最も基本的な形態の一つである。故に、これらの法規定は、道徳のために設けられ、道徳の目的によって行なわれておるのである。また、例えば、或る時代の或る国家の法が、一定の宗教を国教と定め、他の信仰に帰依することを異端として禁遏していたとする。その場合の法は、疑いもなく宗教の目的によって制定され、その存立の基礎をば宗教上の特定の信仰に負うているのである。神の名において行なわれる国王の権力も、信仰に立脚する法廷の宣誓も、宗教に対する峻厳な刑罰も、いわば宗教的地盤の「上層建築」としてその権威を維持しているのである。すなわち、ここでは、法は、法の外なる宗教の力によって法たる生命を保っているのである。更にまた、戦時の厖大な統制経済法の体系は、一面では戦争の目的によって基礎づけられていたと同時に、他面では特殊の経済上の目的に立脚して行なわれた。大規模な戦時経済を賄い、軍需資源を開発し、戦争のための生産を増強しつつ、しかも財政・金融上、国民生活上の破綻を生ぜしめまいとする痛切なる必要が、自由経済の時代には想像もされなかったような国法形態の存立の基礎を成していたのである。その法が、はたして戦時経済の目的を達成するに役立ち得たか、あるいは、軍需生産の企業家に不当の利潤を蓄積せしめる結果をもたらしたかは、いま問題とするところではない。とも角も、戦争という異常状態における異常の経済目的が、法の変貌の根本原因であったことは、疑いを容れない。しかるに、戦争は戦争、経済は経済であって、ともに法ではない。とすれば、ここでもまた、法を動かし、法を生み、生れいでた統制経済法をますます強化して行ったものは、法そのものにあらざる戦争経済の目的であったことが知られる。

法が道徳や宗教や経済の目的によって成立し、それらの目的を基礎として効力を発揮しているという事実は、法の根底に在るものは、実は、法ではないということを物語っている。法の「目的」が道徳・宗教・経済、等であるということは、いいかえれば、法は道徳・宗教・経済、等の「手段」であるというにひとしい。すべて、手段は目的によって規定せられる。そうであるとすると、法を規定するものは、法自身ではなく、道徳・宗教・経済、等、法の外に在る契機であるといわなければならなくなるであろう。

もっとも、そうであるからといって、法は法以外の目的に対して、単に受け身の立場のみに立っているという訳ではない。道徳・宗教・経済、等の目的は、それ自体としては法の領域の外に在るが、法はこれらの目的のすべてに追随し、その手段として奉仕している訳ではない。むしろ、逆に、法はこれらの目的の上に取捨・選択を加え、その中の適当なものに対してのみ保護・促進の作用を営んでいるのである。その反面、よしんば道徳であれ、宗教であれ、経済であれ、法の立場から見て排除せらるべきところの目的・動向に対しては、これを強権を以て抑制・弾圧してはばからないのが、法の態度なのである。犯罪者がその仲間を裏切らないのは、犯罪者の道徳であっても、法はもとよりこれを許さない。異端者の敬虔な信仰は、宗教としてはいかに至醇・崇高であろうとも、イントレラントな法の糾弾を受ける。売手と買手の合意によって成立する取引きは、自由経済の目的には完全に合致するにもかかわらず、統制経済の下では、法の規定に違反するが故に、闇取引きとして処罰される。これらの事例は、法が、本来は法以外の領域に属する諸目的に対して、一定の価値的な立場から選択を加え、その選択にかなったもののみを法的保護の対象とすることを明白に物語っている。そこに、法の積極性・能動性が存するのである。そうして、法がかように自ら進んで選択・摂取した目的は、もともとは道徳・宗教・経済、等の意味をもつものではあっても、法の中に摂り入れられることによって、すでに「法の目的」となっているといわなければならない。その意味で、法の血となり肉となるものは、法自らが選択し、法によって法の中に摂取されたところの法の目的なのである。

しかしながら、現実の法——実定法——に内在するこれらの目的は、それとは別個の道徳・宗教・経済、等の立場から見れば、必ずしも満足すべきものではなく、また、決して批判の余地のないものでもない。むしろ、至醇な道徳から眺めれば、法の中に含まれた道徳は、現実と妥協した不純な道徳であり、「倫理的の最小限度」であるともいわれる。現に法の弾圧を受けつつある宗教の見地からすれば、これを弾圧する法は、神意にそむく暴虐手段であると見られる。資本主義経済組織を擁護する法は、共産主義の経済理論からは、革命によって転覆せしむべき搾取の機構として呪詛される。実定法がそのまま理想の法として讃美されるような稀な場合はいざ知らず、実定法に対して不満があり、非難があり、したがって、大なり小なり法の改革が必要とせられるのは、法の常態であるといってよい。しからば、実定法に対するかような評価、かような非難の尺度は何に求められるか。実定法を改革すべき目標は、何によって与えられるか。それは、もはや実定法を超越する道徳の理念であり、神の意志であり、経済の目的である。故に、実定法に対して評価を加え、その変革を実現しようとする動向は、法の理念や法の目的をば、法の中にではなく、やはり法の外に求める。かくのごとくに、法に対する価値尺度をば実定法を超越する世界に求めようとする傾向は、むしろ法哲学の永い伝統を通じて強く流れて来た。

ところで、古来の哲学者もしくは法哲学者は、法を超越する世界に求められたところの法の価値原理をば、法ではないとする代わりに、これに法の名を冠した。それは法ではあるが、実定法ではなく、実定法より高い法であり、人間自然の本性に即した理想の秩序である。故に、人はこれを「自然法」と呼んだ。すなわち、古来の哲学者もしくは法哲学者が、法の窮極に在るものとしてとらえた自然法は、「法を超越する法」に外ならない。しからば、法を超越する法としての自然法は、いかなる内容を有し、いかなる役割を演じたか。それは、そのままで法を作り、法を動かす力たり得たか。それが実定法の上に強く働きかけることができるようになるためには、いかなる過程を経なければならなかったか。そうした自然法の性格分析から、まず検討をすすめて行くのが順序であろう。

(1) Rudolf Jhering: Der Zweck im Recht, 1877, „Motto."

## 二　自然法の内容

古来の自然法思想を見ると、その中にはもとより法と名づけらるべき内容が含まれている。正しい国家の組織はいかにあらねばならぬかということを説いた自然法論もあるし、犯罪と刑罰とが正しく釣り合うという報償・応報の原理を以て自然法としているものもある。しかるに、国家の組織は法によって定まっているのであるから、理想国家の組織を説いた自然法説は、疑いもなく法の内容をもっている。また、強制が法の必須の要素であることを否定する学者はあるが、されぱとて、強制や刑罰の規定が法であることを疑う学者もない。したがって、応報の正義を内容とする自然法は、そういうものを自然法として高く価値づけることの当否は別として、概念上法であることに間違いはない。かような意味からいえば、自然法は法であると考えても差しつかえはないのである。

けれども、それにもかかわらず、他面から考えると、自然法は法ではない。なぜならば、自然法論は、多くの場合はっきりした二元主義の立場に立つ。いいかえると、自然法と実定法とを截然と区別する。実定法は現実に社会に行なわれているところの法である。したがって、実定法から截然と区別された自然法は、現実には社会に行なわれていない法であり、現実の効力をもたないところの法である。あるいは、実定法が時により処によって変化する相対的な効力をしかもたないのに対して、自然法は時代の相違、民族の差別を越えて、絶対的に妥当するところの法である。故に、もしも法の法たる所以を、人間共同生活に対する現実の効力を有する点にあるとするならば、さような現実の効力をもたない自然法は、厳密には法ではないといわざるを得ないことになる。あるいは法の現実の効力が時間と空間との制約の下に置かれているのに対して、そうした制約を超越して妥当するといわれるところの自然法は、実定法とは次元を異にする効力を有する異質の法であるといわなければならないことになる。いずれにせよ、実定法と二元的に対立する法、「法を超越する法」としての自然法は、名は法であっても、実は法ではないもの、少なくとも厳密な意味での法とは性質を異にするものであるということにならざるを得ない。

もっとも自然法論の中には、自然法と実定法との二元性をさように厳格に考えず、自然法は実定法と融和し、実定法の中に融け込んでいるという風に見る理論もある。したがって、自然法の大原則は別として、その具体的な適用となると、歴史とともに変化する柔軟性を有すると論ずる立場もある。スコラ学派の歴史的自然法の思想がそれである。しかしながら、かように実定法と融合し、歴史とともに動く自然法は、それ自身もはや実定法なのであって、これをはたして厳密に自然法といい得るかどうかは疑わしい。故に、自然法は実定法と対立しているか、実定法の中に融け込んでいるか、である。自然法が実定法と対立しているならば、それは「法を超越する法」であり、厳密には法でない。また、自然法が実定法の中に融け込んでいるならば、それは実定法であって、厳密に自然法とはいい難いのである。

自然法は、かように実定的な効力を越えて妥当するという点で、法にして法にあらざるものであるばかりでなく、その内容から見ても多分に法でない性格をもっている。もちろん、自然法の中に法的な内容も含まれていることは、前に述べた。しかし、自然法の根本の原理にまでさかのぼると、そこにむしろ法以上の、もしくは法以外の理念がかかげられている場合が多いのである。その理念が法の理念であるか、法以外の理念であるかを明確に見定めるためには、もとより法の概念を精密に決めてかからなければならない。しかし、そういう面倒な概念分析を行なうまでもなく、古来の著名な自然法論者で、自然法をば明らかに法以外の名称を以て呼び、意識的にこれを法でないものとして示している者が、決して少なくないのである。故に、自然法は根本において「法超越的」(metajuristisch)な理念である。効力の点において実定法を超越する法であるばかりでなく、根本の内容においても「法を超越する法」なのである。

法を超越する自然法の性格の中で、最も広く見出されるのは、「道徳」の要素である。古代ギリシャの哲学者は、のちにストア学派やロオマの法学者によって「自然法則」(lex naturalis)または「自然法」(jus naturale)と名づけられたもの、すなわち現実政治の権力を以て左右すべからざる人間共同生活の根本原則をば、「正義」としてとらえた。そうして、そのいわゆる正義とは、むしろ根本の「徳」であり、最高の道徳法則に外ならなかったのである。例えば、プラトンによれば、正義は三つの根原の徳たる叡知・勇気・節度の調和であり、理想の国家においてのみ実現され得べき至上の道徳であった[1]。また、アリストテレスにしたがえば、正義はすべての「倫理的」な徳の総体であり、最高の徳そのものであり、他人に対する道徳の最も完全な行使を意味した。有名なアリストテレスの「配分的正義」や「平均的正義」は、かような広い意味での正義に対する狭い意味での正義の二種別にあたるのである[2]。こうした考え方を継承するストア学派やロオマの自然法が、根本において倫理的な色彩をもつものであったことは、いうまでもない。更に、中世のスコラ学派の自然法も、その宗教的な色彩を別として見れば、ほとんど純然たる倫理的自然法である。したがって、スコラ哲学、特にトマス・アクィナスの哲学を現代に祖述する新らしい自然法の理論でも、法と道徳の根本の融合が説かれ、道徳はすべての法の基礎に置かれ、法の根底にある自然法は、正に人間の間の普遍道徳として理解されている。ホェルシャアが、「誠の法は決して倫理上の義務と矛盾することはできない」といい[3]、ルナアルが、「自然法は、正義または社会道徳と全く同一である」と説き[4]、田中耕太郎博士が、「素朴的道徳原理にして社会生活の基礎たるものが即ち自然法である」とのべておられるがごとき[5]、自然法を根本の道徳そのものと見る思想の最も明瞭な表現である。

かような倫理的自然法の思想ときわめて密接な関係を有するものは、宗教的自然法の理念である。自然法は実定法の根底にある道徳の原理であるとしても、もしもその道徳が人間の意志によって設定されたものであるならば、自然法はもはや絶対の客観性をもち得ない。逆に、もしも自然法が絶対に正しい道徳の原理であるならば、その道徳は超人間的・超現世的な淵源を有するものでなければならない。それは、神の意志であり、神の摂理である。古代ギリシャの自然法思想も、その根本には現象界を超越する神の理念があったといい得る。ヘラクレイトスのロゴス、すなわち自然理法も、プラトンの善のイデアも、ストア学派の自然法則も、経験を越えた絶対性をもつ原理として、神の信仰に通ずる。かような自然法思想の宗教的契機は、それが中世のキリスト教神学と結びつくにいたって、はっきりと前景に浮び上って来た。すなわち、中世初期の教父哲学を代表するアウグスティヌスによれば、世界は神によって創造せられ、歴史は永遠の神の計画にもとづいて展開する。全能なる創造者の法則は、世界の隅々までをも規定して、これに調和と秩序とを与える。人間の生活も、もとよりこの「調和と秩序」(pax)によって規定せられるのであって、人は何人といえどもこれを無視することはできない。人間社会において各人がそれぞれ正しくその処を得るのは、神の世界法則たる秩序の原理の現われに外ならないのである。[6]こうした考え方は、更に、スコラ哲学の最大の組織者たるトマス・アクィナスによって周密に論述された。トマスにしたがえば、神の摂理たる「永久法」(lex aeterna)は、人間のかぎられた叡知を以てしては、到底その全貌を知り得ない。ただ、人間は自然の理性の光によって、永久法の一部分を認識することができる。かように、人間に啓示せられた永久法の部分内容が「自然法」(lex naturalis)である。この自然法に立脚しつつ、これを転変する現実の人間生活の上に敷衍・適用して行くのが、実定法、すなわち「人定法」(lex humana)の任務に外ならない。[7]かくて、トマスの自然法は実定法とよく密着する。かかる弾力性のある自然法の思想が、今日の新トマス主義の新自然法論の典拠となっていることは、いうを俟たない。

かように、昔から説かれて来た自然法の内容は、あるいは道徳の原理であり、あるいは宗教の理法である。故に、自然法論は、法の窮極に在るものを求めて、法を超越する倫理や宗教の世界にこれを見いだしたのである。しかし、自然法の概念を広く解すると、およそ自然法論とは対蹠の地位にあると考えられるような思想の中にも、法の窮極に在るものを法を超越する領域に求めている点で、自然法論と共通した性質を有する考え方があることに気がつくであろう。一般には、自然法は法の理念と見られ、実定法の理想として描き出される。故に、自然法論の立場は、その本質からして理念論であり、理想主義である。しかし、いままでに見て来たところによれば、自然法は「法を超越する法」であり、むしろ法以外の領域に属するところの原理が、法の名の下に法の窮極に在るものとして示されているのである。しかも、その法超越的な原理に形而上学的な絶対性を賦与し、これを以て転変する実定法を律しようとするのが、自然法思想の特質なのである。したがって、これを逆に推論するならば、法を超越する何らかの契機をとらえて、これを形而上学的な絶対の原理もしくは法則としてかかげ、実定法をばその法則の支配下に置こうとする見解は、よしんばそれが理想主義とは正反対の必然観に拠って立つものであろうとも、また、よしんばそれがいまだかつて自然法の名を以て呼ばれたことがないにしても、やはり一種の自然法思想といえないことはないであろう。その意味で、ここに併せ考察せらるべきものは、マルクスおよびエンゲルスの唯物史観による法の動態観である。

唯物史観は、法をば階級闘争の産物と見る。階級闘争の結果として一つの経済階級が勝利を占め、その階級による支配の機構が確立されると、それがその時代の法となるというのである。しかし、歴史は弁証法的に動く。弁証法的に動く歴史の動きを決定するものは、経済上の生産力であり、生産過程である。生産力の所在が変り、生産過程が転換すると、それによって新たな階級闘争が激化し、いままでの支配関係がくつがえされる。それとともに、前時代の法もまた崩壊する。そうして、新たな支配の関係を支持するための法が、経済の上層建築として構築される。かくて、最後には資本家階級の経済支配に対する無産階級の世界革命が行なわれ、階級の対立のない世界が現出するにおよんで、支配の機構たる法もまた無用に帰し、階級的な意味での法の強制を必要としないプロレタリアアトの大同団結が出来上る、と説くのである。(8) 唯物史観が経済的な生産過程の上層建築と見ているところの法は、もとより実定法である。その説くところによれば、実定法を作り、実定法を動かし、実定法を崩壊せしめるものは、法の根底をなす経済上の生産力である。故に、唯物史観にしたがえば、法は法を超越する経済の力によって動かされる。しかも、その経済の力は、形而上学的な絶対性・必然性を以て、法の変革を求しとげて行くのである。いいかえれば、ここでは、法を超越する経済の絶対法則が、法の窮極に在るものとして示されているのである。

もちろん、唯物史観はこの法則を自然法とは呼ばない。ただに唯物史観がこれを自然法と呼ばないだけではない。唯物史観が根本前提とする経済法則を指して自然法と呼ぶことに対しては、理念論の立場に立つ本来の自然法論の見地からも厳重な抗議が出るであろう。しかし、前に述べたように、法の外なる領域に法の窮極者を求め、さような法の窮極者の絶対性を形而上学的に論断している点では、唯物史観も古来の自然法論と趣を一にしているのである。もっとも、これに対して、史的唯物論者は更に、経済上の生産力が法や政治の上部構造を制約しているのは、形而上学的な論断ではなくて、経験の示す事実であるというであろう。たしかに、法や政治が経済の変化によって大きな影響を受けることは、歴史の経験が示している。けれども、法や政治に対する経済の制約を最後のところで一方的・絶対的なものと見ている点で、唯物史観の議論の仕方は疑いもなく形而上学的であり、自然法論の立場と共通するものをもっている。ただ、歴史を動かす経済法則の理念性をあくまでも否定し、すべての理念をば「唯物的」な経済法則の表面に浮動する「イデオロギイ」にすぎぬものと見ているところに、唯物史観の自然法論に対する尖鋭化された対蹠性がみとめられる。それにもかかわらず、法を動かす経済の力を絶対化し、現行の支配機構が革命によって崩壊したのちに、やがては階級もなく支配もない一種のユウトピア的社会状態の出現することを予断している点では、唯物史観は――その表面に標榜している「唯物論」の性格を裏切って――多分に理念論の性格をさえ示しているのである。それであるから、唯物史観が自然法論と根本において異なる点は、後者が道徳の原理や神の意志を法の窮極者と見ているのに対して、前者はこれを冷やかな経済法則に帰着せしめているところに存する。その意味で、唯物史観は一つの経済的自然法論であるといって差しつかえないであろう[9]。

要するに、唯物史観を含む広い意味での自然法思想は、いずれも「法の窮極に在るもの」を突きとめようとする試みである。しかも、それは、法の窮極に在るものを二つの意味において法を超越する領域に求めている。第一に、自然法は、実定法の効力の外に立ち、実定法の効力に拘束されることがないという意味で、法を超越する法である。そればかりでなく、第二に、自然法はその実体から見ても、法を超越する契機を根本の内容としている。自然法の中に、厳密な意味での法の内容が含まれていない訳ではないが、それは、むしろ自然法の派生的な内容である。自然法の最後の内容は、道徳の根本原理であり、神の意志・神の摂理であり、経済の必然法則である。自然法論は、法を取りまく道徳・宗教・経済の領域のどれか一つに最後の拠点を置いて、そこから実定法を批判し、そこに実定法を動かす力の淵源を見いだそうとしているのである。

（1）Platon: Der Staat, übersetzt von Otto Apelt, 6. Aufl., 1923, S. 145 ff.
（2）Aristoteles: Nikomachische Ethik, übersetzt von Eugen Rolfes, 1933, S. 91 ff.
（3）Emil Erich Hölscher: Sittliche Rechtslehre Bd. 1, Allgemeine Rechtslehre, 1928, S. 218.
（4）Georges Renard: Le droit, la justice et la volonté. Conférences d'introduction philosophique à l'étude du droit, 1924, p. 95.
（5）田中耕太郎博士「法と道徳」法律哲学論集(一)（昭和一七年）六八頁以下。

（6）Augustinus : Der Gottesstaat. Die staatswissenschaftlichen Teile, übersetzt von Karl Völker, 1923, 19. Buch, S. 140 ff.

（7）Thomas Aquinas : The "Summa Theologica." translated by Fathers of the English Dominican Province, 2nd edition, 1927, part II, 1st. part, 3rd number, pp. 9-14.

（8）唯物史観による法の動態の説明ならびにそのプロレタリアアト革命論の大要は、のちに（第五章）やや詳しく概観する。唯物史観が、新たな配分の公正を求めて社会改革を断行しようとする政治運動の理念論的な基礎理論たることも、そこで明らかにされるであろう。

（9）マルクス主義は、ヘエゲルの観念弁証法から「精神」を奪い、これを「自然化」し、これを「経済化」すると同時に、これに革命的自然法の思想を結びつけた。その意味で、唯物史観が弁証法の論理と自然法の思想との結合形態であることは、トレルチの鋭く指摘するところである。Ernst Troeltsche : Der Historismus und seine Probleme, Gesammelte Schriften, Bd. 3, 1922, S. 333 ff.

## 三　自然法の機能

自然法は、第一にはその効力において実定法からかけ離れた法であり、第二にはその内容から見て法とは異質の性格を有するところの――したがって、名は法であるが、実はもはや厳密には法と名づけ難いところの――法である。しかし、自然法が「法を超越する法」であるのは、単にこれらの二点においてだけではない。自然法は、更に第三に、その価値において も実定法を超越するものとして説かれる。特に、理念論たる本来の面目に立脚する自然法論は、自然法の価値の絶対性を強調する。実定法は時と処とによって制約された相対的な価値を有するに過ぎず、場合によっては、相対的な価値をすらもたぬ邪悪の法でさえあるが、自然法は、時代の変遷や民族の相違によって左右されることのない絶対に正しい法、絶対によい法、絶対に聖なる法として、実定法の上に高くかかげられるのである。そこで、自然法は、実定法に対する価値の尺度としての機能を営むことになる。実定法は、それ自身としては正しさの根拠をもたない。実定法は、自然法の原則と合致している場合にのみ、正しい法であり、よい法であり得る。これに反して、自然法の原則と矛盾する実定法は、いかに権力によって強行され、現実の効力を発揮していても、正しくない法である。したがって、実定法は自然法の原則にかなうように是正されて行かなければならないというのが、自然法論を一貫する態度であるということができる。

しかしながら、この態度の鮮明さには、自然法と実定法との二元性の強度によって、自らにして相違がある。最も徹底した二元論の立場からいえば、理念と現実とは永遠に対立する。だから、法の理念の結晶たる自然法は、邪悪にみちた実定法制度に対して、永遠の指標とはなるが、実定法が改革されて自然法に合致するようになることは、到底望まれない。これは、ある意味でプラトン的な態度であるといい得よう。これに対して、理念と現実とをさほどにまで尖鋭化して対立せしめず、理念が現実の中に強く滲透する可能性をみとめる立場からは、見方が大分変わって来る。そういう見地からいうと、自然法と実定法とは同一ではないが、自然法は実定法の根底によこたわっている。自然法は原理であり、実定法はその敷衍・適用である。それ故、すべての実定法が正しい訳ではなく、実定法は自然法にかなうものでなければならないが、他面また、自然法も実定法上の具体規定の補足を受けて、はじめて現実の上にその力をおよぼすことができる。こういう風に自然法と実定法とを密着させて考えるのは、スコラ的自然法の態度である。更にすすんで、理念と現実とを完全に一致したものと見る一元論の立場にまで徹底すれば、自然法を実定法の価値尺度とすることも、実定法は自然法に合致するように改善されなければならないと考えることも、ともにその意味を失ってしまう。なぜならば、自然法はすなわち実定法であり、実定法はそのまま自然法になっているからである。理念と現実との合致を説いたヘエゲルの立場がそれであることは、改めていうまでもない。

もっとも、ヘエゲルの場合にも、自然法が実定法の価値尺度としての意味を全くもたない訳ではない。なぜならば、ヘエゲルは、現実を理念の歴史的な発展と見た。だから、理念の現実化の度合は、歴史の段階によって相違する。したがって、高い段階に達した法制度の現実の中に、いまだに低い段階の法の形態が残存している場合には、それは理念にかなわぬ現実として排斥されることになるからである。例えば、ヘエゲルはサヴィニイの慣習法主義に反対し、成文法の方が法の高い形態であると考えた。理念は歴史とともに次第に高い自覚の段階に達する。倫理的な自由の理念は、国家において明晰な自覚に到達し、したがって、それにふさわしい普遍的な成文法の形をとるようになる。しかるに、自覚の段階の低い慣習法の形態に執着し、法典編纂の企てを排斥しようとする歴史法学派の主張は、一国民、特にその法学者階級に対して加えられた最大の侮辱であるといって、痛烈にこれを攻撃したのである。[1] これは、ヘエゲルの立場においても、法の理念による実定法の価値批判が可能であり、必要であることを——ヘエゲル自身の一元論を裏切って——明らかに物語っているものといわなければならない。

同様のことは、自然法理論の生んだ鬼子ともいうべき唯物史観にもあてはまるであろう。唯物史観は、法が理念によって動くということを否定する。法を動かすものは、経済上の生産過程の変化である。経済によって法が動かされるのは、自然・

必然の法則によるのであって、これを価値づけたり、これに価値批判を加えたりすることは、一切無駄なのである。そう考える点で、唯物史観は、ヘエゲルとは逆の意味での一元論である。ヘエゲルのは観念的一元論であるが、唯物史観は唯物的一元主義に徹している。したがって、そのいわゆる経済法則が一種の自然法であるといっても、唯物史観そのものの立場には、それが理念であるとか、価値尺度であるとかいう意味は毛頭付着しておらない。けれども、人間の共同生活関係が、経済法則の必然的な発展によって階級闘争をくりかえした挙句、最後には階級の対立のない和合・諧調の状態に到達するという構想は、あらゆる理念をふり棄てようとする唯物史観の中に、それにもかかわらず内在する牢固たる「理念」である。そうして、唯物弁証法の「同志」は、現実がこの理念に接近することを、単に望ましいと考えているばかりでなく、必然的な階級闘争の中に主体的に参加することによって、時代の生みの悩みを促進しようとしているのである。それは、実定法を「改善」するというような生ぬるい立場ではなく、実定法を「破壊」しようとする矯激な態度ではあるが、それだけに、そこに現在の実定法を一刻も早く否定し去ろうとする強い価値判断が内在していることは、きわめて明らかであるといわなければならない。

故に、自然法のいとなむ機能は、単に実定法に対する価値尺度たることだけにとどまるものではない。自然法論は、決してただ自然法を物さしとして実定法に対する評価を下すことのみを以て満足するものではない。それは、更にすすんで、実定法をば自然法にかなうように是正・改善することを求めるのである。もしも、実定法があくまでも自然法に接近することを拒むならば、さような実定法は法たるに値しない法であるとしてこれを破壊しようとさえするのである。こういう立場から見るならば、自然法は、実定法に対する正しさの規準を示しているばかりでなく、実定法を動かす力でなければならないことになる。法の窮極に在るものとしての自然法の機能の最も重要な点は、正に自然法がかように「法を動かす力」をもつという点にこそ存するのである。

いままで考察して来た通り、古来の学者の説いた自然法は、その根本の内容から見ると、道徳であり、宗教であり、あるいは経済である。ところで、これらのものは、それぞれ法を通じて自己を実現する力をもっている。道徳は、人間共同生活の奥深い規準であり、その理念が良心の琴線にふれるものであればあるだけ、人はこの規準にしたがって行動すべき義務があることを否定できない。したがって、もしも実定法が人間本来の道徳の要求にかなわぬものである場合には、人は色々な障礙を排してもこれを是正することを求めるであろう。また、宗教は、人知を以て測り知ることのできない全能の理性と、原罪の烙印をになう人類の遂に到達すべからざる無欠の徳性とに対する、人間永遠の憧憬の結晶である。その窮極の姿が神として仰がれるのである。かような神への絶対の帰依が人間救済の唯一の途であるならば、人は地上の醜汚と罪悪とを神の恩寵にすがって浄化しようと努めてやまないであろう。その努力が、宗教的自然法の実定法の上におよぼす力となって現われるのである。更に、経済は、人間が人間として生存するための不可欠の地盤である。しかも、経済の出発点をなすものは生産である。故に、生産の様式が変われば、人間生活の関係も変化するし、人間生活の規律たる法にも、それに応じた変化を生ずる。しかるに、生産に寄与する最も大きな要素は、何といっても労働である。だから、労せずして他人の労働の果実を搾取するような制度が次第に是正され、勤労する各人が各人の勤労にふさわしいかれのものを与えられるような秩序に近づくことは、実定法の当然の動きであるといわねばならない。法の中には、絶えず道徳や宗教や経済の力が働いて、道徳・宗教・経済の要求にかなうように法を動かして行くのである。いいかえれば、道徳・宗教・経済の中には、実定法を動かす力が内在しているのである。

しかしながら、道徳や宗教や経済は、単なる道徳・宗教・経済として法を動かす力たり得るものではない。道徳は人倫の規範である。けれども、さような主体性のない規範そのものが現実の上に働きかけるのではなく、活きた人間の「良心」に訴え、人間の「義務意識」を喚び起こすことによって、はじめて道徳は実践への力を発揮するのである。宗教もまた、単に聖なる価値そのものとして実生活を導くのではない。現実の人間が神の摂理を「信仰」し、神の意志にかなうように「精進」することによってのみ、宗教による現実の浄化が可能となるのである。更に、経済は生産力の変化によって社会の制度を動かす。しかし、生産力とは、単なる機械力や生産技術ではなくて、機械力や生産技術を利用して行なわれるところの人間の「生産活動」である。かような人間の「主体性」の媒介なしには、いかなる経済法則も法を動かす力とはならない。しかも、道徳が聖人・仁者の孤高の躬行実践であり、宗教が高僧・知識の世を逃れた隠遁生活であり、経済法則の発見がマルクス、エンゲルスの共同研究の単なる結実たるにとどまっているかぎり、権力を以て擁護せられた実定法制度へおよぼすその影響は、皆無であるか、主動性をもたないか、いずれかである。道徳の確信、宗教の信仰は、それが社会一般の集団生活を方向づけるにいたって、はじめて現状改革の力となる。経済が法の下部構造であるという理論は、その真理性に共鳴し、時代の生みの悩みを促進しようとする勤労大衆の実践行動を通じて、はじめて革命的な爆発力と化する。しかるに、かような理念または理論によって方向づけられた集団行動は、すなわち「政治」の力である。実定法に対する価値尺度としての機能を営む場合の自然法は、単なる理念であり、法則であり得るが、実定法を動かす契機としてその役割は、政治を媒介とすることによってのみ力強く演ぜられる。ここにおいて、「自然法理念の政治化」ということが当面の問題となって来なければならない。

（1）Hegel: Grundlinien der Philosophie des Rechts, 1821, Lassons Ausgabe, 1921, S. 170 f.
法の理念と現実との対立を認めない一元論の立場といえども、法に対する価値判断を必然的にその中に含まざるを得ないということは、サヴィニイの歴史法学についても指摘することができる。サヴィニイは、法をば民族精神の所産と解し、したがって、法は成るものであって作られ得るものではないと説いた。だから、法の是非・善悪を論じて見たところで、悪いと考える法を人為的に廃止することもできないし、良いと思われる法を技術的に作ることもできない。否、むしろ、民族精神とともに成立した法は、そのあるがままの姿において肯定されなければならないというのが、サヴィニイの考え方である。そういう見地から、法の本然の形態は慣習法であるとなし、法の成文化に反対したとき、かれの立場がすでに二元的な評価の態度を含んでいることは、ラアドブルッフのいうがごとくである。Radbruch: Grundzüge der Rechtsphilosophie, 1914, S. 7 ff.

## 四　自然法理念の政治化

道徳や政治には高い理念がある。唯物史観が唯物的にとらえた経済法則や財貨の生産関係にも、実は理念が内在している。しかし、これらの理念は、それが現実人の現実意識に宿り、人間の現実行動を集団的に方向づけることによって、現実の社会生活を動かす力となるのである。これを「政治」と名づけるならば、およそ自然法にして政治性をもたぬものはない。自然法が現実の上に働きかけるためには、まずその理念の政治化が行なわれなければならない。現実政治の刷新に見かぎりをつけ、アテナイの郊外にアカデメイアを開いて哲学の述作と教授に没頭したプラトンのイデアは、その説かれたままの形では現実を超絶する不変・恒常の実体を意味した。しかも、プラトンの理念論が一般哲学のみならず政治哲学の発達の大きな礎石となったのは、それがのちの世までも人間の理性と意欲とに強く訴えるものをもっていたからであり、そのかぎりにおいてやはり一つの政治性を有していたためである。また、アリストテレスの哲学を神学的に発展せしめたトマス・アクィナスの自然法は、その根底において神の摂理たる永遠・絶対の永久法に立脚するものであった。しかし、トマスの自然法論が単なる教会の哲理たるにとどまらず、現実の国家秩序の発達に対する指導力を発揮し、その現実的な影響がむしろ第二〇世紀にいたって強い復興のいきおいを示しているのは、それが政治と結びつく可能性、否、必然性をもっていたからである。[1]

更に、マルクス、エンゲルスの唯物史観にいたっては、単に法ばかりでなく、政治もまた一方的に経済によって動かされると説くのであるが、その実それが、最も強烈・過激な政治の指導理論であることは、のちに詳しく論ずるがごとくである。かように、本来は道徳的または宗教的な意味を有する自然法、もしくは経済の社会変革力を強調する唯物史観の経済的自然法も、それぞれその立場立場において政治との連関をもっていないものはない。しかし、これら古来の自然法の中でも、その政治性が最初から最も濃厚に現われ、倫理的自然法や宗教的自然法あるいは経済的自然法に対して、正に政治的自然法として正面から登場して来たものは、近世啓蒙時代のそれであった。

もちろん、かようにいうからといって、近世の啓蒙的自然法に倫理や宗教や経済の契機が含まれていない訳ではない。近世自然法論の特にかかげる理念は、「自由」と「平等」とである。しかるに、人間は本来自由であるという思想は、神は人間をのみ自由意志の主体として創造したというキリスト教の根本観念に由来する。また、本来自由なる人間は、その意味で互に平等であらねばならぬという考えは、アリストテレス以来西洋の社会倫理思想の伝統となったところの、「各人にかれのものを」の要請を継承している。そうして、各人にかれのものを分つということは、その内容から見るならば、主として経済上の配分に関係するのである。しかし、これらの宗教的・道徳的理念を改めてかかげて立った近世自然法思想の直接の目標は、現実の人間解放であり、現実の国家制度の下での人間自由の確立である。この目標を実現するためには、人間を束縛し、自由を圧迫する封建政治を打破しなければならぬ。政治を打破せんがためには、これを打破しようとする立場それ自身が強大な政治力とならなければならぬ。既存の政治機構を打破しようとする行動は「革命」であり、革命は最も尖鋭化した政治力の爆発である。近世啓蒙時代の自由思想・平等思想は、澎湃たる革命への情熱となって凝結した。そうして、現実のフランス革命を中心として、封建的社会組織を打破するという目的を達成した。その指導理念となったものが、ルウソオやシエイエスによって代表される自然法理論である。そういう意味で、近世啓蒙期の自然法をば特に政治的自然法と名づけ、これを古代の倫理的自然法や中世の宗教的自然法、更に第一九世紀の中葉以降にいたって新しい社会問題の焦点となったマルクス主義の経済的自然法と区別して論述するのは、充分に理由のあることといって差しつかえないであろう。

近世の政治的自然法思想がその出発点において解決する必要に迫られたのは、本来自由である筈の人間が、何故に現実には国家制度の下に生活し、国家の法に拘束されているか、という問題である。この問題は、二様の意味で提出され得る。すなわち、この問題の意味するところは、第一には、原始時代には実際に拘束を知らない自由生活を営んでいた人類が、いかにして国家生活に入るようになったか、ということである。第二には、本来自由であるべき筈の人類が、現在では国家生活を営んでいるのは、いかなる理由によって是認され得るか、ということである。カントの用語を以ていえば、第一は「事実の問題」(quaestio facti)であり、第二は「権利の問題」(quaestio juris)である。啓蒙時代の自然法論は、これらの二様の問題をば、同じ一つの仮説を以て解決しようと試みた。それが「国家契約」の仮説であることは、いうまでもない。

国家契約ということは、歴史上の事実ではなくて、学者の考え出した仮説である。しかし、事実の問題に対する答えとして案出された場合には、案出者それ自身、あたかもこの仮説が歴史上の事実を物語っているかのような錯覚を起こすのである。もともと不羈独立の自由生活を送っていた人類が、その生活の不利を覚り、歴史上のある時期において実際に国家契約を結んだかのごとくに考えるのである。しかし、それはそれ自身として事実に反するばかりでなく、明らかに謬った前提の下に立っている。なぜならば国家契約ということが一つの作り話であるばかりでなく、人間の原始生活が社会規範の拘束を知らない自由状態であったという前提も、全くの作り話だからである。アリストテレスにしたがって人間本来の社会性を主張するスコラ的自然法論者が、この点で啓蒙的自然法を非難しているのは当然といわなければならない。[2] これに反して、同じ国家契約の仮説も、権利の問題に対する答えとしては深い法哲学的な意味をもって来る。権利の問題に対する答えとしての国家契約説は、次のように説く。すなわち、人間は本来自由であるべきである。しかるに、人間はすべて国家の中で法に拘束された生活を営んでいる。この矛盾した関係は、国家の存立が国民すべての自由な合意を論理的な基礎とすることによって、はじめて矛盾でなくなる。それが国家契約の論理的な意味である。ルウソオがその『社会契約論』のはじまりにあたって、「人間は自由に生れた。しかも、人間はいたるところで鉄鎖につながれている」といい、「どうしてそうなったか。私はそれを知らない。どうすればそれを是認できるか。私はそれには答えることができると思う」と述べている[3]のは、ルウソオが国家契約を事実の問題としてではなく、権利の問題としてとらえていたことを明らかに示している。そうして、この着想は更にカントによって受け継がれた。近世の自然法論は、ルウソオおよびカントによって深い内面化の転換を遂げたのである。

人間は自由に生まれた。しかも、人間はいたるところで鉄鎖につながれている。——このルウソオの言葉は、およそ人間の自由を拘束する鉄鎖に対するかぎりない呪詛を表現しているように見える。国家および国家の法が人間の自由を拘束する鉄鎖であるとするならば、この言葉には国家と法とに対する無限の抗議がこもっているように見える。しかし、もしも『社会契約論』の読者がそういう印象を抱いたとするならば、それはこの書を皮相的に読んだために生じた誤解である。ルウソオは、決して法と国家とを否定しようとしたのではない。むしろ、これをあくまでも肯定しようとしたのである。ただ、いかにすればこれをすすんで肯定し得るか、という条件を明らかにしようとしたのである。ルウソオは、どうして自由なるべき人間が法の鉄鎖の拘束を受けるようになったかの由来は、これを知らないといった。しかしながら、どうすればこの状態を是認し得るかという問いには、確信を以て答えることができるという態度を示した。その答えが、社会契約または国家契約の理論である。かれは、この理論によって、法の鉄鎖による拘束を積極的に肯定しようと試みたのである。

すなわち、もしも法による拘束が根本から人間の自由と相容れ得ぬものであるならば、いかなる理論を以てしてもこれを是認することはできない。もとより、法による拘束は自由の拘束である。拘束された自由は自由ではない、という意味では、自由と法の拘束とは矛盾した概念である。しかしながら、もしも人間の自由を拘束するところの法そのものが、法の下に生活する人々の自由な意志によって制定せられたものであるならば、法による拘束は他律の拘束ではなくて、自律の拘束となる。自律の拘束は、拘束ではあるが、自由の理念と矛盾しない。しかも法を創造する意志は、単なる個人の気随な意志や多数個人の偶然に一致した意志ではなく、常に「公共の福祉」(bien commun) を実現しようとするところの国民の「総意」(volonté générale) である。[4] 国民の総意は、公共の福祉と合致するが故に常に正しい。かように、常に正しく公共の福祉を実現しようとする国民の総意によって法を作り、その法によって自己一身の利益に汲々としている個別意志を規律するのは、決して自由の否定ではなくて、むしろ大いなる自由の実現である。国家はさような自由実現のための制度として、正に国民全員の合意により支持されるに値する。それが、国家存立の根拠としての原始契約の論理的な意味である。故に、国民は自由を求めて、これを国家の中に見出すのである。故に、国家制度および国家における法の規律は、人間自由の理念と少しも矛盾しない。

しかしながら、自由の理念と矛盾しないのは、国民の総意によって法を作るところの国家制度である。したがって、法の上に国民の総意を反映せしめないような国家制度は、自由の理念と矛盾する実定法の組織として、是正されるか、排斥されるかしなければならない。そこで、ルウソオの理論は、国家制度の具体的な検討に立ち入る。その場合に、かれが理想として描き出しているのは、直接民主制による小規模な国家形態である。周知の通り、ルウソオは国民代表制度に反対した。なぜならば、ルウソオによれば、主権は代表され得るものではないからである。また、国民を代表すると称する議会は、総選挙が済んでしまえば、逆に国民の自由を蹂躙し、これを奴隷と化することができるからである。そういう理由から、ルウソオは、国民の総意は直接の投票によってのみ表現され得ると考えた。[5] その点さえ確立されているならば、国家によって君主があってもよいし、君主のない共和国でもよいというのがルウソオの見解である。[6] ただ、国民の総意を以て立法の基礎とするという点だけは、いかなる国家のためにも必要な条件である。国民の総意によって立法を行なうというのは、「国民主権主義」である。この条件の下に君主制が行なわれている場合には、その君主は政府の首長であり、国民の総意を以て決定された法の執行者たるべきである。いいかえると、君主国の君主は、恣意によって法を作り、国民に他律の拘束を加える専制君主であってはならない。故に、ルウソオの自然法理論は、専制主義の実定法制度を否定して、自由の王国を讃美する。かれの『社会契約論』がフランス革命の原動力の一つとなり、一七八九年の人権宣言に大きな影響を与えたと称せられるのは、その意味で充分に理由のあることといわなければならない。[7]

　けれども、一方で国民主権主義を基礎づけたところのルウソオの自然法理論、特にその国家契約説は、他面では「国権絶対主義」の有力な典拠となった。この、一見矛盾しているように思われるルウソオの学説の両面性は、その国民の「総意」の概念に胚胎する。前に述べたように、国民の総意は常に「公共の福祉」を目ざす意志であり、それ故に「常に正しい」（toujours droite）。これに反して、国民各個の「特殊意志」（volonté paticulère）は、特殊の利害に執着している。だから、特殊意志が偶然に一致してできる国民の「すべての意志」（volonté de tous）と国民の真の「総意」（volonté générale）とは、明確に区別されねばならぬ。[8] そこで、特殊意志の主体たる個人は、自己自身としてはそれに反対であっても、あくまでも「総意」にしたがわなければならぬ。[9] はなはだ逆説的に聞える理論ではあるが、個人が「総意」によって作られた法に絶対に服従すればするほど、国民はそれだけ自由になるのである。ルウソオはかように説く。かように説くルウソオの理論は、ヘエゲルの「普遍意志」（allgemeiner Wille）の思想とその軌を一にしている。なぜならば、ヘエゲルにとっても、個人の「特殊意志」（besonderer Wille）は自由でない。自由の理念の実現は、普遍意志にのみ求められる。故に、個人は、その特殊の利害を顧みず、国家の普遍意志に合致することによってのみ、自由であり得る。[10] ヘエゲルは、そこから国権絶対主義を導き出した。同じ意味で、ルウソオのヴォロンテ・ジェネラアルの理論にも国権絶対主義の契機が含まれている。だから、デュギイなどは、ルウソオの思想はフランス革命の人権宣言によってではなく、ヘエゲルの絶対主義の国家哲学によって継承された、と主張するのである。ルウソオの『社会契約論』に、万能の国家権力から人間を解放する福音ではなく、人間をば国家の絶対命令の下にあますところなく隷属せしめる教説であった、と論ずるのである。[11] ルウソオの説くところを仔細に吟味して見ると、デュギイのような解釈もまたきわめて鋭い洞察に立脚するものであることが知られる。

国民のヴォロンテ・ジェネラアルを以て法であるとし、法による拘束をば自由の実現であると説くルウソオの理論が、一方では自由・解放の時代思潮の尖端を行くものであったといわれ、他方では国家の権力を絶対化する思想の根源を成したと解せられるのは、共に理由のあることである。これら二つの対蹠的な解釈が共に理由があるということは、ルウソオの理論に内在する大きな矛盾を物語っている。しかし、この矛盾は、決して単にルウソオだけの問題ではない。「国民主権主義」と「国権絶対主義」との対立・矛盾・交錯は、西洋近世の政治思想の共通の問題であり、したがって、西洋近世の政治思想の発達を指導した政治的自然法理論に共通の問題であった。故に、この点を更に立ち入って考察することは、法と政治の関係を論究するための最も重要な手がかりとなるであろう。

（1）トマス・アクィナスの自然法理論の精神を継承する新スコラ学派の法哲学は、今日の学界に多くの優れた学者を輩出せしめている。ドイツのカアトライン、シリング、ホェルシャア、ペトラシェック、フランスのル・フュウル、ルナアル、日本の田中耕太郎博士などがそれである。そればかりでなく、ドイツでは一八七〇年以来、カトリックの信仰を基礎とする「中央党」(Zentrum) という政党が組織され、ワイマアル憲法時代には左右両翼の中道を往く議会の安定勢力として、きわめて重要な役割を演じた。

（2）Hölscher : Sittliche Rechtslehre, Bd. I, S. 295.

（3）Jean Jacques Rousseau : Du contrat social ou principes du droit politique, 1762, livre I, chapitre 1.

（4）Ibid., livre II, chapitre 1, 3.

（5）Ibid., livre III, chapitre 15, livre IV, chapitre 1, 2.

（6）Ibid., livre III, chapitre 1, 2, 4, 5, 6.

（7）Paul Janet : Histoire de la science politique dans ses rapports avec la morale, 5. éd. tome II, pp. 455-460.

（8）Rousseau : ibid., livre II, chapitre 3.

（9）Ibid., livre IV, chapitre 2.

（10）Hegel : Grundlinien der Philosophie des Rechts, §§ 4, 5, 6, 7, 257, 258, 260.

（11）Léon Duguit : The Law and the State, Harvard Law Review, vol. XXXI, 1917-1918, chapter 2.
この章のはじまりに、デュギイは次のようにいっている。——「所謂『民約論』は、自由主義的個人主義に充たされ、而も国家権力を制限すべき基本的義務を世界に宣言しているところの、人権宣言の対蹠に立つものである。ジャン・ジャック・ルソーはジャコバン的専制主義とケーザル的独裁主義との父である。而も一層精密に観察するなら、カントやヘーゲルの絶対主義理論の鼓吹者でもある。これを証明するためには、『民約論』を読むのみで充分である。だが常にその全部を読まねばならぬのである」（レオン・デュギー著・堀真琴訳・法と国家（岩波文庫昭和一〇年）四四頁。

## 五　国民主権主義と国権絶対主義

元来、ルネッサンスや宗教改革とともに開幕を見た近世初期の人間解放の運動は、一面では、個人としての人間の解放を目ざす力強い政治動向となったと同時に、他面ではまた、近代ヨオロッパの政治社会をば中世以来の教権の支配から解放しようとする大きな動きでもあった。それは、一方では個的人間の自覚史であり、他方ではヨオロッパの国民国家の主権国家としての発達史でもあった。そうして、近代の政治社会が、轡を並べて擡頭してきた他の国民国家との激しい競争場裡にあって、カトリック教会の権威を凌駕すると同時に、中世以来の封建諸侯の勢力を抑圧することにより、主権国家としての地歩を確立して行くためには、まず、国内の中央集権的統一を強化する必要があったのである。このことは、国家生活の内部に二つの矛盾した潮流を発生せしめる。一つは、国民の人間個人としての自由を保障するために、国家の権力を法によって制限しようとする動向である。他の一つは、国家の中枢権力をあくまでも強化し、国民の統一を確保して国運の興隆を図ろうとする潮流である。前者は個人主義・自由主義・民主主義・国民主権主義となって結実し、後者は国家主義・権威主義・君主主義・国権絶対主義として結晶した。しかも、両者はともに自然法理論、殊に国家契約説をその政治上の旗じるしとしてかかげたのである。

それでは、同じ国家契約説が、いかにして個人の自由を擁護すべき国民主権主義と、君主を中心とする国権絶対主義との二君につかえることができたか。その理由を明らかにするためには、国家契約説を構成する二つの要素を分析して見る必要がある。

国家契約説は、ルウソオおよびカントによって「権利の問題」にまで深められたが、それ以前の比較的素朴なこの理論は、「社会」の成立と「国家」の成立とを併せて説明するという任務をもっていた。そこから、国家契約の中に含まれている二つの契機を理解することができる。すなわち、その第一の要素は「社会契約」(Gesellschafsvertrag) である。人間が孤立した自由の原始状態から国家契約によって、社会的共同生活に入ったというとき、その国家契約は正に社会契約を意味した。しかし、かくして成立した人間の社会的共同生活には、何よりもまず秩序がなければならない。なぜならば、秩序と安寧の保障とを求めることこそ、国家契約の根本目的に外ならないからである。しかるに、人間共同生活の秩序が維持されるためには、特定の人が権力を掌握し、他のすべての人々はその権力に服従するという関係が確立される必要がある。権力による統制がなければ、秩序の確保は不可能である。かような権力による支配・服従の関係を作り出すものは、国家契約の中に含まれた第二の要素としての「支配契約」(Herrschaftsvertrag)である。すなわち国家契約を結んだ人々は、社会契約によって共同生活を営む一般国民が政治上の権力に服従する義務を負うのは、かような支配契約としての国家契約の効果に外ならない。[1] 国家生活を関係を創設すると同時に、支配契約によって特定の人に権力を賦与し、他の人々はこれに服従することになる。

けれども、この支配契約の意味を立ち入って考察して見ると、更に、二つの解釈の可能性が成り立つ。第一の解釈によれば、国家の中枢権力は支配契約によってはじめて権力者に委任されたものであるから、決して始原的な意味での絶対権ではない。始原的な絶対権は、国家成立の以前から自然法によって基礎づけられていたところの人間天賦の権利あるのみである。国家は権力団体であり、国民は権力に服従するけれども、国家生活が成立したのちといえども、始原的な主権を有するものは、権力者、例えば君主ではなくて、権力者に権力を委託した国民でなければならない。国民は支配契約による権力の授託者であり、権力者はその受託者にすぎぬ。故に、権力者が国民の信託にそむいて、その権力を濫用し、国権によって擁護せらるべき国民の権利を逆に圧迫したり、あるいは、その自由を剥奪するようなことがあれば、さような権力者は始原契約の違約者であるから、国民はもはやその権力に服従すべき義務を負わない。そこで、濫用された権力に対する国民の反抗権が生ずる。更にすすめば、苛政・虐政を行なって民権を蹂躙するような君主は、すべからくこれを放伐すべしという暴君放伐論が唱えられる。もっと徹底すれば、国家契約の本義を無視するような実定法制度は、革命によってくつがえさなければならないという主張になる。[2] これが、国家契約の仮説からひき出される国民主権主義の結論である。

これに対して、国家契約の内容を成す支配契約についての第二の解釈によれば、国民はこれによって権力者に権力を単に委託したにすぎないのではなく、これを完全に譲渡したのである。単なる委託ならば、国民は必要に応じていつでも権力を権力者から自己の手に取り戻すことができる。しかし、実はそうではなくて、国民は国家契約によってその本来の権利を挙げて権力者に譲渡したのである。それは完全な譲渡であるから、国家成立の前には完全な自由と権利とを有していた人々も、国家の成立とともに、その本来の権利を喪失し、権力者、特に君主が絶対権を獲得したことになる。[3] それでは、人々は何故にその本来の自由と権利とを放棄して、君主の絶対権に拘束された国家生活への道を選んだのであろうか。国権擁護論者は、この問いに答えるのに、人間性に対する根本からの悲観論を以てする。すなわち、人間は、自由であるかぎりただ己れの利益のみを追求して互に相争うところの動物である。故に、絶対の権力を以て統制しないかぎり、人間共同生活の秩序は到底保たれ難い。よしんば国家を作っても、その中で国民に自由を許すならば、秩序はたちまち混乱して収拾できなくなるであろう。だから、国家の成立と同時に、各人のもつ自由と権利とを単一の支配者の手に完全に移し、国民をその命令に絶対に服従せしめることによってのみ、国民生活の秩序が保たれ、国家契約の目的が達成され得る。ホッブスが、「人は人にとって狼である」(homo homini lupus) という独特の極端な人性観と国家契約の仮説とを結びつけて、国家の絶対権を演繹したのは、正しくかような考え方を代表する。近世の国権絶対主義は、あるいはホッブスのような演繹を用い、あるいはマキアヴェリ流の「国家理由」(Staatsraison) の思想を楯に取り、あるいはボダンの主権理論を援用して、国民主権の理念と対抗し、自由の過剰を抑えて、近代主権国家建設への途を拓いて行ったのである。

近世の自然法論から岐れた国民主権主義と国権絶対主義とのこの対立は、その後も色々な形でくりかえされつつ今日に及んでいる。その中で、近世政治思潮の主流は、大体として前者にあるということができるが、そのいわば敵役のような形で演ぜられて来た後者の役割も、決して小さいものではない。しかも、両者は、そのいずれもが、結局「法の窮極に在るもの」を政治に求めているのである。法の窮極に在るものが政治であるならば、政治は、一方では「法を作る力」となって働き、他方では「法を破る力」として作用する筈である。ここに、法と政治の関係をめぐる二つの主要なテエマがある。この二つのテエマに、いままで述べて来た国民主権主義と国権絶対主義の対立を織りなしつつ、これを、その顕著な現われであるところの「憲法制定権力」や「革命権」や「国家緊急権」の思想について叙述して行くことが、次の二つの章の任務に外ならない。

(1) 国家契約の概念の中に社会契約および支配契約の二つの意味が含まれていることは、特にギェルケの指摘するところである。Otto Gierke: Johannes Althusius und die Entwicklung der naturrechtlichen Staatstheorien, 4. Aufl., 1929, S. 76 ff.
(2) Vgl. a. a. O., S. 146.
(3) A. a. O., S. 82 f.

# 第二章　憲法制定権力

## 一　法を作る力

法の窮極に在るものを、実定法の上に働きかけるその作用の面から求めて行くと、これをとらえる二つの筋道が発見され得るであろう。その一つは、法の窮極に在るものを「法を作る力」としてとらえる捉え方である。他の一つは、これを「法を破る力」として突きとめて行く筋道である。こうした筋道から問題を検討して行くと、法の窮極に在るものは、それが実定法を作る根源となる場合にも、それが実定法を破る作用をいとなむ場合にも、ともに一つの「力」として把握されることになる。

元来、法の根底には何らかの力がある。法が法として行なわれるのも法のもつ力によるし、法が法として新たに成立して来るのも、やはり法の根底にある力の作用である。法か力かということは、法哲学の永い歴史を通じて絶えず争われてきた問題である。しかし、問題のこの提出の仕方は、厳密に考えれば、かならずしも正確であるとはいい難い。なぜならば、法か力かという風に問うのは、力から切り離された単なる規範としての法があり得ることを予想して、これと力との対立を取り上げようとしているからである。けれども、力によって裏づけられていない規範、力の基礎をもたない法は、現実には行なわれ得ぬ法であり、したがって実はもはや法ではない。法には力がなければならぬ。その規律するところをば力を以て貫徹し得る法のみが、誠の意味での法である。いいかえると、法は力によって行なわれる規範であり、規範を実現するところの力である。故に、厳密な意味で問題となるのは、「法はいかなる種類の力であるか」ということであって、「法か力か」ということではないといわなければならない。

しかしながら、それにもかかわらず、この根本問題が「法か力か」という形で論ぜられる場合が多いのは、決して理由のないことではない。法と力との関係が特に問題となるのは、法が安定しているときではなく、法が新たに作られ、あるいは法が急激に変革される場合である。法が安定しているときには、法を支えている力は規範体系としての法の外形の蔭に隠れているために、あたかも規範が規範として行なわれているように見える。これに反して、法の創造の場合あるいは法の変革の場合には、法以外の力、もしくは法以上の力が働いて、旧い法を動かし、新しい法を作って行くという関係が、はっきりと前面に現われて来るように見える。この関係を肯定するならば、法を作り、法を動かすものは、非法の力であるということになるであろう。もしまた、それにもかかわらずこの関係を否定するならば、法は非法の力に屈するものではなく、あくまでも法自身の根拠によって、変化・発展して行くという結論に到達することになるであろう。そこで、問題はやはり、法を生み、法を動かすものは、法か力かという形で提出されることになって来るのである。

法は、いかに安定した状態においても、決して固定したままで動かないでいる訳ではない。安定した秩序の中でも、法は絶えず新たに作られ、既存の規範の改廃が行なわれている。しかし、そういう場合には、法は原則として法によって作られ、法にしたがって改廃されるのである。憲法にもとづいて法律が制定され、憲法改正の条規によって憲法の規定に変更が加えられ、法律が認めることによって慣習が法となるがごとき、それである。しかし、法の制定や改正の方式を定めている法が、更に何から生まれ出て来るかを探ねて行くと、最後には、すべての法を生む法のそのまた淵源に在る力、特に憲法の淵源に在る力が問題とされなければならなくなって来る。かような力もやはり一つの法的な力であると見るならば、法は法から生まれるという原則はゆらがない。これに反して、その力はもはや法的な力ではないと考えるならば、法は最後には非法の力から生み出されるということになる。その結果として、法を作るものは、法ではなくて力であると考えざるを得なくなって来るのである。

同様に、法は時として法の規定する手つづきによらないで変革されることがある。安定した秩序について見ても、微細な点では法の違法の変化と認められるような現象が生ずることがある。殊に、歴史の変動期には、明らさまな法の破砕が行なわれる。革命によって憲法が破られ、権力によって法律が無視されるような場合が、それである。かように法を破る力も、結局は一つの法的な力であり、しかも、破られた法よりも上級次元の法の力であると考えるならば、それは法が能動的に法自らを変革したのであって、受動的に力に屈服したのではないということができる。これに対して、法を破る力はもはや法の力ではなく、非法もしくは不法の力であるとするならば、法に対する力の優越ということが肯定せられざるを得ない。ここでもまた、法か力かということが、深刻な問題となって来るのである。法はすべて力をもつ。けれども、法たる力が法たらざる力から生まれ、あるいは、法たる力が法の外なる別個の力によって破られるということになると、人は、法たる力の窮極に法たらざる何らかの力が働いていることを認めざるを得なくなって来るであろう。

それであるから、法の窮極に在るものは法か力かという問いは、法に対する二つの対蹠的な根本観念の分岐点となるのである。第一の立場は、法の窮極に在るものは、あくまでも法であると見ようとする。法を作るものは法であり、法を作る法の根源にも、また、法が横たわっていると考えようとする。よしんば、法が破られるように見える場合にも、或る程度まで法が破られることを認める原理――例えば、メルクルのいう「瑕疵予測」の原理[1]――が法の中に内在していて、法が破られることを法的に認証するのであると論ずる。かような立場は「規範主義」である。なぜならば、この立場においては、法の根源に在る法的なるものは、結局一つの規範の通用力と見なされるからである。これに対して、第二の立場は、法の窮極に在るものを法を超越する領域に求めようとする。特に、これを法的にはもはや説明のできない力であると見ようとする。法を作るものは、非法の実力であると考えようとする。法とは、現実に法を作る力を有する者が、これが法であるとして決定したものであると論ずる。したがって、もしも、この力が既存の法を法と認めないことになれば、その法は、この力によって破られることになるというのである。この立場は「決定主義」である。なぜならば、この立場から見れば、法は、最後には実力を以てする決定によって左右されることになるからである。かようにして、規範主義と決定主義との著しい対立が生ずる。ここでは、まずこの対立を、法を作る力の問題をめぐって展開せしめ、次の章において、同じ問題をば法を破る力という角度から考察することとしよう。

（1）メルクルは、ケルゼンとともに本文にいわゆる規範主義の立場を代表する。しかし、ケルゼンが違法の法というものを原理的に認めない建前を採ったのに対して、メルクルは、実定法秩序の中には往々にして違法の行為によって法が破られるという現象が起こることを認める。行政行為の瑕疵によって違法の決定が与えられるような場合が、それである。しかし、メルクルによると、さような瑕疵は実際に或る程度までは免れ得ないのであって、実定法はかかる瑕疵の生ずることを予測し、これをその違法性にもかかわらず法として取りあつかうという態度を採っているのである。それが、メルクルのいう「瑕疵予測」（Fehlerkalkul）の原理である。Adolf Merkl: Die Lehre von der Rechtskraft entwickelt aus dem Rechtsbegriff, 1923, S. 293 ff.; vgl. Hans Kelsen: Das Problem der Souveränität und die Theorie des Völkerrechts, 1920, S. 113 f.

## 二　規範主義と決定主義

法を作る最後の淵源は法でなければならないと見るのは、法治主義の世界観である。徹底した法治主義は、人が人を支配するということを否定する。人の生活を律するものは、人の意志ではなくて、客観的な法でなければならないと主張する。もちろん、人間はいたるところで法の下に生活している。社会あるところ法ありで、社会の関係はすべて法によって規律されている。しかし、もしもその法が権力者の意志によって任意に作られたものであるならば、法は権力者による支配の道具にすぎないということになる。法の規律といえども、実は、法を手段として行なわれるところの人による人の支配であるということにある。これに対して、ラバントやイェリネックは、権力者が主権をふるって人民を支配するという専制制度を排除するために、国家を擬人化してこれを権利主体と考え、統治権は法人たる国家に帰属し、法は国家の意志によって作られるという風に説明した。[1]けれども、国家という権力団体がその意志によって法を作り、法を通じて国民を統治するというのも、人による人の支配の新たな形態に外ならない。この形態の下においても、国家は万能の権力をふるって、国家権力を掌握する人々の思うがままの統治を行ない得るのである。これに対して、現代法治主義の発達は、いかなる権力を以ても侵すことを許さない法の権威を確立しようと力めた。個人たる権力者であろうと、法人たる国家であろうと、およそ人が人を支配するという関係を抹殺して、いかなる支配者もその下に規律さるべき法の支配を基礎づけようと試みた。クラッベは、そこに現代国家の理念があると主張したのである。[2]クラッベによれば、近代国家においては、個人であれ、法人であれ、人が人の上に立って人を支配するということは、すべて背理である。人の上に立って人の行為を規律し得るものは、ひとりただ、法のみである。かような思想は、地上の王を排斥して、法を王たらしめようとするものであるといい得るであろう。なぜならば、もしもすべての人の上に立つものを王と呼ぶならば、法こそ、ノモスこそ、まさにすべての人の行為を規律する王でなければならないからである。法は、現実の王の上に立つ王でなければならぬ。むかし、ギリシャの詩人ピンダロスは、「法はすべての人間と神々との王なり」といった。[3]法を作り、法を行なう一切の権力も、最高の法には臣事すべきものであるという法治主義の思想は、この言葉によって表現されて余蘊がない。

こうした思想を更に徹底させて行くと、人が法を作るとか、権力によって法を行なうとかいうような考え方は、ことごとく法学の考察から排除されることになるであろう。法は規範であり、規範は規範として行なわれる。人が法を行なうのではなく、規範は規範たるの妥当性において通用するのである。かくのごとくにそれ自身として通用力をもつところの法規範は、人によって作られるものではなく、権力によって創造されるものでもない。法は法から生まれる。規範は規範から生ずる。法を作り出す力をもつものは、ひとりただ法規範のみである。ただし、法を作る法は、そこに作り出される法と同じ段階に在る法ではなくて、それよりも上級・高次の法である。判決を作り出す根拠となる法律は、判決よりも上級の法であり、法律を生み出すところの憲法は、法律よりも高次の段階に在る法である。法を作り出すものは、規範と規範との間にあるかような段階的の「規範論理」の関係である。法創造の過程からかくのごとくに一切の権力的な要素を、したがって一切の人間的な要素を排除しようと試みたのは、ケルゼンを代表者とする純粋法学の法段階説である。法段階説によって説かれた法のこの階梯を昇りつめて行くと、最後には、すべての法を生み出す根源となると同時に、それより上位にはもはや法のない窮極点に到達するであろう。そうして、もしもこの窮極点に在るものもやはり法であるということができるならば、法は最初から最後まで法から生まれるのであって、人の意志や人の権力が法を作るのではないという断定が下されたことになるであろう。純粋法学は、法の作用をあくまでも純粋に法学的に説明するために、そういう断定を下そうと力めた。そこで、法の生成の窮極点に在るものを憲法以上の憲法となし、これを「根本規範」(Grundnorm)と名づけた。これは、法の極に在るものをあくまでも法と見、規範と解そうとする規範主義の立場の、最も突きつめた形態である。ノモスを以て王であるとする思想は、ここにおいて最も徹底した表現を与えられたことになる。(4)

しかしながら、純粋法学は規範から規範が生まれるというけれども、主体性のない規範が規範を生む力をもつということは、考えられ得ない。規範から規範が生まれるためには、上級の法規を解釈・適用し、それによって下級の法規を定立する人間の意志行動がその間に介入しなければならぬ。議会が憲法にしたがって法律を作り、裁判官が法律を按じて判決を下すがごとき、それである。そうであるとすれば、法秩序の最高段階に在る根本規範といえども、やはり何らかの人の意志行動によって定立されたものであると考えざるを得なくなる。しかるに、根本規範の上位にはもはや何らの規範もないのであるから、根本規範を作り出す人の意志行動は、何らの規範にも準拠することのない単なる力の作用であり、何らの法によっても拘束されることのない純粋の事実上の決定であるということにならざるを得ない。例えば、革命によって君主制を倒壊せしめ、新たに共和制の憲法を作った場合の国民の行動は、もとより、君主制の憲法に準拠するものではない。それどころか、君主制の旧憲法から見れば、それは正面から法を破る事実であり、最大の不法行為である。それにもかかわらず、革命が成功すれば、法に準拠しないかような事実行動によって共和制の新憲法が作り出されるのである。純粋法学の組織者たるケルゼンも、そういう場合があることを看過する訳には行かなかった。ただ、さような事柄は、全く法の世界の外で行なわれる現象であるとして、これを法学の問題とすることを避けようとした。そうして、革命によって力の所在が転換すれば、新たな力の関係を法とするところの新たな根本規範ができ上り、その根本規範の下にもろもろの法が規範論理的に創造されるのであると考えようとした。ケルゼンが、根本規範は「力の法への転化」(Transformation der Macht zu Recht)であるといっているのは、そういう意味と解せられる。[5] しかし、根本規範を「力の法への転化」であるというのは、根本規範が法創造の最後の淵源ではなく、その奥に、法ならざる力が潜んでいることを認めているものといわなければならない。それは、非法の世界での意志決定が、法を作る窮極の力であることを承認している態度といわざるを得ない。「規範主義」は、この極限の問題において遂に破綻を示し、これに代わって、これとは正反対の「決定主義」が登場して来ることとならざるを得ない。

カアル・シュミットは、『法学上の思考の三形態』という論文の中で、力の決定によって法が作られると見る立場を「決定主義」(Dezisionismus)と名づけ、これと「規範主義」(Normativismus)との対立をきわめて鮮やかに描き出している。規範主義は、法を最後まで規則または法律と見ようとする態度である。それは「規則または法律の思考」(Regeln- oder Gesetzesdenken)である。これに対して、決定主義は、事実上の決定力をもつ者の下した決定が、法の最後の根拠をなすとする見解である。それは「決定の思考」(Entscheidungsdenken)である。[6] 規範主義の典型的な表現は、ケルゼンの純粋法学であるが、シュミットは、正反対の決定主義を代表する古典学説としてホッブスの思想を挙げている。なぜならば、ホッブスにとっては、「すべての法、すべての規範および法律、法律のすべての解釈、すべての秩序は、根本において主権者の決定である。そうして、主権者とは正統の君主もしくは権限ある地位ではなく、正に主権的に決定を与える者に外ならない」からである。[7] 故に、決定主義の立場から見れば、あらゆる法の上には、何らの法の認証をも必要としない力があり、実力の決定がある。規範主義によればノモスが最上の権威であり、最高の王であった。あらゆる力の上に法があった。したがって、いかなる地上の王も「ノモス王」には服従しなければならなかった。これに反して決定主義によれば、一切の法は力によって作られる。すべてのノモスの上には王がある。ノモスが王なのではなくて、王がノモスを作るのである。規範主義は、ＲＥＸもＬＥＸにはしたがわなければならないという。決定主義は、ＬＥＸは結局ＲＥＸの決定によって作られるという。最高の権威はＬＥＸなのか、ＲＥＸなのか。王を拘束するノモスか、ノモスを作る王か。「法か力か」の問題は、ここにその最も尖鋭化した対立を示しているということができよう。[8]

この対立に対して、シュミットは更に第三の立場を問題の解決として用意しているのであるが、それについてはのちに述べる機会がある。[9] 故に、ここではその点に触れることを避けて、規範主義と決定主義との対立だけを考察することとしよう。そのかぎりにおいては、規範主義よりも決定主義の方に分があることを認めない訳には行かない。事実、ケルゼンも、法の段階の最高位にある根本規範を「力の法への転化」と認めることによって、実力決定主義の前に膝を屈しているのである。

それでは、規範主義が決定主義の前に膝を屈せざるを得ないのは、何故であろうか。それは、規範主義が同時に「実証主義」であるからである。いいかえると、規範主義が、法の窮極に在る法をあくまでも「実定法」と見ようとしているからである。ケルゼンの純粋法学は、法実証主義の立場を固執したが故に、「自然法」の概念を徹頭徹尾排斥した。だから、法創造の窮極点として根本規範の概念をかかげた場合にも、その理論の本来の建前としては、これを実定法に内在する原理と見ざるを得なかった。[10] しかし、実定法はすべて歴史とともに変化する。実定法に内在する原理は、それが憲法であろうと、よしんばそれが憲法以上の憲法であろうと、実力によって作られることがあるし、実力によって破られることもある。根本規範もまたその例外ではあり得ない。そこで、ケルゼンは、その理論の発展の或る時期においては、根本規範をば実定法的な具体内容をもつ規範と見ることを避けて、これを、実定法をば統一的な秩序として把握するための認識論上の「仮説」(Hypothese) として説明しようと試みた。[11] けれども、単なる認識論上の仮説が実定法規範創造の淵源となるということは、全く理解すべからざる理論であるといわなければならない。したがって、ケルゼンは、更に再転して、根本規範をば「力の法への転化」であると見るにいたったのである。これは、前にもいう通り、規範主義が事実上決定主義の前に兜をぬいだことを意味する。ただ、力が法となるということを単純に認める代わりに、力を法とするのが根本規範の機能であると見ることによって、この現象をなおかつ規範論理的に粉飾しているにすぎないのである。規範主義が実定法主義の立場からあくまでも離れようとしないかぎり、かような結果は遂に不可避であるといわなければならない。

しかしながら、ここで法実証主義の立場を棄てて、自然法の概念を導き入れるならば、事情は自らにして異なって来る。なぜならば、実定法は力によって動かされるが、自然法は力によっては左右され得ないからである。なるほど、歴史の現象を観察すると、実定法は力によって作られる。しかし、いかなる力も、決して勝手気儘に法を作ることはできない。力が法を作るのは、その力が自然法にかなっている場合にかぎられる。もしも、自然法に反する力が働いて、それが法を作ったとするならば、さような法は法たるに値しない法である。したがって、自然法にかなった力によってこれを破砕することができる、故に、法——実定法——の上には力がある。力の決定がある。それは、決定主義の認めるがごとくである。けれども、法の上にある力は、決して単なる力ではなく、自然法にかなった力でなければならぬ。だから、力の上には更に法——自然法——がある。その点で、規範主義がふたたび決定主義の優位に立つ。ただし、それは、実証主義と結びついた規範主義ではなく、自然法の理念を冠として戴くところの規範主義である。ノモスは遂に王である。けれども、王たるノモスは実定法の原則ではなくて、自然法の理念である。自然法によって認証された力が、すべての実定法の源となるのである。しかるに、実定法の最高の原則は憲法である。故に、この力は「憲法制定権力」である。かように、法の窮極に在る力を憲法制定権力と名づけ、更に、憲法制定権力の根拠を自然法に求めるという思想は、フランス革命の指導的理論家たるシエイエスによって展開された。そこで、節を改めて、シエイエスの憲法制定権力説の概観を試みることとしよう。

（1）Paul Laband: Das Staatsrecht des Deutschen Reiches, 1. Bd., 1876, S. 85 ff.; Georg Jellinek: Allgemeine Staatslehre, 1900, 3. Aufl., 1914, S. 169 ff.

（2）「われわれは今日もはや、自然の人にせよ、構成された（法的の）人にせよ、人の支配の下に生活するのではなく、規範の支配、精神力の支配の下に生活している。ここに現代の国家理念が示されている」。H. Krabbe: Die moderne Staatsidee, deutsche zweite Ausgabe, 1919, S. 9.

（3）田中秀央＝落合太郎編著・ギリシア・ラテン引用語辞典（昭和一二年）七七頁。

（4）法段階説は、すでに広くわが国に紹介せられているし、著者自身もしばしばその叙述と批判とを試みて来た。したがって、ここでは全体の論述に必要な範囲内で簡単にその要旨を述べるにとどめた。詳しくは、拙著・実定法秩序論（昭和一七年）一三六頁以下を参照せられたい。

（5）Kelsen: Die philosophischen Grundlagen der Naturrechtslehre und des Rechtspositivismus, 1928, S. 65; der selbe: Reine Rechtslehre, 1934, S. 67 f.

（6）Carl Schmitt: Ueber die drei Arten des rechtswissenschaftlichen Denkens, 1934, S. 7 ff.

（7）A. a. O., S. 27.

（8）A. a. O., S. 13 f.

（9）本書、第六章、二。

（10）例えば、ケルゼンが根本規範として「君主、国民総会、議会、等の法的権威の命ずるように行動しなければならない」という命題を挙げているような場合に、この命題が実定法の原則であることは明らかであるといわなければならない。Kelsen: Allgemeine Staatslehre, 1925, S. 99.

（11） Kelsen : Die philosophischen Grundlagen der Naturrechtslehre, S. 21 f., S. 25 f.

## 三　POUVOIR CONSTITUANT

法と力との関係については二つの考え方がある。一つは、力は法によって規律せられるという思想であり、他の一つは、法は力によって作られるという見解である。このことは、すでにいままでに述べて来た通りである。これらの二つの考え方は、法の窮極に在るものの問題としては互に対立し、互に相容れない。しかし、法と力との関係を段階的に分けて見るならば、二つを併せて一つの理論にまとめることが可能になる。すなわち、国家秩序の一般の段階では、力は法、特に憲法によって規律せられる。権力が権力として発動するためには、まず憲法によって組織され、憲法の認証を受けなければならない。それは、「憲法によって組織された権力」(puvoir constitué) である。憲法によって組織された権力は、法の下にある。この種の権力は、憲法にそむいて行使されることはできない。これに対して、国家秩序の最高の段階においては、法の上に力がある。その最高の力は、もはやいかなる法によっても拘束されない。したがって、憲法によっても拘束され得ない。それは、万能の力である。憲法もまた、この万能の力によって作り出されたのである。故に、この権力は「憲法制定権力」(pouvoir constituant) である。そこで、憲法制定権力から憲法へ、憲法から憲法によって組織された権力へ、という位階秩序が確立され得たことになる。かように、権力を、「憲法制定権力」と「憲法によって組織された権力」とに分けて、法と力の関係を一まとめに理論づけるという思想は、合衆国独立当時のアメリカにも存在していたといわれる。[1] しかし、これを pouvoir constituant, pouvoir constitué という二つの言葉で表現し、憲法制定権力の概念と国民主権主義とを結びつけて、フランス国民の革命への情熱に理論的裏づけを与えた思想家は、シエイエスであった。

シエイエスの理論構成の根本は、国家契約説であり、国民主権主義である。国家の存立の基礎は国民の合意に在るのであるから、一切の権力は国民に淵源しなければならないという考え方である。その点で、かれの理論はルウソオの学説を継承する。しかし、シエイエスは、国家発達の一定の段階に達すると、権力はもはや国民によって直接には行使され得なくなり、これに代わって国民代表制度が必要となって来ると説く。その点では、シエイエスは、国民代表制度を否定したところのルウソオから離れる。故に、シエイエスの国家理論は、ルウソオの『社会契約論』に国民代表主義を加えたものとして特質づけられ得るであろう(2)。

シエイエスによると、人間の生活形態は三つの段階を経て発達する。第一の段階では、人間はそれぞれ孤立した個人として、各自その「個人意志」(volontés individuelles)によって行動する。それが国家成立以前の人間の原始状態である。この状態から国家を成立せしめたものは、すべての個人意志の合致である(3)。したがって、国家が構成されても、すべての力は個人意志に淵源するのである。しかるに、政治社会の第二の段階に移ると、個人意志に代わって統一的な「共同意志」(volonté commune)が現われる。共同意志が人間の社会生活の規準となるのである。ただし、この場合にも、個人意志が力の淵源であり、力の本質的な要素であることは、第一の段階と異ならない。ただ、一たび共同意志が構成された以上、一つ一つ切り離された個人意志はもはや何らの力ももたない。力は、ここでは国民全体の意志に帰属する。すなわち、政治社会の第二の段階で活動するものは、「現実の共同意志」(volonté commune réelle)である。ところが、更に第三の段階に達すると、国民全体の共同意志もまた現実の活動を営まないようになる。なぜならば、この段階では国民の数が非常に多くなって来るために、一一の問題について現実に国民の共同意志による決定を下すことは不可能となるからである。そこで、現実の共同意志が作用する代わりに、「国民を代表する共同意志」(volonté commune représentaive)が形作られる。国民の共同意志を代表する機関が設けられて、それが権力の行使に当たるのである。しかしながら、この第三の段階においても、国民の意志は決して無制限に代表機関に移される訳ではない。いいかえると、それは決して国民の力の完全な譲渡ではない。むしろ、国民の代表者を設けることは、国民の力をそれに委任することなのである。したがって、代表機関は、国民の意志をば単なる受託者として行使するに過ぎない(4)。

ここにシエイエスのいう国民の代表機関は、広い意味でのそれである。だから、その中には議会も政府も含まれる。むしろ、シエイエスがこの場合に主として考えているのは、いわゆる政府の地位である。発達した政治社会では、政府が国民を代表して権力を行使する。しかし、政府の権力は決して絶対のものではない、およそ委任された権力は、いかなる場合にも絶対のものではあり得ない。国民の手から政府への権力の委任は、憲法にもとづいてなされる。だから、政府の有する権力は「憲法によって組織された権力」である。したがって、それは、あくまでも憲法にしたがって行使されなければならない。政府の上には法がある。政府は憲法の拘束を受ける。政府の行動は、これを拘束する法に忠実である場合にのみ、合法的であり得る。これに対して、政府が権力を行なうようになっても、権力の最後の根拠は国民にある。国民はすべてに先立って存し、かつ、すべての淵源である。故に国民の意志は憲法に先立って存し、かつ憲法の淵源である。「憲法制定権力」は国民の手にある。故に、国民の意志は憲法の上に在る。いいかえると、国民の上にあって国民の意志を拘束する法はない。国民の意志は、それが存在するということによって、すでに合法的なのである。[5]

こうした理論が革命の大きな力となることは、いうまでもない。政府の権力は「憲法によって組織された権力」なのであるから、憲法にそむくことは許されない。しかるに、その政府が法を無視して権力を濫用する場合には、国民はこれに服従する義務がないばかりでなく、革命によってこれを打倒することができる。かような国民の行動を咎める権利は、政府にはない。なぜならば、「憲法制定権力」を有するところの国民は、何をなすことも自由であり、国民が何をなしても、それは合法的だからである。ただし、国民が革命を断行し、新憲法を創造するのは、国民の共同意志による行動でなければならぬ。したがって、国民のすべての参加によって事が運ばれねばならぬ。特に新たな国家組織を作り出すという仕事を行なうに当たっては、まず、従来無視されていた国民大衆を解放し、その意志によって政治を行なう必要がある。それが「第三階級」(le tiers état) の解放である。そこで、シエイエスは『第三階級とは何か』という著書の冒頭に書いた、——「第三階級とは何であるか。すべてである。これまで第三階級は何であったか。何ものでもなかった。第三階級は何を求めるか。何ものかたらんことを求める」[6]と。

シエイエスの憲法制定権力説は、国家秩序の最高の段階において法を力の下に置こうとする試みである。憲法制定権力を有する国民は、何をなすことも自由なのである。いかなる法も、国民の共同意志を拘束することはできないのである。逆に、国民の共同意志は、いかなる法をも意のままに作り得るのである。それは、国民主権主義の側からのきわめて思い切った実力決定論の提唱とも見ることができる。しかしながら、それと同時にシエイエスは、国民が何をしても、いかなる法を作っても、それはそれ自身「合法的」であるといっている。この「合法的」というのは、もとより「実定法」にかなうという意味での合法性ではない。実定法を破ることが実定法から見て合法的であるというのは、意味をなさぬ矛盾である。そうではなくて、シエイエスがここで合法的といっているのは、「自然法」にかなうという意味である。人間が国家契約によって国家生活を営んでいるということ、国家が存在し、権力行使の組織ができ上っても、権力の窮極の淵源は国民に在るということは、自然法なのである。シエイエスの説く憲法制定権力は、すべての法——実定法——の淵源である。それは、正に「法を作る力」であり、「法の窮極に在るもの」である。しかし、シエイエスの場合には、憲法制定権力をもつところの国民の意志は、法の性格を洗い去った赤裸々な力ではなく、それ自身がすでに法なのである。国民が憲法制定権力によっていかなる法をも作り得るということは、実定法にはもとづかないけれども、実定法の上に在る法——自然法——によって認められている。[7] 故に、国民の意志は、それが現実に存在するということにおいて、すでに法たり得るのである。すなわち、シエイエスの描いた図式によれば、法の上には力があるが、力の上には更に高次の法がある。その意味では、かれの学説は、結局やはり、法の窮極には法ありという思想に属するものといわなければならない。

　これに対して、もしもこの理論から自然法という粉飾を除き去り、実定法のみが法であると見るならば、法の窮極に在る憲法制定権力は、すべての法を作る力ではあるが、それ自体はもはやいかなる法をも根拠とするものではないということになるであろう。それは、いかなる法によっても正当化されることのない、また、そもそも法によって正当化される必要のない、赤裸々な「実力の決定」であるということになるであろう。そうなれば、憲法制定権力説は再転して徹底した決定主義となる、そうして、のちには「規範主義」と「決定主義」との対立を描いた上で、そのいずれとも異なる第三の法学上の思考形態を採用しようとしたカアル・シュミットも、或る時期にはシエイエスの憲法制定権力説を継承しつつ、これを正に赤裸々な実力決定主義にまで徹底せしめて行ったのである。シュミットの『憲法論』における verfassunggebende Gewalt の思想が、すなわちそれである。

（1）Egon Zweig: Die Lehre vom Pouvoir Constituant, 1909, S. 1.
（2）Van Deusen: Sieyès: His Life and his Nationalism, 1932, p. 27.
（3）国家契約の理論には事実の問題と権利の問題とが混在していること、ルウソオの契約説は国家契約を論理的な意味に解し、これを権利の問題として取りあつかったものであることは、前に述べた。これに対して、シエイエスは、むしろ素朴に事実の問題として国家契約を説いているということができよう。その点では、シエイエスはルウソオを継承しつつも、かえってルウソオより以前の契約説への逆行を示しているのである。
（4）Emmanuel Sieyès: Qu'est-ce que le tiers état? 1789, éd., par Emde Champion, 1888, pp. 65-66; Zweig: a. a. O., S. 132 f.
（5）Sieyès: ibid., pp. 67-68.
（6）Ibid., p. 27.
（7）Ibid., pp. 65-66.

## 四 VERFASSUNGGEBENDE GEWALT

カアル・シュミットは、その憲法論を展開するにあたって、まず「憲法」(Verfassung) と「憲法律」(Verfassungsgesetz) との区別から出発した。憲法律というのは、憲法上の個々の条規であって、条定された規範である点で一般の法律と実質上異なるところはない。成文憲法が特別の規定を設け、憲法律の改正につき法律の改正よりも厳重な条件――例えば、議会における三分の二以上の多数の同意――を必要とするものと定めている場合には、その点で憲法律と一般の法律との間に形式上の限界が設けられ、前者の恒常性が保障されているように見える。しかし、その区別や恒常性といえども実は相対的なものであるにすぎない。なぜならば、議会の圧倒的多数を占める政党や政党の連合にとっては、困難な筈の憲法律の改廃も、一般の法律の改廃と同じく困難なく行ない得るからである。故に、憲法律は法律と同様に、また条定された他のすべての法規範と同様に、相対的な効力しかもたない。規範として定立された法の効力は、したがって、規範として定立された憲法律の効力は、定立されたものであるかぎり、その定立の根拠となっている事態の如何によって動かされる。かように、憲法律の定立の根拠となり、憲法律の効力の前提をなしているものが、シュミットのいわゆる「憲法」である。それは、国家の全体としての組織について下された決定である。シュミットによれば、民族の政治的統一態が国家であり、国家の形態についての全体としての決定が、すなわち憲法に外ならない[1]。

ところで、この意味での憲法も決して絶対不変ではない。憲法といえども、与えられた決定であるかぎり、相対的な意味しかもたない。憲法、すなわち国家の基本形態は、それについて別の決定が与えられた場合には、国家の同一性に影響をおよぼすことなく、変化することがあり得るのである[2]。かように、国家の基本形態を決定し、あるいはこれを変更するもの、すなわち、一国の憲法を定め、もしくはこれを改廃するものは、その国家における窮極の政治的意志である。故に、憲法律の基礎には憲法があり、憲法の更に基礎には、憲法を与えた者の政治的意志がある。それが「憲法制定権力」(verfassunggebende Gewalt) なのである。憲法制定権力は、国家の政治的統一の全体としてのあり方――憲法――を決定する。したがって、憲法は相対的であるが、憲法制定権力の作用は絶対である。それが絶対であるというのは、憲法制定権力を拘束する規範や規則はない、ということである。憲法制定権力は何ものによっても制約せられない。例えば、国民が憲法制定権力を有する場合には、国民がいかなる方法により、いかなる国家組織を創造しようと、それはそのままに憲法として通用する。そうして、その憲法にもとづいて色々な憲法律が定められて行くのである。したがって、いかなる憲法律も、いかなる憲法も、国民に憲法制定権力を賦与することはできないし、憲法制定権力の作用の様式を規定することもできない[3]。その意味で、シュミットのいわゆる憲法制定権力は、すべての法の上に在る力であるといわなければならぬ。

憲法制定権力は、すべての法の上に在る力である。したがって、それは「正当性」——または「正統性」——(Legitimität)の根拠づけというものを、一切必要としない。憲法制定権力は政治的な存在であり、その作用は政治的な決定である。正当性の問題は、この決定ののちにはじめて起こって来るのであって、この決定そのものの正当性を測定する尺度は存しない。だから、憲法や憲法律についてはその正当性を問題とすることができる。憲法が正当な憲法であり得るのは、それが憲法制定権力の決定によって成立したということによるのである。すなわち、憲法の正当性は、その憲法を採択した政治的意志が実存するということ、そのことによって根拠づけられる。それは一つの窮極の「実存」によって正当化せられるのであって、憲法に先立って通用している何らかの「規範」に合致しているために正当と認められるのではない。国家の新たな基本形態が決定される場合、そこに成立した新憲法は、憲法制定権力の現実の作用によって作り出されたということによって、すでに正当なのである。したがって、その場合、もはや効力の根拠を失ってしまった旧憲法の諸規範を楯に取って、新憲法は正当または正統でないといって見たところで、それは全く無意味な空論にすぎないのである[4]。

それであるから、シュミットの説く憲法制定権力は、一切の法を作る力であり、すべての法に正当性の根拠を与える源泉である。しかも、それ自身は何らの法にも準拠せず、何らの正当性の根拠をも必要とせぬところの、純然たる「事実力」に外ならない。

もっとも、シュミットは、憲法制定権力は国家の基本形態を決定し得る「力」(Macht) または「権威」(Autorität) をもつところの政治意志である、といっている[5]。この定義は、一見すると、憲法制定権力の中に単なる事実力たるより以上の理念的なものを含ましめているもののごとくに思われぬでもない。しかし、シュミットによれば、権威とは「継続性」(Kontinuität)の契機に基礎を置くところの「威望」(Aussenhen) を意味する[6]。いいかえると、力が単なる一時的な力であるにとどまらず、継続的な力として作用している場合、その力の継続性は自らに人々の畏敬の的となる。それが、シュミットのいう「権威」なのである。故に、ここに権威として説かれているものは、継続的な力に自らにして付着する社会心理的な事実上の属性なのであって、その中に理念があろうとなかろうと問題ではないのである。憲法制定権力は純然たる事実力であり、事実力以外の何ものでもない。その点で、シュミットの憲法制定権力説は、自然法という理念の冠を戴くシエイエスのそれとは異なり、赤裸々な実力決定説の範疇に属するといって差しつかえあるまい。[7]

シエイエスの pouvoir constituant は、自然法の理念を頭に戴いている。その自然法は、国家をば国民の合意の上に基礎づけ、政府の権力をば国民から委任された力であると做し、したがって、窮極の力は国民の意志に在ると断定する、故に、シエイエスの pouvoir constituant の主体は国民であり、国民でしかあり得ないのである。それは、国民主権主義の直截・明瞭な表明である。しかるに、この pouvoir constituant から自然法の冠をぬがせれば、憲法制定権力の主体は国民でなければならないという理由は、消え去ってしまう。それは、国民であることもあるし、国民でないこともあり得る。何者であろうとも、実際に憲法を決定し得る実力を有する者が、憲法制定権力者であるということになる。だから、シュミットは、verfassunggebende Gewalt の主体には三つの形態があることを認めている。その一つは、国民である、その第二は、君主である、その第三は、少数者の組織体である。[8] この区別を認めることによって、シュミットは、アリストテレス以来の国家形態の三分説を踏襲しているものと見てよい。ただ、アリストテレスの場合には、国家の事情に応じて君主制であっても、貴族制であっても、共和制であってもよいが、そのいずれにも、公共の福祉を図るという目的が内在していなければならなかった。だから、この目的から逸脱すれば、君主制は暴君制となり、貴族制は、寡頭制となり、共和制は衆愚制に堕落するのである。[9] これに反して、シュミットの国家形態論には、そういう理念の尺度はない。憲法を決定するのは一人の力か、少数者の実力か、国民の意志か、ただそれだけである。ただそれだけの事実問題なのである。

シュミットの説く憲法制定権力が純然たる事実力を意味することは、憲法制定権力の所在が転換する場合を考えれば、更に一層明瞭となるであろう。もしも憲法制定権力の所在にこうした三つの形態があるとすれば、その一つの形態から他の形態への変化が行なわれ得ることは、当然に認められなければならない。例えば、君主が憲法制定権力を有する国家において、国民が蜂起して君主制を崩壊せしめ、国民自らの意志によって新たな国家の根本組織を決定する、というような場合がそれである。それは最も根本的な革命であるが、かような革命は、もはや憲法制定権力の作用としては説明され得ない。革命の行なわれる前までは、君主のもつ力が憲法制定権力であった。だから、国民が何らかの力をもっていたとしても、その力はもとより憲法制定権力ではなかった。しかるに、国民の力が増大し、鬱積し、爆発して、憲法制定権力を君主の手から奪取したのが、ここに行なわれた革命なのである。それは、憲法制定権力の作用ではなくて、既存の憲法制定権力の否定であり、新たな憲法制定権力の創造である。憲法制定権力ではなかった力が憲法制定権力とたたかってこれに勝ち、勝つとともに自ら憲法制定権力となり、そうして憲法を作ったのである。故に、憲法制定権力は、その上に何らの法をも戴かず、その上に立つ何らの規範によっても拘束されることがないというが、それよりも強い力には圧倒されることがあり得る訳である。そうして、その強い力が憲法を作ることによって、自ら憲法制定権力となるのである。つまり、正確にいうと、憲法制定権力が憲法を作るのではなく、無冠・無名の力といえども、その実力によって憲法を作れば、それが憲法制定権力となるのである。かように考えることは、露骨な力と力の抗争の許容であり、「強者の権利」(Rechte des Stärkeren) の無条件の承認に外ならない。それがまた、一切のイデオロギイを排除して考えた場合の、憲法制定権力説の帰結であるといわなければならない。

(1) Carl Schmitt : Verfassungslehre, 1928, S. 11 ff., 20 ff.
(2) A. a. O., S. 21.
(3) A. a. O., S. 22 f.
(4) A. a. O., S. 87 ff.
(5) A. a. O., S. 75.
(6) A. a. O., S. 75, Anm. 1.
(7) 前に触れたように、シュミットは、のちにいたって法学上の思考の三形態を区分し、これをそれぞれ、「規則または法律の思考」(Regeln- oder Gesetzesdenken)、「決定の思考」(Entscheidungsdenken)、「具体的秩序および形成の思考」(Konkretes Ordnungs- und Gestaltungsdenken) と名づけた。この三区分の図式にあてはめていえば、シュミット自身の『憲法論』における思想は第二の「決定の思考」の範疇に属する。しかし、かれは、のちにはこの立場を乗り越えて、ナチス・ドイツの世界観と密接に結びついた「具体的秩序および形成の思考」に転換して行ったのである。この第三の考え方については、のちに述べる。C. Schmitt : Ueber die drei Arten des rechtswissenschaftlichen Denkens, 1934.
(8) C. Schmitt : Verfassungslehre, S. 77 ff.
(9) Aristoteles : Politik, übersetzt von Eugen Rolfes, 3. Aufl., 1922, S. 89 f.

## 五　憲法制定権力の政治性

シエイエスとカアル・シュミットとは、「法を作る力」の根源を求めて、これを憲法制定権力と名づけた。しかし、その力は、シエイエスによっては自然法にもとづく権力として説かれ、シュミットによっては結局のところ赤裸々な実力としてとらえられている。だから、シエイエスの場合には、憲法制定権力は法的な力であるといえばいえぬことはない。けれども、その場合にも、憲法制定権力を法的な力たらしめている法は、自然法であって、実定法ではない。故に、実定法のみが法であり、自然法は法ではないとするならば、シエイエスの pouvoir constituant は「法を超越する力」である。これに対して、シュミットの verfassunggebende Gewalt は、いかなる意味の法によっても認証されぬ権力であり、およそ法による認証というがごときものを必要とせぬ力であり、最初から「法を超越する力」である。ただ、前者は理念の冠を戴く力であるのに対して、後者は理念とは没交渉にとらえられた力である点に、両者の相違があるということができよう。

しかしながら、シエイエスの pouvoir constituant といえども、決して単なる理念ではない。シエイエスの思想、特にその中核をなす国民主権の思想は、それ自体としては理念であろう。けれども、この思想に共鳴し、この理念を目標として専制主義の国家組織を変革し、一七八九年の人権宣言や一七九一年の新憲法を創造したものは、単なる理念ではなくて、現実のフランス国民の「力」であった。その意味では、シエイエスの pouvoir constituant は、文字通り pouvoir であり、力である。それとは逆に、シュミットの verfassunggebende Gewalt といえども、その実体を分析して見れば、決して単なる力ではない。君主制の憲法を創造する力には、君主の神格性・絶対性・尊厳性というような「理念」が内在している。共和制の憲法を制定する力には、国民の自由・平等というがごとき「理念」が含まれている。ただ、シュミットは、かような理念の要素を科学的に捨象して、これを現実的な力としてとらえたにすぎない。だから、pouvoir constituant も verfassunggebende Gewalt も、これを説いた学者がどこに重点を置いていたかにかかわることなく、対象そのものの実体をそのままに取り出していうならば、ともに理念であると同時に力であり、理念と力の両面を備えた社会作用の原動者であるといわなければならない。

かように理念と力の両面を備えた社会作用の原動者は、すなわち「政治」である。「原動者」というような擬人化した表現を用いないで、これを客観的な現象過程として見るならば、かように理念と力の両面を備えた社会活動そのものが「政治」であるといった方が、一層正確であろう。政治は、理念によって働く力であり、力となって動く理念である。かくのごとき政治が法の根底に在って、法を作るのである。シエイエスやシュミットは、かくのごとくに法の根底に在って法を作る政治の力をとらえて、これを憲法制定権力と名づけたのである。それが、「法の窮極に在るもの」をば法を作る力として突きつめて行った結果として与えられた、一応の結論である。法の窮極に在るものを政治の力と見ることが最後まで正しいかどうかは、いまは問わない。それは、のちになって検討せらるべき根本の問題である。ただ、シエイエスの pouvoir constituant やシュミットの verfassunggebende Gewalt が、「法を超越する力」であり、「法を超越する政治の力」であるということだけは、ここに確言して差しつかえないであろう。

憲法制定権力は政治の力である。それは、憲法制定権力の理論を分析することによって下され得る断定であるばかりではない。憲法制定権力は、客観的な現象形態としてもまた、政治の力として作用し、政治力として法創造の機能をいとなんで来たのである。シエイエスの pouvoir constituant の思想は、フランス革命の有力な指導理論の一つであった。しかも、フランス革命の進行を指導したところのこの思想は、もはや単なる思想や理論ではなくて、現実を動かす強大な力となっていたのである。国家の主権は国民の手にあることを自覚したフランス国民の現実行動が、正にシエイエスのいわゆる pouvoir constituant として作用して、一七八九年の革命をなしとげ、なしとげられた革命ののちに、新たなフランスの憲法を作り上げたのである。そうして、フランス国民の現実の革命行動によって封建制度が打倒され、自由・解放の新憲法が作り上げられるにいたった一連の現象が、第一八世紀末葉の最も大きな政治の動きであることは、改めていうまでもない客観的な事実である。更に、カアル・シュミットの verfassunggebende Gewalt にいたっては、それが政治の力であることは、シュミット自らによって明らかに指摘されている。シュミットのいう通り、憲法制定権力の作用は政治的な決定である。シュミットが、かような力を法の源泉であるとして説いたとき、第二〇世紀初頭における法治主義の金字塔ともいうべきワイマアル憲法の光輝は、すでに抬頭する独裁政治の黒雲によって蔽われはじめていた。憲法制定権力の動くところ、いかなる法の堤防を以てしてもこれをさえぎりとどめ得ないというかれの「理論」は、社会民主主義ドイツの法治国家体制を崩壊せしめ、非法の世界にはばたこうとするナチスの運動に、万能の翼を与えんがための「政治」の手段に外ならなかった。それは、法をば規範からのみ生み出されると見るケルゼンの純粋法学の理論をかさにかかって圧殺し、力のあるところ、力の赴くところ、いかなる規範をも無視し、いかなる法をも作ることができるという独裁政治の登場を迎えんがための、学説上の露払いであった。そうして、理論としての憲法制定権力説が露払いの役割を演じたあとには、現実政治としての憲法制定権力が発動して、ナチス指導者国家の組織を強引に作り上げてしまったのである。

かように、学説の上で憲法制定権力の理論が説かれたときに、必ずそれに踵を接して現実政治による大きな法の変革が成しとげられたことは、決して偶然ではない。なぜならば、この種の学説は既存の法制度の権威を低める有力な思想工作であり、低められた法制度の垣を力によって踏み越えるための絶好の準備作業に外ならないからである。ただ、第一八世紀末のフランスでは、pouvoir constituant が国民主権主義の政治力として作用したのに対して、第二〇世紀三〇年代のドイツでは、verfassunggebende Gewalt が独裁主義の、したがって国権絶対主義の政治力となって爆発したところに、その政治の動きの方向の重要な相違があることを、併せて注意して置かなければならない。

# 第三章　革命権と国家緊急権

## 一　法を破る力

憲法制定権力説によれば、法の窮極に在る力は法によっては拘束されない。法は力によってはじめて作られるのであるから、その力は法に対して融通無礙でなければならない。そうであるとすると、法の窮極に在る力が働いていままでの法を破ったとしても、それは違法でもなく、不法でもないことになるであろう、なぜならば、法を作る力によって見はなされた法は、もはや法ではない。法を作る力は、まず法たるに値せぬ法を破って、しかるのちに新たな法を作るのである。そこで、法を作る力が法を破っても、違法や不法の問題は起こらないということになる。故に、法の窮極に在る力は、「法を作る力」であると同時に「法を破る力」である。前の章では、法を作る力の正体を探ねて、それが政治の力であることを明らかにした。それならば、法を破る力の本質を見きわめて行った場合にも、やはり同じ結論が得られる筈でなければならない。

法を破るということは、法の立場から見れば、もとより不法であり、排斥せらるべき邪悪である。その最も著しい場合は、犯罪である。法は不法とたたかわねばならぬ。犯罪を制圧せねばならぬ。法が秩序を維持するための不可欠の手段として強制に訴えるのは、不法との闘争に勝利を占めんがためである。裁判の制度が発達し、強制の機構が組織化され、財産の没収、自由の剥奪、更に生命の絶滅すらもが刑罰の内容として肯定せられるのは、法をして不法との抗争をできるだけ有利に遂行せしめんがためである。法は、一方ではかような強制手段を用い、他方では道徳的な遵法精神をたかめることによって、人間共同生活の事実を法の規定と合致せしめようとしてやまない。法の生命は、事実が法と合致することによって確保される。事実を規範に合致せしめる力をもつ法が、効力のある法であり、実定法である。事実が規範と合致しなくなれば、特に、事実が法たる規範を破って恬然としているようでは、法の生命は失われる。故に、法自らが「法を破る力」を認めるということになれば、それは法の自殺にひとしい。法の画する合法性の枠を、あくまでも破られ得ぬものとして守り通そうとするのが、法の建前なのである。

しかし、それにもかかわらず、実際には法は往々にして破られる。法の認めぬ事実や力が現われて、法の規定が無視・蹂躙されることがある。もちろん、法が最初から不法の克服を目的とし、強制の甲冑を着て邪悪に対するたたかいを遂行しようとしている以上、法の行く手に不法の事実が現われ、そのために法が破られる場合もあるということは、覚悟の前でなければならない。その意味では、法はすべて法を破る力を認めている。法を破る力の公算を認めつつ、ますます勇気をふるってこれを制圧しようとしているのが、法の態度なのである。けれども、法を破る不法は、必ずしも常に実質上の邪悪であるとはかぎらない。場合によっては、法が不当・不正であって、法を破る不法の方が正当であると考えなければならぬことがある。合法ということは、原則として正しいことでなければならぬ筈であるが、それがむしろ不当な法の杓子定規の適用にすぎぬことがある。そうなると、法を破っても物事の正しい筋道を通すべきであるということが主張される。ここに、いわゆる「合法性」(Legalitāt) と「正当性」(Legitimität) との相剋が生ずる。「法を破る力」とたたかおうとする法の勇気もくじけ、「法を破る力」を認めようとする動向が、法の内部に起こって来る。それは、もはや法を破る力の「公算」を認めることではなく、これを「正しい」と認めることなのである。人は、あくまでも形式上の合法性を恪守すべきであろうか。あるいは、合法性を犠牲に供しても、実質上の正当性を選ぶべきであろうか。「法を破る力」が深刻な問題となるのは、正にそういう場合である。

合法性と正当性との対立は、法内在的正義と法超越的正義との対立である。法内在的正義は法の安定性を重んずる。すでに確定された法について徒らに是非・善悪を論ずることは、社会秩序の混乱を招くにすぎない。殊に、法の非違を鳴らして恣意を遂げようとする者に、屈強の隙と口実とを与える。だから、一たび定立された法をあくまでも確乎不動の準則とし、その適用も正確な論理にしたがってこれを行なうべしとするのである。この要求の線に沿うて発達したものが、成文法の体系であり、概念法学的な法解釈の態度である。しかし、成文法は、法の一般化・確実化・明確化を図るには適しているが、社会関係の個性を没却し、社会生活の流動・進展に対する順応性を欠く、という重大な欠陥をともなう。そこで、成文法規の厳格な適用を期する合法性の原理に対して、成文法規の文字通りの意味にかかわらず、法を目的論的に活用しようとする正当性の原理がかかげられる。それは、法超越的正義の立場から、硬化・固定しようとし勝ちな法、特に成文法に、臨機応変の弾力性を与えようとする試みである。この二つの要求の間には、もとより矛盾がある。しかし、この矛盾を解決するという必要に応じて、法解釈学が長足の進歩を遂げ、形式上の合法性と実質上の正当性とを実定法の上に調和せしめようとして、不断の努力を重ねて来た。成文法規の外に慣習や条理の法源性を認める学説、慣習法による成文法の改廃を肯定する理論、判例の法創造作用を重視し、裁判上の判決に単なる法の適用たるより以上の意義を賦与しようとする見解、等、およそ多少とも自由法論の傾向に属する法解釈学説は、いずれもかかる努力の結実ならぬはない。かような解釈によって、必要以上に硬化し勝ちな成文法に柔軟性を与え、これを社会生活の実情に適応せしめて行くのは、法を破るというよりは、むしろ法を活かす所以と考えられてしかるべきであろう。

もっとも、自由法的な解釈も、度をすごせば法を破ることになる。成文法の中に「悪法」があることを認め、悪法は法にあらずとして、自由自在に法を発見するということになると、法の安定性は著しく脅やかされる。また、度をすごさぬ自由法論の立場といえども、合法性の原理にのみ執着する極端な概念法学の見地からは、解釈に名をかりて法を曲げるものとして非難される。けれども、よしんばそれが厳密には法を破る解釈といわれ得るにしても、そういう現象は、多くの場合、法秩序の一局部で行なわれているにすぎない。また、その多くは、いわば末梢において法を破っているにすぎない。もとより、局部・末梢における法の変革も、つもりつもれば法の全体の内容を大きく変貌させる。デュギイの概観したような、第一九世紀におけるフランス民法の変遷のごときがそれである。[1] しかし、この種の法の変遷は、永い期間を通じて徐々に行なわれるために、法の破砕といったような感じを人に与えない。むしろ、法超越的正義が次第に実定法の中に浸潤して、法内在的正義と正面から衝突することなしに、法規範の意味・内容を時代の流れに沿うように新陳代謝せしめるために、法の健全な「進化」として正当視されるのである。

ところが、法超越的正義による法の変革は、時にはまた実定法の中枢部で行なわれることがある。しかも、法の安定性の要求と正面から激突して急激に行なわれることがある。場合によっては、法超越的正義に則るか否かすこぶる疑わしい力が作用して、あるいは、表面には正当性の理念をかかげていても、一見してそれが擬装にすぎぬことが明瞭であるような実力が働いて、国法体系の根幹を変革することがある。そういう場合には、これを法の飛躍的革新として讃美するにせよ、または、これを法の破滅、暴力の跳梁として慨歎するにせよ、法の由々しい破砕が行なわれたことは、何人の目にも疑いの余地を残さない。その最も著しいものは「革命」である。これと相似て、しかもその働く力の方向を異にするものは、「クウ・デタア」であり、「国家緊急権」の発動である。中でも、革命と国家緊急権の発動とは、明白に法を破る力でありながら、しかも自ら「法」であり「権」であると称するところに、共通の重要な特色がある。したがって、法を破る力の検討は、いきおい、これら両者の考察に重点を置くこととなろう。特に、これら二つのものの区別は、大体として国民主権主義と国権絶対主義の対立と平行するものであるが故に、一層興味深い対蹠性を示しているのである。

（1） Léon Duguit : Les transformations générales du droit privé depuis le Code Napoléon, 1912.

## 二　革命権

革命および国家緊急権の発動は、ともに法を破る力の作用する最も明白な場合である。しかも、両者は、それにもかかわらず、法を破ることを以て「法」であり、「権」であるとする主張を含んでいる。ともに、明らかに法を破る行為でありながら、合法的に既存の秩序を改革する途がない場合、もしくは、国家を救うという緊急な必要に迫られた場合、やむを得ず法を破ることをば正当な法行為であるとする観念に立脚している。故に、それらは、「法を破る力」であると同時に、「法を破る法」であり、「法を破る権」である。その中でも、「国家緊急権」（Staatsnotrecht）という言葉は、これを「権」（Recht）と認める思想をそのまま文字の上に示している。故に、これと歩調を合わせた言葉を用うるならば、革命の方も、単に革命といわずに「革命権」（Revolutionsrecht）と呼ぶ方が一層適当であろう。

前に述べたように、法は破られ得ぬものではなく、破られることがあり得るものである。しかしながら、原則からいえば、「法を破る行為は違法」であり、「不法」であり、「犯罪」であって、もとより「法」ではない。ところが、時と場合によっては、さような法を破る行為が法であるとされ、あるいは、さように法を破る行為によって新たな法が作り出されることがある。ラッソンは、「法は適法の仕方によってのみ作り出される。いいかえると、法はすでに存在する法の規定する仕方によってのみ作り出され得る」[1]といった。しかし、実際には、法は適法の仕方によって作り出されるのを原則とはするが、適法ならざる仕方によって法が作られる場合も必ずしも稀ではない。適法でない仕方で作り出された法も、それが法としての効力を発揮するにいたれば、やはり法たることに変わりはないのである。ショムロオのいう通り、「法はその成立の適法性ということには拘束されない」[2]。これは、見方によっては、むしろ法を作る力の問題であろう。けれども、それは法を破ることによって法を作る作用であるが故に、やはり法を破る力の問題である。否、法を破ることそれ自体が法を作り、法となるという意味で、正に「法を破る法」の問題である。その中でも、最も過激・大規模な法の破砕を行ないながら、なおかつ自ら認めて法と称するのが、革命権である。また、その規模においては革命におよばないが、国権絶対主義の立場から法を破る権を主張する点で、主として国民主権主義の立場に立つ革命権と対立するものは、国家緊急権である。順序として、まず革命権から考察し、つづいて国家緊急権に移ることとしよう。

革命は法の根本を破砕する。法秩序をその根底から転覆せしめる。しかし、法の根本といっても、厳密に分析すると、根本の中でも最も根本の部分と、そうでない部分とを、分けて考えることができる。それによって、革命の程度にも——少なくとも理論上——根本的な中でも根本的な革命と、しからざるものとの区別を立てることが可能になって来る。

第一の種類の、最も根本的な革命は、法を生み出す最高の淵源を変革する。シエイエスやカアル・シュミットにならって法を生み出す最高の淵源を「憲法制定権力」と名づけるならば、この種の革命は憲法制定権力の所在を変革する行動である。かりにシュミットの説くように、憲法制定権力が一人の手に在る場合、少数者の組織体に属する場合、国民の全部に帰する場合、という風に分けることができるとすると、憲法制定権力をもたぬ者が憲法制定権者からその最高の法定立権力を奪い取るという形で、最も根本的な革命の行なわれる可能性が認められることになるであろう。しかるに、シュミットのいう憲法制定権力は、すべての法の外に在る純粋の力である。そうであるとすれば、この種の革命は、法の規律のとどかぬ世界で行なわれる力と力の衝突であり、これを「法を破る力」の作用と見るべき理由すら失われるであろう。それは、「力を破る力」の現象であって、名実ともに法の問題とはならない筈である。これに反して、シエイエスのように、国民主権主義の立場から憲法制定権力は国民にのみ属するとし、かつ、国民が憲法制定権力を有するのは自然法にもとづくと考えるならば、例えば一人の独裁王が現われてこの権力を国民の手から簒奪するというような場合は、「自然法」を破るところの天人ともに許さざる行為であるということになろう。しかし、自然法を法と認めぬ見解を採れば、これもまた、法の手のとどかぬ世界で行なわれる実力の争奪戦であると考えなければならない。いずれにせよ、この種の革命は、理論によって想定された極限の場合である。したがって、普通の革命は、実定法上の基礎法たる憲法を破るところの第二の種類のそれとして行なわれる。そうして、厳密な意味で「法を破る法」として問題となるのも、この第二の種類の革命なのである。

すなわち、第二の種類の革命は、憲法制定権力の所在には変化がなく、ただ、憲法制定権力によって定立された法、特に憲法を実力によって変革する過程として行なわれる。例えば国民が憲法制定権力を有すると考えられている国家において、国民の意志を政治の上に現わす機構がなく、そのために国民が蜂起して立憲制度を作り出すとか、逆に、議会政治の腐敗を憤った国民が、非合法の手段に訴えて立憲制度を廃止し、独裁制を設けるにいたるとかいうような場合が、それである。よしんば君主制の行なわれている国家であっても、主権の根本は君主にはなくて国民にあると考えられているとき、いいかえると、君主といえども国民の委託を受けて君権を行使するにすぎぬと見られているとき、その君主が君権を濫用したという理由により君主制の倒壊を図るというような場合も、第一の種類の革命ではなく、同一の憲法制定権力の下で行なわれる第二の種類の革命に数えらるべきであろう。むしろ、これが一番普通の革命の形態であるといってよい。この種の革命では、力によって破られた法は、少くとも観念上は、もともと法を破ったその同じ力によって作られたものである筈なのである。法を作った力がふたたび爆発して、法本来の目的にかなわぬ制度と化した秩序をくつがえし、改めて法秩序の再建を行なうという風に考えられるところに、第二の種類の革命の特色がある。

それであるから、第二の類型に属する革命は、法を破る力の発動には相違ないけれども、理論上は第一の種類の革命のように憲法制定権力に対する反逆ではなく、憲法制定権力者自らの行なう主権行動と考えられ得るのである。いいかえると、それは、観念的には、上から下への力の発動であって、下から上への力の反撥ではないといわなければならない。この種の革命が、根本から見れば決して不法ではなく、国民の「革命権」の正当な行使であると主張される所以も、正にここに存するのである。しかしながら、こうした革命が上から下への力の作用であると見られるのは、単なる「観念」の上でのことにすぎない。これを国家の現実の支配関係から見るならば、革命を遂行する力は、支配する者の力ではなく、被支配者の結束によって生じた力であることを常とする。例えば、国民主権の理念によれば、観念上は国民が憲法制定権力の主体なのであるが、現実には国民は支配者の地位に立っている訳ではない。支配する者は、国民を代表していると称せられるところの政府である。あるいは、政府の首長としての君主である。国民は権力の委託者であり、君主または政府は権利の受託者であるといわれるが、実際には、支配する者は君主または政府であり、国民はこれに対して盲従することを強いられている被支配者にすぎない。政治力の根源は自己自身の手に在るべきことを自覚した国民にとっては、かような現実の支配関係ほど不合理なものはないと感ぜられる。そこで、国民主権の理念と政治の現実との合致を要求する。現実の支配関係があくまでこれを阻止しようとすれば、実力によって政治形態の変革を成就しようとする。それが革命である。故に、第二の種類の革命では、革命行動を起こす者は、観念上は憲法制定権力の主体たることを自認しているにもかかわらず、現実政治の上では「被支配者」の地位に立っているのである。まして、第一の種類の革命では、実力行動に訴える者は、憲法制定権力者ではなく、したがって名実ともに「被支配者」である。すなわち、二つの場合を通じて、革命の本質は、「被支配者」の実力行動による支配機構の急激な変革たる点にあるということができよう。

　これに反して、革命と並び称せられるクウ・デタアは、実力を以てする憲法の破砕である点では第二の種類の革命と異ならないが、その実力の主体が現実の「支配者」である点で、「被支配者」の実力行動たる革命と趣を異にする。例えば、政府の首位にある者が、法によって与えられた権限以上の絶対権を掌握するために、実力を行使して反対派の要人たちを逮捕・監禁し、もしくは議会を威嚇してその目的を達するがごとき行動が、クウ・デタアである。故に、クウ・デタアは、「法を破る力」の作用である点で革命と性質を同じうするけれども、その力の働きが上から下へむかっている点で、現実の支配関係における下から上への力の爆発たる革命とは、方向が逆になっていると見てよい。(3)

　いずれにせよ、革命は、実力によって現実の支配機構を破砕し、実定法秩序の法定立の組織をばその根底から転覆させる。だからして、実定法の立場から見れば、革命は最大の不法である。(4)内乱や大逆は、およそ犯罪の最も重いものとして処罰せられる。単に法を牙城とたのむ既成勢力が、革命の企図に対して極力弾圧の方針を以てのぞむばかりではない。秩序の安定を図り、理性と規律とを尊ぶという、それ自体としては至極尤もな理由からしても、革命を避けて漸進的な進歩の道を進むべしということが主張される。中でも、そういう見地からの革命反対の主張を代表する者は、保守主義の法哲学者トレンデレンブルグであろう。トレンデレンブルグによれば、革命が横行闊歩することになると、人間の動物的な本能が鎖を断ち切って白日の下に登場する。激情によって昂奮した力が、理性を圧倒する。かような激情は、自己以外の声には決して耳を藉そうとしない。そうして、自己の行動をば理性的であると盲信し、道徳上の節度とか、伝統に対する道義観とか、紀律・服従の美徳とかいうようなものを蔑視し、人間および神の秩序に歯むかう暴逆をば、英雄的な行為と考える。故に、すべての恐るべき事柄の中でも最も恐るべきものは、かくのごとき内乱である、と。(5)

　しかしながら、それにもかかわらず、歴史の転換期には、しばしば革命が行なわれる。そうして、歴史は、革命によって新らしい時代に飛躍する。革命の最中や直後にはトレンデレンブルグの指摘するような暴虐や混乱が発生するにしても、やがて、その混乱の中から新たな人間生活の視野が開け、価値観が転換し、新しい秩序が建設される。だから、その積極面からこれを見る者にとっては、革命は偉大な精神の覚醒であり、価値の創造であり、時代の建設を意味するのである。そこで、

「法を破る力」たる革命に対して、法以上の価値理念をかかげてこれを是認・肯定し、これに合理的な根拠を与えようとする。その一つは、法を破る革命をば「道徳」によって意義づけようとする試みである。すなわち、ヘルファアルトによれば、「国民が革命に訴える権利を有するかどうかという問題に対しては、今日では普通次のような答えが与えられる。革命は法の破砕なのであるから、その本質から見て法的には常に許されない。しかし、特別の事情の下においては、革命に訴える道徳的権利があり得る」[6]と。これに対して、他の一つの理論構成は、革命が法を破る行動であるということをさえ否定しようとする。例えば、ザウアアによれば、革命によって破砕される法は、頽廃・腐朽してもはやその生命を失ってしまっている法であり、真正の意味の法ではないのである。だから、革命は実は法の破砕ではなく、単なる法の創造として意義づけらるべきである、[7]と。しかし、何といっても、革命肯定論として最も迫力のあるのは、「自然法」の理論であろう。殊に、国民主権主義と結びついた第一八世紀の自然法の理念は、第三階級の解放を目ざすフランス革命の革命精神の兵器廠であった。第四階級の解放を目標とする現代のプロレタリアアト革命は、これとは色々な点で相貌を異にしてはいるけれども、破らるべき法から価値を剥奪し、法を破ろうとする力に必然の意義を賦与しようとする点で、やはり一種の自然法の理論を背景としているといい得る。中国では、古来「易世革命」と称して、「天命」という超人間的な理法が革命を認証する原理としてかかげられた。かような「法を超越する法」をかかげることによって、革命は「法を破る力」から「法を破る法」に昇格する。理念の面から見た革命は、かくて「革命権」となり、一種の法行為として意義づけられるのである。

けれども、現実政治の舞台を一転せしめるところの革命は、決して単なる理念ではない。いかに天命を論じ、自然法を力説し、道徳の理想、正当性の理念をかかげても、それだけで法の破砕がなしとげられる訳には行かない。堅固な法の防壁を打ち破って国家組織の根本を変革する革命は、端的な実力行動である。この実力行動は、高尚な理念によって指導されることもあるであろう。あるいは、その理念が革命の武器として手段化され、実体のない粉飾として利用されることもあるであろう。しかし、いずれにせよ、理念が現実人の現実意欲に方向を与え、その行動を大衆的に結束せしめることによって、はじめて既成秩序の牙城を崩壊せしめるところの鬱然たる力となる。その意味では革命はあくまでも「力」である。革命を「法を破る法」として意義づけ、これを「革命権」として大義名分化することも、現実的に見れば、「法を破る力」を増強するための一つの手段に外ならない。理念によって動く実力が、下から上へむかって実定法の中核を破砕すること、それが公平に見て革命の科学的本質なのである。

(1) Adolf Lasson: System der Rechtsphilosophie, 1882, S. 417.
(2) Felix Somlò: Juristische Grundlehre, 2. Aufl., 1921, S. 116 ff.
(3) 河村又介教授は、クウ・デタアを「広義の革命」の中に数えられる。しかし、「狭義の革命」とクウ・デタアとを区別するにあたっては、実力行動の方向の相違を以てその区別の標準としておられる。すなわち、「狭義に於ける革命が、民衆の下から上に向ってする運動であるのに対して、クーデターは、権力者が上から下に対してする行動」なのである。河村教授「クーデター」法律学辞典I（昭和九年）五三〇頁。
これに対して、革命の概念を「広義」にのみ解し、したがって、革命とクウ・デタアとを区別しない学者もある。例えばベエリングによれば、「既存の支配権力の全部または一部が剥奪されたか、あるいは逆に、既存の支配権力が一層強い力を以て発動したかということは、革命の概念にとって無関係である。『上からの革命』、すなわち、銃剣の強制力によって支持されたクウ・デタアも、革命である」。Ernst Beling: Revolution und Recht, 1923, S. 11.
(4) 革命は、実力によって実定法の根本を破る行為である。したがって、法を破るという意味がともなわないかぎり、いかに世界観の立場が転換しても、それはここにいう革命ではない。いいかえれば、いわゆる合法的革命は法学上の概念としての革命ではない。ただし、実力による法の変革は、必ずしも暴力によって行なわれるとか、流血をともなうとかいうことを要件とするものではない。国民の政治力によって法の根本が破られたものと認められ得る以上、無血革命もまた革命である。
(5) Adolf Trendelenburg: Naturrecht auf dem Grunde der Ethik, 2 Aufl., 1868, S. 555 f.
(6) Heinrich Herrfahrdt: Revolution und Rechtswissenschaft, 1930, S. 50; vgl. Felix Dahn: Die Vernunft im Recht, 1879, S. 216 f.
(7) Wilhelm Sauer: Grundlagen der Gesellschaft, 1924, S. 429.

## 三 DOMINIUM EMINENS

国民の側からの革命権の主張は、民権拡張の動向の尖端に位する。したがって、現実に成しとげられた革命は、国家の支配機構をゆり動かし、それまでは単なる被治者・被支配者にすぎなかったところの国民の地位を、逆に権力の淵源たる立場にまで高める。しかし、いかに革命によって国民が権力の淵源であることが確認されても、国民のすべてが政治の実際にたずさわるということは、事実上不可能である。したがって国民主権の建前が確立されても、実際の政治はやはり国家権力の中枢たる政府によって行なわれる。ただ、もしも政府がふたたびその権力を濫用して民意に反する政治を行なうようなことがあれば、国民はいつでもその主権を行使して、政治形態の変革を断行する用意があるということは、現実の国家権力に対する大きな制肘である。それは、国民の側に、明示的もしくは潜在的に革命権が留保されていることを意味する。かような政治態勢の下に発達した西洋近世の国法秩序の中には、権力の過剰を戒め、国民の権利を過当な権力の行使から保護するために、幾多の障壁がはりめぐらされた。成文憲法による国民の基本権の保障は、その中でも最も重要なものである。しかしながら、かような法治主義の制度も、度をすごせば政治上の権力を必要以上に弱め、政府の行動範囲をあまりにもせばめ、国家緊急の際に断乎たる措置をとることを不可能ならしめる虞れがある。そこで、国家全体の安寧・福祉を護るために緊急の必要がある場合には、平時の憲法上の障壁を踰えて権力を行使することを認むべしという議論が起こって来る。もちろん、権力の行使はいかなる場合にも法の限界内にとどまらなければならない、という法治国家の原理からは、政府が国家の危機を名として法を破ることは、最後まで不法として否定されなければならない。これに反して、法をば国家の存立と国民の利益とを擁護するための手段と考えるならば、切迫する危機に際して、法を破ることを躊躇するがごときは、手段のために目的を棄てるものとして非難されなければならないであろう。法も、法によって保障される国民の権利も、国家あってはじめて維持され得る。したがって、法のために国家の安危を顧みないというのは、最もはなはだしい本末転倒である。そういう立場から論ずるならば、法を破る権力の行使も、国家の存立を擁護するという最高目的の下に、なおかつ法であり権であるとして肯定され得ることになるであろう。かように、国家の存立を擁護するために、緊急事態に際しては法を破る権力がなおかつ法として発動し得るというのが「国家緊急権」の理論である。

国家緊急権が発動すれば、少なくとも部分的に憲法を破ることになる。故に、国家緊急権も法を破る力である。しかも、それは、現実の権力を掌握する者——例えば、君主、政府または大統領——が、特別の場合に行なう憲法の破砕である。その点で、国家緊急権の行使はクウ・デタアにきわめて似ている。ただ、国家緊急権は、その名のごとくに、自ら「法」であり「権」であるということを標傍する。国家緊急の場合にあたり、国家を救うために法を破る当然の権利が発生するというのが、国家緊急権の理論である。これに対して、クウ・デタアは、実際には何らかの名分や理由をかかげて行なわれるには相違ないが、国家緊急権のような大上段の「理論」の粉飾をともなわない。クウ・デタアは露骨な法の破砕である。国家緊急権は、法を破ることをなおかつ法であるとして、自ら粉飾する法の破砕である。その点では国家緊急権は、革命が国民主権や自然法の理論を冠として戴くのと、むしろ趣を同じうしている。ただ、革命が下から上へむかって法を破る「権」を主張するのに対して、上から下へむかって法を破る「権」を主張するのが、国家緊急権なのである。その意味で、国家緊急権は、国民主権主義の側からの「法を破る法」たる革命権に対抗するところの、国家全体主義の側からの「法を破る法」であるということができよう。

それであるから、国家緊急権の理論と革命権の主張とは、その沿革の上から見ても、正に、政治上の対蹠概念として発達した。すなわち、革命権が民主主義の切り札となったのと同様に、国家緊急権は、君権至上主義もしくは国権絶対主義の陣営が、一面では民主主義の原理と妥協しつつ、しかも最後の場面において、民主主義的法治主義の城塞を切り崩すために用意した切り札に外ならない。

西洋、特にドイツ国法学にいう国家緊急権の思想は、近世のはじめに唱えられた dominium eminens の概念から出発するといわれる。この熟語を形づくっている二つの言葉のうち、dominium は「支配」または「所有権」を意味するが、ここではこれら二つの意味を併せ含むと見てよい。[1] もう一つの eminens は「上級」または「優越」という意味の形容詞であるから、dominium eminens は、文字通りには「上級権」もしくは「優越支配権」とでも訳せらるべき概念である。この場合、dominium eminens が上級であり、優越しているというのは、dominium vulgare に対してである。すなわち、個人が一般に物に対してもつ「普通支配権」と対比した意味で、dominium eminens は「優越支配権」なのである。故に、この理論からいうと、国法は、一般には個人の普通支配権、特に個人所有権を尊重すべきであり、国家は原則としてその保護に任ぜねばならぬ。しかし、国家そのものの福祉に関する場合には、国家に内在する優越支配権が発動して、個人の権利について守らるべき普通の制限を排除し、個人所有権をも全体の利益のために侵害することができる。そこで、dominium eminens は、公益のためにする公用徴収権の濫觴となった。[2] それと同時に、この観念が一般化されて、個人の権利に対する保護――逆にいえば、権力の行使に対する国法上の制限――も、国家全体の存立のためには必要に応じて排除され得るという思想、すなわち「国家緊急権」(jus eminens, Staatsnotrecht) の思想を生むこととなったのである。

このdominium eminens の概念は、まずグロチウスによって説かれた。グロチウスによれば、人が人または物を法的に支配する「能力」(facultas) すなわち「支配権」(dominium) には、二つの種類がある。その一つは facultas vulgaris であり、他の一つは facultas eminens である。前者は、個人の利益のために個人に与えられた能力または権利である。これに対して、後者は、公共の福祉のために、部分たる個人およびその財産の上におよぼされる能力または権利であって、全体たる共同体に帰属し、かつ facultas vulgaris の上に優越する。[3] 故に、個人が法的に取得した権利は、原則として権力によって保護せられ、恣意によってみだりに侵害されないという保障を与えられるが、その上に立つ facultas eminens または dominium eminens の前には絶対に不可侵ではあり得ない。一般にいって、個人の権利が侵害されるのは、二つの根拠にもとづく。その一つは刑罰であり、他の一つは dominium eminens である。ただし、個人の権利が dominium eminens によって侵害される場合には、二つの条件が備わらなければならない。第一は、それが公共の利益のために必要であるということ、第二は、国家の側から侵害に対する補償が与えられるということである。[4] かくて、グロチウスは、自然法の理論に立脚する「既得権」(wohlerworbene Rechte) の不可侵性を相対化し、既得権に対する法的保障といえども、権力に対して踰ゆることを許さぬ制限を意味する訳ではなく、公益のためには——適当な補償を与えることを条件として——これを公権力を以て侵害することができる、という法理を基礎づけた。[5]

前に述べた通り、このグロチウスによる facultas eminens または dominium eminens の概念は、私権に対する国家の公用徴収権の理論の淵源となったのであるが、それと同時に、公共の利益を保全するためには、権力者は国民の権利保護に関する法の規定にかかわらず、すなわち、平穏無事の場合の権力行使の筋道から逸脱しても、その権力を以て適宜の措置をとり得る、という国家緊急権の思想によって利用された。その場合に、dominium eminens という言葉は、拡大された第二の意味をももち得るが、その本来の物権的語義内容の限定を踰えて、特に一般に国家緊急権を指し示すときには、別に、jus eminens という言葉が用いられることが多い。[6]

dominium eminens の語義のかような拡大は、一面では、国家全体の利益と国民各個の利益の調和を求めようとする動きを示すと同時に、他面では、民権擁護のための法治主義の発達と妥協しつつ、最後のところで法治主義の限界を乗り越える余地を残そうとする、国権絶対主義の要求の現われと見ることができよう。

前に述べたように、ヨオロッパ近代国家の発達史の上から見ると、国民主権の理論、民権尊重の思想は、最も重要な指導概念ではあったけれども、決して唯一の国家形成原理ではなかった。むしろ、その反面では、近代国民国家が主権国家として発達して行くために、中央集権的な君権至上主義や国権絶対主義が唱えられる必要があったのである。もっとも、この第二の動向は、国民の側からの反抗権や革命権の主張と実行とによって次第に退却を余儀なからしめられたけれども、国民各個の利益に優越して守らるべき国家全体の利益があるという観念は、それにもかかわらず牢固たる勢力を維持して来た。他方また、民主主義の理論からいっても、或る場合には、権力を以て個人の権利を侵害する必要が生ずるということは承認されなければならなかった。そこで、両方の歩みよりによって、法治主義の一般原則を確立しつつ、これには例外の場合があり得ることを認めるというところに落着いて行ったのである。すなわち、権力は一般的には個人の権利を法によって保護しなければならない。もっとも、国家全体の利益のための特別の必要がある場合には、権力を以て個人の権利を侵害することができる。ただし、この場合にも、国民の意志にもとづいて定立された法律の規定にしたがい、相当の補償を与える必要がある。それが、公用徴収権の意味における dominium eminens である。しかしながら、法律によってあらかじめ定めてある手つづきと範囲とに制限されていては、国家の存立を保持することができないような緊急の必要が生じたときには、どうするか。——その際にも、法律の認める限界内での措置にとどめて置かなければならないというのは、法治主義の公式論である。これに対して、そういう際には、法律の認める限度を越えた非常措置にいでることができるというのが、国家緊急権の意味での jus eminens の主張に外ならない。

しかるに、法治主義のその後の発達は、法の認める権力行使の範囲を更に拡大して、かような非常措置をも合法性の枠の中に取り込んで置く、という方向にすすんだ。国民の自由権や基本権を憲法によって保障し、法律によらずしてこれを侵害することを許さぬというのは、法治主義の原則ではあるが、一応の原則である。一応の原則というのは、場合によっては、それにも更に例外があり得ることを認める意味である。というのは、もしもこの原則を硬直・不動のものにしてしまうと、実際にその範囲では片づかない緊急の必要が生じた場合、この原則が権力によって破られる虞れがある。それは法治主義が公式論に拘泥して、自ら破綻をまねく所以である。したがって、進歩した法治主義は、この原則とともに、憲法の中に非常事態に際しての例外措置の規定を併せ設ける。そうすれば、緊急の場合に平時の法治主義の原則が停止されても、それはそれ自身憲法に則って行なわれるのであるから、法が破られたことにはならない。かように弾力性のある法治主義を採用した憲法として、多くの学者が例に挙げるのは、ドイツのワイマアル憲法である。

すなわち、ワイマアル憲法は、その第四八条第二項に、「ドイツ国の内部で公共の安寧秩序が著しく攪乱され、もしくは攪乱の危険に瀕した場合には、国の大統領は公共の安寧秩序の恢復に必要な措置を行ない、要すれば武力を行使することができる。この目的のために大統領は、第一一四条・一一五条・一一七条・一一八条・一二三条・一二四条および一五三条に規定する基本権の全部もしくは一部を暫定的に停止することができる」と規定している。これが、ドイツ国大統領の「独裁権」についての規定である。ドイツ国民が身体の自由、住居の自由、信書の自由、言論・著作の自由、集会・結社の自由、所有権の自由、を享有することは、ここに列挙された憲法第一一四条以下の条項の規定するところであり、これらの基本権は「法律」によるにあらずしては制限もしくは侵害せられることがない。それは、国民の基本権に対する常時体制上の憲法の保障である。しかるに、公共の安寧・秩序がはなはだしく攪乱される虞れのあるような場合には、大統領は、常時体制上の基本権の保障を一時停止し、法律によらずしてこれらの上に必要な措置を加えることができる。それが、この独裁権の規定の要旨である。この規定の解釈については色々と意見が岐れているけれども、いずれの解釈を採るにせよ、もしもかような規定がないのに、大統領が法律によらないで基本権に関する非常措置を行なったとしたならば、それは憲法違反であり、正に国家緊急権の発動である。しかし、すでにこの規定がある以上、その範囲内で大統領が独裁権を行なうことは、憲法上認められた非常措置権の行使であって、国家緊急権ではない。(7) これを Staatsnotrecht と呼ぶ学者もあるが、それは、緊急事態に対処するための憲法上の非常措置権を立憲制度上の Staatsnotrecht と名づけたまでのことであって、非常措置権の範囲をふみ越えるような「法を破る法」の意味で、これを国家緊急権といおうとしているのではない。(8) それだけ法治主義の弾力がましたのであり、それだけ合法性の枠がひろめられたのである。かかる制度がなければ国家緊急権となるべき事柄が、この制度によって国家緊急権ではなくなったのである。人はこれによって、法治主義の原則と非常事態に際する執行権拡大の必要とを、一度は充分に調和せしめ得たと信じたに相違ない。

ところが、実はそうでなかった。「法を破る法」としての国家緊急権の問題は、これによっても絶滅せしめ得たことにはならなかった。なぜならば、ワイマアル憲法第四八条第二項の大統領の独裁権にも限界がある。すなわち、その発動によって停止され得る基本権の規定は、第一一四条以下の七箇条にかぎられている。故に、ワイマアル憲法の予想したより以上の超非常事態が発生した場合に、大統領は第四八条第二項の限界を突破して、憲法の認めぬ超非常措置を執り得るか否かが、改めて問題となって来るからである。そうして、これを否定しようとする法治主義の理論に対して、これを肯定しようとする Staatsnotrecht の主張が、新たな「法を破る法」の理論として現われるにいたったのである。

(1) Otto Gierke: Johannes Althusius und die Entwicklung der naturrechtlichen Staatstheorien, 4. Aufl., 1929, S. 93.

(2) 近世のはじめ、グロチウスが dominium eminens という概念を用いた場合、その本来の意味が私所有権を侵害する国家の権、すなわち今日いわゆる徴収権または収用権であったことは、ゲオルク・マイヤアによって明確に説かれている。Georg Meyer: Das Recht der Expropriation, 1868, S. 122.

(3) Hugo Grotius: De jure belli ac pacis, 1625, L. I, C. 1, VI; Des Hugo Grotius drei Bücher über das Recht des Krieges und Friedens,

übersetzt von F. H. Kirchmann, 1860, S. 70 f.

（4）Ibid., L. II, C. XIV, VII; Kirchmanns Uebersetzung, S. 452 f.

（5）柳瀬良幹教授は、この点を既得権理論の史的発展の一節として叙述しておられる。柳瀬教授「既得権の理論に就て」公法学の諸問題（美濃部教授還暦記念第二巻）（昭和九年）一六頁以下。

（6）ロオレンツ・フォン・シュタインによれば jus eminens の概念は本来 dominium eminens の概念とは何ら関係がなかったという。すなわち、後者は「上級所有権」(Obereigentum) を意味したのに対して、前者はかつて上級所有権の意味に用いられたことはなく、「例外の場合の国家理由」(ratio status extraordinarii) であり、正に「国家の緊急権」(Notrecht des Staates) を意味したのである、と。Lorenz von Stein: Die Verwaltungslehre, 7. Teil, 1868, S. 177.
しかし、国家全体の利益のために個人所有権に対する普通の場合の法的保障を排除して、これを侵害することを認めるというのが、グロチウスのいう dominium eminens である。この法理を押しひろめて行くならば、結局 jus eminens、すなわち、個人の権利を保護するための法律も、国家非常の際には権力を以てこれを破り得るという国家緊急権の概念に到達する、故に dominium eminens の本来の語義が今日いうところの収用権に近いものであったことは事実であるとしても、国家緊急権の概念もこれと全く別個の淵源から出たものではなく、むしろこれから分岐した強度の dominium eminens に外ならないと見るのが至当であろう。

（7）ワイマアル憲法第四八条第二項については、これを法文の意味に忠実に解釈しようとする通説と、これに対して大胆な意味拡充的解釈を加えようとする説との対立があった。前者によれば、大統領がその独裁権の発動によって停止し得る憲法の条規は、第一一四条以下、この条文に明記してある七箇条にかぎられなければならない。これに反して、後者によれば、大統領の独裁権の発動は、必然的にこれらの七箇条の範囲を越えて、憲法の他の条項にもその効力をおよぼすこととなる。そうでないかぎり、この例外状態の規定は到底その目的を達し得ないというのである。この第二説を代表する学者は、カアル・シュミットである。しかし、シュミットも、第四八条第二項の大統領の独裁権は、それにもかかわらず一つの「適憲の法制度」(verfassungsmässiges Rechtsinstitut) であって、国家緊急権ではないとなしている。すなわち、シュミットにしたがえば、もしも大統領ではなく、他の国家機関が憲法の限界を破って緊急対策を行なうような場合があれば、そこにはじめて国家緊急権の発動が認められるのである。Carl Schmitt: Die Diktatur des Reichspräsidenten nach Art. 48 der Reichsverfassung. Veröffentlichungen der Tagung der deutschen Staatsrechtslehrer, Heft 1, 1924, S. 64 ff.; derselbe: Die Diktatur, 2. Aufl., 1928, S. 234 ff.

（8）Richard Thoma: Der Vorbehalt der Legislative und das Prinzip der Gesetzmässigkeit von Verwaltung und Rechtsprechung. Handbuch des deutschen Staatsrechts, 2. Bd., 1932, S. 231 f.
トオマはここで国家緊急権という言葉を二通りに使い分けている。その一つは、「憲法をふみ越える国家緊急権」(verfassungsüberschreitendes Staatsnotrecht) であり、他の一つは、「現行憲法制度上の国家緊急権」(Staatsnotrecht des geltenden Verfassungssystems) である。第二の意味の国家緊急権には、大統領の独裁権や緊急命令権などが属する。それが憲法によって認められているかぎり、その行使はもとより法治国家における合法性の原理と矛盾しない。これに対して、トオマは、第一の意味での国家緊急権は憲法の蹂躙であるとしてこれを排斥するのである。

## 四　STAATSNOTRECHT

Staatsnotrecht は、読んでその字の示すごとくに一つの Recht である。いな、Recht であるといわんよりは、自ら Recht たることを主張するものである。しかも、それは普通の場合の Recht ではなく、平時法の枠の外にある Recht であり、これまた文字通りの Notrecht である。故に、Staatsnotrecht が発動すれば、平時における法の枠は破られる。格別の理由もないのに法の枠を破ることは、違法であり、不法である。けれども、国家を救うという絶対の必要の前には、違法も不法もなくなる。そうして、法を破って国家を救うことが当然の権利となり、法となる。それが Staatsnotrecht である。こういう考え方は、これを排斥する法治主義の常道論とせり合いながらドイツの国法学界を賑わし、遂にナチスの時代の国権絶対主義の再現を迎えるにいたった。

かような思想をきわめてはっきりした太い線で描き出した学者として挙ぐべきは、イエリングであろう。イエリングの時代には、もとよりワイマアル憲法第四八条第二項のような非常措置法はなかった。しかし、一八五〇年のプロイセン憲法は、すでにその第六三条に緊急命令の規定を設け、その第一一一条に戒厳に関する条項を置き、非常の場合の例外措置をあらかじめ法を以て定めて置くという態度をとっていたのである。けれども、イエリングにいわせれば、これらの非常措置を法で決めて置いても、もっと差しせまった緊急状態となれば、法の規定にかかわらず臨機の権力行使を断行する必要が生ずる。それは、もはや法の問題ではないのである。元来、法は目的によって作られる。法は目的ではなくて、目的のための手段である。そうして、法の目的は、社会生活の存立を維持するということに存するのである。[1] もちろん、権力が社会生活の維持・発展のために法を作った以上、権力自ら法を尊重するという態度を堅持する必要があることはいうまでもない。なぜならば、法は権力の賢明な政策であって、この政策を遂行するためには、権力は謙抑の態度を以て法の規律に服さなければならない。上に立つ権力者が法にしたがわずしては、一般国民に遵法の精神が育つ筈はなく、法の確実性や秩序の安定性がなくしては、社会生活の繁栄はもとより期待できぬからである。[2] しかし、法による権力の拘束にも、自らにして限度がある。法を守るか生命を救うかという切端つまった事態に立ちいたれば、権力は手段を棄てて、目的を取らざるを得ない。法を破っても生命を救わなければならない。それは、非常の場合における国家権力の救済行為である。[3] あたかも、難船の危険に瀕した船長が、船と乗組員の生命とを救うために積荷を海中に投ずるように、国家権力もまた、それが差しせまった危機を乗り越える唯一の方法である場合には、法を思い切って棄てなければならない。それは、非常状態にあたって発生する国家権力の非常権なのである、[4]と。

同様の見解を憲法学の立場から展開した学者として、カルテンボルンの説くところを聞こう。カルテンボルンによれば、憲法の変更またはその廃止は、原則としては憲法に定められている法形式をふむことによってのみ行なわれ得る。この原則に対して例外を認めることは、形式的な法の見地からは許されない。ましていわんや、単なる便宜上の理由や、いわゆる公共の福祉というがごとき不明確な論拠をかかげて法の形式を無視することは、堅く戒められなければならぬ。法の形式をふまずに行なわれた憲法の変更や廃止は、常に形式上の法の破砕を意味する。しかし、さればといって、形式上の法の破砕は絶対に許され得ぬという訳ではない。形式的な法よりも高い実質的な法を根拠とするならば、法の破砕もまた是認されることがある。すなわち、形式的な憲法はあっても、その内容が国民生活および国民精神の自然的、社会的、倫理的な基礎から遊離してしまっているような場合には、実質上の国家秩序そのものを維持する必要上、法の手つづきによらないで形式上の憲法を改廃するという理由が成り立つのである。なぜならば、形式上の法は、国民精神の確乎たる基礎に立脚するときにのみ、真の生活規範としての効力を有するからである。殊に、国民精神の基礎から遊離してしまった法を、なおかつ形式的に存続させることが、国家の存立を危からしめるような場合、そうして、憲法上の手つづきによってこれを適当に改正することを不可能ならしめるような事情がある場合には、国の政府は、形骸と化した法を尊重することによって国家の没落を招くよりも、むしろ形式的な法の破砕の責任を負うても、国家を救うために必要な処置を執らなければならない。それは、国家のための正当防衛であり、正に Staatsnotrecht なのである、[5]と。

これらは、ともに第一九世紀の後半に属するかなり古い学説であるが、これに対して、『ドイツ国家大観』の中でトオマの引用しているショイルルの見解は、ナチス抬頭前の比較的新しい Staatsnotrecht の理論として、注目に値する。ショイルルによると、国家の平常時法秩序の描く円の周囲には、更に広い非常時法秩序の円がある。そうして、緊急の場合には、前者の範囲を乗り越えて後者が実現されるのであって、その意味で「法治国家」は既存の法秩序を破ることができる、[6]と。この説は常時法秩序と非常時法秩序とを互に重なり合う二つの円として説明し、非常時にあたっては後者の実定法化を見、したがって前者の枠が破られるにいたるのを、「法治国家」の法現象と解しているところに、特色がある。これは、法規範の形式的な意味に拘泥する杓子定規の法治主義をば「法律国家」（Gesetzesstaat）の思想として斥け、変通自在の政治をすべて法の作用と見做そうとする、ナチス流の「法治国家」（Rechtsstaat）の概念の先駆として注目すべきであろう。

しかしながら、Staatsnotrecht を肯定するこれらの理論は、民主主義的法治国家の時代には、もとより少数説であった。立憲主義の国家体制を整備して行く上からいえば、法を破る法を認めるような学説は、あくまでも排斥されなければならなかったのである。したがって、ナチス独裁主義の確立されるまでのドイツの有力な国法学者の見解は、ほぼ一致して Staatsnotrecht を否定して来た。これらの学者によれば、立憲的法治国家の作用は、すべて法によって行なわれなければならない。司法はもとより、行政の作用も、適法であることを根本の建前とする。「非常状態」といえども、この建前を無視する口実を与えるものではない。行政は、法を破る権をもつものではないのである。行政が法を破る権をもたないのと同様に、立法の作用も憲法に違反することは許されない。もしも議会が憲法の手つづきを無視して違憲の法律を制定したとするならば、さような立法作用は、いかなる「非常状態」を理由とするものであっても、「不法」として排斥されねばならぬ。[7] 法の破砕は、いかなる法学上の理論によっても是認され得ないのである。[8] 殊に、憲法が常時法の制限を踰えて発動し得べき非常措置権を認め、かつ、さような非常措置権のおよぶ範囲を、明文を以てかぎっている以上、その範囲を越えて権力の行使に訴えることは、もはや法でもなく、権でもない。故に、立憲国家の法制度として Staatsnotrecht なるものを認めるとすれば、例えばワイマアル憲法第四八条第二項の規定するがごとき統治中枢の非常措置権こそ、それであるといわねばならぬ。その外に、またそれ以上に、憲法上の授権の根拠を無視する Staatsnotrecht を認める余地は、法学上全く存在しない。もしも事実そういう権力行動が行なわれたとしても、それはあくまでも違憲の行為であって、国家の「非常状態」もこれを法とし、権とする理由とはならない。[9] ――これが、ゲオルク・マイヤア、アンシュッツ、メルクル、トオマ、等によって説かれている見解の要点であって、厳正な憲法解釈論としては正に当然しかあるべき理論であるといわなければならない。

ところが、ナチス独裁主義への転換は、この問題についてもドイツ国法学の伝統をくつがえした。民族社会主義の世界観は Staatsnotrecht の概念を公然と復活せしめたのである。民族社会主義の立場からいえば、法は民族共同体の生活形式であり、法の最高目的は民族の存続・発展である。この目的にかなうものが法であり、この目的を阻害するものは法ではない。そうであるとすれば、いかに外観宏壮な成文法規の体系が存在していても、その内容が民族主義的な意味で法たるに適せぬものであるならば、これを破っても法を破ったことにはならぬ筈である。かくて、定型化された法規範を金科玉条とする規範主義は排斥されて、民族生活の具体秩序が重んぜられる。法規の形式から外れぬことを正しいとする「合法性」の理念は疎んぜられて、実質上法の目的にかなうことを尊ぶ「正当性」の原理が主張される。かような法観念の転換は、すべて、立憲主義的な法治国家の体制を崩壊せしめ、民族社会主義の政治理念を法生活の隅々にまで浸潤させるための戦術となった。かくのごとくに、法規範――成文法規――のもつ価値を転落せしめ、反対に、民族の発展ということを絶対の法価値にまで高めるならば、民族の存続のために成文憲法を無視することは、茶飯事のごとくに容易に行なわれ得ることになる。ここに「法を破る法」としての Staatsnotrecht の概念の復興を見るにいたったことは、もとより怪しむに足りない。

かくのごとき Staatsnotrecht の概念の再建は、ナチス・ドイツの代表的な憲法学者たるケルロイタアによってきわめて大胆に説かれた。ケルロイタアによれば、民族社会主義のドイツ指導者国家は、真の意味での法治国家である。国家は、一つの民族が政治的な生活様式をもち、その政治的生活様式が法によって形態化されたものに外ならない。だから、法と国家とは必然的に結びついている。民族国家は、その生活形態の方面から見れば政治共同体であり、その存在形態の側から眺めれば法共同体である。故に、民族社会主義ドイツ指導者国家は、急進自由主義の「法律国家」とは全く違った意味での「法治国家」である。したがって、その政治指導および国家行政は法によって規律せられる。けれども、法による政治指導の規律には、限界があることを忘れてはならない。その限界を画するものは、民族の生活秩序を保全するという必要である。この必要のためにする政治指導は、法の限界の外に出で得る。民族主義の法治国家にとっては、民族の生命の維持こそ最高の政治価値であり、最大の法価値である。この最高・至上の価値を擁護するためには、必要な一切の手段が講ぜられなければならない。故に、民族の存立が問題となる場合には、いつでも Staatsnotrecht が実定化される。これに反して、個人主義の法観念は、民族の生命を維持することを最高の価値として認めようとはしないから、いきおい、法による個人の権益の保護ということに重点を置き、適法の政治という観点に拘泥して、Staatsnotrecht を否定せざるを得ないのである、と。[10]

以上の概観によって明らかにされたように、ドイツ国法学上の Staatsnotrecht の概念は、肯定・否定・再肯定の三段階を経て変化した。それが最初に提唱されたのは、近世主権国家建設の途上において、澎湃として興り来たる国民主権主義の勢力と対抗しつつ、国家の中央集権を強化・確保することが特に必要とされた時代であった。また、それが否定されたのは、成文憲法が権力行使の筋道として整備され、整備された法に対する信頼が、したがって法を破る勢力に対する不信頼が、強く国民の法意識を支配した時代であった。殊に、成文憲法に緊急・非常の場合にのぞんでの国家作用の特別規定が設けられている以上、この非常措置の範囲を逸脱する権力の行使を認める余地は、全くないと考えられたのである。しかるに、その

Staatsnotrecht を再転して肯定せしめるにいたったものは、民主主義の時代に発達した成文法の体系をば暢達自在な政治活動の障礙であるとなし、したがって、非常の場合に法を破ることを、むしろ誠の法を実現する所以であると見る、民族社会主義の世界観であった。そのナチスの独裁主義が敗戦によって掃蕩された今後は、おそらく、ふたたび Staatsnotrecht を呪詛する時代を迎えることであろう。いずれにせよ、権力の掌握者が法治主義の限界を越えてその権力を行使することを認めるか認めないかが、問題の焦点であり、この問題をめぐる肯定・否定の理論は、政治的世界観が国権絶対主義と自由民権主義とのいずれに傾くかによって、起伏・交替をつづけて来たのである。

（1）Rudolf Jhering: Der Zweck im Recht, 1. Bd., 5. Aufl., 1916, S. 194.
（2）A. a. O., S. 295 ff.
（3）A. a. O., S. 195.
（4）A. a. O., S. 331.
（5）Carl Kaltenborn: Einleitung in das Konstitutionelle Verfassungsrecht, 1863, S. 347 f.
（6）Freiherr von Scheurl: Einführung in das verwaltungsrechtliche Denken, 1937, S. 165. ただし、本文の略述は、前節注（8）に挙げたトォマの論文、Handbuch des deutschen Staatsrechts, 2. Bd. (S. 232, Anm. 29) によるものであり、したがって、その説の詳細は知り得ない。
（7）Georg Meyer: Lehrbuch des deutschen Staatsrechts, bearbeitet von Gerhard Anschütz, 7. Aufl., 1. Teil, 1914, S. 30, Anm. d.
（8）Adolf Merkl: Allgemeines Verwaltungsrecht, 1927, S. 167.
（9）Richard Thoma: a. a. O., S. 231 f.
（10）Otto Koellreutter: Deutsches Verfassungsrecht, 2. Aufl., 1926, S. 12 f.

## 五　革命権および国家緊急権の政治性

革命権および国家緊急権は、ともに自ら認めて「法を破る法」であるとする。しかし、その実体をとらえて見るならば、両者はともに「法を破る力」である。法を破りながら、しかも法を破ることを高次の法であり、権であるとするために、両者はいずれも理念をかかげる。革命権が自然法の理論や国民主権の理念をかかげるのは、それである。国家緊急権が、生命の維持、国家の存立、民族の擁護といったような目的をふりかざすのも、それである。しかも、革命権や国家緊急権が現実に法を破るという作用を遂行し得るためには、それらの理念や目的が現実に内在し、現実人の現実行動に方向を与える力とならなければならない。それはすなわち政治の力である。革命権や国家緊急権は、名は「権」であり「法」であるが、実は「政治」である。このことは、革命権については改めて説くまでもないほどに明瞭であろう。革命権は、憲法制定権力と楯の両面ともいうべき一体不二の関係にある。そうして、憲法制定権力の本体が政治の力であるということに関しては、すでに前の章で詳しく考察を加えて置いたのである。故に、ここでは、国家緊急権の政治性について簡単な論述をつけ加えればよいであろう。

国家緊急権は、実定法を破る力である。実定法を破る力であるから、これを実定法によって理由づけることは、もとより不可能である。それにもかかわらず、国家緊急権は法を破る法であると自称する。国家緊急権を肯定する学者は、権力によって憲法を破ることをば、なおかつ権であると主張しようとする。しかしながら、実定法を破る国家緊急権をば、実定法の尺度を以て法であり、権であると見做すことは、全く筋道の立たぬ不可能事である。故に、国家緊急権は、いずれにせよ実定法を超越する問題である。実定法の外に厳密な意味での法はないとすれば、それは一般に法を超越する問題である。故に、国家緊急権の本体を見きわめるためには、まずこの問題の法超越性の認識から出発しなければならぬ。

国家緊急権の問題の法超越性をきわめて明確に指摘した学者は、イェリネックである。イェリネックによれば、法は国家によって作られるが、国家によって作られた法は、逆に、法を作った国家を拘束する。それが「国家の自己義務づけ」(Selbstverpflichtung des Staates) である。しかし、法による国家作用の義務づけにも、自らなる限界がある。すなわち、危機に臨んで国家生活の基礎が変化すれば、法はもはやその変化を阻止する力はない。法の力のおよび得ぬ彼岸で行なわれた国家生活の変動は、法を破る。しかるに、国家生活の変動によって国法秩序の上に加えられるかような侵害を隠蔽し、これを法的に粉飾するために、人はこれまで Staatsnotrecht という範疇を用いて来た。けれども、それは、力が法に優越するという命題を、単に別の表現を以ていい直したものであるにすぎない。支配者もしくは被支配者が実力を以て国家生活の変革を強行するという事実は、法秩序の物さしでは測り得ないのである。それにもかかわらず、人がこれを法によって糾弾し、一々これを不法とし、犯罪の烙印をその上に押して行こうとするならば、歴史は常に刑法の条項によって裁かれなければならないことになるであろう。法の領域から全く外れたところで行なわれるかような過程は、いかに法規を整備しても阻止できるものではない。それは、法でもないが、さりとてまた不法でもないところの単なる事実である。しかも、この事実からやがて新たな規範が創造される。革命や憲法の破砕は、必ず新らしい法形成の出発点となる。——かくのごとくに、イェリネックは、人がStaatsnotrechtの概念を以て説明しようとする現象をば、法でも不法でもない法的に中性の事実と見、かかる事実から法が生まれて来る過程をば、そのいわゆる「事実の規範力」(normative Kraft des Faktischen)の作用する一つの重要な場合として取り上げようと試みたのである。(1)

人々が国家緊急権の名の下に一つの法過程として理解しようとする法の破砕が、実は法の領域の外に起る現象であって、法の力を以てしてはこれを阻止することも認証することもできないというイェリネックの考え方は、歴史の現実に対する深い洞察に立脚している。国家の危機に臨み、もしくは国家の危機を名として、憲法の予想しているより以上の非常手段に訴えることは、もはや実定法の規律し得る範囲外に属する。かかる措置をまで実定法の立場から是認し得るためには、憲法の最高原則として、国家の危機にあたっては権力の掌握者はいかなることをもなし得る、ということを定めて置かなければなるまい。しかし、そうなれば、法治主義は事実上その守るべき最後の一線をも放棄したことになるのであり、絶対・無制限の独裁主義に国家の全権をゆだねたことになるのである。さもないかぎり、すなわち、憲法上の非常措置に或る一定の制限を付しているかぎり、その制限を踰える権力行使を実定法の立場から法と認める余地は全くないのである。それは、法の立場からすれば、あくまでも不法であり、憲法違反である。といって、さような不法が国家を救うために是非とも必要であると主張され、そういう不法な措置が事実上実行され、そのために法が破られるにいたるという現象を、法は如何ともすることはできないのである。その意味で、国家緊急権の問題は、実定法解釈学の処理し得る範囲の外にあるといわなければならない。

しかしながら、国家緊急権の問題が実定法学の縄張りの外にあるからといって、これをイェリネックのように単なる「事実」と見なすことは、正当ではあるまい。国家緊急権が発動する場合には、まず以て国家の危機を克服し、民族の生存を保全するというのっぴきならぬ「目的」が前提とされる。あるいは、少なくともそういう「目的」をかかげ、そういう「名分」の下に、余儀なく法を破るのであるという体裁が採られる。国家のためにさような「目的」や「名分」をかかげ、そのために必要とせられる手段をば権力を以て強行するのは、疑いもなく一つの端的な政治行動である。国家緊急権は、決して無理念・無目的の事実ではなく、法の予想した範囲を逸脱して活動する政治であり、政治が法を破りつつ、国家を救済するという名分の下に、法を破りながらも自らを法として認証しようとする試みに外ならない。国家緊急権によって法が破られるのは、法によって法が破られるのでもなく、さりとて、事実が法を破るのでもなく、実は、政治によって法が破られるのである。国家緊急権の発動を転機としてそこから新たな法が生み出されることがあるとすれば、それは、政治が法を破ったのちに、自ら新たな法創造の原動力となるという、法と政治との間にしばしば見いだされる現象の一つの場合にすぎない。国家緊急権の問題は、イェリネックの考えたように法を超越する問題ではあるが、この問題は単なる「事実」の世界にあるのではなく、法の外なる「政治」の領域に発生する。法を破る法ではなく、「法を破る政治」たることが、国家緊急権の正体に外ならないのである。

かくて、法の窮極に在るものを、まず「法を作る力」としてとらえ、次に「法を破る力」として吟味した結果は、いずれも、それが政治の作用であることを示すこととなった。法は政治によって作られ、政治によって破られる。その意味では、政治は法の原動者であり、政治こそ「法の窮極に在るもの」であるように見える。しかし、そうであるとすると、法は政治の意のままに、いかようにも作られ、いかようにも破られる、単なる傀儡にすぎぬのか。法は万能の政治に対しては何らの自主性も自律性ももたないのか。それとも、万能と見える政治にも遂に逸脱することを許さない窮極の矩があって、その政治の矩が、更に法と結びついているのであろうか。そもそも政治とはいかなるものであり、法と政治とはいかに結合し、いかに反撥するものなのであろうか。——ここで章を改めて、そういう原理論の考察に移って行くこととしよう。

（1） Georg Jellinek: Allgemeine Staatslehre, 3. Aufl., 1914, S. 358 ff.

# 第四章　法の原動者としての政治

## 一　法の窮極に在る政治

法の窮極には理念がある。しかし法を作り、法を破る力は、決して単なる理念の力ではない。むしろ、現実の人間の行動が、法を作り、法を破る直接の原動力なのである。「自由」の理念がアンシャン・レジイムの法体制を完全に破り去るためには、バスチイユの事件を発端とする迂余曲折の事実行動となって現われる必要があった。「民族」の理念がナチス指導者国家の法を作るにあたっては、指導者の言葉に随喜または阿付するドイツ国民の生活事実がこれを基礎づけなければならなかった。法は人間の行動によって作られ、人間の行動によって破られる。その意味で、「法を作る力」も「法を破る力」も、ともに人間の事実行動の力なのである。

故に、法は人間生活の実践を離れてあるものではない。法が創造される源泉も、法が行なわれる場所も、法が改廃される機縁も、すべて人間の実践生活の中に見いだされる。しかしながら、人間の生活、人間の実践行動は、決して単なる自然現象ではない。人間の生活には「目的」があり、人間の行動には「意味」がある。かような人間生活の目的や人間行動の意味を、そのきわめて高度に客観化された形態においてとらえたとき、これを「理念」と呼ぶのである。唯物史観が社会変遷論の中心に据えた経済現象は、人間生活の最も広い最も根本の部分を形づくっているが、それとて決して没価値・無目的の自然現象ではない。人間の経済生活にはきわめて複雑な「意味」があり、切実な「目的」がある。まして、これを国民の福祉とか、国家の繁栄とか、公益優先とか、「各人にかれのものを与えよ」とかいうような原理と結びつけてみるならば、卑近な経済の中にも高度に客観化された「理念」が内在していることが知られる。故に、すべての人間の行動は、理念により、目的により、意味によって方向づけられている。人間の行動から理念を去り、目的を切り離し、意味を捨象してしまうならば、それはもはや「人間」の行動としては理解され得ない。それであるから、人間の行動が「力」を発揮するのは、その行動を強く一定の方向にむかわしめるところの理念・目的・意味によるのである。そうなると、人間の行動力の本体は、やはり理念の力、目的の力であるということになる。かくて、法を作り、法を破る力は、ひるがえってまた理念の力に還元されて来るのである。

かように、理念が行動をうながし、行動が理念を実現して、法を動かす力となるためには、理念と事実とを媒介するものがなければならぬ。それは、人間の現実意識であり、現実意欲である。理念は「意味」の世界において「妥当」する。しかも、客観的な意味の世界において妥当する理念は、マックス・ウエバアのいわゆる「主観的に思念された意味」(subjektiv gemeinter Sinn) となって人間の現実意欲の面に現われ、更にすすんで人間共同生活に方向を与えるのである。[1] 道徳や宗教の理念は、万人が熟睡している間も妥当する意味として存在するといわれる。道徳や宗教の理念が、論理の命題や数学の法則と同じように、昨日と今日とによって内容を異にすることがなく、語る人にも聞く人にも共通に理解せられ得るのは、それがさような恒常・客観の意味的存在であるがためでなければならない。しかし、かくのごとき意味的存在としての理念が、社会を動かし、歴史を推進する「力」となるためには、それが現実人の現実意識の中に燃える信念または信仰となり、人間の現実行動の志向目標となることが必要である。それも、少数の先覚者が警世の信念を吐露しているにもかかわらず、その言葉が俗耳には奇矯・狂信の言としか響かぬ間は、理念も微弱な力であるにすぎないけれども、或る理念が広く一般大衆の目的意識となって普及し、国民の大多数が一致して共同の目的の達成に邁進するようになって来ると、そこに、理念と事実とを結ぶ鬱然たる行動力が生まれる。この力が、その目的にかなう法のないところには、新たな法を作るのである。また、この力が、その目的にかなうように作られた法に対しては、その効力を支持するという作用をいとなむのである。あるいは、この力が、その目約をあくまでも阻止しようとする法に対しては、遂にこれを破る力となって爆発するのである。かように、理念が社会大衆の現実意識を支配している面をとらえて、これを「社会意識」と呼ぶならば、法を作り、法を支え、もしくは法を破るものは、社会意識の力であるということができる。[2] あるいは、これを単に「社会力」と名づける学者もある。[3] 社会意識とは、社会的に大衆化した目的意識であり、社会力とは、社会生活の中に現実化したところの理念または目的の力である。法が効力を有するのも、法が進歩・変遷するのも、かような意味での社会意識または社会力の作用によるのである。

ところで、社会意識として現実化され、一般化された理念が、統一ある社会力として作用し、特に国家の場合、一貫した国民運動となって実現して行くためには、理念をかかげて民衆を指導する人々と、理念によって指導される民衆との間の関係が確立されなければならない。いいかえると、社会力には「指導」の組織がなければならないのである。そうでないと、同一の目的によって行動しようとする社会大衆の結合も、適当な指導者を欠くために、いわゆる烏合の衆となり、一貫した行動力を発揮することができない。社会指導の理想は、指導理念が明確・適切であり、指導者が翕然たる信望の中心となって民衆を統率し、被指導者が自ら進んで指導理念と一致した生活を躬行実践して行くにある。しかし、いかに理想的な社会指導といえども、指導目標にむかって大衆の足並みをそろえさせるためには、権力を以てする指揮・命令を欠くことはできない。これを「統制」と名づけるならば、社会指導は、必ず同時に社会統制の性格を備えることとなるのである。更にまた、民衆の間に蟠踞する反対動向を制圧し、指導者の意志をば有無をいわさずに強行するということになると、指導は転じて「支配」となる。あるいはまた、指導の方針をば空虚な美名を以て飾り、民衆を欺いて指導者のひそかに抱く目的を達成しようというのは、指導の仮象形態たる「操縦」である。かように、一定の指導者が一定の理念もしくは目的によって社会意識を統合し、社会大衆を組織的に指導・統制・支配もしくは操縦しつつ、その統合された社会力によって、一貫した目的行動を実践して行くのは、すなわち「政治」である。故に、社会意識の力または社会力を別の言葉で表現するならば、それは「政治の力」に外ならない。

法の統一的な形態は、実にその大部分が、かような意味での政治の力によって形作られて行くのである。なぜ政治は法を作るか。なぜならば、イエリングのいう通り、法は力の賢明な政策だからである。無軌道の政治、法を無視する政治は、安定性・恒常性を欠き、到底永く人心を保つことができないからである。それでは、なぜ法は政治によって作られるか。なぜならば、第一に、政治には理念がある。政治は、理念を現実化し、目的を実現せんがための社会的な実践活動である。したがって、政治は、その理念にかなう生活を要求し、その目的を阻害する行為を禁止する。かくて、政治の中から幾多の積極的・消極的な「行為規範」が生まれて来るのである。しかも第二に、政治は指導であり、統制であり、支配である。故に、政治は単にその理念にかなう生活を要求し、その目的を阻害する行為を禁止するにとどまらず、これらの行為規範の効力をばその統制力・支配力によって強制的に保障しようとする。その結果として、行為規範と表裏相連関するさまざまな「強制規範」が生み出されるのである。更に、第三に、政治はその行なわれる政治社会の中に指導・統制・支配の組織を作り出す。かような政治の組織は、それぞれ一定の「組織規範」となって確立されて行くのである。かくのごとき行為規範・強制規範・組織規範の複合態が、すなわち法であり、法の体系である。特に、一つの独立した政治社会の中に政治統制の最高の——主権的な――淵源が存在し、政治中枢を頂点とする政治社会の組織と活動とが法によって統一的に秩序づけられているとき、その政治社会は「国家」と名づけられる。故に、国家の法は、そのほとんどすべてが直接・間接に政治によって作られる。国家の政治こそ、最も大規模な範囲にわたって作用するところの「法を作る力」なのである。

法は政治によって作られる。しかも、政治によって作られた法は、ひるがえって、国家の組織を定め、政治の筋道を立てる。したがって、法と政治とは、本来同じ理念に立脚し、同じ目的を追求し、同じ方向にむかって作用している筈なのである。けれども、政治の理念は一定不動ではない。政治理念の根本は動かないでも、その具体的な適用は時と場合とによって変化する。特に、国家相互、民族相互の思想・文化・技術・経済、等の交流は、一国の政治目的の内容に絶えざる影響をおよぼし、その政治活動にさまざまな変貌を生ぜしめる。かように、政治理念・政治目的の上に変化が生ずれば、政治の行なわれる筋道も更新されなければならないし、政治社会そのものの組織も徒らに旧套を墨守している訳には行かなくなる。そこで、変動する政治は、すすんで法の変遷をうながす。政治は動き、法は動く政治によって動かされるのである。

ところが、法は、必ずしも常に政治の動くがままに、それと同じ速度を以て変化する訳ではない。法はもともと政治の所産であるから、法には必ず法を生んだ政治の理念が内在している。その政治が依然として法を支えているときに、他方に、これと異なる政治動向が抬頭して来れば、法を支えている政治と、法を動かそうとする政治との対立が起こり、それがそのまま法と政治の対立と化する。殊に、国家の法の大部分が成文の形式を備えるようになって来ている今日では、いかに政治の必要が大きく動いても、法をその意のままに動かすということは、決して容易でない。法解釈の理論や法運用の実際は、硬化し易い成文法規の意味と変動する政治の要求との間の摩擦を調節するために、常に大きな役割を演じてはいるが、その調節機能にも自らなる限度がある。したがって、国際関係や国内情勢が急変し、政治が国家組織および国民生活の急角度の転換を要求しているのに対して、法がさような急激な変革をあくまでも阻止しようとすれば、その結果は、法と政治の尖鋭化した衝突となって現われざるを得ない。ここにおいて、政治から生まれた法は、逆に政治の動向を抑制する力となって、政治の前進路に立ちふさがることとなる。その場合、政治の力が法のそれを凌駕し、法の認めぬ経路を選んで所期の目的を達成しようとすれば、遂には法の破砕が行なわれる。故に、政治は、「法を作る力」であり、「法を動かす力」であるばかりでなく、さしせまった場合には、更に「法を破る力」となって爆発するのである。

それであるから、これを逆にいうと、いままで法の窮極に在るものとして考察して来た力は、「法を作る力」にせよ、「法を破る力」にせよ、結局は政治の力に外ならぬのである。更に具体的にいうならば、憲法制定権力も、革命権も、国家緊急権も、政治の力をその色々な面においてとらえて名づけたものに外ならない。これは、すでに前章までに論じて来たところであるが、その結果を重ねて要約するならば、次のようにいうことができるであろう。

すなわち、「憲法制定権力」は国家における政治力の最高の淵源である。この力は、憲法を組織する力であると同時に、憲法を通じて直接・間接に一切の国法規範を創造する源泉となる。しかし、憲法制定権力によって法が作らるべきであるという建前と、実際の支配組織を通じて法が作られ、政治が行なわれるという現実とは、必ずしも一致しない。特に、国民が自ら憲法制定権力者を以て任じているのに、現実の支配関係において国民の意志が全く蹂躙されているというような場合には、法の変革を要望する力が、現実の支配関係上の被支配者たる国民大衆の間に鬱積して来る。あるいはまた、現実の支配関係によって圧迫されているばかりでなく、観念上も単なる被統治者としての地位に甘んじていた一般国民が、国内あるいは国外の政治情勢の変化によって、一挙に憲法制定権力者の立場に立つにいたることもあり得る。かような力が下から上へ働いて法の変革をなし遂げるにいたるのが、「革命」と名づけられる現象である。反対に、現実の支配関係においてすでに支配権力を掌握している者が、法によって認められた権力の限度に満足せず、憲法を破って絶対権を獲得しようとすることもある。この種の、上から下へむかって行なわれる法の破砕の露骨なものが、クウ・デタアである。これと同じく、現実の政治上の権力を有する者が、国家の危機を救うという理由の下に、その行なう法の破砕を法であり、権であるとして意義づけようとする場合には、その法破砕行為の上に「国家緊急権」という名が冠せられる。かように、憲法制定権力や、革命権や、クウ・デタアや、国家緊急権は、それぞれ別々の名称を以て呼ばれ、その発動する仕方もさまざまではあるが、その本体が、いずれも法の上に在って、法を作り、法を破ろうとする政治の力である点では、全く軌を一にしているということができる。

政治という概念は、憲法制定権力や、革命権や、国家緊急権など、法を作り、法を破る力の性格を一言にしていい現わし得るばかりでなく、法の窮極に在るものを包括的に表示する名称としてすこぶる便宜である。

法の窮極に在るものは、一面から見れば理念である。しかし、その理念には、道徳の理念もあり、宗教の教理もあり、経済の目的もあり、文化の意義もあるのであって、その中の一つをとらえてこれと法との関係を論じただけでは、法の窮極に在るものの全貌を明らかにすることはできない。しかるに、政治は、道徳をも、宗教をも、経済をも、文化をも、いずれをも摂って以てその理念とし、その目的とし得るものである。したがって、法の窮極に在るものは政治であるといえば、それによって法を動かす理念の多角性を一括して表現し得たことになるであろう。しかも、理念は、単なる理念としてすでに法を動かす力となるものではない。理念は、その理念を以て生活の指針とする社会大衆の現実意欲・現実行動となって現われた場合に、はじめて、法の創造力たり、法の原動力たるの実を発揮する。故に、例えばこれを自然法というような言葉で表示するのは、自然法という概念の多義性は別としても、現実面から遊離した単なる抽象理念を意味するかのごとき観を与える。これに反して、政治は、理念であると同時に、行為であり、実践であり、目的活動である。それは、理念を現実化し、目的を追求し、障礙を破摧する事実力である。したがって、法の窮極に在る力の理念の面と事実の面とを併せて指称するには、政治という概念を用うるに如くはない。政治は、道徳・宗教・経済・文化、等の多面・多角の理念を包容し、しかも、これを事実上の力と結びつける。そうして、理念と事実とを綜合する力によって、法を作り、法を動かし、動かぬ法はこれを破って、更に新たな法を作り出す。ふたたび擬人化した表現を用いることが許されるならば、政治は「法の原動者」である。法の原動者たる政治は、法に対して優位に立つ。少なくともこれまで考察して来たところからは、そういう結論が導き出されるのは当然であるといわなければなるまい。

（1） Max Weber: Wirtschaft und Gesellschaft, 1922, S. f.

（2） 法の基礎を社会意識に求め、法の効力の根拠を社会意識によって説明しようとする学説は、ここに述べたような意味において正しい。例えば和田小次郎教授が、法その他の社会規範は社会意識にもとづいて成立する、と説かれ、木村亀二教授が、法が効力を有する理由は社会意識説によってのみ矛盾なく説明され得るといっておられるがごとき、それである。和田小次郎教授・法哲学上巻（昭和一八年）一九五頁以下。木村亀二教授「法律哲学」新哲学講座第三巻文化哲学（昭和一三年）一六一頁以下。

（3） 穂積陳重博士は法を定義して、「法は力である。法は社会力である。法は社会力が公権力状態に於て行為の規範と為るものである」とされた。穂積陳重博士・法律進化論第一冊（大正一三年）一頁。

## 二　法および法学に対する政治の優位

法に対する政治の優位を認めるのは、転換期の学問の特色である。転換期には法が著しく動く。その法の動きは、いかに転換期であっても、原則としては法の定める手つづきによって行なわれる。しかし、法の定める手つづきによって法が動く場合にも、新しい政治の動向がその背後にあって法を動かしていることは、転換期には何人の眼にも明瞭に映ずる。いままで法であったにもかかわらず、今日ではもはや過去の法となってしまったものは、結局、政治から見離された法なのである。人々が新たな法の簇出に目をみはるとき、その法のほとんどすべては政治の所産に外ならぬことを知るのである。国民を戦争に駆り立てた強引な国防政治によって、いかに多くの戦時立法が行なわれたことか。敗戦と事がきまり、世を挙げて民主政治への大転換が行なわれつつある今日、いかに厖大な戦時法規が屑籠に投げ棄てられつつあるか。法は権威をもつべきものである。しかし、法の権威といっても、よく見れば、それは政治からの借りものであり、政治の権威の法の面への反映にすぎない。ましていわんや、政治が急激に変化し、新興の政治が法の定める改廃の手つづきを無視して法を弊履のごとくに歴史の過去に葬り去るとき、誰かなお法の権威を信奉することができようか。ナチスの独裁政治は、近代憲法の範型ともいうべきワイマアル憲法をば、一朝にして空文と化した。激動する政治にとっては、安定を欲する法は、常に排除せらるべき邪魔物である。故に、転換期の政治がまず法に対する優位を占めようとすることは、当然の傾向といわなければならない。

これに対して、安定期の法は、逆に政治に対して優位に立つように見える。なぜならば、社会情勢が安定を保っているのは、その支柱たる法の力によるものと考えられるからである。もとより、いかなる安定期にも、法の急激の変革を求める政治の動向が絶無であるということは、あり得ないであろう。けれども、かような政治の動向は、法によって有効に阻止される。一切の政治の権力は法を尊重し、法の示す軌道にしたがってのみ発動する。法に違背する政治はあるべからざるものであるし、また、現実にもあり得ない。そこでは、正にノモスがすべての政治と権力との王であるように思われるのである。

しかしながら、更に立ち入って考察して見ると、かような安定期の法も、やはり政治によって存立し、政治に奉仕していることが発見されるのである。特に、法によって政治を羈束することを目標として発達して来た近代法治国家の法秩序も、洗ってみれば、決して政治から独立した法、政治の上に位する法ではなくて、やはり政治によって制約された法に外ならぬことが知られるのである。すなわち、法治主義の理想は、すべての政治上の権力をば法の枠の中にはめ込み、法規範から外れた権力の濫用を不可能ならしめることによって、個人の自由の範囲を擁護し、個人の権利の基礎を確立するにある。その意味で、在来の法治国家の法は、自由主義・個人主義の政治理念に奉仕したのである。もちろん、かような国家秩序が完備されると、法は確かに一応は政治の上に立つことになる。そうして、いかなる政治上の権力者といえども法規範に服従すべきこと、一般の庶民と異ならない立場に置かれることとなる。クラッベのいう通り、「人の支配」に代うるに「規範の支配」

を以てするという近代国家の理念が、その実現を見るのである。しかし、その法、その規範は、人の意志を離れてあるものではない。この場合にも、法を作るのは、人であり、人の意志である。すなわち、法治国家の法は、国民の意志にもとづき、国民を代表する議会の決定を経て、定立される。したがって、クラッベのいわゆる「規範の支配」も、国民による国民の自己支配であり、議会の多数による国民の統治であり、やはり「人の支配」の一つの形態に外ならない。そうして、さような支配機構は、国民主権の政治理念に立脚し、議会中心的民主主義の政治目的を前提としているのである。それであるから、政治によって制約されているのは、転換期の法だけではない。独裁主義抬頭前のしばらく安定を保っていた近代法治国家の法も、政治を離れてはあり得なかった。今後ふたたび安定の時代が訪れるとすれば、それはやはり一応は法の権威の確立という形をとるであろう。しかし、その法といえども、独裁主義との凄惨なたたかいに勝って、ますます自己を盤石の基礎の上に置こうとする、民主主義の政治理念に立脚するのである。故に、「法に対する政治の優位」は、転換期たると安定期たるとを問わず、法と政治との間の恒常不変の比重関係を示すものといわなければならない。

　ところで、法に対して優位を占めるところの政治は、単に法そのものを政治の目的にかなうように動かすばかりでなく、法を研究する法学をも政治化しようとする。ただに法を政治目的の手段とするばかりでなく、法を対象とする学問をも単なる認識の領域にとどまることを許さず、政治の実践に奉仕する侍女たらしめようとする。そこで、「法に対する政治の優位」ということからすすんで、「法学に対する政治の優位」ということが問題となって来る。これもまた、特に転換期において著しく目立つ現象であるといってよい。

　もっとも、学問が政治に奉仕するということは、他の学問と違って、法学の場合にはむしろ最初から当然のことであるともいえる。元来、一般的にいうならば、学問は客観・中正の立場に立って対象を認識し、対象を支配する法則を究明することを任務とするものである。いいかえると、学問の守るべき態度は「理論」たることであって、「実践」たることではないのである。だから、特に社会科学の場合にも、学問の対象たる社会生活は、まぎれもない実践生活であるが、学問そのものとしては、実践生活の要求によって左右されることのない客観性を以て、社会生活の理論を確立して行くべき筈なのである。ところが、法学は、その永い歴史を通じて、はじめから実践と不即不離の関係にある特殊の学問として発達して来た。その伝統的な形態は、法をば価値づけつつ理論化し、認識しつつ評価するところの「法解釈学」であった。法解釈学は、概念法学の立場に立つにせよ、自由法論の態度を採るにせよ、その中に法にむかって働きかける強い実践の動向を含んでいる。概念法学は成文法を動かすまいとする志向を含んでいるし、自由法論は成文法を動かそうとする意図に立脚している。それらは、ともに一種の政治的な態度である。憲法制定権力の「理論」や、国家緊急権をあるいは肯定し、あるいは否定する「学説」は、いずれも濃厚な政治の色彩を帯びている。その意味で、「政治的法学」たることは法解釈学の本質であるとさえいうことができよう。

　かような法解釈学の政治性に対して、他方にはまた、法学を一つの理論科学として建設しようとする試みもある。その尖端に位するものがケルゼンの純粋法学であることは、いうまでもない。[1] 純粋法学は、学問それ自体としての純粋理論性を主張したばかりではない。法の認識からあまりにも潔癖に一切の政治性を排除しようとした結果、単に法学の非政治性を力説するにとどまらず、法学の対象たる法そのものからもすべての政治の要素を除き去り、これを純粋に法として考察するという方法に徹しようとしたのである。

　しかし、これは確かに純粋法学の行きすぎであった。行きすぎであったがために、かえってその虚を衝かれて、法を政治的に無色な規範の体系と見ようとする純粋法学の意図は、それ自身明らかに政治によって制約されている、という非難を受けることとなった。法の中には政治がある。法は政治によって作られ、政治によって動かされる。それは疑う余地のない事柄である。それにもかかわらず、法を政治的に中性な規範の体系と見ようとする立場は、恣意によって法を動かすことを禁じようとする政治の目的に奉仕する。特に、純粋法学が主として分析した法秩序の体系——憲法から法律、法律から命令・判決・処分という風に、厳格な段階を成して構築されている法秩序の体系——は、法規に準拠しない権力の行使を封殺し、それによって個人の自由の領域を確保しようとする急進自由主義の政治によって生み出されたものである。だから、そういう法の組織を政治によって動かされることのない純粋の規範の体系と見る「理論」は、理論の名を藉りて急進自由主義の政治を擁護しようとする政治意図に立脚している。それは、理論の純粋理論性を隠れ蓑として利用しつつ、実は一つの政治動向に奉仕しようとするところの「隠政学」（Kryptopolitik）である。[2]——法学の純粋理論性に徹しようとして、法学からばかりでなく、法そのものからも一切の政治の色彩を排除するというところまで行きすぎた純粋法学の立場は、体の伸びすぎた足元をさらわれて、かような痛烈な批判を蒙ることを免れ得なかったのである。

　これに対して、純粋法学の隠政学としての性格を暴露することに力めた批判者たちは、もとより法が政治によって制約されていることを主張する。法を制約するところの政治が、法に対して明らかに「優位」に立つものであることを主張する。

単に、法が政治によって制約され、政治が法に対して優位を占めることを主張するばかりではない。法を対象として研究する法学もまた、対象たる法の制約を受けるものであること、したがって、法を制約する政治によって制約されるものであることを力説する。しかも、純粋法学を排撃する陣営の代表者たちの多くは、単に法学が政治によって制約されるものであるという「事実」を承認するだけでは満足しない。法学は政治によって制約せらるべきものであるという「要請」をかかげる。それも、法学は何らかの政治によって制約さるべきものであるというのではない。その中の特定の一つの政治によって制約され、したがって、その政治動向に奉仕すべきものであるということを要請する。その政治動向とは、いうまでもなく反自由主義の、反民主主義の、民族全体の価値を絶対化しようとするナチス独裁主義の政治動向である。ここにいたって、純粋法学をめぐる激しい論争は、理論闘争の範囲を越えて、純然たる政治闘争と化する。[3] 純粋法学の批判者たちは、ケルゼンが法学の理論性を力説しながら、実は、それ自身政治によって制約された立場を守るという結果に陥っていることを、論理的に矛盾として非難しただけではない。むしろ、その立場が急進自由主義の法治思想の堅塁となっているが故に、極力これを撲滅しようと力めたのである。彼らにとっては、ケルゼンは論敵ではなくして、政敵なのである。そうして、純粋法学を政敵として葬り去った上で、ナチスの政治を礼讃し、これに全面的に協力し、これに侍女のごとくに奉仕することを以て、法学の使命となしたのである。それが、ケルロイタアをはじめとして、ヒュウバア、シャフシュタインなど、「政治的法学」(politische Rechtslehre または politische Rechtswissenschaft) ということを強調するナチスの法学者たちの態度であった。[4] それがまた、単に法に対する政治の優位を説くにとどまらず、法学に対する「政治の優位」(Primat des Politischen) という旗じるしをかかげる、彼らの根本の意図であった。[5] ケルゼンの純粋法学が「隠政学」であるというならば、これらのナチス的民族主義の法学は、正に最も露骨た「顕政学」であったといわなければならない。

法学に対するこういう態度は、何もナチスの法学者だけにかぎられたことではない。すでに、法解釈学が全体として政治的な色調を帯び易い性格をもっている以上、色々な政治動向が法解釈学と結託し、法学を政治の傀儡たらしめる可能性が多いのは、むしろきわめて当然のことなのである。もちろん、これに対して、何らの政治性をも帯びないところの法の純粋の理論科学を建設することは、可能でもあるし、必要でもあろう。例えば、法史学が「過去の法」をありのままに記述することができるように、「現代の法」もまた純粋に理論的な態度を以て研究することができる筈でなければならないのである。その中に価値をも反価値をも含んでいる社会現象をば、「価値から解放された」(wertfrei) 態度を以て客観的に考察するという方法は、新カント哲学の西南ドイツ学派によって精密に基礎づけられているのである。[6] しかしながら、政治が険しく動く時代には、社会科学、特に法学にとって、かような客観理論の立場を堅持することは、非常にむずかしくなって来る。のみならず、理論の立場を堅持しようとすることそのことが、対象から遊離した非科学的な態度であるとさえ非難される。新カント哲学の方法論は、方法が対象を制約するというが、社会科学の場合には、逆に対象が方法を制約するのであると論ぜられる。だから、学問は対象を静観することによって認識の目的を達し得るものではなく、対象の中に飛び込んで「主体的」にこれを把握しなければならないと説かれる。マンハイムが知識の「存在依存性」(Seinsverbundenheit) ということを説いたのも、そういう傾向の現われである。[7] フライヤアが、社会学は現代の社会生活にむかって運命的に、意志的に、実践的に関与して行かなければならないと論じたのは、その更に一歩をすすめた主張である。[8] マルクス主義者が、すべての学問に対して実践に合流することを要求し、実践的でない学問をブルジョア科学として排斥しようとするのは、その最も露骨な主張である。そうなると、知識の政治性を認めるのが現代科学の大勢であるということになる。まして、本来政治的に彩られ易い法学に対して「政治の優位」が認められることは、現代法学の甘受すべき必然の運命であったとも思われよう。

しかしながら、この運命を甘受することは、法学にとっての自殺を意味することにならざるを得ない。すでに、法に対する政治の優位を認めることすらが、つきつめれば法学の自立性を失わしめる結果になる。なぜならば、もしも法学が法としてとらえたものも、その実体は政治であって、法と見えるものは実体たる政治の影にすぎないとするならば、法学は影の学としての虚名に甘んずるか、しからずんば、実体の学たる政治学の一分枝に還元されてしまう外はないからである。かつて、カント風の個人主義的自然法を説いたレオナルド・ネルソンは、実力主義や相対主義の法理論を一括して非難するために、これに「法なき法学」(Rechtswissenschaft ohne Recht) という名を冠した。[9] 法に対する政治の優位を説く政治的法学も、結局は法なき法学に帰着するであろう。のみならず、政治的法学は更にすすんで法学に対する政治の優位を説くのである。法が政治によって動かされることを認めると同時に、法学自ら甘んじて政治の忠僕となり、政治に追随して法を動かす役割を演じようとするのである。そうなれば、法学は単に政治学に還元されてしまうばかりでなく、政治そのものに帰化することになる。それは、法学の自殺以外の何ものでもあり得ない。かような結果は、いかにしても免れることのできない法学の運命なのであろうか。それとも、その間にあってなおかつ法および法学の自主性を保つ道があり得るであろうか。――この疑問を解決すべき線に沿って、更に法の窮極に在るものを探ねて行くのが、これからの論述の任務でなければならない。

（1）ケルゼンによれば、純粋法学は「実定法の理論」（Theorie des Positiven Rechts）である。すなわち、それは、「実定法」の理論であるという立場において、その対象たる法の中に自然法の要素、いいかえれば、道徳や政治の要素が介在することを排斥しようとする。また、実定法の「理論」であるという点において、法を研究する法学の方法の中に一切の実践的な態度、すなわち道徳上の評価や政治上の意図が介入して来ることを阻止しようとするのである。Kelsen : Hauptprobleme der Staatsrechtslehre entwickelt aus der Lehre vom Rechtssatze, 2. Aufl., 1923, Vorrede V ff.

（2）Thoma : Einleitung zum Handbuch des deutschen Staatsrechts, 1. Bd, 1930, S. 6 f.; Koellreutter : Grundriss der allgemeinen Staatslehre, 1933, S. 13.

（3）法学の理論科学性を確立しようとする立場に対して、法および法学が政治によって制約されていることを主張する動向は、近時のドイツ国法学界においてはトリイペルにはじまり、スメントによってケルゼンとの論争という形を採り、更にナチスの諸学者による純粋法学撲滅戦となって展開するにいたった。Heinrich Triepel : Staatsrecht und Politik, 1927; Rudolf Smend : Verfassung und Verfassungsrecht, 1928.

（4）Koellreutter : Grundriss der allgemeinen Staatslehre, S. 4 ff.; derselbe : Deutsches Verfassungsrecht, 2. Aufl., 1936, S. 20 ff.; Friedrich Hueber : Grundlegung der politischen Rechtslehre, 1939, S. 26 ff.; Friedrich Schaffstein : Politische Strafrechtswissenschaft, 1934, S. 6.

（5）Schaffstein : a. a. O., S. 6.

（6）西南ドイツ学派の文化科学方法論は、「価値づける」（wertend）態度と「価値に関係づける」（wertbeziehend）態度とを明確に区別する。文化科学の対象たる文化現象が、その中に実践的な価値づける態度、評価の態度を含んでいることはいうまでもない。しかし、科学としての文化科学または社会科学は、価値を内在せしめている文化現象・社会現象を更に価値づけることを任務とするのではなく、これを価値に関係づけつつ理論的に考察することによって成立するというのが、この学派の根本の立場である。Wilhelm Windelband : Geschichte und Naturwissenschaft, 1894; Heinrich Rickert : Kulturwissenschaft und Naturwissenschaft, 1899; derselbe : Grenzen der naturwissenschaftlichen Begriffsbildung, 1902 : Emil Lask : Rechtsphilosophie, 1905; Max Weber : Die Objektivität sozialwissenschaftlicher und sozialpolitischer Erkenntnis. Archiv für Sozialwissenschaft und Sozialpolitik, Bd. 19, 1904; derselbe : Der Sinn der „Wertfreiheit“ der soziologischen und ökonomischen Wissenschaften, Logos, Bd. 4. 1913.

（7）Karl Mannheim : Die Gegenwartsaufgaben der Soziologie, 1932, S. 17 ff.

（8）Hans Freyer : Einleitung in die Soziologie, 1931, S. 68 f., S. 146 ff.

（9）Leonard Nelson : Die Rechtswissenschaft ohne Recht, 1917.

## 三　理念としての政治

転換期に際して、法学の中に、法および法学に対する政治の優位を認める傾向が強く現われて来るのは、決して理由のないことではない。その理由は、政治に対する信頼である。政治に対して捧げられる讃美である。もっと正確にいうならば、去り行く政治に対する貶下であり、興り来たる政治に対する礼讃である。政治の優位を論ずる論者自らが、法を動かしつつある政治の動向に全幅の共鳴を捧げ、その政治目的が法の隅々にまで浸徹することを切に待望すればこそ、彼らは法および法学の政治性を誰はばかるところなく、否、むしろ喜び勇んで強調しようとするのである。すなわち、政治の中に理念を認め、理想を見出したればこそ、法学はその自主性を犠牲にしても、政治の世界に羽化登仙しようとするのである。政治的法学の立場を強調したナチスの法学者たちが、ドイツ民族社会主義の政治理念に陶酔していたのは、その最も著しい場合である。これに対して、理念の実体性を否定しつつ、なおかつ法学を共産主義政治運動の一翼に引き入れようとする唯物史観の態度は、やや趣を異にしているように見えるが、この立場も、プロレタリアアト革命の必然性を信じ、その時代の生みの悩みを促進することを思想の使命と考える点で、階級闘争の必然性の中に実は暗黙に一つの理念を見いだしているものといってよいであろう。

かように、政治の中に理念を見るという態度は、それ自身としては誠に正しい。政治には理念がある。理念を失っては、政治はその力を発揮することはできない。だから、いかなる政治を取って見ても、必ずその根底には、明確に意識された、もしくは暗黙に認められた、何らかの理念が横たわっているのである。

しかしながら、いかなる政治の根底にも理念が横たわっているということを認めただけでは、例えばナチスの全体主義法理論に見られたような、法に対する政治の絶対優位を肯定する態度は出て来ない。いかなる政治動向もそれ相応の理念もしくは世界観によって基礎づけられており、したがって相対的に尊重さるべきであるというのは、むしろ、民主主義的自由主義の本来の態度である。民主主義によって立つ法治国家では、さまざまな政治の理念にそれぞれ一応の存在理由が認められる。そうして、それらの政治動向にそれぞれの勢力に応じて立法に対する発言権が与えられると同時に、いずれの政治動向が議会の多数を占めても、議会を通じて立法を行なうという根本の法制度に変化をきたさしめてはならない、という建前が堅持される。それは、法に対する政治の優位ではなくて、むしろ逆に政治に対する法の優越であるともいえる。ラアドブルッフが相対主義の法哲学によって民主主義的議会制度の意義づけを試み、それによって法の安定性という理念を確保しようとしたのは、正にそれである。(1) これに反して、政治的法学が法を政治に従属せしめ、政治上の目的観によって法の解釈を一貫しようとするのは、いかなる政治、いかなる理念をも相対的に尊重するのではなく、特定の政治、特定の理念に絶対的に帰依しているがためである。自由主義の政治には自由主義の理念があり、個人主義の政治には個人主義の理念があるのであるから、法および法学は、おのおのその好むところにしたがってこれに追随せよ、というのではない。それらの有象無象の政治理念はあくまでも排撃して、ただ一つの理念――ナチス・ドイツの場合には民族社会主義の政治理念――のみを立法および解釈の絶対尺度たらしめようとするのが、政治的法学の特色なのである。かような不寛容の絶対主義をとる点では、唯物史観の態度もこれと相似たところがあるといい得るであろう。

それでは、林立する多くの政治理念の中から特に一つの政治理念だけを選び出して、それのみを絶対に権威のあるものとなし得る根拠は、そもそもどこに存するであろうか。さような根拠は、はたして政治そのものの中に見いだされ得るであろうか。

問題は正にここに在る。政治を最後的な意味で法の窮極者と考えるべきか否かは、この問題の解決如何によって左右されるのである。ただし、唯物史観は、さような絶対性の拠りどころを政治の中に求める代わりに、法および政治の共通の根底たる経済法則の中に見いだそうとするのであるから、これはしばらく考慮の外に置くことを適当とする。したがって、ここでは、「理念としての政治」そのものの中に、そうした絶対の尺度が存在するか否かを吟味することとしよう。

元来、政治には、必ず統一の契機と対立の契機とがある。政治は、団結の力によって行なわれる社会的な目的活動である。しかるに、団結は社会生活の統一である。故に、政治は、まず社会生活の統一を求める。国家の統一、国際社会の統一は、政治目的達成の基礎であり、その前提である。しかし、人間の社会には、他面また必ず複雑な対立の関係がある。したがって、政治が社会生活の統一を保つためには、対立する勢力とたたかってこれを克服しなければならない。しかも、これと対抗する勢力も、それが一つの政治勢力であるかぎり、その立場からの統一を求めてやまない。故に、政治は、対立を克服しようとする統一への努力であり、統一を目ざして火花を散らす不断の対立である。国家の政治は国民相互の間の対立を、特に国際政治は国家相互の間の深刻な対立を予想する。カアル・シュミットは、政治の関係は「友と敵の関係」であるといった。(2) これは、政治に含まれている対立の契機を強調した言葉としては正しい。しかし、政治は、対立から出発した場合にも、必ず対立を克服する努力となって現われる。対立と並んで、対立を克服しようとする力が働くのは、政治が共同体の統一を予想し、それを目標としているからである。国際政治といえども、世界人類の大同団結を永遠の目標として行なわれる。その意味で、ケルロイタアのいう通り、共同体の統一を離れて政治の本質を理解することはできない。(3) 政治とは、統一を目ざして対立し、対立を克服して統一を図ろうとする不断の弁証法的な過程に外ならない。

それでは、政治には何故に対立があり、統一があるか。政治においては何が対立し、何が統一されるのであるか。それには、経済上の利害の対立・統一もあろう。宗教上の信仰の対立・統一もきわめて深刻であろう。言語・風習・伝統の共同から来る対立・統一も、重要な意味をもつであろう。しかし、人間が精神を有し、信念によって行動し、思想を以て生活する者である以上、政治上の対立・統一は、いずれにせよ何らかの理念の対立・統一となって現われる。人間は、決して単なる利害の打算のみによって動くものではない。理念に殉じようとする者は、利害の打算はおろか、その生命をも犠牲に供して厭わない。人は理念を異にすることによって対立し、同じ世界観に立脚することによって一体となるのである。故に、対立の面において眺められた政治は、必ず理念と理念との角逐・抗争をともなう。否、理念相互の角逐・抗争は、政治的対立の最も深刻な姿である。政治は、異なる理念相互の対立として激化し、単一の理念により対立が克服せられることによって統一に復する。明治維新前後の日本は、尊皇・佐幕の両理念によって険しく対立し、尊皇の理念に帰一することによって、統一に復した。第二次世界大戦前の国際社会は、民主主義理念と独裁主義理念とに分裂することによって、遂に未曽有の戦乱の巷と化し、民主主義理念の勝利によって次第に統一を取り戻しつつある。かように、政治の対立・統一は、必ず理念相互の対立・統一となって現われて来るのである。

政治はすべて理念に拠って立つ。政治の動向は理念によって是認・肯定せられる。しかしながら、すでに政治の理念がかくのごとくに多元的であり、その間に激しい対立・抗争が行なわれる以上、一つの理念によって認証せられた政治は、必ず、これと対立する他の政治理念を排撃せざるを得ない。抗争・角逐する政治理念は、互に寛容ではあり得ない。対立する各種の政治理念に対して最も寛容であって、その一つ一つにその勢力に応じての発言権を許そうとするのは、民主主義の立場であるが、それすら、民主主義の立場そのものを否定しようとする主義・主張や世界観に対してまで寛容であることはできない。前に述べた通り、ラアドブルッフは、相対主義の法哲学によって民主主義の寛容性に深い意味づけを与えようと試みた。しかし、独裁主義の政治理念が現われて、自己のみが絶対に正しい世界観であると呼号し、寛容性の原理によって立つ民主主義の議会制度を無慚にも蹂躙し去ったのを見たとき、相対主義の使徒たるラアドブルッフは、相対主義の寛容性にも絶対に譲るべからざる限界があることをはっきりと自覚した。すなわち、相対主義が寛容であり得るのは、それ自身もまた相対主義的に謙虚な政治理念に対してであって、他の立場を絶対的に排斥する傲慢な政治の立場に対しては、相対主義もしくは民主主義は、あらゆる手段をつくしてたたかわなければならない、と宣言するにいたったのである。[4] まして、一つの絶対主義の理念と他の絶対主義の理念とは、互に死を賭して戦うところの不倶戴天の仇敵とならざるを得ない。ドイツの民族至上主義とソ連の赤色絶対主義との間の凄惨きわまりない闘争こそ、正に政治理念相互の対立の極点を示したものということができよう。

故に、理念は理念を排撃する。互に他の理念を理念と認めて、その正しさを争おうとするばかりではない。すすんで、敵対する理念の理念性をも否定しようとする。一方では、自己の拠って立つ理念の理念性を強調し、その「大義名分」を高くかかげると同時に、他方では、反対の政治動向が標榜する理念の「仮面」を剥ぎ、その「謀略」を指摘し、その赤裸々な「実体」を暴露することに力める。そこで、政治の対立は、宣伝戦となり、思想戦となり、文化戦となって、華々しく、かつ深刻に展開されるのである。

けれども、政治がすべてかように理念によって自己の立場を認証しつつ、理念の力を以て対手方の理念を圧倒しようとするものである以上、いくつかの政治動向のうちの一つのみが絶対・必然の理念に拠って立つものであるということは、政治自身の言い分に委ねらるべき問題ではなくなって来る。さまざまな政治動向がそれぞれに理念をかかげて行なう自己認証は、「鳥の雌雄」を客観的に判定する標準とはなり得ない。単に一つの政治理念が、対立する他の政治の立場から理念性の否認を受けるばかりではない。一定の理念に絶対に帰依していた人々といえども、時の経過とともにその理念の理念性を疑いはじめ、遂には、かつて自ら絶対に信奉していた理念をば、むしろ絶対に唾棄すべき虚妄として斥けるようになることすら、決して稀ではない。最近までいわゆる枢軸陣営に在って、その政治理念に陶酔していたいかに多くの人々が、その理念をば虚構・焦燥・独断・威圧・権勢欲の所産であったことを発見し、取りかえしのつかぬ幻滅の悲哀にひたっていることであろうか。理念はひとしく崇高な外観をよそおうが、崇高に見える理念も、裏から見れば罪悪の権化でさえあり得る。それが歴史に残る崇高な理念であるか、一時を糊塗する虚妄の粉飾であるかは、政治自らの自己判定・自己宣伝によっては決定し得ない。故に、林立する「理念としての政治」の中の一つが選ばれて勝者となり、それが国家の統一もしくは国際社会の統一を確保し、歴史の動きを決定するにいたる根拠というものは、政治が理念であり、理念が理念であるということの中には求められ得ないといわなければならない。

そこで、これに代わるべき答えとして、対立する理念のうちの一つが勝利を占め、政治の目ざす国家もしくは国際社会の統一に成功するのは、結局その政治の備えているところの実力によるという見解が成り立つ。政治は理念であるが、また実力である。政治の対立は、理念の対立であると同時に、実力の対立である。しかも、対立する理念のいずれが統一に成功し、歴史の決定権を掌握し、法の革新・創造を成し遂げるかの問題は、単に政治の理念性を強調することによっては解決され得ぬとすれば、残る一つの解決の道として、政治における実力の要素についての考察が試みられなければならない。ここにおいて、考察の主題は、「理念としての政治」を離れて「実力としての政治」に移るのである。

（1）Radbruch: Rechtsphilosophie, S. 9 ff., S. 50 ff., S. 58 ff., S. 76 ff.

（2）Carl Schmitt: Der Begriff des Politischen, 1933, S. 7.

（3）Koellreutter: Deutsches Verfassungsrecht, S. 1 ff.

（4）ラアドブルッフは法哲学上の相対主義が民主主義に帰着することを説いた上で、次のようにいっている、——「民主主義は何ごとをもなし得る。——しかし、自己自身を決定的に放棄することはできぬ。相対主義はいかなる見解にも寛容である。——しかし、自ら絶対なりと僭称する見解に対してまで寛容であることはできない。ここから反民主主義の党派に対する民主主義国家の態度が導き出される。民主主義の国家は、他の見解との世界観闘争を試みようとするあらゆる見解を許容するであろう。そうして、それによってその見解の自己自身との等価を承認するのである。しかし、もしも一つの見解が思い上って自らを絶対に妥当であるとなし、その立場から、多数を無視して権力を獲得または把持しようとするならば、民主主義の国家はその固有の手段によって、すなわち、ただに理念と論争とによってばかりでなく、国家の実力に訴えてもこれとたたかわなければならない。相対主義——それは普遍的な寛容である。——しかし不寛容に対してまで寛容ではない」。Radbruch: Le relativisme dans la philosophie du droit. Archives de philosophie de droit et de sociologie juridique, 1934, I-II, p. 109.

## 四　実力としての政治

政治は、一面から見れば理念であるが、他面からとらえれば実力である。単に理念がかかげられているだけであって、実力がこれにともなわなければ、それは実現され得ぬ理念であり、失敗の政治である。政治のもつ実力は、同一の理念を信奉し、共同の目的を追求して、これを現実生活の中に実現して行くところの、社会大衆の団結力である。故に、この団結力が、統一の方向にむかって作用すれば、例えば国民共同体の活発な目的活動が展開される。逆に、これが対立の方向にむかって働けば、例えば国際社会が友と敵との二つの陣営に分裂して、その間に乾坤一擲の大規模な戦争が勃発する。そのいずれの場合にも、現実の政治を遂行するものは実力である。故に、すべての「現実政治」(Realpolitik)は実力の政治である。

もちろん、いかなる現実的な政治といえども、理念と没交渉ではあり得ない。しかし、政治にとって必要なのは、現実の力と化し得る理念であって、現実から遊離したイデオロギイではない。歴史に活躍した多くの現実政治家は、しばしばその時代の理念を軽視し、もしくはこれを排斥した。フランス革命の「理念」が、最初の破壊作業に成功したのち、しばらくの間はかえってフランスの社会を混乱と闘争とに陥れたとき、これを排して武断・独裁政治により国家の強大な統一を確立したのは、ナポレオンであった。ビスマルクは、一八四八年の自由主義・民主主義の「理念」を斥けて、「血と鉄」とを以てドイツの統一国民国家の建設を成就したのである。けれども、これらの現実政治家の駆使した実力といえども、決して理念の根をもたぬ訳ではない。彼らは、むしろ時代の理念の中から、現実の建設に役立たぬイデオロギイ的な部分を切り取って、歴史と国民性とに深く根ざしている部分に明確な方向を与え、これをその政治目的の達成のために利用したのである。その意味では、現実政治家も大いに理念を尊重し、理念を活用する。すなわち、近世自然法理念の法制化を企て、第一九世紀最初の宏壮な成文民法典を編纂した者は、ナポレオンであった。また、血と鉄とを以て民主主義の擡頭を抑え、軍備を充実して宿敵フランスを破ったビスマルクの政治の中には、ナポレオン戦争の焦土の中でドイツ国民の奮起をうながした、フィヒテ以来の国民国家再建の理念が躍動していた。かくのごとくに、政治の発揮する現実の力の中には、理念の血が通っている。その意味では、偉大な現実政治は必ず同時に偉大な「理念政治」(Ideenpolitik) であるといわなければならない。[1]

しかしながら、もしも社会に働くすべての力が理念の力であるならば、これを理念の力であるということは、何ら政治を美化する所以とはならないであろう。政治が理念であるというのは、政治に与えられる美しい名である。けれども、その美しい名がいかなる政治にも総花式に与えられるということになれば、美しい名はその美しさを喪失する。ヘエゲルのようにすべての現実を理念の現われと見るならば、いかなる暴虐な政治も、いかなる権力の濫用も、大局から見れば大きな理性の計画の一齣として是認、否、讃美されなければならなくなる。そうして、人々が強権に虐げられ、無辜の弱者が圧政に泣いても、それは暴君や圧政家の手を通じて理念の自己実現を行なうところの「理性の奸計」(List der Vernunft) に外ならぬ、ということになるであろう。[2] 汎神論的な決定観に悟入したスピノザとともに、人間の歴史をば「永遠の相の下に」(sub specie aeternitatis) 見るならば、ネロの罪悪にも神の息吹きを感じ得ることになるであろう。[3] かかる態度は、一切の現実を理性や神の計画によるものとして美化することによって、現実を美化することそのことの意義を失わしめる。なぜならば、そうなると、現実に対して美醜・善悪・正不正の評価を下すことはすべて無意味となり、現実のたたかいに勝利を占めた実力は、その何者たるを問わず正当視されることになるからである。それは、「勝てば官軍」の思想であり、「実力即正義」の観念に外ならない。正義とか理念とかいうがごとき粉飾を洗い落してみれば、政治は赤裸々な実力の跳梁であり、法は「強者の権利」以外の何ものでもない。汎理念主義の決定論は、裏がえせば自然主義の実力説となる。かくて結局「理念としての政治」は消えて、露骨な「実力としての政治」が残ることとならざるを得ない。

実力としての政治を認めた上で、改めて法と政治の関係を考察すれば、それはいうまでもなく法と実力の関係に帰着する。法と政治とを比較して、政治上の決定を法の根底に置く学説は、できるだけ高い理念をかかげて法を政治に随順せしめようとする。けれども、政治が理念をかかげて自己自身を装飾するのは、いかなる政治にも見られる現象である。したがって、さような理念としての政治の言い分をすべて相互に相殺してしまうならば、あとに残るものはただ、実力の強弱だけである。かくしてなお法に対する政治の優位を説こうとすれば、それは法に対する実力の優越を認めることに帰着するであろう。法は実力によって作られる。実力を掌握した者は、自ら法定立の権威となる。一たび実力によって作られた法も、実力の中心が変化すれば、新たな実力によって変革される。国内法もそうである。国際法もそうである。法の最後の鍵を握るものは、実力による政治的な決定である。かくて、法哲学の歴史を通じて色々な形で現われて来た実力説の立場を、重ねて問題とする必要が生ずる。

いま、かりに、理念による政治の意義づけとか、政治のかかげる大義名分とかいうようなものを、ことごとく考慮の外に置いて、政治の作用をば単なる実力行動であるとして見よう。その場合、さような実力としての政治と法との関係は――一般に政治と法との関係がそうであるように――さしあたり二通りに区別され得る。その一つは、実力によって法が破られるという関係であり、他の一つは、法が実力を抑圧するという関係である。暴力革命が起こって法秩序がくつがえされるのは、第一の場合である。内乱が鎮定され、その首謀者が処罰されてけりがつくのは、第二の場合である。しかしながら、実力によって破られた法も、もともとはやはり実力によって作られた法であり、実力を支柱として保たれていた秩序であるとするならば、第一の場合は、実力が法を破ったといわんよりは、法をもたぬ実力が法をもつ実力に打ち勝ったのであるということになろう。同様に、第二の場合もまた、法そのものが実力を抑えたのではなくて、法を支える実力がなお強大であったために、その実力が法を破ろうとする実力を克服したのであると見られるであろう。かくて、政治と政治の対立はもとより、法と政治の衝突も、ことごとく実力と実力の対立・抗争に外ならないという結論が導き出されたことになるであろう。

それでは、実力が実力と抗争して、その一つが勝つというのは、一体何によるのであろうか。すべての闘争は力の闘争である。そうして、力の闘争においては強い力が勝つのである。しからば、互にたたかう二つの力の中で、その一方が他方よりも強い力であり得るのは、いかなる理由によるのであろうか。実力説は、強い者が勝つという。勝った者が法を作るという。しかし、真の問題は、強い者が勝ち、勝った者が法を作るということにあるのではなく、どうして強い者が強いかということに存するのである。一方の力が他方の力よりも強く、したがって他方を克服し、法を作る立場に立つことができるのは何故か、ということなのである。ところが、単なる実力説を以てしては、この問題に答えることはできない。しかし、この問答に答えないでは、法と実力との間の最後の関係は、明らかにされ得ない。理念という美しい薄紗をぬぎ棄てたあとの政治は、殺伐きわまる実力抗争の世界であるが、この荒野を横切ってその彼岸に達する道は、正にこの問題を手がかりとして求められなければならないのである。

社会に働く力の強弱は、もとよりさまざまな要素の複雑な結合によって決定される。物理的な力、経済上の資本や資源の力、大衆のもつ数の力、国民を結束せしめる組織の力、謀略、宣伝の力、等がそれである。しかし、武力と財力とを以て擁護せられた専制王の地位も、自由・解放の民衆運動によって打倒されることがある以上、物理力や経済力を以て、力の強弱の最後の標準とすることはできない。また、僅か七名の同志を以て発足したといわれるナチスの運動が、やがて民主主義の国内体制を強引に変革することに成功したところを見れば、数の力といえども勝敗の決を定める根本の要素とはならない。そうして、それは、法によって整然と秩序づけられた民主主義国家の組織の力が、独裁主義の政治力の前に一たびは屈せざるを得なかった証拠にもなる。ましていわんや、謀略・宣伝のごときは、自己の力を有効に駆使し、対手の力を巧みに減殺するための闘争の技術であって、社会に働く力そのものの本体ではない。

これに反して、一つの政治力が対立する他の力を抑えて共同体の統一を確保し、または既存の組織を動かして新たな統一形態を築き上げることができるのは、その政治力がその国・その時代の具体情勢の下にあって、国民の求める諸目的に均衡を与え、社会の諸勢力の間の調和と秩序とを保つに適したものであるからである。政治の力は団結の力である。人々が目的を共同にし、共同の諸目的が、いままでの組織の下で互に調和して実現せしめられている間は、共同体の団結は強固であり、その政治組織は容易に動揺をきたさない。ところが、従来の組織の下に宿弊が山積みし、目的の対立、階層の分裂、党派の軋轢がはなはだしくなって来ると、その政治は必ず弱体化する。したがって、その組織の内容をば根本から刷新しないかぎり、新たな政治力の抬頭によって崩壊することを免れない。そうして、ここに攻撃の鉾先をむけつつ蹶起した新興政治力が、日ましに強大な勢力となって制度の変革に成功するのは、その政治の方針を以てすれば、失われた統一を恢復し、共同体の諸目的の暢達な実現を図り得るという強い希望があるからである。もちろん、社会の心理はきわめて複雑であり、歴史の現実は驚くべきほどに微妙である。したがって、かような定石も、さまざまな現実の事情の介入によって定石通りに運ばないことが少なくない。あるいは、人間の心理の飽きやすさから、不必要の変革を待望することもあるであろう。あるいは、伝統の惰性が人心を支配して、合理的な刷新を阻む場合もあるであろう。更に、国内関係だけからいえば新たな時代の要求にかなっている筈の政治が、国際政治の力によって出現を阻止されることもあろう。逆に、人間の浅見・短慮に乗じて一時王座を占めた矯激な政治力が、他国からの反対勢力の救援によって挫折し、国民が恐嚇政治の呪縛から解放されることもあろう。しかし、これらの複雑な事情を勘定に入れるにしても、人間の求める多岐・多端な目的を調和せしめ、よく公共の福祉を増進せしめ得る政治であることが、政治の力の強さを決定する根本の因素なのである。これに経済の力、多数の力、思想の力、文化の力が加わり、歴史の伝統、地理上の位置、人間の自覚、国際関係の緩急、等の要素が競合することによって、現実の政治の作用すべき方向が定まる。天の時・地の利・人の和という言葉があるが、天の時・地の利とは、政治が行なわれる場合の歴史上・地理上の具体条件である。その条件の下で人の和を維持し、政治の力を強く発揮せしめるものは、実に社会の諸目的の調和と、それによる公共の福祉の増進とでなければならない。

人間の共同生活には色々な目的がある。道徳の目的、宗教の目的、経済の目的、技術の目的、学問の目的、芸術の目的など、数え上げれば誠に多様な目的をめぐって、人間の社会生活が営まれているのである。これらの目的は、時代によって変化もするし、処によって相違もある。そうして、多様・複雑な目的の間に、さまざまな角度、さまざまな程度において入りみだれた対立が起こり、衝突が生ずる。しかしながら、一定の歴史の事情、地理の条件、国民精神の特性、等から見て、これらの諸目的の間の調和がいかにして保たれ、公共の福祉がいかにして増進されるかということは、自らにして一つの筋道としてきまって来る筈でなければならぬ。政治がこの筋道にかなうことによって、生活の秩序は保たれ、人の和による団結力が発揮される。それが強い政治なのである。したがって、政治の力は、強いが故に秩序を作り、秩序を保ち得るのではなく、秩序を作り、秩序を保つに適した力なるが故に強いのである。このことは、国内政治についてばかりではなく、国際政治にもまたあてはまるであろう。国際的な統一も目的の共同性によって保たれ、国家間の秩序も目的の調和によって維持される。深く対立する諸国家の要求を、与えられた具体条件の下でいかに調和せしめ得るかは、単なる実力によって決定され得る問題ではなく、国際政治の行なわるべき筋道の問題である。それによって世界平和の維持と人類全体の福祉の増進とを併せ行ない得るものが、正しい国際政治であり、強い世界経綸である。故に、政治が強くあり得るためには、その力はまず正しい政治の筋道に沿うて発揮されなければならぬ。そこに、「政治の矩」がある。法の窮極に在るものが政治であるにしても、その政治の更に窮極には政治の矩がなければならぬ。ここにおいて、「実力としての政治」の考察は、単なる実力の範疇を越えて、実力以上の正しい政治の規準を求めることになって来るのである。

（1）Friedrich Wieser : Das Gesetz der Macht, 1926, S. 13.
（2）Hegel : Die Philosophie der Weltgeschichte, Lassons Ausgabe, 1. Hälfte, 1920, Allgemeine Einleitung, S. 82 f.
（3）Spinoza : Die Ethik, Deutsch von Carl Vogl, 1923, S. 261 f.

## 五　政治の矩としての法

政治、特に国家の政治が理念によって国民の精神を統合し、国民の団結によって共同体の統一を確保する力を発揮するのは、その政治がその国・その時代の具体事情に応じて社会生活の諸目的を調和せしめ、国民公共の福祉を増進する適格性を有するからである。さような政治は正しい政治である。これに反して、国民共同体に内在する諸目的の相互の調和が破れ、利害が対立し、階級が分裂・抗争し、国民生活の脅威が増大するのは、矩を守らぬ無為・無能の政治もしくは無理・横暴の政治が行なわれた結果である。それは、正しさを失った政治のもたらした帰結である。政治が正しさを失えば、これに代わって国民生活を統合するための中心が求められ、新たな政治理念が新たな政治力となって抬頭する。そうして、政治の一つの契機たる対立・抗争の過程を経て、政治の他の一つの契機たる新しい統一に到達する。その国家自身の力によってそうした転換がなされ得ない場合には、他の国家の力によってさような変革がなし遂げられることもある。かくして、ふたたび政治はその正しい軌道に復帰する。そこに政治の筋道があり、政治の矩がある。政治の矩は目的の調和であり、公共の福祉であり、正しい秩序である。それは、外ならぬ法の理念である。政治に正しい方向を与えるものは、かような法の理念である。法の窮極に在るものを求めて政治に到達したこれまでの考察は、ここに更に政治の窮極に在るものを求めて、ふたたび法の理念に立ち戻って来たのである。

かように法を政治の矩と認めるのは、政治の作用を一々固定した成文法規によって拘束しようとした自由主義的法治国家の思想への単なる復帰を意味するものではない。もちろん、成文の法規によってすべての権力の行使を規律するのも、法を政治の規矩準縄たらしめようとする試みの一つであるには相違ない。けれども、その場合に成文法を以て政治の作用を拘束する趣旨は、政治上の権力がみだりに個人の自由の縄張りを侵すことを許すまいとする、個人主義・自由主義の世界観に立脚する。すなわち、さような制度は、政治によって制約された法の一つの形態であるにすぎない。かつては、この法制度も、活発・自由な個人の企業心を刺激し、国民生活の隆昌を約束し、したがって公共の福祉を増進するのに役立ったこともあった。しかし、時代が変われば事情も変わる。国民の経済活動に広汎な自由を与えた結果は、やがて少数の恵まれた階層にのみ福利を集中させ、多数の勤労階級からはその当然享有すべき利益を奪うこととなった。そうして、国民全体の自由を保護するための法は、経済上の支配者によってのみ一方的に利用されるという偏った現象を呈するにいたった。固定した法規によって権力を拘束し、すべての個人に対してできるだけ多くの自由を与えるという政治の方針は、公平・平等に国民の福祉を増進するという目的にかなわなくなったのである。いいかえると、急進自由主義の政治は、そのままでは、政治の矩に合致し得なくなったのである。そこで、行きすぎた自由経済を統制し、資本の圧力の下に呻吟する多数の勤労階級を保護するために、執行権の強化を図る必要が生じた。新しい政治の方針がとられ、新しい政治の下に新しい法が生まれ、固定した法規には目的論的な解釈によって新たな意味が賦与されるようになった。政治の変化によって法が動いたのである。しかも、政治が勝手に法を動かしたのではなく、変化した事情に応じて社会目的の調和と公共の福祉の増進とを図らしめようとする政治の矩が、政治を変化させ、変化した政治が、政治の矩にかなうように法を変化せしめたのである。故に、法は政治によって動かされたのではあるが、法を動かす政治は、更に根本において政治の矩たる法によって制約されていることを見逃してはならない。

かように、自由主義の政治とその法とによって醸し出された色々な社会生活の病弊を是正するために、自由経済の法に公法上の規制を加え、経済上の弱者の立場を擁護しようとする動向は、程度の差こそあれ、今日の世界各国に共通に見いだされる政治の変化である。それは、自由主義から統制主義への変化であり、個人主義から団体主義または社会主義への動きである。例えば、先進資本主義国家の筆頭に数えられるイギリスでは、すでに、第一九世紀の末葉以来、次第にこうした変化が現われ、社会法・労働法などの分野における統制立法の発達をうながした。イギリス国民の輿論によって、いいかえるならば、イギリス国民の政治意識の変化によって、いかにこうした法の転換が成し遂げられて行ったかは、ダイシイの名著『第一九世紀のイギリスにおける法と輿論の関係についての講義』の中に詳しく叙述されている通りである。(1)

しかしながら、この傾向は第二〇世紀になってますます顕著になって来ると同時に、第一次世界大戦後の急迫した情勢に刺激されて、過激な独裁政治形態を生むにいたった。すなわち、奔放な自由経済の動きを制御するために大なり小なり執行権の強化を図るという必要は、世界各国に共通して認められる事情であったが、かくして強化された執行権は、ヨオロッパの二、三の国々では止め度もない自己強化の自転作用を起こし、国家の執行部に必要以上の力を集中させる独裁主義に転換して行ったのである。イタリイのファッシズムおよびドイツのナチズムがそれであることは、いうまでもない。かような独裁主義の政治も、その根本においては国民公共の福祉を目ざしていたということができる。国民公共の福祉を目ざさずしては、少なくとも国民公共の福祉を目ざすことを標榜せずしては、現代の政治はあり得ないのである。けれども、独裁政治は、その目的を強引に達成するために、法の権威を無視し、法を破ることを意に介しないという態度に出でた。すなわち、個人の自由を過度に保護する従来の法を破ることによって、逆に、絶対の権力を以て人間の自由を過当に圧迫した。しかし、人間の自律、人格の自由を奪うことによって公共の福祉の増進を図るというのは、樹によって魚を求めるにひとしい。国民の批判を封殺し、少数の独断によって行なう絶対主義の政治は、その表面を自己陶酔の自画自讃を以て粉飾すればするほど、その裏面には専横と脅嚇の罪悪を積み重ねることとならざるを得ない。

殊に、独裁政治があくまでも個人主義・自由主義を排撃しようとした真の目的は、それによって国家の戦争能力を急速に増強するにあった。そうして、急速に増強された武力を背景とすることによって、他国の犠牲において自国の利益を一挙に拡大しようとするに存した。こうした態度は、その目的を遂げるために、単に法治主義の線に沿うて発達した国内法を破るばかりでなく、国際法を破ることを意としない。既存の国際法秩序をば先進資本主義国家の利益のみを一方的に保護する防塞であるとして非難し、正義はこれを守ることによってではなく、逆にこれを破ることによって実現されるということを主張してはばからない。その必然の帰結は、全人類の福祉を破壊する戦争となって現われる。独裁主義は、危機を名として軍備を拡張し、軍備を拡張することによって危機を増大せしめる。そうして、奔馬のように最も恐るべき戦争へと突入して行ったのである。立憲主義の軌道から逸脱した日本の政治も、国内法を破るという点ではヨオロッパの独裁政治のごとくに矯激ではなく、むしろ相当に慎重な態度を持していたけれども、国際法を破る行動に出るという点においては、ファッシズムやナチズム以上の無分別さを示した。そうして、結局ドイツおよびイタリイと結んで民主主義諸国家に挑戦し、相共に惨澹たる敗北を喫した。かくて、法を破る政治がことごとく失敗に帰した今後の世界は、ふたたび法を尊重する精神に戻るであろう。国内政治も国際政治も、法の枠の中で公共の福祉の実現に努力するという政治の常道に立ち帰るであろう。それが正しい政治のあり方なのである。それが正しい政治であるというのは、それが政治の矩にかなうが故である。いかに強大な政治力も、政治の矩を無視するならば、到底永くその強大さを誇ることはできないという教訓を、最近の世界史は、最も大きな犠牲を払って、最も切実に人類に示したのである。

故に、法の窮極には政治があるが、政治の更に窮極には「政治の矩としての法」の存することが認められねばならぬ。政治は法に対して優位に在るが、しかし、法に対する万能の優者ではない。法を作り、法を動かす政治は、政治の矩にしたがって法を作り、法を動かさなければならないという意味で、政治の矩たる根本の法に制約されているのである。逆に、法は政治によって作られ、政治によって動かされ、ときには政治によって破られる。けれども、法は決して単なる政治の傀儡ではない。法は、更に一層高い立場から、政治が政治の矩にかなうように法を作り、法を動かすことを監視している。特に、政治が法を破ろうとする場合には、それが社会の諸目的の調和と公共の福祉の増進とのために真にやむを得ない措置であるか否かを、最も厳重に監視する。そこに、政治の恣意によって左右することを許さない法の自主性がある。そうして、法の自主性の存するところには、法学の自主性もまた厳として存する筈でなければならない。

これらの点は、更に詳しく論究されなければならないところの、問題の核心である。しかし、問題のこの核心をば正面から取り上げる前に、もう一つ通過しなければならない関門は、法の窮極に在るものを経済の必然法則に求める唯物史観の検討である。唯物史観は、最も特色のある政治観である。唯物史観を中心とするマルクス主義は、最も尖端的な政治思想であり、法を破る必然性を最も大胆に主張する政治動向である。しかし、それにもかかわらず、唯物史観は、法を動かす最後のものを政治とは見ない。むしろ、法をも政治をも含めた社会の「上部構造」の真の原動者をば、経済上の生産力であると考える。故に、もしも唯物史観の主張が正しいならば、法は政治とともにその「下部構造」たる経済によって制約されることになり、単なる政治優位論とは別の角度から法の自主性が否定されるにいたることを免れない。したがって、法の窮極に在るものの探究は、法と政治の関係の概観を終わったこの機会において、更にすすんで、社会科学の中でも最も迫力のある唯物史観との対決を試みなければならないのである。

（1） Albert Venn Dicey: Lectures on the Relation between Law and Public Opinion in England during the Nineteenth Century, 1905, 2. ed., 1914, Lectures VII and VIII.

# 第五章　法の下部構造としての経済

## 一　経済の上部構造としての法

法の窮極に在るものを政治と見る見方には、大なり小なりの理念論の性格がつきまとっている。政治の実体を理念の力と考える場合は、いうまでもないが、政治のかかげる理念が単なる名分の問題であり、もしくは単なる力の擬態にすぎないと見る場合にも、名分もしくは擬態としての理念が政治の一つの有力なファクタアとして働いていることは、否定できない。これを否定しようとする者は、しからば、理念のない政治とは一体いかなるものであるかを明らかにする必要がある。政治の中からすべての理念的なものを捨象するならば、あとには赤裸々な実力が残るであろう。しかし、圧政を行なう専制君主の王座の背後にも、神の権威とか身分の尊厳とかいうような理念の後光がさしていたのである。薦旗を立てて一揆を起こした農民の先頭には、悪代官に天誅を加えようとする義人が立って、一揆の理念を体現していたのである。故に、政治の理念性は、いかにこれを否定しようとしても、決して否定し切れるものではない。

これに対して、法を動かす力の根源をば政治よりももっと深くまで掘り下げ、もはや理念というような地下水の湧いて来ない社会関係の底層の中に法の窮極に在るものを求めようとするのは、唯物史観である。唯物史観は、政治の中に理念があることを認める。そうして、その理念が、政治とともに動くところの法の中をも貫流していることを認める。しかし、それらすべての理念的なものは、歴史において真に動くものではなく、歴史とともに動かされるものであると見ようとする。それでは、歴史を動かす最後のものは何であるか。いうまでもなく、唯物史観によればそれは「経済」である。経済の中でも、とりわけその根底をなす「生産力」である。生産力が社会の生産関係を規定し、社会の生産関係がその他の一切の社会の構造を規定する。法も政治も道徳も、さような社会経済の「上部構造」（Ueberbau）である。法や政治や道徳の中に含まれているあらゆる精神的な要素は、それ自身の力によって動く実体的な理念ではなく、その「下部構造」（Unterbau）たる社会経済の動きによって規定せられるイデオロギイにすぎない。ここにつきとめられた歴史の窮極者たる社会経済そのものは、イデオロギイによって美化されることも粉飾されることもできない冷厳な法則によって動く。この歴史の冷厳な動態観は、イデオロギイの介入を許さぬ必然の経済法則を基礎として、すべてのイデオロギイ的な上部構造の動きを説明するという意味で、自ら名づけて「唯物史観」(materialistische Geschichtsauffassung) もしくは「史的唯物論」(historischer Materialismus) と称するのである。

唯物史観の理論を考察するには、誰しもがするように、マルクスが『経済学批判』の序言の中で要約しているところを再現するに如くはない。

マルクスによれば、人間は、その生活を維持するための社会的な生産を行なうにあたって、必ず一定の生産関係の枠の中に入る。この生産関係は、物質的な生産力のあるきまった発達段階に相応ずるものであって、人間の意志によって左右されることのない必然性をもっている。かような生産関係の総体が社会の経済組織を形づくるのである。そうして、この社会経済の組織が現実の土台となって、それの上に法および政治の上部構造が築き上げられ、かつ、それにふさわしいような社会意識の一定の形式が形づくられるのである。すなわち、物質生活の生産様式が社会的、政治的、および精神的の生活過程のすべてを規定するのである。人間の意識が人間の存在の仕方を定めるのではなく、逆に、人間の社会的な存在が人間の意識を規定するのである。ところで、社会の物質的生産力が一定の段階まで発達を遂げると、その生産力は、それまで存在していた生産関係と矛盾するようになって来る。これを法的にいいなおすならば、それまでその中で生産力の作用していた所有権の関係が、もはや新しい生産力の段階に適合しなくなって来る。発達した生産力の形態にとっては、在来の生産関係または所有権の関係が障碍に変化するのである。こうなると、社会革命の時代が現われる。そうして、経済上の基礎の変化とともに、巨大な上層建築の全体が徐々にまたは急激に転覆する。かような変革過程を考察するにあたって、人は二つのことを常に区別しなければならない。その一つは、自然科学的に正確にたしかめられ得るところの、経済上の生産条件の実質的な変革である。他の一つは、人間がこの闘争をそれにおいて意識し、かつ、それを用いてこの闘争をたたかいぬくところの、法・政治・宗教・芸術または哲学の諸形式、約言すれば、それらもろもろのイデオロギイ的な形式である。或る個人が自分自身をどう思うかということによって、その人間を評価し得ないのと同様に、かような変革の時代をばその時代の意識によって評価することはできない。この意識は、むしろ物質生活に内在する矛盾によって、社会の生産力と生産関係との現実の闘争によって、説明されなければならないのである。[1]

ここに要約されている唯物史観の精髄を、特に法と経済との関係について敷衍するならば、おおよそ次のようにいうことができるであろう。

人間の社会生活を動かす最も根本のファクタアは、物質上の慾望である。人間の慾望は絶えず分化し、増加する。単に人口の増加ということを考えただけでも、慾望充足のための生産ということが、いかに社会生活の存立のための基本的な条件であるかは、いわずして明らかである。そこで、生産の様式が社会関係の形態を決定する基礎となる。すなわち、或る一定の生産力の段階においては、それに適合するような生産関係が組織され、その関係が法によって固定される。例えば、奴隷を用いて生産が行なわれた時代には、奴隷は法的に「物」として取りあつかわれ、奴隷使用者は奴隷を自由に売買することができた。農業生産が生産の主要部分をなしていた時代には、封建諸侯や大地主が荘園を采領し、農民は終生これに隷属して年貢を納めるという境涯に甘んじた。しかし、生産力は時とともに発達し、生産の手段も次第に進歩する。そうして、前の時代の生産力の段階に適合していた生産の関係や所有の関係が、今度は逆に生産を阻害するようになる。そうなると、生産力の変化が、社会の組織を革命的に変革する。社会組織を固定せしめていた法が、新たな生産の力によって崩壊するのである。例えば、封建時代にすでに次第に発達して来た社会的分業による商品生産と、その等価交換の様式とは、封建制度の身分的な法関係と矛盾する性格をもつ。特に、機械工業の導入によって生産力が飛躍的に増大し、商品経済の法則が工業製品ばかりでなく農産物をもその枠の中に取り入れるにおよんで、封建制度の打破が社会全体として必要となり、歴史を転換させる革命が起こって、封建社会に代わる市民社会の組織を創造するにいたった。そうして、人は身分にかかわらず法の前には平等であるとされ、人の物に対する所有の関係は一般的・非身分的な私所有権として保護され、人と人との間の契約は自由たるべしという原則の確立を見た。かように、社会経済上の生産力は社会の生産関係を規定し、したがって、生産関係の組織化たる法を規定する。それ故にまた、生産力が変化すれば、前段階の法は新たな生産力にとっての障礙となり、したがって、革命によって変革される。すなわち、社会経済上の生産力は法の下部構造であり、法は社会経済の上部構造である。法に内在する「理念」、例えば、人間の平等とか意志の自由とかいうような「理念」は、等価交換の原則によって行なわれる商品流通経済にともなう「イデオロギイ」にすぎない。下部構造たる社会経済が変化すれば、上部構造たる法も変化し、法に内在する「理念」のイデオロギイ的性格が暴露される。それは、人間の意志によって如何ともすることのできない歴史の自然科学的な必然法則なのである。

社会経済上の生産力の変化によって、法その他のイデオロギイ的性格をもつ社会組織の上部構造もまた、必然的に変化するということの理論は、観念論の立場からしばしば非難されるように、上部構造から下部構造への影響というものを全く否定する訳では、決してない。唯物史観は、法の形態や政治の力が逆に社会経済の上におよぼす影響をば、充分に勘定に入れているのである。例えば、商品生産経済や商品の自由交換経済は、自由主義の政治理念によって逆に影響を受けている。また、それらの社会経済の形態が、私所有権の保護とか契約自由の原則とかいうような法の組織の下に、はじめて円滑・自在の発達を遂げ得たことも、明らかである。その意味では、社会経済と法や政治との間には、密接な相互依存の連関がある。唯物史観は、この明らかな事実を無視して、社会経済が一方的に法や政治を規定するといおうとしているのではない。

これに対して、唯物史観の本旨は、法や政治のような上部構造と社会経済上の生産力という下部構造との間にいかなる相互作用があるにしても、最後の点でその関係を規定するものが経済上の生産力であることを主張するに在る。[2] このことは、エンゲルスの次の言葉が最も明瞭に物語っている。いわく、「唯物史観によれば、最後のところで歴史を規定する契機は、現実生活の生産および再生産である。それ以上のことを、マルクスもわたしもいまだかつて主張したことはない。もしも誰かがこれを歪曲して、経済の契機は唯一の規定する契機だといおうとするならば、その人は、唯物史観の命題をば、無意味な、抽象的な、ばかばかしい言葉に転化せしめているのである[3]」と。更に、エンゲルスの別の言葉を以てするならば、「政治・法・哲学・宗教・文学・芸術、等の発達は、経済の発達にその基礎を置いている。しかし、それらの色々な発達は、互に他の上に作用し合うし、また経済の基礎の上にも作用するのである。だから経済の状態がただ一つ能動的な原因であって、他のすべては単に受動的な結果だというのではない。その間には相互作用の関係が存するが、ただ、その根底をなしているものは、最後の点で常に自らを貫いて行く経済の必然性なのである[4]」。

すなわち、唯物史観によれば、法や政治は経済の動きに単に追随している訳ではなく、経済の上に絶えず影響を与えているのである。いいかえれば、唯物史観も、イデオロギイからマテリエルな社会生活条件への反作用というものを、充分に認めるのである。しかし、法や政治は、窮極のところでは歴史を動かす力ではない。これを当面の問題に引きもどしていうならば、「法の窮極に在るもの」は法でもないし、政治でもない。それは、経済であり、社会経済上の生産力である。最後のところでは人間の意志によって左右され得ないところの、したがって、イデオロギイによって影響を受けることがないところの、マテリエルな生産力が働いて、一切のイデエルな上部構造を規定して行く。そういう意味で、唯物史観は、法や政治の「窮極に在るもの」をマテリエルな社会経済上の生産条件に求めた。——かように解してまず間違いがないということができるであろう。

（1） Karl Marx: Zur Kritik der politischen Oekonomie, herausgegeben von Kautsky, 1897, Vorwort, S. XI f.
（2） Karl Kautsky: Die materialistische Geschichtsauffassung, 1. Bd., 1927, S. 830 ff.
（3） Friedrich Engels: Brief an J. Bloch, 1890, enthalten in Bernsteins Dokumenten des Sozialismus, II, S. 70 ff.
（4） Engels: Brief an H. Starkenburg, 1894, a. a. O., S. 73 ff.

## 二　法を破る階級闘争

唯物史観は、それが法や政治のようなイデオロギイ的な性格をもつ社会組織の「上部構造」と、財貨の生産力を主体とするその「下部構造」との密接な「相互作用」を認めている点では、おそらく何人も異存のない真理をとらえたものといってよい。そればかりでなく、観念論的な歴史観がとかくに閑却しがちであった社会経済の法や政治の上におよぼす大きな影響力をはじめて主題に取り上げた点で、社会の動態観の上に革新的な転換をもたらしたものといわなければならない。事実、社会経済の動きを度外視して法や政治の変化を説明しようとするすべての試みは、迫力のない観念の遊戯にもひとしいのである。

しかしながら、いうまでもなく、問題はその最後のところにある。最後のところで法を動かし、政治を規定するものが、社会経済であるかどうかである。それも、理念とか精神とかいう要素を全く含まない、したがって人間の意志や意識によってどうすることもできない、純粋にマテリエルな「生産力」の変化が、法や政治の一方的な原動者であるかどうかである。これを肯定し、これを主張するのが唯物史観である。人間の社会生活は生産によって維持される。それは、古代ギリシャのアテナイ付近での食糧生産がプラトンの哲学を維持し、油絵具やカンバスの生産がレンブラントの名画を規定していたといい得るのと同じ意味で、真実である。けれども、唯物史観はさような愚にもつかぬ自明の真実を特に主張した訳でもなく、また、さような真実を主張したが故に偉大である訳でもない。唯物史観の重点は、歴史の「動態観」たるところにある。その根本の問題としているのは、法や政治のような社会生活の上部構造が何故に徐々にまたは急激に動くかということである。そうして、その根本原因を社会経済上の生産力の「変化」にあるとしているところに、唯物史観の主張の骨子が存する。マルクスによれば、社会の物質的生産力が一定の段階まで発達を遂げると、その新たな生産力は、前の段階の生産力に適合するように組みたてられている既存の生産関係と矛盾するようになる。いいかえると、既存の生産関係を組織化しているところの法および政治の機構と矛盾するようになる。そこで、社会革命が行なわれて、巨大な社会の上層建築の全体が徐々にまたは急激に転覆するというのである。だから、唯物史観は、単に生産力によって法や政治の上部構造が規定されていると説くだけでなく、生産力の変化によって法や政治の組織が転覆するという必然の過程を明らかにしようとしたのである。その必然の過程が、いかなるイデオロギイを以てしても阻止できないマテリエルな法則性によるものであることを、きわめて冷厳に論証しようとしたのである。そういう意味で唯物史観の最大の狙いどころが唯物的な社会革命必然論であること、したがって、唯物史観に対する批判的考察の焦点もまた、正にここにむけられなければならないことは、改めていうをまたないところであろう。

マルクスの与えている説明にしたがえば、かように必然・不可避の過程を辿って行なわれるところの社会革命は、「物質生活に内在する矛盾」によって勃発するのである。「社会の生産力と生産関係との現実の闘争」として行なわれるのである。したがって、これをイデオロギイの闘争と考えるのは、断じて社会革命の冷厳なる実体を理解する所以ではないのである。しかし、物質生活に内在する矛盾といっても、「物質」によって生活するものは「人間」であり、その矛盾は人間の間の矛盾でなければならぬ。それは、一定の仕方で物質を生産・配給・消費することを利益とする人間と、これと異なる生産・配給・消費の様式を以て利益とする人間との間の矛盾に外ならぬ。同様に、社会の生産力と生産関係との間の現実の闘争というけれども、主体性のない単なる生産力と生産関係とが互に「闘争」するということは、もとよりあり得ない。すなわち、マルクスが指摘している闘争とは、在来の生産関係を維持して行こうとする人々と、新たな生産力に適合するような生産関係を確立しようとする人々との間の闘争なのである。それは、経済的生産条件の変化とともに生ずる異なる「階級」の間の利害の矛盾であり、新旧二つの生産手段をめぐって行なわれる「階級闘争」なのである。古い生産関係を固執しようとするのは、「圧迫者」の階級であり、古い生産関係を打破して、新しい生産力に適合する新しい社会組織を作り出そうとするのは、「被圧迫者」の階級である。この階級闘争は、――それが後者の勝利に帰した場合には、――革命となって歴史を転換せしめる。そうして、既存の法や政治や、それにともなうすべてのイデオロギイの形態を転覆せしめる。人類の歴史の要所では、必ずかような階級闘争が行なわれた。だから、マルクスとエンゲルスとは、その『共産党宣言』の中でいう、――「これまでのすべての歴史は階級闘争の歴史である。自由人と奴隷、貴族と平民、領主と農奴、ギルドの親方と職人、約言すれば圧迫者と被圧迫者とが、互に絶えず対立して、あるいは隠然と、あるいは公然と、不断の闘争をつづけて来た。その闘争は、いつでも、あるいは社会全体の革命的再組織に終り、あるいは相争う二つの階級の共倒れに終ったのである」[1]。唯物史観が歴史の原動者と見たのは、正確にはかような階級闘争である。そうして、法や政治の変革をもたらすものは、単なる「生産力」の変化ではなく、生産力の変化にともなうかような「階級闘争」であると見ることによって、はじめて、唯物史観のもつ歴史批判としての意味がはっきりとして来るのである。

しかも、唯物史観は、決して単なる「歴史」の批判ではない。それは、同時に「現代」の批判であり、「将来」への呼びかけである。歴史の批判がなされているかぎり、唯物史観は一つの優れた「科学」であり、「理論」である。しかし、現代を批判し、将来へ呼びかけるとき、それはもはや単なる科学や理論ではなくなる。そうして、「実践」となり、「運動」となる。

もちろん、唯物史観によれば、過去・現在・未来を通じて社会の革命的変革をなしとげる力は、終始変わらない社会経済の弁証法的な必然法則である。けれども、これまでの歴史が常に革命によって転換期を画しつつ進んで来たという事実を「認識」することは、はなはだしい階級的対立を孕んでいる現在の社会もまた、同じく必ず階級闘争から革命へと発展して、同じように根本から変革されるに相違ないという「確信」を生む。これまで普遍妥当的な道徳とか絶対不易の自然法とかいって尊ばれていたものも、洗ってみれば、支配階級の階級意識から産み出されたイデオロギイの結晶にすぎないことがわかれば、これを打破し、これを転覆せしめるのに、何の遠慮も未練もないということになる。かくて、唯物史観の理論は「実践」に融け込み、「運動」を力づける。そうなって来ると、唯物史観は、もはや階級闘争の「理論」ではなくなって、最も有力な階級闘争の――経済的被支配階級の解放のための――「武器」となる。マルクス主義者にいわせるならば、そもそも理論と実践とを分離させ、実践によって左右されることのない理論があり得るなどと考えるのが、階級的支配関係を固定させるための偏ったイデオロギイにすぎないのである。かように論ずる唯物史観は、歴史の変動の最後のところでの理念や理論の無力さを立証することによって、現段階での歴史の変革運動を最も大規模に、最も無遠慮に展開せしめようとする理論もしくは理念に外ならない。

したがって、唯物史観が最も力をこめて分析するのは、歴史の現段階における階級的対立の実体であり、現在の法意識や政治理念の階級的被規定性である。また、その最も力強く主張するのは、現在の支配階級たるブルジョアジイ没落の運命であり、これに対するプロレタリアアト革命の必然性である。

何故に、現在のブルジョア階級は没落の運命にあるのか。ブルジョアジイは、最初はまず、それより前の段階の生産関係の上に築造されていた封建社会の胎内に生長した。彼らは、はじめには手工業によって、次には機械工業によって、次第に大きな生産力を獲得し、かくして生産された財貨を「商品」として広い市場に供給しつつ、次第に大きな富を蓄積した。かような生産の新様式は、身分の関係で固められている封建社会の組織とは、もはや、根本から相容れ得ないものとなった。そこで、ブルジョア階級は、革命によって封建社会の組織を爆砕し、一切の身分のへだたりを除去し、国境を越えて拡大されて行く商品交換経済の基礎を確立したのである。その根本をなすものは、「自由」である。人間の物に対する支配の自由であり、人と人との間の契約の自由である。かような自由交換経済は、ブルジョアジイの手中に際限のない資本を集中せしめ、厖大な生産力を思うがままに駆使せしめることとなった。しかし、その同じ自由は、資本主義経済の激甚な自由競争をひき起こした。その結果として、中小の資本家は大資本との競争に敗れて、無産階級へと転落して行った。殊に、大資本相互の無統制の競争は、しばしば生産過剰を招き、資本主義経済の根底を脅やかした。そうして、度重なる恐慌を切り抜けようとする資本主義の死に物ぐるいの努力は、ひたすら新市場の獲得へとむけられ、資本主義国家相互の植民地争奪のための帝国主義戦争を勃発せしめるにいたった。かようにしてブルジョアジイは、自らの駆使する「自由」によって自らの墓穴を掘りつつある。『共産党宣言』の言葉を用いれば、「ブルジョアジイが封建制度を転覆せしめたその武器は、いまやブルジョアジイそのものにむけられている」。[2] かくて、――唯物史観によれば、――ブルジョアジイの没落は避けることができない。

しかも、ブルジョアジイの没落は、資本主義経済そのものの超高度化によって招来されるばかりではない。これに拍車をかけるものは、いうまでもなく、プロレタリアアトとの間の階級闘争である。資本主義の発達は、無産労働者階級の発達と並行する。資本主義経済は、すべての物を商品化する。単に「物」を商品化するばかりでなく、「人」をも商品化する。プロレタリアアトは、巨大な資本主義経済機構の中において、その労働力を切り売りすることを余儀なからしめられているところの人間商品である。[3] ブルジョアジイは、商品化されたプロレタリアアトの労働力をできるだけ廉価に購い、これを利用して得た余剰価値をできるだけ多く搾取する。労働者が工業資本家にその労働力を切り売りして少額の労働賃金を得ると、更に家主とか小売商人とか質屋とかいうような他の種類のブルジョアジイが襲いかかって、これを搾取する。[4] したがって、労働者は、彼らをがんじがらみに縛り上げている資本主義の鉄鎖以外には、何ものも所有しない無産状態に沈淪する。だから、所有権の尊重とか契約自由の保護とかいうような法制度は、資本家にとってのみ意味をもつところの搾取の道具と化するのである。そうして、資本は、それが大きければ大きいほど幾何級数的な威力を発揮するから、自由競争の敗北者はますますその数を増大し、プロレタリアは国民のあらゆる方面から徴募されることになる。しかし、そうなって来ると、プロレタリアアトの中に自らに広い横の結合が生ずる。労働者の間にある生活条件の差別がなくなり、その立場が均しく最低の賃金の稼ぎ手に帰着する結果として、プロレタリアアトの団結が可能となり、必然となる。このプロレタリアアトの団結は一つの大きな「力」となる。そうして、彼らは彼らのもつ力をますます強く「自覚」する。[5] そうして、すでに一つの大きな力となったプロレタリアアトは、まずその生活条件の改善のために、やがては、ブルジョアジイの手中に独占されている生産手段を奪取するために、強力な階級闘争を展開する。その闘争も、次第に規模を拡大して、国内の階級闘争から国際的なそれにまで発展する。そうして、闘争の激しさもますますその度を加え、大なり小なり覆いかくされた状態での内乱から、公然の革命となって爆発し、ブルジョアジイを実力によって転覆せしめ、プロレタリアアトの支配を確立するまでは、決して矛を収めない。[6] だから、――と唯物史観は論ずる、――プロレタリアアトの革命によるブルジョアジイの没落は必然的である。「ブルジョアの没落とプロレタリアの勝利とは、ともに不可避である」[7]。

唯物史観はかように説く。かように説く唯物史観は、もはや単なる理論ではない。一層正確にいうならば、それは理論としての唯物史観ではなくて、闘争のためのマルクス主義であり、共産主義である。前にもいう通り、それは実践の叫びであり、実践への呼びかけである。いかなる実践であるか。いうまでもなく「政治」の実践である。政治の宣言であり、政治の運動である。そこには、資本主義経済組織、その法および政治の牙城を破砕しようとする「目的」がある。プロレタリアアトの手中に一切の生産手段を掌握し、いままでの支配階級をその下に隷属せしめようとする「目標」がある。そうして、そのための手段は無産勤労階級の鉄のような団結である。この団結を確保するためには、ブルジョア支配の一切のイデオロギイ的魔法の種明しをしなければならない。従来の道徳や法や政治の価値体系が、ブルジョア階級の没落とともに没落する、半ば棺桶に足をふみ入れた人為・仮構の舞台装置であることを明らかにしなければならない。それが没落する必然性にあるならば、これを打倒することには、何らの不法性も後めたさもともなわない。階級闘争の必然性によってプロレタリアアトの支配する時機が迫っているというのは、革命運動における「必勝の信念」である。故に、『共産党宣言』は叫ぶ、――「支配階級をして共産主義革命の前に戦慄せしめよ」と。「プロレタリアは、彼らをつないでいる鎖以外に失うべき何ものをももたない。しかも、彼らはかち得べき全世界をもっている」と。そうして、最後に絶叫する、――「万国の労働者よ、団結せよ[8]」と。これは、マルクス主義のかかげる定言命令である。この定言命令を裏づけているものは、革命の必然性と勝利の確実性とを予言する「経済的自然法」である。そこに燃えさかる革命の火の手は、「経済」の力でなくて、政治の力である。唯物史観は、経済を法や政治の下部構造と見る「理論」をかかげたのちに、やがて、自ら行動するところの「政治」の理念に転化したのである。いいかえるならば、法を破る階級闘争は、法を破る経済ではなくて、法を破る政治であり、経済的自然法を背景とする一つの新しい「革命権」の行使に外ならない。

(1) Marx and Engels: Manifesto of the Communist Parry, 1848, authorized English Translation by Engels, p. 12.
(2) Ibid., pp. 19-21.
(3) Ibid., p. 21.
(4) Ibid., p. 22.
(5) Ibid., p. 24.
(6) Ibid., p. 28.
(7) Ibid., p. 29.
(8) Ibid., p. 58.

## 三　法を作る階級支配

マルクス主義は革命の理論である。だから、それは「法を破る力」の理論である。しかし、法を破る力は、その反面から見ればまた「法を作る力」でなければならない。マルクス主義によれば、法を破る力は階級闘争であった。同様に、その理論にしたがえば、法を作る力もまた階級闘争である。ただ、法を破る力と法を作る力とでは、同じ階級闘争であっても、その作用する方向が違う。階級闘争が法を破る力となって現われるのは、それが「被支配階級」の支配階級に対する蹶起となって働く場合である。これに対して、階級闘争が法を作る力となって作用するのは、それが「支配階級」の被支配階級に対する圧迫となって現われる場合である。故に、唯物史観の見るところを以てすれば、法は「階級支配」の産物であり、特にブルジョアジイのプロレタリアアトに対する圧迫の手段である。だからこそ、この圧迫を排除しようとするプロレタリアアトの側からの階級闘争が、法を破る革命力となって作用することは当然といわなければならない。

もっとも、ブルジョアジイがプロレタリアアトを圧迫するために用いる法は、最初からその目的のために作られた訳ではない。なぜならば、ブルジョアジイが抬頭した頃には、彼らはなお封建制度の下での被圧迫階級であって、その下層に更に圧迫すべきプロレタリアアトをもってはいなかったからである。彼らは、貴族や僧侶に対する「第三階級」として封建社会の下積みとなりながら、次第にその経済力を蓄積した。そうして、機熟するや、第三階級解放のための革命を断行し、経済上の支配権を法および政治の上に確立した。その法理念は「自由」であり、「平等」である。そうして、自由・平等の法理念に権威を与えたものは、「自然法」の思想である。人間が自然法にもとづいて自由でなければならないというのは、身分による圧迫は排除さるべきであるということである。自由なる人間は同じ自由人として法の前に平等でなければならないというのは、身分上の差別は法によって撤廃さるべきであるという主張を意味する。ブルジョアジイは、これらの法理念をかかげて封建的支配階級への闘争を遂行した。故にその当時として見れば、法はむしろ被圧迫階級に対する闘争の手段として役立ったともいえないことはない。しかし、被圧迫階級としてのブルジョアジイが彼らの階級闘争の手段として用いた法は、「自然法」であって、「実定法」ではなかった。彼らは、この「自然法」を楯に取って、封建社会の「実定法」を破ったのである。故に、実定法だけを法であると見るならば、第三階級解放のための闘争は、被圧迫階級から見れば、やはり純粋に「法を破る力」として働いたといわなければならない。

ところで、ブルジョアジイは、この革命によって封建社会の法を破ることに成功した上で、すすんで彼らのいわゆる自然法をば大規模に実定法化しようと試みた。いまいう通り、ブルジョアジイのかかげた自然法の原則は、平等と自由とである。この中で、法の前での人間の平等ということは、私法上の個人の人格の平等、憲法上の基本権の保障、参政権の賦与というような形で実定法上の制度となった。また、法によって保護せらるべき自由の理念は、私所有権の尊重や契約自由の原則として具体化された。ブルジョアジイのかかげた政治の理念は、正にかような形で「法を作る力」として作用したのである。かような法は、もとより、最初から国民の中の一部の階層だけの利益のために作られたものではない。シエイエスのいう通り、第三階級はその当時としては、国民の「すべて」であった。文字通り国民のすべてではなかったにしても、貴族や僧侶のごとき特権階級を除く国民のすべてであった。自己自身を解放したブルジョアジイは、自ら国民のすべてであることを意識し、国民すべてのために自由と平等の法秩序を作り上げたのである。しかし、その結果は、やがて経済上の自由競争を激化せしめ、優勝劣敗による新たな階級的対立を発生せしめ、国民すべてのために保障せられた筈の自由と平等とは、経済上の特権階級の利益のみを保護し、勤労無産大衆の利益を圧迫する武器となるにいたった。すなわち、ブルジョアジイが経済上の支配力を掌握したとき、これらの法制度は彼らの支配地位を不動のものとするに役立ったのである。そうして、ブルジョアジイの経済支配の下に「第四階級」としてのプロレタリアアトが発生したとき、これらの法制度は、第四階級の立場を合法的に抑圧・拘束するという役割を演じたのである。かような変化は、こうした法制度が作られた最初からの計画によるものでなかったことは明らかである。それは、公平に見て、これらの法制度が作られた「目的」ではなく、その「結果」に外ならなかったといわなければならない。

しかるに、マルクス主義は、この現象をとらえて、ブルジョアジイがあたかも最初からプロレタリアアトを圧迫するために、これらの法を作ったのであるかのように論ずる。しかも、「平等」とか「自由」とかいう美しい看板をかかげて、その実、人間を全く不平等に取りあつかい、無産勤労大衆を経済上の奴隷と化そうとする、最も憎むべき謀略によるものと解釈する。ここにおいて、マルクス主義のブルジョア的法秩序に対する批判は、最も深刻な階級的憎悪を表現する。ここでも、その理論は、きわめて露骨な政治闘争の手段と化しているのである。

ブルジョア法秩序に対して加えられるところの唯物史観の批判の鉾先は、まず私所有権にむけられる。なぜならば、私所有権は、ブルジョアジイによる階級支配が行なわれるための最も強力な法的城塞だからである。なるほど、第三階級解放の革命はすべての人間を平等の「権利主体」として取りあつかうという原則を確立した。したがって、単なる権利の客体たるにとどまって、自ら権利をもつことを許されぬ奴隷というものは、法制上はあり得ないということになった。人はおしなべて権利の主体たる人格者であり、生まれるとともに均しく「権利能力」を賦与されるというのである。しかし、人は権利の「能力」を食って生きている訳ではない。権利の「能力」という容器の中に入れる「物」がないでは、生活の保障は与えられない。しかるに、ブルジョアジイは、この現実の「物」をばその手中に独占する。そうして、独占された権利は「財産」として彼らの華美・富裕な生活を保障するばかりでなく、更に「資本」となって強大な生産力を発揮する。そうして、あらゆる物的な生産条件がその下に吸収されて、資本の生産力を高めるばかりでなく、無産大衆の労働力もまた最低の廉価を以てその手に購買され、飽くことのない搾取の対象となる。かくて、資本はその凄まじい自転作用を開始し、資本家は何ら労することなくしてますます多くの富を蓄積する。しかも、労働力の外に売るべき何ものをももたない無産大衆の莫大な犠牲において。それが、ブルジョアジイの発明した私所有権の制度であり、国家による私有財産の「保護」の効果に外ならない。そこで、マルクス主義は主張する、――「近世ブルジョアの私有財産は、階級の対立に立脚し、少数による多数の搾取を根拠とするところの生産および所有の組織の中でも、最後の、そうして最も完全な表現である」[1]と。

マルクス主義はかように主張する。単にかように主張するだけではない。マルクス主義は、この「認識」の上にただちに「実践」の言葉をつけ加える。すなわち、故に私有財産制度は廃止されなければならない[2]、と。ここにおいてマルクス主義は「共産主義」となるのである[3]。

ただし、マルクス主義がその廃止を提唱するのは、ブルジョア社会における私有財産制度である。いいかえれば、資本主義的な搾取を可能ならしめるところの生産財貨の私有である。共産主義に反対する者は、共産主義者は人間が自己の労働によって得た財産を廃止し、それによって人間の自由と活動と独立との根拠を奪おうとしているといって、これを非難する。しかし、マルクス主義の立場からいえば、資本主義社会では、労働は決して財産を生まない。反対に、労働せざる者は、資本の力によっていくらでもその財産を増加させることができる。共産主義は、かように資本としての力を発揮するところの財産を廃止しようとするのである。共産主義は、社会において生産された物を、各人が生活のために享有するという関係を廃止しようとしているのではない。これに反して、それは、社会において生産された物が、資本に転化することを、いいかえるならば、他人の労働の果実を奪取する力を発揮するようになることを禁止しようとするのである。故に、共産主義の否定しようとするものは、あくまでもブルジョア的な私有財産制度でなければならない[4]。

資本主義経済は商品交換経済であり、したがって、契約による商品の自由交換を通じて無限の流動性を発揮する。そこで、契約自由の原則が私所有権の制度と並んで資本主義経済の不可欠の支柱となる。資本主義社会の富が巨大な商品の集積となって現われるのも、ブルジョアジイが全世界に市場を開拓し、「その商品の廉価を重砲としてすべての支那の城壁を撃破した」[5]のも、そうして、いながらにして全世界の隅々から労働力の成果を搾取することができるのも、契約の自由という法原則を楯にとる自由交換経済の力に外ならない。そこで、マルクス主義は、私所有権制度とともに、現代私法の基調をなす「自由」の概念に痛烈な批判のメスを加える。そうして、それは、万人に均しい自由を与え、すべての人間を自由なる人格者として取りあつかうということを標榜しつつ、実はプロレタリアアトから生きる自由をも奪うところの階級支配のからくりであるとして、これを非難する。

契約自由の原則を基礎づけているものは、法概念としての自由である。ところで、法概念としての自由は、人間がすべて自由意志の主体であるということ、および、人間の意志の自由は尊重されなければならないということを前提としている。人間の意志は自由であり、その自由は尊重されなければならないということから、人間と人間とが自由な意志の合致によって結んだ契約の効果は、国家権力によって保護されなければならないということ、すなわち、法概念としての契約自由の原則が導き出されるのである。しかるに、ここに前提とされているところの人間の自由は、道徳の理念である。故に法概念としての自由は、倫理的な理念としての自由を前提とするのである。中でも、カントは、道徳的な人格の自由ということを最も力強く説いた。それは、それ自身としては誠に客観的な、普遍妥当的な教説であるように見える。しかし、かような道徳哲学上の教説は、やがて法の世界に移されて、権利主体の意志の自由というドグマとなり、したがって、ブルジョアジイの階級支配の利器たる契約自由の原則を基礎づけることになる。マルクス主義は、そうした着眼の下に法と道徳とを引っくるめて、近世ブルジョア社会の自由思想の階級的欺瞞性を暴露しようと力めるのである。

そうした態度を最も露骨に表明しているのは、パシュカニイスであろう。パシュカニイスは、カントの倫理学のブルジョア的階級性を色々な方面から論証した上で、「汝の意志の格律が常に同時に普遍的立法の原則として妥当するがごとくに行動せよ」というカントの定言命令は、「汝は汝の階級のために可能な最大の利益をもたらし得るがごとくに行動せよ」という規範と、全く同じ響きをもつというのである。[6] マルクス主義は、かくのごとくにして、道徳や法における自由の理念がブルジョアジイによる階級支配の手段にすぎないことを立証しようとする。そうして、プロレタリアアト革命の第一の目標を、かようなブルジョア的自由の否定、いいかえれば、「プロレタリアアトの独裁」によるブルジョア階級の完全な圧伏に置こうとする。ここでも、唯物史観のイデオロギイ論が理論の範囲を遠く踏み越えて、敵意と憎悪とに満ちた政治的実践行動と化していることを、最も明白に見ることができるであろう。

私有財産制度と契約自由の原則とは、近代私法制度の根幹をなす二つの最も重要な原理である。したがって、これを否定するということは、近代私法制度のほとんど全生命を否定し去ろうとするものであるといって差しつかえない。しかし、近代法の分野は、もとより私法だけにかぎられている訳ではない。私法の分野と並んで公法の組織があって、それが現代社会の組織をきわめて堅固に維持していることは、いうまでもない。故に、マルクス主義は、階級支配のためにする私法制度に対して痛烈な批判を加えると同時に、現代の公法組織にむかってもその鋭い攻撃の鉾先を集中する。しかるに、現代の公法組織は、これを一言にしていい現わすならば、「国家制度」に外ならない。そこで、マルクス主義は現代の国家制度もまた、ブルジョアジイの地位を確保するために作り出された階級支配の道具であると見る。そうして、プロレタリアトの革命によってブルジョア支配の道具としての国家を根本から変革しようとする。次に、節を改めてその理論の要旨を概観することとしよう。

（1）Marx and Engels : Manifesto of the Communist Party, p. 31.
（2）Ibid., p. 31.
（3）ここで問題とするのは、マルクス、エンゲルス、レエニン、等によって説かれた共産主義である。したがって、今日、各国に存在する「合法的」な政党としての共産党のかかげる共産主義は、ここでの直接の問題とはならない。ただ、もしも今日の共産党が、その政治上の主張の実現を「合法的革命」と名づけようとするならば、さような「合法的」な革命は、本書に論じているような「法を破る」政治行動としての革命ではないことを注記するにとどめる。
（4）Ibid., pp. 31-35.
（5）Ibid., p. 18.
（6）E. Paschukanis : Allgemeine Rechtslehre und Marxismus, deutsche Ausgabe, 1929, S. 141.

## 四　プロレタリアート革命と国家の変貌

唯物史観は、国家が階級的対立の産物であり、階級支配の機関であることを、次のように説く。人間の社会が発達すると、その中に必ず階級の対立が生ずる。そうして、圧迫階級と被圧迫階級との間に和解すべからざる抗争が行なわれる。それは、人間の社会が陥るところの必然的な矛盾である。ところで、社会がこの矛盾した状態に到達した場合、これをそのままに放任して置けば、社会は無意味な争いのために滅亡してしまうであろう。そこで、社会の中から特殊の権力の組織が分化して来て、社会から分離した発達を遂げ、階級闘争を緩和してこれを「秩序」の枠の中にはめ込むという仕事をする。さような権力の組織が「国家」である。[1] だから、国家は一面からいえば、階級闘争の産物である。しかし、他面から見れば、また階級闘争の抑制者でもある。そうして、階級闘争の抑制者としての国家の機能は、階級闘争を抑制することによって利益を得るもの、すなわち経済上の支配階級によって利用される。経済上の支配階級は、国家の権力を利用することによって、同時に政治上の支配階級となる。そうして、その支配地位を安固ならしめ、一層強力にその搾取をつづけることができる。[2] この一般的な「理論」を現代国家にあてはめて見るならば、現代国家はブルジョアジイとプロレタリアアトの階級闘争の産物である。しかも、それは、両者の間の闘争を抑制して、「秩序」を保つという機能を営む。もとより、ブルジョア階級によって利用されつつ、ブルジョア階級の利益のために。ブルジョアジイは、国家の権力を利用することによって、経済上の支配階級たると同時に政治上の支配階級となった。そうして、ますますその地位を安固ならしめ、ますます有効にその搾取を行ないつつある。故に、国家は、階級の対立を離れては存在し得ない。特に、現代の国家は、ブルジョアジイのプロレタリアアトに対する階級支配の機関であり、それ以外の何ものでもない。

唯物史観は、国家をばさようなものとして認識する。しかし、ここでもまた、マルクス主義は国家のさような認識のみを以て満足するものではない。マルクス主義者は、ここから更にすすんで国家に対する実践的な態度を決定する。それは、いうまでもなく、さようなブルジョア的階級支配の道具としての国家制度を打破しようとする態度である。国家は、少数の者のためにする多数の者の支配の組織である。したがって、ヘエゲルのように、国家をば「道義的理念の現実態」と見るのは、全くの虚妄であり、欺瞞である。[3] だから、かような国家制度を打破することは、道徳に反することでも何でもなく、むしろ階級闘争の必然的な過程である。プロレタリアアトの解放は、国家制度の根本からの変革なしには成就され得ない。それは、プロレタリアアトの革命である。この革命の目標は、国家権力をばブルジョアジイの手から奪取することにむけられなければならない。かくて、ここでも、唯物史観の「理論」は変じてマルクス主義の政治闘争の「叫び」となる。

ブルジョアジイの手中にある国家権力をば、プロレタリアアトの手に奪取せよ。マルクス主義のこの政治闘争の叫びは、決して国家の「否定」を意味するものではない。むしろ、それは国家の「肯定」である。マルクス主義が否定しようとするのは、国家の権力がブルジョアジイの階級支配のために利用されているという状態であるにすぎない。ブルジョアジイの階級支配に利用されているとき、国家の権力は恐るべく強力な作用を営む。警察と監獄と常備軍と思想犯取締法とを以てプロレタリアアトの反抗をきわめて有効に抑圧する。したがって、マルクス主義は、国家権力が階級支配のために驚くべき大きな利用価値をもっていることを認める。すなわち、その点で国家価値を肯定する。しかも、これをプロレタリアアトの手に奪取し、いままでブルジョアジイが駆使して階級闘争を彼らの絶対有利に導いていたこの武器を以て、逆にブルジョア階級を完全に圧伏しようとするのである。それが、マルクス主義のいう「プロレタリアアトの独裁」である。そうして、ここにマルクス主義が無政府主義と根本的に相違する点がある。

もちろん、マルクス主義も、窮極においては国家の消滅を予言する。しかし、無政府主義が一足跳びにこの状態に飛躍しようとするのに対して、マルクス主義は、ブルジョアの支配する国家から、国家のない完全な共産主義社会へ移る過渡の段階として、むしろ、きわめて強大な権力組織をもつプロレタリアアト独裁の国家形態が介在しなければならないと説く[4]。現在、敵の手に握られている残忍・苛酷な武器を一刻も早く人間の視野の外に棄て去ろうとする代わりに、これを己れの手に奪って、いままでそれを得々としてふりまわしていた敵をば、同じ武器を以て完膚なきまでに叩きのめそうとするのが、マルクス主義の態度である。それは、「生産力」などという主体性のない力ではなくて、考えられ得る最も強靭・執拗な現実政治の「政治意欲」であるといわなければならない。

マルクス主義が、この現実政治の「目的」を達成するために選ぶ手段は、いうまでもなく「革命」である。しかも、単なる革命ではなくて、激しい「暴力革命」(revolution by force) である[5]。

もっとも、この点に関しては、マルクス主義の陣営の中にも異説がない訳ではない。マルクスやエンゲルスによれば、将来、階級の対立を孕むことのない完全な共産主義社会が実現すれば、階級支配の機関たる国家もその必要がなくなり、自然に消滅する。エンゲルスの言葉を用いれば、国家は「廃止」(abgeschafft werden) されるまでもなく「枯死」(absterben) する[6]。そうなるのが歴史の必然なのである。とすれば、特に暴力革命によって国家を破壊しないでも、気永く待てば、やがて国家制度が自ら枯死し去る時が来るであろう。そういう解釈から、暴力革命に「水をさす」マルキストがない訳ではない。

しかし、マルクスの正統を継ぐ理論家たちは、こうした考え方に真向から反対する。革命によらないで「合法的」に国家衰滅の日を待とうとする穏健な態度を、機会主義・日和見主義として痛烈に攻撃する。中でもレエニンがその代表者である。レエニンによれば、国家の「枯死」についてエンゲルスのいっているところは、現段階のブルジョア国家にはあてはまらない。マルクスやエンゲルスは、プロレタリアアトの手に帰した国家機構が、次第にその存在理由を失って自然消滅を遂げるということを説いているのである。故に、国家の必要がなくなるような時代を迎え得るためには、まず、国家をブルジョア国家からプロレタリア国家に根本から編成替えすることが先決条件である。この編成替えは、「自然」に行なわれ得るものではなくて、「革命」によってのみ成しとげられ得る。資本主義国家はプロレタリアアトの革命によって破壊されなければならない。ブルジョア国家は決して自然には枯死しない。これに反して、革命によってブルジョア国家が破壊され、プロレタリアアト国家が建設されたのちには、国家機構は次第にその階級支配の任務を完成して、自然に消滅して行くときが来る。エンゲルスが国家の「枯死」を説いたのは、そういう意味である。(7)それを、現在のブルジョア国家が革命を待たずに衰亡するかのごとくに説くのは、最もはなはだしいマルクス主義の歪曲である。プロレタリアアトは、革命によってブルジョア国家を破壊したのちにも、国家を必要とする。なぜならば、革命ののちにもブルジョアジイはただちに消滅し去る訳ではなく、依然として社会の中に残存し、再起を図ろうとするに相違ないからである。エンゲルスのいう通り、プロレタリアアトが国家を必要とするのは、自由のためではなく、その敵を粉砕する目的のためである。(8)それは、ブルジョア国家におけるように、少数者が多数者を圧迫するためではなく、搾取していた少数者を圧迫するためである。いいかえれば、「プロレタリアアトの独裁」を行なうための国家である。この中間段階を経たのちに、真の共産主義が行なわれるようになれば、もはや圧迫すべき何者もなくなるから、国家は不必要になる。国家が自然に枯死するという現象は、この最終段階にいたってはじめて行なわれるのである。(9)

だから、マルクス主義によれば、もっと正確にいって、マルクス・レエニン主義によれば、歴史の現段階から先の国家の変遷は、次のようにして行なわれる。すなわち、ブルジョア支配の時代には国家の権力は少数の富裕階級の手に握られている。過去のブルジョア革命は、自由の理念にしたがって民主主義を実現したと称するが、それははなはだしい欺瞞である。ブルジョア国家には自由はない。自由どころか、多数のプロレタリアアトを圧迫するための「血の海」が必要とされる。そこでの民主主義は、虚偽の民主主義である。このブルジョア国家が革命によって破壊されると、共産主義社会の第一段階としてプロレタリアアトの独裁による国家が出現する。これは、多数者のための民主国家であり、真実のデモクラシイである。しかし、ここでもまだ人は真の自由については語り得ない。なぜならば、ここでも少数のブルジョアジイを圧迫するための鉄の鞭が必要だからである。ただ、この鉄の鞭は、ブルジョア国家が勤労大衆の蜂起を抑えるために用いたような大規模なものであることを必要としない。この中間段階を経て高度化した共産主義社会に到達すれば、階級の対立は解消し、圧迫の必要もなくなる。そこでも、個人の放逸はこれを圧迫しなければならないであろう。しかし、それはもはや階級的な圧迫ではない。だから、階級支配の道具としての国家は要らなくなる。だから、国家は自然に枯死する。そうして、真の自由が実現する。(10)そうして、マルクスのいう通り、「各人がその能力に応じて寄与し、各人にその必要に応じて与えられる」(„Jeder nach seinen Fähigkeiten, Jedem nach seinen Bedürfnissen!“) 時が来る。(11)

これが、国家の変貌と消滅とに関するマルクス主義の予言である。この予言が正しいか否かは、いまここで問題にする必要はない。ここで問題としなければならないのは、かような予言のもつ学問的な性格である。特に、これと唯物史観の根本命題との関係である。唯物史観によれば、社会生活の上部構造たる法や政治は、したがって国家は、下部構造たる社会経済、特に生産力の変化に規定されて変化する筈である。ところで、ここに概観されたような国家の変貌は、はたして最後のところで生産力の変化によって規定されているといい得るであろうか。中でも、ブルジョア国家がその巨大な法組織とともに崩壊して、プロレタリアアトの独裁による新たな国家形態に移る過程は、はたして生産力の変化によるものとして説明されているであろうか。

なるほど、ブルジョア国家の中で資本主義経済が高度独占企業の形態にまで発展し、大規模な搾取が行なわれ、ますます大量の無産者が作り出されて、階級の対立が激しくなって行くということは、資本主義的生産に行きづまりを生ぜしめる大きな基本事実であるに相違ない。しかし、その事実そのものによって「自然に」ブルジョア国家が崩壊するにいたるのではなく、プロレタリアアトの「団結」による政治革命によってはじめてブルジョア支配の国家組織が破壊され得るということは、レエニンの自らくりかえして力説するところである。更に、この革命によって生産財貨の私有が禁ぜられ、すべての企業がプロレタリアアト国家の経営と管理とに移されるということは、大きな「生産力の変化」であるに違いない。しかし、その変化も社会経済上の生産力それ自体が動くことによって生ずるのではなく、プロレタリアアトの独裁による政治的な「計画」と「統制」とがこれを動かすことを必要とするのである。故に、この場合に国家の変貌をもたらすものは、社会経済ではなくて、社会経済を直接の「内容」とし「素材」とするところの政治である。革命によって国家の法を破り、新たな生産機構の法を作り出すものは、生産力の変化ではなくて、主体的・能動的な政治の力に外ならないのである。

（1）Engels: Der Ursprung der Familie, des Privateigentums und des Staates, 1884, 21. Aufl., 1922, S. 177 f.
（2）A. a. O., S. 180.
（3）A. a. O., S. 177.
（4）Nikolai Lenin: The State and Revolution, 1917, Vanguard Press, 2nd ed., 1927, pp. 166-170.
（5）Ibid., pp. 123-129.
（6）Engels: Herrn Eugen Dührings Umwälzug der Wissenschaft, 1878, 6. Aufl., S. 302.
（7）Lenin: ibid., p. 125.

(8) Ibid., p. 193.
(9) Ibid., pp. 193-195.
(10) Ibid., pp. 190-206.
(11) Marx : Zur Kritik des sozialdemokratischen Parteiprogramms, 1875, Die neue Zeit, IX. Jahrgang, 1. Bd., 1891, S. 567.

## 五　法を変革する階級闘争の理念

法を変革する階級闘争は、政治闘争である。国家を変貌せしめるプロレタリアアト革命は、政治革命である。かような闘争、かような革命の必然性を説く唯物史観は、政治闘争の理論である。唯物史観に共鳴し、革命の必然性を信仰し、しかも、必然の革命を拱手して待つのではなく、自らこれに参加して時代の陣痛を促進しようとする無産大衆の行動は、経済上の生産力ではなくて、政治上の激越な運動である。唯物史観によって説かれているような法や国家の変革をもたらす力は、「経済の力」ではなくて、「政治の力」である。社会経済上の諸条件は、かような政治の力が作用する場合の「機縁」であり、「素材」であるにすぎない。唯物史観は、法の窮極に在るものをとらえて、これを経済上の生産力であるとなした。しかし、実は、唯物史観もまた、法の窮極に在るものは、結局のところ経済ではなくて政治であることを自ら立証しているのである。

政治は力である。法を破り、法を作る力である。しかし、政治は単なる力ではない。政治の力には理念が宿っている。政治は理念を目ざして働き、理念の実現を目的として行なわれるところの、社会大衆の団結力であり、行動力である。第一八世紀末のブルジョア革命の場合には、その政治力の指導理念は「自由」であり、「平等」であった。しかしながら、マルクス主義によれば、それは新たな階級対立に利用されたイデオロギイであり、ブルジョアジイの階級支配の道具にすぎないという。だから、プロレタリアアトの革命によってブルジョアジイの階級支配を打倒すれば、ブルジョアの得手勝手な自由は霧散し、ブルジョア的な平等はその欺瞞の仮面をはぎ取られるという。そうして、さような階級的イデオロギイを消滅せしめるところの社会革命は、イデエルな要素を含まないマテリエルな社会経済の、鉄のごとき冷厳な法則によって実現されるという。けれども、プロレタリアアトの革命も、その実体が政治革命である以上、やはり理念によって指導されている。その指導理念は、これまで自由の美名に隠れて行なわれて来たところの奴隷的搾取の除去である。平等と称して、実は極端な経済上の不平等をもたらしている法制度の打破である。しかるに、奴隷状態の撤廃は、自由の実現である。不平等な法制度の打破は、平等への努力である。マルクスは『ゴオタ綱領批判』の中で共産主義社会の最高段階について述べ、階級的対立のないこの状態にいたってはじめて、人間の社会はその旗の上に、「各人はその能力に応じて寄与し、各人にその必要に応じて与えられる」と書くことができるといった[1]。各人がその能力に応じて働き得るのは、自由である。各人が均しくその生活の必要を満たし得るのは、平等である。プロレタリアアトの革命は、ブルジョアジイのかかげる擬制の自由、虚偽の平等を打ち破り、真正の自由、真実の平等を実現しようとする政治運動である。その意味で、それは第一八世紀のブルジョア革命を修正しようとしている。しかし、その意味で、それは正に第一八世紀のブルジョア革命の継承であり、中途半端に終わったその目的を完成しようとする努力であるといわなければならない。

プロレタリアアトの革命は、ブルジョア国家の法制度を破砕しようとする政治力である。しかし、それは単なる「法を破る力」ではない。マルクス主義にしたがえば、ブルジョア国家制度が革命によって破砕されても、国家は消滅しない。むしろ、プロレタリアアトは、なお当分の間、国家を必要とする。それは、プロレタリアアトの独裁によるブルジョア圧迫のための国家制度である。国家制度である以上、それは当然に法の組織をもたねばならぬ。その法は、プロレタリアアトの階級支配を確立するための新たな法である。プロレタリアアトの革命は、そういう新たな「法を作る力」である。しかし、この段階を経過して、やがて階級の対立のない完全な共産主義社会が実現することになれば、国家は自らにして枯死するという。国家が枯死すれば、法もまた枯死するであろう。そのあとには、もはや、法は残らないであろうか。完全な共産主義の社会は、あらゆる意味で法のない社会であろうか。この問いは、肯定・否定の両様に答えられ得る。なぜならば、完全な共産主義社会には階級の対立はない筈であるから、階級支配のための法はなくなる。けれども、階級支配のための法はなくなっても、その社会といえども個人の放埒を許すことはできない[2]。だから、個人の自由が放埒と化することを防ぐための法は、依然として必要である。その意味では、法はどこまで行っても無用とはならない。ただ、法の目的が変わり、新しい法が作られて行くだけである。故に、プロレタリアアトの革命は、「法を破る力」であると同時に、「法を作る力」である。自由・平等の理念を実現するために、これを妨げる法を破り、これにかなった法を作ろうとする「政治の力」たることが、唯物史観の説く歴史の原動力の本体なのである。

そうなると、唯物史観も、前章までに考察して来たのと同様な「法に対する政治の優位」を説く学説に還元されたことになる。ただ、その場合に、特に「経済」の契機に圧倒的な重点を置いているところだけが、唯物史観の特色であるにすぎないのである。そうであるとすれば、唯物史観の力説する法変革の必然性も、是非・善悪の批判を許さぬ絶対の必然性ではなく、「政治の矩」にかなう法変革の力であるか否かの評価の下に立たなければならない。いいかえると、それがはたして真に公共の福祉と調和ある秩序とを実現する正しい政治力であるかどうか、という客観的な資格審査を受けなければならない。これまで、世界の多くの国々でマルクス主義の旗の下に大規模な階級闘争が展開されて来たという事実は、確かに、これまでの法秩序や国家組織に重大な欠陥があることを物語っている。これを改善して公正と調和とを実現することは、今日の人類全体が当面する急務である。しかし、問題はその方法にある。資本主義に対する呪詛と憎悪とを以て暴力革命を行なうことが、はたして「政治の矩」にかなった正しい政治力の発揮であろうか。政治の矩は、必ずしもあらゆる場合に法の破砕を否定するものではない。しかし、政治の矩は、法の根本の理念である。そうして、法の根本の精神は秩序と調和とである。したがって、露骨な闘争以外の一切の方法を排撃するマルクス主義の憎悪の哲学は、法の根本精神と遂に相容れ難いものをもっているといわざるを得ない。だからこそ、マルクス主義は、法を根底から爆砕しようとするのである。けれども、だからこそ、法の窮極に在るものを探究しようとする法の哲学は、到底マルクス主義の主張に屈する訳には行かないのである。

のみならず、マルクス主義は、結局において国家を否定する理論である。もちろん、プロレタリアアトの革命が国家をただちに絶滅せしめる訳ではなく、新たな階級支配に適した新たな国家形態——プロレタリアアトの独裁——を確立することを目的とするということは、レエニンのくりかえして力説するところである。けれども、プロレタリアアトの独裁組織が確立され、その下においてブルジョアジイが消滅し、階級の対立がなくなってしまえば、国家もまた自然に枯死し去るということは、マルクス主義の主要な代表者の一致した見解である。故に、その理論の通りに事が運ぶならば、やがて人間の共同生活から国家の枠が全く外されてしまう筈でなければならない。その意味で、マルクス主義の根本性格が徹底した普遍人類主義であることは、疑いを容れない。さような普遍の面のみを強調する政治運動が、共同生活の特殊性との因縁を断ち切り難い人間の本性に照らして、はたして妥当・中正な法の理念に合致するものであるかどうかは、大きな疑問である。しかも、もしも共産主義化した諸国家が完全なプロレタリアアトの社会となることに成功した場合、他の諸国家はこれと同化し得ない方向にすすんで行くとするならば、階級の対立はもはや一つの国家の内部の現象ではなく、大きな国際的対立となるであろう。そうして、マルクス主義があくまでも実力によって法を破ることを目的達成の必然の手段と見るならば、それが普遍人類的な性格をもつものであればあるだけに、国際社会の法秩序に対して新たに深刻な脅威を加えることとなるであろう。

法哲学は、そこにマルクス主義をめぐる最大の難点があることを看過し得ない。

こうした問題を更に一般的に解決するためには、法哲学は、「政治の矩」たる法の理念を、人間存在の「特殊性」と「普遍性」との両側面から、充分に検討してかからなければならない。いいかえると、政治の矩をば「国内法の窮極に在るもの」および「国際法の窮極に在るもの」として順次に論究して見なければならない。唯物史観が経済法則の必然性をふりかざして一挙に圧倒し去ろうとする法および法学の自主性を擁護するためにも、ここで国内法および国際法の両面にわたる「政治の矩」を正面から論究することが、是非とも必要となって来るのである。

（1）Marx: Zur Kritik des sozialdemokratischen Parteiprogramms, Die neue Zeit, IX, 1. S. 566 ff.

（2）Lenin: The State and Revolution, p. 195.

ここでレェニンは次のようにいっている、――「共産主義の下においてのみ、国家は全く不必要になる。なぜならば、そこには、圧迫すべき何者もなくなるであろうからである。――ここに『何者も』というのは階級の意味においてである。人民の中の特定の部分との組織的な闘争という意味においてである。われわれは、空想論者ではない。だから、その状態においても、個々人による放埒は起り得るし、むしろ避け得られないということを、決して否定しない。同様に、さような放埒を抑圧する必要があるということを、決して否定するものではないのである」。

# 第六章　国内法の窮極に在るもの

## 一　法における普遍と特殊

政治は法の窮極に在る力である。人間の共同生活の歴史的発展を通じて、現実に法を作り、法を動かして行くものは、結局において政治の力である。しかしながら、政治は、それが単に政治であるというだけで、法を作り、法を動かす力を発揮することができる訳ではない。政治は力であるが、同じ政治にも、比較的にいって、無力な政治もあり、有力な政治もある。無力な政治は法を作り、法を動かす力とはならない。法の窮極に在る力としての適格性を有する政治は、有力な政治でなければならぬ。政治が有力な政治となるためには、色々な条件が要る。政治の指導理念が明確・適切であることは、その第一の条件である。政治の組織が暢達・自在であることは、その第二の条件である。政治指導者に明敏・果断・大度の人物を得ることは、その第三の条件である。しかし、それらにもまして政治の力の直接の要素となるものは、社会大衆の間からもり上る精神力であり、目的意識であり、その逞ましい実践行動である。いかなる理念も、いかなる組織も、いかなる指導者も、国民の実践生活から遊離してしまえば、もはやかけ声だけの政治となって、現実の力を発揮することはできない。打つ撞木なくしては鐘は鳴らないが、鳴るのは鐘であって、撞木ではない。しかるに、鳴る鐘には音色がある。政治力の根源たる国民精神には、特殊の歴史があり、伝統があり、性格があり、風土や環境の影響がある。したがって、政治には特殊性がある。特殊の政治社会の発揮する政治力は、特殊の力である。この特殊の力を発揮せしめるためには、政治の理念も、政治の組織も、政治指導者も、国民大衆の隠れた心の叫びと同じ特殊性を以て呼応しなければならないのである。

しかしながら、特殊性ということは政治のもつ一面であって、決してその全面ではない。他の一面から見るならば、政治には普遍の理念があり、普遍の組織がある。偉大な政治指導者には、古今東西を通じての普遍の型がある。更に、政治力の母胎たる国民精神というものも、人間が人間であるかぎり、時と処との制約を越えた普遍人類性の動きを示すのである。人間の自由・平等を実現し、公共の福祉を増進し、すべての人間に人間らしい生活を保障することは、政治のもつ普遍理念である。広く国民の声を政治の上に反映せしめ、国民の意志を以て政治の規準とするという民主主義の原理は、国民生活のあらゆる特殊性の殻を破って普及して行く政治の普遍組織である。そればかりでなく、政治の内容を成すところの道徳の信念、宗教の信仰、経済の機構、生産の様式、等には、特に普遍化の力をもつものが多い。異民族の道徳思想の受容、キリスト教のごとき世界宗教の伝播、資本主義経済機構の普及、生産技術の模倣、労働階級の自覚と団結、等は、いずれも政治の形態の等質化をうながさずには置かない。故に、歴史の伝統や民族性の殻の中にいつまでも閉じこもっている政治は、やがて萎縮して行くことを免れない。今日の政治史は、文字通り世界史となりつつある。世界史の舞台に躍動する政治は、強い普遍性の契機をもたなければならぬ。故に、個人主義・自由主義・コスモポリタニズム・インタアナショナリズムのように、それ自体が国境を超越して普遍的に拡まることを建前とする政治原理はもとより、全体主義や国粋主義のごとくに民族または国家の特殊性を強調する政治思想すらもが、国際的に横に連繋・団結することなしには、強い政治力となることはできない。イタリイのファッショ、ドイツのナチス、日本の国粋主義が、互に影響し、理解し、協力して、民主主義国家群に対する共同戦線を張ったという事実は、政治に内在する特殊性の契機すらもが、その特殊性と矛盾する普遍性を以て力としたことを物語っているということができよう。

それであるから、政治における特殊性の契機と普遍性の契機との間には、非常に微妙な相関関係がある。

すなわち、一面からいうと、政治の行なわれる場所は特殊な政治社会の内部生活である。政治社会もしくは政治的な人間共同体は、それぞれ一つの生命をもつ。しかるに、およそ生命は甲の生命、乙の生命であって、甲でもなく、乙でもないところの抽象・普遍の生命というものはあり得ない。特殊の生命体としての政治社会は、他の特殊なるもの、もしくは他の特殊政治社会によって生み出された普遍なるものに触れて、それ自身普遍化して行くと同時に、普遍的なるものに自己固有の特殊性の息吹きを加え、これを特殊・独自の政治的生命内容の中に包容・摂取する。したがって、いかに普遍の意味をもつ政治思想や政治組織といえども、それが或る特殊国家の政治原理として採用された場合には、自らにして特殊の性格によって彩られ、その国家ならでは見ることのできないような色合いを帯びて来る。例えば、同じ民主政治であっても、フランスやスウィスやアメリカ合衆国やオオストラリアによって、それぞれ様式やニュアンスを異にしていることは、ブライスの現代民主主義の精密な実証研究の示すところである。[1] してみれば、それが伝統や民族性を著しく異にする日本や中華民国において採用された場合、それ以上の特殊化が行なわれることは、きわめて自然であるといわなければならない。かように普遍なるものを特殊化する能力のない政治社会は、もはや溌剌たる創造的生命をもたないのである。生々発展する政治社会の政治原理は、いかに外来の思想の影響を受け、いかに普遍の雰囲気に同化されても、本来の特殊性の根本を喪失し去ることはないのである。

けれども、他面から見るならば、政治社会の特殊性は、普遍なる世界の影響を受けて、その固有の純度を失い、次第に普遍化して行くべき必然性をもつ。固有の特殊性にのみ執着し、異質の文化を蔑視・排斥する政治社会は、「閉ざされた社会」である。無限の包容力を以て不断に普遍人類的の空気を呼吸する政治社会は、「開かれた社会」である。進歩・発展は、ひとりただ後者についてのみ語られ得る。なぜならば、すべての有機的な生命体は、外部から栄養を摂取することによって生長する。イエリングが痛烈な皮肉を以ていったように、有機体が単にその内部から発達――腐敗――するのは、それが屍体となった場合にかぎられる。[2] 偉大なる発展を遂げたロオマに夷狄思想がなかったというのは、決して偶然ではない。ユウス・ゲンチウムを作って異民族と対等の法的取引きを行なっている間に、ロオマの精神は次第にこれらの異民族の上を蔽い、世界のすべての道がロオマに通ずるようになって行ったのである。故に、政治社会、特に国家の政治活動は、普遍の世界にむかって眼を見開き、絶えず自己の特殊性の殻を打ち破りながらも、しかも歴史と伝統とによって培われた特殊の生命の源泉を枯渇せしめないことを以て、その本義とすべきである。国民精神の特殊性の自覚といえども、決して単なる特殊性のみに跼蹐することによって得られるものではない。普遍の尺度なしに特殊の価値を語ることは、最初から無意味である。特殊の精神は、普遍の世界に働きあたって、そこからふたたび自己自身の本質に立ち戻るときに、はじめて、特殊性の自覚を確立することができるのである。その意味で、特殊の自覚は、世界における特殊の自覚であり、特殊を通じての世界の自覚でなければならない。かように、普遍と特殊との綜合・調和を図って進むということは、政治社会の活動の準拠すべき第一の「政治の矩」でなければならない。

政治は、それが「政治の矩」にかなうとかなわないとにかかわらず、常に特殊と普遍との相関・交替の関係を辿って進展する。したがって、政治によって生み出される政治社会の法もまた、国民生活の特殊性を反映する具体秩序としての面と、道徳・経済・技術、等の一般化の傾向を表現する普遍秩序としての面とを併せ備えているのである。

法のもつこれらの二つの面は、一方からいえば、互に別々の領域を画して国法秩序の中に織り込まれている。例えば、身分法の中には特殊性の契機が濃厚に含まれ、商法のような経済法・技術法の中には普遍性の要素が卓越して現われることは、夙に学者の指摘するところである。けれども、国内法に内在する特殊性の契機と普遍性の契機とは、単に異なる領域を画して併存しているばかりではない。また、両者が異なる領域を画して並び存している間は、大した問題は生じない。ところが、他方からいうと、これら二つの契機は互に他を排斥して国法秩序の全面を蔽おうとする傾向がある。特殊性の契機を以て法の全体を支配しようとするのは、法における民族主義である。法における民族主義を法思想として代弁したものは、サヴィニイの歴史法学である。これに対して、普遍性の契機によって民族的特殊性を圧倒し去ろうとするのは、法における世界主義である。イエリングによれば、ロオマの法精神のもつ世界史的意義は、「普遍性の思想」(der Gedanke der Universalität) による「民族性の原理」(das Prinzip der Nationalität) の克服にあった。[3] かような対立は、決して過去の問題ではなく、現代の問題であり、将来の問題である。ナチス・ドイツの民族主義は、法の世界から彼らのいわゆる西ヨオロッパ的な、しかし実は世界普遍的な要素を駆逐しようとして狂奔した。日本の神がかり的国粋主義も、法に対してこれと同工異曲の態度を示した。反対に、敗戦によってこうした傾向が一掃された今日では、他力本願の普遍主義が澎湃として日本の法思想に瀰漫する可能性がある。しかも、かような激しい転換・交替の背後には、まぎれもない政治の力が働いている。その政治の力が特殊の方向か普遍の方向かに行きすぎるのは、政治の現実である。行きすぎてはかえって社稷を危からしめる政治の現実に対して、中正・調和の道を示すものは「政治の矩」である。法における普遍と特殊との調和を求めるという「政治の矩」は、法を作り、法を動かす政治の力の上に立って、現実政治の動向を規正する「国内法の窮極に在るもの」でなければならない。

(1) James Bryce: Modern Democracies, 2 vols. 1921.

(2) イエリングは、こういう比喩を、サヴィニイの歴史法学に対する批判として用いたのである。サヴィニイは、法は民族の固有精神の所産であると説いたのであるが、閉ざされた民族精神の固有性のみを固執して、開かれた世界からの影響を阻止するところには、何らの進歩も発展もなく、ただ衰亡のみがあり得るというのが、イエリングの批判の趣旨である。この皮肉な批判は、太平洋戦争前および戦争中の日本に横行した固陋な国粋主義にも、そのままにあてはめられ得るであろう。Jhering: Geist des römischen Rechts auf den verschiedenen Stufen seiner Entwicklung, 1. Teil, 7. und 8. Aufl., 1924, S. 5 f.

(3) A. a. O., S. 1.

## 二　特殊共同体秩序としての国内法

国家は特殊の政治社会である。もう少し精密な言葉を用いていうならば、国家は特殊の政治共同体である。ここに「共同体」というのは、その社会を構成する多数の個人が生滅・変化して行くにもかかわらず、同じ一つのものとして存続するところの人間共同生活の「単一体」のことである。国家がさような共同体であり、単一体であるかぎり、それは、国家を構成する個々の国民に対しては、普遍的な存在としての意味をもっている。しかし、国家のもつ普遍性は、あくまでも多数の個人の特殊性または個別性に対する意味での普遍性であって、更に広い世界の場所の中にこれを置いて見れば、国家もまたそれぞれ一つの特殊的な存在たることを失わない。アメリカ合衆国という国、日本という国には、それぞれその特殊性がある。故に、国家は一つ一つの特殊性をもつ政治共同体である。ヘエゲル流にいうならば、国家は特殊の限定を受けたところの普遍者である。特殊性の契機を全く喪失した国家は、もはや国家として存在するという意味をも喪失するであろう。いわゆる国家主義が世界主義と反撥する傾向があるのも、国家を中心とする考え方が、どうしてもその国家の特質に特殊の価値を認めることとなり易いがために外ならない。

国家はさような特殊の共同体であるから、国家の政治には大なり小なり必ず特殊の動きがある。したがって、特殊の動向をもつ政治によって作られる国家の法は、大なり小なり必ず特殊の法秩序としての性格をもつ。国内法がいかに外国法の影響を受け、世界共通の法の普遍性に近づいて行っても、国内法のもつ特殊の性格は決して完全には払拭され得ない。まして、国家が「閉ざされた」政治社会としての排外性を強く発揮する場合に、国内法の特殊の性格が際立って強調されることになるのは、きわめて当然である。しかるに、法における特殊の契機は、主として人間の理知では割り切れない歴史の伝統や国民感情の所産である。その特色は、合理性には存せずして、政治社会のもつ非合理性に根ざしている。故に、国内法における特殊性の強調は、必ず国内法に含まれた非合理性の要素に特別の重要さを認めることとなるのである。

そういう考え方を代表する学説がサヴィニイの歴史法学であることは、前にも一言した。歴史法学は、法が民族によってそれぞれ異なる特色を有することを力説した点で、もとより法における特殊主義である。それと同時に、法が合理的に考案されたり、製作されたりし得るものではなく、民族精神を通じて――主として慣習法の形態で――自らに生成するものであることを主張した点で、明らかに非合理主義である。サヴィニイの活躍した第一九世紀初頭のドイツは、啓蒙的合理主義からロマンティクの非合理主義に移りつつある時代であった。啓蒙時代の合理主義が人間をいわば平均人として取りあつかい、個性とか民族性とかいうものに重きを置かなかったのに対して、ロマンティクの時代精神は個人や民族の強烈な個性意識に飛躍の翼を与えた。この著しい対立が法の根本観念の上に現われて、一方はティボオの自然法理論・成文法主義・法典編纂論となり[1]、他方はサヴィニイの歴史法学・慣習法主義・法典編纂反対論となったのである[2]。この思想上の闘争地位は、不幸にして歴史法学の主張を一面的に偏らしめ、法が普遍性の契機を有すること、したがって異民族の法を継受したり、合理的な考慮によって法を作ったりすることが可能であるということを無視する、極端論に陥らしめた。ドイツ民族にとっては縁もゆかりもないロオマ民族の法が、中世以来ドイツ人の社会によって継受せられ、ドイツ民族の共同生活の中に融け込み、ゲルマン社会の現行法として行なわれるようになったことは、当時の最も卓越したロオマ法学者の一人たるサヴィニイの知らぬ筈のない大きな事実である。それにもかかわらず、サヴィニイが法の民族的固有性を絶対に固執するところの論陣を張ったという矛盾は、イエリングの手きびしく論難する点であって、サヴィニイとしても恐らく弁明の余地を見出すことはできないであろう[3]。しかし、各民族の法が非合理的な歴史と伝統の産物であって、人為的に抹殺し得ない牢固たる特殊性を有するということもまた、まぎれもない事実である。自然法の普遍主義によって風靡されていた当時の法学界に、法の民族性原理に対する強い反省を与えた歴史法学の功績は、法の普遍性と合理性とを一方的に無視したその誤謬とともに、正しく評価せられなければならない。

法における民族主義の立場は、法の根底を民族共同体の特殊なる内部秩序に求めようとする。民族が法および政治の組織を備えて国家となった場合にも、国家の法の基礎をなすものは、民族独自の伝統的な法感情や法意識によって自らに醸成される、共同体の内部秩序であると見るのである。ところが、国家の法が客観的な法規として整備され、外観すこぶる宏壮な成文法の体系が築き上げられて来ると、人は、この成文法組織の絢爛たる外形に眩惑されて、法の奥底を流れる共同体の生活秩序を忘れ、成文法の論理解釈によって法のすべての機能を発揮させることができると思い込むようになる。むしろ、成文法規を固定させて、その規範意味から一歩も外れることがないようにこれを論理的に運用して行くのが、法学の唯一の任務であると考えるようになる。しかも、成文法は永遠に正しい自然法の理念を具現するものであるという、第一九世紀初頭の誇らしやかな観念は消えうせて、成文法に規定してあることは、その内容の是非・善悪にかかわらずこれを正確に運用して行くのが法治国家の任務であるという思想が拡まって来る。それが実証主義であり、概念法学であり、規範論理万能論である。しかし、これに対して、第一九世紀の末葉から第二〇世紀の初頭にかけて、次第に強い反動が起こって来た。成文法万能主義を斥けて、法の自由発見の必要を力説する自由法論がそれである。法を社会生活に直結せしめ、社会の中に生きて働いている法を探究しようとする社会法学がそれである。こうした動向の中には、普遍主義の契機もないではない。しかし、それよりも強く復活して来たのは、法における特殊主義である。法の窮極に在るものをば、特殊の共同体の特殊の内部秩序に求めようとする傾向である。エエアリッヒが、法の根底をなすものは「社会団体の内面秩序」(die innere Ordnung der gesellschaftlichen Verbände) であると論じたのは、その顕著な一例である。[4] が、かような傾向は、ナチスの民族至上主義と結びついて、俄然、爆発的な活況を呈した。そうして、カアル・シュミットの「具体秩序論」にいたって、一つの有力な学問的な表現を見いだしたのである。

カアル・シュミットがその『法学上の思考の三形態』の中で規範主義と決定主義の対立を非常に鮮かに対照・論評していることは、前にやや詳しく述べた。そうして、シュミット自身、かれの『憲法論』の中では決定主義を採用していることも、それに引きつづいて論述した。しかるに、かれはのちになって、――ナチスの独裁政治が確立された直後になって、――決定主義の立場を棄て、かれのいわゆる法学上の思考の第三の形態、すなわち「具体的秩序および形成の思考」(Konkretes Ordnungs -und Gestaltungsdenken) の立場に転向した。[5] この転向は、明らかに政治的な転向である。ナチスの民族至上主義に調子を合わせた態度の転換である。けれども、それにもかかわらず、シュミットの説く第三の立場には、否定できぬ学問上の意味がある。それは、法の窮極に在るものをば、規範とも見ず、実力とも見ず、共同体の生活に内在する具体的な「秩序」と見ている点である。したがって、それは法における特殊主義の典型として、ここに考察する価値があるといわなければならない。

ただし、シュミットが法の窮極に在るものとして示そうとする「具体秩序」がいかなるものであるかは、かれの論述からは必ずしも明瞭には理解され得ない。規範主義すなわち「規則または法律の思考」に対する批判や、決定主義すなわち「決定の思考」についての論述は、きわめて生彩に富んでいるが、「具体的秩序および形成の思考」の内容に関しては、シュミットは単に学説史に現われたその種の理論を簡単に跡づけているだけであって、自説の積極的な展開は与えておらない。ただ、大よそそれと推測されるところをまとめていうならば、具体秩序とは共同体の生活に内在する自然の秩序であり、その名の通り、具体的な生活秩序である。[6] 具体的な秩序とは、抽象的な規則や規範によっては表現され得ず、また、それから汲み取ることもできない、生きた共同体の秩序という意味であろう。シュミットは、指導とか忠誠とか信従とか紀律とか名誉とかいうような概念は、共同体の具体秩序からのみ理解することができると説いている。[7] だから、家の名誉という観念によって結ばれた家族の内部秩序、親と子の指導と信従の関係、夫と妻の忠誠と協力の関係というようなものが、その実例となるのであろう。あるいは、プロイセン軍隊の名誉と紀律というがごときものも、シュミットの考えている共同体の具体秩序の発露なのである。[8] フランスでは、オオリウがその国特有の行政制度をば固有の法則と内部規律とにしたがう渾然たる統一体として考察した。[9] このオオリウの「制度」(institution) の理論も、シュミットが具体秩序思想の典型として高く評価するところである。[10] しかし、もとより、シュミットは、具体秩序の思想をば主としてドイツ的な法思想として叙述している。[11] そうして、その意図が、指導と信従、忠誠と紀律によって結合されていたと誇称するナチス・ドイツの民族共同体の内部秩序に、卓越した意味と価値とを賦与しようとするに在ることは、疑いを容れない。こういう考え方を、別に「形成の思考」(Gestaltungs-denken) という言葉でいい現わしているのは、さような具体秩序が一切の法組織を「形成する」(gestalten) 力をもつという意味であろう。そうであるとすれば、共同体の内面的な生活秩序は、正にすべての法制度の「窮極に在るもの」である。シュミットは、抽象的な規範が法の根本であるとする思想、および、実力による決定が法の淵源を成すという思想をともに排斥して、共同体の具体秩序の内面的な形成力をば、「法の窮極に在るもの」として示そうと試みたのである。

シュミットの具体秩序の理論は、法の内容から生活の潤いとか情操の深さとかいうものをすべて捨象してしまう規範論理主義や、赤裸々な力の抗争と力の勝利とを以て法を動かす最後のものと見る実力決定主義に対して、法のもつ淳風美俗的な要素を力説している点に特色がある。こうした観点から眺めるならば、国家の法も特殊の共同体の特殊の秩序として理解せられ、特にその伝統的な道徳の面が強調されることになるであろう。論理を以て割り切ることのできない法の特殊性に対する牧歌的な讃美が、この理論の中に深く漂っているのである。国内法の窮極にさような民族独自の生活の在り方というようなものが存することは、決して否定できない。また、いかに合理主義・普遍主義の世の中になっても、法にそうした一面のあることは、決して否定さるべきではない。

しかしながら、他面から論ずるならば、民族固有の法の特殊性にのみ執着するかような理論は、徒らに懐古的であって進歩性に乏しい。指導・信従・忠誠といったような法概念は、多分に身分的な概念であり、封建的な思想を含んでいる。それは、「閉ざされた」社会の内部の結束を固めるには適しているが、「開かれた」世界への展望を妨げる大きな障壁となる。そこに民族独善主義の弊害が胚胎し、人間の理性を無視する固陋な精神が蟠踞するのである。まして、そういう法思想を高くかかげる真意が、或る特定の民族の選民意識をあおり立て、国家の内部組織を軍隊的に編成し、強大な独裁権力によって民族の利己主義を貫こうとするに在るならば、それは、法の名を藉りて政治の恣意を遂げようとする悪質の謀略であるといわなければならない。さような政治は、もとより「政治の矩」にかなうものではない。政治の矩にかなわぬ政治が民族の運命を最も悲惨な破局に導くことは、ナチス・ドイツの没落が最も雄弁に物語っている。日本の運命もまた、不幸にしてこれに近いものであった。法の特殊性は重んぜらるべきであるが、それ以上に法は普遍の理念に立脚せねばならぬ。普遍の理念に立脚しつつ、これに民族生活の特殊性を加味し、普遍と特殊、合理性と非合理性の調和を図って行くのが、国内法の正しい在り方である。それが、国内政治の矩であり、国内法の窮極に在るものである。それでは、国内法を貫く普遍の理念とはいかなるものであるか。それは、いかなる点で民族生活の特殊性と調和することができるか。それを次に検討して行く必要がある。

(1) Anton Friedrich Thibaut: Ueber die Notwendigkeit eines allgemeinen bürgerlichen Gesetzbuches für Deutschland, 1814.
(2) Friedrich Karl Savigny: Vom Beruf unserer Zeit für Gesetzgebung und Rechtswissenschaft. 1814.
(3) Jhering: Geist des römischen Rechts, 1. Teil, S. 3 ff.
(4) Eugen Ehrlich: Grundlegung der Soziologie des Rechts, 1913, S. 20 ff.
(5) ラレンツは、シュミットのこの転向をば次のように述べている、――「決定主義は、かれにとっては決して終極の立場ではなく、『具体的秩序および形成の思考』へ移って行く途上の通過点を意味したにすぎなかった。シュミットは、法学的思考の三形態についてのかれの著書の中で、この具体的秩序および形成の思考をば規範主義とも決定主義とも対立せしめている。この著書では、かれはこれら二つの主義をばともに実証主義の形式と見ているのである。人間の共同体および人間の団体、例えば民族や軍隊の具体秩序は、規範や決定よりももっと根源的である。これらの秩序は、明示された命令や記述された指示というようなものを用いないで、共同生活ならびに共同生活に内在する具体的な要求の中から発達して来るのである。共同体の現実の精神や共同体の固有の生活法則および形成法則は、かような秩序の中にその姿を現すのである」。Karl Larenz: Rechts- und Staatsphilosophie der Gegenwart, 2. Aufl., 1935, S. 143 f.
(6) C. Schmitt: Ueber die drei Arten des rechtswissenschaftlichen Denkens, S. 42 ff.
(7) A. a. O., S. 63.
(8) A. a. O., S. 51.
(9) Maurice Hauriou: Précis de droit administratif et de droit public, 12. éd., 1933, pp. 39-42; Georges Gurvitch: Les idées-maitresses de

Maurice Hauriou. Archives de philosophie de droit et de sociologie juridique, 1931, 1-2, pp. 155-194.
（10）Schmitt : a. a. O., S. 54 ff.
（11）A. a. O., S. 57 ff.

## 三　国内法の普遍理念

法は人間共同生活の秩序の原理である。しかるに、人間の共同生活には特殊性の面と普遍性の面とがある。したがって、これを秩序づける法にも特殊の理念と普遍の理念とがなければならぬ。国内法は、国民生活の特殊性を反映する。だから、国内法にはその特殊性を尊重する面が含まれていなければならない。しかし、甲の国民、乙の国民も、ともに人間である以上、その共同生活は更に根本において人間の普遍性に立脚する秩序の原理をもたなければならない。人間の共同生活の普遍的な秩序の原理は、人間をすべて人間らしく取りあつかうということである。約言すれば、それは、人間の「平等」である。西洋の法哲学は、アリストテレス以来、平等を以て「正義」であると倣した。または、これを「各人にかれのものを」（suum cuique）という標語によって示した。中でも、ロオマの法学者ウルピアヌスは正義を定義して、「各人にかれの権利を頒ち与えようとする恒常・不断の意志」（constans et perpetua voluntas jus suum cuique tribuendi）であるとなした。[1]すべての人間に人間たるにふさわしいかれのものを配分するのが、正義であり、平等である。それが、法の普遍理念であり、したがってまた国内法の普遍理念である。

しかしながら、現実の人間は決して平等ではない。人間には、知能衆に優れた賢人もあり、無知・蒙昧の愚人もある。博愛・有徳の君子もあり、奸佞・邪悪の人物もある。勤勉・精励の人もあり、放埓・怠惰の遊民もある。これらをおしなべてただ平等に取りあつかうのは、悪平等であって、正義とはいい難い。他面しかし、いかなる人も人である以上、ひとしく生存する権利を有するであろう。全国民を脅やかす食糧危機に際し、一人あたり一日の主食の消費量を二合一勺と規制するならば、その平等は原則として文字通りに守らるべきであろう。十円の買物には十円の代金を支払い、百円の債務には百円の弁済を行なうのは、何人にとってもひとしい義務であろう。故に、アリストテレスは、かれのいう狭義の正義、すなわち、平等という意味における正義を、二つの種類に分けた。その一つは、人間の価値に応じて、精神上および物質上の配分に高下の別をつけることを正しいとする「配分的正義」（justitia distributiva）である。他の一つは、人によって差別を設けず、全く均等に報償を行なうことを正しいとする「平均的正義」(justitia commutativa)である。[2] これを別の言葉で説明するならば、正義は平等であるが、平等とは猫も杓子もただ一様に取りあつかうことではなく、等しいものは等しく、等しくないものは等しくないように待遇することである、といい得るであろう。だから、ラアドブルッフは、同様のものは同様に、異なるものは別様に取りあつかうのが平等であり、正義であり、法の理念であるとなしたのである。[3]

ところが、問題はそれで解決するのではなく、むしろそこからはじまるのである。特に問題となるのは、アリストテレスのいわゆる配分的正義である。配分の正義とは、各人に対して、かれにふさわしいかれのものを与えることである。しかし、何が各人にふさわしいかれのものであろうか。ラアドブルッフは、等しいものを等しく、異なるものを異なるように取りあつかうのが、真の平等であるというが、何を標準にして人間の価値の差等を定めるべきであろうか。この点を明確に定めないかぎり、正義の内容はいかようにでも解釈できることになる。例えば、国家全体主義の立場からは、国家の元勲が最高の栄典を享け、国家の組織を破壊しようとする革新思想家が最も重く処罰せられるのは、正に正義の要求であるということになるであろう。自由競争による優勝劣敗を至当とする見地からは、富豪が豪華な生活を享楽し、失業者が陋屋に飢えているのは、一方はその卓越した経営能力にふさわしく、他方はその怠慢と無能とに応じて、それぞれかれらしいかれのものが与えられているということにもなろう。しかし、これらは、その逆の立場から論ずれば、最もはなはだしい不正であるとして非難されなければならない。だから、「各人にかれのものを」といっただけでは、実際には正義の問題は少しも解決されないのである。トウルトウロンのいう通り、この言葉は、それだけでは、単に「かれに与えらるべきものはかれに与えらるべきである」という同語反覆にすぎないのである。[4] あるいは、ラアドブルッフのいう通り、等しいものを等しく、等しくないものを等しくなく、という原則に、人間存在の価値を個人に置くか、団体に求めるか、文化の建設にありとするか、によって、全く異なる結論に導かれるのである。[5] そこで、平等という普遍の理念をかかげても、その内容は世界観・目的観の相違によって全く相対化されてしまうことを免れ難い。

しかしながら、少なくとも経済生活上の配分に関するかぎり、平等の理念はむしろ人によって価値の差別をつけない「平均的正義」に接近して行くべきであろう。人の能力・賢愚・勤怠による精神上の待遇や社会組織上の地位は、「配分的正義」によって区別されるのが至当であるが、その区別を財貨の配分に及ぼして、経済生活に過当な貧富の懸隔を生ぜしめることは、理念的な根拠を欠くといわなければならない。故に、社会正義は、「乏しきを憂えず、均しからざるを憂う」ることを以て根本とする。それは、能うべくんば、ベンタムのいうがごとくに「最大多数の最大幸福」を実現するにある。[6]「各人がその能力に応じて寄与し、各人がその必要に応じて享有する」というマルクスの理想も、理想そのものとしては根本の精神をこれと異にするものではない。フィヒテは、その『封鎖商業国家論』の中で「理性国家」(Vernunftstaat)の構想を描き、すべての人々に人間らしい生活を保障することをば国家の任務であるとなした。フィヒテによれば、人間の人間らしい生活は、一方では社会のためにする勤労の義務をともない、他方では社会よりする生活の保障を受ける。故に、国家は、少数の者が豊かな生活をすることよりも、まず、すべての国民に憂いのない生活を確保せしめることを配慮すべきである。なぜならば、すべての人間は、人間として快適な生活を送ることについて同等の権利を有する。そうして、この権利にもとづき、国民のすべてに「かれのもの」を与えるのが、国家の使命だからである。[7] しかも、人間の人間らしい生活は、単に勤労を以て経済上の生活の保障を購うというだけで足りるものではない。人が終日生活のために働いて、そのまま疲れて眠り、翌日もまた同じ重荷を負うて同じ労働をくりかえすというのは、駄馬の生活と異ならない。人間は、いかなる勤労の生活の中においても、仰いで青空を眺め得る余裕をもたなければならぬ。ここにいう青空とは、精神の蒼空であり、文化の教養である。各人にかれのものを与える正義は、経済上の財貨の公正な分配にかぎられてはならない。人々は、何らの生活の不安もなく、すべて喜びを以て勤労に従事し、しかもその間に文化の蒼空を仰ぐ権利をもたなければならない。[8] フィヒテは、かような人間共同生活の正しいあり方は、国家においてのみ可能であるとなした。誠に、国家の法の目的は、かような正しい共同生活秩序の建設に求められなければならぬ。それが、公共の福祉であり、国内法の普遍理念としての正義に外ならぬ。

各人に対して人間としての人間らしい生活を保障することを法の目的と見るのは、「個人主義」である。しかしながら、各人がその能力に応じた勤労を以て共同体の公共の福祉に貢献する義務を負うと考えるのは、「団体主義」である。更に、すべての人間が仰いで心の糧とすべき高き文化の蒼空を築くというのは、「文化主義」である。ラアドブルッフは、個人主義と団体主義と文化主義とは、互に相反撥する三つの異質の法目的であると説いた。そうして、そのいずれを採るかは、法哲学によって絶対的には決定し得ぬ問題であるとして、相対主義に帰依した。[9]

なるほど、個人を絶対の価値として、団体をその単なる手段と考える個人主義と、団体を絶対の権威として、個人にあくまでも犠牲を要求する団体主義とは、互に相容れ得ないであろう。けれども、個人の生活の保障は、単なる個人主義によっては確立され得ない。ベンタムのいわゆる「最大多数の最大幸福」の理想も、国家の統制をできるだけ排除しようとする方法論上の個人主義、自由主義と不可分に結びついたがために、第一九世紀後半のイギリスにおいて、すでに大きな行きづまりに逢着した[10]。今日の社会経済の段階においては、国家の権力を強化し、全体の計画と見透しとを以て大規模な企業と公正な配分とを行なって行くのでなければ、万人に対して幸福の享有を保障することは不可能である。その反面、共同体の発展がすべての個人の暢達なる活動によってのみ基礎づけられ得るものであることは、もとよりいうをまたない。故に、個人主義と団体主義とは反撥するものではなくて、互に調和すべきものである。更に、文化の建設は、主として個人の創意・創造によるものではあるが、さればといって、国民の全体としての文化水準が高まって行かないかぎり、高い文化は決して生まれて来ない。自然に飛躍がないのと同じように、文化にも飛躍はあり得ない。しかも、文化は、創造された文化価値としては普遍の意味をもつが、文化を創造する力は深く共同体の特殊性に根ざしている。文学は、イギリス文学であるが故に世界の文学であり、音楽は、ドイツ音楽であるが故に人類の音楽である。共同体の特殊性を忘却した国家は、文化国家にはなり得ない。故に、文化主義もまた個人主義および団体主義と調和するものでなければならぬ。個人か、団体か、文化か、と問うのは相対主義であるが、個人も団体も文化も共に栄えるのは、法の絶対の理念である。

すべての人間に人間らしい生活を保障するのは、法の普遍の理念である。しかし、法の普遍理念の中には、文化の創造とその普及という不可欠の項目が含まれている。しかるに、いま述べたように、文化の創造力は国民精神の特殊性の中に深く根ざしているのである。故に、国民生活の特殊性を無視するような普遍主義は、かえって法の理念の普遍性と相反することになろう。法は、普遍の理念に立脚しつつ、しかも国民共同体の特殊の精神を尊重しなければならない。国内法の普遍理念が国民共同体の特殊性の要求と調和することを必要とする所以は、特に法における文化主義の立場から力説されなければならない。

国内法は、かような理念によって作られ、かような理念にかなうように動かされて行かなければならぬ。そうして、かような理念によって法を作り、法を動かして行く原動力となるものは、政治である。法において個人主義と団体主義と文化主義とを綜合し、普遍の理念と特殊の要求とを調和せしめて行くというのは、「政治の矩」である。ところで、政治が現実の力となって法の上に作用して行くとき、過去の政治によって作られた法が新たな政治とともに動くことを肯んじない場合には、法と政治との間の衝突が起こる。その衝突が激化すれば、政治の力が法を破ることにもなる。しかし、法には「正義」の理念と並んで、共同生活の秩序の「安定」を保つという重要な理念がある。学者の中には、正義よりもむしろ安定の理念を以て重しとする者さえ少なくない。[11] したがって、政治がその力によって法を破り、秩序の安定を犠牲にして社会の改革を断行するのは、真によくよくの場合でなければならない。少なくとも、政治が「政治の矩」にかなった正しい力であること、法が法の理念を裏切る腐敗した秩序と化していること、そうして、法を破るにあらずんば正義・公平の共同生活を実現する道が全くないということは、最後の場合において「法を破る力」を是認し得る絶対の条件でなければならない。まして、「政治の矩」にかなわぬ力が、矯激な理念をかかげ、焦燥の目的にかられ、欺瞞の横車を押して法を破砕するがごときは、断じて許すべからざる無法として排斥されなければならない。政治の妙諦は、法の秩序性を尊重し、破壊の犠牲を避けつつ、個人と国家と文化の調和を実現して行くところにこそある。

かくいうとき、マルクス主義は、さような秩序論こそ、ブルジョアジイの支配機構の卑怯な延命策を講ずる「階級的」イデオロギイであると攻撃するであろう。しかし、平等の世界を実現するためには、法との一切の妥協を排して革命の一路に驀進すべきであるというマルクス主義の政治観は、人間の調和性を無視する、憎悪に満ちた反ブルジョアジイの「階級的」イデオロギイである。あらゆる階級的差別を超越するところの「政治の矩」は、万人の福祉を護るために、あくまでも平等の理念と秩序の要求との調和を求めて行かなければならない。個人主義と団体主義と文化主義の調和、普遍主義と特殊主義の調和、——進歩性と安定性の調和、まことに、プラトンの説いたように、「調和」こそ政治の高き矩であり、「法の窮極に在るもの」であるといわなければならない。

（1）Ulpianus: Digesta, liber primus, I, 10.
（2）Aristoteles: Nikomachische Ethik, übersetzt von Eugen Rolfes, 1933, S. 96 ff.
（3）Radbruch: Rechtsphilosophie, S. 30 ff., S. 50, S. 70.
（4）Pierre de Tourtoulon: Les trois justices, p. 52.
（5）Radbruch: a. a. O., S. 50 ff.
（6）「実利」（utility）を以て道徳や立法の最高目的とするベンタムの思想に対しては、これまで理想主義哲学の立場から手厳しい非難が加えられて来た。実利とか幸福とかいうようなことを人生の目的とするのは、結局一つの物質的な快楽主義にすぎないというのが、その非難の第一である。また、よしんば幸福が人生の目的であり、したがって道徳や立法の標準であるにしても、幸福は人によってその性質を異にするものである。学問や芸術に悟入する人々の純粋に精神的な幸福と、酒池肉林の歓楽を追う徒輩の純粋に物質的な幸福とは、全然その種類が違うのである。したがって、これを量によって測ったり、比較したりすることはできない。しかるに、ベンタムが幸福をばすべて量の大いさに還元して、最大多数の最大幸福などという標語をかかげるのは、人間の高貴な精神に対する冒瀆であるというのが、その非難の第二である。これらの非難にも、もとより理由がある。しかし、ベンタムは単なる「最大幸福」を人生の理想としたのではなく、法も道徳も、人生の幸福が「最大多数」に頒たれることを目標としなければならないと説いたのである。すべての人間ができるだけ幸福になること、それは一見すこぶる卑俗・卑近であるように見えて、実はきわめて高い社会の理想であるといわなければならない。幸福のはなはだしい不均等こそ、否、栄華と貧窮の不合理きわまる対立こそ、社会生活のあらゆる怨恨・闘争の淵源をなしている。まずこの不均等を是正し、万人ができるだけ平均した福祉を享有し得るように配慮しつつ、その上に道徳や学問や文化の華を咲かせて行くことは、法や政治の永遠の目的であるといっても過言ではない。ただし、ベンタムがこの目的を達成する方法として自由主義を採ったことに対する批判は、これとは全く別個の問題である。なお、ベンタムの法哲学上の実利思想に関する主著を付記する。Jeremy Bentham: Traités de législation civile et pénale, 3 tomes, Paris, 1802; Theory of Legislation, translated from the French of Eienne Dumont by R. Hildreth, new edition, 1911.

(7) Johann Gotlieb Fichte: Der geschlossene Handelsstaat, 1800. Sämmtliche Werke, herausgegeben von J. H. Fichte, 3. Bd., S. 402 f.

(8) A. a. O., S. 422 f.

(9) Radbruch: Rechtsphilosophie, S. 9 ff., S. 51 ff.
なお、ラアドブルッフは、文化主義といわずに「超人格主義」(Transpersonalismus)という言葉を用い、これを「個人主義」(Individualismus)および「超個人主義」(Ueberindividualismus)と対立させている。超個人主義というのは、個人を超越する団体に価値の中心を置く世界観であり、すなわち、団体主義である。超人格主義というのは、個人をも団体をも超越した文化の建設に窮極の目的を求める世界観であり、すなわち文化主義である。

(10) Dicey: Law and Public Opinion in England, pp. 211-217.

(11) 例えば、リウメリンは、「不法によって成立した新たな秩序も、全く秩序のないよりは優っている」といい、ラアドブルッフは、「正義は法の第二の大きな任務である。しかし、その第一の任務は、法的安定性であり、平和であり、秩序である」と説いている。Max Rümelin: Die Rechtssicherheit, 1924, S. 24; Radbruch: a. a. O., S. 82.

## 四　公共の福祉と国民の総意

国民のすべてが、その国家の置かれた具体的な諸条件の下で、できるだけ人間らしい生活を営み、勤労と平安の毎日を送り、しかも、仰いで文化の蒼空から心の糧を得るということは、一言にしていうならば「公共の福祉」である。それが国内法の窮極に在る理念である。ところで、この理念は、まず第一には政治を媒介として現実と結びつく。国家権力の公正な行使によって、この理念の実現に力めるということは、政治の則るべき普遍の矩である。しかるに、政治を通じてこの理念を現実化して行くためには、第二に経済の組織を整備し、生産力の向上を図らなければならない。生産力の向上に最も適するのは、資本主義の下に発達した大企業の形態である。ところで、大企業の形態から私益性とか搾取性とかいうような弊害を除いて、公共の管理・経済の下に充分な生産の能率を挙げるためには、経営者および労務者の責任・奉仕・誠実・勤勉の精神による協力が何よりも大切である。すなわち、公共の福祉の実現は、第三に堅実な道徳の普及を必要とする。故に、公共の福祉という法の理念は、その中に政治・経済・道徳、更にすすんでは文化・技術・衛生、等の多様な目的を含み、それらの諸目的の不断の調和を求める。ここでも、法は政治・経済・道徳・文化・技術、等の目的体系の調和をば、その根本の任務とし、精神とするのである。

公共の福祉という理念の下にこれらの目的を実現して行くにあたって、主動的な役割を演ずるものは、政治である。政治は、経済の目的、道徳の目的、文化の目的、技術の目的、等を規範化して法となし、法を通じて国民生活を統合・規制するという政治本来の目的活動を営む。故に、政治は法を作る力である。国家の政治力によって作られた法規範の統一態が、国内法である。したがって、法と政治との関係は、二つの段階に分けて考えられなければならない。すなわち、一般の段階についていえば、法は政治によって作られる。また、法は政治によって動かされる。場合によっては、法が政治によって破れることもある。しかしながら、それであるからといって、政治は思うがままに法を左右する専主であり、法は政治によって意のままに動かされる傀儡であると考えてはならない。なぜならば、更に根本の段階に遡ってみると、法を作り、法を動かす政治の力は、公共の福祉の実現という法の窮極の理念によって規定されている。この理念は、政治の矩であり、政治に対する制約者である。だから、法は政治によって動かされるが、政治を通じて法を動かす最後のものは、政治ではなくて、やはり法である。法が政治を媒介として法を作り、法を動かし、やむを得ぬ場合には、派生的な法を破っても法の根本の筋道を通そうとするのである。

この関係は、一方からいえば理念の関係である。現実の政治が法の理念によって制約される関係である。しかるに、理念は必ずしも現実と一致するものではないから、法と政治の現実の関係は、もとより常に理念の関係の通りになるとはかぎらない。すなわち、現実には、政治の矩にかなわぬ力が働いて、法を作り、法を動かすことがあり得る。法の理念にさからう暴逆の政治が行なわれて、公共の福祉を蹂躙することもあり得る。しかし、さような政治は、決して永つづきしない。したがって、やがて歴史の審判を受けて王座から転落する。そうして、政治がその矩にかなうように法の軌道の上に引き戻される。だから、この関係は、他方から見ればやはり現実の関係である。現実に内在する法の理念が、意馬心猿に狂おうとする政治の手綱を引きしめ、引き戻しつつ、政治の力によって公共の福祉を実現しようとしてやまないのが、法と政治の関係の実相であるということができるであろう。

それであるから、法の理念は、いずれにせよ政治の力を媒介としないでは現実との結びつきをもち得ない。しかるに、政治の力は、理念によって方向づけられた現実人の現実意欲の力であり、現実人の現実行動の力である。それも、一人の意欲や少数者の行動ではなく、国民大衆の意志力であり、国民大衆の行動力である。だから、政治が法を作り、法を動かすということは、具体的にいえば、国民大衆の意志が法を作り、国民大衆の行動が法を動かすということなのである。

もちろん、立法の観念は、時代によって色々な変遷を経て来た。或る時代には、「神の意志」が法を作るという風に考えられたこともあった。しかし、神の意志は信仰の世界にのみある。現実には、そういう時代においても、特定の人が神の名の下に法を作っていたのである。その人は、多くの場合地上の権力者、すなわち君主であったであろう。だから、次の時代には「君主の意志」が法を作るという風に考えられた。けれども、君意によって作られた法といえども、国民がこれを尊び、これに遵う意志をもたなければ、法としての効力を発揮することはできない。そうして、効力のない法は法ではないのである。したがって、神意法・君意法の行なわれていた時代にも、実際に法を作る力は、国民大衆の意志に存したといわなければならない。その関係を明確に自覚した政治の形態が、民主主義である。民主主義の時代になれば、法は名実ともに「国民の意志」によって作られるということになる。[1] 国民の意志といっても、国民の一部の意志、少数の意志であってはならないという意味で、それは「国民の総意」と呼ばれる。故に、政治の力によって法を作り、法を動かすということは、結局、「国民の総意」によって法を作り、法を動かすということに外ならない。

それでは、国民の総意とは一体いかなるものであろうか。文字通りに解すれば、それは「国民すべての意志」ということである。国民の意志は、国民の一部の意志、少数の意志であってはならないという意味から考えても、国民の総意という言葉は、そう解釈されるのが当然なのである。しかしながら、現実をよく分析して見ると、国民すべての意志が合致する場合は、ほとんど皆無といってよい。国民の間に利害関係が複雑に対立・錯綜している現代においては、殊にしかりである、それでは、国民の総意とは、「国民多数の意志」ということであろうか。なるほど、国民の多数ということであれば、その意志が大体として一致するということは、確かにあり得る。けれども、現実の立法の過程を見ると、法を作る場合にいつも国民の多数がこれに同意しているかどうかは、はなはだ疑わしい。なぜならば、今日の大部分の民主国家は、間接民主主義を採用している。すなわち、国民を代表する議会を設けて、議会が立法の作用を掌っている。直接民主主義の制度が用いられることもあるが、それは、例えば、憲法改正のような特に重要な場合にかぎられているのが普通である。したがって、多くの立法は、議会の多数決を以て行なわれる。しかるに、議会の多数は、国民全体から見ればきわめて少数である。議会が国民の政治動向から遊離しているような場合には、さような少数の決定が、少数の意志であるにもかかわらず「国民の総意」であるとされ、それが立法意志を構成することになるのである。してみれば、国民の総意とは国民多数の意志であるということも、決して一概にはいわれ得ない。

故に、国民の総意とは、国民すべての意志もしくは国民多数の意志であると考えるのは、多くの場合において一つの「擬制」なのである。あるいは、法を作るところの国民の総意は、国民すべての意志、少なくとも国民多数の意志でなければならないという一つの「理念」なのである。国民は、法というものは正しくなければならないと考えている。正しくない法を作ろうとする者、法は正しくない方がよいと考える者は、少数の例外を除いてはあり得ないであろう。だから、すべての国民は正しい法を作ろうとする意志をもっているといって差しつかえない。正しい法とは、国民公共の福祉を実現するところの法である。国民の総意とは、さような正しい法を作り出そうとする国民すべての立法意志の「理念」である。「正しい立法意志」の理念、それが国民の総意なのである。かようにして、法の理念を現実化する橋渡しの役割を演ずべき筈の国民の総意は、ここでふたたび理念の世界に引き戻されることになる。

国民の総意という概念が「正しい立法意志」の理念を意味することは、ルウソオによってきわめて明瞭に説かれた。本書の第一章に述べたところとの重複をかえりみずに、ルウソオの理論を重ねて要約するならば、法は国民の「総意」(volonté générale)によって作られなければならない。むしろ、国民の総意が法でなければならない。なぜならば、国民の総意のみが、国家制度の目的たる「公共の福祉」(bien commun)にしたがって国家の権力を方向づけ得るからである。[2] 故に、国民の総意は常に正しい。国民の総意は、常に公共の利益を目ざしている。だから、国民の総意には過誤というものはあり得ない。これに反して、個々の国民の「特殊意志」(volonté patriculière) は、個人の利益を目ざしている。したがって、特殊意志には過誤もあるし、不正もある。よしんば、国民すべての意志が偶然に合致したとしても、それは、単なる特殊意志の総計にすぎない。故に、「国民すべての意志」(volonté de tous) といえども、国民の総意とは非常に違ったものであることがあり得るのである。[3] 例えば、国民の精神が堕落して奴隷根性となり、権力者の権勢を怖れ、もしくはこれに阿諛して、権力者の提案に満場一致の喝采を送るような場合には、そこに成立した国民すべての意志は、およそ公共の福祉とは正反対の恥ずべき感情の合致にすぎない。[4] しからば、そのような場合には、国民の総意もまた腐敗し、破壊されているのであろうか。否、国民の総意は、いかなる場合にも恒常・不易であり、純粋である。ただ、国民の総意と相反する意志が勢力を占めて、国民の総意を圧倒しているだけなのである。[5]――ルウソオによってかように説かれているところのヴォロンテ・ジェネラアルとは、明らかに現実の意志ではなく、「正しい立法意志」の理念である。そうして、さようなものとしてはじめて、国民の総意の概念は、国法学上その置かるべき正当な位置に置かれたことになり得るのである。

しかしながら、国民の総意が、常に公共の福祉を目ざすところの正しい立法意志の「理念」であるということになると、問題は、ふたたびもとに戻って、いかにすればさような正しい立法意志の「理念」をば「現実」の中に移して行くことができるか。ということが問われなければならなくなって来る。いいかえると、国民の総意を現実に把握して、法の理念を実定法の中に盛り上げて行くには、一体どうしたらよいかが問題となって来る。これは、国内法の窮極に在るものを、政治を通じて実定法の中に実現して行く方法如何の問題――およそ民主主義の政治原理の最も重要な、また最も困難な問題――として、次に改めて考察されなければならない。

（1）故に、穂積陳重博士は、法の進化の過程をば、「神より君へ――君より民へ」という標語によって説明された。法の製作者が神・君・民の三段階を経て変化し、法の形態が神意法から君意法へ、君意法から民意法へ進化したという意味である。穂積陳重博士・神権説と民約説（昭和三年）八頁以下。
（2）Rousseau : Du contrat social, livre II, chapitre 1.
（3）Ibid., livre II, chapitre 3.
（4）Ibid., livre II, chapitre 2.
（5）Ibid., livre II, chapitre 1.

## 五　国民の総意を把握する方法

国民の総意は、常に公共の福祉を目ざすところの正しい立法意志の理念であるとすれば、これを現実に政治的に把握するには、いかなる方法を用うればよいか。この重大な、そうして困難な問題に対しては、二つの対立する答えが与えられ得る。

その第一は、国民の中で最も聡明な人の意志をば国民の総意とすべきである、という答えである。これに対して、その第二は、国民の間の多数意見、特に国民を代表する立法機関の中での多数決を以て国民の総意とすべし、という主張である。しかも、互に矛盾するこれら二つの解答が導き出される可能性は、すでにルウソオの理論の中に含まれているのである。

いま述べた通り、ルウソオは、よしんば国民のすべての意志が一致した場合といえども、それが必ずしも公共の福祉にかなうとはいい得ないこと、したがって、国民すべての意志と国民の総意との間には往々にして大きなへだたりがあること、を主張した。ここからまず出て来るのは、第一の解答である。すなわち、国民全部の一致した意志ですら正しくない場合があるとすれば、国民の多数の意志がそれにもまして過誤に陥り易いことは当然であるといわなければならない。多数の意見が間違っていることもある。衆愚万民の判断に対して、少数の思慮深い人々の考え方が正しいこともある。むしろ、真の洞察力を備えたただ一人の偉人の見透しが、最も正鵠に当たっているといわなければならないこともある。ルウソオの理論からいえば、そのただ一人の意志が最も公共の福祉にかなっているならば、それを以て国民の総意として、これとは反対意見の他のすべての国民をもこれに服従せしめるのが正しいということにならざるを得ない。ルウソオによれば、国民の総意は常に正しいのである。したがって、国民の総意を以て法と定めた以上、国民をこれに絶対にしたがわしめるのが正しいのである。この理論をつきつめて行くと、自由主義的な民主主義とは正反対の一種の国権絶対主義に帰着する。デュギイがこの点を鋭く批判して、ルウソオは決して人権宣言の先駆者ではなく、むしろ逆に、人間をば国家の絶対命令の下に隷属せしめるジャコバン的専制主義の鼓吹者であると論じたことは、前にも述べた。しかし、もしも実際に或る一人の意志が常に絶対に正しく、大衆の意志は常に迷妄であるとするならば、専制主義の方が正しい政治の方式であるということになっても、不思議ではないといわなければなるまい。

多数の意見が多数なるが故に正しいとはいい得ないことは、政治哲学上の真理でもあるし、政治の経験の教える事実でもある。デマゴオグの宣伝に乗せられた国民大衆の雷同、群衆心理に駆られた社会一般の軽はずみな輿論は、数を恃んで道理を圧倒する恐るべき力である。これによって国家の大事を謬り、あとになって悪夢に踊らされたわれとわが身を悔いても、もはや及ばないのである。それよりも、一人の叡知、少数の明断に信頼し、これに随順・協力するのが、最も正しい政治のあり方であるというのは、充分に理由のあることといわなければならない。プラトンの哲人政治の理想は、こうした政治の方式に最も高い理念的表現を与えたのである。

しかしながら、この政治の方式は、理想としては誠に理由のあることではあるけれども、理想は、悲しいかなあくまでも理想であって、現実ではない。かような政治の方法を現実に移せば、「独裁主義」になる。ナチスの独裁主義も、或る意味ではプラトンの理想国家を範とするものであったといえないことはない[1]。しかし、それは所詮、鵜の真似をする烏、水に溺るるの類たるを免れなかった。なぜならば、独裁政治は単一の指導者に絶対の権威と権力とを与え、その独裁者の意志を以て法となし、国民をこれに無批判に追随せしめようとする。けれども、独裁者がいかなる政治上の天才であったとしても、人間である以上はその判断に謬りがあることを免れない。しかるに、独裁者の命令にも謬りがあり得るということになっては、その権威の絶対性は、もはや保たれない。だから、独裁政治は、すべての過失や失敗を無理に蔽い隠そうとする。そうして、国民の眼を他に転ぜしめるために、成功の上に更に輝かしい成功を積み重ねて行こうとする。その結果、無理に無理を重ねることとなって、遂に収拾することのできない破局に突入するにいたるのである。故に、多数の意見必ずしも正しからず、一人の明察むしろ金的を貫くということは、確かに道理ではあるけれども、それであるからといって独裁政治を是認することは、絶対に避けなければならない。いいかえるならば、常に正しかるべき立法意志の理念を現実に把握する方法は、決して独裁主義であってはならない。

そうなると、正しい立法意志の理念を現実にキャッチするには、第二の「多数決」の方法による外はないということになる。多数の決するところを以て国民の総意とするというのは、「民主主義」の政治方式である。それは、法および政治の決定を一人の明断に委ぬべしとする独裁主義の政治原理とは、正に対蹠の位置に立つのである。ところで、一方では、デュギイのいう通り独裁主義・国権絶対主義にきわめて有力な論拠を与えたとも見られるルウソオは、他方では、なおかつやはり多数決の原理を支持する民主主義者であった。しかも、国民代表制度を排斥するところの直接民主主義者であった。ルウソオによると、国民のもつ主権は譲渡できないし、代表もされ得ない。だから、国民の意志は直接の投票によって表明されなければならない。しかし、その場合には、全員の一致ということは必要でない。全員一致を必要とするのは、国家の存立を基礎づける「原始契約」(contrat primitif) だけである。その他の場合は、多数の意見を以て事を決する。すなわち、そこでは、国民の総意は多数意見の中に示されるということが前提とされているのである。したがって、少数意見の者は、自己の信ずるところが国民の総意であると考えていても、それは実はそうではなかったということが投票の結果に現われるのである。故に、人は多数の決定によって拘束されなければならない。ルウソオは、かように説いて、国民投票制と多数決原理とを是認した。[2] つまり、かれは、一方では国民すべての意志といえども国民の総意とするに足りない場合があることを認めながら、他方では多数の意志を以て国民の総意と見做そうとしたのである。いいかえると、ルウソオは、いかにすれば国民の総意を現実にキャッチし得るかという問題について、矛盾した二つの答えを与え、自らその矛盾の中に佇んでいたということができるであろう。

これは、要するに、理念と現実との間に存する避くべからざる矛盾なのである。常に正しい立法意志の理念たる国民の総意は、多数決によっては現実化され得ない場合があるということは、理念と現実とが合致しないかぎり当然のことなのである。しかし、それにもかかわらず、立法の必要上何らかの方法によってその都度国民の総意を現実に作り上げて行かなければならぬ。そのためには、一人の叡知と明断とによって国民の総意を把握する方法の方が、理念を如実に現実に移し得る公算が大きいかも知れない。しかし、この方法は、一たび間違えば取りかえしのつかない悲運の淵に国民を突き落すことになる。そこで、次善の方法として、多数の意見をば現実の国民の総意とする外に手はないのである。この方法によると色々な弊害が生ずる虞れがあることは、いかなる民主主義の讃美者といえども認めない訳には行かない。しかし、多数決の結果というものは、絶えず国民の批判の眼の前に置かれているから、弊害が生じてもこれを是正して行くことができる。一つの立法方針を多数決によって採択してみて、それが失敗であることがわかれば、国民は自らにして反対の方針を多数で支持することになるから、失敗の結果が拡大する前にこれを矯正する機会が与えられる。かように、何遍でもやり直しの利く点が民主主義の長所であり、その強みである。独裁主義は、最初から一つの方針のみを正しいと決めてかかる絶対主義であるが、民主主義は、人間の知性を以てしては絶対の正しさを常に間違いなくとらえることはできないという謙譲な態度に立脚する。したがって、その立場は、相対主義的である。相対主義的な弾力のある態度で、理念をおもむろに現実の上に移して行くための不断の努力をつづけるというのが、民主政治の性格に外ならない。

この民主政治の相対主義的な性格は、議会制度の運用の上に最もよく現われている。前に述べたように、ルウソオは議会による国民代表制度を否定し、国民の投票によって立法方針を決定する直接民主主義を提唱した。これは、民主主義としては徹底した行き方であるが、具体的な立法を一々国民投票によって行なうことは、厖大な人口を擁する近代国家では技術上不可能である。また、高度に専門化した知識を必要とする今日の立法を、一般大衆の直接の投票で決めるということは、実質上も不適当である。だから、現代の民主国家では、原則として国民代表制度を採用し、これに多数決原理を組み合せて、議会の多数意見の帰着するところを以て法とするという方法を実行している。その場合、人の信念によっていくつかの政策が分岐・対立するのは当然であるから、議会の中にそれに応じたいくつかの政党が生ずる。そうして、政党の勢力は、国民が総選挙の際にどこまでこれを支持するかによって、絶えず消長する。それらの政党が、互に意見をたたかわした上で、多数決で立法の内容を定める。ただに立法の内容を多数決で定めるばかりでなく、法の執行を掌る政府もまた、議会の多数党を基礎として組織される。かような政党政治は、一つの政治方針だけを絶対に正しいとする態度とは全く相容れない。色々と異なる政治の方針に、それぞれ理由を認めつつ、その時々の実際の決定と運用とは「数」の赴くところにしたがうというのが、議会中心的民主政治の根本の精神である。その精神は正に相対主義である。かような議会中心的民主政治のもつ相対主義の性格は、ラアドブルッフの法哲学、特にその法哲学的政党論によって最も優れた解明と、最も深い理由づけとを与えられた(3)。

　議会中心の民主政治が、数の赴くところにしたがって弾力性と融通性とに富む立法および行政を行なうということは、人間の共同生活に時代の進展に応ずる可変・可動の秩序を与えるに適している。しかしながら、可変・可動の秩序の原理も、行きすぎれば国政を無定見・無方針のままに放任するということになる。かぎられた人間の知性を以てしては、その判断の絶対の正しさを僭称することはできないというのは、相対主義のもつ美しい謙抑性である。けれども、それも度をすごせば信念の一貫性を欠くところの機会主義・日和見主義となる。多数の赴くところとあれば、いかなる政治動向をも選ぶところなく議会の王座に招じ入れるというのは、財宝の持主でありさえすれば、源平藤橘四姓の人と契ることをはばからない娼婦的態度である。なるほど、具体的な場合に何を正しいとするかは、時代とともに変化するであろう。同じ時代、同じ場合に、どうするのが一番正しいかは、人間の知恵では測り得ないことが多いであろう。しかし、その中にも、どれか一つは必ず正しい道がある筈なのである。これをとらえようとする目標と努力とを失って、多数の赴くところへの追随をこれこととするというのは、民主政治の陥る最も忌むべき堕落である。人が独裁政治への誘惑に強く心を惹かれるのは、民主政治が健全な相対主義から腐敗した娼婦主義に堕落した場合なのである。このおそるべき堕落を防ぐには、どうすればよいか。

　それには、民主主義の政治決定を左右する「数」の契機をば、内容の如何にかかわらない、単なる「数」のままに放任して置かないで、その「質」を不断に向上させ、多数で決定したことができるだけ正しい立法意志の理念に合致するように仕向けて行くより外に道はない。国民が常に政治道徳と政治上の知性とを磨き、最も優れた代表者を選んで議会に送るように力めること、ならびに、優れた国民代表によって組織された議会において、公明・溌剌・真摯な国事の論議が行なわれ、同一案件を前後・左右から検討して公正・的確な結論を生み出すべき不断の精進が行なわれること、それを措いて現実の立法意志を理念としての国民の総意に接近せしめて行く方法はない。秩序の現状にあきたらない政治力が爆発して法を破るというような不祥事を防止する道も、ひとりただここにのみ存する。

これは、民主政治を通じて法の理念を秩序の現実の上に生かして行くための、普遍の方針である。しかし、この方針を各々の実在国家の上に適用して行くにあたっては、国家および国民生活の特殊性というものが充分に顧慮せられなければならない。中でも、日本の国の国柄がもつ最も大きな特殊性は、国民が天皇を中心として統合して来たという事実である。この特殊の事実は、よい面をもつとともに悪い作用をもともなった。特に、最近においては、天皇の尊厳性が理非を絶して強調されたために、天皇の名においてなされることは、その内容の正邪にかかわらず絶対の意味をもつということになり、そこを利用して人間の理性を蹂躙するような一種の独裁政治が横行した。[4] しかしながら、日本における天皇の地位はもともと理念的なものである。皇統が「万世一系」であるというのも、歴代の天皇が「徳を以て民に臨み」給うたというのも、それぞれ一つの理念なのである。[5] それは、きわめて特殊な理念として、今後も日本の国民生活の上に特殊な存在理由をもつであろう。普遍的な正しい政治の矩を天皇の大御心という特殊な形で把握して来たということは、日本民族固有の歴史的伝統として尊重さるべきであろう。ただ、天皇をめぐって現実の政治力が形成されるということは、折角の理念に現実の泥を塗る結果になる。故に、天皇は純粋の理念の具象として、あくまでも現実政治の外に立ち給うべきである。正しい立法意志の理念を現実化して行くという仕事は、どこまでも国民が国民自らの権利と責任とにおいてこれを行なうべきである。しかも、力めても力めてもなお十全の現実化を期することのできない正しい政治の理念が、天皇によって象徴せられるということは、民主政治が信念のない数の政治に低落することを防ぐための指標として、深い意味をもつ事柄であるといわなければならぬ。その意味で、普遍なる民主主義の原理と特殊なる天皇制との綜合・調和の中に、日本の「国内法の窮極に在るもの」を求めることができるであろう。

（1）南原繁教授・国家と宗教（昭和一七年）二八六頁以下。
（2）Rousseau : Du contrat social, livre IV, chapitre 2.
（3）Radbruch : Rechtsphilosophie, S. 58 ff.

（4）天皇が窮極・絶対の権威として仰がれたために、国民の人間としての価値が天皇からの距離によって測られることになり、天皇の至近に位置する者が、事の理非にかかわらず、絶対の権力をふるい得たということは、天皇制にともなう最も重大な現実の弊害であったといわなければならない。丸山真男助教授「超国家主義の論理と心理」世界第五号（昭和二一年）九頁以下。

（5）高木八尺教授「憲法改正草案に対する私見」国家学会雑誌第六〇巻第五号（昭和二一年）二頁以下。

# 第七章　国際法の窮極に在るもの

## 一　国際社会の法と政治

これまでの考察において主として問題として来たものは、国家内部の現象としての法と政治の関係であった。その結果として、法は一般には政治によって規定せられるが、法を規定する政治の根本には、更に「政治の矩」としての法の理念が存することを明らかにすることができたのである。それでは、この原理を国際社会の法と政治の関係にあてはめてみた場合には、どうなるであろうか。国際法の場合にも、法を作り、法を動かし、法を破るものは、一般には政治の力であるが、法を作り、法を動かし、法を破る国際政治の力についても、その根本に、力を以て抹殺すべからざる「政治の矩」が認められ得るであろうか。それが認められ得るとするならば、その「国際法の窮極に在るもの」はいかなる理念であり、いかなる形で国際政治を制約し、いかに国際政治を通じて現実の国際法の上に働きかけて行くのであろうか。

この問題を解きほぐして行くためには、まず、国際政治の実体を見きわめる必要がある。国内法の窮極に在るものを論ずる場合にも、法を作り、法を動かし、法を破る政治の実体を明らかにすることが、先決問題となった。それと同様に、国際法の窮極に在るものをとらえようとする場合にも、その手がかりは国際政治の実体の分析に求められなければならない。元来、政治が主として行なわれる場所は、国家である。国家は最も典型的な政治社会である。しかし、国家の外にも政治はある。国際社会も一つの政治社会である。ただ、個人を単位として構成された国家と、国家を単位として形作られている国際社会とでは、その政治のあり方に相違が存する。国内政治も国際政治も政治である点に変わりはないが、国際政治には国内政治には見られない特色がある。したがって、国際社会における法と政治の関係の論究は、まず国際政治の特異性の考察から出発しなければならぬ。

国内政治は、国家という単一社会の内部現象である。国家は単一の人間共同体であって、その中心には、国家を構成する一般国民の立場とは次元を異にする権力の中枢がある。これを広い意味で――立法権を掌る議会をも含めて――「政府」と名づけるならば、国家の政治は、政府の指導・統制もしくは支配の下に、国民の力を統合して行なわれるところの組織的な目的活動である。したがって、国家の政治活動は統一を保つことが容易である。いいかえると、国内政治では、政治の第一の契機たる統一性が優越する。そうした、統一のある政治であるが故に、国内政治は法を作る力として充分の機能を発揮することができるのである。もちろん、かくいえばとて、国家の内部に対立がない訳では決してない。国民の間にも対立があるし、政府部内にも対立があり得るし、政府と国民との間に険しい対立の生ずることもある。したがって、国内政治は、統一性の契機とならんで政治の第二の契機たる対立性を含んでいる。この対立が激化すれば、法が力によって破られるという結果をも生ずる。政府が憲法によって認められている以上の絶対権を掌握するために、クウ・デタアや国家緊急権によって法を破ることもあるし、国民が革命を起こして政府を倒し、旧憲法を破砕して新憲法を創造することもある。故に、国内政治も法を破る力となって作用する場合があり得るのである。しかし、中央集権の確立されている国家では、政治が対立を克服する統一の作用を発揮し、法を破るよりも法を作る力となって働くのが原則であることは、疑いを容れない。

　これに反して、国際社会には、政府と名づけられ得るような権力の中枢がない。国際社会は、多数の国家から成り立っている。そうして、国家には大小・強弱の色々な差別はあるが、それらが形式上はひとしく「主権」を備えた単一体として併存している。国家が主権的な団体であるというのは、国家を超越する次元に国家以上の権力の審級の存立する可能性を認めない、ということである。いいかえると、国際社会には、諸国家の関係を統制するための「国際政府」は存在しないのである。国家は主権的な中核を有する求心的な組織社会であるが、国際社会はさような中核をもたない遠心的な「無政府社会」である。無政府状態という言葉は、無統制・無秩序の混乱状態と同義語に用いられる。国際社会は、決していつも無統制・無秩序の混乱状態に在る訳ではないが、国家の間の勢力の均衡が破れた場合には、いつ実力抗争の修羅場と化するかも知れないという危険を孕んでいる。少なくとも、これまでの国際社会の実情はそうであった。したがって、国際政治では、統一性の契機よりも対立性の契機の方が優越している。法を作るという建設面に作用する政治の力よりも、法を破っても実力に物をいわせるという政治動向の方がとかくに支配的となる傾きがある。国際社会において法を破る政治の力が露骨に現われた場合は、「戦争」である。国際法の粗末な檻の中に入れられた戦争が、血のしたたる口を開き、物凄い牙をむき出して、いつ檻を破って現われるかも知れないという脅威の下にさらされて来たところに、国際政治のもつ特異性が存するといわなければならない。[1]

こうした特異性を有する国際政治では、いきおい理念と現実との懸隔が大きくなり易い。もちろん、理念と現実との間にはどんな場合にも大なり小なり懸隔がある。政治が高い理念をかかげているとき、政治の現実はこれをしばしば裏切ってはばからないのは、国内政治にもよく見られる現象である。けれども、国際政治では、その度合が特にははなはだしい。国際社会は、常に戦争の脅威にさらされている。戦争が現実となって現われないときには、不信・不義の謀略戦や手練手管の外交戦が展開される。それだけに、人は国際社会について現実からかけ離れた美しい夢を描き易い。ストア学派以来の「世界国家」がそれであり、カントの名とともに人の想起する「永久平和」がそれである。これを夢というのが不適当であるならば、それは崇高な理想であり、永遠の当為である。しかし、崇高な理想も、現実と結びつくと、堕落した天使のように馬脚を露わす。永遠の当為も、現実政治の利用するところとなると、不法な行動の口実となる。自国家中心の世界国家論が世界征服の覇道政治となり、真の平和の確立ということが好戦的な国家に対して何よりもの戦争の口実を提供するがごとき、それである。故に、国際社会は、政治の表面を粉飾する美しい理念に事欠かない。しかも、理念によって表面を粉飾する極度に利益社会的な外皮が一たび破れれば、露骨な実力闘争の生地を容赦なくむき出すのが、少なくともこれまでの国際政治の実相であった。政治の関係は「友と敵との関係」であるというが、国際政治においては、外面の友もまたひそかに爪を研ぐ潜在態の敵であるといわれる。無政府社会たる国際社会に辛くも保たれる秩序は、すべての国家が他の国家にとって狼である間柄に結ばれた仮りの契りにすぎないというのが、少なくとも今日までの平和観を支配する通念であった。

しかしながら、理念と現実とは一つの輪のように反対の極で結びついている。理念からへだたることの最も遠い現実は、かえってその中に理念を育成する力を蔵している。最も容赦なく理念を破壊する現実は、理念を破壊している間に自ら理念に変質する可能性がある。それは、ヘエゲルのいわゆる「理性の狡知」であるともいうことができよう。国際政治の中でも、最も理念を無慚に蹂躙するものは戦争である。しかし、極限にまで発達した戦争は、遂には戦争そのものを不可能ならしめるであろう。少なくとも今日の戦争の規模は、すべての弱小国家の軍備をほとんど無意味なものたらしめつつある。一つ一つの国家がその国土を守るための武装をもつということは、多くの民族にとっては気安めとしての意味をももたないものとなりつつある。それと同時に、国際政治の他の現実面たる国際経済は、ますますその規模を拡大して世界経済の段階に到達しようとしている。先進資本主義国家が世界に植民地と市場とを求めて行なった執拗・強靭な経済進出は、戦争以上に根強い侵略であるといわれたし、事実またそれがしばしば戦争の誘因となった。しかし、かくして開拓された世界経済は、交通・技術の発達と相俟って、世界の面積を著しくせばめ、主権国家の間の政治上の障壁を時代錯誤と感ぜしめるほどにまで、国際的相互依存の関係を緊密ならしめるにいたった。しかも、世界経済の上でヘゲモニイを握る国家は、武力の点でも、断然他の国々の水準を引き離した超強大国となりつつある。そうして、さような国家は、すでに世界経済のヘゲモニイを握った以上は、もはや戦争の必要を感ぜず、むしろ、戦争によって世界経済路線が攪乱せられることを最も不利益とする立場にある。すなわち、戦争遂行の最大の実力を有する国家が戦争を必要とせず、むしろ、戦争の不利益を最も大きく蒙ることになるのであるから、論理の必然として戦争回避の公算がそれだけ大きくなる訳である。もとより、この推論によって将来の平和に過大の期待をもつことは危険である。けれども、実力の争覇と経済的利益の追求とを推進力として発展して来た国際政治の現実が、現実そのものの中に理念を現実化する契機を包蔵するにいたったということは、ほぼ確言して差しつかえないであろう。

かような現実は、今日の国際社会が国際法の飛躍的な発達を遂げさせるために、いままでにない好条件を備えていることを物語っている。殊に、第二次の世界大戦は枢軸側の完敗に終わった。先進資本主義国家の世界経済上のヘゲモニイを破ろうとしたドイツおよび日本の企図は、完全に粉砕された。国際連合を中心とする新たな世界平和機構の建設は、着々としてその緒に就こうとしている。カントのいうように、地球上が人類の墓場となることによってのみ永久平和が到来するのか、あるいは、人間の理性が国家の利己主義や闘争心や復讐心を制御して現実の上に理念の花を咲かせる時機が来るのか、世界史の進路を決すべき重大な分岐点にのぞんでいる。(2) 国際社会における法と政治の問題が切実な反省を求めていること、現代のごときはいまだかつてなかったといわなければならない。

(1) カントは、永久平和のための第二の確定条項として国際連盟の組織を提唱しつつも、なおかつ戦争勃発の危険の絶えることがないことを認めて、「その中では神を恐れぬ激怒が血のしたたる口を開けて物凄く叫ぶであろう」というヴェルギリウスの詩句を引用している。Kant: Zum ewigen Frieden, 1795, Werke, herausgegeben von Ernst Cassirer, Bd. VI, S. 443.

(2) カントがその有名な論文の表題に選んだ『永久平和のために』(Zum ewigen Frieden) という言葉は、オランダの或る旅館にある楯の上に描かれた教会の墓地の絵の銘から取ったものである。故に、その原義は、墓地に眠る人々の霊に対する、永久に安かれという祈りの言葉に外ならない。カントは、これを巧みに転用して、人類が戦争によって絶滅し、地球が広大無辺の墓地となる前に、永久平和を建設する道ありや、という問題の検討の標語としたのである。Kant: a. a. O., S. 427.

## 二　国際政治の理念

国際社会は、政府のない社会である。政府のない社会であるから、その秩序は破れ易く、保たれ難い。しかも、ひとたび国際秩序が破れた場合には、戦争の惨禍は測り知るべからざるものがある。故に、国際社会にとっては秩序ほど貴重なものはない。もちろん、国家内部の生活にとっても秩序の貴重であることには変わりない。しかし、国内社会の場合には、秩序を保つことは比較的に容易である。だから、国内政治では、単に秩序が保たれ得るかどうかということよりも、その秩序がいかなる内容をもつかということ、中でも、いかなる配分の関係に立つ秩序であるかということが、主として問題になる。これに対し、国際社会では、内容の如何はともかくとして、そもそも秩序を保つということそのことが切実な関心の的となる。したがって、国際社会では特に「現状」(status quo)ということが重んぜられる。現状を重んじつつ、これに若干の配分関係の変更を加味して保たれる国際社会の秩序は、「平和」である。故に、平和は国際政治の理念である。どうすれば平和を、人類の福祉と文化の発達の基礎たる平和を——でき得べくんば永久に——維持できるか。国際社会の理念論的な構想は、常にこの問題を中心として提唱され、論議されて来た。

ところで、国際社会の現実が平和の理念と相反する方向に走り易い根本の理由は、国際社会には共通の権力の中枢がないということに存する。いいかえると、国際社会が国際社会であるかぎり、真の平和の確立は望まれ難いということができる。更にいいかえると、国際社会という世界構造をそのままにして置いて、しかも永久平和の理念を追求するのは、木に縁って魚を求めるにひとしいという議論が成り立つ。そこで、無政府社会の状態にある国際社会の構成を根本から改鋳して、世界をば一つの政治中枢の下に統合された単一の政治社会たらしめるという計画が唱えられる。「最大国家」(civitas maxima)の思想がそれである。ギリシャ哲学末期のストア学派は、国家の枠を越えた人類の大同団結を理想とする立場から、夙にこの思想を説いた。降って、中世から近世への移り変わりの頃には、詩人ダンテが現われて、世界王国の理念を提唱した。ダンテもまた、永久の平和をば人類の窮極の目的となし、アリストテレスのいわゆる「目的因」(causa finalis)の作用によって、この目的が歴史を動かし、単一の「王」の下に人類を統合・包摂する世界王国の実現にむかって進ましめると考えたのである。[1]かような王国的な世界国家思想は、今日ではもとより時代錯誤であるが、国家を超越する世界全体の統制機構を設けないかぎり、平和の真の保障はあり得ないという考え方は、現代の思想家によってもしばしば唱えられている。

H・G・ウェルスが、恒久世界平和の唯一の方法は、超国家的な政治中枢を設立して、人類共通の利害関係を配慮し、世界商業、世界生産、原料の世界的な配分を統制するにある、と論じたのはそれである。[2] リイヴスが、世界経済の段階に達した今日、主権的な民族国家が依然として垣を高くして対立している矛盾を指摘し、この矛盾こそ人類を更に新たな戦争の脅威にさらす所以であるとして、法による世界連邦の建設を主張しているのもそれである。[3] かくのごとき世界国家の理念は、理念としては今後も色々な角度から真剣に論ぜられるであろうし、遠い将来の問題としては、その方向への現実の前進ということも考え得られない訳ではないであろう。

しかしながら、現実の国際政治の中に働いている遠心的な力は、依然として牢固たるものがある。歴史の伝統や民族の特性と深く結びついた国家の枠は、容易に外れるものではないし、無理にこれを外してみて、はたして混乱と紛争とを避け得るか否かは、大きな疑問であるといわなければならぬ。経済が世界経済の段階に達しているとき、民族国家が依然たる政治単位として対立しているのは、確かに一つの矛盾であるといい得よう。しかし、一口に世界経済といっても、資本主義経済と共産主義経済との大きな対立は、単なる世界人類の大同団結という理念では解決できない。よしんば世界経済が単一の様式を以て行なわれ得るようになったとしても、その単一世界経済の中でも依然として民族的・地域的な多元構造をもつであろうところの人類全体の生活に対して、公正な配分をいかにして行なうかは、技術的にいっても無限に困難な問題である。更に、経済は普遍化しても、文化や言語や生活様式の特殊性は、政治上の国家のまとまりと不可分の関係にある。国家の枠を外し、国民精神の特色を失わしめ、すべての人間を合理的なホモ・エコノミクスとして単質化することは、決して人類の福祉の向上とはいい得ない。さような「議論」はいかようにも立てられ得るとしても、今日の人類が国家単位の生活をしているということは、議論を以て左右すべからざる厳然たる「事実」である。この事実を尊重する以上、世界平和の構想は、いかにそれが矛盾であり、時代錯誤と見えるにしても、やはり一つの「国際平和」として考察されなければならない。世界平和が国際平和であるかぎり、この理念の探究は国家間の「連合主義」(Föderalismus) の線に沿うて進められて行く外はない。[4] そうなると、今から一五〇年前にカントによって試みられた国際連盟組織の提案が、今日の時代から見てもなお再検討に値するものとして、取り上げられなければならないこととなって来るのである。

カントにとっても、人類全体の窮極の政治理念は「永久平和」である。永久平和は、実に「政治上の最高善」(das höchste politische Gut) である。[5] しかし、かような理念をかかげたからといって、カントを目して現実に疎い平和夢想論者と考えるのは当らない。カントは、この理念の実現を妨げる条件がいかに多く、またいかに大きいかを、充分に承知していたのである。ただ、この理念にむかっての人間の努力は「永久」につづけられなければならない。すなわち、平和は、それが現実に永遠につづき得るというよりも、そのための努力が不変・不易の倫理的な「課題」であるという意味で、永久なのである。カントはそういう意味での永久平和を論じた。[6] しかも、永久平和そのものを論じたのではなく、かれの論文の表題が示す通り、『永久平和のために』(Zum ewigen Frieden) いかなる前提が備わらなければならないかを論究した。その点で、カントのこの提案は、流石にかれの晩年の思案の結晶たるにふさわしく、充分に現実を重んじてなされたものということができる。しからば、確乎たる平和を基礎づけるための倫理的な、しかも有効な条件は何か。

この問題に関して、カントもまた「世界国家」の理念を一応は取り上げている。むしろ、政治上の単一体が成立する根拠についてのカントの一般論からいうならば、世界平和の構想においても、国家を超越する政治的単一体の理念に到達するのが当然の筋道であったといえるのである。なぜならば、カントは、国家成立の根拠については、論理的な意味での「契約説」を採った。すなわち、人間が秩序のない原始状態から離れて、法によって秩序づけられた国家生活を営むにいたった論理上の根拠として、国民の間の合意が予想されていなければならないと考えた。自由な人間が野生の自由を放棄して、国家における法の規律にしたがっているという状態は、さような「原始契約」を——歴史上の事実としてではなく、論理上の前提として——予想することによってのみ、理性的な状態として説明され得ると考えたのである。そうであるとすれば、地球上に存在する多くの国家もまた、法によって拘束されない、したがっていつ何時戦争が起こるかも知れない自然状態から離れて、相互の間に理性にかなった平和の関係を確立し得るためには、個人と同じようにその自然・野生の自由を放棄し、世界の諸民族を包摂する「万民国家」(civitas gentium) を形作らなければならない筈なのである。[7]

しかしながら、カントは、ここではかえってカントらしくない態度で、かような理性的な推論にしたがわないで、現実的な問題の処理を試みた。つまり、かれは、多くの国家が主権国家として対等に併存しているという現実を動かさないで、その現実事態から出発して永久平和の諸条件を考察しようとした。[8] のみならず、国家の規模があまりに大きくなりすぎると、法の拘束力が弱まり、中央の威令が隅々にまで及び難くなると同時に、中央権力の腐敗が生じて無政府状態に顚落する虞れがあるという。もう一つの実際的な考慮も働いて、カントをして世界国家の思想を押しすすめることを躊躇せしめたのである。[9] そこで、かれは、「万民国家」の理念は理論としては (in thesi) 正しいが、実際上の仮定としては (in hypothesi) 排斥されなければならないと考えた。[10] そうして、これに代うるに、独立の諸国家の間の協定によって成立する「国際連盟」(Staatenbund) の構想を以てしたのである。

もっとも、国際連盟機構を設けるというのは、カントの提案した永久平和のための諸条件の一つであって、そのすべてではない。詳しくいえば、それは、永久平和のための確定条項の第二としてかかげられているのである。カントは、この理念を実現して行くための条件として六つの「予備条項」(Präliminarartikel) と三つの「確定条項」(Definitivartikel) とを挙げる。各国が常備軍を次第に廃止すること、一国が他国の憲法や政府に対して力ずくの干渉を加えぬこと、戦争に際しても、国家相互の将来の信頼を不可能ならしめるような害敵行為をなしてはならぬこと、等は、予備条項の主なものである。[11] これに対して、確定条項の第一は、すべての国家が立憲的な組織を備えなければならないということである。[12] また、その第三は、「世界市民権」(Weltbürgerrecht) は普遍的な「友交性」(Hospitalität) によって制約されなければならないということである。[13] そうして、これら二つの条項の中央に位する第二の、いわば眼目の確定条項が、国際法は自由な諸国家間の「連合関係」に立脚せねばならぬという、国際連盟主義の提唱に外ならない。[14]

国際連盟機構の設置は、永久平和のための数ある条件の中の一つではあるが、その眼目の条件であり、確定条項中の中心条項である。しかし、カントは、決してこの条項の有効性を過信していた訳ではない。ただ、すでに世界国家の建設を実際に適せぬ仮定とする以上、その代わりに考えられ得る唯一の手段は、国家の自由意志による連合主義である。その意味で、国際連盟は「世界国家」(Weltrepublik) という積極的な理念の単なる「消極的な代用品」(das negative Surrogat) にすぎない。[15] 代用品であるだけに、国際連盟の構想は、できるだけ周到に考えめぐらさなければならぬ。特に、それはまず、単に一つの戦争を終結せしめようとする「講和条約」(pactum pacis) としてではなく、すべての戦争に終止符を打つための「平和連盟」(foedus pacifium) として成立すべきである。[16] けれども、それだけではもとより不充分である。この連盟の約定が効力をもちつづけ得るためには、諸国家の間に戦争を誘発するような事情を除去しなければならぬ。カントのかかげる他の二つの確定条項は、そういう効果を狙っている。すなわち、第一の確定条項において、諸国家が立憲的な組織をもつことを必要としているのは、その一つである。[17] なぜならば、非立憲的な――立法権と行政権とが分離していない――国家では、支配者が国民の意志を顧慮することなしに戦争に訴える場合が多いからである。また、第三の確定条項として、どの国の国民も地球上のいたるところで好遇を受け得るという世界市民権は、異境を訪れる文明国民が原住民に対して悪意のない友好関係を結ぶことを条件としてのみ認められ得るといっているのは、他の一つである。この条項によって、カントは、先進国家が未開人の郷土を単なる手段的な意味での植民地として搾取・掠奪することを戒めているのである。これを現代的な概念に改めて表現するならば、世界のすべての国家が完全な民主国家となること、一つの国家が他の国家に対して搾取的な経済侵略を行なうことは許されないこと、そうして、それらの国々が互に盟約を結んで戦争の回避に力めること、この三つを以てカントは永久平和のための基本条件となしたということができるであろう。

かように解釈するならば、カントは、その当時としては優れた洞察と現実感覚とを以て永久平和の構想を試みたことが知られる。すべての国家が民主主義に徹底すること、そうして、常に国民の総意によって政治を行なうこと、それが平和の条件としていかに大切であるかは、今日の世界が改めて身を以て体験したところである。また、強力な国々が他の国家の領土や国民を経済上の利潤追求の単なる手段とすることが、色々な意味で平和の保障の大きな障礙となるということも、現代に通用する真理である。更に、諸国家間の盟約によって平和維持のための協力を行なうという方式にいたっては、第一次大戦後のジュネエヴの国際連盟によって国際政治の現実の上に移されたのである。フォルレンダアのいうがごとく、一九二〇年に成立した国際連盟は、一七九五年に発表されたカントの永久平和のための構想を生みの親とするものといってよいであろう[18]。

しかしながら、現実の国際連盟は、少数民族の保護とか種々の社会問題に関する国際協力の促進とかいう点で見るべき活動を行なったけれども、戦争の防止というその主要目的においては、全く失敗した。それは、平和の維持に対する連盟国の義務が、現実の法的強制によって裏づけられていなかったためである。なるほど、国際連盟規約はその第一六条を以て、連盟の協約を無視して戦争に訴えた国家に対しては、経済封鎖その他の方法によって制裁を加えるべきことを規定している。けれども、強力な連盟国が侵略戦争を起こした場合、これを阻止すべき立場に在る主要な国々が、火中の栗を拾うことを厭って、拱手傍観の態度を執るならば、かような制裁規定も全くの空文と化し去ることを免れない。制裁規定が空文と化してしまえば、平和の維持に対する連盟国の義務は、事実上単なる道徳上の義務でしかあり得ないことになる。道徳上の義務は高く美しい。しかし、高く美しいだけであって、法の裏づけをもたない道徳は、現実政治によって落花狼籍とふみにじられる。国家の「自由」にゆだねられた国際道徳は、国家の「自由」によっていつ何時でも弊履のごとくに破り棄てられる。カントは、「蛇のように聡明なれ」という政治の言葉に対して、「しかし、鳩のように偽りあることなかれ」という道徳の言葉をつけ加え、そこに道徳と政治との調和点を見いだそうと力めた。[19] けれども、現実の政治が、かような哲人の理想を毒にも薬にもならぬ空論として黙殺するのを常とすることは、カント自らも充分に認めていたのである。[20] 現実の政治は、道徳が前提する自由をばややもすれば蛇のように狡猾に利用し、これを恣意を遂げるための手段としてはばからない。故に、国家の自由と国家間の道徳とにゆだねられた平和の理念は、国際政治の現実が平和の利益を認めている間だけ平和を保つ力をもつにすぎないのである。哲学者がいかに孤高・悲壮の態度を以て、「世界が亡びようとも正義を行なわしめよ」(**Fiat justitia, pereat mundus**)と叫んでも、[21] 正義が成就せられる前に、世界は、戦争によって滅亡に近づいて行くかも知れない。そうして、「永久平和のために」という言葉は、地球全体を蔽う墓場の上にかかげられた永遠の弔辞となってしまうかも知れないのである。

(1) Kelsen: Die Staatslehre des Dante Alighieri, 1905, S. 39 ff.
(2) H. G. Wells: The Way to World Peace, 1930, pp. 15-17.
(3) Emery Reves: The Anatomy of Peace, 1946.
(4) 南原繁教授・国家と宗教一六七頁以下参照。
(5) Kant: Metaphysische Anfangsgründe der Rechtslehre, 1797, Werke, herausgegeben von Ernst Cassirer, Bd. 7, S. 162.
(6) Karl Vorländer: Kant und der Gedanke des Völkerbundes, 1919, S. 36, S. 51.
(7) Kant: Zum ewigen Frieden, Werke, Bd. 6, S. 442.
(8) A. a. O., S. 439.
(9) A. a. O., S. 453.
(10) A. a. O., S. 442.
(11) A. a. O., S. 427 ff.
(12) A. a. O., S. 434 ff.
(13) A. a. O., S. 443 ff.
(14) A. a. O., S. 439 ff.
(15) A. a. O., S. 442.
(16) A. a. O., S. 441.
(17) 文字通りに訳すと、「おのおのの国家の国民組織は共和的(republikanisch)でなければならない」というのが、永久平和のための第二の確定条項である。しかし、カントが、ここに republikanisch といっているのは、普通の用語法とは違い、国民が社会の構成員としては自由であり、臣民としては共通の立法に服従し、国家公民としては平等であるという三つの原理によって構成された国家組織を意味する。特に、執行権と立法権との分離ということが、republikanisch な国家組織の重点であり、その点でそれは、despotisch

な国家組織と明瞭に区別されている。したがって、カントのいわゆるrepublikanischとは、君主国家でないという意味での「共和的」ということではなくて、「民主的」または「立憲的」という意味であるといわなければならない。したがってまた、カントにとっては、君主国家も貴族国家も共和国家も、ともにrepublikanischであり得るし、また、ともにdespotischでもあり得る。それどころか、カントは、国家の組織がdespotischとなる危険が最も大きく、かつ、その弊害が最も著しく現われるのは、共和国（カントの用語ではDemokratie）であり、despotischとなった場合にも比較的にその弊害が少ないのは、むしろ君主国（一人が統治する国家形態）であるとさえいっている。A. a. O., S. 434 ff. insb. S. 436 ff.

（18）Vorländer : a. a. O., S. 67 ff.

（19）Kant : Zum ewigen Frieden, Werke, Bd. 6, S. 456 ff.

（20）A. a. O., S. 427.

（21）A. a. O., S. 466.

## 三　国際政治の現実

政治は、理念を必要とする。いかなる現実政治といえども、理念の旗じるしをかかげることなしには、その現実の目的を達成することはできない。故に政治の現実の中には必ず理念が内在しているのである。しかしながら、理念を必要とするところの現実政治は、それ故にこそ理念を利用する。理念が目的であり、政治はその手段であるべき筈なのに、実は、政治的な力の獲得が目的であって、理念はその手段に過ぎないということになる。これは、国内政治の場合にもそうであった。ましていわんや、国際政治においてはその傾向が一層著しい。したがって、国際政治では、侵略戦争にも「正しい新秩序の建設」という美名が冠せられる。更に、正義・人道のためと称せられる外交政策も、叩けば現実主義の埃が出る。だから、現存の秩序を破ろうとする者は、これを守ろうとする側の理念を叩いて、さかんに埃を立てようと力める。正義・人道とは「持てる者」のイデオロギイに過ぎないといって攻撃する。かように相争う二つの側の上に立って、客観的に烏の雌雄を決する審級がなければ、両者の争いは戦争を以て解決するより外に方法はないということになる。そこで、国際政治の現実に立脚する戦争不可避論が、否、正邪・曲直を決める唯一の道は国家間の決闘であるという戦争肯定論が、いつの世にも平和への憧憬と交替してむしかえされて来るのである。

近世哲学思潮の最高峰としてそびえるドイツ観念論哲学は、一方では国際政治の理念を表明するカントの永久平和論を生んだと同時に、他方ではかような戦争不可避論もしくは戦争肯定論の典型を提供するにも事欠かなかった。ヘエゲルの実力国家の思想がそれである。

もちろん、ヘエゲルの国家哲学は決して理念を否定しない。理念を否定しないどころか、理念を絶対化する。それは、最高の飽和点にまで達した理念論である。しかし、すべてを理念の現われと見る絶対理念論は、あらゆる現実を理念の顕現として肯定する。したがって、戦争をも理念の自己実現の過程として肯定する。戦争が国際政治の現実の極限に位するとすれば、戦争を肯定する理論は、極限にまで達した国際政治の現実主義である。ヘエゲルの最も徹底した理念主義は、実は、裏がえせば、国際政治の動きを解剖する最も徹底した現実主義に外ならない。

理念論としてのヘエゲル国家哲学は、近世啓蒙主義の自然法論やカントの道徳哲学と同じように、「自由」の理念から出発する。しかし、啓蒙的自然法論は、個人の現実の自由をば政治の達成すべき目的としてかかげる。これに対して、カントの道徳哲学は、慾望によって支配された現実の人間の意志は、意志ではなくして恣意であるとして、その自由を否定し、むしろ道徳によって恣意を拘束するところにこそ真の意志の自由があると説く。すなわち、カントは、現実の自由を否定して、道徳上の当為としての自由を主張したのである。ところが、ヘエゲルになると、自由はふたたび当為の世界から現実の世界に引きもどされる。しかも、現実の世界において自由であるのは、個人ではなくて、超個人的な共同体である。なぜならば、意志の自由とは意志の普遍性である。[1] 故に、自由なる意志は普遍意志でなければならぬ。したがって、個別意志の主体たる個人は、いかなる意味でも自由ではあり得ない。それと同時に、意志が現実的な自由意志となるためには、その意志は漠然たる普遍意志ではなくて、限定された主体の意志とならなければならない。[2] さように、限定された普遍意志の主体は、共同体でのみあり得る。故に、ヘエゲルは、個人の自由を否定する点で啓蒙的自然法論に反対し、現実の自由を肯定する点でカントの道徳哲学に反対する。そうして、共同体——ヘエゲルはこれを「道義態」(Sittlichkeit)と名づける——の普遍意志のみが現実的に自由であると主張する。さような自由意志の主体としての道義態の最高段階に位するものは、国家である。したがって、自由なる意志の理念は、国家においてはじめて完全に現実的となる。しかるに、現実的に自由な意志は法である。故に、法は「国家の法」(Staatsrecht)としてはじめて、理性的であると同時に現実的となる。最高の道義態としての国家は、法の理念たる自由の自己実現の極致である。[3] 故に、ヘエゲルの哲学は、国家絶対主義の政治哲学であり、国家法至上主義の法哲学に帰着する。

ところで、国家の意志が絶対に自由な普遍意志であり、国家の法が理性的であると同時に現実的な最高の法であるとすると、国家の上にあって国家の意志を拘束する法はないということにならざるを得ない。それは、国際法の否定である。あるいは、国家法と国際法との区別の否定であり、国際法の国家法への還元である。国家が完全に実現せられた自由の意志の主体であるということは、国家のなさんとするところ法ならざるはなしという意味である。国家が最高の道義態であるというのは、国家を超越する道義的な普遍意志はないということである。だから、ヘエゲルは、国家法と次元を異にする法としての国際法というものを認めない。故に、普通に国際法と呼ばれるものは、ヘエゲルによれば、実は、国家法の一種に外ならない。ただ、それは、一つの国家から見ての対外関係の法であり、「外的国法」(das äussere Staatsrecht)である。これに対して、国内組織に関する法は、「内的国法」(das innere Staatsrecht)である。[4] かくて、国際法と国内法との区別は、単一の国家法の二つの部門に帰着する。かくて、ケルゼンのいうがごとく、国際法と国内法との関係についての国内法優位の単元構成の理論は、ヘエゲルにおいて最も徹底した表現を見いだした。[5]

こうした考え方に立つヘエゲルが、カントの国際連盟組織の構想に対して否定的な批判を下したことは、もとよりいうまでもない。国際連盟のような組織が基礎づけられるためには、いずれの国家の特殊意志をも拘束する法の一般原則があって、すべての国家がこれを遵守することが必要である。しかし、国家間の条約は、各国家が「主権」を有することを前提としているから、それが守られるか守られないかは、結局のところ、各国家の特殊意志に依存せざるを得ない。故に、国際関係を規律する法の原則は、行なわれなければならないという単なる「当為」であるにすぎない。[6] いいかえるならば、それは実定法としての「効力」の保障をもたない。したがって、国家と国家との間には、条約にかなった関係が存することもあり、それが破られてしまうこともある。それが、国際関係の現実である。かような現実の国際関係から生ずる紛争については、どちらが正しいかを裁くところの審判官は存在しない。あるのは、たかだかその仲裁者にすぎない。しかるに、仲裁というものもまた、仲裁者の特殊意志に依存するのであるから、それ自身偶然性をしかもち得ない。だから、国際条約が守られるのも、破られるのも、紛争が調停されるのも、決裂するにいたるのも、すべて各国家の特殊意志によって左右されるのである。したがって、国家間の合意を基礎とする国際連盟もまた、いつ解消されるかわからないという運命を担うものであり、到底永久平和の保障とはなり得ない。[7]

そこで、ヘエゲルの場合には、国家間の紛争は、関係諸国家の特殊意志の間の合致が成立しないかぎり、「戦争」によって決着される外はないという結論が生ずる。[8] すなわち、それは戦争不可避論である。

しかも、いかに現実が荒涼・殺伐たる有様に見えようとも、なおかつ「ここに薔薇がある、ここで踊れ」(Hier ist die Rose, hier tanze.) といって、現実をば絶対に肯定・讃美しようとしたヘエゲルは、[9] 国際政治の最も殺伐・悲惨な面たる戦争についても、単にこれを不可避と見るばかりでなく、その経過を楽観し、その結末を謳歌するのである。なぜならば、ヘエゲルによると、戦争は国家と国家との間の破壊的な衝突ではあるが、それにもかかわらず、国家は戦争を通じて互に他を承認し合い、互に他と結びついて行くのである。[10] 国際法学者は、国家に対する国際法上の承認ということを問題にするが、ヘエゲルにしたがえば、国家の「承認」は言葉によって表明せられることを必要としない。ナポレオンは、カンポ・フォルミオの平和にあたって、「フランス共和国は承認を必要としないこと、あたかも太陽が承認される必要がないのと同様である」といった。かように、国家はその「存在の強さ」(die Stärke der Existenz) によって承認される。[11] 強力な国家と国家とは、その強さにおいて互に他を国家として承認する。したがって、国家が互に激しく相争う戦争の間にも、国家相互の「承認」が行なわれ、それが紐帯となって、相たたかう国と国との間の結合が、いいかえるならば「平和」が成立する。故に、戦争そのものの中に、戦争は「過ぎ去り行くもの」であるという規定が含まれているのである。[12] 戦争は不可避であるが、不可避の運命によって勃発した戦争は、やがて、必然の過程を経て平和に立ち戻る。かような戦争と平和の交替・錯綜の間に、強大な国家は隆昌し、繁栄し、世界精神を担って発展する。しかし、或る期間世界に覇を唱えた強国も、やがてまた他の強大な新興国家によって圧倒せられ、歴史の先頭から落伍して、衰退・没落の運命を辿って行く。東方国家・ギリシャ国家・ロオマ国家・ゲルマン国家という風に、相次ぐ制覇国家の興亡の跡は、それらの強大国家といえども「有限」の精神でしかあり得ないことを物語っている。しかも、さような有限なる特殊精神の興亡・隆替の過程を通じて、普遍的な世界精神が自己を顕現せしめ、その最高の権利を行使する。それが、「世界審判」(Weltgericht) としての「世界史」(Weltgeschichte) に外ならない。[13]

かように、戦争をも理念化しようとするヘエゲルの現実絶対肯定の歴史哲学は、世界精神を神となし、あるがままの世界史を神の摂理の顕現としてこれに惑溺する態度である。しかしながら、世界精神が特定の国家に宿ってこれを世界最大の強国たらしめ、世界理性が強大国家に勝利を与えてこれを世界史の運載者たらしめるといっても、その筋書が個人精神の窺い知り得ぬ彼岸に秘められている以上、人間の知識がなし得ることは、歴史の歩みを後から跡づけて、その起き伏しを一々理念のなす業として随喜して行く以外にはない。だからこそ、ヘエゲルは、哲学をば世界史の黄昏になってはじめて飛び出すところの「ミネルバの梟」であるとなしたのである。[14] そうなると、国際政治の現実は、事前における正邪・曲直の批判を全く無意味なこととして、これを無視し、ひたすらに実力の蓄積と利剣の研磨とに邁進すればよいということになるであろう。そうして、敵の虚を衝いて戦争を挑み、いかなる謀略、いかなる無道を行なっても、結果において勝利を占めさえすれば、そのすべてが理念の自己実現として是認されるということになるであろう。かくては、人類の世界は飽くなき実力抗争の修羅場と化する外はないであろう。だから、ヘエゲルの絶対化された理念主義は、実は絶対化された現実主義と一致するのである。

かかる結論に共鳴し、むしろすすんでこれを主張し、傲然として弱者を睥睨しつつ覇道を闊歩しようとする者は、それでよいかも知れない。しかし、その覇業が中道にして破れ、四面楚歌を聞くときにいたって、なおかつかれは自己の信念を貫き通すことができるであろうか。国家滅亡の悲運に直面するにいたったとき、世界史の担い手は実は自己ではないことが明らかになったとき、なおかつ自己を亡ぼしつつある仇敵が世界理性によって選ばれた国であることを喜びとし、その剣の前に首をさし伸べつつ、その仇敵のために讃歌を唱することを厭わない者があるであろうか。兵を動かして敵を制圧するのは、勝者にとっても策の下なるものである。まして、敗者の立場は悲惨の極である。殊に、戦争の規模と惨禍とが幾何級数的に拡大しつつある今日に生まれしめたならば、ヘエゲルといえどもその戦争観を修正することを余儀なからしめられたに相違ない。ヘエゲルは、戦争の最中にも国家と国家とをつなぐ紐帯があるといい、したがって、国家の内部組織や国民の家族生活・私生活は戦闘行為の目標とはならないと説いた[15]。かような言葉は、この実力主義の哲学の中から不用意に洩れこぼれた人間的感傷の点滴であると同時に、当時の戦争がかような感傷を許すほどの規模のものであったことを物語っている。これを更に積極化して、戦争のロマンスを語り、戦争に際して発揮される道義精神を讃美する者は、東西を通じてその例に乏しくない。けれども、それは箙に梅をさして駒を陣頭にすすめた頃の戦争、フランスの騎士が、「イギリス人諸君よ、まず射給え」(Messieurs les Anglais, tiroz les premiers.) と叫んだ頃の戦争の話である[16]。今日の戦争は、その規模とともにその性格をも全く変えてしまった。ラアドブルッフのいう通り、近代戦はもはや戦争のエトスと名誉とを失ってしまったのである[17]。戦争は、それ自身の論理を追いつつ発展することによって、無条件に避けられなければならない害悪と化しつつある。理由の如何を問わず戦争は何としても防止しなければならないという必要が痛感され、既往や現状に対する批判は別として、まず平和の維持に全力を挙げなければならないということが、国際政治の絶対の要求となって来たのである。この巨大な現実の動向は、ヘエゲル流の現実主義の戦争観を過去に葬り去って、現実の中から新たな理念と秩序とを生み出そうとしている。その理念と現実の結びつきが、正に新たな国際法建設の企図となって現われて来たのである。

（1）Hegel: Grundlinien der Philosophie des Rechts, Lassons Ausgabe, § 5.
（2）A. a. O., § 6.
（3）A. a. O., § 257 ff.
（4）A. a. O., § 260 ff., § 330 ff.
（5）Kelsen: Das Problem der Souveränität und die Theorie des Völkerrechts, S. 154.
（6）Hegel: a. a. O., § 330, § 333.
（7）A. a. O., § 333.
（8）A. a. O., § 334.
（9）A. a. O., Vorrede, S. 15.
（10）A. a. O., § 338.
（11）Zusatz aus Hegels Vorlesungen, zusammengestellt von Eduard Gans, zu § 331, a. a. O., S. 371.
（12）Hegel: a. a. O., § 338.
（13）A. a. O., § 341 ff.
（14）A. a. O., Vorrede, S. 17.
（15）A. a. O., § 338.
（16）Max Weber: Wirtschaft und Gesellschaft, 1922, S. 20.
（17）Radbruch: Einführung in die Rechtswissenschaft, 7. u. 8. Aufl., 1939, S. 197 f.

## 四　国際法秩序の建設

国際社会がこれまでに経て来た歴史の段階では、平和は維持されなければならないという国際政治の理念と、戦争は避けられ得ないという国際政治の現実との間に、あまりにも大きなへだたりがあった。それが、国際法の発達を妨げる最大の障礙となっていたのである。なぜならば、法は、一面では理念につかえるものであるが、他面では現実を重んずるものである。理念をもたない法は、法たる資格はないが、現実に行なわれない法も、法としての機能を営むことはできない。したがって、理念と現実との間にあまりに大きなへだたりがあると、法は、もはや両者の間に跨がってその調和を図ることが不可能になる。すなわち、国際法が平和の理念によって国際関係を規律しようとすれば、その規律は単に道徳的な当為と化して、現実に対する抑えが利かなくなる。逆に、国際関係の現実を尊重すれば、結局は戦争を認めざるを得ないこととなり、平和の維持という目的を断念しなければならなくなる。国際連盟規約も不戦条約も、高い平和の理念につかえようとして、無慚にも現実のために裏切られることを免れなかったのである。

ところが、第二次世界大戦の結果は、国際政治の現実を急角度に平和の理念に接近せしめつつあるように見える。その主要な原因は、戦争の惨害が人類に与えた教訓である。こうした教訓は、これまでも戦争の度にくりかえされた。そうして、人間の平和への熱望を高めた。しかし、喉もと過ぎれば熱さを忘れる人間は、やがてその教訓をも忘失して、戦争熱に駆られるようになるのが常であった。第一次世界大戦後の平和思想から戦雲重畳の情勢への転換は、その最も顕著な場合である。今後もそうした轍をふむことがないとは、もとより何人もいうことはできぬ。しかし、前回と今回とでは戦争の惨害の度合が違う。殊に、戦争末期に現われた画期的な新兵器は、恐らく万人の戦争に対する観念を一変せしめたであろう。その結果として、戦争を「政治の手段」と見ることが、現実の問題として非常に困難となって行くであろう。それだけ、いままでは戦争不可避と考えられていた国際政治の現実が、政治の手段として武力を用いてはならないという国際政治の理念に接近して来たのである。それだけ、国際法上の戦争防止の制度が実効力を発揮すべき地盤ができて来たのである。そればかりでなく、前にも述べたように、今度の戦争は、将来ともに戦争によって利益を得る可能性をもたない民主主義国家群の勝利に帰し、在来の世界秩序を破ることの利益を狙ったいわゆる枢軸側の完全な敗北に終わった。そうして、戦後処理の第一の主眼点は、ドイツや日本が武装国家として再起する余地を根絶するということに置かれ、その対策はきわめて厳格に実施せられつつある。この方策が着々として成功するならば、これまで世界平和に対して脅威を与えていた最も有力な二つの戦争策源地がなくなる訳である。だからといって、第二のドイツ、第二の日本が出現する虞れがないとは断言できないにしても、国際社会の現状が、永久平和の現実化を図る上からいって、それだけ格段によい条件を備えるにいたったということは、疑いのないところであろう。

かように著しい変化を示しつつあるところの国際政治の現実に立脚して、いまや新たな国際法秩序建設の努力が真剣にすすめられている。その努力の中心をなすものが、ダンバアトン・オオクス会議およびヤルタ会議を経て、サンフランシスコ会議によって最後の決定を見、一九四五年一〇月二四日に成立したところの「国際連合」であることは、いうまでもない。

国際連合の最も主要な目的は、「国際的平和および安全を維持すること」である。この目的を達成するためには、平和に対する脅威を防止もしくは除去して行かなければならない。また、侵略その他の平和破壊行為を鎮圧するための有効な集団的措置を実施しなければならない。特に、平和を破壊する虞れのある国際紛争を平和的手段によって調整・解決して行かなければならない。国際連合憲章はその第一条によって、かくのごとき国際連合の主要目的を宣明し、かつ、国際紛争の平和的調整または解決は「正義および国際法の原則」にしたがってなさるべきことを明記している。[1] これが国際連合のかかげる理念である。この理念が今日の国際政治の動向を指導し、甦る平和を、希望を以て迎えつつある国際社会の現実の上に働きかけて、国際連合組織を中心とする新たな国際法秩序を築き上げようとしているのである。それが、国際法を破ることなくして国際法を作ろうとする力であり、国際法を破って国際法を作ろうとしたあらゆる企図を封殺する力であり、世界史の現段階において認められる「国際法の窮極に在るもの」なのである。

国際連合は、根本の構想においては国際連盟の延長であり、発展である。すなわち、国際連合は、「一切の加盟国の主権平等の原則に基礎を置く」ものである。[2] 一九四五年一二月二七日に憲章の批准を完了した加盟国は五一ヵ国であるが、[3] 連合は、これらの諸国がいずれも平等の主権国家であるという建前の上に立っている。のみならず、第二次世界大戦において連合国の敵国であった国々も、憲章の義務を受諾する平和愛好国であるという実を示し、安全保障理事会の勧告にもとづいて一般総会が加入を可決すれば、国際連合に加入することができる。むしろ、世界のすべての国家が平和愛好国となって連合に加入し、連合が名実ともに世界連合となることが、国際連合機構設置の目的でなければならぬ。そうなった暁には、地球上のあらゆる国家が、領土の大小、人口の多少、実力の強弱にかかわらず、ひとしく平等の主権国家として取りあつかわれ、その合意を基礎として国際連合が存立し、その平和維持のための機能が営まれることになるのである。故に、連合は、文字通りの国際連合である。国際連合に包摂せられるべき世界は、今後といえども国際社会としての構造をもつ。国際連合は、国家の主権を否定もしくは制限する世界連邦ではない。政治上の単一体はあくまでも国家であることを認め、国家を単位として世界の構造を規定して行こうとする点では、国際連合は国際連盟と全く同一の線の上に立っているといっても差しつかえない。

しかしながら、国際連合は、もとより決して単なる国際連盟の復活たることを以て満足するものではない。連合は、すでに失敗の生々しい経験を経ている国際連盟の、単なる旧套を墨守しようとするものでは決してない。横田喜三郎教授のいわれるように、「国際連合は連盟よりもはるかに進歩した機構である。連盟の精神を受けつぎ、大体にその線に沿いながらも、はるかにこれを乗りこえ、ほとんど飛躍的な発展をとげている」のである。[4]

国際連合が、国際連盟に比してはるかに進歩している筈でなければならない点は、いうまでもなく、その平和保障機構としての強力さである。国際連盟も、国際紛争の平和的解決ということに主力を注ぎ、侵略行為に対しては経済上・武力上の制裁を加えるべきことを規定した。しかし、連盟の場合には、戦争防止の措置についての連盟理事会の決定は、単に勧告としての効力を有するにとどまり、これを実行するか否かは、各連盟国の意志に委ねられていた。[5]したがって、侵略行為に対して連盟の規定する制裁は、法的手段としてはきわめて薄弱であり、平和保障のために協力すべき各国の義務は、事実上道徳的な義務以上には出で得なかった。そこで、戦争を惹起することを回避しようとする国家は、侵略国に対して必要な制裁を加えることを尻込みするし、武力によって国際紛争を解決しようとする国家は、それに乗じて傍若無人の振舞をする可能性があった。

これに対して、国際連合では、第一に、戦争防止の措置を講ずるために設けられた安全保障理事会があって、安全保障理事会による侵略行為の存否の認定および戦争防止のための措置の決定は、すべての連合国がこれを受諾し、実行しなければならないことになっている。しかも、第二に、連盟理事会の決定は原則として全会一致を要することになっていたために、連盟としては微温的な措置しか採用できなかったのに反して、国際連合の安全保障理事会の決定は、多数決によることになっているから、連合としては一部の反対を押し切って強力な措置を講ずることができる。そうして、第三に、国際連合は、憲章第三九条以下に、侵略行為に対して発動すべき相当に詳細な制裁行動の規定を設け、戦争防止のために、すみやかに或る程度まで組織化された兵力を行使し得るように定めている。これによって、平和を破壊すべき事態が発生した場合に、早期に鎮圧の効果を挙げることができるとすれば、連合の平和保障機能は、連盟に比して格段の積極性を備えることになったものといい得るであろう。[6]要するに、安全保障理事会が連合の中核として相当に優越的な地位を占め、或る程度まで国際政府の役割を演じ得るようになっていること、および、安全保障理事会の決定にもとづく制裁規定の発動が迅速・的確に行なわれ得るように考慮されていること、この二点において、国際連合によって組織化された新たな国際法秩序は、いままでにない法的実効性を具備するにいたったものとして期待されてよいであろう。

前に述べたように、世界平和の確保という大きな目標を目ざして古来の人々が描いて来た世界組織の構図には、大別して二つの種類がある。その一つは、民族国家の枠を外して、世界を一つの国家に纏め上げるという「世界国家」の構図である。他の一つは、民族国家という世界構成の単位を動かさないで置いて、多数の国家の連合によって平和維持の組織を作り上げて行こうとする、広い意味での「国際連盟」の構図である。世界の秩序を維持することが至難である根本の理由が、国際社会には統一的な政府がないという点に存する以上、第一の構図の方が、平和の基礎を確立する思い切った方法であることは、いうまでもない。しかし、国家という政治単位の存在を尊重することが、現実に動かすべからざる必要条件であるかぎり、実際問題としては第二の構図が選ばれることになるのは、当然である。カントの構想もそうであったし、第一次世界大戦後の国際連盟もそうであったし、今度の国際連合もそうである。ただ、この第二の構図の重大な欠点は、各国家の分立性が強すぎて、政治上の有効な統制中枢を欠くというところにあった。故に、国際連合の今後の活動の成否は、かかってその中核体たる安全保障理事会の決定が、国際政治の上にどれだけ物をいうかによって決まるものといわなければならない。更に、第二の構図を現実化した場合にその弱体化を招く根本の理由は、平和を破壊する行動に対して断乎たる制裁を行ない得ない点に存した。平和を破壊する行動に対して断乎として制裁権を発動せしむならば、それがきっかけとなって全面的な戦争が惹き起こされる危険はある。しかし、それだけの覚悟を以て臨まなければ、国際社会の現実に立脚して平和の基礎を固めることは、不可能である。国際社会の秩序は、法秩序でなければならぬ。そうして、法秩序は、秩序の攪乱者に対して有効な強制を行なうのでなければ、守られ得るものではない。そのためには、秩序の擁護者の側に、有効な強制を行ない得るだけの、強大な武力が備わっていなければならぬ。カントは、永久平和のための予備条項の一つに、常備軍の撤廃ということを数えた。けれども、それは、問題を解決する道を、法がそれに沿うて発達すべき線とは逆の方向に選ぼうとしたものといわなければならぬ。なぜならば、平和を確保するためには、むしろ少数の国家が一般の国家の水準からはるかに隔絶する軍備を保有することが、絶対に必要だからである。その武力が、国際法秩序を有効に——しかも正しく——裏打ちする強制力としての意味をもつ場合にのみ、国際社会はその固有の実定的な法を備え得たことになるであろう。そうして、国際社会は何はともあれ平和と秩序とを維持せねばならぬという理念は、国際強制力の担当者たる少数の強国相互の間に致命的な衝突が起こらないかぎり、それによって一応現実化され得たこととなるであろう。

国際連合によって具体化されつつあるところの国際社会の構成は、国内社会の組織原理たる「民主主義」と同じ精神に立脚している。国内社会の組織原理としての民主主義は、すべての「個人」の法の前の平等という観念から出発する。個人には、年齢の老若、男女の性別、人種の相違、才能の大小、等によって実際には色々な差等があるが、それにもかかわらず、すべての人が人間として法の前に平等に取りあつかわれるというのが、民主主義の原理である。しかし、他方からいうと、すべての個人が社会的に全く平等の立場に立って、いわば団栗の背くらべのように、互に権利を主張し、利益を争ってだけいたのでは、共同生活の秩序は保たれない。そこで、優れた知能と才腕とをもつ人々が選ばれて国民の代表者となり、法を作り、政治の命令を発し、法によって争いを裁くことが必要となって来る。そういう風に、個人の平等と権力による統制とを矛盾なく組み合わせているのが、民主主義の政治なのである。それと同じように、国際社会もまた、すべての「国家」の国際法の前での平等という原則の上に立っている。国家には、人口の多少、領土の広狭、実力の大小、等によって、実際にはさまざまな差等があるが、それにもかかわらず、すべての国家が主権国家として平等の権利をもつというのが、国際法の建前である。しかし、それだけでは国際社会の平和と秩序とは維持できない。そこで、卓越した実力を有する国家が、いわば国際社会の代表者という形で国際法の執行にあたることが、是非とも必要である。それは、「国際民主主義」の原理である。この原理が円滑に運用されることになれば、一部の国家だけが強大な経済力と軍備とをもって国際法秩序の維持にあたっても、国家平等の原則とは何ら矛盾しないと考えられ得ることとなるであろう。そうして、中小の国家までが、国内治安の維持に必要な程度をはるかに越えた武力を備えなければ、国防上不安であるし、国家としての体面を保てないというような考え方は、その根拠を失ってしまうであろう。それらの国々は、国防のためのきわめて無理な、しかも実際にはほとんど役に立たない負担から解放され、それぞれその特色を生かして世界経済の一環を担当し、世界文化の発達に寄与し得るということになるであろう。そうした国際民主主義の原則を思い切って確立することが、現段階における国際法秩序建設の最も賢明な方針であるといわなければならない。

（1）国際連合憲章第一条一。
（2）同第二条一。
（3）横田喜三郎教授・国際聯合（昭和二一年）二六頁。
（4）前掲書はしがき。
（5）前掲書四五頁。
（6）前掲書四三頁以下。

## 五　国際正義と世界経済

国際政治の理念は国際社会の平和である。いいかえれば、戦争の防止である。秩序の比較的に保たれ易い国内社会にとっても、平和ということ、秩序の安定ということは、もとよりきわめて重要な理念である。しかし、国家の内部では、単に秩序が保たれるということよりも、その秩序がいかなる内容をもつかということの方が、一層重要な問題となる。正義は、単なる秩序の安定ではなくて、公正な配分にもとづく秩序でなければならない。したがって、公正な配分関係を確立するためには、場合によって安定している秩序の変革を行なうこともやむを得ない、という議論が成り立つのである。これに対して、国際社会では、配分の公正ということをいい出すと、きりがない。領土の広狭、資源の賦存、植民地の多少、等、すべての現状を不公正であるとして、これを変革しようとすれば、それが最も有力な戦争の原因となる。だから、国際法としては、まず諸国家の関係の現状をそのままとして、その上に何はともあれ秩序を安定せしめ、平和を築き上げるということが、先決問題とならざるを得ない。国際連合がその憲章の中に何ら現状の変更について規定していないことは、学者の不満とするところであるが[1]、現状変更の可能性を正式に認めることによって紛糾をかもすよりも、現状をそのままにして置いて、平和の確立に全力を注ぐ方が急務であるという、きわめて現実的な考慮がそこに働いているとするならば、国際法の過去の受難史に鑑みて、その態度にも充分な理由があるといわなければならない。

しかしながら、国際社会にとって、いかに平和と秩序とが動かすべからざる理念であるといっても、それなるが故に国際関係の配分が不公正であってよいというのでは決してない。正義は、国内社会の理念であると同時に、国際社会の理念でなければならぬ。平等の原則、各人にかれのものをという要求は、世界にあまねかるべき配分の原理であらねばならぬ。ベンタムは、イギリス国民のためにのみ最大多数の最大幸福を実現すべきことを法や政治に要求したのではないのである。フィヒテは、ドイツ人だけが人間の人間らしい生活を保障され、仰いで文化の蒼空を眺め見る余裕をもつことを、理性的な共同生活関係となしたのではないのである。ルウソオは、公共の福祉を達成することを国家の任務となした。しかし、この法理念もまた、これを地域的に達成するのは国家の任務であっても、理念そのものとしては普遍人類的な意味をもつべきであること、いうを俟たない。国際正義は、世界人類の公共の福祉を内容とする理念である。この理念をば、法を破ることなく、いいかえるならば戦争に訴えることなく、更にいいかえるならば平和および秩序の理念と調和させつつ実現して行くのが、国際政治の矩である。それこそ、真の意味で「国際法の窮極に在るもの」である。今日の国際政治の現実は、平和および秩序の理念には、いままでの歴史にその比を見ない距離にまで接近している。しかし、この真の意味での国際法の窮極に在るものとの間には、なお大きなへだたりがあることを認めない訳には行かない。

故に、国際政治の理念を「国際正義」と名づけるならば、国際正義には二つの面があるということができる。第一の面から見た国際正義は、世界普遍の配分の公正であり、人類全体の公共の福祉である。これを狭い意味での国際正義と名づけることができよう。これに対して、広い意味での国際正義は、これと異なるその第二の面をも含む。第二の面から見た国際正義は、国際社会の平和であり、国際法秩序の安定である。

ところで、国際正義のこの両面は、ヤヌスの顔のように、互に矛盾する性格をもっている。すなわち、平和を維持するには現状を尊重しなければならない。しかし、現状を尊重すれば配分の公正は望まれない。故に、配分の公正を図るには現状を打開しなければならない。ところが、現状の配分関係を動かそうとすれば、必ず国際紛争が起こる。国際紛争の微温的な解決ならば、平和の手段によってもなし得ないことはないが、双方の言い分を飽くまでも通すということになれば、戦争はほとんど不可避である。かくて、平和の理念は蹂躙されざるを得ない。公正の配分を断念して現状の秩序を安定せしめるか、現状を打破して新たな配分関係を確立するかは、一般に法の当面するディレンマである。しかしそのディレンマの深刻なること、国際社会の示すそれのごときはない。諸国家分立の現状をそのままとして、その上に永久平和の構図を描いたのはカントである。実力を以て現状を打破しようとする諸国家の「自由」を認め、その結果として戦争の不可避を論じたのはヘエゲルである。両者の対立は永遠の矛盾である。そうして、このディレンマに悩みぬいた国際政治が、国際配分関係の是正という問題をひとまず棚の上に片づけて、専ら平和の確保という理念の現実化に——大体としては、カントの描いた構図の線に沿うて——徹底しようとしていることは、これまでに概観した通りである。

これに対して、経済上の配分の公正ということを主眼としつつ、これに平和の理念を結びつけて世界と国家との関係を論じた学者も、その例がない訳ではない。カントをして永久平和の理念を代弁せしめ、ヘエゲルをして国際政治の現実を分析せしめた因縁から、更にこの種の学説をドイツ観念論哲学の中に求めるならば、その代表者としてフィヒテを挙げることができる。フィヒテの『封鎖商業国家論』がそれである。フィヒテの、封鎖経済国家理論と結びついた永久平和論は、今日の社会経済の発展段階にはあてはまらないし、これを形を変えて現実化しようと試みるときは、恒久の平和にいたる道程として戦争の可能性を肯定する結論が導き出される虞れがある。したがって、それは、何はともあれ平和の確保をという現代の国際政治の理念から見れば、排斥さるべき危険思想に属するであろう。しかし、社会正義と経済とを牽連せしめたその構想は、今後の国際政治の指標を省察する上からいって、なおかつ一応の検討に値するであろう。

フィヒテは、人間は人間らしく生活せねばならぬという理念を実現することをば、国家の第一の任務と考えた。そうして、この観点から文化哲学的な国家社会主義を説いたのである。すなわち、フィヒテによれば、人間はすべて文化の蒼空を仰いで心の教養を高めるべきであるが、そのためには、まず国民全体の経済生活の安定を図る必要がある。そこで、国民のすべてに対して正しい人間生活を保障するところの「理性国家」(Vernunftstaat) は、経済上の生産・加工・配給を全面的に統制して行かなければならない。その仕事の第一は、人口総数に応じていかなる物資をどれだけ生産する必要があるかを正確に計量することである。この計算にもとづいて、国民の中のどれだけが生活資源の生産に従事すべきかが割り出される。次に、生産された原料を加工する技術家の必要数を算出しなければならない。そうして、最後に、物資の円滑な流通を図るために、全人口の或る割合が配給の仕事、すなわち商業にふりあてられる。かくて、国民の中にそれぞれ一定数の生産者・技術家・商人が区分されるのである。これらの職能的に分化した三つの階級が、すべてその任務を忠実に遂行することによって、国民のすべてに行きわたるだけの財貨が生産・配給され、理性国家の経済的基礎が確立される。なお、その他に行政機能を分掌する官吏、教育の任務にたずさわる教育者、国民の仰ぐべき文化の蒼空を築く学者・芸術家、等の職能がわかれる訳であり、そうした非生産的な仕事にあたる人々の生活保障をも計算に入れて、国家の計画経済が運営せらるべきであることは、いうまでもない。(2)

さて、フィヒテの理性国家は、かように、国民経済の各分野を全面的に計画・統制することによって、需給関係の完全な均衡状態に達する。この均衡によってはじめて、国民の福祉が全体として保障されるのであるから、国民が自由経済社会におけるがごとくに、各自の利害の打算によってみだりに職業を変更することは、ここではもはや許されない。しかしながら、需給の関係の均衡を保ち、国民生活を全体的に安定せしめるための根本条件は、かかる安定を可能ならしめるだけの資源を国内に確保するということである。それだけの自然の条件を備えておらない国家は、理性国家として存立する資格を欠くのである。そこで、フィヒテは、理性国家建設のために必要な二つの条件をかかげる。第一に、国家は、国民生活を維持するために必要な物資を生産し得るだけの、広い領土をもたねばならぬ。それが、フィヒテのいわゆる「国家の自然的限界」(die natürlichen Grenzen des Staates）である。[3] 次に、第二に、理性国家の内部関係が確実な均衡状態を保ち得るためには、外国との自由貿易を封鎖しなければならぬ。なぜならば、商人各自の採算と利益とを以てする自由貿易を許すと、国民生活のために必要な物資が外国に流出し、全体の福祉のために不必要な財貨が国内に過剰に流れ込み、理性国家の根底をなす需給の均衡関係をかきみだしてしまうからである。故に、フィヒテは、理性国家の本質をば「封鎖商業国家」（der geschlossene Handelsstaat）として規定する。[4] もっとも、いかに広大な領土をもつ国家でも、気候や地味や地質の制約を受ける関係上、完全な自給自足経済を営むことはできない場合が多い。したがって、国家間の物資の交換は、或る程度まで避け得ない。しかし、フィヒテは、そういう場合にも、かような国際交換経済はあくまでも政府の統制の下に、しかも「金」を媒介としないバアタア制によって行なわれなければならないと論ずる。[5]

フィヒテによれば、国家がかくのごとき封鎖商業国家として成立することは、国内生活において配分の公正を保ち、すべての国民に人間らしい生活を保障する所以であるばかりでなく、更に国際平和を維持するための不可欠の条件である。なぜならば、外国に対して商業上の利益を拡大して行こうとする経済政策は、その外国に不断の脅威を与えるばかりでなく、同一の市場または同一の資源地帯に対する利権の争奪が、しばしば国家の間の戦争をひき起こすからである。これに反して、封鎖商業国家は、自国の自然的限界を乗り越えて領土を拡大するということについて、何らの利益も関心ももたない。何となれば、封鎖商業国家の根本組織は、与えられた自然的限界を基礎として確立されている。そうして、この限界を変更することは、国家内部の経済的均衡の関係を破るという結果しかもたらさないからである。そこで、フィヒテは、世界の諸国家がすべて封鎖商業国家として再編成されることをば、「永久平和」への道であると見た。[6] いいかえれば、かれは、人類の全体に対する配分の公正を図るという理念と、世界永遠の平和の保障を確立するという理念とを、この方法によって併せて実現し得ると考えたのである。

このフィヒテの構想は、誠に哲学者の構想らしい卓抜さを備えている。しかし、この構想も、フィヒテの時代ならばいざ知らず、今日の国際社会には、もはやこれをあてはめて考慮することを許さない欠点を包蔵している。なぜならば、フィヒテは、国家がその国内経済を封鎖し、国民生活の合理的な均衡を維持し得るためには、一定の自然的限界をもたなければならないと考えた。したがって、すべての国家が封鎖商業国家となることを永久平和の条件とするフィヒテの構想を実現するためには、まず、自然的限界に達しない小国家を整理・統合して、すべての国家の大きさを或る程度まで揃えることが必要になって来る。これは、もとより実行不可能なことであり、これを無理に実行しようとすれば、どうしても戦争にならざるを得ないからである。

しかるに、最近の国際政治の動向の中には、かようなフィヒテの構想をば、そのままの形においてではなく、やや変わった形態と規模とを以て実現しようとする企図が現われた。すなわち、フィヒテは、一国単位の自給自足経済を理想としたのであるが、これは、現在の多角化した社会経済にはむかない理論である。いかに広大な領土を有する国家でも、完全な自給自足の状態の下に経済上の需給の均衡を保たしめることは不可能である。そこで、フィヒテのような一国単位の自給自足経済ではなく、数国家を併せ含む地域的な国家連合を作り、一つの指導国家を中心として、その内部でのアウトアルキイを確立し、他の地域からの干渉を排除することによって、世界の「新秩序」を建設しようとする企てが現われて来た。カアル・シュミットの「広域秩序」(Grossraumordnung)の思想がそれであり、[7] ナチス・ドイツのヨオロッパ制覇主義がそれであり、日本の大アジア主義の狙いもまたそこに存した。そうして、正にそれが第二次世界大戦勃発の原因となったのである。その覆轍をくりかえす危険がある以上、ふたたびフィヒテのような考え方に近づくことは、国際政治にとっての犯すべからざるタブウとされなければならぬ。

しかしながら、それにもかかわらず、平和の手段によって世界人類のあまねき配分の公正を図るということは、国際正義の永遠の理念である。今後この理念に接近して行く道は、フィヒテの考えたような一国単位の統制経済にではなく、ドイツや日本が企てたような広域経済圏の建設にでもなく、世界全体を統合する最も大規模な包括計画経済に求めらるべきであろう。すなわち、世界経済の指導中枢を設け、すべての国家間の生産や配給の計画を鳥瞰的に樹立し、平和を愛好する国際連合の加盟国のいずれもが、この計画の下にそれぞれ分に応じた経済活動を営むという構図が、最も多くの現実化の可能性をもつであろう。もしもそれによって、弱小国家の国民生活もひとしく人間の人間らしい生活の水準に近づいて行くことができるならば、国際関係の現状の変更という問題はいままでのような深刻さをもたなくなって来るであろう。いいかえるならば、一つ一つの国家が広い領土と豊富な資源とをもたないでは、その国民の公共の福祉を図り得ない、という公式を無用のものたらしめないかぎり、現状の変更への要求はそのあとを断たないであろう。

かような構図を描くことは、政治上の単一体としての国家の枠までも外そうとする、いわゆる世界国家論や世界連邦論に帰着することを意味しない。経済は、その本質において普遍化する強い必然性を有する。だから、これを無理に阻止しようとする代わりに、むしろその傾向を促進して、国境を越えた世界経済に進展せしむべきである。しかし、政治は、国民生活の特殊性を重んずる関係上、国家という単位から切り離すことはできない。したがって、国際政治は、各国家を法の前に平等な主権国家として取りあつかうという国際民主主義の建前を堅持するのが、自然なのである。ただ、各国家の政治上の主権性が世界経済の円滑な運行を妨げることがないようにするために、特定の大国家の経済上のヘゲモニイが認められなければならない。しかも、その国家の経済上のヘゲモニイには、与えられた条件の下にできるだけ世界全体の配分の公正を図るという最も大きな責任がともなわなければならない。そうして、規模の大小、実力の強弱を問わず、おのおのの国家がその特殊の伝統と民族性とを生かして、千紫万紅の文化の花を平和の園に咲かせ得るようにして行かなければならない。国際関係のスタトス・クオは、何としても不合理な歴史上の由来をもつ。そのスタトス・クオを、それにもかかわらずそのままに尊重しつつ、しかも国際社会の秩序を正義の線に沿うて維持して行くためには、国家を単位とする国際政治と国境を越えた世界経済との調和を図る外に考えられ得る適策はないといわなければならないのである。

（1）横田喜三郎教授・国際聯合六一頁以下。
（2）Fichte : Der geschlossene Handelsstaat, Sämtliche Werke, 3. Bd., S. 403 ff.
（3）A. a. O., S. 480 ff.
（4）A. a. O., S. 419 ff., S. 475 ff.
（5）A. a. O., S. 431 ff.
（6）A. a. O., S. 480 ff.
（7）Carl Schmitt : Völkerrechtliche Grossraumordnung mit Interventionsverbot für raumfremde Mächte. 1939.

# 法の窮極にあるものについての再論

# はしがき

拙著『法の窮極に在るもの』が出版されてから二年足らずの間に、それに関連の深い問題について書いた五つの論文を、ここに集めて見た。それが本書である。

五つの論文のうち、はじめの三つは論争である。その第一は、拙著に対する田中耕太郎博士の批判に答えるとともに、東京大学法学部内の公法政治研究会で拙著をめぐって行われた論議に対して、私自身の見解を明らかにしたものである。この論文の表題をそのまま取って、本書の表題とした。第二は、私の「ノモス主権論」に対する宮澤俊義教授の批評への答えである。私のいわゆる「ノモスの主権」とは、主権をば実力概念としてとらえる見方を否定し、法的な責任概念としての主権理論を打ち立てようとするものであって、もとより、拙著の論旨と不可分の関係をもつ。第三は、拙著に対する加藤新平教授の批判を反駁したものである。これ以外の四篇は、いずれもすでに雑誌に発表されたものの再録であるが、加藤教授への答えだけは、この機会に新たに書き下した。

四番目の論文は、自然法と法実証主義の対立を乗り越えて、一つの新らしい経験主義の法哲学への道を切り拓こうとした試みである。ここでは、「経験」という言葉の正しい意味をつかむために、私がかつて深く師事し、私の学問上の考え方に決定的な方向を与えてくれたところの、フッサアルの現象学の立場に再吟味を加えて見た。その再吟味に論述の大部分をふりむけたために、そのような新らしい経験主義の立場から、実定法の根本問題をどう解いて行くかという点については、きわめて粗略な考察を加えたにとどまる。五番目の論文にいたっては、『平和の哲学』という大それた題目をかかげたが、実は平和の哲学の「序説」にすぎない。

このような論争や断章や序説をモザイク的に集めて、一冊の本にして出すということは、決して私の本意ではない。私は、拙著の論述を基礎としつつ、これらの諸篇で試みた考察を十分に発展させて、体系的な新版『法の窮極にあるもの』を作り上げて行きたいのである。それにもかかわらず、そうするまでの過渡的な状態において、こういうモザイク論集を刊行するにいたったのには、二つの理由がある。

その一つは、時勢の急激な動きである。太平洋戦争が終ってから、まだ三年半にしかならないが、その間の世界史の動きのはげしさは、真に驚嘆に値する。その激動する時代の流れの中にあって、それについてささやかながら何らかの発言をした者は、自分の考えについての誤解をのぞき、自分の立場をすこしでも明らかにするために、できるだけ早く補足的な発言をせざるを得ないという気もちになる。私が、自分の思想の成熟とその表現の完成を待つ前に、こうした形のモザイク論集の刊行に同意したのは、そういう気もちにもとづく。

もう一つの理由は、勁草書房主幹逸見俊吾君の頑強で性急な要望である。小野道風を発奮させたという、あの柳の小枝にとびつく蛙にも似た、逸見君の不屈の懇請の前には、未熟な著述を矢つぎ早に出すことに対する「学問的良心」の面はゆさも、ついにたじろがざるを得なかったのである。記してもって、モザイク論集に対する陳謝の弁としたい。

昭和二十四年一月二十四日

尾高　朝雄

# 法の窮極にあるものについての再論

一

拙著『法の窮極に在るもの』（昭和二二年）は、これまでにすでに二度、やや立ち入った批判を仰ぐ機会に恵まれた。一度は、東京大学法学部の公法政治研究会で、同学部に所属する多数の若い学者によって、拙著についての合評会が催されたときである。二度目は、法学協会雑誌の第六五巻第一号に掲載された、田中耕太郎博士の拙著に対する書評である。前者は、もとより公開の学会ではなく、ほんの内輪の研究会にすぎないが、それだけにそこでは最も忌憚のない検討が加えられ、著者たる私もその席にあって、一々釈明あるいは反駁を行い、私として教えられるところがきわめて多かった。後者は、かぎられた頁数の書評であるが、拙著の内容の紹介を省略して専ら批評にあてられているために、主な論点はほとんど洩れなく取り上げられており、しかも、さすがに斯界の大家の筆になるだけに、急所急所にむけられた批判は、著者の骨身に徹するの概がある。

拙著はもとより未熟・不完全な試論にすぎないが、そこに取りあつかわれているのは、本格的な大問題であるということが許されるであろう。それについて、一方では新進の諸学者から、他方では学界の大先達から、かように突っ込んだ批判が加えられたということは、著者にとってのこの上もない幸福である。それと同時に、そこに与えられた貴重な教示を基礎としつつ、更に想を新たにして問題の焦点を明らかにすることは、著者としての怠るべからざる責務である。法の窮極にあるものは何か。それは、法哲学の追求すべき永遠の課題である。永遠の課題を解決することは、あるいは永遠に不可能であるかも知れない。しかし、かなわぬまでもその解決にむかって努力をつづけて行くことは、一日もゆるがせにできない学徒の使命である。ここに、いま述べた拙著への二つの批判を機縁として法の窮極にあるものについてのささやかな再論を試みようとするのは、一つには、懇切な教示をあたえられた恩師・同僚・同学に対する感謝の表明であり、また一つには、学徒としてのこの使命に少しでも忠実でありたいと思う気もちの現れにほかならない。

## 二

法の根柢には、力がある。この力が働いて、法を作り、法を支え、場合によっては法を破る。この、法の根柢にある力は、普通には「政治」の力であると考えられている。ファッショの時代には独裁主義の政治力が強引に働いて、その作用に都合のよいような法を作り上げた。今日の日本では、民主主義の政治が「人類普遍の原理」と認められ、それが一切の法制度の民主化を徹底させつつある。しかし、かように法を作り、法を支え、場合によっては法を破るところの政治力は、決して無法・無軌道の力ではあり得ない。無法の政治は一時栄えることはあっても、やがて歴史の審きを受けて亡びる。そうして、人間共同生活の目的にかなった力が政治の方向を決定するようになる。そこに「政治の矩」がある。洪水のように法を押し流す政治の力も、政治の矩にはしたがわなければならぬ。それは、政治の則るべき規準であるという意味で、一種の根本的な法と見なされなければならない。故に、法の奥には政治があるが、政治のそのまた奥には、政治の矩としての法がある。それが「法の窮極にあるもの」である。――拙著の中で取りあつかわれているテエマは、ごく簡単には、こういう風に要約され得るであろう。

この主題について、公法政治研究会では、まず、おおよそ次のような意見が述べられた。

政治が無法・無軌道な力ではなくて、一定の社会的・歴史的条件の下で正にそうあらねばならぬ筋道にしたがって行われるということは、大体として認められ得るであろう。しかし、その筋道を「政治の矩」と名づけるとしても、それが法であるかどうかは、すこぶる疑問である。それは、もしも政治の矩といい得るとするならば、正にその意味で「政治」の原理ではないのか。あるいは、政治がそれにしたがって行われる筋道であるという点から見て「政治の窮極にあるもの」というべきではないのか。著者は、法が政治の傀儡となり、その意のままに動かされて来た最近の風潮に対して、法を動かす政治の更に上には政治の矩としての法があることを指摘し、それによって法の自主性の回復をはかろうとした。しかし、人間共同生活の筋道を「法」と名づけるのは、錦の旗を法の手に握ろうとする法学の独善的な態度であろう。これに対しては、政治学の立場からもまた、それと同様の権利を以て、政治の自主性を主張しなければなるまい、と。

この点は確かに疑問である。事実、私自身も、法の窮極にある人間共同生活の筋道を法であるといい切ってしまうことについては、疑いを抱いているのである。それは、法の窮極にあると同時に、政治の根柢に横たわっている原理であって、政治であって法ではないと断定し得ないと同時に、法であって政治ではないときめてしまうこともできない或るものであると見るのが、本当は正しいのかも知れない。

拙著は、その半ば以上が、戦争前および戦争中に書かれた独立の論文を解きほぐし、それを書き改めつつ組み合せてできたものである。したがって、その論調には、当時の法学界を支配していた風潮に対する抗議がにじみ出ていることを免れない。その頃、ナチス・ドイツの法学者たちは、法および法学に対する「政治の優位」ということを強調した。法および法学は、時の政治動向に追随すべきであり、それへの協力をこれこととしなければならないと論じた。わが国にも、それと同じような考え方が次第に強く現れて来ていたのである。私は、これに対して、政治の万能を謳歌する思想の危険を戒め、法を自由自在に動かすように見える政治の力といえども、ふみ越えることを許さぬ人間共同生活の筋道があることを明らかにし、それによって逆に政治に対する「法の優位」を確立しようと試みた。拙著の論旨は、さような論争の立場を背景とするものであり、そのために、理論としてはやや一方に行きすぎた嫌いがあるかも知れない。

しかしながら、政治の則るべき筋道は、政治自身の自己認定にまかせて置かるべき事柄ではない。政治は力であるが、それと同時にまた理念である。しかし、政治のかかげる理念は、力の粉飾としてかかげられる場合が多く、それをその額面通りに受け取ることはきわめて危険である。これに対して、或る時代、或る社会の政治について、それがそう行われなければならないという一定の筋道が見出され得るとするならば、それは、政治を越えた立場から政治を批判すべき規準であるといわなければならない。この規準にかなった政治のみが正しい政治であり、それ以外の政治は、大なり小なり正しくないのである。かように、政治の自己鑑定のみにゆだね得ない政治の筋道は、もはや政治そのものに内在する原理であるとは見なし難い。むしろ、それによって政治の「正しさ」が鑑別されるという点から見て、それは、やはり「法の原理」であるというべきである。法を動かす政治の根柢には、こういう意味での「法」がある。それが「根本の法」であり、「法の窮極にあるもの」なのである。

しかも、政治の正しさを政治の自己宣伝・自己標榜にまかせて置くべきでないということは、単なる過去の独裁政治の時代にのみあてはまる事柄ではない。現代は民主主義の世の中である。民主的といえば「よいこと」として通用し、非民主的といえば一も二もなく排斥さるべきものと考えられる時代である。しかし、民主主義も、それが政治の原理を意味するかぎり、力と結びつき、力によって行われる。そうして、民主政治がそれによって行われるところの力は、「多数」である。多数の決定したところを以て法とするという建前を無視しては、民主政治は成り立ち得ない。したがってまた、多数を獲得しさえすれば何ごとをもなし得るというのが、民主政治の「現実」である。そこで、特に議会政治においては、それぞれの政党が多数を占めるために狂奔し、闘争する。けれども、それによって多数を獲得した政党の意見が、多数なるが故にかならず正しいという保障は、どこにも存在しない。故に、多数決によって運用される民主政治は、民主政治であるから正しいという訳には行かない。民主主義を標榜しさえすれば、それでその政治が正しいのではなくて、正しい民主政治のみが正しいのである。そうであるとすれば、民主政治に対してもまた、政治がそれによって行わるべき矩の存することが認められなければならない。いいかえれば、民主主義の場合にも、政治が人間共同生活のあり方の最後の決定者ではなくて、政治の根柢には政治の矩としての根本の法があるといわなければならない。

## 三

次に問題となるのは、ここに「政治の矩」と称するものの実体である。政治の矩とは、政治がそれによって行われなければならない筋道であるが、その場合に、行われ「なければならない」というのは、行われ「ざるを得ない」という「必然性」(Müssen) の意味であるか、あるいは、行われる「べきである」という「当為性」(Sollen) の意味であるか。前者と解するのは、歴史哲学上の必然論または決定論の立場である。後者と見るのは、理念論あるいは理想主義の態度である。そうして、政治の行われる筋道をば「政治の矩」という言葉でいい現している拙著が、根本において後の立場に立つものであることは、いうまでもないところであろう。

けれども、一口に理念論もしくは理想主義といっても、その中には大まかに考えて更に二つの型がある。その一つは、理想をば現実を超えた「彼岸」に求めるところの超越的理想主義である。これに対して、他の一つは、理念をば「此岸」たる現実の中に作用する力として捉えようとする内在的理念論である。拙著は、同じ理念論ではあっても、実在そのものの中に理念の働きを見出そうとする思想傾向に属する。いいかえると、それは、プラトンよりもアリストテレスに、カントよりもヘエゲルに近い。したがって、拙著の考え方からいえば、政治の矩は当為であるといっても、存在法則を縁なき衆生と見る高踏的な規矩準縄を、そこに想定している訳ではない。むしろ、人間共同生活の現実の筋道の中に、そのいわゆる政治の矩を見出そうとするのが、拙著を一貫する態度であるということができよう。

しかし、さればといって、政治の現実がいかに狂暴な力を発揮する場合——暴君の虐政や侵略戦争などは、その最も典型的な場合である——にも、それがそれ自体理念の動きに合致していると考え、そこに、ヘエゲルのように、人間の浅智慧を以て測り得ない「理性の狡智」が働いていると見る諦観主義は、もとより私の採るところではない。政治の矩は、現実の人間、共同生活の筋道の中に見出さるべきものではあるが、それにもかかわらず、現実の政治はしばしばこの筋道から逸脱する。その意味で、政治の矩は、政治の現実に対する規範であり、価値判断の尺度であることを失わない。そう見る点で、拙著の立場は、内在的理念論ではあるが、理想主義であり、ヘエゲルに接近してはいるが、なおかつ理念と現実との間の「ずれ」を認める点で、ヘエゲルと、はっきり袂をわかつ。

こういう態度に立脚する以上、拙著がマルクス主義の唯物必然観と対立せざるを得ないのは、当然である。

唯物史観は、法をも政治をも一括して「物質的生産力」を基盤とする上部構造と見る。したがって、法や政治の動態を規定するところの根本の法則が存することを認める点では、唯物史観は最も徹底した主張の一つである。しかし、その法則は、人間の意志や意識によって左右することのできない必然法則であり、しかも、その必然性は理念に由来するものではなくて、「物質的」に規定されている。これに対して、一切の理念は、そうして、それとともに、理念を指標とする一切の規範や規矩準縄は、「物質的」な生産関係の意識の面への反映であり、経済的な下部構造の変化によって動かされるイデオロギイにほかならないというのが、唯物史観の論旨である。拙著は、これを批判して、マルクス主義の本体は、唯物史観という「理論」を武器としてプロレタリアアトの革命を促進し、人間の平等を過激な方法で実現しようとする「政治」の動向であることを指摘した。そうして、それ故に、かような政治動向としてのマルクス主義もまた、他の一切の政治動向と同様に、政治の矩たる根本の法にしたがわなければならない所以を明らかならしめようと試みたのである。

公法政治研究会で最も活潑な討論の中心となったのは、この点である。私の見るところでは、唯物史観といえども、もともとは人間平等の「理念」を指導原理とする政治闘争の理論にほかならない。したがって、この理論の筋書通りにプロレタリアアトの革命が行われ、ブルジョア支配の法制度が変革されたとしても、その社会変革の根柢には、唯物史観と不可分の関係にある共産主義の政治動向の「指導理念」が作用していると見なければならない。しかるに、唯物史観が、すべての歴史の変革をば、最後のところで「物質的」な生産力の変化によって規定された必然的な動きであると説明しようとするのは、ブルジョアジイの支配機構の倒壊を予断することによって、革命運動に「必勝の信念」を与えようとする政治闘争の戦術である。そこに、歴史的変革の「理論」としての唯物史観の用いるきわめて巧妙な仮装があり、粉飾が存する。唯物史観の本体は、むしろ一種の理念論である。エンゲルスは、頭を下にして逆立ちしていたヘエゲルの観念弁証法をば、足の上に立つ正常の姿勢に置き直したものが、唯物史観であると論じた。しかし、足によって立っている人間は、立つも歩くも、すべて頭脳の指導によって動いているのである。唯物史観は、それと同じ姿勢で立っている他の理論と同じ理論の地盤の上において相対しつつ、どちらの主張が正しいかを討議すべきである。人間の構想した唯物論は、同じく人間の構想した一切の理念論と、同じ公分母をもつ。その公分母を否定し、自己の立つ立場のみが正しいとするのは、学問ではなくてドグマであるといわなければならない。

ところで、公法政治研究会の同人である二三の新進学者の解釈にしたがえば、唯物史観は決してただ、人間の意志や精神とは没交渉の物質的生産力が働いて、それによって歴史の変革が行われるということを主張している訳ではない。社会経済上の生産力とか生産過程とかいわれるものの中には、もとより、色々な意味で人間の意志活動や精神作用が含まれているに相違ない。しかし、その生産力の変化は、それにもかかわらず、理念によって規定されているのではなくて、逆に一切の理念の作用と称せられるものが、歴史の或る段階における社会経済上の生産的諸条件によって制約されているのである。単なる理念だけを抽出して見るならば、正義の理念にせよ、平等の理念にせよ、世界国家の理念にせよ、遠くギリシャ時代の哲学によってすべて発見しつくされているといってよい。けれども、それらの理念は、哲学がこれを「発見」しただけでは、決して歴史を動かす力とはならなかったのである。これに反して、歴史がそれらの理念によって動かされているように見えるときには、すでにそれをそうならしめるだけの社会経済上の諸条件が熟して来ているのである。その意味で、社会経済上の生産条件は、あらゆる理念の作用の根柢をなしている。それと同時に、それは、一切の法の動きや政治の変革の基礎をなしている。唯物史観の論旨はさように理解せらるべきであり、さように理解せられた唯物史観は、歴史の動態に対する最も優れた洞察たることを失わない、と。

確かに、社会的生産の諸条件が或る一定の形態を取れば、人間のさまざまな生活様式や生活態度がそれによって規定される。人間の思想も、政治の理念も、法の組織も、この社会生活の実在基盤の規定を受けざるを得ない。この基盤が備わらないかぎり、いかに卓越した理念といえども政治上の力とはなり得ず、したがって、それが「政治の矩」であるといって見たところで、単なる空言であるにすぎない。かように、一切の精神形態や思想動向と社会経済的基盤との結びつき、いいかえれば、前者の「存在依存性」を明らかにしたのは、唯物史観の卓越した功績である。私といえども、それによって社会科学が、いままで閑却されていた大きな新らしい視野への眼を開かれたということを認めるのに、決してやぶさかではない。

しかし、その社会経済上の基盤は、一体何によって規定されているのであろうか。それは、一切を「規定するもの」であって、何ものによっても「規定されるもの」ではないのであろうか。

社会経済の基盤といっても色々であるが、マルクスはそれを「物質的生産力」(materielle Produktivkräfte)としてとらえているのである。しかし、それはどういう意味で「物質的」であるのか。生産は、いうまでもなく「物」の生産である。そうして、物を生産するために利用される力は、人間の体力にせよ、蒸気力・電気力にせよ、はたまた原子力にせよ、明らかに「物質的」な力である。けれども、これらの物質力は、そのままではまだ「生産力」にはならない。鉄瓶の蓋を押し上げる蒸気力、大木を縦に引き裂く電気力は、人間の生活に役立つ物質を作り出すための創意と加工と技術とをこれに加えることによって、はじめて経済上の生産力となるのである。いいかえると、単なる物質力を生産力にまで高めるものは、自己一身のためであるにせよ、社会公共のためであるにせよ、人間生活の福祉を増進せしめようとする人間の目的活動にほかならない。社会的な生産力と呼ばれるものは、さような福祉増進のためにする多数の人々の、歴史的に継承された目的活動の、無限に複雑な、しかし、或る方向にむかって統一された綜合力である。したがって、一切の生産力の根柢には、それを「規定するもの」として、個人または社会の福祉をもたらそうとする「精神」が、「目的」が、「理念」が働いている。その意味で、それは決して「物質的」な生産力とはいい得ないのである。

すべて人間は幸福を求める。それが、一箪の食、一瓢の飲、陋巷にあって求道精進の楽しみを改めなかった顔回の精神的幸福であるか、酒池肉林、長夜の宴を張って楽しみとする王侯貴族の物質的快楽であるかは、いまは問わない。しかし、純粋に精神的な幸福であっても、肉体の存続に必要な慾望の満足は、欠くことを得ない。まして、モデレエトな衣食住に事欠かず、その上に仰いで文化の青空を眺める余裕をもつ生活は、万人の求めるに値する人間の人間らしい幸福であろう。理性の軌道をふみ外さず、禁慾の厳格さに偏らず、物心両面において人間性の充足を求め得る幸福な状態を、アリストテレスはエウダイモニア(eudaimonia)と名づけた。人間はすべてエウダイモニアを求める。いいかえれば、人間のすべての活動の根源には、エウダイモニアの理念が目的因(causa finalis)として働いている。しかも、あらゆる人間の生活が肉体の存続を離れてあり得ない以上、そうして、あらゆる高度の精神文化すらもが客観的な文化財としては物の裏づけを必要とするものである以上、エウダイモニアの追求がまず以て経済上の生産にむけられることは、きわめて当然である。かくて、人間のエウダイモニアへの努力が、資源を開発し、道具を発明し、生産技術に改良を加え、企業の形態を合理化し、科学の進歩とともに生産様式を飛躍的に変化せしめることとなって行く。しかし、その反面、それによって慾望の豪華な充足が可能となり、それが、飽くことを知らない利得追求の目標とされ、極端な不平等の原因となることも、また避け難い事実である。

けれども、エウダイモニアは、個人生活の目的因であると同時に、社会的共存関係の推進力でもある。なぜならば、アリストテレスのいう通り、人間は社会的の生物であり、個人の福祉は社会の繁栄なくしてあり得ないからである。しかも、社会の繁栄とは、結局において社会連帯の関係に結びつけられた各個人の福祉に帰着する。個人はインディヴィデュアルであり、社会生活の不可分の単位であって、その意味では、各人平等に不可還元的な価値をもつものでなければならない。それと同時に、社会全体の繁栄なくしては、各個人の福祉も実現され得ない以上、社会全体の観点から人間の間に価値の差別がつけられるのも、当然のことである。かくて、一方では、すべての人間に対して人間としての平等の福祉と負担とをわかつことが、他方では、全体との連関において各人の価値にふさわしい地位と栄誉と報酬とを与えることが、正しい社会生活のあり方として要求される。前者は、アリストテレスのいう「平均的正義」であり、後者は、そのいわゆる「配分的正義」である。両々相俟ってそのよろしきを得た状態が、すなわち「公共の福祉」の名に値する社会生活であるということができよう。

人間の共同生活は、すべてこの「公共の福祉」を目ざして動く。それは、歴史に内在してこれを動かす理念である。なぜならば、公共の福祉にかなった社会生活は、高度の安定性を示すが、その反面には、常にかならず他人の福祉を犠牲にして自己の利益を求めようとする強力な動因が作用して、人間関係の不自然な急傾斜を生ぜしめる。そうなると、人間の平等、公共の福祉を求める力が働いて、不安・動揺の時代相を現出し、更に新たな歴史の段階における安定点へとすすんで行くからである。安定と変革とのこの交替は、社会生活圏の拡大とともに、ますます複雑な様相を呈しつつ、無限にくりかえされる。殊に、或る時代の或る具体条件の下で、いかにして公共の福祉を実現するかという「方法」の問題に関しては、最も険しい利害の対立と、意見の相違とが生ずる。第一九世紀前半のイギリスの政治思想を代表する実利主義の立場は、「最大多数の最大幸福」という言葉で政治の指導原理をいい現した。これを、マルクスがゴオタ綱領批判の中で、純粋の共産主義社会においてはじめて達成され得ると説いた、「各人がその能力に応じて寄与し、各人がその欲求に応じて享有する」という状態と比較して見るとき、「理念」の内容としてその間にいくばくの差異を認め得るであろうか。それにもかかわらず、この同じ目標に到達する方法としては、前者が、幸福の追求をば各人の自由にゆだねる自由経済の組織を最適としたのに反して、後者は、ブルジョア支配の機構をまず革命によって顚覆せしめ、しかるのちにプロレタリアアトの独裁を以て一切の社会生活を厳格に統制する必要を力説する。天地雲泥の相違と、妥協の余地のない険しい対立とが、そこから尖鋭化した形で現れて来るのである。

この問題をこれ以上に立ち入って論ずる余裕は、いまはない。ここでいいたいのは、法の下部構造としての生産関係、および、その更に根柢にあるところの生産力の変化は、幸福を求め、利益を追う人間の努力が、互に押し合いへし合い、縦横に無限にからみ合いながら、時に新らしい発見や発明によってその筋道に飛躍的な変動を見せることにほかならないという事実である。その場合、各人各個いかに自己自身の利益を追求しても、人間存在の社会性によってその間に自らにして各人の利益の相互依存性が成立し、「公共性」の地盤ができ上って来る。ヘエゲルはこれを市民社会における慾望の体系として論じ、イエリングはこれを人間の利己心を動因とする社会生活のメカニズムとして説いた。しかし、飽くことを知らない人間の利己心のために、このバランスが破れ、利益が一方に偏重するようになると、やがて、大なり小なり過激な闘争によって、利害の平均を求める動きが起り、社会制度の変革を促すことになる。それは、ロオマにおける貴族に対する平民の闘争をはじめ、第一八世紀末に起った市民革命、第一九世紀中葉以降の社会主義的な革新運動などによって代表されるところの、人間の平等へむかっての歴史の不断の動きにほかならない。しかも、不平等を打破しようとする闘争が暴力的な破壊にまで激化すれば、その闘争にいかなる理由があるにせよ、社会の福祉は重大な脅威にさらされることを免れない。そこで、秩序の混乱と破壊とを防ぎつつ、与えられた具体条件の下で許され得るかぎり、人間の不等の福祉を図って行くのが、いかにもどかしい迂路であるにしても、最も正しい人間共同生活の筋道であるということになる。それが政治の矩であり、法の窮極にあるものである。この立場が、このもどかしい迂路のもどかしさを排斥し、調和と秩序とを犠牲にして、社会変革のためのラディカルな闘争の必要を一方的に強調するマルクス主義と、その方法の点で相容れ得ないものであることは、自らにして明らかであるということができよう。

## 四

ここに展開された考え方は、法の窮極にあるものを求めて、これを平等・正義・秩序・公共の福祉というようなありふれた理念に見出しているのである。この結論は、そこに辿りつくまでの紆余曲折に比して、あまりにも平凡であるという批判がある。批判というよりも、深刻な表題をかかげ、一大事の問題をくりひろげながら、結局のところ、泰山鳴動して鼠一匹という感じを読者に与えたかも知れない。現に、公法政治研究会に出席した或る若い学者は、拙著の論述を追って思索をつづけて行った挙句、問題の解決として率然としてアリストテレスの正義論が出て来たのは、急所で喰った「肩すかし」のような感なきを得なかった、と語っていた。

或る意味ではそれと同様の批判を、それとは違った角度から加えているのは、田中耕太郎博士の書評である。この書評は、根本の点では拙著の立場を支持している。すなわち、田中博士によれば、過去三十年間の階級的・民族的闘争によって法および法学が翻弄され、政治のかかげる一時の目的を追求することのみに浮身をやつし、永遠なもの、客観的なものを視野の外に置き忘れる風潮があったことに対して、法および法学の自主性を回復しようとする要求をもったのは、著者だけにかぎったことではない。博士自身も、正にさような心境を以て既往三十年来法学の研究に努力して来られたのである。その意味で、中でも唯物史観やナチズムの批判において、博士は「著者の心境に心からなる共鳴を禁じ得ないことを同志的親しみを以てここに言明するに躊躇しない」といわれる。ところで、つまりは田中博士と同様の心境にもとづき、いわばその驥尾に附して試みられた著者の論述の到達した結論は、公共の福祉であり、正義であり、秩序であって、「一見甚だ平凡」である。しかし、博士は、人間の精神生活、社会生活、政治生活上の真理がきわめて平凡なものであると信ぜられるが故に、「著者の引き出した平凡な結論を特に高く評価せざるを得ない」といって、拙著の出発点と到達点とを共に是認せられるのである。

しかし、問題は、その出発点と到達点とを結ぶ議論の運び方にある。そうして、この点では、田中博士の拙著批判はかなりに辛辣である。

いままでの再論によっても知られる通りに、拙著は、法の窮極にあるものをまず政治に求めつつ、やがて政治を突き抜けて法の領域に戻っている。次に、今度はこれを経済の世界に探ねながら、そこでも同じく経済の地盤を通り抜け、ふたたび政治の世界に戻った上で、最後にやはり法の領域に立ち帰っている。田中博士によると、こういう論述のすすめ方は、国際私法について見られる「反致や再致の理論」、あるいはいわゆる「庭球理論」に似ている。しかし、反致や再致の理論は、ともかくも客観性をもつものであるが、拙著の理論の立て方はさような客観性を追うものではなく、著者自らの主観的な思索の経路に読者がしたがうことを強要するがごとき態度であり、したがって、読者としては奔命に疲らせられる感がある。そうして、法の隣接区域を一々に検討し、そこここに徘徊して法の窮極にあるものを摸索した結果、最後に落ちついたところはいま見たようなはなはだ平凡な結論にすぎない。そうなると、その間の摸索は、一体何のためになされたのであるかが疑われざるを得ない。すこぶる文学的な表現を用いた博士の拙著に対する総評によれば、読者は著者にともなわれて、法哲学上の諸問題が咲きみだれている花園を横切ろうとするが、ここにたたずみ、かしこに赴き、行手はいずこかと疑いつつすすむうちに、結局到達したのは、花園の入口であった。そうして見れば、そこにいたるまでの紆余曲折は、読者をして法哲学上の諸問題に興味をもたせるための、ペダゴオギッシュな意味を有するにすぎないのではないか、というのが、田中博士の拙著概評の要旨であると思われる。

この概評に対しては、私として是非とも一言釈明して置かなければならない。私は、もとより決してペダゴオギッシュな目的を以て拙著を書いたのではない。田中博士が共感を寄せられたところの拙著執筆の動機は、私自身にとって真剣そのものの問題であった。ナチズムは、法は政治の侍女たれという。マルキシズムは、法は、物質的生産力の変化によって、近い将来には、更にそれによって規定されたプロレタリアアトの革命によって、根本から変革さるべき運命にあるという。これらの頑強な主張に対して、法および法学の自主性を確立するためには、一たびはこれら二つの主張の中に身を置いて、いわゆる内在的な批判を試みなければならない。政治と取り組み、経済と対決し、その中を通って、しかも、法の窮極にあるものは実はその中にはないことを明らかにするのは、誠に容易ならざる仕事である。それは、幾多の障壁にはばまれては引きかえし、更にまた険崖を攀じて新たな進路を求める氷雪の峻峰の登攀にも似ている。その記録が読者によって単なる「徘徊趣味」と解せられたとすれば、それは著者の努力のいたらざるためであって、如何ともし難い。ただ、それは、花園の散歩とは似ても似つかぬ苦闘の連続であった。だからこそ、国際私法の「庭球理論」にも似たその筋の運びが、「著者自らの主観的な思索の経路を我々が必ず従わなければならぬ必然的のものとして提示されている」、という感じを読者に与えることともなったのであろう。とすれば、それはむしろ、はなはだペダゴオギッシュでない論述の仕方だったのではなかろうか。

かくて、私の試みた峻険への挑戦が、ペダゴオギッシュな意味すらもない徒労に終って、単なる「ふり出し」に戻っただけのことなのか、あるいは、「道は近きにあり」という真理を事改めて発見し、そこからの再挙を図る手がかりを求め得たことになったのかは、むしろ、著者自身の今後の心がけ如何の問題であろう。私としては、願わくば拙著を一つの序説として、そこに発見されたきわめて平凡な道から、私にとってはなお未知のままに残されている峻峰への再登攀を企てたいと思っている。

私が法の窮極にあるものを政治を通じて探究した場合にも、転じてそれを経済の地盤の中に追求した場合にも、最後に現れたものは、平等の正義と秩序との調和にほかならなかった。正義といい、秩序といい、公共の福祉という。すべて二千年以来の先覚のいい古した言葉である。しかし、それは、言葉としては単純であり、平凡であっても、その中には無限に複雑な内容と問題とを含んでいる。これを生きた実感を以てとらえ、現実の社会問題へのその適用を図るためには、それぞれの時代が置かれた具体的の環境の下において、常に新たにその真理性を検討することが必要である。真理は決して単なる言葉ではない。真理を単なる言葉として受け取り、その真理性について不断に改めての検討を加えようとしないのは、これを陳腐ないい伝えとして軽視し、平凡・卑近なるが故にこれを棄ててかえりみない態度と同様に、真理に対する冒瀆である。今日われわれが当面している具体的な問題の組み合せと結びつけて、事改めて同じ真理への道を切り拓くための懸命な努力をくりかえすことは、決して徒労や無意味な徘徊ではない。否、生きた人間が生きた問題をひっさげて真理と取り組むことは、言葉としての真理に不滅の生命を与える唯一の道にほかならない。

故に、法の窮極にあるものを求めて、これを平等の正義と秩序の安定との調和の中に見出すということは、論述の結論であるよりも、むしろ、無限に困難な問題への出発点である。正義と秩序とは、法が同時に奉仕しなければならないところの、相反撥する二つの理念である。したがって、平等の正義を一挙に実現しようとすれば、秩序の破壊は免れない。さればといって、現状の秩序に甘んじていては、人類の上に正義の陽光が燦としてかがやくのは、いつの日であるかわからない。国内政治の原理としての民主主義は、対立する両者の間を縫う妥協の方法を多数決に求めた。しかし、多数決による妥協をこれことととして、左顧右眄の確信のない政治をつづけていれば、左右両翼からの矯激な政治動向の擡頭を抑え切ることは不可能となるであろう。殊に、現代では、すべての政治問題が世界的なひろがりを以て、全人類の運命の上に重苦しくのしかかっている。その間に中正・妥当な「政治の矩」を発見し得るか否かは、世界人類の死活の岐れ道である。二千年の昔に、プラトンは「調和」を説き、アリストテレスは「配分の正義」を論じた。しかし、現代の国際関係をいかに調和し、人類全体の配分をいかに正すかは、プラトンやアリストテレスの夢想だにしなかった、複雑・大規模な、しかも最も尖鋭化した、刻下切実の新課題である。およそ、法の窮極にあるものについて真面目に考察しようとする者は、「一見甚だ平凡」なこれらの言葉の中に、正に未曽有・超非凡な意味が存することを、深く自覚せざるを得ない。

## 五

拙著の論究の辿りついた結論——それは、結論というよりは、新たな課題への出発点なのであるが、——は、はなはだ平凡である。そうして、平凡と見えるのは、それが「普遍性」を備えているためである。平等が正しいというのは、二千年前も今日も変わらない真理である。秩序が重んぜらるべきであるのは、日本におけるとフランスにおけるとによってことなるべき事柄ではない。拙著は、かような平凡・普遍の真理を求めて、それを「政治の矩」であるといい、「法の窮極にあるもの」であるとなした。しかも、拙著はそれを結局やはり法の領域にあるものとしてとらえているのであるが、法であるとはいっても、それは政治によって意のままに動かされる法ではなくて、法を動かす政治が則るべきところの「根本の法」なのである。それが法であるとして、しからば、それは歴史的な実在性を有する「実定法」の根本原理であろうか。あるいは、普遍・根本の共同生活の理路であるという意味で、一種の「自然法」と見なさるべきものであろうか。

この問題については、拙著は、それを「実定法」に内在する原理として探求するという態度を以て終始している。いいかえれば、それを「自然法」と呼ぶことを避けている。そうして、田中博士の批判の最も重要な焦点の一つは、正にこの点にむけられているのである。田中博士が現代におけるスコラ的自然法論の最も卓越した、最も熱心な主張者であられることは、天下に隠れもない事実である。その博士が、拙著のこの態度を強く疑問とし、これを否定しようとしておられるのは、きわめて当然のことである。博士の書評に現れた多方面の批判の大部分は、直接間接にこれと密接な関係があるといってよい。

田中博士は、私が、ナチズムやマルキシズムに対して法の自主性を守ろうとする、博士の共感を惜しまれない意図を以て論述をすすめているにもかかわらず、そこに見出された法の根本原理を何故に「自然法」といい切らないかをくりかえして疑問とされる。博士によると、拙著の中で用いられている「法の窮極にあるもの」の概念は、はなはだ多義的である。それは、一方からいうと理念であり、価値の規準であり、したがって、現実的なものを超えて形而上学的なものにまでさかのぼっている。しかし、他面から見ると、それは現実を超越する理念ではなくて、現実に内在する力であり、それ故にこれについての社会学的な論究が試みられている。そのうち、第二の面が実定法現象としてとらえられているのは、理由のないことではないとしても、すでに「法の窮極にあるもの」が第一の面にその姿を現している以上、それは単なる実定法内在的の原理であるとはいい得ない。田中博士の主張せられるスコラ的自然法もまた、決して実定法と二元的に対立するものではなく、実定法によって補足せられ、実定法と深く結びつき、したがって、歴史の変化の中に、民族性の相違の中に、いたるところに顕現しているのである。著者のいう「法の窮極にあるもの」は、一体それとどこが違うのであるか。著者の思想は、実質の上では自然法のそれにはなはだ接近している、しかるに、著者は、現代的な自然法否認の傾向に影響されて、自然法を率直に承認することをことさらに避けている。その結果、「法の窮極にあるもの」というような曖昧な概念を用い、かえって問題の焦点を不明確ならしめているのである。——自然法の立場からする田中博士の批判は、おおよそかように要約することができるであろう。

この率直な批判に対して、著者としての立場からも率直に答えるならば、私自身も、法の窮極にある人間共同生活の秩序の原理を、「自然法」と認むべきか否かを幾たびか疑いながらも、結局そう呼ぶことを故意に避けて来たのである。前にもいうように、こうして、田中博士の指摘せられるように、政治によって動かされる「法」と、政治の根柢にあってこれを方向づけている「法」とは、同じく法といっても、かならずしも同性質の法ではない。それは私自身も認める。ところで、田中博士は、その中の第二の種類の法——私のいわゆる「政治の矩」——が政治以外の法の世界から由来しているように概念構成をする必要がどこにあるか、と問いただされる。これについては、この小論の第二節で論じたことが、その答えとして役立つであろう。すでに、政治の行わるべき筋道をば政治の自己認定のみにまかせて置くことができぬ以上、そうして、正にそこに拙著全篇をつらぬく「法の自主性」の主張が存する以上、政治の占める場所の中だけでその概念構成を行うことは、論述の根柢を危うからしめる所以となるからである。しかし、田中博士は、そこで率然として論法を変え、「政治の矩」も「法の矩」も、根本において同一のものに帰着すると論断される。そして、更にすすんで、「政治の理念を法というか否かは著者の自由に任せ、若し法というなら、それこそ政治によって動かされる法と全く違った自然法以外の何ものでもない」と断定される。それは田中博士の立場においては、正にそうあらねばならぬところの断定である。これに対して、私は、それを「自然法」と呼ぶことを避けた。それが、政治によって自由に動かされる法とは、次元をことにする法の根本原理であることは認めるが、それにもかかわらず、それは実定法そのものの中に見出され得るものである、という態度を変えなかった。この態度からいわしめるならば、それを自然法というか否かは田中博士の自由に任せ、私はそれを実定法に内在する原理であるとして置いて、行けるところまでは行って見ようと考えたのである。

これは、おそらく、結局は言葉の問題であり、用語の相違以上に多くを出でないであろう。田中博士が自然法と考えておられるものと、私が法の窮極にあると見るものとは、実体の上からいって、おそらく大差はないであろう。ただ、私がなおかつ自然法という言葉を用いることを避けたのは、主として次の二つの理由にもとづく。

第一に、拙著の中で指摘している通りに、古来の学者が自然法と呼んで来たものは、名は法であるが、実はその大部分が法超越的な原理であって、その内容から見れば、あるいは道徳の理念であり、あるいは政治の理想であり、あるいは神の意志に帰着している。現に、スコラ的の自然法が、「自然の理性の光」によって万人が認めざるを得ないところの「道徳の根本原理」であることは、田中博士がその著書の中で述べておられる通りである。かように、法以外の領域に根ざす理念を自然法と名づけ、この名称の権威を以て実定法を制約することは、法の自主性を危うからしめる結果を招く。のみならず、自然法という言葉が、かくのごとく多義の内容を以て用いられているために、実定法の根柢に自然法を認めることは、法の窮極にあるものの実体をかえって曖昧ならしめる傾向がある。スコラ的自然法と啓蒙期の合理的自然法とがおよそ性質の違うものであることは、田中博士がその数多い法哲学上の労作の中でくりかえし力説せられるところである。また、例えばケルゼンの純粋法学が、実定法の理論たらんとして、実は一種の「論理的自然法」に帰着していることは、田中博士のケルゼン批判の中で最も適切に指摘されている通りである。そうなって来ると、単に名称の上で自然法を認めるということは、田中博士にとっても大した意味をもち得ない筈でなければならない。博士は、拙著のかかげる「法の窮極にあるもの」の概念は、曖昧であり、多義的であると難ぜられる。しかし、私をしていわしめるならば、「自然法」の概念こそ、それ以上に多義的であって、まぎらわしい。そうした考慮が、私をして、法の根柢に横たわるものを求めて、しかもそれを自然法と呼ぶことを避けしめたのである。

それと同時に、私が自然法という称呼を避けた第二の、一層重要な理由は、自然法というと、どうしても実定法を超越する法の原理と解せられることを免れないからである。勿論、田中博士が堅持せられるスコラ的自然法は、近世啓蒙期の自然法のように実定法と対立する概念ではなく、実定法と深く結びついて、実定法の歴史的変化の中にその姿を現すところの、弾力性に富んだ理念である。しかし、もしもそのいわゆる自然法が実定法と融合し、実定法の変化の相を通じて自己を顕現しているものであるとすれば、何故にそれを実定法と区別した意味で自然法と呼ばなければならないのであろうか。自然法といわずに、それを「実定法の根本原理」として探究するだけでは、何故に不十分なのであろうか。すでに自然法という以上、そこに実定法現象とは截然と区別された、何か超経験的な絶対者を予想するのでなければ、意味がないのではあるまいか。そうして、正しくそれは法学における「神」なのである。人間がすべての現象の窮極に、知性を以て説明すべからざる神を認めざるを得ないように、法の世界の根源にも普遍・絶対・永遠の神が予想されなければならないのかも知れない。しかしながら、科学の任務は、実在を窮明することによって、神をば針の先のように極微の一点にまで局限して行くにある。自然法を認めることは実定法現象を探究し、説明して、しかも説明し得べからざる最後の一点に、神を認めることにほかならぬ。それをできるだけ避けて、実定法の科学的論究を、行けるところまでつきつめて行くところにこそ、法学の任務と責任とがある。私が拙著において採った態度は、正しくそれであった。

法の窮極にあるものは自然法にほかならないという田中博士の主張と、それをどこまでも実定法に内在する原理としてとらえようとする私の態度との喰いちがいは、博士の拙著批判の色々な点に色々な形で現れている。中でも、私が「国内法の窮極にあるもの」と「国際法の窮極にあるもの」とを区別して論じているのを、全く不可解であるとせられる博士の論難は、その典型的なものであるということができる。

なるほど、一たび自然法を認める以上、それが国内法の窮極にある場合と国際法の根柢に横たわっている場合とによって、相違のあるべき筈はないであろう。故に、田中博士が、「何が故に『窮極に在るもの』について国内法と国際法とを分けて論ずる必要があるかを知らない」といわれるのは、当然なことであろう。事実、私もまた、法の理念たる正義と秩序との調和が、国内法と国際法とによってことなるところのないものであることを認めるのである。しかし、法の理念をば実在の面からさかのぼって窮明しようとする以上、そうして、法の実在形態としては、国際法と国内法とが別個の淵源から成立する法秩序として、多元的に併存している以上、それぞれについて別々に「窮極にあるもの」を探究することが、どうして不可解であるとされなければならないのであろうか。

それればかりでなく、歴史の現段階においては、政治の則るべき筋道は、国内社会と国際社会とについて全く同一ではあり得ない。国内政治では、国際政治の場合よりも、何といっても社会構成の特殊性が重んぜられる。国際政治は、国内政治よりも、はるかに広く普遍人類性の基盤の上に立っている。他方、国内社会では、秩序の枠の中で現状を変更することが比較的には困難でないのに反して、国際社会の場合には、戦争の危険を避けるために、スタトス・クオがはるかに多く重んぜられざるを得ない。そこに、同じく「政治の矩」といっても、具体事情による相違の存することは、むしろきわめて当然ではあるまいか。正義といい、秩序といい、調和という。言葉としては同一であっても、その具体的な適用と、その複雑な組合せとは、時と場合とによって決して同様ではあり得ない。今日では、なお、ケルゼンのいうように単元的に統合されているとは見ることのできない国内法と国際法とについて、各別にその窮極にあるものを求めるのは、私にはむしろ論述の当然の筋道と考えられるのである。

拙著は、国内法の窮極にあるものを論ずるにあたって、一言日本固有の天皇制にふれ、普遍的な民主主義の原理と日本社会の構造の特殊性を代表する天皇制との綜合・調和ということを問題とした。田中博士は、これを意外とされて、「私は天皇制の合理的基礎付けに大なる学問的関心を有するものであるが、著者から『窮極に在るもの』との関連に於いてこれを聞こうとは全く予想しないところである」と述べておられる。これなども、田中博士の自然法の立場と私の実定法主義との喰いちがいから生じた意外にほかならぬものと思われる。もしも、国内法たると国際法たるとを問わず、法の窮極にあるものを自然法と認めるならば、その自然法がいかに実定法と密接に結合しているにしても、日本固有の天皇制をそれと関連させて考えることは不可能となるであろう。しかし、特殊な歴史や民族性を荷っている現実の日本の社会においては、国政に関する権能から絶縁された新憲法上の天皇制といえども、国民生活の調和の原理として重要な役割を演ずべきであり、また、実際にも演じているということができる。それを更に、新憲法の宣明する国民主権主義といかに調和せしめるかは、現代日本の国内法上の窮極的な問題の一つであるといっても毫もさしつかえないであろう。

かように、私の解する「法の窮極にあるもの」は、実定法に内在する原理である。しかし、実定法に内在する原理であるからといって、それは決して現実の法や政治に対する「規範性」をもたないものではない。例えば、日本の新憲法は、色々な意味で「政治の矩」を含んでいる。したがって、憲法の原則は、現実の政治の動きによって作り出される法に対してもまた、その則るべき規準を示している。もしも憲法の原則が、現実の法や政治に対して規範性をもたないとするならば、最高裁判所に違憲立法審査権を与えている新憲法第八一条の規定のごときは、全く意味をなさないものとなってしまうであろう。憲法の原則は、かくのごとくに、一般法令に対する規範性を有するが、さればといって、その憲法が「実定法」であることは、もとよりいうまでもない。故に、実定法に対して規範または価値規準としての意味を有する法の原理をば、それなるが故に「形而上学的」であり、「自然法」であると見る必要はないといわなければならない。法の窮極にあるものは、成文憲法の中に条定される場合もあり、しからざる場合もある。しかし、法の窮極にあるものが憲法の規定中に明示されていない場合といえども、それを「実定法に内在する原理」と見ることを少しも妨げないのである。

以上、私は、田中博士の批判の中で特に重要であると考えられる点について、私見の存するところを述べた。それが、この小論の前半を成す、公法政治研究会で論議された諸点についての釈明と相俟って、拙著の説いていたらざるところをいささか明らかにするのに役立つならば、幸である。しかし、田中博士の書評に現れた論点は、もとよりこれに尽きている訳ではない。博士は、その他にもなお、拙著の論述の中に含まれている色々な矛盾や概念の多義性を指摘しておられる。また、「公共の福祉」の意味内容について、更に掘り下げた考察を加えるべきであることを教示され、拙著の体裁や文献引用の不整合さなどについてまで、かゆいところに手の届くような注意を与えておられる。私は、かように懇篤に叱正せられた諸点の大部分が、拙著の不備・欠陥であることを率直に認め、その得難い高教に重ねて深く感謝すると同時に、魯鈍に鞭打つ今後の努力を問題そのものの検討にふりむけることによって、いささか感恩のしるしとしたいと念願しているのである。

# ノモスの主権について

## 一

私は、国民主権と天皇制について国家学会編『新憲法の研究』の中で論じ、同じ考え方をおしひろめて、新憲法大系の一冊として『国民主権と天皇制』という小著を書いた。これ対して、宮澤俊義教授は、『国民主権と天皇制とについてのおぼえがき』という論文を国家学会雑誌（第六二巻第六号）に発表し、私の理論を懇切に批判せられた。私は、教授から受けたこの学恩に対して深く感謝すると同時に、その批判に答える責任を感ずる。この小論は、その「答え」である。

国民主権と天皇制の問題についての私の議論は、一方からいえば、一種の政治論である。その目的は、日本国憲法にあらわれた「象徴としての天皇」の地位に、単なる間に合わせや気やすめというだけでない意味を与えると同時に、明治憲法からの移りかわりが、「木に竹を継いだ」ような細工ではなくて、その間に「生きた民族精神の血」を通わせて見たいというにあった。それ故に、私の意図は、「一言でいえば、新憲法における天皇制のアポロギヤである」（前掲国家学会雑誌、三三頁）といわれる宮澤教授の言葉は、まさにその通りであり、それはまた、小著を読まれた読者のだれにでも、一目瞭然であるに相違ない。

明治憲法の下では、天皇は日本における統治権者であり、その地位は絶対に尊厳なものとして仰がれていた。そこには多分に神がかり的な狂信があり、その線から一歩でもそれた考え方を許すまいとする横暴な強制が加わってはいたけれども、永い間の教育の力もあって、天皇尊崇の気もちが大多数の国民の胸に純真にしみ込んでいたという事実もまた、否定できない。太平洋戦争の惨澹たる敗北は、天皇統治の美名にかくれていた幾多の不正や不合理を、白日の下にさらけ出した。心ある国民は、天皇制をいままで通りの形で維持し得ないことを知った。しかし、新憲法ができたときの諸般の事情からいって、新らしい天皇制の規定の仕方が国民の多くを承服せしめ得るかどうかには、大きな疑問があった。私は、『新憲法の研究』の中に書いたように、「日本人がよほどの軽薄な国民でないかぎり、今日となってはかえって黙して語らない国民精神の底流に、二千年来の伝統と考えられている国家組織の根本性格をここで全く変えてしまうことに対する、無言の反撥がひそんでいること」（同書、二一頁）をおそれた。新憲法の天皇制が、過去の伝統にまつわる弊害を一掃すると同時に、日本民族の歴史的つながりを中断しているわけではなく、国民主権の理念とよく調和し得るものであることを立証しようとした私の試みは、新憲法が日本の民主政治の将来に禍根を残すことがないようにしたいという、いわば「政治的」な老婆心のあらわれにほかならない。

しかし、私がこの問題を論じた意図は、決してそれだけではない。私は、それと同時に、この問題をば、自分自身の専攻する法哲学の立場から考察して、私が正しいと考える一般的な理論を、日本の国家体制という特殊の場合にあてはめて見ようとくわだてたのである。

私は、例えば拙著『法の窮極に在るもの』の中で述べているように、法が政治によって作られ、政治によって支えられ、政治によって変革されるものであることを、一応は認める。ところで、法を作り、法を支え、法を動かして行く政治には、いろいろな理念があり、理想があるが、対立する政治動向のどちらが勝ち、どちらが立法や法の変革の主導権をにぎるかは、理念の優劣ではなくて、結局は実力の問題だと考えられている。政治は実力の抗争である。実力の抗争によって進展する政治の世界では、強いものが勝つ。勝ったものが、その思う通りの法を作る。それをそのままに認めることは、実力が法に優越するという関係を承認することである。マイト・イズ・ライトという命題を、真理として肯定することである。そうして、人は、そのような政治の方向を最後的に決定するのが主権の作用であるという。さような考え方もまた、主権をば、法を思う通りに動かし得る実力としてとらえている。しかし、法は、はたしてかくのごとくに政治の意のままに動かされる傀儡にすぎないであろうか。主権とは、法を思うがままに動かす政治的な最高決定力と解されてよいものであろうか。

私は、法哲学を専攻する者として、そこに最も重大な問題を見出す。そして、この問題をば、法実証主義のように実力決定論の方向へはもって行かないで、いかなる政治上の実力といえども法の根本原理にはしたがわざるを得ない、という結論にみちびいて行こうと思い、かつ、そうすることが可能であると信じている。

なるほど、法は政治によって作られ、政治によって支えられ、政治から見放されれば、実定法としての効力を喪失する。しかし、法をその意のままに動かしているかに見える政治にも、その則るべき筋道がある。それは、与えられた具体的な条件の下で、できるだけ多くの人々の福祉をできるだけ公平に実現して行かなければならないという筋道である。この筋道を無視したり、ふみにじったりする政治や実力は、やがて多くの人々の不満をつのらせて、王座から脱落せざるを得なくなる。私は、かような政治の正しい筋道をば、「政治の矩」と名づけ、あるいは「ノモス」と呼んだ。いかなる政治も、ノモスにはしたがわなければならない。したがって、政治の方向を最後的に決定するものを主権というならば、主権はノモスに存しなければならない。それが私のいう「ノモスの主権」である。

日本では、これまで、ノモスの主権をば「天皇の統治」という形で具象化していた。その弊害が明らかになった今日では、同じノモスの主権は「国民の主権」としてとらえられることになった。それは、日本の国家体制の大きな変革ではあるが、主権をば政治を動かす最高の実力意志と見ず、政治を動かす実力意志のさらに根柢に、正しい政治の矩としてのノモスを認めるという意味では、その間に一貫したつながりがある。私は、そう説いて、ノモス主権論による国民主権と天皇制の調和をはかった。

宮澤教授が主として批判の的とされたのは、このノモス主権論である。

私の理論には、いま述べたような二つの意図が含まれているのであるが、教授は、その中の第一の意図、すなわち、「天皇制のアポロギヤ」を試みようとした私の意図については、「批判さるべきなにものもない」とされる（前掲三三頁）。むしろ、教授自身もまた、「新憲法の定める天皇制には、賛意を表しているものである」といわれる（三四頁）。しかし、教授によれば、私がそのアポロギヤをばノモス主権論によって試みたことがまちがいなのである。というのは、私のノモス主権論がまちがいだからである。そればかりではない。私の所論は、天皇制を国民主権的に基礎づけようとする熱意に燃えるのあまり、「本来理論的に説明さるべき問題を、たぶんに感情的・前理論的に扱いすぎたきらい」さえあるというのである（三四頁）。はたしてそうであろうか。

私は、ここにおいて、さらに「ノモス主権論のアポロギヤ」を試みなければならない。

## 二

宮澤教授は、議論の当然と順序として、まず主権という言葉の意味を明らかにされる。

教授によれば、主権とは、「国家の政治のあり方を最終的にきめる力」をいう。これを、「国家における最高の意志」といってもいいし、「最高の権力」といってもいいし、また「最後の決定権」といってもいい。いずれにせよ、それは政治のあり方をきめる意志なのであるから、その意志は主体をもたなければならない。しかも、それは、具体的な内容をもった意志なのであるから、主権の主体は、具体的な人間でなければならない。君主主権の場合には、そのような主権の主体は君主である。これに反して、国民主権の場合には、主権の主体は国民である。国民の中のだれそれではなくて、だれでもである。つまり、君主という特別の資格をもった人間ではなくて、Jedermann である。いいかえると、国民主権の原理は、主権が君主というような特定の人間に属していないということを主眼とする。だから、君主主権と国民主権とは、根本の建前がちがう。したがって、天皇主権と国民主権とは、互に全く相容れ得ない反対の原理である（六頁以下）。

かように、主権の主体は常に人間でなければならないのに、往々にして、人間以外のものが主権の主体としてもち出されることがある。宮澤教授は、そういう主張の代表的なものとして、国家主権の主張を挙げておられる。国家主権論は、主権が君主にあるのでもなく、さりとて、国民にあるのでもなく、国家にあると主張する。しかし、教授によれば、いま述べたような意味での主権が国家にあるということは、問題を回避または延期するだけであって、問題の答えにはならない。なぜならば、ここに問題とする主権は、具体的な内容をもつ政治意志を最終的にきめる力である。しかるに、国家が法人であり、意志をもつとしても、国家という人間以外のものには、その意志を具体的にきめる能力はない。国家意志の内容は、だれか人間によって具体的にきめられなければならない。それを最終的に決定するのはだれであるかということが、ここにいう主権の問題である。だから、主権は国家にあるといっただけでは、主権問題の解答としては意味をなし得ない（八頁以下）。

ここまでは、非常に筋の通った、よくわかる議論である。もっとも、宮澤教授は、主権をばあくまでも、国家の政治のあり方を最終的にきめる「力」としてとらえられる。それは、主権を実力概念として構成する——私にいわせれば、法の理念にしたがって改鋳せらるべき——旧い型の主権理論である。まさにそこに問題があるのであるが、その点をしばらく論外に置くとすれば、この、筋の通った教授の議論は論理的に正当である。私も、主権をば政治のあり方を最終的にきめる人間の意志力と考えるならば、その代りに、主権は国家にあるとか国民共同体にあるとかいうことは、意味をなさないと思う。

しかし宮澤教授は、ここで少しばかり廻り道をされる。それは、国家主権と君主主権あるいは国民主権とは、互に両立するという議論である。教授によると、国家を法人と見なし、それを統治権の主体と考えても、結局やはり、その国家の統治意志の内容をだれが最終的にきめるかという問題が残る。それが、教授の問題とする主権の所在である。その意味での主権は、君主にあるか、国民にあるか、である。だから、国家法人説を採り、国家主権論を唱えても、それとは別個に、君主主権も成り立つし、国民主権も成り立つ。いいかえると、国家主権は君主主権とも矛盾しないし、国民主権とも両立する。なぜならば、国家主権と君主主権あるいは国民主権とは、「たがいに次元を異にする問題」だからである。多くの学者は、この点を誤解して、国家主権説に加担すれば、君主主権も国民主権も成り立たないと思い勝ちである。けれども、それは誤解であり、したがって、まちがっている（九頁以下）。

宮澤教授は、こういわれるのであるが、そこには明らかに同一用語の二義使用が存在する。なるほど、国家を法人として理論づけることは、法学上の概念を構成する上からいって、きわめて便宜である。国家は国際法上の権利・義務を有するとか、国家と私法上の契約を結ぶとか、国民は国家に対して訴権をもつとかいう場合には、国家は一つの法人として観念せられている。そういう風に観念したからといって、それが君主主権や国民主権と矛盾するものでないことは、明らかである。しかし、教授が問題としておられる国家法人説は、単にそれだけのものではなく、さらにすすんで、国家をば統治権の主体と見ているのである。統治権と主権とは、言葉が違う。しかし、国家法人説の主張者は、統治権を主権と呼ぶこともある。教授の引用している美濃部博士の言葉によれば、国家に属するとされる主権は、「統治の権利」であるのに対して、君主とか国民とかが主権を有するという場合の主権とは、「統治の権能」であるということになるらしい（一三頁）。この区別も、あまりはっきりとしたものではないが、そういう風に二つの別個の概念が問題となっているのであるならば、それを両方とも「主権」と名づけて、その間に矛盾がないと主張するのは、はなはだまぎらわしい理論の立て方であるといわなければならない。一方が主権であるならば、他方は主権ではないのである。宮澤教授は、主権という言葉が多義に用いられることを指摘し、そのために必要以上の混乱が生ずることを戒めておられるが（四頁）、二つの別の意味の主権という語を併用している美濃部博士の理論を引用し、それを、国家主権と君主主権または国民主権とが立派に両立するという教授の主張の最も有力な傍証とされるのは、まさに「必要以上の混乱」を生ぜしめる所以ではなかろうか。美濃部博士が憲法学の大家であられたことは、何人も疑わないところであるが、国家法人説の代表者たる博士が明治憲法の基本主義の一つとして「君主主権主義」をあげておられるからといって、国家主権と君主主権とが両立し得るものであることが、「容易に理解され」るようになるとはかぎるまい（一二頁）。

主権は、「最終的」にせよ、「最高的」にせよ、国家における政治のあり方を決定するところのものである。そのような最終的もしくは最高的なものが二つ以上あるというのは、おかしなことである。もしも、宮澤教授のいわれるように、主権が政治のあり方を最終的に決定する具体的な人間の意志であるならば、主権は君主主権か国民主権かのいずれかであって、国家主権ということは否定されなければならない。逆に、それにもかかわらず、君主主権または国民主権の立場に立って、なおかつ国家主権を認める余地があるならば、それと同じ論法で「ノモスの主権」を認めても、一向にさしつかえないはずである。現に、教授は、君主が神の意志に従属するものと考えられる場合が多いことを指摘し、その意味で明治憲法は「神勅主権」の原理に立脚するものともいい得るとしておられる（七頁）。それならば、明治憲法も新憲法も「ノモス主権」の原理に立脚するといっても、すこしもおかしいことはないはずであろう。

さて、しかし、教授は、一方では「国家主権」を認め、「神勅主権」をさえ認めつつも、他方では、それらはいずれも「ここでの主権の問題に対する答えにはなりえない」とされる。なぜならば、主権は国家にあるといっても、神の意志にあるといっても、その主権意志の内容は、具体的な人間によってのみ決定される。その内容を最終的に決定するものはだれかということが、ここで問題とする主権の所在である。したがって、主権は国家にあるといって見ても、神の意志に存するといって見ても、「それは、せいぜい、問題を回避し、あるいは、延期することに役立つだけである」（一三頁）。そこで、教授は、それと同じような考え方の一つとして「ノモス主権」の理論を取り上げ、それが「ここでの主権の問題に対する答えにはなりえない」ことを明らかにしようとされる。それが、宮澤教授の批判の本筋である。故に、私もまた本筋に立ちもどって、教授の理論をあとづけ、それによって私自身の立場をもっとはっきりさせることを試みて見よう。

## 三

私が「ノモスの主権」というようなことをいい出したのは、前に述べたように、天皇制と国民主権との間に何らかの「血のつながり」を見出そうとする政治的な意図にもよるのであるが、それをはなれて見ても、それが、法哲学の立場からする主権概念の批判として、十分に成り立つ議論であると考えたからである。このことは、主として『国民主権と天皇制』という小著の第二章で論じたところであるが、順序として、ここでその論旨を改めてごく簡単に述べて置くこととしよう。

普通には、主権とは、国家における最高の政治的権力の意味に解せられる。宮澤教授にならって、それを、「国家の政治のあり方を最終的にきめる力」というならば、その意味はいっそうはっきりする。それは、政治のあり方をきめる力であり、それ自身一つの政治的な力である。国家にはそのような力の根源があって、それが法を作る。なかんずく、それは憲法を作る力である。故に、シエイエスやカアル・シュミットは、普通には主権と呼ばれるこの力を、「憲法制定権力」と名づけた。この力は、最高のものであり、最終のものであり、絶対のものである。したがってこの力の担い手がA型の政治を好めば、A型の憲法ができる。同じその主権者がB型の政治に走れば、B型の憲法ができる。ドイツのワイマアル憲法は、「国の権力は国民より出づ」（第一条第二項）と規定した。そのドイツ国民は、「政治のあり方を最終的にきめる力」を発揮して、十数年にしてワイマアル憲法を破壊した。かくて、憲法は、政治の力の動くがままに動く。宮澤教授の名言をかりれば、法は「政治の子」である（法および法学と政治、牧野教授還暦祝賀・法理論集、二七〇頁）。逆にいえば、政治は法の親である。しかも、甘い母親ではなくて、きわめて専制的な父親である。子は、この親のいうがままに動かざるを得ない。かように、法をその思うがままに動かす最終的な力、それが主権である。普通に説かれる主権をば、普通に説かれるがままの意味に解するならば、こういう成りゆきを認めることにならざるを得ないと思う。

しかし、私は、このような主権の概念に対して根本的な疑いをもつ。君主が主権をもとうと、国民が主権をもとうと、その主権意志の動きの如何によっては、今日の憲法を十年後には無惨に引き破って、紙屑籠の中に棄ててしまうこともできるような、そのような主権があるということを疑う。

日本国憲法は、「主権の存する国民の総意」によって、天皇の象徴としての地位を定めたのであるといっている。しかし、かりに爾光尊《ママ》を狂信するような気もちが日本人の心の大部分を支配する時が来て、日本国憲法を破棄し、明治憲法よりももっと度はずれた神勅政治を樹立しようとしたとして、「主権の存する国民の総意」を以てすれば、そういうこともできるのであろうか。もちろん、そのようなことは、事実としては起り得ないに相違ない。が、学問は、いろいろなゲダンケン・エキスペリメントをして見る必要がある。主権とは、はたしてそのようなことをも可能ならしめる力であろうか。

もちろん、学者の中には、かりにそういう政治勢力が国民の大多数の支持を得れば、当然そのようなことも起り得ると考える人がすくなくないであろう。徹底した実力主義の社会学者は、そう見るだろうし、世界観において虚無的な法実証主義者もそう見るであろう。あるいは、ヘエゲルのように、「現実的なものは理性的である」といって空うそぶくことのできる汎ロゴス主義者も、そう見るかも知れない。

しかし、良識を以て行動する多くの人々は、そうは見ないであろう。いかに「主権の存する国民の総意」だからといって、十年後に憲法第九条を変革し、日本は侵略戦争を国是とする国であると規定することができるとは、だれも考えないであろう。それが「できない」という理由は、一面では事実の見透しによるであろう。いまの日本が短年月の間に侵略戦争を企て得るようになるとは、よしんばどんな隠れた軍国主義者があったとしても、思わないだろうし、諸外国の監視の下でそのような動きが許されるはずもないことは、だれの目にも明らかである。しかし、それが「できない」というもっと根本的な理由は、国際社会の信義を破り、国民自らをふたたび塗炭の苦しみ以上の境涯に突き落すことは、いかなる主権の力を以てしてもなすべきことではないと考えるからであるに相違ない。そう考えるとき、それが「できない」というのは、もはや事実上の「不可能」ではなくて、規範的に「そうしてはならない」ということを意味しているのである。そこに、「国家の政治のあり方を最終的にきめる」いかなる力といえども、それを乗り越えることのできないノモスがある。

いま試みたゲダンケン・エキスペリメントは、「主権の存する国民の総意」が、実際には起るはずもないであろうところの「反動」の方向に動いた場合であるが、今度はこれを逆に、いわゆる「進歩的」な方向にむかって考えて見よう。

日本国憲法が「主権の存する国民の総意」によって天皇を日本国の象徴として位置づけたとき、実際には国民の中にいろいろと反対の気もちが動いていたようである。一方では、明治憲法の天皇統治の建前を動かすまいとする、現状維持に近い考えがあったことも事実であるが、他方では、象徴としてであれ何であれ、いやしくも天皇制を存置させることは、反動勢力のために屈強の温床を残す所以であるとして、天皇制の廃止を唱えた人々もあった。その中にあって、穏健ではあるが「進歩的」な人々は、大体として新憲法の天皇制を承認しつつ、しかし、やがては天皇制が無用になるときが来るであろうと考えたようである。象徴としての天皇ならば、あってもなくても同じようなものだし、「日の丸の旗」でも一向にさしつかえない。ただ、国民の感情がなお強く天皇制への執著を示している現在では、これを早急に廃止することは、考えものでもあるし、おそらく不可能であろう。とすれば、当分の間は、改めて象徴として位置づけられた天皇制を、このままに存続させて行く方がよい。これらの「進歩的」な人々の考え方は、大体としてこのようなものであるらしい。新憲法の定める天皇制に賛意を表する宮澤教授も、「私は、決して現在、天皇制を廃止すべきものと考えているわけではない」といっておられるところを見ると(三四頁)、ほぼこれに近い考え方であろうと推測される。

そういう人々は、日本の政治が民主主義の線に沿って十分に成長し、日本人が物事をすべて合理的に判断して行動するようになった暁には、レフェレンダムによって天皇制を廃止してしまってもよいと思うであろう。或る人々は、早くそうなるべきだと思うだろうし、宮澤教授は――おそらくは――そうなればそうなったでそれもよいと考えられるであろう。だが、なぜ、「主権の存する国民の総意」は、憲法の第九条を前にいったように変革することはできないが、第一条を廃止することはできるのであろうか。なぜならば、前の場合には、いかなる「主権」の力を以てしても、人類に戦争の脅威を与え、国民自らの福祉を破壊することは許されないからである。これに対して、後の場合には、――すくなくともそれらの人々には、――あるいは反動勢力の利用するところとならないとはかぎらない時代おくれの、そうして貧乏国にはぜいたくな天皇制を、それをやめてさしつかえないだけの状態においてやめることは、国民の福祉のためにプラスの意味があると思われるからにほかならない。

だから、いわゆる「主権」の力といえども、決してオオル《ママ》・マイティイではない。それには、やってできることと、やってはならないことがある。そのけじめを定めるものは、国民の福祉であり、国際社会の信義であり、秩序と公平であり、法の根本原理であり、ノモスである。それが政治の根本のあり方をきめるのである。故に、「国家の政治のあり方を最終的にきめる」ものが主権であるならば、主権はノモスにある。いかなる力もノモスにはしたがわなければならない。その意味では、いかなる「力」も主権ではない。したがって、主権をば、国家の政治のあり方を最終的にきめる「力」としてとらえることは、まちがっている。主権を一つの実力と見なす概念構成は、この角度から批判され、改鋳されなければならない。

## 四

私のこのような主権概念の批判、そうして、そこからみちびかれたノモス主権論に対して、宮澤教授は次のごとくに再批判される。

いかなる力といえども、いかなる地上の権力者といえども、ノモスにしたがわなければならないと論ずるのは、それでよい。そういう問題も重大なものであることを、疑うわけではない。そのような意味で「ノモスの主権」という言葉を用いるとするならば、だれもそれを否定しようとはすまい。「西洋の王権神授説だとて、右にいわれたようなノモスの主権を否定はすまい」（二三頁）。しかし、主権がノモスにあるといって見たところで、「ここで問題としている」主権の所在についての答えにはならない。問題は、国家の政治のあり方をきめる「地上の世界での最高の権力者」はだれか、ということである。それは、具体的な「人」を問うているのであって、ノモスとか、正義とか、ロゴスとかいうような抽象的な「理念」を問うているのではない。それなのに主権はノモスにあるというのは、主権は国家にあるという場合と同様に、全く違った問題に答えているにすぎない（一五頁以下）。

「ノモス主権（論）は、君主が主権者であるにしろ、国民がそれであるにしろ、その政治意志の決定はノモスに則してなされなくてはならないという——いわば自明な——原理をいうだけのことである。それは、もちろん、すべての人の承認するところであろう。しかし、そういうノモス主権が承認されたところで、ここでの問題は、それによって、少しも解決されはしない。ノモスが主権をもつ。よろしい。ところで、そのノモスの具体的な内容を最終的にきめるものは誰か。人は、どこまでもこう追及するであろう」（一二頁以下）。

「政治のあり方は、ノモスにもとづいて定められなくてはならない。しかし、ノモスというものは、具体的な内容をもっていわれわれに現前するものではない。誰かがノモスの具体的な内容を定めなくてはならない。その『誰か』がここでいう主権の主体である。君主という特定人がその『誰か』だとする建前が、君主主権であり、君主とか貴族とかいう特定の身分をもった人間がその『誰か』たる地位を独占することを否認する建前が、国民主権である。したがって、君主主権は国民主権と両立せず、一方の是認は、論理必然的に他方の否認を意味する」（二四頁）。

これは、私のノモス主権論の急所を衝いた批判である。私も、主権はノモスにあるといっただけで、問題が解決されるものでないことは、十分に承知している。だから、私は、ノモス主権論がいわゆる「法主権論」のように、人間的な「主体性」から切り離された単なる「規範の支配」を認める理論に帰着することがないように、相当の注意を払った（前掲小著六四頁以下）。ノモスの主権といおうと、法の主権といおうと、現実の法を作るものが現実の人間であることに変りはない。何がノモスであるかをきめ、それによって法を定立するものは、君主のような特定の身分をもった人間か、しからずんば、特定人ではない国民のだれでもであるか、そのいずれかでなければならないという宮澤教授の主張は、正しい。その意味では、私は教授の批判に承服する。

しかし、宮澤教授によれば、君主であれ、国民であれ、ノモスの内容を具体的に決定する立場にある人は、それによって国家の政治のあり方を「最終的」に決定する「力」をもっているが故に、主権の主体なのである。これに対して、私によれば、それらの人々は、ノモスの具体的な内容をきめる力をもってはいても、その具体的なノモスの内容は、国民の福祉とか、人間平等の理念とか、正義と秩序との調和とかいうようなノモスの根本原理にかなったものでなければならない。したがって、君主にせよ、国民にせよ、国家の政治のあり方を、いいかえれば、具体的なノモスの内容を、「最終的」に決定する立場にあるとはいい得ない。政治を通じて、あるいは、政治的に活動する人々の意志や行為を通じて、具体的なノモスの内容を「最終的」に方向づけているものは、ノモスの根本原理である。地上のいかなる力も、それを「最終的」に無視することはできない。その意味で、君主であれ、国民であれ、それらの人々のもつ「実力」を主権と名づけることは、非常に問題である。

ここに「非常に問題である」といった言葉を、さらに度を強めて、否定的ないいあらわし方を用いるとすれば、それは、結局は主権否定論に到達するであろう。宮澤教授は、私がノモス主権の理論をいくらくりかえしても、「ここでいう」主権の問題の答えにはならぬ、といわれる。私は、あらゆる法の上にある実力としての主権の概念は、今日では根本から改鋳されなければならぬ、と主張する。そうである以上、私の主張が、教授のいわれるような意味での主権概念の否定に到達することになっても、いたし方はないといわなければならない。教授もまたその点を指摘し、私の理論は、「君民同治」を説いた南原総長や高木教授の見解、あるいは、明治憲法も主権在民であったという植原悦二郎氏の主張と同工異曲であり、それらと同じく、その中の高木説を批判した横田教授のいわゆる「主権抹殺論」に帰着するであろう、といわれる（一三頁以下、一四頁註九、二三頁以下）。

私は、ここで、南原説・高木説・植原説と私の理論との比較検討に立ち入る暇はない。いずれにせよ、それらは、ともに新憲法の審議に関連して説かれたものであり、ともに君主主権と国民主権との正面衝突を避けようとする意図の下に構想された理論であると思われる。したがって、宮澤教授は、それらはすべて「解決を要する問題の解決を回避あるいは延期する」（一四頁）ものとして排斥される。横田教授は、その中の高木説を取り上げ、その説は主権の概念を「抹殺」しようとするものであるとし、これを不当とされた（社会、昭和二一年一一月号）。宮澤教授が横田教授のこの批判を正当としておられることは、いうまでもない（宮澤・前掲一四頁）。

しかるに、私の理論は、君主主権と国民主権との対立の上に、それを超えたノモスの権威をかかげるものであるから、結局は、君主とか国民とかいうような現実の人間の主権——その意志力の最高性——を否定することになる。その結果として、君主主権と国民主権との対立をいくぶんか中和することになる。そこで、宮澤教授のノモス主権に対する攻撃は、その主力をこの点に集中する。

教授によれば、君主主権と国民主権とは絶対に両立し得ぬ対立概念であり、「ノモスの主権」とか「正しい統治」とかいうような、専制君主によっても、独裁王によっても、同じように口にされ得る「一切無差別」の理念によって止揚することのできる対立ではなく、そこまでつきつめる一歩手前の「差別」の境地に位置する問題である（二八頁）。したがって、私が、ノモス主権の理論を繃帯として、国民主権の採用が天皇制に与えた致命的ともいうべき傷をつつもうとしても（二四頁）、あるいは、天皇統治と国民主権との対立をフェルヒュレンしようとしても（二五頁）、結局は無駄である。私の理論は、かくて、南原説・高木説・植原説と一蓮托生の首の座に据えられ、過去の天皇制に恋着する「たぶんに感情的・前理論的」な問題の取りあつかいとして、精密な、学問的な、合理的な、理論の世界の彼岸に追いやられる。

私の「理論」が国民主権と天皇制との間に血を通わせようとする政治論としての面をもつことを、ここでもう一度くりかえす必要はない。その点では、私の「政治的」な意図は、おそらく南原総長・高木教授その他の人々の意図と多分に共通するところをもっているであろう。

しかし、私がノモスの主権を主張するのは、決してそれだけのためではない。私は、法哲学を専攻する者として、法は結局マイトの動くままに動かされるか、あるいは、いかなるマイトも法の根本原理によって方向づけられるものであるか、という、ソフィスト・ソクラテスの対立以来の人類の大問題と取り組んでいるのである。

およそ、政治の衝にあたる者は、だれしもノモスを口にする。徳川家康も足利尊氏も自分の統治を正しいという。しかし、それがノモスとして行われ、正しい統治として通用したとすれば、それは、現に何がノモスであるかをきめた人間が、それをノモスとして通用させるだけの「力」をもっていたからである。その力といえども、その政治的な実力といえども、正しい統治の理念にはしたがわなければならないというのは、わかり切った話しである。しかし、それでは、何が正しい統治の理念であるかをだれがきめるか。それは、つまり、それをそうきめるだけの「力」をもった者がきめるのではないか。

そう考えるのが、ソフィストの流れを汲む法実証主義であり、実力決定論である。これに対して、私は、そのような考え方は正当でないと信ずる。しかるに、主権をば「国家の政治のあり方を最終的にきめる力」と見る概念構成は、この種の考え方と共通の地盤の上に立つ。したがって、この種の考え方を克服しようとする私の「法哲学的」な理論が、実力主権論の否定に到達することは、やむを得ない。この大問題の帰趨にくらべれば、「天皇制のアポロギヤ」のごときは第二次的な問題にすぎない。

## 五

私の主張を改めて――余計なフェルヒュルングをしないで――直截にいうならば、それは、主権否定論であり、主権抹殺論である。主権はノモスにあるというのは、現実の人間がノモスをいかようにもきめる「最終的」な力をもつということの否定である。したがって、そういう意味での主権を否定することである。もしも宮澤教授のいわれるように、そういう意味以外に「ここで問題とする」主権はないのであるならば、それは、まさに一般的な、エンドギュルティヒな主権否定論である。

そういうと、それに対して、人はただちに問うであろう。日本国憲法は、明らかに主権という言葉を用いている。そうして、主権は国民に存するといっている。しかるに、余計なフェルヒュルングを取りのぞいたノモス主権論が、実は一般的な主権否定論であるならば、その立場は、新憲法のいう主権を、――国民に存すると明記してあるその主権を、――何と説明しようとするのであるか、と。

この問いに対する私の答えは、簡単である。すなわち、私の信ずるところにしたがえば、日本国憲法に記されてある主権とは、具体的なノモスのあり方を最終的に――したがって、意のままにどのようにでも――決定し得る「力」を意味しているのではない。それは、具体的なノモスをば、すなわち具体的な国法の内容をば、「人類普遍の原理」たるノモスの根本理念にしたがって決定して行くべきところの、最も重大な「責任」である。日本国憲法が、主権は国民に存するといっているのは、その責任が、他のだれでもない日本国民自身の双肩に担われているという意味である。それが、新憲法にいわゆる国民主権である。そこに使われている主権という言葉は古い。しかし、その言葉の中に盛られている「意味」は新らしい。それを、言葉が古いからといって、あくまでも旧い型の主権概念で律して行こうとする理論には、私は同意できない。

かくのごとくに、政治のあり方を最終的に決定する「実力」または「権力」としての主権概念を否定するのは、私や、あるいは横田教授のいわゆる主権抹殺論者によってはじめて唱えられた、新説でも、珍説でもない。主権をば、法に対して活殺自在に作用するオオル《ママ》・マイティイと考える考え方は、国際法の理論としては、すでに以前から否定されているといってよい。ラアドブルッフのいうように、国際法上の国家の主権とは、国家が直接に国際法によって規律され、直接に国際法の認める権利を有し、義務を負うているということ、すなわち、国家の「国際法的直接性」の意味に解せらるべきである

(Radbruch : Rechtsphilosophie, 1932, S. 195f.)。のみならず、国内公法についても、主権概念を抹殺しようとする有力な学者があらわれたのは、決して最近のことではない。ケルゼンの場合にも、主権は国家の根本規範の最高性としてとらえられている。したがって、それは、実力としての主権を否定しているものというべきであるし、この規範論理的な主権概念すらも、国内法に対する国際法優位の理論構成を取るならば、——ケルゼンがこの立場に傾いていることは疑いを容れない、——当然に相対化され、結局において否定されざるを得ない (Kelsen : Das problem der Souveränität und die Theorie des Völkerrechts, 1920, § 63 ff.)。さらに、デュギイのごときも、主権の概念は国法学上抹殺さるべき形而上学的独断であるとし、これにかうるに「公共的奉仕」(service public) の概念を以てすべきことを主張している (Duguit : Les Transformations du Droit du Public, 1913)。私は、主権の問題については、これらのすぐれた先人たちのひそみにならおうとしているにすぎない。

法は、いうまでもなく規範である。ことに、憲法は規範の中での規範である。したがって、憲法は、現実あるがままの事実を、社会学的に説明しているのではない。——この点は、デュギィとは理論の立て方が違うが、その吟味にはいまは立ち入らない。——例えば、日本国憲法は、その第二五条で、「すべて国民は、健康で文化的な最低限度の生活を営む権利を有する」と規定している。しかし、現実の日本国民の中には、食糧不足のために栄養失調に陥ろうとしている人々もすくなくないであろう。「最低限度」とはどの程度の限度か、むずかしい話しであるが、焼トタンの屋根の隙間から秋の月を仰ぐ境涯が、人間たるにふさわしい生活の最低限度をはるかに下廻るものであることは、明らかであろう。衣料もなく、本も買えず、渇望する音楽会の切符も断念せざるを得ない立場が、文化的な生活とはいえないことは、確かであろう。けれども、それだからといって、憲法が嘘をいっていると責めるわけには行かない。憲法は、人間たるに値する国民生活を保障することが、政治のあるべき姿であると認め、しかも、そのような政治を築き上げて行くことは、アメリカ人でもなく、ソ連人でもない、日本国民自らの責任であるとしているのである。憲法の第一二条が、「この憲法が国民に保障する自由及び権利は、国民の不断の努力によって、これを保持しなければならない」といっているのは、その意味である。そこに、憲法のいうところの国民の主権がある。それは、憲法の求める政治を実現して行くべき責任であり、政治のあり方の矩であり、それを国民自らの努力で実現すべきものとする理念である。

このことは、もっと根本的に見て、「憲法を作る力」と解せられた場合の国民の主権についても、同じようにあてはまると思う。

一体、わが国の現行憲法は、いかなる「力」によって作られたのであろうか。周知の通り、時の幣原内閣が明治憲法とは根本の建前をことにする「憲法改正草案要綱」を発表した際には、大多数の日本国民は事の意外に驚いた。なぜならば、この内閣がすでに終戦の年に準備に著手していた憲法改正の腹案は、内容からいっても、明治憲法と大差のないものと伝えられていたからである。しかし、かようにして国民を驚かせたところの「要綱」は、やがて「帝国憲法改正案」となり、第一次吉田内閣の手によって第九十帝国議会に提出され、多少の修正を加えられただけで「日本国憲法」として成立を見るにいたった。確かに、それは、「正当に選挙された国会」における国民の代表者の多数決によって成立した憲法である。けれども、単に自然の成行きだけにまかせておいたとするならば、当時のいわゆる虚脱状態にあった日本国民だけの力で、これだけの民主主義的な憲法を作ることができたかどうかは、はなはだ疑わしいといわざるを得まい。ましていわんや、もしも敗戦という事実がなかったならば、国民は、このような憲法を作り得るというがごときことは、おそらく夢想だにしなかったに相違ない。

しかも、憲法の前文によれば、日本国民は「ここに主権が国民に存することを宣言し」て、「この憲法を確定」しているのである。これは、決して単なる社会学的な事実をいっているのではない。憲法の語る言葉は、ここでも「政治の矩」を伝え、政治のあるべき筋道を示し、社会学的な事実を超えた法の「理念」をゆびさしているのである。敗戦直後の日本国民だけの「力」では、おそらくこれだけの憲法を作ることはできなかったであろう。しかし、憲法は、国民自らの努力と責任とによって作らるべきである。なぜか。なぜならば、それが「正しい」憲法を作る筋道だからである。なるほど、憲法の内容については、今日いろいろな不満もあり、不完全なところもあるであろう。しかし、はじめは借りもののように思われた憲法も、日本国民によって、大体として非常にすすんだ、立派な「われらの憲法」と思われるようになって来た。よしんば、国民の中にそれを排斥しようとする「力」があるにしても、それは国民の小部分にすぎないであろう。なぜか。なぜならば、かようにしてできた憲法の内容が、大体として「正しい」からである。かくて、正しさが数を獲得し、現実の力となり、現実の政治を方向づけて行く。私が「ノモスの主権」と呼んだものも、帰するところ、このようなことにほかならない。

## 六

主権とは、このように、規範的なものであり、理念的なものである。そうして、そのことは、宮澤教授も認めておられる。

くりかえしていうと、教授のいわれる主権とは、「国家の政治のあり方を最終的にきめる力」である。しかし、教授によると、それは、それにもかかわらず、「政治を現実に動かす力を意味するのではない」（五頁）。それどころか、「ここにいう主権は、ひとつの建前である。あるいは、理念であるといってもよかろう」（同）。例えば、君主主権といっても、何も君主が常に現実に政治の方向を決定しているわけではない。現実に政治を方向づけているものは「金持であったり、軍人であったり、また、ときには大衆であったりしよう」（同）。しかし、「そうした政治の現実の原動力は、ここにいう主権ではない」（同）。君主主権の国では、よしんば君主が「単なるかざり物にすぎないような場合でも、政治の最終的な決定権は君主に存することが、その建前とされ、理念とされるのである」（同以下）。

宮澤教授は、この主権理念論を専ら君主主権の場合について述べておられるが、そうであるとすれば、それと同じことが、国民主権の場合についてもいわれ得るであろう。

すなわち、国民主権とは、国民が国家の政治のあり方を最終的にきめる力をもっていることをいう。しかし、それは、何も国民が政治を常に現実に動かす力をもっているということではない。国民主権の国でも、政治は、現実には、議会の多数党によって動かされるのが普通であるし、その多数党も、実は土建業者の金力によって動かされることもあろうし、しばしば少数のボスによって動かされるでもあろうし、場合によっては「わがたたかい」の著者が政治を乗取ってしまうこともあろうし、国民がひとり歩きのできぬ状態においては、外国の力が政治を動かすこともあるであろう。しかし、そうした政治の現実の原動力は、ここにいう主権ではない。「ここにいう主権は、あくまで、ひとつの建前であり、理念である。」（五頁）。国民主権の場合には、現実の政治がどのような力によって動かされていようとも、政治の最終的な決定権は国民に存することが、その建前とされ、理念とされるのである、と。

それでは、そもそも、何故に、君主主権の国では、現実に政治を——おそらくは「最終的」に——決定する力がどうであろうとも、政治を最終的に決定する力は君主にあるべきであるとされるのであろうか。それは、そうあることが正しいと信ぜられているからではないのか。それをそう信じているのは、一体だれであろうか。君主がそう信じたからとて、国民がそう信じなければ、君主主権は一朝にして没落してしまうのではないのか。そうだとすれば、やはり、君主主権を君主主権として支えているものは、国民の「力」なのではないのか。ヒュウムはいった。「力は常に被治者の側にある」と（Hume: Of the First Principles of Governments, Essays, vol. 1, p. 110）。そうであるならば、君主主権の場合にも、政治のあり方を最終的にきめる「社会学的」な力は、君主にはなくて、国民の側にあるのではないか。その意味では、過去の日本の天皇制でも、国民主権が行われていたといっても、あながち詭弁とはいえないのではなかろうか。それにもかかわらず、過去の日本では、社会学的な主権ではなくて、統治はすべて天皇の意志にしたがって行わるべきであるという「理念」が存在し、それが天皇の主権を意味したとするならば、それは、「天皇の大御心」は常に正しいと信ぜられていたためではなかろうか。それは、すなわち、「ノモスの主権」の承認ではないであろうか。

しかし、君主の「人」においてノモスの主権が具象化されるという政治のあり方は、だんだんとすたれて行きつつある。それはなぜだろう。それは、そういう行き方では、理念が宙に浮いてしまうからである。逆にいえば、その理念を強いて現実化させると、折角の理念が落花狼藉とふみにじられてしまうからである。政治は君主の意志によって行わるべきであるという理念が、そのままに現実化されると、文字通り君主の専断で政治を行う専制主義になる。かくて、ネロはロオマを焼いた。また、君主の統治は正しいという理念が、君主の側近や重臣の意志によって利用されると、国民が君主の意志によるものだと信じて仰いでいた政治が、実は国民を悲惨のどん底につき落すことにもなる。かくて、天皇統治の美名は、政治の黒幕に踊る者どもの手によって、昭和の暗黒政治に切りかえられた。そうであってはならないというのが、国民主権の「理念」である。

国民主権の場合には、政治の理念が現実化されても、君主主権の場合のような危険の生ずるおそれは、はるかにすくない。否、全く反対に、その理念が現実化されればされるほど、国民すべての福祉にかなった政治の行われる公算が多くなる。政治は国民の手によって行わるべきであるといっても、実はその政治が少数の金持やボスの手ににぎられているからこそ、それが民衆の光明とならず、国民一般の不幸を取りのぞき得ないのである。これに反して、理念としての「国民の政治」が、現実にも、なるべく多くの国民の関与する政治になって行けば行くほど、そういう弊害はすくなくなる。なぜならば、国民は、自分たちの生命を尊ぶし、自分たちの利益を考えるし、自分たちの幸福を思う。そうした国民みんなの気もちが政治に反映し、その中の多数の声が政治を動かす力となって行くならば、国民の生命を賭する戦争は避けようとするだろうし、社会の繁栄をはかろうと努力するだろうし、結局、国民の福祉が増進し、「国民のための政治」が実現されるであろう。そこに、民主主義の大きな狙いがあるし、その狙いが大体としてははずれないというところに、国民主権が君主主権よりもはるかに「正しい」政治のあり方である所以がある。

しかし、国民主権の政治ならば、かならずいまいうような正しい政治が実現されるかというと、もとよりそうは行かない。いかに選挙権を拡大し、いかに国民の大多数が現実の政治に直接間接に関与するようになっても、もしも国民が短慮で、浅見で、政治的訓練に欠けているならば、「国民の政治」といえども、「国民のための政治」とはなり得ないであろう。それでも、なお、政治は国民の政治であるべきであるというのは、やはり一つの理念である。ルウソオは、国民の総意は「常に正しい」といった。なぜならば、国民の総意は、常に共同の福祉を目ざしており、したがって、決してあやまりを犯すことがないからである（Rousseau : Du Contrat Social, livre II, chap. III）。ルウソオがそう信じていた場合、かれが、常に正しかるべき政治の理念を「国民の総意」の中に見つめていたことは、あまりにも明らかである。そうして、そのような正しい政治の理念たる国民の総意によって政治のあり方をきめるのが、国民の主権である以上、国民の主権とは結局において「ノモスの主権」の承認であるといわざるを得ない。

だから、主権が国民にあるということは、国民の意志によって政治を行うべきであるという面と、国民の政治は常にかならず国民のための政治であるべきであるという面と、その二重の意味において「理念」である。この理念は、国民の努力によってこの二重の意味での理念を現実化して行く責任を、国民自らの双肩に担わしめているのである。実力概念から責任概念に改鋳された主権とは、まさしくさようなものである。だから、私は、主体性の面から見た主権の問題は、「何が法であるかを決定する力をもった人々の心構えの問題」だといったのである（小著六七頁）。

ところで、宮澤教授の批判はこの点にもふれて、私のいうがごとくんば、ノモスの主権は単なる立法者の心がまえの問題に帰著するから、私が「主体性」がないといって批判した法主権説よりも、もっと主体性がないといわれる（一七頁）。

法主権説は、「人の支配」のかわりに「規範の支配」を以てしようとする理論である。それも、やはり一つの主権否定論であるといい得るが、単にそれだけでは、法規範の規律を重んずべきことを説くだけであって、人間が政治のあり方をきめるという主体性の面がおおいかくされてしまう。私は、私自身の主張がそれと同じ理論に帰著するものではないことを示すために、ノモスの主権とは、現実には人間が法を作るものであることを十分に認めつつ、法を作る立場にある者は不断に正しい法を作るために努力をつづける義務があるという意味で、ノモスを権力の上に位せしめることにほかならないと説いた（小著六六頁以下）。これに対して、宮澤教授は、法主権説ならば、結局は、法規範を作る人の支配を認めることになるから、まだしも幾分の「主体性」があるが、ノモスの主権となると、立法者の「心がまえ」を説くだけであるから、単なる言葉だけに終ってしまう危険がはるかに大きい、と戒められる（一七頁以下）。

しかし、法の根本原理にしたがって政治の方向をきめるように国民を義務づけ、ノモスの一般原則にもとづいて法の具体的な内容を定める責任を国民に負荷することが、どうして「単なる言葉」（一八頁）にすぎず、「主体性が全く欠けている」（一七頁）のであろうか。その責任は国民自らが負うべきものである点で、主体性はきわめてはっきりしているのではないか。このような言葉は、おそらく、唯物必然論者や、実力決定主義者や、多くの法実証主義者にとっては、単なる「お題目」にすぎないであろう。けれども、国民の良識の向上と、政治への関心の積極化と、国民の代表者たちの責任感の強化とがともなえば、政治を正しい方向にみちびくことができ、反対の場合には反対の結果になるという、きわめて平凡な真理を認める者にとっては、それは決して「単なる言葉」ではないであろう。

私は前に、私自身、法は結局マイトの動くがままに動かされるか、あるいは、いかなるマイトも法の根本原理によって方向づけられるものであるか、という、ソフィスト・ソクラテスの対立以来の法哲学上の大問題と取り組んでいるといった。しかし、この問題は、何千人の法哲学者が何千年かかっても《ママ》「研究」して見ても、決して解決され得ないであろう。なぜならば、それは「研究」によって解決できる問題ではないからである。これに反して、この問題は、現実の社会生活をいとなんでいる人々の実践的な「心構え」のいかんによって、どちらへでも解決できる。多数の人々が「泣く子と地頭には勝てない」とあきらめていれば、その社会では、何千年たってもマイト・イズ・ライトは真理である。これに反して、人類の中の大多数が、自ら正しいと信ずるところにしたがって行動し、政治の力を正しく方向づけて行こうと努力してやまないならば、マイトは次第にライトに合致して行くであろう。なぜならば、「力は常に被治者の側にある」からである。それを最も能率的に可能ならしめるものは、民主主義の政治原理であり、その責任は国民自らにありと「心構える」ことが、国民の主権である。それが、国民自身の最も強烈な「主体性の自覚」でなくてなんであろうか。

## 七

宮澤教授は、私のこの反駁を読んで、私がまたしても「このあまりに自明な政治の格律を改めてここで説くこと」を不必要とせられるであろう（三〇頁）。私もまた、何人にとっても自明であり、何人もそれによって行動している事柄を、たびたびくりかえして説くことのおろかしさをあえてして、物笑いの種になることをのぞむ者ではない。しかし、私の見るところでは、この「自明な政治の格率」が、教授によっては、かならずしも私の考えるような意味では承認せられていないのではないかと疑われる。

事は、多数決原理に関する。

民主政治が多数決原理によって運用されることは、いうまでもない。民主主義は、「国民の政治」であることとそのことによって、それが同時に「国民のための政治」であることを期待し、かつ、それを正しいとする。その正しさの規準は、「国民のための政治」である。国民のすべてが自己の才能を伸ばす平等の機会を有し、その才能を自己のためにも他人のためにも十分に活用することによって、各人に人間の人間たるに値する生存が保障されること、それが民主主義の正しいとする社会生活のあり方である。そのあり方の具体的な内容についてはいろいろな問題があり得るが、フィヒテのいうように、各人が安んじて勤労に従事し、それによって経済的に快適な生活をいとなみ、しかも、仰いで文化の青空を眺める余裕をもつような社会状態がすべての人々に保障せられることは、何人にとっても、異議のない正しい政治の目標であろう。しかし、正しい政治の目標はそうであっても、与えられた社会的歴史的具体条件の下で、その目標に一歩でも近づくためにどうするのが国家の政治の正しいあり方であるかについては、険しい見解の対立が生ずる。しかるに、民主主義は、その中のどれが最も正しい道であるかをあらかじめ絶対的に断定する権利は、だれにもないと見る。したがって、民主主義は、相対主義に立脚する。したがって、また、それは、対立する見解の中のどれを取るかを、多数決によってきめる。かくて、国民の総意による政治は、国民の多数意志による政治として行われる。

ここまでは、民主政治の運用についてのいわば公式論であって、これまた、ほとんど異論のあり得ないところである。しかし、正しい政治の目標にむかってすすむための方法としての多数決原理の意義づけについては、私の考え方と宮澤教授のそれとの間に重要な喰い違いがある。

私の考えによれば、具体的な問題について分岐・対立するいくつかの意見の中には、比較的にいって、ただ一つのいちばん正しい意見があるはずなのである。したがって、多数意見の方が正しい場合も多いだろうが、逆に、少数意見の方が正しいこともすくなくないはずなのである。しかし、人間の力では、そのどれが正しいかをあらかじめ絶対の権威を以て断定することはできない。だから、民主主義は、そのかぎりにおいて相対主義に立脚する。しかも、政治の方針は、その中のどれか一つによって決定されなければならない。だから、民主主義は多数決を採用するのである。多数意見できめた方針は、ただ一つのいちばん正しい筋道に合致していることもあるであろう。しかし、逆に、それが正しくない場合もあるであろう。だから、もしも民主主義が、正しい政治のあり方を不断に追求しようと努力することなしに、すなわち、「事の理否の如何にかかわらず」、多数のおもむくところに唯々として追随するならば、その結果は多数の横暴を許すことになる（小著二〇三頁以下）。

　これに対して、宮澤教授によれば、このような考え方は、「常識的には、多くの人々によっていわれるところであるが、そこには、理論的にいうと、かなり不正確なものが含まれている」（二九頁）。なぜならば、民主主義は、どの意見が正しいかを客観的に知ることができないから、多数決を採用するのである。二と二で四になるというように、何が正しいかを客観的に知ることができるならば、多数決による必要は毛頭ない。多数がその真理に反対しても、その多数は間ちがっているだけの話しである。否を棄てて理を採って行けばよいのである。しかるに、政治の方針をどう定めて行くのが正しいかは、それとは違って客観的に知り得ない。だから、多数決や民主主義が必要になって来るのである。したがって、「事の理否の如何にかかわらず、多数の意見を尊重するという表現は、それ自体、矛盾である」（同）、と。

　しかし、民主主義は、何が正しいかを客観的には知り得ないとする立場であろうか。それは、そのような底のない懐疑論であり、不可知主義であろうか。なるほど、民主主義は、対立するいくつかの意見のうち、どれが客観的に正しいかを、あらかじめ断定すべきではないと考える。それ故に、一応は、すべての意見の等価性をみとめて、そこから出発する。民主主義が言論と批判の自由を尊重し、対立するいくつかの政党の間に活潑な論議がたたかわされることを歓迎するのは、そのためである。しかし、それは、何遍議論しても「何が正しいかが客観的には知られえない」事柄について、無駄な議論をしているだけの話しであろうか。それならば、多数決によるよりも、籤引きできめる方がよほど手数がかからないのではなかろうか。

　私の理解するところにしたがえば、民主主義が一応は相対主義の立場に立ち、言論の自由を尊重し、対立する意見の間の議論をたたかわせるのは、いまいったような態度とは正反対に、客観的に正しい政治のあり方を発見するための真剣な努力にほかならないのである。しかし、議論は果てしないし、政治や立法の問題は次々に解決して行かなければならないから、それで多数決によって議論のけりをつけるのである。それでは、何が正しいかは、結局いつまでもわからないのであろうか。否、それはわかる。それは、多数できめたことを実際にやって見ればわかる。経験がそれを教えてくれる。民主主義は、事前においては何が正しいかを知り得ないとする態度ですすむが、事後においては何が正しいかを経験によって知ることができると確信している。経験によって多数決の結果が正しかったことがわかれば、つづいてその方針によってすすむであろう。逆に、経験によって、少数意見の方が正しかったことがわかれば、国民は今度は少数意見の方を多数で支持し、これを多数意見に育て上げることによって、その方針を試みるであろう。そのような努力を怠り、ただ徒らに多数のおもむくところに追随するのは、「事の理否の如何にかかわらず」多数の意見を尊重するものといわずして何であろうか。人間の理性が信頼に値するのは、それが判断をあやまらないところにあるのではなく、言論の自由と結びついた経験によって、そのあやまりを訂正する力をもっている点にあるといったジョン・スチュアアト・ミルの偉大な言葉は（J. S. Mill: On Liberty, People's Edition pp. 10-12）、民主主義のこの根本態度を明らかにしてあますところがないといわなければならない。

　私は、民主主義とはさようなものであると信ずる。だから、理念としての「国民の総意」――それは常に正しかるべきものである――は、現実には「多数の意志」――それは常に正しいとはかぎらない――としてとらえられるけれども、理念と現実との間には常に大なり小なりのへだたりがあり、現実の多数意志を形成する者は、常に理念への接近をはかって行くべき責任があると信ずる。しかるに、実際には、この責任は決して常に完うされているとはかぎらない。反対に、しばしば多数の力によって少数の支持する真理を圧殺することが行われる。いや、それとはまた全く逆に、少数の狂信者や絶対主義者が、声を怒らし、手をふり上げ、ラウド・スピイカアを用いて、あたかも多数の声であるかのようによそおい、無理やりに多数を引きずって行くということが行われる。それ故にこそ、「数によって行われる現実の政治を、正しいノモスの理念にしたがう『理の政治』に接近せしめるように不断に努力して行かなければならない」（小著二〇四頁）という政治の格率を、国民のすべてがわれとわが心にむかってくりかえして強調する必要があると信ずる。

　つまり、私にいわせれば、ここでまたノモスをもち出す私の態度を、「ところで、ここでもまたノモスが出てくる」（三〇頁）と軽くあしらわれる宮澤教授の立場は、多数のおもむくところを手をこまねいて眺めている傍観者のそれに近いように見える。「このあまりに自明な政治の格律を改めてここで説くことの必要を見出すに苦しむ」（同）といわれる教授自身は、それを説いても説かないでも結局は同じことだと見ておられるように見える。「民主政治における国民の総意は、つまり、多数の意志そのものなのである」（三一頁）とのみいって、それ以上に、前者の理念性と後者の責任性とに省察を加えようとされない教授の態度は、典型的な法実証主義のそれと共通しているように思われる。

私は、以上に再論したような考えに立脚して、新憲法における「象徴としての天皇」の地位に、国民主権の建前から見て「血の通う」意味を与えようと試みた。宮澤教授は、これに対して、そのような試みが無駄なものであることを私に教えられると同時に（とくに三四頁）、積極的にそのような試みに反対された（同）。私は、この「答え」では、主として法哲学という「わが田」に水を引いて、問題の根本を論じ、天皇制のアポロギヤは第二次的な問題として取りあつかったのである。すでに予定の紙数を超過していることではあるし、これ以上に、憲法学の権威者であられる教授のホオム・グラウンドに足をふみ入れて、教授のいわゆる「たぶんに感情的・前理論的」な饒舌を弄する愚をくりかえすまい。ただ、私の天皇制論と宮澤教授のそれへの批判との間のくいちがいの根柢には、右に述べたような態度の相違が横たわっていることを、読者諸賢の前に明らかにして置きたいと思ったのである。

# 法の窮極にあるものについての第三論

## 一

拙著『法の窮極に在るもの』に対しては、まず田中耕太郎博士が懇切な批判と教示とを与えられ、私もこれに対する私見を述べて、問題の究明を一歩前進せしめようと試みた。つづいて、京都大学の加藤新平教授も、『季刊法律学』の第三号に、同じ拙著に対するかなり詳しい批評を発表し、田中博士とは別の角度から、私の学説を検討せられた。私は、加藤教授の懇情に感謝し、これに応える責任を感じつつも、当面する書債に責められて、容易にその責務をはたし得なかった。いまここに、勁草書房の懇望によって、田中博士への答えを巻頭に置き、その題名をそのままに、『法の窮極にあるものについての再論』というささやかな論文集を刊行する機会にあたり、法の窮極にあるものについての第三論を書き下して、加藤教授の批判に対する答えとし、いささかその学恩にむくいたいと思う。

いままでの日本の学界では、特別の場合をのぞいて、あまり論争ということは行われなかった。それは、つまり、日本の学者には孤立して思い思いの研究をするという傾向が強く、他人の業績に対しては、敬して遠ざかるという態度があったためであると思われる。しかし、それでは、学問の有機的な発達は促進されない。それどころか、他人の業績はそのままに棄てておいて、各人各自改めて出発点から研究をしなおすということになるから、全体として見ると、非常な無駄が生ずる。学者にとって、いや、人間にとって通用する真理は、ただ一つしかないはずなのである。学問は、このただ一つの真理を隅々まで究明するための、不断の協力を意味せねばならぬ。それには、何よりも、公正な論争を活潑に行わなければならぬ。論争においては、一方はAを真理とし、他方はBを真理として、互に他方が真理とするところを克服しようとする。しかし、論争が公正に行われているかぎり、両者は互に他方を克服しようとしているように見えて、実は、互に、両者にとって共通の客観的な真理を究明するために協力し合っているのである。なぜならば、そこに究明せらるべき社会科学的な真理は、きわめて複雑な、多角的な構造をもっており、論争する両者は、実はその多角的な真理のことなる側面をとらえて、相争っているにすぎない場合が多いからである。

けれども、このような真理探究のための協力が行われるためには、その論争が公正なものであることを不可欠の条件とする。もしも論争の当事者たちが、学問以外の政治的な意図をまじえたり、感情に走ったりして、相手を圧伏することそのことを目的とするならば、その論争は学問の建設のために何らの意味もないものとなってしまうであろう。これは、きわめてわかり切った論争の倫理であるが、このわかり切ったことが、実際にはなかなか行われないのである。過去の日本では、論争はむしろ稀にしか行われなかったが、それが稀に活潑に行われた場合には、その多くは、政治的な意図を包蔵したり、理論的対立以上に感情に走ったりした論争であった。今後といえども、もしも社会科学上の問題について、相手の議論の階級的被制約性とか反動性とかを最初からきめてかかる「レッテル論争」が行われるならば、それは、学問の論争ではなくて、政治闘争の一環に堕する危険が非常に大きいであろう。

私が戦争後書いた未熟な著書や論文に対しては、すでにいろいろな学者がいろいろな立場から批判を下しておられるが、それがすべて公正な、建設的な議論であることは、私の衷心から幸福とし、感謝するところである。前に述べた田中博士の拙著批判も、もとよりそうであるし、宮澤俊義教授の私の「ノモス主権論」に対する批評も勿論そうである。これに対して、私もまた、客観的な学問上の真理をともどもに探究するという精神を、できるだけ堅持しようとつとめつつ、私の信ずるところを再論して、自分自身の立場を明らかならしめようと試みた。もとより、論争は、違った学問上の見方の間の「争い」であるから、時には言葉がすぎたり、非礼にわたったりしたところがあるかも知れない。しかし、恩師や親友に対する私の尊敬と感謝とが、それによっていささかたりとも曇るはずのないことは、改めていうまでもない。

いま、加藤教授の批評に答えつつ、拙著の論旨についての「第三論」を試みようとする場合の私の心境も、それと全く同一である。

加藤教授の拙著に対する批判には、相当に辛辣なところがある。私は、法を動かすものが政治であること、政治にはそれに則って作用すべき矩があること、その政治の矩は正義と秩序との調和であること、そこに法の窮極にあるものが見出されること、を説いた。これに対して、教授は、私の立場を「円満な調和主義」であるとし、それを「一見極めて妥当の見解である」となしつつ、しかし、「この調和とは抑々何であるのか。そこには胸に喰い入る何の響もない。それは結局一種の安易なる折衷的楽観主義ではないのか」と詰問される（季刊法律学、第三号、昭和二三年、一五〇頁）。拙著の読者の中には、この評言に同感される人々が多いと想像する。しかし、私にいわせるならば、このような批評には、多分に私の思想に対する誤解が含まれている。さらに、法の根本の存在性格に対する誤認があるように思われる。私は、冷静に、その誤解や誤認と思われるもののよってきたるところをつきとめ、そうした、さらにもう一歩の前進を私にうながされた加藤教授に感謝しつつ、問題の根柢の究明に努めて見たいと思う。

加藤教授の拙著批判の中で、私がいま取り上げて再検討を加えて見たいと考える点は、大体として三つある。その一つは、法を作り、法を動かす原動力を、単なる政治としてとらえようとするのは、一面的な考察であるという点である。教授は、これに対して、例えば、カアル・シュミットのいう「具体的秩序」やエアリッヒのいう「社会団体の内面的秩序」のように、政治的支配権力の如何にかかわりをもたない法の根源があることを指摘される。その第二は、私の、いわゆる「円満な調和主義」に対する批判である。これに関連して、教授は、私の調和主義とマックス・ウエバアやラアドブルッフの相対主義とを比較し、両者の間に、外面の相似性にかかわらない大きな相違があることを鋭く指示される。その第三は、唯物史観に対する私の解釈がいささか素朴にすぎるという批評である。教授によれば、私は、唯物史観が人間の実践行動を媒介としない一種の自然法則のごときものによって歴史が動かされると説いたかのように見ている観があるが、それは納得しがたいというのである。

これらの三つの論点のうち、第一の点は、教授も一応それを問題とした上で、しかし、私の所説にも十分に理由があることを認め、その上で論述をすすめておられる（一四六—一四七頁）。したがって、私も、この点については、あまり深入りをしないでもよいと考える。第二の点は、教授の批判の眼目であり、私の立場そのものの、否、法の存在性格そのものの本質に深く関係する。それ故、私も、この第二点についてはいささか本格的に再論して見たいと思う。最後に、第三の点については、教授はそれに二度ほど触れておられるが、しかし、それについては特に論ずる必要はないとして、格別の論議を展開されていない（一四七頁、一五三頁）。けれども、これは、私にとっても、また問題それ自身にとっても、きわめて重要な点であるから、この機会に、それについて改めてやや立ち入った考察を試みることとしたい。

まず、第一の、比較的に軽い問題から取り上げることとしよう。

## 二

第一の点について、加藤教授は、おおよそ次のように論ずる。

「法の窮極にあるもの」の論者は、法の原動力をば政治に還元してとらえる。しかし、法がすべて、もしくは主として、政治を媒介として作られると前提してかかることに対しては、たちまち多くの異論が出てくるであろう。なぜならば、政治は組織的な支配権力を背景とする社会統制作用であり、それが本格的に行われる場所は、国家である。したがって、法を作る力は政治であると見る結果は、法をもっぱら、もしくは主として国家法に限定して論ずることにならざるを得ない。しかるに、このような国家法一元論または偏重論に対しては、久しい以前から有力な反対説があり、政治的権力によって支えられている法のほかに、またはその底に、真の「生きた法」があるということが、すでに第一九世紀の末葉以来多くの学者によって強調されて来ているからである。エエアリッヒが、国家法体系に対する社会団体の内面的秩序の重要性を指摘し、カアル・シュミットが、共同体の具体的生活秩序の中に具現されている生活準則こそ真実の法であると説いたのは、そのような考え方を代表する。これを一般化していうならば、自由法論者や社会学者は、社会生活のさまざまな内面的条件を科学的に探究して、そこに実定法の生きた姿を見出そうとする。現代の法解釈学者は、たれしも、国家の立法作用によって制定された法のほかに、慣習法を法源の一つとして重んずる。労働法学者は、労働協約規範や就業規則のような社会自主法の重要性を力説する。法には、このように、政治的権力の保障とは関係のないひろい領域がある。それを国家法と同等の、もしくはそれ以上に重要な法と認めるならば、法を作り、法を動かす原動力は政治であるという議論は成り立たないし、法の窮極にあるものは別の道を通って求められなければならないであろう。そうして、その方が、この問題について、よりひろく深い展望を与え、よりゆたかな稔りをもたらすであろう、と（一四五―一四六頁）。

しかし、教授は、一応こう論じた上で、「然し今はこの点に立ち入ることは避ける」といい（一四六頁）、かつ、前に述べたように、他方では私の理論にも「充分の理由のあることを認めないわけにはゆかない」として（同）、次のごとく説かれる。

すなわち、法についての「常識的観念」からいえば、法とは人間を強制的に拘束するものであり、公権力によってその効力が保障されている規範である。この「常識的見地」に立脚するかぎり、いま述べた社会法論や自由法論や具体的秩序の思想などが、これこそ真の法であるとして示そうとするものは、実は「法の内容に流れ入る素材」であって、それをただちに法そのものと考えることは不可能であろう。いいかえると、政治団体によって、特に法として採択され、権力によってその効力の承認または保護を受けるにいたったものだけが、法として観念されることにならざるを得ないであろう。そのような「常識的」な概念構成は、自然科学の場合ならば無視してよいし、また、すすんで無視すべきであるが、文化科学の場合にはそれを無視することは許されない。それ故に、ここでは、法の直接の原動力は政治であるという考え方を、一応肯定して置くこととする、と(一四六―一四七頁)。

これで、私としても、あまりいうことはなくなっているわけであるが、私の立場からの若干の補足的な解明を加えて置くこととしよう。

私も、政治力の介入をまたないで、社会生活の中に自然に形成されたり、自主的に作り出される秩序があること、それが国家法とは次元をことにするところの秩序形態であり、しかも法のきわめて重要な内容を形づくっていることを、十分にわきまえている。それは、私の用語をもってすれば、強制規範または裁判規範から区別されたところの社会規範であり、伝統や風習や道徳観念や宗教的信仰や経済上の必要などが、それを生み出し、それを支えているのである。そこで、私は、社会規範としての面から見た法は、道徳・宗教・経済、等の目的や必要によって作られるものであることを認め、それらの社会生活の自生的な規範が、法的強制のための規範や単なる裁判の準則としての法にくらべて、はるかにゆたかな法の生命を形づくっていることを肯定する。その意味で、私は、そういう方面から法の形成されて来る道を看過したのでもなく、また、決してそれを軽視したわけでもない。

しかし、そのようにして形成されて来る社会生活の自生的な秩序は、非常に多元的なものであり、かつ雑多な内容をもっている。エエアリッヒをはじめとする社会法学的傾向の学者たちが、それをば、政治的権力によって作られた秩序よりも価値の高い法と見たことは、加藤教授のいわれる通りであるが、そこには、国家法、とくに成文法万能の思想に対する反動として、社会自主法を一般的に美化しようとしたかたむきが認められる。けれども、実際には、その中に、旧来の陋習も含まれているし、新らしい時代の動きに順応し得ないかたくなな道徳観念もこびりついているし、それが、明らかに反価値的な秩序を形づくっている場合もすくなくないのである。例えば、今日の日本においては、国民生活の隅々までを民主化する目的の下に、政治的権力による大規模な法の変革が行われているが、それが実際に社会生活の実態にまで滲みとおることは、決して容易なわざではない。憲法や民法は、声を大にして個人の尊厳と両性の平等とを強調しても、現実には、依然として家長が権力をふるい、妻が横暴な夫に忍従し、娘を嫁にやるのを「片づける」ことと心得ている家庭があるであろう。労働組合法は、労働組合をば労働者を主体とする自主的な団体として規定し、その内部関係が民主的に規律されることを期待しているが、実際には親分子分的な関係が支配している組合も存在するであろう。通貨の膨脹を阻止し、物価を安定させるために、法律が価格の統制を励行しようとしても、その裏では、闇商人が活躍し、闇価格が通用し、政治的権力の保護を受けるはずもない闇秩序が成立しているであろう。その他、秘密結社にもその「内面的秩序」があり、暴力団やすり団にも他律を絶対に排斥しようとする「仁義」が行われているであろう。まさに、「社会あるところ法あり」である。それらの場合をすべて考慮に入れるならば、そのような社会自主法を、どうして一般的に国家法よりも「価値の高い」法であると認めることができようか。また、社会生活の自治的な秩序がさように種々さまざまなものである以上、それを科学的に探究することが必要であり、それによって問題に「より広く深い展望」が与えられることは、確かであるにしても、どうしてそのような「別の道」を通る方が、法の窮極にあるものをつきとめる上からいって、「より豊かな稔りをもたらす」と断言することができようか。

「社会あるところ法あり」といわれるその法は、かくのごとくに多元的であり、雑多なものである。その中には、国民生活の深い必要に根ざしている秩序もあり、したがって、大いに尊重せらるべきものもある。あるいはまた、それをその社会の自主秩序として、あるがままに放任して置いてさしつかえないものもある。しかしまた、その中には、社会生活の健全な進歩を阻害し、国民生活全体の公安に脅威を与えるような性質のものもすくなくない。そこで、国民社会全体の秩序を統一する必要上、その中枢に単一の法定立の権威があって、これらの多元的な秩序の上に取捨選択を加え、尊重すべきものは保護し、放任すべきものは放任し、排除すべきものは権力をもって抑圧し、さらに、新たな観点からさまざまな法規範を定立し、国家の強制力を背景として、それらの法目的を有効に実現して行こうとする。それが本格的な法である。それを単に「常識的」な法概念と見ることは、加藤教授の随意であるが、それが常識と合致しているかどうかは別として、それこそ、「学問的」に精査した上で本格的にそう名づけらるべきところの法なのである。この意味での法は、その中に社会生活の多元的な自生規範を多分に含んではいるけれども、その外廓を形成する単一の枠をとらえて見るならば、結局は、国家法として一元化されているのである。そうして、そのように、多元の秩序を一元化し、多様の法目的に統一を与え、これを強力に推進して行くものは政治である。かくて、法の窮極にあるものをつきとめて行く「本格的」な道は、法と政治の関係の究明にあるということにならざるを得ない。

このことを、さらに具体的に明らかにするために、政治を原動力として動く法と、加藤教授がそれとは次元をことにする社会自治法としてとらえられるものの一つとの結びつきを、例示して見よう。

教授は、かような多元的な社会生活の自治法の存在を確認するためには、例えば労働協約規範のような、労働法学者の特に強調する社会自治法、「等々を思い浮べるだけで充分である」とされる。（一四六頁）。なるほど、労働協約は、労働組合と使用者またはその団体との間に締結される自主的な規範であり、ただちに裁判所によって適用せられる普通の国法規範とは明らかに性格をことにしている。しかし、労働組合法は、労働協約に定める労働条件その他の労働基準に違反する労働契約を無効としているのであって（第一六条）、その点だけを見ても、労働協約が国家権力と間接に結びつき、それによってその効力の保障を受けている規範であることがわかる。のみならず、労働協約の要件やその遵守義務は、国家の立法作用によって定立された労働組合法の規定するところであり（第一九条—第一一条）、その基準の枠もまた労働基準法によって定められている。故に、労働協約規範は、労働関係当事者間の自主規範ではあるが、そういう自主規範が有効に定立されるということは、国家法の委任の下に認められているのであると考えらるべきである。さらにさかのぼって、そのような労働関係の自主法の定立と効力とは、きわめて明らかに政治の動きによって担保され、方向づけられている。政治が労働運動を弾圧しようとしていた時代には、主として使用者の定めた工場の就業規則のごときものは別として、どこにそのような労働関係の自主法の成立する余地があり得たであろうか。敗戦後の日本において労働組合法や労働基準法が制定され、労働協約の締結が勧奨されるようになったのは、すべて、日本国民の経済生活や労働関係を民主化しようとする、強大な「政治」の力によることではないか。加藤教授が、強いて政治から切り離して見ようとされるいわゆる社会自主法といえども、強烈に政治動向によって左右されるものであることは、この一例をもってしても疑いの余地のないところであるといわなければならない。

## 三

つづいて、第二の、いっそう重要な論点に移ろう。

加藤教授は、正義と秩序、普遍と特殊、急進と安定の調和を法の根本理念とし、それが政治を方向づけると見る私の理論を概評して、次のようにいわれる。

法の窮極にあるものを探究しようという企ては、誠に魅力的である。その企てによって、もしも法と、法を取りまく文化領域の全体の姿とがはっきりととらえられ、その根柢にある窮極の力が明らかに見えて来たとするならば、それは、われわれのために胸に迫る確信をよび起し、われわれの歩もうとする道の選択を容易にしてくれるであろう。しかし、この書を読んだ感想を述べるならば、「この探究の旅路は、平安であり、人々は不安と怖れを以て期待した峻険迷路にさしかかることなく、坦々とした道を導かれて何時しか一切調和の境地に達せしめられる。吾々はそこに円満にして調和のとれた導師の姿は見る――然し遍歴の途次左右に浮んで吾々の心を苦しめ、そしてしかと征服したとは思われぬ数々の迷路は、依然不安と怖れとを以て吾々の心に浮び上って来る」と（一四三頁）。

教授がこのように拙著の論旨を不満とされる所以は、結局、前にいった、教授のいわゆる私の「安易なる折衷的楽観主義」に存するのであるが、教授は、この調和主義の性格を明らかにするために、それと哲学的相対主義とを対照して次のように説く。

ここに述べられている調和主義を見ると、人はただちに、それと相対主義的寛容との関係を思い浮べるであろう。たしかに、この調和論の中にも一種の相対主義がある。なぜならば、この調和論者は、民主主義の指導原理として相対主義的な立場を採る必要を認め、最初から一つの方針のみを正しいとする絶対主義は、民主主義を排して独裁主義に走るとしているからである。しかし、かような外観上の相似性にもかかわらず、この調和論者の調和主義と本来の相対主義とは、全くその真精神をことにする。なぜならば、真の相対主義は、政治的世界観が最初から妥協を許さぬ尖鋭化した対立関係に置かれていることを前提とする。だから、相対主義は、実践の世界に行動する人々に対して、互に他の立場と妥協せよとか、調和するようにふるまえとかいうことを教えるものではない。さればといって、その中のどれか一つが絶対に正しいと教えることは、哲学の分限には属しない。故に、相対主義は、その選択をば各世界観主体の良心と決断とにまかせる。そうして、その信念をつらぬきつつ、全力をあげて敵とたたかえという。いいかえると、対立するさまざまな理念の間の折衷とか調和とかを説くのは、決して真の相対主義ではない。しかるに、ここに問題とされているところの調和主義はいう。激しい対立は避けよ、調和こそ学の教え得るただ一つの正しい道である、と。しかし、人は、そもそもいかなる調和を求めて行動すべきであるのか。その調和の内容に対する評価が人によって違えばこそ、人は必然的に他の立場と調和し得ぬ対立に駆り立てられるのではないのか。そこに政治があるのであり、したがって、政治的実践においては、或る者は味方であり、或る者はハッキリと敵にならざるを得ないのではないか。それにもかかわらず、その深刻・不可避の対立を迂回して、漫然たる調和を説くのは、ゆがめられた相対主義であるにすぎない。調和主義の理論が、「胸に喰い入る何の響もない」所以はそこにある、と（一五〇―一五三頁）。

これは、確かに鋭い批判である。私は、この点についての加藤教授の高教、とくに、私のいう調和論と、ラアドブルッフやマックス・ウエバアの相対主義との間の相違性の分析に対して、深い敬意を抱く。

しかし、それにもかかわらず、私の理論に対する教授の批判には、重大な誤解が含まれていると思う。それは何か。

私の信ずるところによれば、哲学の立場は、理論と実践との両方にまたがっている。したがって、法哲学は、一方では法現象の実態を把握し、その現実の動きを方向づけているものが何であるかを、問題の窮極にまでさかのぼって明らかにして行かなければならない。その場合の法哲学は、「理論」の立場に立っている。しかし、法哲学の任務はそれだけにはとどまらない。法哲学は、そのようにして得られた法現象の実態的把握に立脚しつつ、さらに、何が正しい法的態度のあり方であるかを示さなければならない。法的な正しさとは何であり、それを実現する筋道はどうあるべきかを究明しなければならない。それは、法についての「実践」であり、その場合の法哲学は実践哲学である。私は、そう考えるが故に、法の窮極にあるものを探究するに際しても、まず、問題の実態を「理論的」に見定め、しかるのちに、そこからにじみ出るような仕方で、法哲学としての「実践的」な態度の決定を求めようと試みた。

しかるに、加藤教授は、私の論述を主として、あるいは、むしろもっぱら実践哲学的な角度からとらえ、その調和主義の態度に対して深い不満を表明しておられるのである。つまり、私が主として存在論的に法現象の根柢にあるものをつきとめようとして論じているところを、一つの単なる実践論的な呼びかけと解し、それを安易な楽観主義であると非難されるのである。そこに、論者と評者との間の喰いちがいの根源がある。

前に述べたように、私の見るところによれば、法――すくなくとも、国民生活を統一的に規律する本格的な法――は、すべて政治によって取捨選択され、あるいは、政治の動きによって新たに作り出される。したがって、法の窮極にあるものは、一応は政治の力としてとらえらるべきであり、そのかぎりにおいては、法が政治によって左右されることを認めざるを得ない。しかし、さればといって、法に対する政治の力を万能視し、法は政治の動くがままに唯々諾々として動く傀儡であり、政治は、法を思うがままに作り、思うがままに破る暴君でもあり得ると見なすことは、まちがっている。なぜならば、政治の力といっても、その動く方向にはいろいろある。政治は、本質的にその中に対立の契機をふくんでいる。したがって、もしも一つの政治動向が、自己の防塞たる法秩序を頑迷に守り通そうとすれば、人間の平等を実現しようとする別の政治動向が、この防塞をくつがえそうとして執拗に攻撃するであろう。逆にまた、人間平等の正義を一挙に実現しようとする政治の力が、あらゆる闘争の手段を用いて、現存の秩序を打ち破ろうとすれば、秩序の破壊を阻止しようとする反対の力が、これに対して頑強に抵抗するに相違ない。その結果として、多くの場合、激動する力と安定を求める力との間に何らかのバランスが生じ、正義と秩序の或る程度の調和が実現するであろう。それが法である。時にはまた、急進的な力が頑迷な安定力を打ち破って、秩序の一時的な破砕が行われることもあるであろう。しかし、秩序の破砕に成功した政治力は、それによって達成された社会状態が最初の目標通りではないにしても、ともかくもそれに満足し、それを足場として新たな秩序の安定をはからざるを得ないであろう。そこにもまた、正義と秩序との新らしい調和が実現される。このようにして、政治は、常に正義と秩序との調和にむかって動く。それが政治の筋道である。しかるに、正義といい、秩序というのは、ともに法の理念である。まして、両者の調和は、法の根本の理念であり、法の本質的なあり方である。故に、政治がそれにしたがって動くところの筋道は、法の理念によって方向づけられている。それこそ、法の窮極にある政治の、さらに窮極にあるものにほかならない。

もちろん、その場合、時代時代の転換を経ては達成される正義と秩序との調和は、「調和」というにはあまりに不完全なものであることが多いであろう。それは、多くの場合、調和というよりも、対立する諸勢力の間の単なる「妥協」にすぎないであろう。その時代の支配的政治力はそれを正しい秩序であると主張しても、その秩序の下に屈従を強いられている多数の人々は、これを不満とし、あるいはこれに憤激し、言論により、行動に訴えて、そこに行われている配分の秩序を変革しようとするであろう。そのいきおいが次第に増大しても、少数の支配者が特権を独占し、多数民衆の声を圧伏して、正しくない秩序を強引に維持して行こうとすれば、ついには、その秩序を顚覆せしめようとする実力行動を誘発するであろう。故に、秩序を秩序として永続せしめるためには、その社会秩序における卑尊・禍福・貧富の急傾斜を是正する措置が講ぜられざるを得なくなって来るであろう。とくに、人間の法の下の平等が重んぜられ、政治の方向が国民の「多数」の意見によって修正されることを建前とする民主主義の社会では、秩序は絶えず正しい人間平等の福祉にむかって動く「可能性」をもつ。しかし、それが単なる可能性たるにとどまって、現実化する見込みがないならば、動かぬ秩序にしびれを切らした貧困の大衆は、秩序の破砕をもあえて辞せぬとする政治動向に加担するであろう。そうして、それが現実の秩序の破砕にまで激化することを防ごうとすれば、秩序はふたたび自ら動いて、人間平等の正しさに接近せざるを得ないであろう。かくて、人間の歴史は、絶えずひろまって行く規模において、ついには、人類全体を包括する世界史的な規模において、正義と秩序との常に新たな調和にむかって動いて行く。それが、歴史の動向であり、この動向にさからう政治は、次第に過去に取り残される。そこに、政治がそれにしたがって動かざるを得ない筋道がある。そうして、その筋道は、正義と秩序との調和という法の根本理念によって規定されている。

法の窮極にあるものを、きわめて大まかにではあるが、かようなものとしてとらえようとする私の理論は、根本の態度において、政治の実態の把握と法の存在性格の認識とを目ざしている。したがって、それは、そのかぎりにおいては、決して「激しい対立は避けよ、調和こそ学の教え得る唯一つの正しい道である」と人に説教しているのではなく、ましていわんや、人々に徒らに生ぬるい妥協を旨とすることを教える「導師の姿」ではない。実践の世界に行動する人々には、妥協性に富んだ者もあり、闘争性の強い者もある。その後者に対して、露骨な闘争を避けよと呼びかけることは、前者に対して、妥協を排してすすめと説くことと共に、この場合の私の「理論」とは、何の関係もない。それを、さような実践哲学的な呼びかけとして批判しているところに、加藤教授の私の理論に対する誤解がある。

このことは、教授が私の「調和主義」と対比して、その似て非なる所以を指摘されたところの、哲学的相対主義の性格を分析して見れば、いっそうはっきりするであろう。

教授のいわれるように、相対主義は、決して実践の世界に行動する人々に対して、相対主義的寛容性をもって調和と妥協を旨とせよ、と教えているわけではない。相対主義の法哲学は、法哲学そのものの立場に対して、対立する価値観の中から絶対的な選択を行うべきではないと戒めているだけなのである。したがって、それは、実践的な世界観主体にむかっては、あくまでもその信念をつらぬき、その良心にしたがって行動することを要求する。レッシングの「賢者ナアタン」のように、それぞれのもつ指輪の中のどれが本物であり、どれが幸福をもたらす力をもの《ママ》かを、信念をもって験せというのが、相対主義の法哲学者ラアドブルッフの呼びかけであった。(Radbruch: Rechtsphilosophie, S. 12)。しかし、各人が自己の信念の正しさをあくまでも頑強に、あくまでも徹底的につらぬこうとすれば、ついにはその間に倶に天を戴き得ぬ闘争が行われ、秩序を根本からくつがえすことになるであろう。しかも、その結果が革命となって爆発しても、人間の共同生活には一日も秩序を欠くことを得ない。故に、ラアドブルッフのいうように、社会変革に成功した革命政府のなすべき第一の著手は、自らの破壊した秩序を回復し、それを維持して行くということにならざるを得ない（A. a. O., S. 81）。かくて、破壊の継続をすみやかにくいとめるための必死の努力がなされ、法の第一の要務たる秩序の建設が行われる。その秩序の中には、さらにそれを維持しようとする力と、それをさまざまな方向に変革しようとする力とが内在しているであろう。しかし、秩序の破壊をくりかえすまいとする切実な要求が、強く働いているかぎり、それらの対立する諸力の間には、自らに均衡が保たれ、法秩序の安定が維持される。ラアドブルッフは、その状態をば、互に相争う力が、その対立と衝突とにもかかわらず、否、その対立と衝突との故にこそ、美しい調和を示しているゴシックのドオムになぞらえた（A. a. O., S. 75）。それは、正しく、私のいま述べたような、法の根本の存在性格と全く一致しているのではないか。それをとらえ、それを示そうとしている点で、加藤教授のいわれる私の「調和主義」と、ラアドブルッフの相対主義の法哲学とは、法実在の認識態度において全く趣を同じくしているのではないか。それなのに、私の「調和主義的精神」は、「相対主義的寛容の真精神を歪め」たものであるといわれる加藤教授の批評は、はたして正当な理解に立脚しているということができるであろうか（一五一頁）。

しかしながら、もしも私が法現象の実態をこのように見る結果として、政治の動きを動くがままに放任して置いても、そこに自らにして対立する諸勢力の間の諧調が生じ、正義と秩序との調和が実現して行くと考えているのであるならば、その態度は、正に安易な楽観主義以外の何ものでもないことになるであろう。いかに闘争がはげしく行われ、それに血腥い暴逆がともない、世界が一時は修羅のちまたと化しても、それは、全体としては法の理念の自己実現の過程として、あるがままに肯定せられるというのは、ヘエゲルの汎ロゴス主義である。私は、ヘエゲルの影響をも多分に受けていることを自認する者ではあるが、そのような歴史に対する一切是認・悉皆成仏の諦観には、決して同調し得ない。しからば、法現象の動きを右に述べたような姿においてとらえた上で、法の哲学はこれに対していかなる実践的な態度を採ろうとするのであろうか。かくて、論述の舞台は転じて、実践哲学としての法哲学の使命に移る。

## 四

実際の社会生活においては、無数の人々が自己の利益を求め、わが田の稔りを守ろうとして、切実な生のいとなみをつづけている。実践的な政治の世界においては、いろいろな政党政派があって、互に自党の主張の正しさを誇号し、自派の政策を勝利にみちびこうとして、必死にしのぎをけずっている。それをそのままに放任して置いても、普通の場合には、対立するさまざまな力が、互に他を排斥するように見えて、実は互に他を支え合い、その間に均衡と安定とを成立せしめて行くであろう。しかし、そのようにしてできた秩序の下では、多くの人々の生活経営が事実上不可能になるような、さしせまった事情になって来ると、そういう秩序そのものを一挙に破砕するような赤裸々な実力抗争が勃発するであろう。それをさらにそのままに放任して置けば、実力と実力とが生死を賭してたたかい合い、ついには、強い力が弱い力を克服して、新たな段階の秩序に到達するであろう。そのような成り行きを、そのままに世界理性の自己実現の歩みとして肯定し、讃美したのは、ヘエゲルの態度であった。それは、絶対理念論ではあるが、すべてを世界理性の世界計画の遂行として諦観している点で、まだ絶対必然論である。それは、百パアセントの理想主義であるように見えて、実は、「理性の狡智」を洞察する力のない人間から、自己の理想と努力の効果に対する希望を奪い去る、絶対の反理想主義である。私がヘエゲルに組し得ない点は、そこにある。

ところで、相対主義の法哲学には、このヘエゲル哲学と根本の態度を共通にしている点があることに注意しなければならない。

もちろん、ヘエゲル哲学は絶対理念論であるから、その前に立てば、価値と反価値との対立はなくなってしまう。これに対して、相対主義は、カント的な二元論に立脚するから、あくまでも価値と反価値との対立を認める。しかし、相対主義の法哲学は、価値観の一元的統一は不可能であると見て、その選択を各世界観主体の信念にゆだねる。その結果として、あらゆる政治的な立場の競合を認め、それが相互の頑強な対立・抗争となってあらわれることを、当然のなりゆきと見る。けれども、世界観の抗争にははてしがなく、法哲学はそれを裁く権限を自ら放棄しているのであるから、そのままでは秩序は成り立ち得ない。しかるに、秩序は、正義にもまして、法の達成すべき第一の任務である。そこで、相対主義の法哲学は、抗争に終止符を打ち、何をもって法とすべきかを定め、この世に秩序と平安とをもたらすという仕事を、法を法として遂行するに足りるだけの実力を有する者の手にゆだねる (Radbruch: a. a. O., S. 80ff.)。それは、結局において一つの実力決定主義である。強い実力が弱い実力に打ち勝って、何が法であるかを定め、それをもって秩序を維持して行くのは、当然であると見る立場である。ヘエゲルは、そこに世界理性の歩みを見る。相対主義の法哲学は、そうは見ない。そこに違いはあるが、常に強い実力をもつ者の側に軍配を挙げ、その正邪・曲直をあえて問おうとしない点では、相対主義はヘエゲルのマハトテオリイにきわめて近似した態度に帰著する。

しかし、私は、それでよいとは考えない。

私の信ずるところにしたがえば、法哲学は、何が正しい人間共同生活のあり方であるかを明確に示す責任がある。しかも、それは決して不可能ではない。正義は、人間平等の福祉である。すべての人間が、安んじて勤労に従事し、それに対して快適な衣食住の経済生活が保障され、さらに仰いで文化の青空を眺め得るという状態は、まさに正義の理念にかなった社会生活のあり方である。そのような状態においても、各人の間の配分の関係は、決して単なる数量的な均一ではないであろう。各人の能力と人格と勤惰とに応じて、経済的・精神的な福祉の配分に或る程度の傾斜があることは、当然そうあるべき姿であろう。相対主義の法哲学は、そこに価値観的に互に相容れない対立が生ずるという。しかし、それは謬りである。公共の福祉のために、あるいは、文化の建設のために、すぐれた寄与をもたらし得るだけの人が、それだけ高い地位に就き、それだけ重大な責任を負い、それにふさわしい精神的・経済的の報酬を受けることについては、個人主義であろうと、団体主義であろうと、文化業績主義であろうと、格別の異論のあるべきはずはない。世界人類的な規模において、そのような公正な配分の関係が確立され、すべての人間が人間たるにふさわしい福祉を享有し得る状態こそ、法の最高の理念としての正義にほかならない。

けれども、問題は、かくのごとき同じ高嶺の御花畑に到達するには、いかなる道を選ぶべきかにある。そうして、まさにこの問題において、深刻な見解の相違と、妥協を許さぬ意見の対立とが生ずる。無政府主義者は、国家を否定し、政治的権力の組織を取りのぞけば、ただちに相互扶助・親和協力の美しい人類共同社会ができ上るという。帝国主義者は、自国家の力を強化・拡充し、その力をもって万国を光被すれば、八紘一宇の平和世界が実現すると夢みる。オオルド・リベラリストは、市民社会の法的平等と政治的・経済的自由とを確保して置けば、各人の福祉追求の活動と自由競争の自働調節作用とによって、人間の社会は次第に最大多数の最大幸福にむかってすすむと期待する。国家社会主義者は、国家の統制力によって国民経済を規律し、生産を国営に移し、配給の円滑をはかり、労務の負担を万辺なく行きわたらしめることによって、各人に人間たるに値する生活の保障を与えようと努める。国際共産主義者は、各国の内部に細胞を作り、共産主義思想の滲透をはかり、資本主義勢力を駆逐もしくは打倒して、プロレタリアの世界革命の完成に急ごうとする。甲論・乙駁の対立と、「或者は味方であり或者はハッキリと敵なのである」という政治的実践の世界が、ここに展開する。

もちろん、ここに例示した政治的世界観の類型の中には、現実から遊離した空想に近いものもあり、第二次世界大戦の結果として追放されてしまったものもある。現代の社会を動かして、その目的を実現しようとしている政治動向は、したがって、もっと現実的であり、しかも、いろいろな世界観の性格を兼ね備えた、中間的な形態のものが多い。例えば、今日の資本主義の中には、かなり多くの社会主義的な要素が含まれている。逆に、社会主義政党といえども、資本主義の契機を一挙に払拭しようとしているものはすくない。その間には、実際には、多くの場合単なる程度の差があるにすぎないのである。今日の民主主義の政治社会では、それらの現実的な政党がならび存して、互に対立しつつ、しかも、互に妥協したり、提携したりしている。そうして、それらの中のどれが多数を制するかによって、一国の政治は、少しずつ左に傾いたり、右に戻ったりしてすすんで行く。そこでは、まさに、「凡てが少しずつ味方であり、凡てが少しずつ敵である」状態において、政治の方向が決定されているのである。加藤教授は、政治がそのようなものであるかぎり、「歴史の局面を動かしてゆく有力な実践も正しい実践も生み出す力とはならぬ」といわれるが（一五三頁）、もしもその言のごとくんば、今日の日本はもとよりのこと、イギリスにもアメリカ合衆国にも、「歴史の局面を動かしてゆく有力な実践も正しい実践も」生まれる見込みはないということになってしまうであろう。

事実、アングロ・アメリカン・デモクラシイの政治方式の下では、言論および批判の自由を前提としつつ、生きた社会の問題をさまざまな角度から論議した上で、多数決によって立法および政治の方向をきめて行く。そこには、もとより、対立もあり、政争もあるが、それは決して倶に天を戴かない「友と敵の関係」ではない。相対立するいくつかの政党は、同じ民主主義の世界観を地盤としつつ、争うべき点は争い、妥協すべき点では妥協し、多数決によって成立した国民の総意を実現して行くためには、すすんで協力を惜しまないのである。そのような政治的実践の窮極の目標は、高い水準における人間平等の福祉の実現に置かれている。しかし、或る政治社会が現実に位置している具体条件の下で、どうするのがその目標に近づく最上の方針であるかは、容易に見定め得ない。それを、強いて一つの方針のみによって強引に押し切ろうとすれば、無理が生ずる。無理の政治は、絶対主義となり、独裁主義となる。それを避けるためには、互の主張を或る点で妥協させ、多数の協調と努力とによって、漸進的に正しい社会の建設にむかって行くほかはない。そこに、きわめて弾力性に富んだ秩序が維持される。そこでは、「政治の矩」は、まさしく「正義と秩序の調和」である。しかし、その調和は、決して、客観的・

非人間的なイデアの作り出す調和ではなくて、あくまでも、理想を目ざしつつ、理想の早急の実現をあせらない、大多数の国民の「努力」と「辛棒」との上に築き上げられて行く。それは相対主義ではあるが、底のない相対主義ではない。多様に分岐した政治上の意見や信念の中には、どれか一つは正しい政治の筋道があることを予想し、自由な討議と批判とによって、そのただ一つの真理を発見して行こうとするのが、その場合の政治的態度である。多数決の原理も、そのような真理発見のいとなみのための暫定的な決定としてのみ、意味をもつ。しかるに、ラアドブルッフが、民主主義を相対主義的に意義づけるにあたって、窮極の正しい目標をとらえることを法哲学的に断念し、多数決原理をば単なる「数」による実力決定主義に変質せしめたのは、決して民主主義の真精神を正当に分析したものとはいい得ない。

ところで、現代の世界においては、民主主義がそのような政治的態度ですすんで行きつつあること、そのことが、最も大きな論議の的となっている。論議の的というよりも、痛烈な非難・攻撃の的となっている。それが共産主義の赤色攻勢であることは、もとよりいうまでもない。

この立場の「正しさ」を信奉する者は、次のように論ずる。

アングロ・アメリカン・デモクラシイの政治方式によって実現される「秩序」は、決して正しい秩序ではない。なぜならば、そこでは、依然として資本主義の社会機構が維持され、国民の多数を占める労働者は、厖大なる労働の結実からこぼれ落ちる不当に寡少な配分をしかわかち与えられていないからである。イギリスやスウェエデンは、相当の程度にまで社会主義の方向にすすんでいるというが、それも、多分に資本主義の水を割った社会主義であるにすぎない。そのような方針で、世の中がだんだんと、働く大衆の福祉を第一義とする社会に変って行くことが、よしんば可能であるにしても、そのような漸進的な、もしくは一進一退の転換が是認され得るのは、それだけ「辛棒」する余裕のあるような、特別に恵まれた国であるにすぎない。今日の多くの国々では、勤労大衆は生死の関頭に追いやられているのである。それに対して、かくのごとき煮え切らない「秩序」の下で辛棒せよというのは、それらの大衆に死ねというにひとしい。今日の世界の大多数の国々では、高度の社会主義への「即刻」の転換が必要である。その転換は、生ぬるい「正義と秩序の調和」によっては、とうてい実現され得ない。かくて、世界史の必然の動きは、プロレタリアの革命へむかって急ピッチですすんで行く。それを妨げるところの「秩序」は、自らにしてわが脚下に墓穴を掘りつつある。プロレタリアの革命は、革命といっても、かならずしもレエニンの説いたような暴力革命を意味するものではない。共産主義は、決して破壊の哲学ではない。しかし、もしも現存の

「秩序」がこの切実な叫びを馬耳東風と聞き流しているならば、その結果として生ずるかも知れない破壊に対する責任は、決して共産主義の側にはない、と。

今日の世界が、かくのごとく深刻で大規模な対立の上に置かれていることは、白日下の事実である。そこでは、まさしく加藤教授のいわれるごとくに、「或者は味方であり或者はハッキリと敵なのである」といわなければならない。私は、このすさまじい現実の前に目を蔽うて、安易な調和主義を説くほどのうつけ者ではない。しかし、しからば、われわれは、これに対してどうするか。法哲学は、この猛奔する激流のさ中に立って、いかなる態度を採るべきであるのか。

いうまでもなく、この事実は、人類がその永い歴史を通じて逢著した最大の対立である。したがって、その間に、調和はおろか、せめてともかくもの妥協を成立させるということだけでも、不可能とも見えるまでに困難である。しかしながら、私にいわしめるならば、それが、或る者は不可能視し、或る者は絶望するほどの深刻な対立であればこそ、すべての人類の理性と努力とによって、まずその間の妥協を、つづいてその間の調和をはかって行かなければならないのである。なぜならば、この対立が爆発点にまで激化するならば、原子力兵器が縦横に炸裂する第三次世界大戦は不可避だからである。カントのいう通り、戦争によって人類が死に絶え、地球上が広大無辺の墓場と化したときに、はじめて世界に永久の平和が訪れるのか、あるいは、その破滅を避けて、人間の住むただ一つの地球上に、人類共存の平和の基礎を確立するための努力をつづけることが可能であるのか。人間は、いまこそこの分岐点において、自己の運命を方向づけるための決断を迫られているのである。しかも、もしも第二の道を選ぶことが人類にとっての至上命令であるならば、既存の「秩序」は、すみやかにその中に、国境を超えた人間平等の正義を盛り上げて行かなければならない。それと同時に、この「秩序」を攻撃する側もまた、その立場のみが絶対に正しいとし、もしくはそれを絶対に必然であるとする「信念」に反省を加え、既存の「秩序」と共存両立し得る方策を講じなければならない。なぜならば、もしもこの立場が、メシヤは近きにありとして、図に乗り、かさにかかった攻勢を持続するならば、いかなる「秩序」も、もはや秩序の分限を守ってはいられなくなるであろうからである。そうして、それは、どちらの側の責任であるにせよ、戦争と破滅への道にほかならないからである。かくて、法哲学は、ここでもまた、「正義と秩序との調和」を要請する。それが成るも成らぬも、人類がそれに堪えるだけの叡智をもち、叡智の指さす方向にむかって、最大の努力を傾注するかどうかによって決定される。それが、歴史のこのさしせまった段階にのぞんでも、なおかつ堅持せらるべきところの、実践哲学としての法哲学の態度にほかならない。

私は、こう考える。こう考える私の態度が、はたして「一種の安易なる折衷的楽観主義」であろうか。おそらくは、それをそう見ておられる加藤教授は、はたしていかなる「絶対的悲観主義」を用意しておられるのであろうか。そもそも教授は、教授のいわれる「不安と怖れを以て期待した峻険迷路」の前に佇立して、いかにその法哲学的態度を決定しようとしておられるのであろうか。

# 五

最後に、私の取り上げたいと思う第三の論点に移ろう。

事は、唯物史観の性格に関する。

前に述べたように、加藤教授は、拙著批判の中で、この問題についての私の認識の正確さを疑っているだけであって、その論議に立ち入ることは避けておられる。したがって、私も、この問題について全面的に論ずることはさしひかえて、――それを全面的に論ずるのは、加藤教授への答えからあまりにも逸脱するから、改めての機会にゆずることとして、――ここでは、第二の論点において共産主義の立場にふれたことと関連する範囲内で、簡単に再検討を加えるにとどめることとする。

私は、拙著の中で、政治をば法の原動者として位置づけるにあたり、唯物史観に対しても批判を加えた。そうして、唯物史観が法の動態を規定するものと見る経済上の生産力の変化といえども、結局は政治活動の内容にとり入れられることによって、はじめて法を作り、あるいは法を破る力となるのである、と説いた。ところで、加藤教授によると、その場合に私が唯物史観に対して下している解釈は、いささか素朴である。なぜならば、私は、唯物史観が「社会経済上の生産力それ自体が動くことによって」自然的に生産関係ならびにその上部構造たる全社会組織の変動が起ると説いたかのごとき口吻をもらしている。そうして、唯物史観の立場をそのように解釈した上で、これに対して論駁を加えつつ、政治こそ逆に社会経済上の変動の規定者であり、それの優位に立つものであると力説する。しかし、「言うまでもなく唯物史観は決して、経済的生産力がそれ自身が動いて一切を変えてゆくなどとは主張しないし、又これが唯物史観の論理を一貫したとき必然に生れて来る結論だなどとも言えない」からである（一四七頁）。そういいつつ、教授は、「この点に就ては特に論ずるほどの必要はないと思う」といって、そこを素通りされる（一五四頁）。

加藤教授は、このようにこの問題の前を素通りされるのであるが、しかし、そこに問題検討のための手がかりが全く残されていないわけではない。すなわち、教授によれば、唯物史観は、「社会を動かす政治、法、社会意識等々の、その更に底の方に、実は決定的な規定者として、畢竟社会的生産力の発展によって規定されるところの生産関係がある、と主張するに過ぎない」のである（一四七頁）。しかし、そうなると、教授の唯物史観解釈と、教授が「少しく素朴ではないか」という私の解釈との間に、どこに相違があるのか、わからなくなる。なぜならば、教授の解釈においても、唯物史観は、法や政治の底の方に、その決定的な規定者として経済上の生産関係があり、その生産関係は、さらにまた、社会的生産力の発展によって規定されていることになるからである。すくなくとも、社会的生産力の発展が、経済・法・政治、等、すべての社会機構の原動者であると見るのが、唯物史観の立場であると解している点では、教授と私との間に何らの差異はないといわなければならない。

それでは、一切の社会変動の規定者たる社会的生産力は、そもそも何によって「発展」するのであろうか。

この問題にいたって、はじめて、唯物史観に対する私の解釈を「素朴」であるといわれる教授の真意が、おぼろげながらわかって来る。教授によると、私は、「唯物史観を以て、恰も、経済的生産力の発展が、人間の実践を媒介（と）することなく、自然法則的な力を以て社会の一切を規定する、と説いた」と解しているように見える（一五三―一五四頁）。もしもそうであるならば、それは、唯物史観に対する正当な解釈ではない。なぜならば、社会的生産力は、常に人間の実践生活を媒介として発展して行くのであって、決して人間の実践から離れて「唯物的」に動いて行くのではない。それが、唯物史観の趣旨であり、しかも、それは誰しもが明瞭に知っているところである。しかるに、もしも私が、唯物史観は人間の歴史を非人間的な「物質」の力で動くと見たと解しているならば、それは多く論ずるに足らぬ曲解である。だから、それについて深く立ち入るまでもない。――教授に、このように見ておられるように思われる。

しかし、問題は、経済的生産力が、単に人間の実践を媒介として発展するのか、それとも、それが結局において人間の実践によって発展するのか、に存する。もしも第一の見方が唯物史観の真意であるならば、人間の実践は、依然として生産力の発展の中継者であるにすぎず、生産力そのものは、何か超個人的・客観的・物体的な動きによって飛躍し、発展することになる。そこでも、もちろん、人間は「主体的」に行動しているであろう。ワットは蒸気機関を発明し、オッペンハイマアは原子力の実用化に成功したであろう。さらに、プロレタリアの革命が成就するためには、多数の労働者が主体的に赤旗をふり、主体的に革命歌を高唱することが必要であろう。そのような人間の主体的実践なくして、生産力の変化や社会機構の変革があり得ないことは、明らかである。しかし、第一の見方を取る場合には、それらの人間の実践は、超個人的・客観的・物体的に動いて行く歴史の推進力の単なる媒介であり、唯物弁証法的に転換する歴史の舞台の上で、何ものかのあやつる糸にしたがって動く人形にひとしい。これに反して、第二の見方が唯物史観の本質であるならば、そのような歴史の動きそのものが、自ら目的を定立し、自ら目的の実現のために努力する、無数の人間の行動によって規定されることになる。そこには、人間の目的選択についての「自由」が予想され、歴史の針路を北にむけるのも北北東に転針せしめるのも、人間の主体的な努力の如何にかかって来る。そうなれば、唯物史観は、まさに唯物史観の唯物史観らしい必然観の本質を失って、内在的理想主義の歴史観に帰着することになろう。私の解するところによれば、普通に解せられているところの唯物史観は第一の見方に立っている。しかし、唯物史観の中には、それにもかかわらず、第二の見方に傾くべき契機が包蔵されている。そうして、――私の信ずるところにしたがえば、――正しい史観は第二の見方でなければならない。

実際、これはきわめてデリケエトな問題であって、唯物史観そのものの中には、どちらともとれる主張や説明が含まれている。その点を明らかにするために、唯物史観がはじめて本格的な理論の展開を見せたところの、『ドイツ・イデオロギイ』の語るところをかえりみて見よう。

ここでマルクスおよびエンゲルスの排斥しているのは、ドイツ哲学を風靡していた観念論的な歴史観である。すなわち、超人間的な理念とか世界精神とかいうようなものがあって、それがひとり歩きをすることによって、歴史が動いて行くといった具合に見る、現実から遊離した歴史観である。マルクスおよびエンゲルスは、これを批判して、次のようにいう。「われわれがそこから出発しようとする前提は、勝手にでっち上げた前提でもなければ、ドグマでもない。それは、現実的な前提であって、空想によらないかぎり、それを度外視することはできない。その前提とは、現実の個人であり、その行動であり、その物質的な生活条件である。これらの物質的な生活条件は、人間の前にあらかじめ与えられるものであると同時に、人間の行動によって作り出されたものである。したがって、これらの前提は、純粋に経験的な方法によって確認され得る」(Marx und Engels: Die deutsche Ideologie. Marx-Engels Gesamtausgabe, herausgegeben von Adoratskij, 1. Abt., Bd. 5, S. 10)。

すなわち唯物史観が、根本前提とするものは、食物を食べ、水を飲み、家に住み、著物を著、それによって生活すると同時に、それら、およびその他さまざまの慾望を充足するために活動しているところの、現実の人間である。人間の歴史的な行為の第一歩は、これらの慾望を充足させるための手段を「生産」することであり、物質的な生活そのものの「生産」であった。そうしてそれは、まさに、すべての歴史の根本条件であり、数千年前にそうであったのと同じように、今日といえどもその条件は、毎日毎日、いな、毎時間毎時間、満たされて行かなければならない。それなくして、人間は、生きては行かれないのである（A. a. O., S. 17）。このような物質的な生活条件の生産活動は、世代を重ねるにつれて複雑となり、歴史のすすむにともなって大規模になって行く。しかし、どこまで行っても、歴史の転換は、世界精神などというような形而上学的な空想の産物の力でなしとげられるのではなく、人間の行為によって行われる。その行為は、「物質的」な、経験的に確認され得るような行為であって、その行為がどんなものであるかは、そこを歩き、そこに立ち、そこで食い、そこで飲み、そこで著物を著ているどんな個人を見ても、すぐにわかる（A. a. O., S. 35）。

唯物史観は、人間の歴史をば、このような角度から解明する。歴史をばこのような角度から解明する唯物史観は、「唯物的」な歴史観ではなくて、「人間的」な歴史観である。歴史が動くのは、「理念」や「世界精神」がそれを動かすのでもなければ、「物質」がひとり歩きをするのでもない。歴史の動きは、すべて人間の動きであり、歴史の過程は、ことごとく人間の活動の複雑・厖大な集積以外の何ものでもない、そう見ている点では、唯物史観は、まさに、前に述べた二つの見方の中の第二のもの、すなわち、歴史の動きは、したがって生産力の発展は、すべて人間の実践によって規定されていると見る見方以外の何ものでもないように見える。

しかしながら、それらの人間は、歴史を作るものでありながら、しかも、常に歴史的な所与によって制約されている。つまり、過去の永い世代から伝承され、つもりつもってでき上っている生活の条件や生産の様式があって、その制約の下に更に人間としての生活をいとなんで行かざるを得ないのである。もちろん、各世代の人間は、これらの生活環境に対してただ受身の立場だけに立っているのではない。逆に、新らしい時代は、すでにでき上っている生活環境に対して、大なり小なりの変容を加えて行く。故に、「環境が人間を作るのと同じように、人間が環境を作る」のである（A. a. O., S. 28）。けれども、社会的な分業が複雑な発達を遂げ、それによって社会的な生産力が多角化して行くにつれて、この社会的な力は、もはや、その力を合成している人々の任意によって動かされ得るものではなくなる。いいかえると、この力は、個々の人間から離れて作用する「外的」な力と化し、個々の人間には、その力がどこから来て、どこへ行くのかを知ることができなくなる。つまり、この力は、人間の意欲や行動とは無関係に、それ自身の固有の筋道にしたがって動く。かくて、人間がこの力を支配するどころか、反対に、この力が人間の意欲や行動を規定しつつ発展するようになる。だから、社会的な生産力は、もともと人間の実践によって作られたものでありながら、それが或る段階にまで達すると、人間の実践行動から離れて、それ自身の法則によって動くようになるのである。『ドイツ・イデオロギイ』の著者は、社会的生産力のこの超個人化・物体化の現象を哲学者に理解させるために、「疎外」(Entfremdung)と名づけた(A. a. O., S. 23f.)。

そうなって来ると、唯物史観の正体は、やはり、さきに述べた二つの歴史観の中の第二の見方に属するものではなくて、第一の見方に帰著するといわなければならない。そこでは、生産に従事する者は、依然として、ここに立ち、かしこに歩いている人間ではあるけれども、それらの無数の人間の行動を綜合しつつ成り立つ社会的生産力そのものは、主体的な人間から「疎外」された、客観的法則性をもって作用するのである。それでこそ、唯物史観は、まさに唯物史観たるにふさわしい「必然観」としての本質を露呈しているのであるといい得る。ここにいたって、歴史の原動者たる、経済上の生産力は、意欲し、行動する人間の理想や努力の彼岸に超然として、あたかも唯物史観の排斥する「世界精神」のように、ひとり歩きをはじめるのである。それでは、その段階からさらに舞台が転換して、歴史を急転させる革命が起るのは、どういう過程によるのであろうか。

唯物史観は、ここで、歴史を動かす力をば、ふたたび人間の「実践」と結びつける。すなわち、いま述べたような、客観的な生産力のひとり歩きがつづけられて行くうちに、その生産力によって規定された生産関係の下に、はなはだしい配分の不均衡が生じて来る。そうして、一方では、高度化した生産力によってもたらされた富と教養とを享受する人々があるのに、他方では、その生産に従事する大衆は全くの「無産階級」と化し、その間にもはや人間として堪えることのできない矛盾が成立する。そこに、共産主義革命の起る第一の原因が醸成されるのである。しかし、共産主義の革命は、「局地的」には成功する見込みがすくない。これに対して、生産力が偉大な発展を遂げると、人間の交通も世界的に拡大されるから、いまいったような矛盾は世界的規模において成立し、したがって無産大衆のこれへの反抗も、全世界的なひろがりをもって行われる。だから、共産主義は、有力な諸民族の間に「一挙」に実践される場合にのみ可能なのであり。そのためには、生産力の世界的な発展、および、それと関連する世界交通の発達とを必要とする。これが、共産主義革命の行われるための第二の条件である。これら二つの実践的な前提——人民大衆が完全な無産者となること、および、生産力が高度化して、プロレタリアトが世界史的に形成されること、——が備わった場合には、必然的に共産主義の革命が行われ、人間から「疎外」されていた「外的な力」が消え失せて、人間の真の解放が実現されるのである、と(A. a. O., S. 24f., S. 26f.)。

つまり、唯物史観の説くところを要約すれば、生産力は、すべて人間の相互作用によって生み出されたものであるにもかかわらず、それが高度化するにつれて、人間にとって全く「外的」な力となり、人間を威圧し、人間を支配するようになった（A. a. O., S. 27）。しかし、この傾向が極度にまですすむと、人間として堪えることのできない矛盾が、世界史的なひろがりをもって発生し、その結果として、必然的にプロレタリアの世界革命が起る。その過程を経たのちに、はじめて、人間は、生産力をば自己の意識的な支配の下に置くことができるようになる（A. a. O.）。

そうであるとすれば、唯物史観が、高度資本主義の段階における生産力をば、人間の意志や努力では左右できない「物体化」された力と見ていること、その高度の発展が「必然的」に共産主義の革命をひき起すと考えていることは、きわめて明らかであるといわなければならない。その革命も、人間の実践なしには行われ得ないに相違ないけれども、その場合の人間の実践は、あくまでも世界史の転換を「媒介」するにすぎないものであって、人間――世界史的なひろがりをもったプロレタリア――は、それに先行する「物体化」された――人間から「疎外」された――力によって、必然的にそこへまで駆り立てられて行くのである。そう見るのが、唯物史観に対する唯一の可能な、正しい解釈であるといわなければならない。

私は、唯物史観をそのように解釈する。そのように解釈された唯物史観は、歴史に対する人間の主導性を否定するものであり、世界史的な規模をもつ既存秩序の破砕を経た上でなければ、人間の主導性の回復はあり得ないとする主張である。これに対して、私は、よしんば歴史がその筋書きどおりに動いたとしても、それは、人間平等の正義にむかって一挙に前進しようとする人間の主導的な行為によるものであると考える。したがって、もしもそれが、人類を破滅にみちびくような破壊をひき起すおそれがあるとするならば、人間として、そのほうはいたる大勢の前に一たび立ちとどまって、正義と秩序との調和をはかるための最後の努力を試みるべきであると信ずる。それが、実践哲学としての法哲学の要求する「政治の矩」である。

私のこの主張の内容を、ここでもう一度くりかえすことは、必要であるまい。また、それについて深く論ずるには、さらにさまざまの問題につきあたらなければならないが、それは、別の機会にゆずるほかはあるまい。なぜならば、ここでは、唯物史観に対する私の解釈が、かならずしも加藤教授のいわれるごとくに「素朴」なものではないことを確認することが、論述当面の目的だったのであるから。

加藤教授の拙著批判は、その他のいろいろな点にふれているが、その一々についてあげつらうことは、議論をあまりに多岐にわたらしめるであろうから、いまはさしひかえることとする。そうして、以上の三つの論点についてだけ、私の考えるところを再説し、三論するにとどめる。そのかぎりにおいても、加藤教授の与えられた批判は、これだけに論議の焦点を明らかにするための大きな機縁となった。重ねて教授の学恩に感謝しつつ、この、法の窮極にあるものについての第三論の筆を擱くこととしよう。

# 法哲学における形而上学と経験主義

## 一

哲学には、むかしから形而上学と経験主義の対立がある。形而上学は、経験によって認識される世界を越えたところに、経験ではとらえられ得ない神とか、実体とか、理念とかいうようなものがあると考え、それを、信仰・概念・理論、もしくは直観の力でつかむことができると主張する。これに反して、経験主義は、経験の及ぶかぎりの世界が実在界であり、経験の教える事実のみが真理であって、それ以外には実在もなく、真理もあり得ないと説く。したがって、経験ではとらえられないような実在界について論じ、経験を超越した真理について語るところの形而上学をば、独断であるとして排斥する。

この対立は、法哲学においては、自然法論と法実証主義の対立となってあらわれる。

自然法論は、法の形而上学である。故に、それは、経験の世界に行われている法、すなわち実定法に還元することのできない自然法の存在を認め、自然法を探究し、自然法と実定法との関係を明らかにすることこそ、法の哲学の最も大切な任務であるという。これに対して、法実証主義は、実定法のみが法であるとし、実定法以外に、実定法を越えた自然法があるという考え方を否定する。法はただ一つあるのみであるといい、それにもかかわらず、二つの法があるかのような錯覚を世にひろめて来た自然法論は、法学の発達に対して、まさに死に値する罪を犯したものであると痛罵したベルグボオムの議論は、法実証主義のこの態度の最も極端なあらわれであった。

逆に、自然法論の立場からいうと、法実証主義は、法的価値判断のよりどころを見失った懐疑主義であり、法および法学からすべての世界観的基礎を奪うところの虚無主義である。法の中には価値が含まれている。正しいものと正しくないものとを鑑別するのは、法の生命ともいうべき機能である。この機能をいとなみ得ない法は、法として存在する意味はない。しかるに、法的価値判断は、確乎たる世界観的基礎の上に立って下されなければならない。そのような世界観的基礎は、自然法によってのみ与えられる。もしも自然法を否定するならば、正しいとか正しくないとかいう判断は、すべて人間の主観に依存することになる。主観によって下される価値判断は、人によってまちまちであるが、それにもかかわらず、その中の或る一つだけが世の中に通用するのは、それが最も強い力をもった者の判断だからである。そこで、法的価値判断の世界観的基礎を否定する結果は、法をば強者の命令であるとする実力決定主義に走らざるを得ない。法実証主義は、法について、「勝てば官軍」という命題だけを真理と認める立場である。自然法を否定する者は、真理と正義とを、このソフィスト的虚無主義の祭壇に犠牲として供えてはばからないのである。

法的価値判断の根拠を見失う結果に陥るのは――と、自然法論者はつづいて論ずる――、法哲学における素朴な経験主義の立場ばかりではない。形而上学と同時に経験主義をもあわせて批判し、両者を越えた客観・普遍の境地にまでさかのぼって、そこに、真理と正義のゆらぎない基礎を求めようとした新カント哲学も、実際には、これと同じ虚無主義の泥沼にはまり込んだのである。新カント主義の法哲学は、もとより法価値の理念を否定しようとはしない。それどころか、学問上の真、道徳上の善、芸術上の美とならんで、法的正義の「普遍妥当性」を確立することこそ、批判的法哲学の最大の狙いであるべきはずなのである。それなのに、この立場は、なぜ法実証主義と同じようなソフィスト的態度に陥ったのか。いうまでもなく、それは新カント哲学に特有の形式主義のためである。普遍的に妥当するものは、法価値の純粋形式でなければならないとするその見地は、具体的な法的価値判断に関しては、その普遍の真理たることを否定する相対主義に帰著せざるを得ない。或る時代、或る社会に行われる法について、絶対に何が正しいかの判断を下すことはできないとする以上、それにもかかわらず、そこに一つの法が行われるという根拠は、その法を定立した者が最も強い力をもっているためであると考えることにならざるを得ない。よしんば、それが、専制王の力や独裁者の力や金権支配者の力ではなくて、民主主義的な多数の力であるにしても、そのような考え方が法の上に力を優越せしめるものであることに変りはない。その道は、たちまちにして、実力の赴くところには唯々として追随する実践的虚無主義に通ずる。ケルゼンしかり、ラアドブルッフまたしかりである。そこで、現代の自然法論は、力をこめて主張する。――法哲学をこの虚無主義の泥沼から救い出す道は、自然法を再確認して、法的世界観の不動の基礎を築き上げるよりほかにはない、と。

それでは、そこに再確認さるべき自然法とは、そもそもいかなるものであろうか。

現代の法形而上学は、啓蒙時代の自然法論のように、自然法と実定法とを険しく対立させることはしない。むしろ、両者の間の緊密な連関を力説する。自然法は実定法の根柢をなすものであるが、自然法だけでは具体的な社会生活を確実に秩序づけることはできない。自然法は、健全な人間の本性に根ざすところの素朴な社会道徳の原理である。それは、健全な人間の本性に根ざした人倫の常則であるから、健全な良識を備えた人間ならば、誰でもそれが疑うべからざる社会生活の筋道であることを知っている。各人がその分を守り、その責任をはたすこと、したがって、他人をあざむいたり、他人の物を盗んだりしてはならないことは、かような社会生活の根本の筋道にほかならない。しかし、そのような一般原則だけでは、もとより法の規律としては不十分であるから、それを布衍・補足して、複雑な人間共同生活の秩序を事情に応じて具体的に秩序づけるために、実定法が発達する。何が各人に配分せらるべきかれのものであるかを、具体的に決めたり、公務や職業などの相違するにつれて、人々の遂行すべき責任の限界を明らかにしたりするのは、すべて実定法の仕事である。かくて、自然法と実定法は互に不可分に結びつく。いいかえると、自然法は、社会の事情に応じ得る柔軟性と歴史の変化に適合する弾力性とを発揮する。そこに、啓蒙時代の硬直した自然法とことなる現代の新らしい自然法——といっても、それは、古代のアリストテレスや中世のトマス・アクィナスの思想を基礎とするものであるが、——のもつ大きな特色がある、と。

しかし、もしも自然法が、そのように実定法と深く結びつき、歴史とともに変化する弾力性を有するものであるとするならば、それは結局「実定法」の基本原理以外の何ものでもないのではないか。各人が社会生活上負っている責任をはたさなければならないというのは、汝偽るなかれとか、汝盗むなかれとかいうような原則と同じく、現実の実定法の支柱であって、とくにそれを「自然法」と呼ぶ必要がどこにあるであろうか。それらの原則は、健全な良識を備えた人間ならば、だれでもわきまえているはずであるというが、それも、社会の紀律や、教育や、訓練のしからしめるところであって、それを人間の心に植えつけたものは、やはりひろい意味での経験ではないのか。それなのに、それらの素朴な社会道徳の原理だけを、それ以外の経験的な社会生活の準則から区別して、とくに自然法と名づけ、それが何か実定法とは全く違った超経験的な淵源をもつものであるかのように取りあつかうのは、その背後に絶対唯一の「神」の摂理を想定しているためではないか。しかし、よしんばそれが人間に啓示された神の意志であるにしても、汝殺すなかれとか、汝偽るなかれとかいうような、若干の社会規範の原則を自然法として確認することが、法の「世界観的基礎」を確立するために、はたして何ほどの役に立ち、何ほどの意味を有するであろうか。そのようないくつかの一般原則だけが「普遍人類的」な自然法であって、それ以外の具体規定は、すべて事情の如何によって変化する実定法であるというならば、その立場は、法価値の形式にだけ普遍妥当性を認めて、具体的な法の価値判断については相対主義を採る新カント主義の法哲学と、どこがどれだけ違うということができるであろうか。

形而上学は絶対主義である。しかし、具体的な判断についてその絶対の正しさを押し通そうとする形而上学は、かならず独断主義となる。それを政治の原理として強行しようとすれば、独裁主義となるであろう。しかるに、独断は、そのあやまりであることが経験によって明らかにされる日が来る。独裁主義は、政治の経験に照らして、永続性のない原理であることが立証されている。故に、形而上学は経験を重んじなければならぬ、法の形而上学は、人間の経験とともに変化する実定法と結びつかなければならぬ。その意味で、法実証主義や新カント主義にあきたらないで興った新らしい自然法の理論が、実定法との結びつきを強調し、自然法の弾力性と歴史性とを主張するのは、正常であり、当然である。

けれども、形而上学が経験を重んずれば、それだけ形而上学の形而上学らしさは稀薄になる。自然法が実定法と結びつき、実定法とともに変化する弾力性をもつようになれば、それだけ自然法と実定法との区別はあいまいなものにならざるを得ない。それをなおかつ自然法と呼ぶか、あるいは、実定法の中での普遍性の性格の強い要素と見るかは、単なる言葉の問題にすぎなくなってしまうであろう。実定法の中に、民族によって相違するところのない、時代によって変化することのすくない、普遍的な原理や原則があることは確かである。しかし、法は、そのような普遍性の契機だけで成り立っているものではない。法は、一面では民族の特殊性を反映するし、他面では時代とともに大きく動いて行く。そのような可変・可動の実定法の正しさを認めることは、相対主義の真理性を認めることにほかならない。民主主義の政治原理においては、かかる相対的に変化する実定法上の正しさは、「多数」によってとらえられる。多数決にしたがって、その時々に左にもかたむき、右にもおもむく法的な正しさは、もはや自然法ではない。自然法論が、いかにその中に自然法があると力説して見ても、実質上その結論は、法哲学における経験主義のそれと何らことならないということにならざるを得ないであろう。

このディレンマは、どうすれば救われるか。どうすれば、経験を重んじつつ、しかも経験主義のかならず陥ることをまぬかれないといわれる懐疑論や虚無説の泥沼を避けて、法形而上学の主張するような法価値の世界観的基礎を確立することができるか。

この問いに答えるためには、「経験」ということの意味をもっと深く掘り下げ、経験がわれわれに何を教え、何を与えるかをはっきりとつかまなければならない。

## 二

カントが批判哲学を体系づけて以来、人は、経験によって与えられる知識は相対的な真理にすぎないこと、率直にいって、経験のわれわれに教えることはふたしかであることを、頭から前提してかかるようになった。経験によって知り得たことは、新らしい経験によっていつくつがえされるかわからない。したがって、経験的な知識をいかに積み重ねて行っても、「普遍妥当的」な知識に到達することはできない。しかるに、すべての知識は、知識成立の根本的な前提として、いくつかの先天的な範疇概念を予想している。原因があれば結果があるとか、すべての物体は空間的なひろがりをもつとかいうような命題は、経験によって証明された知識ではない。それは、人間が自然界を考察する場合に、どうしてもそう考えざるを得ないアプリオリである。したがって、これらの命題のみは、経験によって左右されることのない「普遍妥当性」をもつ。カントはこのように説いて、経験的な知識内容の相対性と、先天的な認識形式の普遍妥当性とを、はっきりと区別して示した。この考え方が、ドイツの哲学に、したがって、ドイツ哲学の影響を強く受けた日本の哲学に、どれだけ深くしみ込んでいるかは、思い半ばにすぎるものがあるであろう。

たしかに、経験によって得られた知識には、あやまりが多い。だから、経験だけが知識の源泉であると考える経験主義の立場が、相対主義に帰著するのは、当然のことであるし、己れの限界を知る聡明さと謙譲さのあらわれであるといってよいであろう。

しかし、経験を基礎とする判断のすべてがふたしかであって、その中からは絶対の真理は一つも求められ得ないとしても、それに代るべき絶対の真理の供給源はいずこにあるか。経験によらないで、思惟とか概念とか直観とかいうような能力を頼りに、経験の裏づけをもたない絶対の真理をとらえようとしたすべての形而上学は、それが絶対の真理であるということを立証するすべを知らない。そのような独断的形而上学が、人間の認識能力に対する批判と反省とを行うことなしに、各人思い思いに「絶対の真理」をふりかざすことは、命題を濫立させ、思弁を対立させ、思想を混乱させるのみである。イギリスに発達した経験主義の哲学は、このような形而上学的な、「独断の微睡」からカントを目ざめしめ、その「内容」に関するかぎり、すべての知識は経験に由来するものであることをはっきりと認めしめた。けれども、経験に由来する知識の「内容」が相対的な真理でしかあり得ないからといって、経験の根柢にある先天的な知識の「形式」を取り上げ、その普遍妥当性を立証して見たところで、それが人間の真理探究の過程においてどれだけの積極的な意味をもち得るであろうか。原因があれば結果があるという法則が、宇宙のいかなる涯に行っても、かならず間ちがいなく通用する真理であるということ、あるいは、あらゆる物体は、それを一々物さしで測って見ないでも、かならず空間的なひろがりをもつものであるということ、それらの形式的な命題が普遍妥当的な真理であるからといって、それが人間の知識の発達にはたしてどれだけのプラスであり得るであろうか。そのような批判哲学の成果は、哲学としては、「コペルニクス的転換」を意味したとしても、その反面、それは人々に――哲学を学ぶにはまずカントを通らなければならないと考えた人々に――不当に経験をふたしかなものと思いこませる結果を招いたのではなかろうか。

なるほど、経験にはふたしかなところがある。しかし、それはその経験が「未熟」だからである。永いこと経験を重ねて、間ちがいないと思うようなことでも、新らしい事情が生ずることによって、やはり誤謬であったことが判明する場合もある。しかし、それはその経験が「不完全」であったためである。そういう意味で、経験によって得られた知識は、どこまで行っても相対的な真理でしかあり得ないということも、一方では承認せられなければならないであろう。

けれども、他方からいうと、人間の生活はすべて経験の上に築き上げられている。その経験は、もとより決して自分一個の経験だけではない。それは、はるかなる歴史の過去から伝えられた無限に多数の人類の経験の遺産であり、それを基礎として日に日にくりかえされる社会共同の経験である。そのような経験の偉大な体系の中に住んでいる人間にとっては、経験ほどたしかなものはない。農民は、種子の播き時が十日遅れれば、どれだけ収穫が減少するかを知っている。自動車の運転手は、左にハンドルを切るべきところを右に廻せば、たちまち衝突して車体を破壊し、自分や乗客の生命にも関する危険にさらされることを知っている。医師は、種痘を励行しさえすれば、完全に天然痘を予防し得ることを知っている。もしもそれらの経験による知識がふたしかであるならば、人間は一刻も安心して生きては行けない。人は、すべて「経験の確実性」の上に生活しているのである。経験によって得られた知識は、ことごとく相対的な真理であって、新らしい経験によっていつくつがえされるかわからないということは、哲学書の中には書いてあるけれども、実存する人間の生きた体験ではない。

しかも、経験のもつ偉大な価値は、それが絶えず修正されて行くものであるという点にある。このことは、経験的知識が相対的な真理であるということと、密接に関係している。いまいったように、経験によって得られた知識が、新らしい経験によっていつ変更されるかわからないということは、哲学書の中に書いてある。そうして、哲学書の中に書いてあるこのことは、本当である。それは、一面から見れば経験のふたしかさを示すものであるに相違ないであろう。しかし、他面から見るならば、経験はそのように新らしい経験によって絶えず修正され、それによって絶えず向上して行くものであるからこそ、人間は経験を信頼し得るのであり、ますます経験に頼らなければならないのである。もしも、経験によらないで絶対の真理をとらえることができるとしたならば、その真理は動かないし、発展もしない。しかし、そのような真理は存在しないのである。これに反して、すべての真理は経験によるものであるが故に、向上もするし、発展もする。科学者は、常に実験をくりかえし、それによっていままでに得られた知識の真理性をたしかめ、さらに新たな真理を探究してすすんで行く。経験が新たな経験によって修正されることがないならば、人間はいかなる誤謬と独断との上に安住してしまうか知れないのである。新たな経験によって以前の経験の犯した誤謬を訂正し得るということは、経験のふたしかさを立証するがごとく見えて、実は決してそうではない。むしろ、それなるが故にこそ、われわれは経験に頼ることができるのである。人類の生活とともに無限の生命をもって進展して行く経験の体系こそ、すべての頼りとすべき真理の源泉なのである。

このような経験の価値は、イギリスの学風などにとっては、おそらく自明のこととされているのであろう。しかし、前にいったように、ドイツの哲学は、カントの批判主義の度をすごした影響のために、経験的知識の相対性にあまりにこだわりすぎて来た観がある。そのために、ドイツの学風にはとかくに経験を軽んずる傾向が見られる。経験を頼りとする学問は何となく平凡であり、浅薄であって、超経験的な思弁や直観をことさらに難解な概念と論理とに乗せて展開せしめた学説の方が、はるかに深遠な思想として尊ばれるといった風がある。そこに、ドイツが、イギリスやフランスにはその比を見ない思弁哲学の壮大な体系を生んだ理由があると同時に、自然科学は別として、人文科学の方面では、手堅い経験科学の発達をなおざりにするかたむきがあった根本原因がひそんでいるということができよう。

その中にあって、すべての真理の根源は、結局において経験であり、経験以外の何ものでもあり得ないことを、最も徹底して説いたドイツの哲学者がある。それは、「現象学」で有名なエドムンド・フッサアルである。

勿論、フッサアルの現象学は、ドイツ哲学の伝統の中に生れ、ドイツ的思惟にもとづいて発展し、ドイツ的概念によって堅く鎧われている。その理論構成の難解な点では、かれの現象学は、難解を競うドイツ哲学のどの体系にもひけを取らない。しかし、フッサアルの哲学は、根本において、経験主義の最も深い基礎づけを試みたものであり、その意味では、ドイツ哲学の伝統に対する大きな革命を企てたものであるといってよい。フッサアルが晩年イギリスに招かれて講義を行い、ブリタニカに現象学の解説を書いているのは、かれの思想とイギリスの学風との親近関係を物語るものと見ることができる。しかも、フッサアルは、「経験の構造」について、イギリス哲学では企て及ばないような精密な分析を加え、素朴な経験主義をはるかに越えた深い意味を、「経験」の本質の中に見出した。その点では、フッサアルの哲学は、ドイツ的な哲学とイギリスの経験主義との連結点であり、まさにその意味で、形而上学の求めるところのものを、経験主義の中に発見する手がかりを与えているのであるということができる。それらの点から考えて、形而上学と経験主義との対立の綜合を図るために、改めてかれの現象学を検討することは、この際きわめて必要な仕事であるといわなければならない。

## 三

フッサアルの現象学の解決しようとした根本の課題は、真理の明証の問題である。しかるに、すべての真理は、対象の「実在」に関する。地球は円いという命題が真理であるかどうかは、円い地球が実在するかどうか、ということと同じである。世界は人間の表象としてあるのみであって、人間を離れて世界があるのではない、という極端な唯我論が誤謬であることを明証するためには、世界が、普通われわれが常識で考えているように客観的に実在することをたしかめさえすればよい。故に、真理の明証の問題は、実在の明証の問題である。現象学は、われわれの見る対象がわれわれの見るがごとくに存在し、われわれの住む世界がわれわれの住むがごとくに実在するかどうかという問題を提出し、その問いに積極的な答えを与えようとする。その意味で、現象学の立場は、きわめてはっきりした「実在論」なのである。

しかしながら、現象学が実在論の立場を確立するために採用した方法は、素朴な実在論のそれとはおよそ正反対である。素朴な実在論は、対象が主観を離れて実在することを、最初から前提とし、その前提のままに議論をすすめて行く。これに反して、現象学は、対象が実在するという常識的な判断の正しさを立証する仕事を、論究の到達点として留保し、最初はそのような先入観念を一切排除して、問題そのものの意味を明らかにするために、対象が実在するという判断も、対象は実在しないという判断も、あわせて「括弧の中に入れ」、それらのすべての「判断を中止する」。そうする結果として、対象がそこにあるとする判断も、そこにあると判断された対象も、常識の態度におけるがごとき主観と客観との対立関係から取りはずされて、同じ意識の単一面に投影されることになる。例えば、ここに机があると見ているのは、もとより、意識の作用であるが、ここにあると見られている机そのものもまた、それがここにあるとする判断が中止されたことによって、同じく意識の中の一つの形象に還元される。この、現象学独特の手つづきを名づけて「先験的還元」(transzendentale Reduktion)という。

ここに机があると知覚するのは、意識の「作用」である。意識の作用は、すべての働きがそうであるように、無限の多様であり、絶えざる変化である。机がここにあると知覚する作用は、机を見る位置・角度などが変るにつれて、千変・万化する。あるいは大きく、あるいは小さく、あるいは四角く、あるいは菱形に、あるいは一線に、机の面の表象はゆれ動く。更に、空の明暗、窓ガラスやカアテンの開閉、電灯の光度などによって、机の表象にはさまざまな色調や陰影があらわれる。かように、絶えず変化する机の知覚は、意識の「ノエシス」である。

ところで、多様な意識のノエシスは、すべて、ただ一つの机をそこにあると指さし示している。いいかえると、多様な机の知覚のノエシスは、単一の机をば、その「ノエマ」として「志向」しているのである。机の知覚のノエマは、知覚の作用の多様にかかわらざる統一であり、机を志向するノエシスの変化にかかわらざる恒存である。しかしながら、意識のノエマとしての机は、ノエシスの作用のごとくに、「現実的」には意識の中にあらわれて来ない。志向的体験の極点としての机全体は、目には見えない。目に見えるのは、机の部分であり、机の表面である。それも、見るたびに大きさも形も色調も変る机の部分であり、机の表面であるにすぎない。現象学は常識の世界からの先験的還元を行うことによって、主観と対象との関係をば、かくのごとき意識のノエシスと、多様な意識のノエシスによって志向された意識のノエマとの関係に移し、そのような「純粋意識」の構造を精密に分析して示すのである。

しかし、フッサアルの精密無比の分析にしたがって、純粋意識の構造をこれ以上に詳しく考察することは、ここではさしひかえよう。そうして、単にこれだけのきわめて粗雑な論述を基礎として、われわれの住んでいる実在界はどのような仕方でわれわれに与えられているか、そこに実在するとされるもろもろの対象の実在性は、いかにして証拠だてられるかを吟味して見よう。それは、次のようなことをわれわれに教えるであろう。

第一に、われわれが直接経験の光りの中に実在界を取り入れ得る部分は、きわめてかぎられているということである。われわれが直接経験の光りの中に取り入れ得る実在界の部分とは、すなわち、われわれが直接に知覚のノエシスの光りを対象の上に当て得る部分である。私は、現在、本郷の焼跡に建てた粗末なわび住居の中の小部屋で、机の上に原稿紙をひろげて、この論文を書いている。そのとき、私の直接に知覚し得るものは、この原稿と、万年筆と、机と、二畳の小部屋と、その他いくばくかの品物であるにすぎない。しかも、それらの「対象」は、決してその全貌を私の知覚の中にあらわしているのではなくて、私は私の知覚の志向的体験によって、それらの対象がそこにあると見ているにすぎない。いいかえると、われわれの知覚のノエシスの前に直接に与えられている対象ですら、多様なノエシスによって志向された「ノエマの中核」としてのみ、そこに実在しているのである。

　第二に、だから、われわれが客観的に実在すると考えているところの対象は、すべてノエマとして与えられているのである。われわれが、現に知覚のノエシスによって直接に照らしている対象すら、そうである。まして、いわんや、それ以外のすべての対象は、われわれにとって単にノエマ的に実在しているにすぎない。このことは、同時に、ノエマを直接に照らすノエシスの光りが消えても、ノエマはノエマとしてそのまま存続しつづけることを物語っている。私は、私の家を出て大学の研究室に行く。私は、研究室がどのような形をしていて、どのような設備があり、どのように本がならんでいるかを知っている。私は、在宅中はそれを単にノエマ的に知っているのである。ところが、私が現に研究室におもむき、鍵でドアを開けて入れば、それまで私がノエマ的にのみその実在を知っていたそれらの対象が、私のノエシス的直接経験の中に取り入れられる。しかし、そのときには、三十分前まで、私の目の前にあった陋屋の小部屋やその中の机などは、もはや私にとって単にノエマ的に実在するにすぎない。われわれの住んでいる世界は、そのように、すべてノエマ的対象の世界である。これに対してわれわれは、目に見、耳に聞き、手にふれるかぎりにおいて、狭いノエシス的直接経験の範囲をもっている。現象学では、これを「ホリツオント」という。われわれは、このホリツオントの狭い懐中電灯の光りをもって、ノエマ的対象の世界をあちこちと移動している。その光りに照らされた部分は、その間だけわれわれの直接経験の中に現前するが、その光りを動かしてしまえば、その部分はふたたび、単なるノエマ的対象の世界に取り残されてしまう。

　第三に、したがって、或る対象が実在するということの確証をわれわれに与えるものは、ノエマ的に実在するとされているところのものが、われわれのノエシス的ホリツオントの中に取り入れられ得るということにあって、それ以外にはないのである。私は本郷に大学があり、そこに法学部研究室があり、その中に私自身に割りあてられた部屋があり、さらにその中に机や書棚や本やその他のものがあることを知っている。私は、それを現在ノエマ的に知っているのである。そのようにノエマ的に実在することを知られているもろもろの対象が、はたしてその知られている通りに実在するかどうか。私は、日ごろそのようなことを疑っても見ない。なぜ疑っても見ないのか。なぜならば、私は、いつでも研究室に行って、それらの設備を用いて、学問上の仕事をすることができることを知っているからである。これに反して、ずっとむかし一度行って見たことのある知人の家が、いまなおそのままに実在するかどうか、絶えて久しい小学校のころの友人が、いまでも生きているかどうか、というようなことになると、人に問われても、首をかしげざるを得ない。それにもかかわらず、その家が実在し、その友人が現存するということの確証は、何によって与えられるか。それには、その家のあったところに行って、その家がむかしのままにそこにあることを「見る」以外にはない。あるいは、小学校時代の他の同級生などからその友人の住所をたしかめ、そこを訪ねて、現にその人の姿を見、その人の声を「聞いて見る」のがよい。かくて、ノエマ的に実在するはずの対象の実在性は、われわれがその対象を、ノエシス的直接経験のホリツオントの中に取り入れることによって、確認されるのである。

勿論、われわれが自分自身のノエシス的ホリツオントの中に取り入れることのできる実在対象の範囲は、きわめてかぎられている。しかし、われわれが対象の実在を確証するためには、それを自分自身のノエシス的光りをもって照明することは、必要でない。われわれは「他人」のノエシスによってたしかめ得た対象を、「自分自身」で直接に経験し得た対象と同じように、実在する対象として受け取っているのである。私どもは、ドイツ空軍の爆撃にもかかわらずロンドン橋が実在するかどうかをたしかめるのに、自分でロンドンに行って見る必要はない。北極が氷原であり、南極が大陸であることを知るために、自分自身で探検隊に加わるには及ばない。われわれは、「言葉」によって、他人の知っているノエマ的世界のことを学ぶことができる。そうして、他人のノエシス的実在照明の事実を聞いて、それを信頼することができる。ただ、自分自身で実在対象をノエシス的ホリツオントの中に取り入れる場合にせよ、他人の行ったノエシス的実在照明の結果を信頼する場合にせよ、ノエシス的直接経験は、たびたび行うほどたしかであり、しかも、大ぜいの人々によって同じ対象を共同に照明すればするほど、その結果は信頼に値することになる。臆病者が夕闇の枯れ尾花を見て、幽霊が実在するといっても、それはあやまりである。新聞社が読者の好奇心をあおるために、ヒマラヤ地方でダイノソオラスのたぐいを見た人があるといっても、それは信頼できない。このように、われわれは、共同のノエマ的対象の世界をもち、それらの対象の実在性を確証するために、それをノエシス的直接経験によって照明するという仕事を、絶えず共同に行っている。このノエシス的ノエマ的世界の共同性を、フッサアルは、「現象学的間主観性」(phänomenologische Intersubjektivität) と名づけた。

これは、大体として、われわれの住む常識的世界の構造であるが、学問上の実在および真理についても、根本の原理には何の変りもない。例えば、或る天文学者が、火星の表面に見える条痕を巨大な運河であると推測し、そこから、火星に人類が生存するという説を発表したとする。その場合、それが真理であるか、臆説にすぎないかは、最後のところでは、次第に精巧に発達する望遠鏡の力をかりて、科学者のノエシス的ホリツォントの中に火星をできるだけ明瞭に取り入れ、その経験的把握に訴えて決定さるべき問題である。例えばまた、地震の予測がいかなる方法により、いかなる程度において可能であるかについては、現在いろいろと説がわかれている。それらの対立する学説のいずれが正しいかは、地球物理学上の「理論」によってさまざまに「討議」することができよう。しかし、そのいずれが真理であるかを立証するものは、一つの説を唱えている学者の「数」でもなく、またその「権威」でもなくて、ひとりただ「事実」あるのみである。或る説が発表され、その説が相当の蓋然率を以て的中し、大体その予測した時期、その予測した場所に地震が起り、何人もがその惨状を目に見るということが度重なれば、その学説はそれによって真理であることが証拠だてられる。この場合にも、間主観的なノエシスによって事実を照明し得るということに、真理の実証の最後の根拠があるのであるといってさしつかえない。

現象学は、実在とはかくのごときものであり、真理とはかくのごときものでなければならないとする。実在といい、真理という。その明証の根拠は、事実であって、事実以外の何ものでもない。故に、フッサアルは、天くだりの真理を排斥して、真理をば「事物そのものにあてはめて」(an die Sachen selbst) 立証すべきであるとしたのである。その立場は、最も徹底した経験主義である。あらゆる対象の実在性は、ノエシス的直接経験の光りを間主観的にその上にそそぎかけることによって、はじめて客観的に証拠だてられるのである。

しかも、フッサアルの現象学は、その反面において、あらゆる対象が、ノエマ的性格を有するものであることを明らかにした。ノエマ的な対象は、ノエシス的直接経験によって志向されるものではあるが、それにもかかわらず、いかなるノエシス的直接経験の中にも、そのままにその姿をあらわすものではない。われわれは、球体としての地球を、その全貌において見ることはできない。将来、ロケットによって地球から遠く離れ、ふりかえって地球の丸い姿を見得るときが来たとしても、その地球は、われわれの目には、一つの円盤のごとき形で、その「半面」を見せているにすぎない。それにもかかわらず、われわれは、地球が球形の遊星であることを、ノエマ的に知っているのである。われわれは、ノエマ的対象の世界に住んでいる。すべてのノエマ的対象は、決してそのあるがままの姿ではノエシス的に経験され得ない。しかも、なおかつ、それらの無数のノエマ的対象が、ノエシス的直接経験を越えた形で実在することを確言する現象学の立場は、一方において徹底した経験主義であると同時に、他方においては徹底した超経験主義であるともいい得ないことはない。

## 四

これは、フッサアルの現象学を基礎として解明されたところの実在の構造であり、実在認識の筋道としての経験の本質である。しかし、これだけでは、われわれの住む世界の構造は、まだきわめて不十分に、部分的に明らかにされ得たにすぎない。われわれの住む世界は、自然の世界であると同時に、文化の世界であり、精神の世界である。経済の世界であり、政治の世界であり、道徳の世界であり、法の世界であり、学問・芸術の世界である。したがって、その世界の実在の根拠をとらえるところの経験も、また、文化的、精神的の意味をもった経験でなければならない。また、そのような、文化的精神的実在界の構造を明らかにし、それをとらえる文化的精神的の経験の本質を窮めないでは、現象学の立場を人文科学や社会哲学、ことに法哲学の上にあてはめて行くことはできない。

ところで、フッサアル自身は、そのような文化とか社会とかいう問題には、ほとんどふれることをあえてしなかった。フッサアルは、実在界が実在するということの意味を徹底的に窮明するために、常識的立場における主観・客観の対立を括弧の中に入れ、先験的還元を行うことによって純粋意識の立場に到達した。そうして、純粋意識の構造を精密に分析することに全力をそそいだ。しかし、その純粋意識が、単一の人間の主観の反省にとどまるかぎり、そこから客観的な世界を実在する世界として構成して行くことはできない。そこで、かれは、「間主観性」の問題をとり上げ、自我と他我との関係に考察の焦点をむけはじめた。そこに、フッサアルの現象学において、はじめて「社会性」の問題が登場しかけたのではあるが、フッサアル自身の思索は、その辺で、かぎられた寿命のために断ち切られている。したがって、フッサアルによって開拓された道をさらに押しすすめて、精神・社会・文化・法、等の領域にまで到達するためには、われわれは多分にわれわれ自身の思索の力に頼らなければならない。それを、一つ、きわめて一般的な、おおまかな仕方で試みて見ることとしよう。

われわれの住む精神の世界、文化の世界は、自然の世界からはなれてあるものではない。むしろ、われわれの見る精神的文化的な対象は、自然を素材とし、自然的素材を基礎として、その上に構成されているのである。人間の文化的な生活は、「道具」の使用からはじまったといってよい。そうして、道具はすべて「物」を材料として作られているのである。学問とか芸術とかいうような高度の文化にしても、物を材料としてその上に築かれている点では、道具と変りはない。紙・インク・

活字、等を用いて印刷された書物なしには、学問はあり得ない。絵筆を用い、絵具を以て、紙やカンバスの上に描かれた物象の形なしには絵画という芸術は存在しない。その意味で、すべての文化は、目に見、耳に聞き得る物象を素材として、その上に築かれている。道徳や法のような社会現象も、同じく目に見、耳に聞くことのできる人間の「行為」を基礎とし、それを通じて実在性を発揮している。現象学は、このように、精神的もしくは観念的な対象が、感覚的な物象を基礎として、その上に存立することを名づけて、「底礎」(Fundierung)の関係という。精神の世界、文化の世界は、自然の世界によって底礎されている。そこに、精神と物質、文化と自然の間の緊密な連関がある。

しかしながら、それと同時に、精神現象・文化現象と自然現象との間に本質的に違う点があることは、もとよりいうまでもない。

その違う第一の点は、精神現象・文化現象には「意味」があるということである。自然そのものには、意味はない。自然に意味があると見えるときには、その意味は、人間がそれを自然の対象に賦与しているのであり、したがって、その対象はすでにそのかぎりにおいて「精神化」されているのである。例えば、海上や曠野の旅行者が北極星を仰いで方角を按じているときには、無心にかがやく恒星の一つに「道しるべ」としての意味が賦与されている。富士山を眺めて、その崇高さに打たれているときには、単なる一個の休火山に、見る人の胸にある「崇高さ」が投影されている。野花を採って、これを花瓶に投げ入れ、その風雅な美しさを鑑賞しているときには、自然の野花は、もはや日本独特の華道芸術の材料として、重要な役割りを演じている。まして、人為を加えたあらゆる道具、あらゆる文化財、あらゆる芸術品には、複雑な意味が内在しているのである。その意味から切りはなして見れば、それらの道具・文化財・芸術品は、すべて自然の一断片であるにすぎない。さような自然の一断片を化して、精神的文化的な対象たらしめているものは、その中に内在する「意味」にほかならない。

いま述べたところにすでに含まれていることではあるが、精神的文化的対象を特質づける第二の重要な点は、それらの対象に内在する意味が、すべて人間によって自然的素材の上に「賦与」されたものであるということである。人間が自然の事物を材料として、それに精神的な意味を賦与する場合には、別にその材料の上に加工を施さないこともある。旅行者が北極星に道しるべとしての意味を与え、カントが満天の星を眺めて、「わが胸の道徳律」にもなぞらえらるべき尊厳さをその中に認めたような場合が、それである。しかし、人間は、多くの場合、自然の材料をそのままには用いないで、それにさまざまな加工を施し、それによってその対象に賦与される「意味」を一そう効果的なものにしようとする。大小の道具から、建築物、地上・海上・空中の交通機関、雄渾な絵画、壮麗な彫刻にいたるまで、みなそれならぬはない。それらの意味は、もともとは「個人」が創造したものである。誰が発明したかわからぬ道具や、誰が作ったともなしに行われる言語なども、かならず誰かが偶然にまたは意識的に作ったものであり、それに、さらに無限に多数の「個人」が協力し、改良を行い、新たな発明や工夫をつけ加えて今日にいたっているのである。しかも、一たび個人の精神活動によって作り出され、自然の素材の上に賦与された意味は、その個人が死んでしまったのちも、同じ意味ある精神的文化的対象として後世に伝えられる。精神はかくして「客観化」され、意味はかくして「客観的意味」となり、それを工夫・創造・製作した主観精神のノエシスから離れて、何人にも理解され、使用され、鑑賞され得るところのノエマ的「共同財」となる。

われわれの住んでいる精神の世界、文化の世界は、かように無数・無限の個人精神の協同作業によって創造され、かようにノエマ的な共同財として客観化されたところの「意味」の世界である。現象学は、実在界をば、かくのごとくに「意味に満たされた世界」として示した。

文化的実在界に存在するところの意味には、直接に自然的素材によって底礎されているものと、自然的素材によって直接に底礎された精神的文化的対象をばさらに底礎の地盤として、その上に築き上げられているものとがある。後者は、前者にくらべて、「高次」の意味的な対象であるといってよい。高次の意味的対象になればなるほど、それは「物質」との直接の底礎の連関からはなれる。しかし、それが、それにもかかわらず「実在する」対象であり得るためには、さまざまな間接的媒介を経てではあるが、最後には物質によって構成された低次の対象によって底礎されていなければならない。例えば、イエリングの説いた「ロオマ法の精神」は、きわめて高次の精神的対象であるが、それは、その精神を理解し、その精神によって行動していたところの、無限に多数のロオマ人たちの「現実の行為」によって実在的に底礎されていたのである。あるいは、ドイツの「ロマンティクの時代精神」も、同様に高度の意味的対象であるが、それもまた、一方ではその時代の潑剌とした哲学や文学の作品によって、他方では、それらの作品を理解し、耽読し、それに感激して行動していた多数のドイツ知識階級の人々の現実生活を底礎の地盤として実存していたのである。かくのごとくに、現実的な行為や対象によって底礎されながらも、しかもそれらから間接にはなれて、高次の客観精神の世界にそそり立っている「意味」をば、とくに「理念」と名づけることができるであろう。

このように、理念や意味や精神が、直接または間接に、物質的素材によって成り立つ現実的な対象に底礎されて実在すると見る立場は、一切のイデオロギイをば物質的基盤によって制約された「上部構造」と解する唯物史観に、非常に接近しているように思われるかも知れない。たしかに、あらゆる理念や意味や精神的対象は、物質を素材とする現実的対象によって底礎されているのであり、その点ではそれを物質の「上部構造」と名づけても、すこしもさしつかえないのである。

しかし、われわれにとっては、知覚によってノエシス的にとらえられる一切の物質は、意味的対象の「素材」にすぎない。そのような物質的対象を素材とし、さらにそれに加工を施しつつ、それに「賦与」されるところの意味は、すべて人間が創造したものなのである。簡単な火打石から複雑な蒸汽機関・電気機関にいたるまで、収穫物を雨を避けながら処理するための粗末な納屋から、何百頭の生きた牛を見る間に何万のコオン・ビイフの罐詰に仕上げる巨大な工場にいたるまで、あらゆる「生産」のための設備や「生産力」は、ことごとく人間の意志と努力と創造と目的活動とによって「制約」されているのである。それは、人間が、人間の意志や意識によってはどうすることもできない、物質的な生産関係の中に入りこむと見た唯物史観とは、全く正反対の考え方であるといわなければならない。

精神的な意味に満たされている実在界は、その精神的な意味を「理解」することによって認識される。しかし、すべての意味的な対象は、直接・間接に自然的素材によって底礎されている。したがって、精神的文化的対象の意味を理解するためには、その対象を底礎しているところの現実的な素材の知覚が、それにともなって作用することが必要である。このことは、芸術の鑑賞などの場合を考えれば、最もはっきりする。レオナルド・ダヴィンチの創造した無限の神秘をたたえる微笑の「意味」を理解するためには、モナ・リザの原作か、またはそのよい復製を「目に見る」ことが必要である。ベエトオヴェンの偉大な主観精神が生み出した崇高な音楽の「理念」を鑑賞するためには、その代表的楽曲のよい演奏を「耳に聞か」なければならない。けれども、目に見、耳に聞き得るものは、意味の素材としての色や形、理念を底礎しているところの音やリズムであって、意味そのもの、理念そのものではない。意味や理念は、目にも見えず、耳にも聞えない。それらは、ひとりただ、感覚を超えた意味の直観によってのみ理解され得るのである。

故に、精神的文化的対象の実在性を確認するためには、第一には、自然的対象の場合と同じように、その対象の素材を感性知覚のノエシスの中に取り入れなければならない。しかし、それはあくまでも精神的文化的対象の素材の認識であって、その対象そのものの把握ではない。したがって、精神的文化的対象をとらえるためには、かかる感性知覚のノエシスを基礎としつつ、第二に、その対象のもつ「意味そのもの」「目的そのもの」「理念そのもの」を直観しなければならない。この高次のノエシスの作用は、何と名づけらるべきであろうか。

フッサアルは、感性知覚によってとらえられる対象を基礎としつつ、それと不可分に結びついて直観される観念的な対象として、例えば、幾何学上の図形などを挙げている。幾何学上の図形、例えば円は、幅のない線によって中心から絶対等距離を保って描かれなければならない。そのような純粋の円は、実際には描かれ得ないし、かりに描かれ得たとしても、幅のない線が目に見えるはずはない。しかし、かような目に見えない円は、実際にコンパスで描かれた、したがって現実に目に見える円の表象を基礎として、その上に観念的に直観されているのである、フッサアルは、かくのごとき直観の作用を感性知覚から区別して、「範疇的直観」(kategoriale Anschauung) と名づけた。

けれども、われわれが当面の問題として考えている精神的文化的対象は、幾何学上の図形などよりもはるかに具体的なものである。私の書いている文章にも意味があるし、原稿紙や原稿紙を載せている机にも目的が内在している。それらの意味や目的をとらえる作用を範疇的直観というのは、言葉づかいとして穏当をかく。それは、つまりは感覚的素材の中に隠れている「意味」をとらえるノエシスなのであるから、そのまま「意味的直観」(sinnhafte Anschauung) と呼ぶのが適当であろう。われわれは、感性知覚とともに、常に意味的直観を働かせて精神的文化的の世界を認識しつつある。そうして、感性知覚とともに働く意味的直観の作用によって照明された意味や目的や理念は、目にも見えず、耳にも聞えないにもかかわらず、目に見、耳に聞えるものと同じように客観的に「実在」しているのである。

われわれの住んでいる実在の世界は、このような構造を有する。そうして、このような構造を有する実在の世界を認識することが、われわれの「経験」なのである。故に、経験とは、決して感性知覚と同じではない。感性知覚は経験の基礎的ノエシスとして重要な役割りを演ずるものではあるが、単なる感性知覚だけでは、われわれは実は何ものをも「経験」できないのである。なぜならば、ノエマ的構造を有する一切の事物は、それが意味のない自然的対象であっても、感性知覚のノエシスの中には決してその全貌をあらわすものではないからである。ましていわんや、精神的文化的意味を有する対象の「経験」は、その主たる内容から見て、感性知覚を超越するところの意味的直観から成り立っている。意味的直観なしには、われわれは、意味に満ちた精神の世界、文化の世界を「経験」することはできない。いいかえれば、意味的直観によってはじめて、われわれは、精神の世界、文化の世界に「実在」するところの意味や、目的や、理念を経験することができる。実在という言葉、経験という言葉の意味は、これではじめてはっきりと見窮められ得た。そうして、それは、普通に人の考える実在とか経験とかいうものよりも、はるかに複雑な次元を有し、深い意味をもつものであることが、それによって知られ得たであろう。

# 五

実在界とは、決して目に見、耳に聞えるだけの事物の世界ではない。そこには、目に見、耳に聞えるものよりも、はるかに深い意味や目的や理念が内在している。それを把握するのが意味的直観の作用であり、感性知覚とともに意味的直観を働かせて、実在対象の意味を理解し、目的を知り、理念を洞察して行くことが、われわれの経験なのである。

経験という言葉のもつ意味をここまで深く掘り下げて来れば、最初に述べたような形而上学と経験主義との対立の大部分は、実は対立すべき理由のない対立であることが明らかにされ得るであろう。それとともに、法哲学における形而上学と経験主義との間の論争の多くもまた、論争する必要のない論争のくりかえしであったことを知り得るであろう。

これまで、人は、形而上学者にせよ、経験主義者にせよ、経験という言葉をあまりにせまく、あまりに浅薄に解釈しすぎていたのである。つまり、感性知覚によって物事を見たり聞いたりすることが、経験であると思っていたのである。もしも経験とはそのようなものであるとするならば、形而上学者が、経験だけの力によって実在を認識しようとする経験主義に満足し得ないことは、当然であるといわなければならない。形而上学は理念を求める。法の形而上学は、法の理念を確立しようとする。しかし、理念は、いまいうような経験の中にはその姿をあらわさない。そこで、形而上学は、経験による認識というものに限界を与え、経験を超えた彼岸に理念の所在を求めようとする。法の形而上学は、法の中から道徳の理念や政治の目的を駆逐してしまおうとする法実証主義を非難し、そのような無理念・無目的の実定法の根柢に、高い理念をもって貫かれた自然法が存在することを力説し、自然法の理念によって実定法を指導せしめようとする。もしも経験主義のいう経験が、単なる感性知覚にすぎぬものであるならば、形而上学のこの態度には十分に理由があるといわなければならない。また、もしも実定法が、道徳の理念や政治の理想とは縁のない、単に実力によって生み出された規範の体系にすぎないものであるならば、法形而上学が実定法の奥底に永遠の理念の光りをたたえる自然法を求めるのは、尤も至極であるといわなければならない。

しかしながら、われわれがそれによって豊富・厖大・深遠・複雑な実在界をとらえるところの「経験」が、かくのごとくに狭く浅いものではないことは、いままで述べて来たところに照らして、あまりにも明白である。われわれの経験とは、感性知覚を手がかりとしてなされる意味の直観であり、目的の把握であり、理念の洞察である。経験主義とは、正しくかくのごとき経験によって、意味に満ち、目的によって動き、理念にもとづいて発展して行くところの、社会的歴史的実在をとらえようとする立場でなければならぬ。また、経験主義とはかくのごとき実在把握の立場である以上、その経験をさらに越えた形而上学の方法によって、経験では知り得ない「実体」をとらえようと試みることは、単に無用であるばかりでなく、経験を無視した独断に走る危険を犯す所以にほかならない。もちろん、経験にもあやまりがあり得ることは、前にも指摘した通りである。しかし、あやまった経験は、正しい経験によって是正され得る。そのようにして不断に是正され、それによって絶えず向上して行く経験以上に、われわれは何を頼りとする必要があろうか。かくのごとくに不断に発展する経験は、おそらく、いつかは形而上学を不要に帰せしめるであろう。

同じことは、法哲学における経験主義についてもいわれなければならない。

われわれにとっては、法は、精神的文化的の実在界、さらに精密にいうならば、社会的歴史的実在界の重要な領域の一つである。すでに実在界の一領域であるという以上、法はそれ自身一つの実在でなければならない。しかるに、実在する法は、実定法である。故に、法は実定法であり、実定法以外に法はあり得ない。そう見る立場は、法についての経験主義であり、その意味で法実証主義に属する。

しかしながら、いままでの法実証主義は、法を実定法に限定することと、法を道徳の理念や政治の理想から遮断することとを混同した。これに、法実証主義の犯した最大の過失である。実在する法には、意味があり、目的があり、理念がある。それらの意味、それらの目的、それらの理念には、経済の要素があり、道徳の要求があり、政治の動向がある。したがって、法を実定法としてとらえることは、法の独自の理念を把握することであると同時に、法を経済の意味、政治の目的、道徳の理念に満ち満ちた世界観形象として考察することでなければならない。それが、実定法の哲学のすすむべき道である。そうして、法哲学がこの道をたくましくすすんで行くことができるならば、そのような実定法の哲学以外に、実定法を超越する自然法を認めることは、おそらくはやがて必要でなくなるであろう。

実定法に内在する意味や目的や理念は、もともと、個人の主観的な感情や意識や意欲によって生み出されたものである。

いいかえるならば、一人、少数、または多数の個人の意志によって作り出された社会的目的の体系が、社会生活の規範として客観化されるとき、それが法となるのである。

ところで、専制主義の時代には、或る目的にかなうような法を生み出す上に最も力のあったものは、専制君主の意志であった。しかし、いかに専制君主の恣意によって生み出された法が強い支配力を発揮し得たとしても、その法を実際に行う者は、被支配者としての一般民衆である。いいかえると、法を実定法として実在的に底礎するものは、法を生み出した「立法者」の意志ではなくて、その法の下に生活することをがえんじている多数の一般民衆の事実行為なのである。したがって、一般民衆が、専制主義の法秩序の不当・不合理をはっきりと自覚し、その法を排除して、新たに自分たちの意志によって法を作ろうと決意するにいたれば、専制主義の法秩序は、底礎の地盤を失って崩壊する。そうして、それに代って、国民の意志によって法を作る制度、すなわち、民主主義の法秩序が築き上げられる。

しかし、国民の意志によって法を作るといっても、国民の意志はまちまちであるから、国民全部の立法意志が一致するということは、ほとんど絶対に望み得ない。そこで民主主義の法原理は、国民の「多数」の意志によって法を作るべきものとする。しかも、一つ一つの立法を行う場合に、その都度、国民の全部について多数意志の動向を問うことは、不便でもあるし、不都合も生じ得るから、国民を代表する議会を設け、議会での多数決を以て法を定立するという制度が、それに代って発達する。議会での多数決は、それがどのような内容をもつものであるにせよ、すでに多数の議員がそれに賛成しているのである以上、かならず何らかの理念にもとづき、何らかの目的にかなうものであるには相違ない。しかし、その理念、その目的は、その法に反対した者の立場からいえば、正しい理念、適当な目的とは考えられ得ない。そこで、議会の反対党は、あらゆる手段をつくして国民に呼びかけ、国民の支持を求め、それによって議会での多数を獲得しようとする。その運動が成功して、次の選挙では反対党が絶対多数を占めれば、今度はその新たな多数党の意志によって、前の理念、前の目的とは違った理念や目的にもとづく法を制定するであろう。それが、民主主義の実定法制度における議会立法の実体である。この議会立法の制度は、確かに相対主義の考え方を基礎としている。したがって、その相対主義を相対主義のままに肯定する態度に対して、虚無主義の泥沼であるといい、「多数」のおもむくところには唯々として追随する実力決定主義であるという非難が加えられるのは、或る意味では尤もな非難であるといわなければならない。

けれども、それが尤もな非難であるのは、議会立法制度の運用にあたる多くの人々が、対立する目的のみに心を奪われて、その上にある人類共通の理念の実現に協力しようとする心構えを忘れた場合である、その場合に忘れられている人類共通の理念とは、「人間平等の幸福」という普遍的なノエマにほかならない。

人間はすべて人間らしく生きることを欲求する。しかも、まず自分自身の幸福を追求する人間は、他人の幸福を二の次にすることが多い。否、自己の利益のためには、他人の幸福を破壊することを意に介しない者もすくなくない。したがって、各人の意欲的なノエシスが互にしばしばはげしく衝突することは、たしかに免れがたい事実である。しかし、社会の配分が不公平であり、人間の幸福が一方的に偏在して、貧富・禍福の大きな不平等が生ずれば、人間らしい生活の幸福を奪われた多数の人々は、配分の秩序を是正・改善して、それを段々と平等の関係に近づけるように努力するであろう。「多数」の意志によって法を作るべきものとする民主主義の制度は、まさしくその努力をして効果あるものたらしめようとしているのである。勿論、現実の問題はかぎりなく複雑であるのに対して、現実の人間には愚昧と短見と悪徳とがつきまとうことをまぬかれないから、多数決の結果が常に人間平等の幸福への接近を意味するというようなことは、とうてい望まれがたい。けれども、民主主義の社会では、国民の大部分が聡明であれば、一たび多数決があやまった結果を招いたとしても、その経験を将来に生かすことによって、多数決の現実と人間平等の幸福の理念との間のギャップを、次第にせばめて行くことは、決して不可能ではない。かくて、人類の社会生活は、すべての個人の幸福追求の意欲を動因とし、できるだけ多くの人々の意志を法の上に反映させようとする制度を媒介として、平等へ平等へと動いて行く。

法形而上学者は、それこそ自然法の実定法化であるというであろう。しかし、その動きが、神の意志によるのでもなく、「物質的生産力」の作用によるのでもなくて、生きている人間の意志と努力と目的活動とによるものであるかぎり、それは、あくまでも人間の社会に実在する法の動きであり、人間の作った「実定法」の動き以外の何ものでもないのである。

# 平和の哲学

## 一

平和は、生きとし生けるすべての者があこがれる理想である。ミレエの「晩鐘」を見て、誰しもが深く心を打たれるのは、そこに、この世のものならぬほどの平和が、この世のものとして描き出されているからである。夫婦が共に働き、親子兄弟が夕の食卓をかこんで一日のできごとを楽しく語り合い、苦難のときにもおのれを空しうして協力するのは、何人もが求めてやまぬ家庭の平安である。鎮守の森に太鼓がなりひびき、日ごろの耕作の苦労を忘れた人々が笑顔に打ちつどって、めぐまれた豊作をことほぐ秋祭は、村の平和の象徴であろう。一国の隆昌は秩序の上に築かれ、人類の文化は平和によって栄える。だから、アウグスティヌスは、人間共存の根本のあり方をばパックスに求め、カントは、世界恒久の平和をば政治の最高善として高くかかげた。

しかし、現実には、人間の間の平和ほど確保しがたいものはない。誠の平和は、荒野を点綴するオアシスの緑のように、はなはだ稀に人生行路を訪れるにすぎない。外面の秩序は、絶えず内面に鬱積する不満によっておびやかされている。外交辞令の笑顔と儀礼との蔭には、しばしば底知れぬ憎悪と敵意とが、かくされている。平清盛は、慈悲・柔和の僧衣のかげに血に飢えた鎧をちらつかせた。夏目漱石は、外目にはなめらかに穏かに進展する近代人の会話が、いかに巧みな戦術を包蔵し、いかに刻々の勝敗を争う戦いのかけ引きであるかを、その数多い作品によって示した。人間と人間との対立が、外面如菩薩の技巧を以てしてはもはや弥縫し切れぬ険しさにまで達すれば、そこに断った張ったの闘争が爆発する。平和ははかない春の夢と消えて、硝煙たなびき、流血夏草を染める戦争が起る。ホッブスは人間は人間に対して狼であるといったが、狼といえどもこの言葉に対しては抗議を提出するであろうほどに、人間の闘争性は激しくかつ根強い。

だから、物事すべて裏には裏があり、裏の裏にこそ真実が隠されていると考える者は、たまたま保たれている平和をば偽善としてしりぞける。維持されている秩序の蔭には、かならず舌なめずりをしている吸血鬼があると想定し、吸血鬼の思うつぼにはまった平和よりも、むしろ吸血鬼を征伐するための闘争を選ぶべきであると主張する。

そういう立場から見るならば、佐倉宗五郎の悲劇を単なるエピソオドとして歴史の大筋の外に押しやり、大塩平八郎の乱を上からの権力によって事もなげに鎮圧した徳川三百年の泰平は、近代人に未練を感ぜしめるいかなる価値をもっていたであろうか。封建社会の秩序に正面からいどみかかったフランス革命は、花のパリを鮮血でいろどる激しい闘争ではあったが、その闘争によってこそ、近代民主主義への扉が現実に押しひらかれたのではなかったか。平和を平和なるが故に尊ばるべきであるとするのは、現状の維持を以て利益とする者の常用語であり、その線に沿うて科学し哲学する学者は、すべてさような支配階級の走狗に外ならない。春の夢の平和は、春の夢の価値しかもたない。きびしい真実を求める者は、闘争への勇気をまひさせるあらゆる観念の粉飾を看破し、それをはぎ取って行かなければならない。ミレエの「晩鐘」を見て胸を打たれるセンティメンタリズムは、宗教や道徳や情藻の魔術をつかって、農民に対するあらゆる搾取をも感謝の祈りを以て甘受するように仕向けているところの、近代経済機構のあさましいからくりへの洞察に切りかえられなければならない。そのような理論が人々の思想をゆり動かして、激しい闘争への心構えを植えつけて行くのである。

しかしながら、かくのごとき「闘争の哲学」といえども、その前まで行って一応は足ぶみをせざるを得ない最後の一線がある。それは、世界平和の維持という大きな関門にほかならない。

闘争の哲学が、この関門の前に足ぶみをするのは、いろいろな理由によるであろう。第一に、いかに闘争の必然性が強調されても、現代のおそるべき武器を以て世界的規模をもつ露骨な戦争をあえてすることは、差引勘定あまりにも高価な犠牲を払わなければならないという考慮があろう。第二に、いかに犠牲が高価であっても、最後の勝利の確信があれば、あえてその犠牲は辞せないとしても、そこまでの確信は、容易にもち得ないという胸算用があろう。第三に、したがって、正面切って戦いをいどむという下策を避けて、主として世界諸国家内部の政治闘争に働きかけ、国内闘争――それも、なるべくは議会の多数を制することによる「合法的」な政治闘争――の形を通じて、実は全世界的な規模をもつ国際闘争を有利に展開して行こうという、「賢明」な方策に出でる計画でもあろう。

しかし、それとて、そのような第三の計画により既存の世界秩序が崩壊して行くことを、みすみす見のがしていてはならないという「平和の擁護者」の態度が硬化すれば、何人も好まない戦争が、何人も好まないにもかかわらず勃発する危険は去らない。その危険が現実化するのも、しないのも、歴史の「唯物必然的」な歩みによって決せられると見るか。あるいは、人間の理性によって緊迫したその情勢を打開する道を発見し、それにむかってあらゆる努力を傾注して行くべきであるか。「平和の哲学」は、いまこそその問題を取り上げ、いかなる方向に解決の手づるを求むべきかを真剣に考慮しなければなるまい。

## 二

平和をば世界的な規模において論ずる場合、考察せらるべき問題はきわめて多岐にわたるが、その中でもとくに根本の重要性をもつものは、平和と実力との関係である。いっそう直截にいうならば、それは、世界平和と武力との関係の問題にほかならない。

この問題は、さらにさかのぼって考えるならば、結局は「法」と「力」との関係の問題に帰著する。なぜならば、平和とは人間共同生活の秩序が保たれている状態である。そうして、人間共同生活の秩序を保つための最も重要な支柱は、法である。ところで、法は、一面から見れば、力を排斥する。法を破り、秩序を破壊するところの力は、法の否定者であり、秩序の敵対概念である。しかしながら、他面からいうと、法が、法を否定し、秩序を破壊する力を抑えて、人間共同生活の平和を保つためには、法それ自体に力がなければならない。法の自己表現の形態は規範であるが、単なる「規範」としての法は、現実の効力の根拠をもたない。規範が現実に効力を発揮し得るためには、法は、ひるがえってまた力と結びつかなければならない。このような、法と力との間の微妙きわまる関係が、国際社会の広い舞台にまで拡大された場合に、それが世界平和と武力との関係の問題となるのである。

それとならんでもう一つ、平和の哲学が当面する重大な問題は、国際社会か世界国家かというオルタネエティヴである。人間の住んでいる現実の世界には、多数の国家が併存し、それが互に対立している。しかも、それらの国家は、それぞれ、自己の意志によらないでそれ以上の力にしたがうことはないという「主権性」を備えている。現実の世界は、そのような主権を備えた多数の国家によって構成されているところの「国際社会」である。しかし、世界が国際社会の構造をもっているという現実をそのままにして置いて、はたして平和の基礎を確乎不動のものたらしめることができるであろうか。諸国家の間の協定によって、一応は世界平和の基礎が築かれ得たとしても、強い実力をもった国家がその主権的な意志によって協定を無視する行動にいでた場合には、平和の基礎はたちまちにして脅やかされるであろう。そして、協定を守ろうとする国々が、協定を破った国家を実力で抑えようとすれば、ふたたび大規模な戦争が勃発することを免れないであろう。

だから、——と、このオルタネエティヴのもう一つの立場を支持する論者はいう、——世界の構造をば、「主権的」な諸国家の併存する「国際社会」のままにして置いて、しかも世界恒久の平和の基礎を確立しようとするのは、木によって魚を求めるがごとくであり、百年河清を待つにひとしい。もしも人類が、この際に平和のゆらぎない根拠を築こうとするならば、すべからく、諸国家の主権国家としての最高性や至上性を否定し、世界共通の政府をもつ人類単一の政治社会を建設すべきである。かくして主権性を否定された大小の諸国家は、もはや一つ一つが国家として存立するのではなく、国家の中での地方行政区劃のようなものになるであろう。したがって、世界そのものも、もはや国際社会ではなくなるであろう。これに反して、中央集権的な政府をもつ世界単一の政治社会のみが国家となり、「世界国家」となるであろう。もしもその転換を一挙に行うことが困難であるならば、諸国家の国家性を絶対に否定してしまうことを避けて、世界連邦のような形のものにすればよい。従来の国家観念に執著している人々は、それでもなお、そのような転換が現実に行われることは不可能であると考える。けれども、たとえば一つの封建社会がそれぞれに領主をもつ多数の「くに」にわかれていた時代には、そういう社会状態を改めて、単一の政治社会にこれを統合することなどは、思いもよらないと思われていたに相違ない。しかし、歴史が動き、時代が変化するにつれて、それらの「くにぐに」の併存状態はやがて解消し、単一の中央集権をもつ近代国家ができ上って行ったのである。国際社会が世界国家に統合されるのも、それと同じようにただ時間の問題であるにすぎない。

世界国家の必然性を主張する人々は、このように論ずる。理論としては、誠にその通りであろう。しかし、世界国家の建設が人類の共存形態の最後に到達すべき段階であるとしても、問題はいつそうなるかであり、どうすればそうなるかである。あるいは、現実の国際情勢や各国民の強い民族意識が、はたして近い将来にそのような世界国家のヴィジョンを描くことを許すかどうかである。ことに、今日の国際社会には、世界観的基礎を全く異にする二つの大きな勢力の間の、深い溝があり、険しい対立がある。その対立の険しさをまず念頭に浮べる人々は、世界国家の必然性よりも、むしろ、さし迫った新らしい世界戦争の可能性について語るであろう。もしも、互に同化することをがえんじない二つの勢力圏の対立が、新たな世界戦争によってのみ克服され得るものであり、世界国家の構図が第三次の世界戦争の帰結を待ってはじめて現実的に考え得るようになるとするならば、その戦争をどちらの側からしかけるにしても、それは、結局は武力による世界征覇にほかならないというそしりを免れないであろう。そのような推測がかりに成り立ち得るとすれば、平和の哲学は、このオルタネエティヴの第二の結論ににわかに賛意を表するというわけには行かないであろう。

世界平和と武力との関係をいかに規定すべきかという問題、および、国際社会か世界国家かという二者択一のいずれを取るべきかの問題を、互につきまぜて見ると、そこから、政治哲学の歴史の上に実際にあらわれた二つの平和の哲学の型を導き出すことができる。その一つは、強い中央集権を備えた「世界王国」の建設が、何にもまして尊ばるべき平和をば地上の世界に築き上げるための最善の方法である、という思想である。他の一つは、世界国家の現実的な可能性を否定し、その代りに世界各国が一方では次第に軍備を撤廃しつつ、他方では互の協定によって一つの「国際連盟」を作り上げて行くのが、永久平和への唯一の道である、と見る考え方である。第一の思想の型は、すこぶる時代ばなれがしているが、中世イタリイの詩人哲学者ダンテ・アリギエリによって説かれた。これに対して、第二の考え方を代表するものがカントの永久平和論であることは、改めていうまでもない。

## 三

ダンテの世界王国論の背景をなすものは、中世のキリスト教神学を一貫する「普遍性」の思想である。普遍性ということは中世哲学の最も好んで論じた共通のテエマであった。カソリック教会が「普遍教会」として実際に宗教生活の上に絶対の権威をもっていたこと、および、政治の世界では、神聖ロオマ帝国がともかくも「普遍国家」たろうとする理想に立脚していたことは、中世における普遍性の思想の帰結であり、また素材でもあったといってよい。ダンテは、この素材の上に放胆な詩的構想力の加工を加えて、世界王国を讃美する『王国について』(**De Monarchia, written between 1310-1313**)を書いた。

ダンテによれば、平和はあらゆる文化創造の母胎である。しかるに、平和は、分立によって破壊され、帰一によって建設される。神が万有を包容する唯一者であり、唯一者としてこそ絶対善であるのと同じく、「一つであること」は、地上に存在するあらゆるものが、神の姿に、したがって、最高善に接近する所以でなければならない。これに反して、「多くのものに岐れていること」は、あらゆる対立と闘争の源であり、悪の象徴である。個人がそれぞれ我執をもって対立抗争することから、すべての悪と不幸とがかもし出される。人類の政治社会もまた、多数の国々に分岐・対立していればこそ、はてしない闘争をくりかえし、かぎりない災禍を生み出す。故に、何よりも尊い平和の恵福を地上にもたらすためには、人間の政治生活の分立性を排除して、全世界を包摂する単一の政治社会を作り上げて行かなければならない。しかも、かような広大な政治社会の統一は、ただ一人の王の権力によってのみ維持され得る。地上における人類の政治生活の唯一の正しいあり方は、かくて、単一の「世界王」の統治に服する単一の「世界王国」でなければならない。

ダンテのこの世界国家論は、それが世界単一の「王国」という形で説かれている点では、今日から見て骨董的な価値しかもたないといわなければならない。しかし、いやしくも人類全体を包括する広大な単一政治社会の確立をば、世界恒久の平和のための唯一必須の基礎であると考える以上、その世界国家が相当に強固な中央集権をもつものでなければならないことは、明らかであろう。その中央集権が、ダンテの場合は世界王の権力として「象徴」されていたのであると見るならば、ダンテの理論といえども、単なる時代ばなれのした古めかしい構想として、骨董的に取りあつかわれてよいとのみはいい得ない。

けれども、さように強力な中央集権の組織をもった世界国家は、どういう経過をとって設立され得るであろうか。もしもそのような世界国家が、卓越した武力をもつ国家の実力によって作り上げられることを認めるならば、それは結局は世界征覇主義の是認にほかならない。あるいは、かりに世界のすべての国々が協定を結び、その中の最強国を中心に推戴して、その下に世界国家に統合されることを認めたとしても、それは、やはりその最強国による帝国主義的な世界征覇のやや体裁のよい形態にすぎないというそしりを蒙ることを免れまい。もしも最強国がそういう悪名を避けようとするならば、むしろ、世界国家の方式によらないで、諸国家の主権を認めつつ、その間の連合によって国際平和機構を作り上げることを提唱するであろう。その場合に、各国家の間にいちじるしく不平均な軍備の差等があり、それが将来の平和を脅威すると考えられるならば、最強国の方からすすんで軍備の縮小を提案するであろう。そのようにして考えすすめられた世界平和機構の構想は、それだけ第一の世界国家の構図から離れて、カントによって提唱された第二の国際連盟の模型に合致してゆくであろう。

## 四

カントは、一七九五年、かれが七十二歳の高齢に達したとき発表された『永久平和のために』(Zum ewigen Frieden) という著書の中で、政治上の最高善たる永久平和を実現して行くための方法として、六つの「予備条項」と三つの「確定条項」とをかかげた。そのうち、とくに常備軍の撤廃の必要を説いた第三の予備条項と、国際連盟の組織を提唱した第二の確定条項とを結びつけて見ると、カントの考えた平和の哲学が、正にいま述べた世界平和の構想の第二の型——一方では国家をできるだけ武力の行使から遠ざけ、他方では世界国家に代るべき国際連盟を設置する考え方——を代表するものであることが知られる。

常備軍の撤廃は、講和条約の中に、将来の戦争の原因となるような秘密条項を入れることの禁止、一つの国家による他の国家の併合の禁止、外国の憲法を力ずくで変更させることの禁止、などとならんで、カントが平和維持のために必要とした予備条項の一つであって、それ自身としてはとくに卓抜な見解を含んでいるわけではない。カントによれば、一国が常備軍をもっていると、それが他の国々に戦争の脅威を与えるから、他の国々もそれに備えてそれ以上の軍備をもとうとする。このような軍備競争には際限がないし、その結果として、重い武装を身につけた平和よりも、短期間に終了する戦争の方がましだという気もちになって、侵略戦争に駆り立てられる危険がある。それに、国民をば互に殺したり殺されたりするために使用することは、人間を国家の単なる機械または道具として用いることを意味するから、人格権の尊重という見地からしても、許され得ない。ただ、祖国を外国の侵略から守るために、国民がときどき自発的に教練を受けるのは、それとは別だというのである。この主張は、人格権の立場から徴兵制に反対しているところにカントらしさがあると同時に、武力の裏づけをもたない平和を求めている点に、多分に現実から遊離した空想性を含むものといわねばならないであろう。

カントが、常備軍の撤廃とならんで、永久平和のために各国が整えるべき国内体制として説いているのは、国家組織の民主化である。カント自身の言葉によると、各国の国民組織はレプブリカアニッシュなものでなければならないというのである。

これは、カントのかかげる、永久平和のための確定条項の第一であるが、ここにレプブリカアニッシュというのは、「共和的」という意味ではない。なぜならば、カントの用語では、君主国といえども立派にレプブリカアニッシュな組織をもつことができるからである。これに反して、かれによれば、国民が人間として自由であり、すべてひとしく共通の立法に服し、すべての国民が公民として平等であるような組織が、レプブリカアニッシュなのである。ことに執行権が立法権と分離していることは、この組織の大きな特色とされる。したがって、一般の用語法としては、それはむしろデモクラアティッシュな組織と呼ばるべきであろう。国家がこのような「民主的」な組織を備えていれば、国家は国民の同意なくして戦争をすることはできない。しかるに、戦争が起った場合、最も重い負担を背負い、最も大きな犠牲を払うのは、外ならぬ国民自身である。したがって、このような組織をもつ国家では、国民がそれにもかかわらず戦争をしかけるようなおそれは、万々ないといってよい。これに反して、立法権と執行権とが分離していないデスポオティッシュな国家では、専制君主や独裁者が、狩猟でもするような気もちで外国に戦争をしかけやすい。そこで、カントは、きわめて賢明にも、しかし、またきわめて当然にも、すべての国家が民主的な組織をもつことをば、永久平和のための第一の確定条項としてかかげたのである。

カントの平和の哲学の核心をなす国際連盟組織の提案は、この永久平和のための第一の確定条項の後をうけて、そのための第二の確定条項としてかかげられている。しかし、カントは、決してこの提案を、永久平和の理想を実現するための最善の方法と考えていたわけではない。

人の知る通りに、カントは、国家の成立の論理的な根拠については、契約説の立場を採った。すなわち、自由・自存の多数個人が国家生活をいとなみ、国家の法の下に拘束されているという、一見矛盾しているように思われる状態は、その国家の存立そのものがすべての個人の合意にもとづくと見ることによってのみ、合理的に説明がつくと考えたのである。それと同じ原理を国際社会にあてはめるならば、すべての国家もまた、相互の合意によってその主権的自立性を放棄し、世界単一の万民国家を形成することによって、永久平和の保障を確立するに如くはない。だから、カントも、「理論としては」(in thesi) 世界国家建設の主張が正しいことを認めた。

しかし、カントによると、世界国家の建設は、理論としては正しいが、「実際問題としては」(in hypothesi) 不可能である。なぜならば、国家は、昔から事実として存在している制度であり、契約説はただその存立の根拠を論理的に説明しさえすればよいのに反して、世界国家は、現存する主権国家の主権性を否定して、これから現実に作り上げて行かなければならない。しかるに、現存する主権国家が、それぞれ一挙にその主権性を放棄し、一つの世界国家に統合されるということは、いうべくして行われがたいからである。

そこで、カントに、永久平和のための最善の制度たる世界国家に代るべき「代用品」として、諸国家の協定によって国際連盟を作り、その規約の効力に頼るよりほかはないと考えた。いいかえれば、自由な諸国家の連合組織を作って、それによって永久平和を保障すべき国際法を基礎づけることが、この目的のために残された唯一の道であると見た。

これまでの国際社会において戦争の絶え間がなかったのは、国家が自己の権利を守ろうとしても、訴訟を提起して曲直の審きを受けるべき裁判所がないためである。そこで、国家がどこまでもその権利を主張しようとすれば、とどのつまりは戦争に訴えることにならざるを得ない。戦争になっても、勝敗が定まれば、戦争は終る。そうして、講和条約によって平和の状態にもどる。しかし、戦争が終っても、新らしい国際紛争が起れば、また戦争がはじまる。かくては、真の平和はいつまでたっても到来し得ない。だから、将来永きにわたって戦争の危険を除き去るためには、人間の理性が、道徳上の立法者たる権威を以て、裁判手つづきとしての戦争を永久に追放しなければならない。そうして、すべての国家に対して、平和の維持に協力すべき責任を負わしめなければならない。それには、諸国家の合意によって一つの連盟を作り、すべての国々をばその協定を守るように義務づけることが必要である。それは「すべての戦争」に終止符を打つための「平和連盟」(foedus pacificum) である。その点で、それは、これまで行われていたような、単に「一つの戦争」を終結せしめるための「講和条約」(pactum pacis) とは、全く本質を異にするものでなければならない。

このカントの国際連盟の提唱を、前に述べた武装放棄の条項と照しあわせて見るならば、それが一九一八年のヴェルサイユ条約以降の平和のための努力と、いかに精神を一つにしているものであるかが、はっきり知られる。ジュネエヴに設けられた現実の国際連盟がカントの構想と軌を一にするものであることはもとより、それと平行して行われた軍備縮少のための列国の努力も、カントの平和の哲学と同じく、国際社会における武力の比重を次第に軽くすることに、平和への希望をつなごうとしたのである。そうした努力やそのような希望が、いかに現実の歴史の歩みによって裏切られたかは、いまは問わない。しかし、近代の国民国家がそれぞれの「主権性」を主張し、互に覇を争って競い合いつつあった第十八世紀の末に、ケエニヒスベルグの老哲学者が、このような周到な国際平和機構の構想を練ったことは、単にそれだけですでに驚嘆すべき卓見であるといってさしつかえあるまい。

## 五

それでは、カントは、自らの提唱したこの国際連盟の組織に、どれだけの期待を置いていたであろうか。はたして、かれは、この「平和連盟」ができさえすれば、それで戦争の危険を将来にわたって十分に防止し得ると考えていたであろうか。

人は、しばしば、カントが実際にそのように考えていたと速断する。そうして、この偉大なる理想主義の哲学者が、永久平和という高貴な理想に酔って、複雑な利害関係の渦まく現実を無視しようとした迂愚を笑おうとさえする。ヘエゲルが、自由な諸国家の合意によって成立した国際連盟は、国家の自由な意志によっていつでも破られ得るといって、カントの永久平和論を軽くあしらい、それとは正反対の戦争不可避論と、戦争を通じての世界理性の歩みの必然性をを説いたのは、さようなカント批判の態度を代弁するものといってよいであろう。

けれども、そのような批判は、実はカントの真意に対する根本の誤解に立脚している。カントは、人間性の現実というものに対しては、一般にすこぶる悲観的な見解をもっていた。かれが高貴な理想主義の哲学を説いたのは、むしろ人間存在の現実の浅ましさを痛感していたために、一そう深く当為の世界に没入して行った結果なのである。そのカントが、現実の利害関係の最も険しく浅ましく対立する国際社会について、多くの人々の速断するような安易な楽観主義に安住し得たはずはない。かれは、かれ自身の構想した国際平和機構に、実際には決して多くを期待してはいなかった。ただ、その効果に期待し得るとし得ないとにかかわらず、政治上の最高善の実現のための唯一の道がここにある以上、それにむかってあらゆる努力を傾注して行くのが、人間理性の責任であると信じていたものと思われるのである。

その証拠が二つある。一つの証拠は、『永久平和のために』という標題そのものが物語っている。この標題に用いられた言葉は、カント自身が考え出したものではない。この著書のはじまりに書いてあるように、カントは、この言葉をば、オランダの或る旅館の所蔵していた楯の銘記から借りて来たのである。カント自身の説明によると、その楯の表には教会の墓地の絵が描かれており、その絵の銘としてこの言葉が書かれてあったのである。だから、「永久平和のために」とは、その銘文の原義としては国際平和とは何の関係もなく、墓地に眠る人々に対して、その霊よ永久に安らかなれと念ずる祈りの言葉なのである。しかも、カントは、この言葉から国際社会を支配すべき意味での永久平和を連想し、そこに大きな皮肉を見出した。「永久平和のために」というのは、人類が飽くことを知らない戦争をくりかえし、その結果すべての人間が死に絶え、地球上が広大無辺の墓場となったのちになって、はじめてその鬼哭愁々たる人なき世界の上に書かるべき祈りの言葉なのであろうか。いいかえれば、人類が生存しているかぎり、永久の平和はついに到来する見込みはないのであろうか。もしも、人間がそうであってはならないと考えるならば、いまこそ理性の力によって、生きている人類の間の永久平和のためにあらゆる手だてを講じ、あらゆる努力を試みるべきではないか。カントは、そういう意味で、この言葉をその著書の標題に転用したのである。この一事からだけでも、かれが国際連盟による平和の保障について、決して楽観的な予想をいだいていたわけではないことを、はっきりと知ることができる。

もう一つの証拠は、国際連盟の設立を提唱した第二の確定条項の節の終りに、カントが、ロオマの詩人ヴェルギリウスの詩の句を引用しているという事実である。

前に述べたように、カントにとっても、世界国家を建設することが永久平和のための最善の方法なのである。けれども、現存の諸国家がかれらのもつ国際法の観念を固執するかぎり、理論上正しいこの理念も、実際上は実現不可能である。したがって、その消極的な代用品として国際連盟を作り、それによって、法を破ろうとする敵意をさえぎり止めるほかはない。しかし、そのような仕組みの背後では、依然としてその敵意が、戦争にまで爆発する機会を狙っているであろう。カントは、このことを率直に認めた上で、「その中では、神をおそれぬ激怒が、血のしたたる口を開けて、ものすごく叫ぶであろう」というヴァアジルの詩の一句を引き、深い含みを残して第二の確定条項の論述を結んでいるのである。原詩のこの引用の意味は、その前後をもう少しつけ加えることによって、いっそう明瞭となるであろう。

呪うべき戦いの門は、
鉄の門と堅いかけ金とを以て閉じられるであろう。
その中で、神をおそれぬ激怒は、
おそるべき武器の上に坐り、
銅の鎖を以て両手を背後から幾重にも縛られ、
血のしたたる口を開けて物すごく叫ぶであろう。

カントは、猛り狂う「戦争」をば国際連盟の檻に入れて、ふたたび平和をおびやかすことがないようにしようと試みた。しかし、折角のその檻は、狂暴な「戦争」を完全に封じ込み得るためには、あまりにも脆弱である。血に飢えた「戦争」は、いつこの檻を破って、ふたたび猛威をたくましうするかも知れない。カントは、そのことを十分に承知していたのである。

しかし、一体なぜその檻は、さように脆弱なのであろうか。もう一つの「世界国家」という堅固な檻は、設計はできても、製造不能であるとすれば、なぜその可能な唯一の檻をもっと強化する工夫をしないのであろうか。否、どうすれば、その脆弱な檻を補強することができるであろうか。外でもない。国際連盟という檻に「実力」の筋金を入れればよいのである。カントは、常備軍の撤廃という予備条項をかかげて、国際平和機構を実力の裏打ちから切り離そうと試みた。カントの構想の脆弱性は、正しくその点にある。現実の世界には、力の裏づけをもたない平和はあり得ない。平和の哲学は、その点を正面から認識し、その弱点を補正することを考慮して行かなければならない。

# 六

法は、法を破る力を否定する。しかし、法は、力そのものを否定してはならない。法が現実に行われ、それによって秩序が維持され、平和が保たれるのは、力の裏打ちをもつからである。力の裏づけをもたない法は、死んだ規範であって、生きた人間共同生活の秩序の原理とはなり得ない。マイトがライトではないが、ライトはマイトと結びつく。法を実力から遮断することによって、平和の基礎を固めようとするのは、はじめから法秩序の本性と相反する方向に問題解決の鍵を求めるものといわざるを得ない。

このことは、法哲学上の一つの公理である。法が実力と結びつくことは、法が秩序の維持という本質的な任務を達成するための不可欠の手段である。

勿論、法は、秩序の維持とならんで、正義を実現するという根本の使命を担っている。法の維持する秩序は、ただ秩序でありさえすればよいというものではなくて、「正しい秩序」でなければならないのである。しかし、何が「正しい」秩序であるかということについては、さまざまな世界観の対立があり、複雑な利害関係の錯綜があって、とうてい何人もが承認するような仕方で問題を決定することはできない。したがって、秩序の正しさについての標準を各人各別の価値判断にまかせて置いたのでは、いつまで経っても議論のはてしがないばかりでなく、かえって秩序の混乱をまねき、平和の破壊を許すことになる。そこで、秩序か正義かのいずれか一つを選ばざるを得ない場合に立ちいたれば、法は、事の正不正は二の次にして、力によって「一つの秩序」を守ることにならざるを得ない。法のそのような態度に対する評価の如何は別問題として、実定法にはさような秩序第一主義の原理が内在しており、その故に実定法がかならず単一の実力の拠点を求めるものであるということは、否定すべからざる事実であろう。

法が、何よりもまず秩序を維持しなければならないという切実な要求にうながされて、法を法として貫き得るだけの実力と結びつく性格を有するということは、多くの識者の認めるところである。しかし、法哲学の立場からその点を特に取上げて、これについての精密な理論構成を試みた学者としては、まず指をラアドブルッフに屈しなければならない。

ラアドブルッフによれば、法の理念は正義であり、正義は平等である。けれども、いかなる平等を正しいとし、いかにして正しい平等を実現すべきかについては、世界観や目的観の相違によって、さまざまな見解が分岐・対立する。それをそのままにして置いては、何よりも大切な秩序を維持することができなくなる。そこで、何が正しいかの問題は二の次として、何を以て法とするかを決定し、その法を実力を以て貫徹し得るところの権威を求める必要が生ずる。法は、かくして、何よりもまず法的安定性を要求するが故に、実力と結びつくのである。それは決して、マイトをライトとする社会学の態度ではない。そうではなくて、それは、法的安定性の理念にもとづいて、実力の決定に法たる権威を認めようとする哲学の態度なのである。すなわち、哲学は、人間の共同生活には何にもまして秩序と平和とがなければならないからこそ、秩序を維持するに足りるだけの実力をもつものに、法的安定を保つ任務を負荷しようとするのである。かくて、ラアドブルッフはいう。「正義は法の最も重要な第二の任務である。しかし、第一のそれは、秩序であり、平和であり、法的安定性である」と。

このことは、国内法についてもいい得るが、この見解の真理性は、国際法において一層大きな切実さを以て認められなければならないであろう。国際社会では、実力から切り離された一切の平和の論議は、机上の空論であり、砂上の楼閣である。もしも平和が、人類の福祉のために何はともあれ守り通さなければならない絶対の価値であり、政治上の最高善であるとするならば、平和の哲学は、まず以て平和を守り通し得るだけの力を求めなければならない。しかも、世界国家を建設し、強大な中央集権を備えた世界政府を確立することが、近い将来の見透しとして不可能であるならば、その力の拠点は現存する国家のどれかに求めるよりほかはない。平和の保障は、カントのいうように、すべての国家の常備軍を撤廃することによってではなく、一つの国家が他の国家の歯の立たぬ強大な武装を備えることによって、はじめて確乎たる基礎を与えられることとなるであろう。

このことは、しかしながら、他のもろもろの国家が、この一つの強大国に屈従し、隷属することを意味するものではない。もしもそれがそうならざるを得ないとするならば、それはその強大国の武力によるところの世界征覇以外の何ものをも意味しないであろう。ゲエテは、「われわれに平安を与える者、それが主である」といった。ラアドブルッフは、この句を引用して、いま述べた秩序第一主義の法哲学の傍証たらしめようとした。けれども、強大な力をもつものが、その力によってわれわれに平安を与えるからといって、それを「主」として推戴するというのは、きわめて封建的な物の考え方である。民主主義の現代では、力をもつ者は、執行権を有し、警察力を備え、内乱鎮圧のための武力をもった政府のように、正に民衆の「公僕」とならなければならない。国際社会にあっても、めぐまれた諸条件の下に卓越した実力を保有する国家は、人類全体の平安と福祉とのために、公正な世界警察たるの役割りを演ずる重大な責任がある。それと同時に、他の国々は、卑屈な弱小国の態度に陥るかわりに、そこに保たれた平和の恵福を受けつつ、経済・文化・思想の方面で、十分にその特色を発揮して行くべきである。それが、国際民主主義の原理である。今後の世界平和は、すくなくとも当分の間は、そのような国際民主主義の線に沿うて支持され、経営されて行くべきであろう。

## 七

しかしながら、さようにして保たれる平和は、ただ平和なるが故に尊いのではない。そこに保たれる平和は、平和そのものの存立をおびやかすような道を極力避けつつ、しかも、できるだけ「正しい秩序」の理想に接近して行かなければならない。

ラアドブルッフは、秩序第一主義の法哲学を説いた。しかし、いかに強大な実力によって支持された秩序といえども、もしも秩序の内容が「正しくない」ものであるならば、決して永続し得ない。なぜならば、「正しくない」法を単なる実力によって強行し、「正しい秩序」を求める多数の声を圧迫するような制度は、やがて「法を破る力」に正義の軍配を譲りわたさざるを得なくなって来るからである。

勿論、何が正しい秩序であるかは、人により、立場によって見るところを異にする。利害は対立し、世界観は抗争する。しかも、神ならぬ人間の判断を以て、抗争する世界観の中のどれか一つを絶対に正しいと審判することは、きわめてむずかしい。その意味で、ラアドブルッフが法哲学上の相対主義に帰著したことは、かれの思想を一貫するすぐれた良識と高貴な謙虚さを示すものといってよい。

しかし、さればといって、何が正しいかについての判断を中止し、実力のおもむくところ、そこに法があると考えて満足するのは、ひたすら秩序を守ろうとして、かえって秩序の破壊を是認することにほかならない。なぜならば、単なる秩序は、それが理非曲直にかかわりなく、ただその立場だけを守り通そうとすれば、やがて実力から見離されるときが来るからである。したがって、勝利は決して常にかならず既存の秩序の側にのみほほえむものではあり得ないからである。して見れば、自己の立場の正しさについての不断の省察をともなわない秩序は、やがて自己自身の足もとに、自己自身の墓穴を掘ることとならざるを得ない。いいかえれば、永続するだけの資格をもつ平和は、不断に「正しさ」にむかって近づいて行こうとする意志と努力と弾力性とを備えた平和でなければならないのである。

なるほど、一定の社会的歴史的具体条件の下で、何が正しいかを決定することがきわめて困難であるのは、ラアドブルッフのいう通りである。しかし、それにもかかわらず、人間共同生活の正しいあり方についての大筋の目標は、昔からはっきりときまっているといってよい。それは、すべての人を人間としてひとしく尊重することであり、結局において「人間の平等」である。すべての人間が、生活のために働き、働いて得たところによって人間らしい生活を営み、仰いで文化の青空を眺める余裕をもつことは、万人の認める正しい社会の理想でなければならない。秩序の名の下にこの理想を無視すれば、その社会の裏面では「革命」が爪をとぐであろう。平和の題目をかかげて、このような正しさへの要求を圧殺しようとすれば、その平和の蔭では「戦争」が銅の鎖を断ち切ろうとして身をもだえるであろう。そうして、ついには「歴史」が、平和を守ろうとする実力と、平和を破ろうとする実力との、かなえの軽重を問うときが来るであろう。

けれども、かようにして、実力によって守られた世界の平和が、公正な配分にむかって動くことを要求する意味は、現存する諸国家の間の縄張りを変更すべきであるということを主張するにあるのではない。

確かに、現在の諸国家の間には、領土の大小や、資源の賦存状態や、その他いろいろな点に大きな不公平があり、不合理が存する。しかし、さればといって、各々の国家がその点をあげつらい、歴史の因縁や地理の関係をもち出して国家間の縄張りを変更しようとするならば、世界の秩序は、かならず収拾すべからざる混乱に陥るに相違ない。古往今来、戦争は常にそのような主張の争いや、そのようないいがかりを導火線として爆発した。故に、国際間の配分関係の是正ということは、いわば国際政治のふるるべからざるタブウである。国際法上のスタトス・クオが重んぜられざるべからざる所以は、そこにある。しかも、それにもかかわらず、スタトス・クオの秩序の中に人間平等の正義への道を求めるということは、いかにして可能であろうか。

それは、平和の哲学が当面する最も困難な問題である。しかし、困難は困難であっても、その道は決して絶無ではない。すなわち、それには政治社会としての国家の縄張りには手をふれないで、その代りに国際経済の流通性を飛躍的に高度化し、「国家間」の配分をではなく、「個人間」の配分を平等の正義に接近せしめるような工夫が凝らさるべきである。言葉をかえていえば、現存の国家単位の世界構造はそのままにして置いて、国際経済の生産を全体的に計画し、その配分ができるだけ全人類に適正に行きわたるように配慮せらるべきである。経済の水は政治の壁を浸徹する。その浸徹力を巧みに利用すれば、国家と国家とをへだてる政治の壁を取りこわさないでも、地球上の全資源と全人力とを活用することによって、全人類の福祉を向上させることは決して不可能ではあるまい。ミレエの「晩鐘」を讃歎する者に対してさえ、その感傷の階級的被規定性を指摘して冷笑をあびせかけようとする「闘争の哲学」に対抗しつつ、理性と正義とにかなった「平和の哲学」の立場を確立する道は、ただそこにのみ見出され得るであろう。

# 数の政治と理の政治

# はしがき

民主政治は「数の政治」である。なぜならば、それは多数決によって運用されるからである。したがって、多数決主義の否定は民主主義の否定に帰著する。しかし、また、民主政治は単なる数の政治ではなく、同時に「理の政治」でなければならない。なぜならば、民主主義は理性にかなった正しい社会秩序の原理でなければならないからである。正しい道理を無視する多数支配は、衆愚政治に堕落する外はない。それでは、民主主義における数の政治と理の政治とを合致させるには、どうすればよいか。

そういう問題に関係して考察した結果を集めたものが、この小著である。五篇のうち四篇までは、すでに雑誌などに載せたものに手を加えて、二度のつとめをさせている。人間平等の正義という一文だけは、新たに書き下したが、それとて格別目新らしい議論ではない。相互の間に重複もあるし、別の拙著の論述をむしかえしているところ——実は、大体この小著に収めた論稿の方を先に書いているのであるが——も、かなり多い。いまさらかようなものを刊行するのは、はなはだ気が引けるが、一まとめにすれば一貫した意味がない訳でもないので、書店の懇請もあり、こうした形で発表することにした。

知性を以て日本の政治の動きを批判しようとせられる方々に、何らか役立つところがあるならば、誠に幸である。

昭和二十三年一月十日　　　　尾高　朝雄

# 法と国民の総意

## 一

故穂積陳重博士は、法の進化をば神意から君意を経て民意にいたる過程として説明しようと試みられた。法の根柢を意志と見る説は古くから行われているが、その意志を誰の意志と考えるかは、国家制度の根本を左右する大きな問題である。西洋でも、古くは法を以て神の意志とする思想が行われた。しかし、法が神の意志であるとしても、神意を捉えて人に伝える者は、結局のところ人間である。したがって、現実の権力者が自己の意志を神意であるとして民衆に示すならば、その権力者の意志がそのまま法として行われることになる。神の意志という神秘の霧がそこから消え失せれば、地上の権力者、すなわち君主の意志が法であるということになる。しかるに、民主主義の発達とともに、君権絶対主義の表現たるこの思想も次第に衰退し、これに代って、国民の意志こそ法の根源でなければならぬという考え方が支配的となるにいたった。故に、故穂積博士は、法の進化とともに法を作る権威は「神より君へ、君より民へ」移って行くと説いたのである（穂積陳重・神権説と民約説、八頁以下）。

かように、法の進化を神意法・君意法・民意法の三段階に分けて説明することは、深い歴史の洞察とはいえないにしても、法の歴史的発展の要を約した説明たることを失わない。ところが、過去の日本では、かかる明白な歴史的事実の叙述すらも、国体に反する法律観として右翼の思想家から攻撃された。

なぜならば、つい最近までのわが国では、天皇の統治権は、神意にもとづき、神勅を奉じて行われるものと考えられていた。すなわち、憲法の根源は神勅にあるとする神意法の観念が、最近世の日本にまで温存されていたのである。しかも、神勅を奉じて統治せられる天皇の意志は、憲法をはじめ一切の法律・命令の淵源であるとされていた。だから、日本では神意法の思想と並んで君意法の観念が存在し、前者が後者をいやが上にも権威づけ、後者が前者を無窮に現実化せしめて行くものと考えられていたのである。これに対して、明治以来、法の中に民意を盛るための立憲制度が設けられはしたけれども、これも国民による「立法協賛」の一方式としてのみ理解され、君意の基礎に民意を置くというような思想を容れる余地は全くなかった。その間にあって、故穂積博士は法の根本観念の推移をば神意から君意へ、君意から民意へ、という図式にあてはめ、しかも、これを一般に法の「進化」の筋道であるとしたのであるから、その説が国体論者の排撃に遭ったのは、けだし怪しむに足りない。

ところが、敗戦を契機とする法観念の急角度の転換は、日本もまた故穂積博士のいわれる法の進化の三段階の法則に対する例外ではあり得ないことを示した。日本の国家制度は、今日になってようやく民意即法の段階に到達したのである。このことを最もよく物語っているものは、いうまでもなく、昭和二一年一一月三日に公布された新憲法である。この憲法の前文には、「日本国民は」「ここに主権が国民に存することを宣言し、この憲法を確定する」とある。主権とは、普通、国家における政治上の最高の権力という意味に解せられる。そうして、この権力の発動する最も重要な場合は、立法の作用である。したがって、主権は法を作る力であり、中でも憲法を制定する権力である。だから、主権が国民にあるということは、いいかえれば、憲法を作るものは国民の意志であるということに外ならない。新憲法は、その前文の冒頭にあたって、この趣意を宣明したのである。これを、君意のみが憲法制定の淵源であることができ、勅命によってのみ憲法改正の審議が開始され得るものとしていた明治憲法の建前と比較すれば、君意法から民意法への変化は一目瞭然である。国民に主権の存する新憲法では、天皇は「日本国の象徴」であり、「日本国民統合の象徴」である。そうして、新憲法の第一条によれば、天皇がかような地位に立たれるということそのことが、「主権の存する日本国民の総意に基く」ものとされているのである。故に、天皇制を含めた日本国家の基本体制の決定は、すべて「国民の総意」に依存することとなった。それが「法の進化」の一般法則にしたがうものであるにせよ。日本としては政治イデオロギイの未曽有の変革たることを失わない。

これは、今度のような徹底した敗戦に際会して、はじめて可能ならしめられ得たところの変革である。無数の貴重な人命を犠牲とし、測り知るべからざる経済上の打撃を受け、多数の国民を死に優る悲運の淵に沈淪せしめた戦争によって、はじめて購い得たものが法のこの「進化」であるとすれば、せめてもこの変革にできるだけ大きな建設的な意味を持たせて行かなければならない。それには、まず、法の淵源を国民の総意に置くことが、いかなる意味で法の「進化」であるかを明らかにしなければならぬ。専制王の専断によって法が作られたり、君意に名を借りて政治の舞台裏で少数者が暗躍したりする組織に比して、公明な国民の輿論を立法の上に反映せしめる制度がはるかに合理的なものであることは、いうまでもない。しかし、さればといって、国民の総意に則りさえすれば、魔法の杖をふるうように良い法と良い政治とが生れるのであろうか。さように簡単に行くものではないとすれば、国民の総意から良い法と良い政治とを生み出すには、いかなる工夫を必要とするであろうか。そもそも一体、「国民の総意」とは何であろうか。そういう点を論究して行かなければならぬ。その意味で、再建日本の政治の根本は、正に「法と国民の総意」の問題にあるということができよう。

## 二

法は正しかるべきものである。正しくない法は、法たるに値しないのである。しかし、実際の世の中には正しくない法がある。法の名の下に圧制が行われることもあるし、人権蹂躙の行政、苛斂誅求の政治も、冠するに法の名を以てすれば、その時代時代には法による政治たることを失わなかったのである。かような正しくない法は、現代にもなお存在しているであろう。マルクス主義の立場からいわしむれば、そもそも法というものが経済上の支配階級の搾取の機構を意味するのである。

しかし、それはともかくとして、法が神意のヴェエルに蔽われていた時代には、神意に名を借りさえすれば、いかなる非違をも行うことができた。君意が神意に代って立法の権威となった場合には、暴君の朝令暮改の命令といえども、違背を許さぬ法として強行せられ得た。あるいは、君主は単なるロボットと化し、側近にあって政治の実権を握った者どもが、名を君意に借りて専断の法を施行し、人民を塗炭の苦しみに陥れたことも、しばしばあった。法は民意によって制定せられなければならないということは、これらの不合理に比してあまりにも明白であり、民意立法の制度の発達が、法をかくのごとき不正から遠ざけるのに大いに役立ったことは、もとよりいうまでもない。神意法から君意法を経て民意法にいたる過程は、法をその本来あるべき正しい姿へ近づけつつあるという意味で、確かに「進化」であるに相違ない。

民意を以て法とするのが正しいという原則には、形式上の正しさと内容上の正しさとの二つの意味が含まれている。

第一に、民意を以て法とすることは、その内容の如何にかかわらず、法定立の「形式」として正しいということができる。

なぜそれが正しいか。なぜならば、この形式の下においてはじめて、法による拘束の生活と人間自由の理念とが両立し得ると考えられるからである。特に、西洋近世にいたって、人間本来の自由が道徳および政治の金科玉条として唱えられるようになって以来、その本来自由なるべき人間が、何故に現実には国法の拘束を受けて生活しなければならないかが、大きな問題として論議された。ルウソオの『社会契約論』の第一篇第一章の冒頭にある有名な言葉は、この問題を最も直截に表明している。いわく、「人間は自由に生れた。しかるに、人間はいたるところで鉄鎖につながれている」と。この問題を解決するものが、民意立法の原則である。なるほど、人間はいたるところで法に拘束されている。もしもその法が国民に対する他律の命令であるならば、この状態は人間本来の自由と決して両立しないであろう。これに反して、国民の意志によって法を定立するならば、いな、さかのぼって国家存立の根拠を国民の合意に求めるならば、国民は自ら国家制度を承認し、しかも、自ら作った法に自ら服従するのであるから、その関係は他律の拘束ではなくて、自律の規制である。自律の規制は自由の理念と矛盾しない。むしろ、人間は、自らの定めた規律を自ら守ることによってのみ、真に道徳的に自由であるということができる。すなわち、国民の意志を立法の根拠とするという「形式」は、自由の理念と矛盾しないが故に正しい。そこに、民意立法を正しいとする第一の意味がある。

しかしながら、民意を以て法とする形式がいかに正しくても、もしもその形式によって作られる法の「内容」が正しくないならば、民意法が最も進歩した法であるとはいえないであろう。また、実際にも、民意によって作られた法が正しくないこともあろうし、明君の欽定した法がそれより正しいこともあり得るであろう。けれども、それは例外であって、原則ではない。民意を法の淵源とすることは、第一に立法の形式として正しいが、第二にはまた、内容上も正しい法を作るための原則でなければならない。

民意を以て制定された法は、なぜ原則として内容上も正しいものであり得るか。なぜならば、国民は常に法の下に生活している。だから、法の是非善悪に最も直接の利害関係を有し、これに最大の関心を寄せている者は、外ならぬ国民自体である。国民にとって、法が正しいか正しくないかは、自己自身の休戚、禍福の岐れ目である。まして、近代の法治国家では、法は裁判の準則であるばかりでなく、一切の行政の規準とされる。生産の方式も、企業の形態も、財産の保護も、租税の率も、営業の取締りも、否、今日では日常生活の消費面さえも、すべて法によって規律されている。したがって、国民自らが直接に、もしくはその代表者を通じて間接に法を作ることになれば、人々は慎重に熟慮して法の内容の正しさを保持しようと力めるに相違ない。一たび定立された法が、時代の変遷とともに新たな事情に適合しなくなれば、これを納得の行くように改正しようと努力するに相違ない。そこが、天降りの法と民意によって作られた法との違う点である。故に、民意による法、特に輿論にもとづいて作られる法は、単に形式の上からばかりでなく、内容上もまた正しい法たるべき公算が最も多いということになる。

しかしながら、民意立法の方法が形式上からいって最も正しい法定立の仕方である、という第一の点は、それでよいとして、国民の意志によって法を作れば、その法は内容上も最も正しい法たり得るという第二の点には、実際問題として多くの疑問がある。

勿論、前にも述べたように、民意による法が神意にもとづく法や君意によって定まる法に比して、合理的に進んだ内容を有するということは、疑いのないところであろう。けれども、それと同時に、今日の国家制度なり国民生活なりは、かつて西洋でも神意法や君意法が行われていた時代に比して、遥かに複雑なものとなって来ている。それにともなって、国民の階層の中に深刻な利害の対立が生じて来ている。したがって、国民の一部が正しいと考える法が、他の一部からは不合理きわまる制度として激しく論難されるという場合が、しばしば起る。まして、どんなに多数の歓迎する措置に対しても、大なり小なり不満・反対の意見を抱く者があるということは、ほとんど例外のないところである。しかも、多数を以て決したことが必ずしも妥当でなく、少数の意見がかえって正しい場合が、決してすくなくない。それ故、民意法が不合理な神意法や封建的な君意法に比してはるかに進歩した法であるとはいい得ても、民意法ならばかならず正しいとは決してかぎらない。いいかえると、民意によって不正・不合理な決定の下される場合も大いにあり得ることを認めなければならない。

それであるから、民主主義の下に「国民の総意」によって法を定立するのが正しいというのは、一つの「理念」なのである。国民の中に反対者があるのに、「国民の総意」を以て事を決するというのは、そもそも理念である。さような国民の総意を以て定立された法は、「常に正しい」と考えるならば、それは、ますます以て理念である。理念は理念なるが故に貴いのであるが、理念は理念なるが故に現実ではない。これを消極面から見れば、それは、国民の間に現存する険しい対立や闘争を強いて蔽いかくすところの一つの「擬制」であるともいえないことはない。理念は、現実をこれに近づけて行こうとする不断の努力の目標としてのみ、貴重な意味を持つ。これに反して、もしも国民が、国民の総意による立法を正しいものたらしめようとする努力を怠り、擬制を現実と取り違えてその上に安住しようとするならば、敗戦を機縁として与えられた徹底した民意立法の形式も、日本の将来にかならず明るい希望を約束するものとはいい得ないであろう。

## 三

国民の総意の問題を考察するにあたって、是非ともふりかえって吟味せねばならぬ古典的な文献は、前にも引用したルウソオの『社会契約論』(J. J. Rousseau : Du Contrat Social, 1762) である。ルウソオの国家理論の中心に位する国民の「総意」(volonté générale) の概念は、決して国民全員一致の意志や国民の多数意志そのものではない。それは、本来、一つの正しい立法意志の「理念」なのである。しかし、理念は理念であって、そのままでは現実にはならない。それでは、いかにして正しかるべき立法意志の理念をキャッチして、これを現実に移すことができるであろうか。これは、正に民主主義の根本問題である。そうして、この問題に対するルウソオの解答には明らかな矛盾が含まれており、それをめぐって全く対蹠的な二つの見解を分岐せしめる契機を蔵している。これは、決して単なる政治学説史の問題ではない。民主主義が民主主義として健全に発達するか、民主主義が急転して独裁主義に変化するかという現実の岐れ道が、その中に潜在しているのである。

ルウソオの社会理論または、国家理論は、自由独立の個人を前提としてそこから出発する。その点では、かれは疑いもなく個人主義者である。しかし、国家生活においては、人間はその生れながらの自由の一部を抛棄して、政府の権力に服し、国家の法の拘束にしたがう。かような国法による自由の拘束は、国家の存立の基礎に国民の合意を予想することによって、はじめて人間本来の自由と両立する。それが、社会契約または国家契約の理論である。ただし、ここにいう国家契約とは、国家のない状態に生活していた人間が、歴史上の或る時期に実際に原始契約を結んで、そこからはじめて国家生活に入ったという「事実」を意味するのではない。ルウソオの国家契約説は、自由な人間がなおかつ国家の拘束の下に生活しているという状態は、国家存立の基礎を国民の合意に求めることによってのみ正当化され得るという「論理」を説いているのである。ルウソオが、「人間は自由に生れた。しかも、人間はいたるところで鉄鎖につながれている」といったあとに、すぐ引きつづいて、「どうしてこういう変化が生じたのか。私はそれを知らない。どうすればこの変化を正当化することができるか。私はこの問いには答え得ると信ずる」(前掲書、第一篇、第一章)、といっているのは、その意味である。故に、ルウソオの理論は国家の正当性の論証である。その点では、かれはまた、明らかな国家主義者であるといわなければならない。

しかも、ルウソオは単に国家の存在を正当視するだけの国家主義者ではない。かれによれば人間が一たび原始契約によって国家の存立を認めた以上、その権力に服従する国民の義務は厳格に履行されなければならない。もしも、国家の命令に服するのも服さないのも国民の自由であるとするならば、社会の秩序は維持され得ず、原始契約は全く無意味となってしまうであろう。さような個人々々の勝手気儘を許すことは、決して真の自由ではない。むしろ、人間は、自らその必要を認めてその構成分子となったところの国家の全体意志に忠実にしたがうことによってのみ、誠の自由人であり得る。さればこそ、ルウソオは、人が生れながらにして自由でありながら、しかもいたるところで法の鉄鎖につながれているのは、決して矛盾ではなく、むしろ正当であると見た。法の拘束が絶対の権威を持てば持つほど、それだけ国民は大きな自由を享有し得ることになると考えた。その点では、ルウソオは一種の国権絶対主義者であったとも見られる。それ故に、デュギイは、ルウソオの理論がヘエゲルの国家全体主義に大なる影響を与え、独裁・専制の思想を鼓吹したことを指摘している（レオン・デュギイ著、堀真琴訳・法と国家・四四頁以下）。一面では、個人主義・自由主義の理論闘士として一七八九年の人権宣言の精神を啓発したといわれるルウソオが、他面では、国権絶対主義・国家全体主義の元祖として独裁政治に有力な根拠を与えたとさえ見られているのは、すこぶる不思議なことである。かような不思議な現象は、一体どうして起ったのであろうか。

その理由は、しかし、むしろきわめて簡単である。ルウソオは、国家権力の基礎をなす国民の「総意」は、「常に正しい」(toujours droite) と考えた。これに対して、国民各個の「特殊意志」(volonté particulière) は特殊の利益のみを目ざすものである。だから、国家がその目的たる公共の利益を実現するためには、個人の特殊意志をば、常に正しい国民の総意の下に完全に従属せしめることが必要である。それは、決して人間の自由を無視したり、否定したりすることにはならない。そもそも国家が存在し、国家の法が行われるというのは、自由人の自由意志の合致にもとづくのである。そうして、国民の生活を拘束するところの国家の法は、国民自らの「総意」によって決定されるのである。故に、個々の国民が国民の総意によって定立された法に忠実にしたがえばしたがうほど、それだけ原始契約の趣旨が尊重され、人間本来の自由が正しく実現せしめられることになるというのが、ルウソオの信念だったのである。そこでは、国民の総意は「常に正しい」ということが根本の前提となっている。この根本前提が認められるかぎり、ルウソオにおいて自由主義と国権絶対主義とが両立し得たのは、怪しむに足りないといわなければならない。

しかしながら、真に困難な問題は、実はそれから後に起って来る。それは、すなわち、どうすれば「常に正しい」国民の総意を現実にキャッチすることができるか、という問題である。国民の総意を構成するために、普通に用いられる方法は、多数決である。ところが、ルウソオは、『社会契約論』の或る場所では多数決原理を否定しているように見える。しかも、他の場所では、結局のところ多数決原理を認めている。多数決によって立法意志を構成するのは、民主主義の政治原理である。これに反して、多数の決するところが必ずしも正しくないという点に着眼し、達識明察の傑人をして総意を把握せしむべしということになると、その理論は独裁主義になる。この点で、ルウソオの学説は明らかに岐路に迷っている。ルウソオの思想から二つの正反対の結論が生れて来る所以も、またそこに存するのである。

くりかえしていうならば、ルウソオによれば、ルウソオの考えた国民の「総意」は常に正しい意志である。それでは、「正しい」とは一体何を意味するか。ルウソオによれば、「公共の福祉」(bien commun)を実現することが正しいのである。公共の福祉は立法の窮極の目標であり、国家の最高の目的である。公共の福祉ということを更に具体的に分析すれば、各人の「自由」と「平等」とに帰着する(前掲書、第二篇第十一章)。国民の総意は、常にかような公共の福祉を目ざしている。だから、それは常に正しいのである。これに反して、個人の特殊意志は特殊の立場からの利害だけを考慮するから、特殊意志が国民の総意を侵犯すれば、その結果として不正・邪悪が行われることになる。したがって、よしんば国民すべての意志が一致したとしても、もしもそれが特殊意志の合計に過ぎぬならば、それは決して国民の総意であるとはいい得ない。かように、ルウソオは国民の「総意」(volonté générale)と国民の「すべての意志」(volonté de tous)とを明確に区別する。すなわち、「すべての意志と総意との間には往々にして大きな相違がある。総意は公共の利益のみを考慮する。すべての意志は私の利益を考慮する。したがって、それは特殊意志の合計にすぎない」(第二篇第三章)。ここにルウソオのいう国民すべての意志は、国民集会における満場一致の意志である。満場一致の意志ですらかならずしも正しい意志ではなく、したがって常に正しい国民の総意とかならずしも一致しないとするならば、単なる多数の意志が、ますます以て総意と一致しない場合が多いことは、当然といわなければならない。だから、ここでは、ルウソオは多数決原理を否定していると見なければならない。さればこそ、ルウソオの思想には、民主主義を否定する指導者原理や独裁主義へ発展すべき契機が包蔵されているといわれるのである。

しかも、それにもかかわらず、ルウソオは、他の場所では多数決原理を肯定している。それは、かれが直接民主制の投票について論じている場所である。

広く知られている通り、ルウソオは、国民の主権は代表され得ないという理由から、国民代表制度を認めなかった。したがって、民主主義者としてのルウソオは、国民投票によって総意を把握すべしとするところの直接民主主義者であった。ところで、この投票について述べているところでは、かれは全員一致を理想としている。国民の集会が円満に運び、投票が満場一致に近づけば近づくほど、それだけ総意が優越的となるといっている。もっとも、それは、国民の自由の精神が完全に保持されている場合であって、反対の場合、すなわち、国民の自由が失われ、奴隷状態に堕落している場合に現れる満場一致は、およそ不健全な迎合精神の合致にすぎない。すなわち、権力者に対する「恐怖と阿諛とがその投票を変じて喝采となし、人々は討議をせずにただ崇拝するか呪詛するかだけである」(第四篇、第二章)。これは、天才にしてはじめて下し得る痛烈な批判である。ルウソオの天才は、二百年後のナチス・ドイツ国民のヒトラアに対する歓呼や日本の戦時議会における「翼賛」の本質を、掌の物を指すがごとくに洞察していたように見える。だから、満場一致は必ずしも歓迎すべきものとはかぎらない。また、国民の自由の精神が健全である場合には、満場一致は容易に求められない。ルウソオによれば全員一致が必要なのは、国家存立の基礎たる原始契約だけである。人々は、この根本の合意によって、自分が反対したにもかかわらず通過した法にも服従すべきことを約束しているのである。したがって、国家の法を制定する場合には、全員一致でなくても少しも差しつかえない。「原始契約の場合を除いては、多数人の投票は常にその他のすべての人々を拘束する」(第四篇第二章)。これは、明らかに多数決原理の肯定である。ルウソオは、国民代表制度を否定する直接民主主義者ではあったが、しかし、多数決によって立法意志を決定することを建前とする民主主義者であった。かれは、一方では、国民すべての意志ですら必ずしも国民の総意ではないといいながら、他方では、多数の決するところを以て国民の総意とすべきであると説いた。そこに、その思想に含まれた蔽うべからざる矛盾があるといわなければならない。

かような矛盾はどうして生じたか。

それは、結局において「理念」と「現実」との間の矛盾なのである。ルウソオのいう国民の総意は常に正しかるべき立法意志の理念である。国民の総意が「常に正しい」立法意志である以上、多数の意志も、否、全員の一致した意志も、かならずしも国民の総意といい得ないのは当然である。なぜならば、現実の人間の意志は、それがどういう方式で形成されたものであるにせよ、常に正しいとはいいえないからである。しかしながら、それにもかかわらず、現実には何らかの仕方で国家の立法意志を決定しなければならない。それには、他に適当な方法がない以上、多数決を以て立法意志を作り上げて行くより外はない。それが民意立法の現実である。この方法をも否定して、あくまでも正しかるべき法の理念を貫くのが本当であろうか。一人の洞察するところといえども、それが正しければこれを法とするという方針を採るべきであろうか。しかしその結果は、よく行けば賢人政治になるが、悪く行けば専横政治に堕する。この危険を避けて、多数の意志を立法意志とするのがよいか。それによれば、民主政治は往々にして衆愚政治と化するであろう。

古人は岐路を見て泣いたという。左すべきか右すべきかを定め難いからである。ルウソオは、民意立法の当面する岐路を岐路のままに残した。政治哲学はこの岐路を岐路のままに残すことができても、現実の政治はその中のいずれか一方の道を進まなければならない。しかも、一方の道を進めば、かならずそれにともなうことを免れないところの弊害に対して、予防・矯正の方法を講じて置かなければならないのである。

## 四

多数決原理によって運用される民主政治の常道を選んだ場合に、それにともなう弊害は、多数の支持する謬見が少数の良識を圧倒するということである。国民代表の議会制度の下では、それはいわゆる多数党の横暴となって現れる。議会における多数党は、国民全体に較べればきわめて少数の代議士の群にすぎない。故に、もしも議会が国民の希望や期待から遊離して行動するようになると、多数党の横暴は少数者によって民意を蹂躙する寡頭政治になる。代議制度に対するルウソオの批判は、正にその点を衝いたものである。ルウソオによれば、自他ともに自由の国民を以て許すところのイギリス人も、代議制度を採っているが故に、決して真の自由の国民ではない。イギリス国民が自由の国民であるのは、総選挙のときだけであって、選挙が終ってしまえば、かれらは奴隷と化するという（第三篇第十五章）。これは極論であるが、議会を通じて行われる間接民主主義には、大なり小なりこうした弊害がともなう。さりとて、代議制度によらない直接民主主義は、小規模な都市国家のような場合を除いては、実際には仲々円滑に行われ難い。だから、現実の民主国家の大部分では、やはり議会中心の間接民主主義が採用されている。しかるに、議会中心の民主政治で議会が国民から遊離すれば、国民の議会に対する信頼が失われる。まして、議会が政争の修羅場と化し、醜い泥試合に浮身をやつすようになると、政局は安定せず、政治の機動性は失われ、国家の統一も脆弱となる。すべてのそうした悪材料を並べて民主政治を批判する結果として、人心は指導者原理に傾き、強化された執行権の下での賢人政治を待望するようになるのである。

由来、賢人支配を以て政治の理想とする思想は、東西を通じてその例に乏しくない。中でも、最も深遠な哲学と高貴な精神とを以てこれを説いたのは、いうまでもなくプラトンである。プラトンの説いた哲人支配の真精神は、かれの理想国家論の中でも最も有名な、洞窟の比喩によって直截に表現されている。生れたときから手足や首を縛られたまま洞窟の奥壁にむかって坐し、ふりかえって洞口の表を横切って過ぎ行く事物の真相を見ることのできない人々は、奥壁に映ずる事物の影を眺めて、これを真の実在と思い込んでいる。それと同じく、肉体の洞窟に幽閉されている世俗一般人の精神は、感覚の壁に映る物の形を見て、これに迷い、これに捉われ、これへの慾情に執著している。しかるに、たまたま少数の選ばれた人々がその縄目を脱し、洞窟の外に出て光明を仰ぎ、事物の真相を直視するならば、かれらは、洞窟の中にある同胞たちがいかに恐るべき迷妄に捉われているかを如実に知るであろう。真理を窮め、正義を洞察する哲人の叡智と、物質に憧れ、慾望に支配されている俗人の妄想との間には、かように大きなへだたりがある。しかも、一たび常住絶対の真理を洞察し得た哲人は、煩悩のきずなに縛られている大衆を救おうがために、光明燦然たるイデアの世界から、ふたたび誤謬と邪悪とに満ちた現実世界に戻って、迷える世人を教化、指導し、現世の姿を一歩々々と理想に近づけようと努力してやまないであろう。人間霊魂の救済と浄化とは、かかる哲人の指導をば絶対の政治力たらしめるような国家組織の下において、はじめて可能となる。それが、プラトンの哲人政治の構想である。そうして、それは、衆愚支配に堕落していた当時のアテナイの民主政治に対する痛烈な批判でもあった。

このプラトンの構想は、政治の理想としては一つの極致を説いたものであるといわれる。しかし、それがそうであるとしても、理想の極致は理想の極致であるが故に、政治の現実とはおよそ縁遠いものとならざるを得ない。この理想を現実化しようとすれば、達識明察の人に統治の絶対権を与える指導者政治となる。ところで、かような達識明察の指導者をいかにして選ぶか。もしもこれを国民の投票の多数によって決定するということになれば、その哲人政治はもはや純粋の哲人政治ではなく、多数決原理を地盤とする哲人政治となるであろう。しかるに、哲人政治の理念は、もともと衆愚支配となり易いところの多数決原理に対する不信から出発したのである。それにもかかわらず、哲人政治の前提たる哲人の選任を民主主義的な選挙によって行うというのは、この理念の陥る自己撞著に外ならない。統治者たる哲人を前任者の指名によって決定するとしても、最初の哲人政治家はやはり国民の選挙によるの外はない。選挙によらないで、神の命ずるところによって哲人支配が定まるというならば、それは神権政治である。神の選んだ支配者が世襲して君臨するというならば、それは君権政治である。かくして、民意から神意または君意への逆行が行われることとならざるを得ない。

かように、哲人政治の理想を現実に移そうとする場合、最も問題となるのは、いかにして哲人を選ぶかにある。しかし、その点は一歩を譲り、仮りに何らかの方法によって真の達識明察の人を選び、これに政治の全権を委ねることができたとしても、人間が絶対権を掌握する地位に永くとどまるときは、そこにかならず腐敗が生ずる。権力は魅力であり、魔力である。久米の仙人は、若い女の白い脛を見てそぞろ心を起したために、神通力を失って、雲から落ちた。国民の輿望を担う政治の天才といえども、権力を見て心を動かすときは、やがて久米の仙人のように理想の雲から落ちるであろう。よしんば、最高の権力者はこの誘惑を斥けたとしても、独裁者を中心として形成される寡頭政府の内部には、権力を私しようとする傾向が現れることを免れ難い。政治方針の決定に関する秘密主義、側近者や下級指導者の任免に関する情実、等は、私利や権勢慾や派閥などの罪悪を醗酵せしめる絶好の温床である。更に、仮りに数歩を譲って、これらの弊害をともなわない明朗な独裁政治の行われることがあり得るとしても、単一人または少数者の政治上の判断にはどうしても誤算が起る。明敏神のごとしと仰がれる指導者も、実は神ならぬ人間である以上、全く過誤を犯す危険がないということは、決してあり得ない。過誤を犯せば、糊塗が行われる。あるいは、人心転換のための無理な政策が採られる。なぜならば、独裁政治の弱味は成功にある。次々に華々しい成功が収められて行くことによって、独裁者は人間から神にまで崇め高められる。したがって、失敗の跡を民衆に見せてはならないというのが、独裁主義の定石である。しかし、無理を重ねれば、破綻は増大する。これを隠蔽しようとすれば、明るい政治も秘密政治となる。かくて、政府部内の相剋、責任のなすり合い、虚欺、弾圧、等の悪徳を重ねつつ、行きつくべき破局にまで駆り立てられて行く外はない。

だから、古来、独裁主義は決して政治の常態ではあり得ないとされるのである。危機を克服するために、一時、独裁権力の発動を必要とする場合があっても、それはあくまでも過渡的な措置であって、それをそのままに固定させてはならないといわれるのである。賢明な共和制時代のロオマ人は、緊急の事態に対処するための独裁制の必要を認めつつ、原則としてこれをきわめて短い期間にかぎった。確かに、独裁政治には徹底性とか機動性とかいうような、民主政治とは対蹠的な長所がある。よく行けば非常によいというのが、一人支配の特色である。しかし、独裁主義は、失敗すればそれまでである。民衆が、かつては神と仰いだ独裁者に対して、残忍な腹いせの私刑を加える時が来る。その意味で、独裁主義は一か八かの投機的な政治原理である。世界各国の現実政治が、色々な歴史の経験を経た上で、しかも、民主政治の弊害も充分に知悉した上で、やはり民主主義を最良の政治原理とする結論に帰著しつつあるのは、投機はついにスロオ・バット・ステディイの道に及ばないがために外ならない。

かような独裁政治が最も重大な結果を招くのは、外交の場面においてである。独裁主義によるピラミッド型の国民組織は、国家の力を最高度に発揮するに適しているといわれる。だから戦争の危機が国家の政治を独裁形態に導くというのであるが、実は、国家の政治形態の独裁化が戦争の危機を作り出すのである。独裁政治ほど華々しい成功を必要とするものはない。しかるに、華々しい成功の最大なるものは、戦勝である。しかも、戦争という口実ほど独裁制の強化に都合のよいものはない。危機を名として対内の政治力を強化し、強化した政治力によって対外の戦勝をかち得ようというのは、独裁主義のもくろむ一石二鳥の大投機である。故に、平和と独裁制とは倶に天を戴かざる仇敵概念である。カントが、永久平和のための確定条項の第一として、各国が「共和的」(republikanisch) な政治組織を持つことという条項を掲げているのは、その意味に外ならない。カントのいう「共和的」は、民意によって定立した法を権力行使の規準とするということであって、今日ではむしろ「民主的」(demokratisch) という言葉がそれにあたる。したがって、カントの用語では、君主国家といえども充分に「共和的」であり得るのである。すなわち、カントは、君主国であれ、共和国であれ、国民が直接に政治に関与し得るような組織を持つことが、平和の条件であると説いたのである (永久平和論、第二篇、永久平和のための第一の確定条項)。このことは、今日の世界のひとしく認めるところであろう。ブライスは、その名著『現代民主政治論』の中で、現代の民主主義が国際政治上これまでいかなる誤ちを犯したとしても、独裁的寡頭的な組織によって犯された過ちは、それよりも更に許しがたいものであり、人類の平和と進歩とを阻害することが一層大であった、といっている (Bryce : Modern Democracies, vol. II, p. 383)。この言葉の真理性が今日ほど深く人の胸を打つときはないであろう。また、この言葉の真理性がふたたび深い悔恨を以て人の胸を打つ日を迎えるときがあってはならないと、誰しもが思うであろう。

それであるから、民主主義による「数」の支配がいかに欠陥をともなうにしても、今後の法と政治の根本原理を民主主義の理念から逸脱させてはならない。プラトンによって掲げられたような哲人政治の理想がいかに崇高に見えても、それによって独裁主義の誘惑に陥ってはならない。ドイツのナチズムは、或る意味でプラトンの理想国家を範としたものであった。ナチスの学者は、民主主義をば「猜疑の政治」として非難し、民族社会主義の指導者国家の組織をば「信頼の政治」として自讃した。そうして、超個人的な民族の全体意志は多数決によって把握されるものではなく、ひとりただ、最高指導者の意志決定の中にのみ具現せられ得ると説いた。それは、全員一致の意志も必ずしも国民の総意とは合致しないというルソオの理論と、或る関連を持っている。しかし、その指導者政治の惨澹たる末路は、われわれの現にこの目で見た通りである。更に、ナチス・ドイツを摸した日本の軍部独裁制がいかなる悲劇を生んだかは、日本国民が今日名状し得ぬ痛恨とともに体験しつつある通りである。ルウソオによって示された岐路のうち、多数決原理否定の道は奈落の深淵に通じている。残されたただ一つの道は、多数によって運用される民主政治の常道を、その枠から逸脱させずに、できるだけプラトン的な「理」の統治に近づけて行くことに求められなければならない。

# 五

「国民の総意」は常に正しかるべき立法意志の理念である。しかも、それを現実にキャッチするには、多数決による外はない。しかし、多数決によって構成された国民の総意は、往々にして正しかるべき法の理念とは逆の方向を目ざすことがある。そうした結果を防ぐには、どうすればよいか。民主主義の「数」の支配は、いかにすれば哲人主義の理想とするような「理」の統治に近づき得るか。

これは、きわめて困難な問題である。プラトンが匙を投げ、ルウソオが岐路に迷い、ヒトラアが憤然丸めて紙屑籠に投げ棄てたところの政治哲学の難問である。しかし、この問題を解決するための根本の方法は、方法そのものとしてはすこぶる簡単である。外でもない。多数を構成する「数」の質を向上させることである。いいかえると、国民ができるだけ高い知性と良心とを以て立法と国政とに参与するようになること、そうして、それによって、「数」の支配の形式を破壊することなしに、その内容を「理」の統治に近づけて行くこと、これである。つまり、解決の根本方法は、国民の政治良識の向上ということに帰着する。

勿論、国内および国外の関係がきわめて複雑となって来ている今日では、国民のすべてがいかに高い理性と良心とを以て行動しても、法や政治についての意見は容易に帰一点を求め難いであろう。むしろ国民の判断が良心的であればあるほど、見解の対立はいよいよ深刻となり、対立する信念と信念との間の論争はますます活潑となるであろう。しかし、活潑に意見を闘わせ、率直に信念を主張し合ったのちに、多数決を以て方針を決定し、すでに決定を見た上は、少数意見の者も虚心坦懐これにしたがうというのが、民主主義の政治道徳である。その場合、多数意見が実は間違っていて、少数意見の方が正しいこともあるであろう。のちになってそうとわかれば、次には少数意見が多数の支持するところとなるであろう。多数決の結果は必ずしも正しいとはかぎらないが、正しくない結果は公明に修正し、過って改むるに憚ることのない態度を以てすすみ得るところに、民主政治の強みがある。諺にも「三人寄れば文殊の智慧」という。多数の眼を以て一つの国事を上下・前後・左右から検討し、その結果として下された断定には、少数の反対意見の者も服従しつつ、これに対する批判の眼だけは決して曇らせないようにするという態度こそ、民主政治の要訣である。「数」の決定を「理」の決定に近づけて行く根本の前提は、かかって、国民の政治文化水準をばかような態度にまで向上せしめることに存する。

更に、国民の政治文化水準の向上は、国民の代表者にその人を得るための不可欠の要件である。今日多くの国々で行われている間接民主政治では、国民投票によって国事を直接に決定する機会は、憲法の改正のような特別の場合にのみかぎられるのを常とする。したがって、立法の作用も法の執行の作用も、その多くは国民を代表する機関によって取りあつかわれ、国民は主としてそれらの国民代表者、特に議会の議員を選ぶという仕事をすることになる。これらの代表者は、精神においては飽くまでも国民の公僕であらねばならぬ。しかしながら、事実上は、議会にせよ、政府にせよ、立法権または執行権を行使することによって、国民を統制・指導する立場に立つ。統制と指導とは、いかなる民主主義の下においても、国家活動の統一と秩序とを保つための不可欠の要件である。それは、民主主義の中での指導者原理である。そうして、ブライスのいう通りに、かような間接民主主義の運用にあたって最も重要であり、かつ最も困難なのは、よい指導者を選ぶということである（前掲書、第二巻、五五一頁）。しかも、この点でも、国民が理性と責任とを以て自己の代表者の選出にあたるならば、問題の困難さの大部分は除去され得たことになるであろう。国民は、明敏達識であって責任感の強烈な人物を選び、それらの代表者の施策が支持に値するかぎり支持すると同時に、その行動を公明な輿論を以て批判することを怠らないならば、議会の決定には自らにして権威が生じ、政府の執行権も必要に応じて強化することができる。政府の弱体性とか議会の不安定性とかいうような、民主政治にあり勝ちな弊害も、これによって充分に防止され得ることとなるであろう。

しかしながら、国民の政治的素質を向上せしめ、「数」の要素を「理」の要素と合致させるということは、方法としては簡単明瞭であるが、これを実際に行って効果を挙げるのは、容易なことでない。特に、政治道徳が低調であり、国民が政治的訓練に欠け、政治に対する自発に乏しい現代日本の場合には、一朝一夕に民主政治の健全な発達を望むことはできない。そこで、考えられ得るのは、国民代表制度の中に、「数」の要素と「理」の要素とが或る点まで区別して盛り上げられて行くようにするという方法である。

国民代表制度の中心をなすものは、いうまでもなく議会である。日本では、議会は前から二院制であったし、新憲法でも衆議院と参議院との二院制が採用されている。かような二院制の場合には、両院にそれぞれ特色を持たせる必要がある。国民平等の趣旨が徹底した今日、貴族院というものが解消したのは当然であるが、それに代る参議院には、職能代表的な色彩を賦与するのがよいということが論議された。しかし、それも、選挙法を適当に規定することがむずかしいために、結局、参議院も衆議院も大した違いのない方式で選挙が行われるように定められた。これに対しては、それならば参議院は無用の長物であり、衆議院一本に還元すべきである、という一院制論がある。しかし、一院制にすると、議会での政党の対立があまりに露骨になって、民主主義における「数」の政治の弊害が強く現れるおそれがある。民主政治は、言論・結社の自由を以て建前とするから、政見の相違によっていくつかの政党ができるのは当然であり、その間の批判・論争・協調によって国政を運用することになるのが常道である。けれども、多数が物をいう政党政治では、ややもすれば、数の獲得のためには手段を選ばないという浅ましい葛藤がくりかえされることになり易い。この傾向は、それが免れ難い場合にも、絶対に衆議院だけに限定するようにしなければならない。そうして、参議院には、高度の知性を備えた知識人・文化人の代表者をなるべく多数に送って、これを「理」の政治の中枢となし、それによって衆議院の「数」の政治とのバランスを保つようにすることが望ましい。これは、選挙法を改正しないでも、国民の心がけ一つで、慣習的に実現し得ることである。そうした参議院の慣習的な性格づけができれば、多数によって運用される民主主義の弊害の防止に役立つところがすくなくないであろう。

そういったからといって、もとより、衆議院の構成や議事の決定を単なる「数」に委ねて置いてよいという訳ではない。衆議院の議員も理性によって選ばるべきであり、その議決も理性的な判断にもとづいて行わるべきである。また、参議院も公選による公論討議の国民代表機関である以上、議員の選任や議事の決定にあたって数が最後の物をいうことは、いうまでもない。

しかし、衆議院では、政争が熾烈に深刻に行われるために、どうしても理性以外の、もしくは理性以下の要素が理性を圧倒することになり易い。これに対して、高い叡智を以て客観公正な政治の目標を堅持して変らないという役割を演ずるものがあるとすれば、それは参議院を措いて外にはない。それには、第一に、参議院が、国民の最高度の良識を代表するような議員で満たされることが、先決問題である。第二に、参議院がそれだけの高い理性内容をもつようになったとして、現在の憲法の規定するその権限は、衆議院に比して弱きに過ぎる。勿論、法律の制定や予算の決定や内閣総理大臣の指名については、衆議院が優位に立つのは当然である。しかし、その代りに、新たに法令審査という重大な権限をもつことになった最高裁判所の人事や、今後の日本の運命に至大な関係を有する国際条約の締結などに関しては、参議院の理性に大きな発言権を与えるような工夫がなさるべきであろう。新憲法の下に発足したばかりの国会の動向、特に衆議院での審議の有様は、早くも日本の民主政治の前途に暗影を投げかけている。この際、参議院の制度をもう一度反省して、実質上および形式上これに重い理性的な権威を与えることは、国民が真剣に、速やかに、しかも自主的に考慮すべき問題であると思われる。

# 自然法と民主主義

## 一

敗戦の結果として、日本の政治形態は民主主義の方向に急転回を遂げることとなった。この方向転換は、これからの日本が国家として生きてゆく唯一の道である。しかも、軍国日本を完膚なきまでに粉砕した連合国は、決して戦争に用いたと同じ鉄の鞭をもって日本をこの道に追い込んで行こうとしているのではない。連合国は、とくにアメリカは、それが日本のための唯一の正しい政治の筋道であると考えて、日本の民主主義化を要求しているのである。非民主主義的な政治によってとりかえしのつかぬ惨澹たる運命に陥った日本国民もまた、民主主義のみが唯一の正しい政治のあり方であることを今更に痛感して、進んでこの線に沿いつつ、国家の改造を成し遂げつつある。

しかし、一口に民主主義といっても、その原理は非常に間口の広いものであるし、かつ、永い歴史的の紆余曲折を経て今日に及んでいる。したがって、広い間口のどこでこれを捉え、歴史上のどの時代に現れた形態をその範型とするかによって、民主主義に対する理解もかなり違ったものとなって来る。

現にファッシズムの横行していた国々では、独裁者に対する国民の狂信的な感情をば、「日々にくりかえされる国民投票」であるとなし、独裁主義をもって最高の民主主義とするものがあった。それが強弁・曲解であることは、もとよりいうまでもない。他方、また、マルクス主義の理論家は、フランス革命によって確立された第十八世紀的の民主主義が、ブルジョアジイの利益のみを一方的に擁護して、プロレタリアアトに対するその階級支配の牙城を構築するにいたったことを痛烈に攻撃し、革命によってプロレタリアアトをこの経済的支配の鉄鎖から解放しようとする共産主義のみが、真の民主主義の名に値するものであると主張する。しかし民主主義は「人民のための政治」ではあるが、ただ広く国民大衆の福祉を目ざすというだけで、民主主義が完全であるとはいえない。民主主義の本質は、色々な立場の主張を自由にたたかわせた上で、その中のいずれを採るかを多数決に委ねる点にある。故に、多数決を否定する政治の原理は、いかに徹底して人間平等の利益を図ろうとするものであっても、誠の民主主義であるということはできない。しかるに、マルクス―レエニンの線に沿う本格の共産主義は、革命によってブルジョアジイの階級支配を倒したのちの政治形態をば、「プロレタリアアトの独裁」に求める。そこまで突きすすんだ共産主義は、必然に政党の分岐と多数決原理との否定に帰著するから、これを民主主義の一類型に数えることはできない。

しかも、民主主義の間口が広がって行くのは、かように本質上民主主義から明らかに区別せらるべき政治動向が、自ら称して民主主義というためばかりではない。多数決原理の枠を厳守する正規の民主主義の内容も、歴史とともに幅の広い動きを見せて来ているのである。

例えば、第十八世紀から第十九世紀の半ば頃にかけての民主主義は、経済上の自由主義と不可分に結びついたものであった。その頃の政治思想は、すべての人間の「法的」に平等な生活条件を保障することを眼目とし、この平等な法的条件の下で行われる実際の生活経営は、できるだけ各人の自由に委ねるべきであるとなした。そうして、この個人の自由な生活経営に国家の権力が干渉や拘束を加えることは、最小限度にとどめられなければならないと考えた。その結果、無制限の自由競争が行われ、資本の力を有する者の立場が幾何級数的に有利となり、自由と平等の形式の下に経済上の弱者に対する強圧が加えられた。これに反して、現代の民主主義の下では、高度に社会化された経済政策を行うことが可能であるし、また、それが必要となって来ている。もとより、民主主義が個人の自由と人間の平等とを重んずることには、昔も今も変りない。しかし、自由の尊重は国法の拘束の強化と矛盾するものではない。むしろ、人間の経済的平等を図るには、国法による自由経済の強い規制が必要となって来たのである。しかるに、今なお、民主主義といえば、第十八世紀的な単純な自由・民主主義であると速断するものがあるならば、その焦点の合せ方は、明らかに時代錯誤であるといわなければならない。

民主主義とは、かように幅の広い概念である。しかも、人は、今日口を開けば民主主義といい、民主化と叫ぶ。民主的という言葉は、正しいということの代名詞のごとくに用いられている。前に述べたように、ファッショ陣営の論者すらもがこの代名詞を用いて、その強引な政治に「正しさ」の粉飾を施そうと試みたほどなのである。

かくのごとくに、民主主義といえば正しい政治の原理として通用するように考えられているということは、民主主義が「自然法」としての性格をもつものであることを物語っている。自然法とは、自然の人間性に適った正しい生活秩序の意味である。しかも、他にいくつもある正しい生活秩序のなかの一つであるというのではなく、人間が人間らしく生活するための唯一の正しい生活秩序と考えられるものである。民主主義でなければ正しい政治はあり得ず、正しい生活秩序は保たれ得ないとすれば、民主主義は正に国家組織における自然法に外ならないということができよう。

民主主義は、「人民の、人民による、人民のための政治」であるといわれる。日本の新憲法も、この趣旨を前文の中に表明して、国政の権威は国民に由来し、国政の権力は国民の代表者がこれを行使し、国政のもたらす福利は国民がこれを享受するといい、かつ、それが「人類普遍の原理」であることを認めている。国家秩序における「人類普遍の原理」であるというのは、すなわち、それが自然法であるという宣言に外ならない。民主主義は、日本の新憲法の中に、正に自然法としての威厳を以て登場しているのである。

それにもかかわらず、民主主義が幅の広い概念であることには、依然として変りはない。幅が広いというのは、そのなかにいろいろな内容が盛られ得るということである。水は方円の器にしたがうというが、民主主義もまた必ずしも定形がないのである。そのなかのある一つの型のみが正しいとするならば、これに適わぬ型は、名は民主主義であっても、実は不当な政治形態であり、悪しき法秩序であるといわなければならないであろう。けれども、ある時代に正しいと認められた政治の方針も、他の時代には不適当となってしまうことが多い。また、その逆の場合も同様にすくなくない。否、同一の時代においても、いくつかある政治方針のいずれが最も適当であるかは、実際にやってみない間は不明なことが多いのである。民主主義はこの事実を素直に認める。そうして、相異なるいろいろな政治上の主義主張をば、いずれも正しかるべき可能性をもつものとして包容する。民主主義が政党の分岐・対立を認め、多数決によって対立する政策の中の一つを採ろうとするのは、そのためである。その態度は、自然法的ではなくて、むしろ相対主義的である。かくて、自然法としての一面をもつところの民主主義は、その反面ではまた、自然法を否定する相対主義の性格をも有することが知られる。

それのみが正しい政治形態であるという自然法的性格と、相異なる政治上の組織や方針のいずれにも正しかるべき可能性を認めるという相対主義的性格とを併せもつことは、民主主義の本質に内在する大きな矛盾である。これは、この政治形態の永い歴史的発達過程がしからしめたところの特色であって、民主主義の運用の妙は、この矛盾した性格をいかに調和せしめるかに存するのである。それと同時に、一たび運用を謬れば、この矛盾は民主主義の大きな欠陥となって現れる場合があることを忘れてはならない。したがって、この側面から民主主義の本質への理解を深めて置くことは、西洋諸国の経て来たような体験過程なしに、一つの既成品としてこの政治形態を受け容れようとしている日本国民にとっては、特に重要な心構えであるといわなければならない。

# 二

思想史的にみるならば、近世の民主主義は啓蒙的自然法の理念から生れた。近世啓蒙時代の政治思想によれば、人間は生れながらにして自由であり、何人もが平等に幸福な生活を追求する権利を有する。それは、人間自然の本性に適った状態である。したがって、この状態はそれ自身一つの自然法である。かような自然法上の自由と権利とは、正しい政治機構によって保全せられなければならない。しかるに、民主主義こそかような正しい政治機構である。したがって、民主主義そのものもまた一つの自然法である。そこで、現実の国家組織をばできるだけこの自然法に合致したものたらしめようというのが、イギリスの立憲制度発達の目標であり、アメリカ合衆国独立の精神であり、さらにフランス革命の指導理念に外ならなかった。

ところが、民主主義を自然法であるとする観念は、その後の社会事情の変化と民主制度の運用の経験とによって、著しく動揺をきたした。

なるほど、フランス革命によって代表される民主革命は、封建制度の鉄鎖につながれていた人々に政治上の自由を与え、法的な自由を保障したに相違ない。しかし、政治上の解放は、かならずしもすべての人々に均しく現実の自由を与えたわけではない。とくに、法的な自由は、かえって経済上の優者に過当の支配力を賦与し、無産階級をば資本主義経済組織の鉄鎖につなぐという結果をもたらした。いいかえると、フランス革命は第三階級の解放であったにすぎず、第三階級の解放は、かえって無産第四階級に経済上の重圧を加えるものであるという非難の声が起った。その結果として、さらに第四階級の解放を目指す社会主義革命の必要が叫ばれ、経済上の自由主義と不可分に結びついたブルジョワ・デモクラシイに対する社会民主主義の勃興をうながした。かように、民主主義の理念が分裂するとともに、民主主義そのものの絶対性も動揺し、その自然法的性格は否定され、民主主義もまた、歴史とともに変化する実定法上の一制度に過ぎないと考えられるようになって行ったのである。

それと並んで、民主制度の運用の技術についても重要な疑問が生じ、この制度が必ずしも完璧な自由の牙城ではありえないことが反省せられなければならなかった。

民主主義の運用上最も問題となるのは、国民代表の機構たる議会制度である。民主主義の建前では、法はすべて国民の意志によって作られなければならぬ。そうして、政治はすべて、国民の意志によって作られた法を通じて行われなければならぬ。そこに、国民の自由があり、自主があり、自律が存するのである。しかし、国民の意志によって直接にすべての法を作るという方式――直接民主主義――を行うことは、大規模な近代国家では技術上大きな困難がともなう。また、複雑な立法問題の決定を、法について素人の多い国民の直接の投票に委ねるのは、実際の結果から見て不適当な場合が多い。そこで、国民を代表する議会を設け、議会が民意を間接に反映せしめつつ立法の衝にあたるという方法――間接民主主義――が、現実に適った制度として発達する。しかし、議会の決定は国民そのものの意志決定ではない。そこに、議会の決定と国民の意志との間に疎隔の生ずる可能性がある。ことに、国民は議会の構成員を選挙はするが、選挙が終れば、議員たちが国民の信頼を裏切るような行動をしても、国民はこれを制御する法的手段をもたない。議会が国民の期待に反するような行動に出で、国民の意志から遊離した法を作り、政治を行って、それによって国民を拘束するならば、国民はもはや自由でも自主でも自律でもあり得ない。それは、むしろ、一種の寡頭政治に近い。議会で多数党の横暴が行われる場合が、それである。そうした方面からも、民主主義に対する疑惑が深められた。いいかえれば、この点からもまた、民主主義を絶対に正しい政治形態とし、これを自然法とする考え方には、深刻な動揺が生ぜざるを得なかったのである。

こうした観点から民主主義に対して加えられた反省は、イギリスやアメリカのようにこの政治制度の伝統の確立している国々では、それだけ民主主義を実際に適合した原理たらしめるのに役立った。『現代民主政治論』を著したブライスなども、いろいろな国々の民主政治の現実形態を比較・検討し、その欠点を充分に指摘しつつ、しかも、その欠点も、民主主義以外の政治形態にともなう弊害に比すればはるかにましであることを明らかにして、この制度の健全な発達方向をきわめて著実に指示しているのである。

しかし、問題はドイツである。第一次世界大戦前のドイツは官僚政治の国であって、民主主義の伝統がない。そのドイツが、敗戦の結果、帝政を廃して共和制を布き、議会中心的民主主義の政治形態を採用したのである。けれども、敗戦後の窮迫した情勢に際会して、ドイツの民主政治は、滑り出しから非常な難航をつづけなければならなかった。滑り出しから難航をつづけたドイツの民主政治の帰趨に関して、特に注目に値するものが二つある。一つは、動揺する民主主義の動揺性を論理的に意義づけて、相対主義によりこれを擁護して行こうとした新カント学派の哲学者の試みである。他の一つは、かかる哲学的な擁護論にもかかわらず、動揺する民主主義の隙に乗じて独裁主義が擡頭し、ついに民主政治を崩壊せしめるにいたったその末路である。同じように民主政治の伝統がなく、同じような——否、それよりはるかに深刻な——敗戦後の窮迫状態にある日本としては、特にこれらの二点を検討して、今後における民主主義の運用に謬りがないように心がけなければならないであろう。

## 三

第二十世紀初頭のドイツ哲学を代表する新カント学派は、哲学プロパアの領域でも形而上学を否定した。形而上学は、可変・相対の現象界の背後に不動・絶対の実体界を認める。したがって、形而上学を否定する哲学は、世界観における相対主義に帰着せざるを得ない。すなわち、新カント哲学は、絶対的なものは論理や倫理の形式であって、内容のある知識や道徳はすべて相対的なものであると見なしたのである。この態度は、法の領域では法の形而上学たる自然法思想の否定となって現れる。自然法を否定すれば、民主主義の法制度を自然法と見ることも、また当然に否定される。内容のある法制度や政治形態は、すべて、処によって相違し、時とともに変化するものであって、そのどれか一つが絶対に正しいとはいえないということになる。その意味で、新カント哲学の立場は、現実政治における民主主義の動揺をば、思想の面に忠実に反映せしめたものということができよう。

けれども、さればといって、新カント主義の哲学者たちは決して民主主義そのものを否定しようとしたのではない。むしろ逆に、それにもかかわらず、あくまでも民主主義を擁護しようとしたのである。ただ、自然法的な絶対主義によってではなく、相対主義の価値観によって民主主義に新たな理論的根拠を与えようと試みたのである。マックス・ウエバアしかり、ケルゼンしかりである。が、中でも最も精緻な論理を展開せしめたものとしては、新カント主義の法哲学者ラアドブルッフを挙げなければならない。古往今来、ラアドブルッフによる相対主義的デモクラシイ論ほど、民主主義の性格を哲学的に深く究明した学説は稀であるといってよいであろう。

ラアドブルッフは、相対主義によって民主主義を基礎づけようとした。それには、もとより色々な哲学上の理由がある。しかし、最も根本的にいうと、そもそも民主主義は相対主義的な性格をもつ政治の原理だからである。勿論、自然法の理念から出発した初期の民主主義の性格は、相対主義的なものではなかった。なぜならば、自然法は法における絶対主義であり、相対的な懐疑・動揺を許さないからである。しかしながら、民主主義が実定法上の制度として発達して行くにつれて、その運用は多分に相対主義の色彩を佩びたものとなって来た。ことに、議会制度や政党政治は、相対主義の世界観によって裏づけられている。一つの政党の立場を絶対に肯定し、他の政党の綱領を絶対に排斥するという態度では、政党政治は成り立たない。Aの政策とBの綱領のいずれが最後まで正しいかは、神ならぬ人間の知りうるかぎりではない。ただ、国民の多数がAを支持している間は、A党が議会の動向をリイドする。反対に、Aの政策が行き詰りを示し、人心がBの方針に傾いて来れば、代ってB党が議会の多数を占めるし、Bを与党とする政府ができ上る。それが議会政治である。議会政治とはそういうものであるし、またそれでよいのだというのは、相対主義である。ラアドブルッフはこの民主政治の相対主義的性格を捉えて、これに法哲学的な基礎づけを与えたのである。

相対主義は寛容の世界観である。それはトレランスの精神に立脚する。もしも、人がある一つの立場のみを正しいとすれば、これと相容れない他の立場は、悉く排斥されなければならない。それはイントレランスの態度である。相対主義は、人間の世界観的立場をばそういう風に絶対の尺度で取捨選択することは、不可能であるし、また不当でもあるとする。何となれば、人が絶対に正しいと考えたことも、実際には謬りであることが多いし、ある時代に真理として通用していた事柄も、後世からは迷妄として葬り去られることが少くないからである。こうした儼然たる事実からの反省は、人に絶対の判断を下すことの不可能さを教える。ラアドブルッフは、形而上学を否定した新カント哲学に立脚して、この相対主義の精神を法の原理たらしめようとした。個人主義が正しいか、団体主義が正しいか、法の根本は文化至上主義でなければならないか、というようなことは、世界観主体たる人間がそれぞれの良心によって判断すべき事柄である。法の哲学は、その一つに加担して他の立場を排斥するという偏狭さに陥ってはならない。むしろ、そのいずれをも包容し、そのいずれにもそれぞれの信念を吐露する機会を与え、以て法の領域に千紫万紅色とりどりの世界観の花を咲かせてゆくべきである。そういう風に考えるのがラアドブルッフの法哲学的相対主義の趣旨に外ならない(Gustav Radbruch: Rechtsphilosophie, §2, §4, §7)。

ラアドブルッフによれば、この相対主義の精神はそのままに民主主義の精神となる。民主主義は、法の原理は絶対に個人主義でなければならないというような断定は下さない。啓蒙期の民主主義は、個人主義の立場を絶対化したといい得るが、そうした態度はその後大いに修正され、社会主義もしくは団体主義の主張が立法政策の上に次第に地保を占めることとなった。しかし、さればといって、団体主義のみに偏して、個人主義の立場を否定するというのは、もとより民主主義の本質に合致しない。個人を尊重する精神は、常に民主主義の基調をなしており、その精神は、今日も政治上の世界観の上に色々な形で現れている。さらに、個人主義や団体主義とも異なる文化主義的な主張も、今後ますます立法の動向の上に現れて来るであろう。民主主義は、これらの動向を悉く包容する。だから民主主義はトレラントな態度を以て建前とする。だから、民主主義の精神は相対主義の精神と合致するのである（前掲書、序文）。

ただし、一つの問題について分岐するいくつかの見解のいずれをも正しいと認めていたのでは、立法の決定や政治の断案を下すことはできない。あるとき、ある場合の問題の解決は、ある一つの立場から下されなければならない。甲でもよく、乙でもよく、丙でもよいというのでは、一定の方針を以て貫かれた法律を作ることもできないし、政治を一元的に運用することも不可能になる。そこで、民主主義は、国民のなかの多数の意見の帰着するところを以て、立法の方針を決せしめ、政策の方向を帰一せしめる。すなわち、民主主義が分岐・対立するいくつかの見解の中から一つを選び出すために用いる方法は、多数決である。しかし、多数決の結果は、時とともに変化するであろう。したがって、多数決によって運営される民主主義は、ある時にはAの政党をして立法政策をリイドせしめるが、数年の後には代ってBの政党に政権を委ねるという風に、時とともに主義主張の交替を認めることとなるであろう。それが、民主主義の上に現れた相対主義の帰結であり、法哲学的相対主義の具現としてのラアドブルッフの政党論の骨子に外ならない（前掲書、第八章）。

かように、Aの政策であれ、Bの綱領であれ、国民の多数が支持しさえすればこれに立法および行政の指導権を与えるという方針は、政治を動揺するがままに放任するがごとくに見えて、実はかえって大乗的に法を安定せしめる所以である。すなわち、いくつかの異なる政党をして交互に政局を掌理せしめるという制度は、法にきわめて強靭な弾力性を与え、政治の変動によって挫折することのない法秩序の安定性を維持するのである。

元来、法秩序が安定しているということは、人間共同生活存立の不可欠の条件である。経済の発達も文化の興隆も、安定した法秩序の上においてのみ可能なのである。けれども、法的安定性を強化するために、法制度の内容をあまりに硬化せしめると、政治情勢が急激に動いた場合、かえって法と政治との間に激突を生ぜしめ、硬直した法制度が革命によって一挙に顚覆するという危険を招く。故に、法制度の内容に政治の動きに順応する柔軟性を与え、いかなる政治動向が勢力を占めても、その政策を法を通じて実現せしめ得るような弾力のある組織を設けるのが、法の安定性を維持する最も確実な道である。それが議会制度の狙いどころに外ならない。これを譬えて見れば、荒海を航行する船のようなもので、いかに堅牢に見えても復元力に乏しい船は、怒濤を受けた場合に顚覆し易い。右に左に大きく揺れても、優れた復元力を備えた制度の船は、政治の波とともに右に左に大きく揺れることによって、かえって覆没の危険のない安定性を保つことができる。政党の交替によって右に左に揺れながら進む議会制度は、安定性の要求に最も適った法秩序の船なのである。

ラアドブルッフは、かくのごとくに、民主主義の根拠をば法哲学的相対主義によって明らかならしめた。彼は、民主主義から自然法的絶対性を奪い、これを相対主義の基礎の上に置くことによって、民主主義を法的安定性の擁護者たらしめ、それによって民主主義そのものを擁護しようと試みたのである。これは、確かに民主主義の優れた長所をよく説明したものということができる。しかしながら、この長所は、反面から見ると、民主主義の持つ欠陥となって現れる。この欠陥は、ドイツでは正に致命的な結果をもたらした。その点を次に考察しなければならない。

## 四

相対主義は寛容の哲学であり、弾力の原理である。しかし、清濁併せ呑む寛容性は、裏がえしてみれば、世界観についての確信を欠くところの懐疑主義となる。右に左に動揺しても挫折しない弾力性は、時と場合によっていくらでも態度を変える機会主義と通ずる。数さえ獲得すれば、どんな政党にも唯々諾々として議会の城を開け渡す多数決原理は、金持でさえあれば、源平藤橘四姓の人と契って憚らない娼婦的態度に堕落しないとはかぎらない。ラアドブルッフは、相対主義によって民主主義の性格を特質づけようとしたのであるが、それは、議会中心的民主主義に内在する機会主義の弱点をも、併せて科学の光の明るみにさらけ出す所以に外ならなかった。そうして、機会主義者が人の信頼をつなぎえないのと同様に、多数の赴くところには唯々として追随する議会政治もまた、やがて国民の不信を買うこととなるのを免れなかった。

第一次大戦後のドイツは、社会民主主義を基調とする議会政治によって、敗戦後の時局を乗り切ろうとした。したがって、当時のドイツ国会は社会民主党を主勢力として構成された。しかし、社会民主主義は民主主義であり、民主主義は相対主義である。相対主義の寛容性は、単に民主政治の範疇内での進歩主義や保守主義に、数に応じた発言権を許すばかりでなく、民主主義と相容れない魂を抱く政治勢力が議会の中に侵入して来ることをも拒まない。その結果として、ドイツの議会は、社会民主党を第一党とし、カソリック教を地盤とするドイツ中央党をこれに次ぐ政治勢力としつつ、これを挟んで極左の共産党あり、極右の国粋党あり、小党分裂して中原の鹿を争うという情勢を示した。これは、千紫万紅色とりどりの政治的世界観の花を咲かせた状態であるといえばいえるものの、そうした状態で国民の足並そろえた結束を図り得ようはずのなかったことも、またいうをまたない。しかも、ドイツ内外の情勢は遅疑逡巡を許さぬ危機の連続であった。快刀乱麻の政治を待望する国民は、左顧右眄の政府にあきたらず、自らが選び、自らを代表する議会に対する信頼感を喪失した。その虚に乗じて蹶起したのが、第二十世紀の神話を信ずるドイツ民族社会主義である。社会民主主義の左顧右眄的懐疑性を打破し、民族全体主義の猪突猛進的絶対性を以て危機を打開しようとしたところのアドルフ・ヒトラアである。

民主主義の寛容は、ドイツの場合には無定見な機会主義に堕し、国民の信頼を失う結果を招いた。それが、ナチスの理論家をして、民主政治は「猜疑の政治」であるといわしめ、独裁政治を「信頼の政治」として誇号せしめる素因となったのである。しかし、問題は、民主主義の無定見性が猜疑の政治に堕するおそれがあるということよりも、民主主義と猜疑の政治として攻撃し、これを徹底的に崩壊せしめようとする独裁主義の擡頭に際してすら、寛容なる民主主義には何らこれを阻止する手がなかったという点に存する。

だから、ナチス独裁主義は、議会政治の堕落を攻撃しながらも、なおかつ議会政治と正面から衝突することなく、むしろ議会政治の「常道」を通って議会の内懐深く陣を進め、易々とその本城を占領することができたのである。民主主義の側からいえば、その本来の寛容性に禍されて、議会政治の本城を覆そうとする独裁主義に軒を貸さざるを得なかったのである。そうして、軒を貸したばかりでなく、みすみす母屋を取られてしまったのである。ナチスの運動が顕微鏡的政党から出発して瞬く間に燎原の火のごとくにドイツ全土を席捲し、一九三三年の総選挙にはついに第一党としての勝名乗を揚げ、ヒトラア内閣の下に授権法を制定して、議会の権能を悉く政府の手に奪い去ったのは、母親を喰い殺す鬼子にすら、あえて乳房を与えざるを得なかった民主主義の寛容性の、自ら招いた悲劇であるといわなければならぬ。

元来、民主主義は法治主義を要求する。民主主義は、国家権力の効用を充分に認めるが、その反面また、権力が濫用され、国民の人間としての自由と権利とが蹂躙されることを、あくまでも排斥する。そうして、この態度は、国民の意志にもとづいて法を定立し、政府の権力はこの法の筋道にしたがってのみ行使さるべきであることを要求する。その原理的な表現は、立法権と執行権との分離であり、執行権に対する立法権の優越である。間接民主主義によって国民を代表する議会が立法の衡にあたる場合には、この精神は、政府の執行権の発動をば議会で制定した法律によって厳格に規律するという制度となって現れる。更に、それが議会中心主義にまで発展すれば、議会の多数党を与党としない政府は成り立ち得ないことになる。政府は執行権を有するが、政策の執行はすべて法律によらなければならない。しかるに、法律は議会で制定するのであって、政府には立法権はない。政府は、ただ、法律を執行するための命令を発し得るだけである。だから、議会の多数党を地盤としない政府は、新らしい政策を実施するための法律の制定を要求しても、議会の同意を得ることができない。そこで、議会が政府の上に立つ議会中心の政治が行われることになる。それも、与党が議会での絶対多数を占めていれば、政府もかなり積極的にその政策を実行することができるが、寄合世帯の連立内閣だと、政府は常に議会の鼻息をうかがわなければならない。いきおい、執行権は萎縮し、日和見政治以外に手の打ちようがないということにならざるを得ない。

ヒトラア内閣が一九三三年の三月二十三日にドイツ国会に提出し、一挙にこれを通通せしめたところの「授権法」は、正しくこの状態を根柢からくつがえすための措置であった。

授権法――詳しくは、「民族および国家の危機克服のための法律」という――とは、読んで字の通りに、権力を授ける法律である。いかなる権力を授けるかといえば、立法権、すなわち法律を制定する権力である。誰が誰に授けるかといえば、議会が政府に授けるのである。立法権は、議会の持つ最も重要な権能である。この権能を議会が独占し、政府は議会で制定した法律によってのみ執行権を行使し得るというのは、法治主義の根本原理である。この根本原埋を変革すれば、民主主義の制度は崩壊せざるを得ない。否、議会制度そのものが生命を失ったものとならざるを得ない。しかるに、ドイツ国会は、ヒトラアによって提出された授権法案をば、そのまま鵜呑みにしてしまった。ナチス党をはじめとする政府与党は、これを四四一票対九四票の圧倒的多数を以て通過させてしまったのである。授権法が成立すれば、政府はその思う通りの法律を自分で作ることができる。いいかえると、政府は執行権とともに立法権をもその手に掌握したことになる。しかも、ドイツの授権法では、政府の作る法律は、若干の例外を除いて、憲法に違反しても差しつかえないことになっていた。正に、政府の最も強力な独裁権力の獲得である。

もっとも、授権法が成立してのちも、議会は政府とともに国法制定の権能を有することにはなっていた。しかし、実際には、その後の法律はすべて政府の独断で制定されて行った。議会は、事実上、その生命ともいうべき機能を停止してしまったのである。それも、議会自身の議決によってそうなったのであるから、授権法を通過させたことは、ドイツ国会の自殺行為である。かくて、独裁権をその手に握ったヒトラアは、その年の十二月一日に、「党および国家の統一確保のための法律」

を制定し、ナチス党以外の政党の存立を禁じた。民主主義のトレランスの精神は全く影をひそめ、一国一党の絶対主義のみがわが世の春を謳歌することとなった。その後も生ける屍として存続していたドイツ国会には、党選りぬきの議員たちが集って、重大な政治的決意をなした際のヒトラアの演説の聴き役をつとめ、これに無条件の喝采を送った。かようにして、一か八かの離れ業が次々に演ぜられ、その華々しい成功に陶酔している間に、ドイツ国民の運命は、刻々に無限地獄へと近づいて行ったのである。議会政治が多数の赴くところに一も二もなくしたがって行った場合、いかなる結果に陥るかを、これほどまざまざと示した例は、民主主義の歴史を通じて他にはあるまい。

ほととぎすという鳥は不精な鳥であって、自分では巣を作らない。ほととぎすの母親は鶯の巣を探して、その中に卵を産む。そうすると、鶯の母鳥は、自己の腹を痛めた卵とともに、巣の中に産みつけられたほととぎすの卵を温める。ところが、ほととぎすの卵の孵化日数は鶯の卵よりも早い。したがって、ほととぎすの卵の方が先に雛になる。さきに雛となったほととぎすは、まだ孵化しない鶯の卵を巣の外に押し出して巣を独占し、鶯の母鳥の選ぶ餌を食べて成育し、やがて成鳥となって飛び去ってしまう。

譬えて見れば、理性の権威を見失った場合の民主主義の相対主義的寛容性は、鶯の母親の愚かにも無差別な愛情に似ている。この寛容性を利用して、民主主義の巣に反民主主義の卵を産みつけ、成長した暁には荒荒しい羽ばたきによって民主主義の巣を打ち壊す矯激な絶対主義は、政治の世界に棲むほととぎすである。民主主義を確立しようとする国民は、民主主義を利用してこれを覆没せしめる政治界のほととぎすがあることを忘れてはならない。しかし、それにもまして、民主主義が相対主義の立場を無批判に墨守するかぎり、自ら求めてほととぎすの卵の孵化・育成を助長する危険があることを忘れてはならない。

## 五

確かに、民主主義は相対主義的寛容性を以て美徳とする。それは、自己の信奉する世界観以外の立場に対する尊敬であり、公明正大な言論の自由の精神の現れである。しかし、この寛容性にも限度がなければならない。無際限の寛容性は、無智な鶯の母親の愛情と同じ結果を招く。相対主義の面から民主主義を擁護しようとしたラアドブルッフも、ナチス独裁主義のドイツ国会乗っ取りの離れ業をみるに及んで、この危険を明確に認識した。そうして、ナチスのために学界から逐われたのちに、フランスの雑誌に『法哲学における相対主義』という論文を載せて、民主主義の寛容性にも限界があるべきことを力説した。すなわち、法哲学上の相対主義の表現たる民主主義は、すべての意見に対して寛容ではあるが、自分の立場のみを絶対であると僭称するものに対してまで、寛容であることはできない。相対主義は普遍的な寛容主義であるが、それ自身不寛容な態度を採る者とは、あらゆる手段を以て闘わなければならない。だから、独裁主義がその立場のみの正しさを主張し、寛容なる民主主義を破壊しようとするにいたっては、民主主義は断乎としてこれを排撃せねばならぬ、というのである。

しかしながら、かように限界づけられた相対主義は、もはやそのかぎりにおける絶対主義である。絶対に独裁主義を排斥しなければならないという民主主義は、その点ですでに一つの自然法である。自然法を否定し、相対主義によって民主主義を擁護しようとしたラアドブルッフも、遂に、民主主義のために劃すべき超ゆべからざる自然法的絶対性の一線の存することを認めたのである（Radbruch : Le relativisme dans la philosophie du droit. Archives de philosophie du droit et de sociologie juridique, 1934, I-II）。自然法から出発し、相対主義に転じた民主主義は、相対主義的寛容性のために陥った不幸な破綻の体験を経たのちに、ふたたび、ひるがえって一種のきわめて幅の広い自然法に復帰したのである。

日本国民はこの歴史的発展過程から色々な教訓を学びとらなければならないであろう。しかし、そのなかでも最も大切なことは、民主主義の運用を単なる「数」の支配のみに委ねてはならないという教訓であろう。

多数決という方法は、分岐・対立するいくつかの意見の中の一つを採り、それによって全体の意志を構成するための、きわめて便宜な、また、その他に適当な方法のないところの技術である。ただ、民主主義の運用が往々にして行き詰るのは、多数の決するところが決して常に正しい結論とはいい得ないからである。現実にはいくつもの意見の対立があるのに、その中から単一の立法意志や政治意志を構成するには、多数決による外はない。もしも多数決原理を否定するならば、多数決の前提たる言論の自由も否定されることになる。一応の論議は行わせるにしても、その中の一人が正しいと考えたことが、最後の断案として採用される。それが、いわゆる「衆議統裁」である。衆議統裁となれば、反対意見の者がいかにその説を主張しようとしても、「問答無用」として斥けられる。かくて、多数決原理の否定は、独裁主義に帰着する。それではならないというので、飽くまでも多数決で進もうとしても、その決定が正しいか正しくないかの批判を見失って、ただ「数」の支配のみにまかせて置けば、人々は多数の獲得を第一として、国民全体の休戚をなおざりにする。その結果、ふたたび、さような信念のない多数決原理を否定しようとする絶対主義が現れる。そうして、その絶対主義が国民の多数の支持するところとなれば、遂には、議会での最後の多数決によって多数決原理が、そうして、それとともに民主主義が崩壊することを免れない。

この危険を防止するためにまず考えられるのは、民主主義の自然法的骨格を強調し、民主主義そのものの根柢をくつがえそうとするような矯激な政治動向を、最初から禁圧してしまうという方法である。多数決原理に立脚する議会立法を承認するかぎり、世界観的な立場が右に傾いても、左に走っても、政治の世界でのその存立に対して寛容な態度を持ちつづけるが、その根本前提を否定しようとする極右・極左の絶対主義には、絶対に民主政治の世界における市民権を認めないという方針である。今日の民主主義が、かような幅の広い自然法的絶対主義に傾いていることは、前に述べた通りであり、ラアドブルッフの思想の変化の中にも、その傾向が現れている。

けれども、この方針を採ることは、政治的世界観闘争の激化している場合には、或る程度まではやむを得ないとしても、永い眼でこれを見るならば、決して賢明な行き方であるということはできない。なぜならば、民主主義が自然法的絶対主義の立場に戻って、民主主義を否定しようとする矯激絶対主義を力によって抑えようとすれば、後者はその正体を巧みにカモフラアジュして、前者の劃する枠の中にその座席を占める。そうして、絶対の多数を獲得することに成功した上で、はじめてその正体を現し、民主主義を思うがままに料理するという戦術を用いるであろうからである。ほととぎすに巣を奪われた鶯が、その苦い体験に懲りて、二度とふたたびほととぎすの卵を温めまいと決意したとしても、政治の世界のほととぎすが卵に巧みな加工を施して、それを議会制度の巣の中に生み落した場合には、民主主義の建前としてそれを拒むことは困難であろう。さればといって、民主主義がその絶対主義の枠を狭め、多数を得たのちに反民主主義に豹変するおそれのあるすべての動向を、最初から排斥するということになれば、民主主義の本質たる寛容性は、民主主義それ自身の手によって否定されたことにならざるを得ない。しかも、民主主義がそこまで不寛容になったとすると、政治の世界でのほととぎすは、今度は手を替えて地下に潜入し、ひそかにその勢力を蓄積した上で、機に乗じては、もはやほととぎすとしてではなく、むしろ鷲となって民主主義の堅陣に襲いかかろうとするであろう。

それであるから、民主主義の健全な発達を図ろうとするならば、その特色たる寛容性の枠をできるだけ広く維持することに力めなければならない。いいかえるならば、その本質に内在する相対主義の性格に不自然な改鋳を加えることは、できるだけ避けるべきである。そうして、公明正大な言論の自由の舞台の上で、反民主主義の動向とも正々堂々と論議を闘わし、抑圧の力によってではなく、道理の力によってこれに打ち勝って行くに如くはない。

しかし、それには、民主主義の多数決原理を正しい方向にむけるように不断の努力をつづけて行くことが、是非とも必要である。民主主義は、「数」の政治である。数の政治たる性質を失っては、民主主義はもはや民主主義ではない。けれども、その反面また、民主主義は決して単なる数の政治であってはならない。正しい民主主義は、それと同時に「理」の政治でなければならぬ。いいかえるならば、多数によって決せられたことが、同時に客観的な正しさに合致するようになって行かなければならぬ。もとより、対立するいくつかの見解の中のどれが正しいかを頭ごなしに決定することは許されないというのが、多数決原理の根本前提である。けれども、それは、正しい筋道の発見が遂に不可能であるという、底のない懐疑主義と同義であってはならない。分岐・対立する見解の中には、どれか一つ、与えられた具体条件の下で最も正しい道がある筈なのである。その一筋の道を見出そうとするたゆまぬ精進を媒介とすることによってはじめて、民主主義の「数」の政治は「理」の政治と結びつく。この結びつきを断念するところに、民主主義の寛容性が機会主義から無節操な娼婦的態度に顚落し、矯激絶対主義の前に兜をぬぐにいたる禍因が存する。日本国民の前に与えられた民主主義は、この二つの途のいずれを選ぶかによって、玉にもなり、また、瓦とも化するであろう。

# 多数決の論理

## 一

民主主義の法生活を貫くものは、自律の精神である。民主主義は、もとより人間の放縦を許すものではない。むしろ、何にもまして法生活の秩序を重んずるのが、民主政治の本義である。ところで、法を重んずるというのは、法の規律にしたがうことである。法の拘束に服従することである。ただ、その規律や拘束が、その規律・拘束に服する民衆の意志と没交渉に天降り式に加えられることは、民主主義の精神に反する。民意を無視する規律は、他律である。天降りの拘束に縛られる者は、奴隷である。民主主義は、他律を排し、奴隷を否定する。独裁政治に反対し、封建制度を打破しようとするのは、そのためである。それには、国民の意志によって法を作らなければならない。国民が、自らの意志によって法を作り、自ら作った法に自らすすんで服するのは、自律である。まことに、自律こそ民主主義法秩序の根本原理に外ならない。

民主主義が自律を以て根本義とするのは、それが人間自由の理念と国家生活の規律との矛盾を解決する唯一の道だからである。もしも人間の自由というものが、何らの規律も拘束も知らない自然状態の自由を意味するならば、さような自由は人間の国家生活とは決して両立しない。なぜならば、国家の中では、人間は法によって規律された生活を営まなければならない。政治上の権力によるところの統制を受けなければならない。したがって、国家生活を営むことは、人間の自然・奔放な自由を抛擲することを意味せざるを得ないからである。

それでは、国家の中で生活することは、いかなる意味の自由をも放棄することになるのであろうか。――決してそうではないし、また、決してそうであってはならないというのが、この問いに対する民主主義の世界観の答えである。人間の共同生活には規律がなければならぬ。その規律が的確に保たれるためには、国家がなければならぬ。人間はそういう意味で国家を是認肯定しつつ、国家の中で行われる規律をば、幾多の血の犠牲を払って、不合理な他律の状態から国民自らの意志による国民自らの規律に転換せしめた。かような自主的の規律は、決して自由の否定ではなくて、むしろ、自然・放縦な自由よりも遥かに高い段階での自由の実現である。ここにおいて、はじめて、高貴なる人間自由の理念は国家生活の拘束と両立し、調和する。したがって、民意による立法ということは、民主主義の生命ともいうべき絶対不可譲の信条となるのである。

しかしながら、民意によって立法を行うといっても、法を作るところの国民とは一体誰であろうか。

国民の意志による国民生活の自律という精神からいえば、法を作る国民が、国民の中の一人であったり、少数者であったり、一部の階級であったりしてはならないのは、もとより当然である。一人の意志、少数者の意志、一部の階級の意志によって法が作られ、その法によって政治上の権力が行使されるのは、大部分の国民にとっては他律であって、自律ではあり得ない。そこで、法は国民の「総意」によって作られなければならない、という原則が定立される。法の中で最も重要なものは、憲法である。したがって、この原則は、いいかえれば、憲法は国民の「総意」によって作らるべきであるということになる。しかるに、一国の憲法を作る力を有するものは、その国の主権者である。その「総意」によって憲法を作る国民は、正に国家の主権者である。かくて、国民の総意によって法を定立しようとする民主主義は、国民主権主義に帰著する。

それでは、国民の「総意」とは一体何であろうか。それは、国民の一人や、少数の国民や、国民の中の一階級の意志であってはならないという趣旨からいえば、国民の「すべての意志」でなければならぬ。しかしながら、世界観は分岐し、利害関係は複雑に対立しているのに、重大な立法問題について国民すべての意志が一致するということは、ほとんど絶対にあり得ない。また、すべての国民が法の制定について意見を表明し、是非善悪の討議を行うということも、技術的に見てすでに不可能に近い。そこで、一定の手つづきによって、分岐・対立する色々な意見の中の一つが特に選び出されて、それが国民の総意であると見なされ、それが立法の方針を決定することになる。その方法として特に重要な役割を演ずるものが、「国民代表」の制度と「多数決」の原理である。すなわち、国家における法を制定するために、国民を代表するところの議会が設けられ、議会での多数の支持するところを以て国民の総意となし、それによって立法の方針を決定するというのが、最も普通に行われる民主主義の運用の仕方なのである。しかも、国民代表の議会の構成員は、国民の中から公選され、選挙の結果は得票の多数によって決定されるから、多数決は、単に議会での審議を左右するばかりでなく、議会そのものの成立の根拠をなしているといわなければならない。その意味で、多数決は、民主主義的な法定立の方法として最も重要な役割を演じているのである。

しかしながら、多数の決定を以て国民の総意とするというのは、何といっても一つの便法である。したがって、多数決によって作り出された法を以てすべての国民の生活を規律することが、はたして自律といい得るかどうかは、きわめて大きな問題であるといわなければならない。

投票の多数によって議会の構成員を選出し、議会での多数決を以て立法を行うということになると、議会での「多数」なるものは、国民全体から見れば、いうに足りない少数にすぎない。さような少数の決定によって法が作られ、その法がすべての国民にむかって施行され、反対意見の人々の生活をも拘束するということになると、それをしも自律といい得るか否かが深く疑われざるを得ない。自他ともに許すに自由の国民を以てするイギリス人が、真に自由の国民であるのは、総選挙の投票を行うときだけであって、投票が終ってしまえば、かれらは奴隷になるといったルウソオの言葉は、単に国民代表制度に対する思い切った非難たるにとどまらず、多数決原理に対してもまた頂門の一針たることを失わないであろう。

民主主義の政治理論は、こういう批判に答えるために、さかのぼって国民代表や多数決の制度そのものの成立の根拠をば、国民全員の同意に求めようとする。否、更に根本にまでさかのぼって、国家制度それ自体の存立をば、国民の合意によって基礎づけようとする。国家生活においては、法の規律や権力の統制が行われるのは、もとより当然である。そうして、権力行使の筋道を定める法は、国民代表制度や多数決原理を用いて、これを決定することにならざるを得ない。その結果、議会の多数決によって定められた法が、法の制定に関与しない一般国民や、反対意見を抱いている人々をも拘束することになる。しかしながら、そういう制度そのもの、取り分け国家制度そのものは、国民のすべてがその必要を認め、これを是認しているのであるから、自己の同意しない法によって拘束されている者も、そういう法の拘束を受ける場合があることには、概括的な同意を与えているると見るべきである。だから、いかなる法によって拘束されても、その拘束は自律の拘束であり、自由の理念と矛盾することはない。そういう風に考えようというのが、国家契約理論の狙いどころなのである。

けれども、国家契約ということは、もとより一つの仮説であって、歴史上の事実ではない。また、仮りにそれが歴史上の事実であるとしても、先祖が与えた同意によって子孫までが拘束せられるというのは、すこぶる封建主義的な考え方であって、それをしも自律であるというのは、詭弁以外の何ものでもあり得ない。これに対して、国家契約ということを歴史上の事実と見ず、国家存立の論理的な根拠と認めるのは、この理論の深められた形態であるが、そうした理論によっても、国家を否定する無政府主義者や暴力革命論者が法の制裁を受けるような場合をまで、自律の原理に矛盾しないものと説くことは、不可能であろう。

民主主義の政治理論にともなうこの困難な問題は、国民代表の制度と多数決の原理とに関して生ずるのであるが、前に述べた通り、国民代表制度も多数決原理と不可分に結びついており、これと相俟ってはじめて運用されるものであるから、問題の焦点は、多数決原理の合理的根拠如何ということに帰著するといってよかろう。対立するいくつかの意見の中のどれを法とするかは、結局「数」によって定めるというやり方は、他に適当な方法がないためにやむを得ず用いる原則にすぎないのか。したがって、少数意見の方が実際に正しい場合があるにもかかわらず、なおかつ多数決によって反対意見の少数者を拘束するのを、自由の理念と自律の精神とに合致した制度であるというのは、単なる詭弁であり、欺瞞でさえあると考えなければならないのであろうか。それとも、単なる便宜主義・機会主義以上の積極的な意義づけを多数決原理に与え得るような、他の何らかの理論上の根拠を求めることができるであろうか。そうした二つの方向の分岐点として、ここにしばらく多数決の論理を追求して見ることとしよう。

## 二

多数決が決して単なる機会主義の産物ではなく、法定立の原理として合理的な根拠を有することを立証するために精密な論理を展開した学者として、まず挙ぐべきは、ケルゼンである。

多数決は、いうまでもなく、民主主義的な法創造の方法である。これに反して、多数決を否定し、一人の権力者の意志を以て法を作り出す方式は、独裁主義である。それであるから、多数決を法定立の原則として採用することは、それが独裁主義でないという消極的な意味では、すでにそれだけで民主主義的であるといい得るであろう。しかし、多数決原理が民主主義の法定立方式であるということを積極的な意味で肯定するためには、この原理を民主主義の根本理念から導き出すことを工夫しなければならない。

しかるに、民主主義の根本理念は、「平等」と「自由」とである。したがって、多数決の論理を展開する道には、平等の理念から出発するものと、自由の理念を前提とするものとの二つがあるということになる。そうして、自由の理念を基礎とする多数決原理の理論づけには、前に述べたような困難をともなうことを免れないとすれば、むしろ、これを、平等の理念と結びつけて見てはどうか、ということが考えられるであろう。人間はすべて平等であるとすれば、対立する多くの意見の間にも、やはり絶対の等価性が認められなければならない。しかも、その中のどれか一つを以て立法方針を決定する必要がある以上、多数の意見を選ぶのが最も自然であるということになるであろう。

しかしながら、ケルゼンは、平等の理念から多数決原理を導き出すことは不可能であると論ずる。なぜならば、すべての人間が平等であり、すべての個人の意志が等価として取あつかわれるからといって、それを数で計算して、多数の意志が少数の意志よりも大きな価値をもつという結論を引き出すのは、論理の飛躍である。一人の意志が他の一人の意志よりも高い価値を有するとは認めないというのは、一つの消極的な命題にすぎない。この消極的な命題は、多数の意志は少数の意志に優越すべきであるという原則を、積極的に是認する論拠にはならない。それにもかかわらず、多数決原理をば単に平等の理念のみから導き出そうとすれば、多数意見の方が少数意見よりも正しいという、全く機械的な、むしろ無意味な議論に堕する。正にそのために、多数決原理は独裁主義的な政治観の立場から手きびしく非難・攻撃されるのである。それは、実際には、正しいとか価値が高いとかいう問題ではなくて、多数の方が少数よりも力が強い、という事実問題であるにすぎない。その根柢をなすものは、「力は法に優越する」という事実である。ただ、この命題をそのままに認める代りに、「多数の決するところを以て法とすべし」という法原則を打ち立てる事によって、この事実を法的に粉飾しているにすぎない（Hans Kelsen: Allgemeine Staatslehre, S. 323)。

そこで、ケルゼンは、ひるがえって、ふたたび多数決原理を自由の理念に結びつけ、そこにこの原理の合理的根拠を求めようとする。

勿論、すでに人間の間に国家生活が営まれている以上、客観的な法規範によって国民の行動が規律されるのは、当然である。しかも、国民の行動を規律する法をば、国民自らの意志にもとづいて定立しようとするのが、民主主義の要求である。しかしながら、「汝がそれを欲するかぎり、法にしたがって行動すべし」というのであっては、およそ社会秩序は不可能となってしまうであろう。その法を正しいと認めない者も、法の規律には服さなければならないというのが、秩序の原理なのである。ただ、なるべく多くの国民の意志によって立法の方針を指導させ、なるべく多数の人々が自らの是認する法の規律に服するようにするというところに、国家生活の枠の中での自由の実現があると考えられなければならない。すべての人間が自由であるという訳には行かないにしても、できるだけ多くの人間が自由であるようにするということ、いいかえれば、社会秩序の普遍意志と矛盾する個人意志を有する者を、できるだけすくなからしめるということ、そこにのみ多数決原理の理性的な根拠が求められ得る。この趣旨からいえば、多数決は比較多数ではなく、絶対多数によるのが至当である。しかも、或る特定の多数意見を優越せしめるというのではなく、ただ、できるだけ多数の意見を以て法を決定するというところに、自由の理念と結びついた平等の理念が認められる（前掲書、三二二頁以下）。

国家における法定立の原理としての多数決は、もとより人間の「自然」の自由を保障するものではない。法規範の規律に服するところには、自然的な自由は存在しない。これに対して、国家の政治原理としての民主主義が保障しようとするのは、「政治的」な自由である。そうして、多数決の原理は、いま述べたところとは別の意味で、更にこの「政治的」な自由の理念と合致する。それは、すなわち、言論の自由であり、少数意見にも充分にその主張を発表せしめるという意味での自由に外ならない。

ケルゼンによると、「多数」ということは、すでにその概念そのものの中に「少数」の存在を予想している。いいかえると、「多数」の権利は、「少数の存在権」を前提としているのである。そうだからといって、必ずしも常に多数に対して少数が保護されるということにはならないが、すくなくとも、多数に対する少数の保護の可能性だけはそこに与えられているといい得る。その意味で、多数決原理は、決して少数に対する多数の無条件の支配ということと同一視さるべきではない。多数決原理は、最初から少数意見の存在を法的に認めているのである。その結果として、少数意見といえども多数の意志の上に或る程度の影響を与えることができる。そうして、多数決原理によって作り出された社会秩序が、少数の利益と絶対に相容れ得ないような結果に陥ることを防ぐことができる。多数の意見と少数の意見とが対立して互に論議を行い、結局、票決によって全体の意志を作り出すというのは、多数の立場から見ても一つの妥協である。多数意見といえども、その間に色々なニュアンスの差があるのであるが、それが一つの多数意見に括まるということは、すでにそれ自身一つの妥協である。妥協によって、共同生活の結合を破る要素が取り除かれ、結合の因素が有効に作用する。社会の結合は、妥協によってはじめて可能となるのである。交換とか契約とかいうような社会結合の形態は、すべて妥協にもとづいて成立する。契約（Vertrag）は妥協であり、妥協（Kompromiss）は「自ら耐え忍んで和合する」（sich vertragen）ことに外ならない。故に、妥協を排斥する者は、多数決を排斥する。妥協の真精神を理解するところにこそ、自治・自由の理念と調和した多数決原理の円滑な運用が期待され得るのである（前掲書、三二四頁）。

これが、ケルゼンによって展開された多数決の論理の要旨である。この要旨を更に要約すれば、ケルゼンは、多数決の合理的な根拠をば、(一)国民すべての自由ではないにしても、国民の中のできるだけ多数の自律を認めようとするものであること、(二)それが同時に少数意見にも自己主張の自由を与え、それによって多数と少数との間の妥協を成立せしめ、社会結合の基礎を確保するという重大な役割りを演ずるものであること、の二点に求めているということができよう。

しかしながら、これだけの理論によって、はたして多数決原理の論拠が充分に確立されているかどうかという点になると、なお大きな疑問が存するといわざるを得ない。

まず、第一の、自由の理念との関係についていうならば、多数決原理の精神が、国民すべての自由ではなくとも、できるだけ多数の国民にとって、法の拘束が自律の拘束としての意味をもつようにするという点に存することは、確かであろう。けれども、近代国家の立法は、特別の例外を除いては、国民の直接の多数意見によって行われるのではなく、国民代表の議会の多数によって決定されるのである。しかるに、議会が国民を代表するという観念が、真の実体をともなわない擬制であることは、ケルゼンが他の場所で鋭く指摘しているところである。国民は、自己の意にかなった人物を議員として選挙し、投票の多数によって議会の構成員が決定され、その議会が国民の代表者として、同じく多数決によって法の制定を掌る。だから、議会の決定は国民多数の意志を表明しているのであり、したがって、議会で作った法によって国民生活が規律せられるのは、民主主義における自律の精神に合致するというのが、普通に説かれる理論である。しかし、ケルゼンによれば、国民は単に議会の構成員を選び出す「選任機関」(Kreationsorgan)にすぎず、選任された議員と選任した国民との間には、法的必然性を有する何らの意志の連関も存在しない。それにもかかわらず、国民と議会との間に代表関係があると主張するのは、一つの擬制にすぎない(前掲書、三一五頁)。そうであるとすれば、議会での多数決によって作り出された法によって国民生活を規律するのは、できるだけ多数の国民にとって法の拘束を自律の拘束たらしめる所以であるという理論もまた、一つの擬制にすぎないといわざるを得ない。それは、少数の意志決定によって加えられる多数の国民への拘束であり、したがって、大多数の国民にとっては他律であって、自律ではあり得ない。かくて、自由の理念から出発して多数決原理の合理的根拠を明らかにしようとしたケルゼンの論理は、重大な暗礁に乗り上げることを免れないであろう。すくなくとも、それは、直接民主制の根拠とはなり得ても、国民代表主義の間接民主制を自由の理念から見て合理的なものと認むべき論拠とするには足りない、といわざるを得ないであろう。

次に、ケルゼンの説く第二の論旨、すなわち、多数決は少数意見を抹殺する訳ではなく、少数が多数の上に影響を及ぼす余地を与え、したがって、多数と少数との妥協の上に立法意志を構成せしめるものであるという論旨は、多数決原理の運用の妙味を的確にとらえたものということができる。けれども、これも、いわば多数決原理をその明るい面から見た理論であって、多数決が常にこうした精神で行われているという立証にはならない。殊に、利害の対立が尖鋭化している場合には、多数意見と少数意見とは氷炭相容れ得ぬ敵対関係に立っているから、少数意見によって多数意見にも反省の機会が与えられ、両者の歩みよりによって中正・妥当な決定に到達するということは、容易に望まれ難い。ケルゼンは、多数決は妥協であり、妥協こそ社会結合の紐帯であるという。多数意見といえども、少異を棄てて大同に就くところの妥協によって、はじめて成立し得るのであると論ずる。しかし、個人個人の意見の偏差を棄てて多数意見が形作られるのと、最後の決を多数によって定めるのとは、根本の精神を異にしている。客観的な甲論乙駁の末に、多数も少数の意見を汲み取り、少数も多数の見解に譲歩し、必ずしも票決を用いないで一致点に到達するならば、それは正に妥協である。しかるに、多数決は、むしろ、そういう妥協が不可能な場合に行われるのである。その意味では、多数決は、あくまでも闘争であって、妥協ではないといわなければならない。闘争的な対立の挙句、票決を行って多数の意見を採用するのは、多数による少数の圧伏である。もしもその場合に、少数意見の方が客観的に見て正しいとするならば、それは、「数の力が法に優越する」ということになる。そうであるとすれば、多数決原理は、結局やはり、「力が法の上に立つ」という事実関係を法的に粉飾したものであるにすぎない。明るい面から多数決の本質を捉えたケルゼンの論理に対しては、多数決の暗い面を指摘するかような批判が加えられなければならない。そうして、ケルゼンの理論は、それだけでは、この批判を克服する力をもつものではないといわざるを得ない。

多数決原理には、自由の理念もあるし、妥協の精神もある。しかし、それらは、ともに多数決を以て正しいとする最後の根拠にはならない。むしろ、率直にいうと、何が客観的に正しいかを判定し得ないから、多数の支持するところを以て法としようというのが、多数決の根本の態度なのである。その態度は、相対主義であり、機会主義である。ケルゼンは、多数決原理は決して単なる機会主義ではないという。けれども、それに代るべき積極的意義づけのどれもが不充分なものであることを免れないとするならば、むしろ最初から相対主義の立場に立って、多数決の論理を究明するに如かずということになる。そこで、転じて、相対主義の旗幟を正面からかかげて多数決による法定立の原理を説いた、ラアドブルッフの理論を検討することとしよう。

## 三

ケルゼンは、平等の理念からは多数決の合理的根拠を明らかにすることはできないと見たために、自由の理念から出発してその論理を展開した。これに対して、ラアドブルッフが法哲学の根本原理として、したがって、法定立の方法論の出発点としてかかげるものは、平等の理念である。

ラアドブルッフによれば、民主主義は必ずしも自由主義と根本の精神を同じうするものではない。むしろ、民主主義と自由主義とは、その本質において互に袂を分つべきところをもっている。なぜならば、民主主義は国家の統制を是認し、法の規律をあくまでも肯定する。それは、民主主義の発展した形態が社会主義であり、社会民主主義であることを考えれば、一目瞭然である。社会民主主義は、正しい配分の秩序を作り出すために、国家の統制を強化して経済の領域にまでこれを及ぼそうとするのである。

これに反して、自由主義は、国家の統制をできるだけ縮減して、人間自由の領域を拡大しようとする動向であり、その極端な形態は無政府主義である。ここに、民主主義と自由主義との間の顕著な対立があることを見逃してはならない(Gustav Radbruch: Rechtsphilosophie, S. 62)。ラアドブルッフは、かように考える。そうして、かように考えるラアドブルッフが、民主主義の法哲学的基礎づけを試みるにあたって、自由の理念を排して平等の理念から出発したのは、もとより決して偶然ではない。

ラアドブルッフによれば、民主主義の基本原理は「多数」である。多数意志の無条件の支配である。これに反して、自由主義の根本観念は「自由」である。したがって、自由主義は、個人意志の自由を重んずる。場合によっては、多数意志に対してさえ、個人意志が自己を主張する自由を要求する。自由主義のかかげる最高の価値は、国家生活に先立つところの人間の自由であり、自由権であり、基本権である。国家は、この権利を制限するために存するのではなく、人間天賦の自由権を保護することを目的として設けられた。だから、一七八九年の人権宣言は、「すべての政治社会の窮極目的は、人間の自然・不易の権利を維持するにある」と主張した。これに反して、民主主義の国家観によれば、人間は、国家生活を営むことによって、その国家以前の自由を放棄し、国家意志の規律に服することとなったのである。ここにいう国家意志とは、多数の意志である。そうして、国民としての立場に置かれた人間の自由とは、この多数意志の構成に自ら参加し得るということに外ならない。国民は国家意志の構成に参与する自由を有するが、多数決によって構成された国家意志には、あくまでもしたがわなければならない。そこでは、自由主義の意味での自然の自由は否定される。だから、ラアドブルッフは、民主主義と自由主義とを截然と区別し、後者における「自由」に対して、前者における「多数」の原理的優位を認めたのである（前掲書、六二頁以下）。

それでは、民主主義の政治原理において多数が指導的役割を演ずることの理論上の根拠は、どこに求めらるべきであろうか。この問題を明らかにするためには、「平等」の理念から出発するラアドブルッフの相対主義の論理を概観しなければならない。

ラアドブルッフによると、法の理念は正義であり、正義は平等である。平等とは、「各人にかれのものを」与えることであり、等しいものを等しく、等しくないものを等しくないように取りあつかうことに外ならない。これは、法の世界の指導理念であって、学問上の真、道徳上の善、芸術上の美と同様の不可還元性を有する。しかし、正義といい、平等といっただけでは、これを具体的な社会問題に適用して、その正邪・曲直を判定することはできない。なぜならば、正義は、ただきわめて抽象的に、等しいものを等しく、等しくないものを等しくないように取りあつかうことを求めるにすぎない。それでは、一体、等しいものと等しくないものとを価値的に差別する標準は何であるか。等しくないものをどう差別して取あつかうのが、公正な配分であるのか。これらの問題は、単に等しいものを等しく、等しくないものを等しくないように、といっただけでは、決して解決され得ないからである（前掲書、三〇頁以下）。

そこで、ラアドブルッフは、正義の理念と不可分に結びついた原理として、法の目的というものをかかげる。目的の観点に立つことによって、はじめて正義は具体的な内容を持ったものになると見るのである。ところで、正義は平等という単一の理念に帰着するが、法の目的は、さように一義的には示され得ない。なぜならば、法の目的に関しては世界観の相違が著しく現れ、ことなる世界観に応じて正反対の目的が法のためにかかげられるからである。すなわち、個人主義の立場は、法は個人の利益に奉仕すべきものであると考える。これに反して、全体主義の世界観は、個人の利益を犠牲にしても、民族とか国家とかいうような団体の繁栄を図るのが、法の窮極の目的であると主張する。更にまた、文化至上主義の立場を採れば、学問とか芸術とかいうような客観的な業績価値を建設して行くのが、人生の目的、したがって法の目的であり、個人も国家も、この目的に奉仕することを本義とすべきであるということになる。それに応じて、個人主義の立場からは、すべての人間をできるだけ平均して取りあつかうのが正しいことになるし、団体主義に立脚すれば、団体の権威を体現する者としからざる者との間に格段の価値の差等が生ずるし、文化主義から見れば、文化の建設に貢献する度合にしたがって、人間の価値が測定せられることになるのである（前掲書、五〇頁以下）。

これらの三つの立場は、それぞれに理由があるのであって、その中のどれか一つだけが正しいということは、もはや理論理性によっては決定され得ない。したがって、これを決定し、その中の一つに帰依するということは、各人の実践理性の問題であり、世界観的な信念にゆだねらるべきである。そこで、ラアドブルッフの法哲学は、法の目的については、考えられ得る色々な世界観的な立場を組織的に叙述するにとどめ、そのいずれが正しいかという問題に関しては、きわめて謙虚な態度を以て判断を中止する。それが、かれの相対主義の態度なのである。ただし、ラアドブルッフは、かくのごとき相対主義を採ることは、決してピラトのような無定見の懐疑主義に陥ることではないと主張する。この相対主義は理論理性の世界での相対主義であって、実践理性の世界でのそれではない。だから、「学問的」にはどの立場を選ぶべきかという断定は下さないが、「実践的」にはその中のどれか一つの立場を採って、レッシングのナアタンのごとくにその正しさを争い、その力を試みることを躊躇すべきではない、と論ずる（前掲書、一〇頁以下）。

けれども、各人がその世界観の立場を勇敢に主張する権利を有し、しかも、法哲学はそのどれが正しいかについて黙して語らないということになると、はてしない世界観闘争が行われて、法の決定を下すことはできないという結果になる。それでは、法秩序は維持できない。法は、正義に則り、法の目的にしたがうべきものではあるが、しかもまた、何よりもまず秩序の安定を重んずるものである。正義は、法の第二の最も重要な使命であるが、その当面第一の任務は、法的安定性であり、平和であり、秩序である（前掲書、六二頁）。ゲエテは、「われわれに平安をもたらす者、それが主である」といった。かように、法が単一の秩序の安定を保つためには、共同生活の中に統一された法定立の力があって、何が法であるかを決定しなければならない。何が正しい法であるかは決定できないにしても、何が法であるかを決定し、かつ、法として決定されたことを貫徹する力を備えたものがなければならない（前掲書、七〇頁以下）。その力は何であるか。

民主主義は、この力を「多数」に求める。多数の意見が帰著するところを以て法であるとなし、その法を以て秩序の安定を図ろうとする。具体的にいえば、国民の間に林立する色々な世界観的な立場が「政党」となって議会の中に表現され、国民の支持を最も多く受けている政党によって、議会での法定立の方針が決定される（前掲書、五八頁以下）。しかも、民主主義は、どの政党が多数を制しても、その立場が絶対に正しいとは認めない。したがって、議会の勢力の中心が他の政党に移れば、今度はその政党が法定立の決定権を行使することを認める。故に、民主主義の根本の精神は相対主義である。いいかえれば、法哲学上の相対主義は民主主義の基本原理である（前掲書、序言、八頁）。ラアドブルッフは、かような論理を展開して、多数決によって運用される民主主義の政治原理が、最も弾力性に富んだ法秩序の安定を図る所以であることを立証しようと試みた。

ラアドブルッフのこの理論は、民主主義における多数決原理のもつ意義を最も深く洞察し、最も明らかに論述したものとして、特筆大書するに値するといわなければならない。しかしながら、それによって多数決の論理がゆらぎなく確立されたと見てよいかというと、決してそうはいえない。むしろ、そこにますます深い多数決原理への疑問が生じて来ることを免れない。それはなぜか。

なぜならば、こういう理論で行くと、正義の客観性は影が薄くなって、結局、一種の実力決定主義に接近して行くことを免れ難いからである。

ラアドブルッフは、正義は真・善・美と同じような不可還元的な絶対価値であると見るのであるが、正義だけでは具体的な法問題を解決することが不可能である以上、正義は平等であるといっただけでは、正義の客観性は確立され得ない。そこで、それに法の目的という内容的な要素を加えて来ると、世界観の立場が岐れて、相対主義になる。それをふたたび統一的に決定する役割を演ずるものは、正義および合目的性とならんで法の理念の第三の構成要素たる法的安定性である。しかし、そうなると、もはや正・不正の鑑別は抛擲されて、力の決定が最後に物をいうことになる。その決定がいかに「多数」という要件を備えなければならないからといって、多数の決めたことならば必ず正しいという根拠は、どこからも出て来ない。そこで、その立場は、結局一つの実力決定主義に帰著する。ラアドブルッフは、自ら、法学の上ではイェリネックに負うところが最も大きいことを認めている。しかるに、イェリネックの国法理論は、「国家の自己義務づけ」の説にせよ、「事実の規範力」の説にせよ、実力説と深い関係をもつ。その影響を受けたラアドブルッフが、この点で、彼の高貴な理想主義の立場を裏切る実力説と握手している観があるのは、誠にやむを得ぬところといわなければならない。

のみならず、ラアドブルッフは、その法哲学上の相対主義を以て民主主義を基礎づけようと試みた。そうして、法哲学上の相対主義を採る理由については、法目的に関する世界観的立場の決定が実践理性の問題であって、学問上の判断の及び得ぬ彼岸に属するためであると説いた。しかし、法哲学は、単なる理論理性の学問ではなく、同時に一つの実践哲学であり、したがって、何が正しいかについて最後の制定を下すことを避けて済まし得る立場にあるものではない。が、それはしばらく措くとしても、民主主義にいたっては、勿論一つの実践的な政治原理であって、単なる理論や学問では絶対にない。しかるに、実践理性の立場においては、人はレッシングのナアタンのごとくに、果敢にその所信の正しさを試みるべきであるといったラアドブルッフが、政治上の実践の立場たる民主主義について相対主義の方法を適用しようとしたのは、明白な矛盾であるといわなければならない。もしも民主主義が、何を以て正しいとするかについて最後の判断を与え得ぬ相対主義であるとするならば、それは、ラアドブルッフの排斥するピラトの懐疑主義に外ならぬであろう。何が正しいかの問題については判断を中止し、世界観の抗争は結局多数によって決著せしめる外はないとするのが、民主主義の態度であるならば、その態度は、数の赴くところには無批判に追随する機会主義に堕する。その結果として、議会制度や政党政治を否定する独裁政治勢力が国民の圧倒的多数の支持を受け、遂に議会を乗取り、民主主義を崩壊せしめるにいたったとしても、相対主義的な民主主義は、やはり、唯々諾々としてそれを甘受するの外はなくなるであろう。

だから、ラアドブルッフは、ナチスの擡頭によるワイマアル憲法瓦壊の経過をつぶさに体験するにいたって、その学説に重要な修正を加え、法哲学上の相対主義にも譲るべからざる最後の一線があることを認めるようになった。すなわち、相対主義は、すべての世界観に対して寛容であるが、自己のみを絶対であると僭称し、他の立場を一切排斥しようとする独善・偏狭の絶対主義に対してまで寛容ではあり得ない、と論ずるにいたった。ここにいたってかれは高らかに宣言する。民主主義は、もろもろの政党が多数を競い、互に交替して立法上の決定権を行使することを認めるが、一たび多数を制した政党が他の政党の存立を禁止し、絶対の独裁権をふるおうとするのに対しては、あらゆる手段を以て戦わなければならない、と(Radbruch: Le relativisme dans la philosophie du droit. Archives de philosophie du droit et de sociologie juridique, 1934, I-II, p. 109)。

しかしながら、独善・偏狭の絶対主義には絶対に屈し得ないと論ずる相対主義は、もはや無際限の相対主義ではなくて、そのかぎりにおける絶対主義であるといわねばならぬ。独裁主義に対しては、あらゆる手段を以て戦わざるを得ないと宣言する民主主義は、正・不正の判断を中止する実力決定主義ではなくて、法を単なる実力の手に委ねてはならないという立場に立つ理想主義である。民主主義による法定立の方法論たる多数決原理は、正・不正の問題について無定見な機会主義ではなく、その根柢において確固たる正義の信念と結びつくものでなければならぬ。何が正しいかの判断を下すことを断念し、幾多の正しくない道の中から一つの正しい方向を発見しようとする志向と努力とを喪失することは、多数決原理の絶対に陥ることを許されない堕落であるといわなければならぬ。

## 四

多数決の原理には、確かに相対主義的な意味がある。甲論・乙駁の意見の対立がある場合に、神ならぬ人間の知性を以てしては、その中のどれを選ぶべきかを絶対の確信を以て断定し得る者はない。それを、なおかつ一人の絶対の権威を以て断定するという制度は、独裁主義である。独裁主義に走って、人間の合理性を蹂躪し、国民の運命を奈落の底に顚落せしめる轍を踏むまいとする以上、多数の意見を採用するという方法を採らざるを得ない。それは、相対主義であると同時に便宜主義である。少数の意見でも、一人の意見でも、正しいものは正しいに相違ないのであるから、いやしくもそれが正しければ、少数の意見、一人の意見であっても、それを採用し、それを断行するのが、政治の理想に適った最善の方法であるに相違ない。しかし、その最善の方法によろうとすれば、寡頭政治となり、独裁政治となる以上、次善の策、三善の策ではあっても、多数の支持するところによって行動する外はないという便宜主義が、多数決原理の中に内在していることは、否定し得ないところであろう。

しかしながら、多数決原理が全然底のない相対主義であり、決定のためのみに決定を求める便宜主義にすぎない、というのも、また極端な一面観であるといわなければならない。ケルゼンが、多数決原理をば自由の理念から演繹し、妥協の法理を以てその精神を意義づけようとしたのは、多数決の明るい一面に偏した判断であることを免れなかった。けれども、それはそれとして、多数決原理が言論の自由の精神と深く結びついており、したがって、少数意見にも充分にその主張を吐露する機会を与え、多数意見にも影響を及ぼす道を開くものであるということは、これまた否定すべからざる真実である。それによって、多数意見も自ら反省を重ねることがあるか、否、更にすすんで、正しい少数意見が次第に大勢を動かして、遂に逆に多数の支持を得るにいたるか、あるいは、多数が数の暴威をふるって少数意見を圧倒し、一党一派の利益をば理否を問わずに貫こうとするかは、むしろ民主政治の運用の問題である。多数決原理が正しい法秩序の建設への不断の志向を基礎として行われる場合には、望ましい第一の結果が現れるであろう。これに反して、民主主義が正・不正を客観的に鑑別しようとする努力を徒労として放棄し去り、いわゆる多数党の横暴を許し、したがって、数の獲得のための宣伝・謀略に狂奔するようになれば、厭うべき第二の結果に陥ることを免れないであろう。要は、技術的な方法としての多数決そのものの問題ではなく、多数決の根柢にある民主主義と、法の根本理念としての正義とが、どこまで内面的に吻合し得るかの問題に外ならない。

人間社会の歴史を科学的に考察しようとする者は、社会の現実に内在する醜悪な事実や、解決し難い矛盾や、到底和解せしめ得ない対立に目を蔽うていてはならない。しかしながら、さればといって、理想に程遠い現実を直視することによって、理想への努力を冷笑し、拱手傍観して歴史の流れの外に立ち、あるいは、非建設的な批評の中にシャアデン《ママ》・フロイデを味うことは、人類への愛と自己の責務とを自覚する者の態度ではない。人間の歴史を顧みると、正義が実力によって蹂躙された事実は、数限りないほどに多い。過去においてそうであったばかりではなく、現在においてもそうであり、将来も恐らくそうであろう。けれども、それと同時に、正義が邪悪を克服し、理想が現実を動かし、少数の正しい意見が最後の勝利を獲得した場合も、また決してすくなくない。現在もそうであるし、将来はますますそうあらしめなければならない。歴史の進歩への道は、進歩の可能性を信じ、そのために必死の努力を傾注する者の前に開かれる。

ただ、具体的な場合にあたって、どこに正しい進歩への道があるかは、もとより容易には決定し難い。これについて論議を重ねるのは、共同生活に関与するすべての人々の義務であると同時に、権利である。言論の自由が重んぜられなければならない所以は、そこにある。しかも、論議を重ねて、なおかつ第一点を見出し得ないとき、徒らに遷り行く事態の前に佇立することが許されない以上、なるべく多くの人々の納得する方針を採るより外はない。そこに、多数決の根拠がある。しかも、多数意見かならずしも正しからず、少数意見がかえって道理に適っている場合も、稀でない。その結果は、やがて現実の事の成り行きの中に現れて来る。その結果を見て、かつての決定に同意した多数の人々も、虚心坦懐、前には多数決によって否定された第二案を支持し、これを試みて失敗の救済を図るというのは、多数決の倫理である。さればこそ、少数意見の者も、自ら省みて直ければ、千万人といえどもわれ往かんの慨を以てその見解を主張し、多数に圧倒されて敗れても、これを将来の再検討のための伏線とし、共同財として残すというのは、多数決の道義である。多数決の論理は、さような倫理と道義とに立脚してはじめて、建設的に肯定・是認せらるべきである。

ジョン・スチュアアト・ミルは、真理は共同の論議・検討によってのみ発見せられ、誤謬は真摯な批判・琢磨を通じてはじめて是正せられるという確信の下に、高貴なる言論の自由を説いた。ミルを生んだイギリス国民の政治道徳の高さが、その国の民主政治を不断に向上せしめ、多数決による輿論立法の範を世界に示したのは、けだし故あることといわなければならない。

ミルもまた、人間の判断がすこぶる謬り易いものであることを認める。これこそ間違いなく真実だと思うことが、実はやはり誤謬であることは、きわめて多い。だからこそ、一つの判断だけを絶対の真理として人に強要し、これに反対する意見の発表を許さないという態度は、決して採ってはならない (John Stuart Mill: On Liberty, 1859. People's edition, 1897, pp. 9-10)。思想および言論の自由の主張は、ここから出発する。だから、その出発点を見れば、ミルの見解もまた一種の相対主義である。自己の信念にも誤謬があり得るし、理解し難い他人の主張が正しいこともあり得る。対立するいくつかの意見の中のどれか一つが常に絶対に正しいということは、いかなる偉人も賢者も断言することを得ない。そう考えるのは、一つの相対主義である。けれども、ミルによれば、その中のどれが正しいかは永遠に知られ得ないというのでない。その中には、必ず正しい意見があるのであり、その意見の正しさは、やがて事実によって立証される。まず論議がつくされ、それに経験が加わることによって、やがて真理と誤謬との別が判然と示されるときが来る。かように、論議と経験とによって真理、すなわち、人間のすすむべき正しい道が把握され得ると信ずる点では、ミルは決して単なる相対主義者ではない。

もっとも、カント哲学の立場などから批判すれば、経験によって立証された真理は、結局相対的な真理である。したがって、経験によって誤謬が訂正され、真実が闡明されると説くミルの理論は、やはり、相対主義であるということになるであろう。

しかし、イギリスの学風からいえば、経験ほど確かなものはないのである。しかも、単なる経験だけではなく、充分な論議と結びついた経験によって、客観的な真理が発見されるのである。そこに、言論の自由の重要な意味がある。故に、ミルは説く。——もしも、百人の中の九十九人までが同一の意見であり、残る一人が反対意見であったとしても、その一人の発言を禁ずることは許されない。逆に、その一人が権力をもっている場合に、その権力をふるって他の九十九人の意見を封ずることが許されないのと同様に。なぜならば、もしも封ぜられた意見が正しいならば、人々は誤謬を訂正すべき機会を失うことになる。反対に、もしも沈黙せしめられた意見が正しくない場合には、真理を誤謬と闘わしめることによって、真理を更に明確に把握し、その真実さを生き生きと確信すべき機会を逸することになる。そうして、第二の損失は、第一のそれに比してほとんど劣らないほどに重大なのである、と（前掲書、一一頁以下）。

　かような言論の自由の意義を、ミルはすすんで、三つの場合に区別して論ずる。あるいは、言論の自由が人類の精神的な福祉のために必要であるという主張のために、四つの根拠をかかげる。

　その第一は、一般に認められている意見が、実は謬りであって、反対の意見の方が正しい場合である、《ママ》政治上の権力によって、そうした正しい言論を封ずるということは、しばしば見られる現象である。権力者は、もとよりさような反対意見が真理であることを否定しようとする。しかし、そうすることは、自己の見解が絶対に正しいと僭称することに外ならない。ところが、実際には、いかなる通念にも、いかに風を切って通る信念にも、謬りがあり得るのである。したがって、反対意見に耳を藉さず、更にすすんでこれを弾圧するならば、思想の向上は決して望まれ得ない。事実、過去のあらゆる時代を通じて、その当時の卓越した人々の大多数は、今日から見れば明らかに間違っている考えを抱いていたのである。しかも、それにもかかわらず、全体を通じては、人類の間に合理的な意見が行われ、合理的な行動がなされるようになって来たのは、何によるか。それは、人々の抱く誤謬が訂正され得るものであるということによるのである。前に述べた通り、この誤謬の訂正という可能性は、議論と経験とによって与えられる。人間の判断のすべての力と価値とは、それが間違っている場合には正され得るという可能性に存する。そうして、間違った判断を是正すべき方法が常に用意されているときにのみ、人間の判断に信頼を置くことができるのである。これが、ミルのかかげる言論の自由の必要性の第一の根拠である（前掲書、一〇頁以下、三〇頁）。

　次に、第二に考察さるべきは、社会の通念と少数の反対意見とのいずれにも部分的な真理が存する場合である。こういう場合が、実際にはむしろ最も多いであ《ママ》ろう。その場合には、社会に公認されている見解は、大体として正しいが、決して完全に正しくはない。それは、大なり少なり真理の一部分であり、しかも一方的に誇張され、歪曲され、補足せらるべき真理の他の部分から遊離した状態において主張されている。かような場合に、他の意見を自由に主張せしめ、相互の批判・検討によって一層完全な共通の真理を捉えるように努力することがいかに必要であるかは、殊更に述べるまでもない。

　例えば、政治において、秩序と安定とを重んずる政党と、進歩と革新とを力説する政党とが並び存し、その相互補正によってはじめて政治生活の健全な状態を保つことができるというのは、ほとんど常識化された事実である。こうした対立する立場は、対立はしているけれども、互に不断に他の立場からの恵沢を受けている。一つの立場は、他に反対の立場があればこそ、健全な合理的な軌道から逸脱することを免れているのである。人間の性格には、自らすすんで謬りを是正し、不偏・客観の態度を以て不断に真理に接近するというような型は、容易に求められ得ない。とすれば、よしんば互に敵対する旗の下に岐れて抗争しても、その抗争・対立の中項として、次第に真理が発見されて行くことが望ましい。そこに、ミルのかかげる言論の自由の第二の根拠がある（前掲書、三〇頁以下）。

更に、第三は、広く行われている考えが完全に正しく、これに反対する意見が全く誤謬であるような場合である。そういう場合ですら、反対意見を封じ去るということは、決して正当でない。なぜならば、真理は反対によって磨かれる。真実は、色々な批判や反対に会って苦しまなければならぬ。激しく論難され、真剣に討議されることによって、はじめてその合理的な根拠をますます深めることができる。そうでないと、いかなる真理といえども、それが正しいという真の根拠が理解され、感得されずに、単なる先入見のようにして受け取られることを免れない。そこに、言論の自由の第三の論拠がある。

しかも、それればかりでなく、反対を知らない真実は、真実そのものとしての迫力を喪失し、人間の性格と行動との上に生きた影響を与えることができない。それは、死んだドグマと化して、ただ形式的に信奉せられているに過ぎない。そうして、理性や体験によって真の心の深みから流露する信念を、徒らに妨げることになる。ミルは、ここに、いかなる言論にも暢達な自由を与えなければならないという主張の第四の根拠を見出すのである（前掲書、二〇頁以下、三一頁）。

ミルによる言論の自由の、この周到にして逞ましい主張は、同時に、多数決原理の力強い裏づけとして役立つであろう。

民主主義は、多数説が常に正しい訳ではなく、少数説が正しいこともしばしばあり得ることを認める。しかし、多数決は、決して少数説を一片の票決によって葬り去る訳ではない。票決にいたるまでの論議によって、多数説にも反省の機会が与えられるし、少数説が否定されても、堂々として主張されたその論旨が正しければ、やがてまた次の決定が必要となった場合には、多数を制する可能性が残されているのである。歴史上の社会改革を指導した多くの思想は、最初から唐突に多数意見として生れ出たものでは決してない。それは、はじめは少数の先覚者によって唱えられ、いくたびか伝統の思想や社会の通念によって圧倒されるという受難の道を歩んだのちに、次第に広くその真理性が認められ、大きな輿論となり、強い政治力となって、遂に歴史を新たな段階に導くことに成功したのである。そうなるまでは、正しい意見も少数なるが故に否決の憂目を見ることがあるであろう。そういう面だけを取り出して見れば、多数決原理には実力決定主義の要素が含まれている。真実が明らかにされるまでは、対立する意見のどれが客観的に正しいかを確信を以て判定する術がないから、ともかくも多数によって事を決することがくりかえされるであろう。その点だけからいえば、多数決原理は確かに相対主義に立脚している。しかし、永い経過を通じて見るならば、そうして、少数も多数に屈せず、多数も少数を軽んぜず、互に切瑳・琢磨の過程を踏んで行くならば、多数決原理は結局やはり客観的な真理と正義とへの最も確実な道であるといわなければならない。

# 五

多数決は、正しさへの不断の志向を基礎とすることによって、はじめて建設的な政治運用の原理となり、合理的な法定立の方法となる。これに反して、正しい目標にむかってすすもうとする意図と努力との裏づけを失えば、無定見の相対主義となり、衆愚に凱歌を奏せしめる実力決定主義となる。前の場合には、事を決する多数は、決して単なる「数」ではなく、単なる量でもない。それは、ともどもに正しい道を見出そうとする人々の中での、暫定的な数の勝利である。遂には正しさが事を決するであろうことを期待する人々の間での、取りあえずの量の優越である。したがって、その根柢には、正しい道理が勝たなければならない、という理念が儼として横たわっている。正しい道理が遂には多数の意見となるという期待は、単純な「量」の問題ではなくて、同時に「質」の問題でもある。これに対して、後の場合には、質的な正・不正を度外視して、数と量とのみが国事の上での決定権を握ることになる。それは、多数決原理の収拾すべからざる堕落である。そうして、数の多寡のみを以て事を決しようとする堕落した多数決原理は、数を無視して一人の判断の正しさを押し通そうとする独裁主義に対して、自らの正しさを主張する資格はない。

民主主義は、数の問題を無視することはできない。なぜならば、数を問わずに質のみを問題とすれば、少数の、そうして最後には一人の絶対権を認めなければならなくなるからである。それは、民主主義の独裁主義への屈服に外ならない。

しかしながら、民主主義は、数とともに質を重んじなければならない。数の尊重と併せて質を重んじつつ、同時に、国民全体の多数決による場合に免れ難い技術的な困難を除去するために発達した制度は、国民代表の組織である。すなわち、国民代表制度においては、国民の公選によって立法府たる議会が構成せられる。議会の組織は、その構成員が国民の多数の投票によって選出されるという点では、数の原理に立脚する。それと同時に、識見の高い「選良」の審議によって立法の方針を決定するという点では、質の尊重という精神を基礎としている。そうして、専門化された立法問題を、その道のエキスパアトの論議・研究に委ね、最後の決定はふたたび多数によることによって、質の尊重の趣旨と多数決原理との綜合を図っている。それはまた同時に、一々の立法問題を、法についての素人の多い国民の投票によって決することが、技術的にきわめて困難であるばかりでなく、実質上も必ずしもよい結果をもたらす所以でないという考慮にも適っているのである。

勿論、議会制度にも、色々な難点があり、弊害がともなう。議会の構成員を選任する国民と、選任されて成立した議会との間には、法的な意志の連鎖はないのであるから、国民代表といっても、それは単なる擬制にすぎないというケルゼンの批判にも、充分の理由がある。したがって、議会の多数党が国民の意志を無視して数の実力を発揮すれば、ルウソオのいう通り、国民は全く奴隷的な他律の拘束を受けることになる虞れがある。しかし、それもまた、議会が、それと同時にむしろ国民全体が、正しい政治を建設しようとする不断の志向を喪失した場合に生ずる弊害である。国民が常に公正な輿論を振起し、真に信頼するに値する人物を議員に選び、議会の審議に鞭撻と批判とを加えて行けば、国民と議会との間に法的な連鎖はなくとも、政治道徳上の緊密な連関は保たれる。また、そうなれば、議会の多数党といえども、国民の法感情や正義観念を無視して、数の力の無理押しをすることはできなくなる。国民が、議会制度を国民自らの制度として主導的に盛り立てて行けば、議会の多数決は、民主主義の根本義たる自律の精神と矛盾することはない。自律とは、自ら正しきを求めることであり、不断に正しさに接近するものと期待されるところの決定に、自らすすんでしたがうことである。その意味でならば、民主政治は、いやしくも民主主義の国家制度を肯定・支持するかぎりでの国民のすべてにとっての、自律の政治たることを失わないであろう。

# 人間平等の正義

## 一

法は、人間共同生活における「正しさ」の規準である。法に適っている生活は正しいとされ、法を破る行動は不正であるといわれる。単に、国民の日常生活が法を守ることによって正しいとされるばかりではない。国家の権力を行使する側について見ても、法はその行為の正・不正を測定する尺度となる。行政権も、司法権も、法にしたがって行使される場合にのみ、正しい国家の作用と見なされる。法にもとづかない権力の濫用を排斥するのは、民主主義の根本の態度である。かよぅに、法は、国民生活についても、国権の発動についても、それぞれその正しい筋道を定めているのである。

しかし、これを更にもう一段高い観点から考察すると、正しさの規準として行われている法それ自体が、はたして正しいかどうかが問題となって来る。法によって財産権を保護することは必要であるが、それが資本家の立場だけを一方的に有利なものとし、経済上の弱者の生存権を脅やかすにいたれば、さような法制度自身が手きびしい非難の的となる。租税制度なくして国家の経営が不可能であることは、何人の目にも明らかであるけれども、税種・税率・税額の定め方の如何によっては、悪税撤廃の声が政府攻撃の火の手をあおる。国民代表の議会の多数決によって法律を制定し、その法律をば権力行使の軌道たらしめることは、法治主義の建前であるけれども、議会で法律を制定しさえすれば、その法律の内容はいかなるものであってもよいといぅ訳には、もとより行かない。炭鉱を国家の手で管理するのがよいか。すすんで国営とまで行くべきか。逆に、企業の自由経営を重んずべきか。そういぅ問題がやかましい論議の的となるといぅ事実は、対立するいくつかの見解のどれが議会での多数を制し、現実の立法がどう行われた場合にも、その法が正しいか否かの批判を受ける運命を免れないことを物語っている。

それであるから、法的な「正しさ」には、二つの全く違った評価の角度があることが知られるであろう。

すなわち、第一の角度から見た正しさは、人間の事実行為が法にしたがっているということを意味する。いいかえれば、法が制定された場合、その法の内容の如何を問うことなく、制定された法をそのままに前提として、現実の人間の行為がそれに適っていることを、正しいとするのである。営業の取締りを強行する法が、見方によっては、いたずらに弱者を苦しめる悪法であるにしても、すでにそれが法と定まった以上、これを忠実に遵守するのは、「正しい」商人である。主食糧の配給外入手を禁ずる法令は、場合によっては、人間から生きる権利を奪う残酷な規定であるにせよ、検挙され、告発された闇行為に対して、法を確実に適用するのは、その職責上「正しい」裁判官であるといわれ得よう。

これに対して、第二の角度から眺めると、人間の行為を規律する法規それ自身が、はたして「正しい」かどうかが問題となる。この場合には、事実生活の正しい筋道を定めている筈の法そのものの正しさが、その法から離れた別の角度から批判されているのである。第一の意味での正しさは、実定法に内在する正しさである。これに反して、第二の角度から見た正しさは、実定法を超越する見地から論ぜらるべき正しさである。正しさという代りに「正義」というならば、前者は法内在的正義の立場であり、後者は法超越的正義の問題であるということができよう。

しかし、正義という言葉をかように二通りに使い分けることは、用語の紛糾をきたし、概念の混乱を招くおそれがある。そこで、両者を言葉の上でも截然と区別するためには、第一の意味での正義を、正義といわずに「秩序」と呼ぶのが、適当であろう。なぜならば、すでに法と定まったことは、よかれ悪しかれこれを的確に行うことによってのみ、国民生活の秩序が保たれる。これに反して、法の正しさを各人が各様に判断し、「悪法は法にあらず」として、国民もこれを蹂躪し、官吏や裁判官もこれを無視してはばからないならば、秩序は収拾すべからざる混乱に陥るからである。そこで、実定法の正確な遵守と運用とを秩序の原理とするならば、実定法そのものの正しさを判定すべき価値規準だけが、厳密な意味で「正義」と呼ばれてしかるべきものとなる。法の下での正しさは、秩序である。法を批判すべき正しさは、正義である。かようにして、法についての二つの価値理念が、それぞれ別の用語を以て別々に明示され得たことになる。

ところで、いままでの簡単な叙述すらもが、すでに明らかに示しているように、これら二つの価値理念の間には深刻な矛盾が存するのである。

すなわち、一方からいうと、人間の共同生活には秩序がなければならない。経済活動が円滑に行われるためにも、学問が栄え、文芸が発達するためにも、秩序の安定ということがまず第一の先決要件となるのである。しかるに、秩序が安定するためには、法が守られなければならない。法が守られるためには、既存の法を重んじなければならない。勿論、実際問題としては、既存の法が正しいこともあるし、正しくないこともあるであろう。しかし、法が正しいか正しくないかは、きわめてデリケエトな事柄であって、誰もが納得するような正しい法というものは、現実にはあり得ないといっても過言ではない。それを一々に争っていては、際限がない。まして、各人が自分の正しいと信ずるところにしたがって行動し、正しくないと判断する法にはしたがわないことを許すならば、共同生活はたちまち秩序の支柱を失うことになる。そこで、既存の法をともかくも正しいものとして、これをそのままに履行することが要求される。秩序の破壊は極力避けなければならないという必要が、法に強靭な安定性を与えるのである。

けれども、他方からいうと、法は正しかるべきものである。正しくない法は法たるに値しないのである。勿論、ある特定の法が正しいか正しくないかを客観的に判定することは、非常に困難である。しかし、それが非常に困難であるからといって、正しいと正しくないとにかかわらず、何はともあれ秩序を安定させて置きさえすればよいというのは、姑息・卑怯な事なかれ主義である。故に、実定法に対しては、常にそれより高次の立場からの価値判断を加え、正しい法と正しくない法とを鑑別し、正しくない法は思い切って改革して、新たな正しい秩序の原理を作り上げて行かなければならぬ。しかも、法が正しいか正しくないかは、決して純真な青年の討論会の問題ではない。実際には、そこに常に最も現実的な利害関係がまつわっているのである。特に、既存の法秩序によって現に利益を得ている人々は、そのために不当な圧迫を受けている人々の、血のにじむような叫びを馬耳東風と聞き流して、その秩序の変革をあくまでも阻止しようとする。秩序第一主義がこれと結托して、ひたすらに現状維持のみをこれ事とするのは、法の犯す重大な悪徳である。かくては、人間の生活の上に正義の陽の照る日は、永遠に到来しない。だから、次第によっては、正義の剣をふるって現状を打破するのに躊躇すべきではないという主張が爆発する。かようにして、勢のきわまるところ、革命が起り、国際社会での実力の行使となることを免れないのが、これまでの歴史上の事実であった。

昔、封建時代の武士は、二君に仕えないことを以て節操となした。しかし、法は、秩序と正義という二つの理念に同時に仕えなければならない立場に置かれている。平の重盛は、忠ならんとすれば孝ならず、孝ならんとすれば忠ならず、と歎いた。法もまた、秩序を堅持しようとすれば、正義を二の次とせざるを得ず、正義の要求を貫こうとすれば、秩序の破砕にまでいたることを免れない、というディレンマに歎いている。この深刻な矛盾と闘いながら、秩序と正義との矛盾を何とかして克服し、維持された秩序の中に正しい理念を実現することを求めてやまないのが、法を通じて眺めた場合の人類の歴史の苦闘の跡であるということができよう。

## 二

何が正しいのか、何を以て正義とすべきかは、人間が常に最も大きな問題として悩んで来たところである。しかし、この問題に対して一通りの答えを与えることは、決して困難ではない。それどころか、それはむしろ、きわめて簡単な課題である。何となれば、正義とは何かという問いに対しては、古今東西を通じて軌を一にする思想を以て答えることができるからである。それは何か。それは、要するに、「人間の平等」ということに外ならない。

この思想は、東洋では、「国を有ち、家を有つ者は、寡きを憂えずして、均しからざるを憂う」という有名な孔子の言葉によって、的確に表現されている。政治を行い、家庭を経営するにあたって、最も憂慮すべき事柄は、財産や物資の乏しいことではない。物は乏しくとも、その乏しい物が均等に分配され、負担も辛苦も万人に平等であれば、そこに慰めもあり、励みも生じ、希望も湧くであろう。これに対して、万人の犠牲において一部の者が利益を壟断するようなことになれば、天下の深憂はすなわちそこに発する。誠に、人間にとって不公平・不平等ほど耐え難いことはない。唐の時代にできた女論語は、この同じ思想を「同甘同苦」という言葉でいい現している。天下の憂いに先立って憂え、衆生の楽しみに後れて楽しむのは、君子・賢人の心構えである。一般民衆の共同生活においては、甘きを同じうし、苦しみを共にしてこそ、平和があり、建設への足並みが揃う。深い理論の裏づけはないが、人間平等の正義はこれらの言葉によって、最も簡潔に適切に示されているということができよう。

転じて西洋でも、平等を以て正しいとする考え方は、古来一貫してその社会思想の中を流れている。左の手に秤を持ち、右の手に剣を高くかかげている正義の女神像は、この思想の象徴に外ならない。秤は平均であり、平均は平等である。負債と弁済、損害と賠償、給付と反対給付、犯罪と刑罰とを平均させることは、正義の根本の要求である。これらは、個々の行為や特殊の場合についての平均であるが、その精神を全般に押しひろめていうならば、人間共同生活の平均と平等とを正しいとする思想が、この象徴の中に示されているということができる。しかも、正義は、単に人と人との間の利益および損害を秤にかけて平均させることだけを求めているのではない。矯正し難い不平均があれば、右の手にかざした剣によってこれを斬るというところに、正義の女神の面目がある。この態度が法を通じて現れた場合、それが法に固有の強制となるのである。法が道徳と違う点は、人間関係の利害の均等を求めて、これにしたがわない者に対しては、賠償を強制し、刑罰を科する点にある。最後の手段として強制の剣をふるい得ないものは、法ではない。そこで、法は必然的に力と結びつく。正義は実力の背景を求める。マイトがライトではないが、マイトをともなわず、邪悪の前に泣き寝入りをするライトは、正義の名に値しないといわなければならない。

この、人間平等の正義観念を最も周密に理論づけ、西洋の、否、人類の正義思想のために不抜の根拠を確立した者は、いうまでもなくアリストテレスである。

アリストテレスにとってもまた、正義は、人間共同生活における利害の均等を図ることに外ならない。この均等は、まず第一には、負担と報償、商品とその代価、不法とこれに対する制裁の平均を意味するであろう。それ故に、この意味での均等は「報償的正義」と呼ばれる。しかも、負担と報償とが釣り合い、給付に対して等しい反対給付を行うのは、人によって差別を設けるべき事柄ではない。何人といえども、百円の品物には百円の代金を支払う義務があり、罪を犯せば法の定める刑に服さなければならぬ。その、たれかれの差別を認めぬ平等の立場の根柢には、人間の等価性の理念が横たわっている。人間は、すべて個人として平等の権利を有し、平均の尊重に値する。その意味では、これを「平均的正義」と呼ぶのがふさわしい。平均的正義は頭割りの平等である。そこでは、人間の間の個人差は認められない。

しかしながら、他方から見れば、人間の共同生活では、各人の能力や経験や人格や勤怠というようなものが、大きく物をいう。高潔・有能・精励な人物は、社会公共の福祉に貢献するところが大きいが、人格が低劣であって、無能・怠惰な人間に、世の中に裨益するところがないばかりでなく、かえって社会に害悪を流す。それを一律平等に取りあつかうことは、いわゆる悪平等であって、決して正しい共同生活のあり方ではない。そこで、平均的正義とならんで、第二に、社会公共の立場から見た人間の価値に応じて、各人にそれぞれふさわしい社会的な地位と、精神的な名誉と、物質的な報酬とを与えることが要求される。それがアリストテレスのいう「配分的正義」である。平均的正義は頭割りの平等であるが、配分的正義は、高いもの、優れたものには多くを、低いもの、劣っているものには少くを与えることを以て、真の平等であるとする。前者は、私法上・刑法上の正義であり、算術的比例にしたがうのに対して、後者は、団体生活における公法上の正義であって、幾何学的比例によるものであるといわれる。

この、アリストテレスの正義論、特に配分的正義の観念は、その後の西洋思想における正義の規準を的確に方向づけた。すなわち、ロオマ時代に入って、キケロが正義をば「各人にかれのものを」(suum cuique) わかつことであるとなし、ウルピアヌスが正義を定義して、「各人にかれの権利をわかち与えようとする恒常・不断の意志」であるといったのは、配分の公正に重点を置いた正義観の表明に外ならない。近代の民主主義思想は、人間の平等をば社会生活の根柢をなす自明・普遍の真理とするが、その場合の平等もまた、もとより悪平等の意味ではない。すべての人間を個人として尊重するのは、民主主義の根本の態度であるけれども、さればといって、すべての人間を無差別にひとしく取りあつかうことが正しいとされる訳では決してない。人間の能力や価値の差等にしたがって異なる待遇が与えられるのは、きわめて当然である。ただ、その場合に、価値の差別と待遇の差等とが程よく比例して、各人の分に応じた精神上・経済上の地位が与えられるのが正しいのである。ラアドブルッフは、この考え方を要約して、正義とは等しいものを等しく、等しくないものを等しくないように取りあつかうことである、と説いた。

かように配分的正義が正義の尺度の中心をなすのは、社会公共の福祉が重んぜられるからである。したがって、配分的正義は団体主義的な正義であるといわれる。これに反して、徹底した個人主義に立脚するならば、人間の等価性が絶対の意味をもつこととなり、平均的正義だけが正しい人間の関係を規律することになるであろう。

しかしながら、それであるからといって、平均的正義に対する配分的正義の優位を認めることは、決して人間を個人として尊重する精神と矛盾するものではない。むしろ、すべての人々に人間としての福祉を与え得るためには、まず公共の立場を重んじ、団体の統一と繁栄とを図らなければならないというのが、配分的正義を重要視する根本の考え方なのである。アリストテレスの場合は、正にそうであった。かれは、物心両面における人間の幸福をば人生の目的と見た。故に、かれは、ポリスの全体性を認めてはいたが、しかも、国家の任務は広く国民に幸福がわかち与えられるように配慮するにあると考え、そういう立場から、国家公共の生活における配分的正義の必要を説いたのである。したがって、アリストテレスにとっても、公共の福祉とは、個人の幸福があまねく国民の間に行きわたることに外ならなかった。

同じことが、近世ドイツの愛国哲学者たるフィヒテについてもいわれ得るであろう。フィヒテは最初、カントのような倫理的個人主義の世界観から出発したが、のちになって次第に国家の高貴な使命を自覚するようになり、特に、経済の面では、国家による強力な統制の必要を認めた。しかし、フィヒテの場合にも、国家の使命を重んずることは、決して個人の価値を軽んずることではない。むしろ、彼は逆に、すべての国民に対して人間としての人間らしい生活を保障するために、国家全体の立場から公正な配分を行う必要があると考えたのである。フィヒテによれば、すべての国民が安んじて勤労に従事し、それによって経済生活の安定が与えられ、しかも、仰いで文化の蒼空を眺める余裕をもつことが、人間の人間たるに値する生活に外ならない。そうして、さような意味で、「各人にかれのものを」享受せしめるところにこそ、「理性国家」の任務が存するのである。

故に、これらの思想傾向は、国家公共の立場をいかに重んじても、その根柢には、それ以上に重んぜらるべき個人の福祉の存することを、いささかたりとも閑却していた訳ではないのである。いいかえれば、個人の福祉は国家の「目的」であり、国家は個人の福祉の「手段」である。そうして、国家の作用を媒介とすることによって、個人の福祉が一部に偏ることなく、広く万人に行きわたるところに、正義の実現があると考えられていたのである。それは、個人主義を基礎とする団体主義であり、団体的公共性の尊重から出発する配分的正義の主張に外ならないと見らるべきであろう。

ただし、団体主義が極端に走って、団体それ自身に絶対価値を認めるにいたれば、問題は自らにして別である。この場合には、国家または民族が超個人的な全体として至高・尊厳な権威を備えることになる。したがって、その全体の部分としての個人は、ただ、国家や民族の存続発展のための手段にすぎないものと見なされ、その目的のためには、個人に対してあらゆる犠牲が、場合によっては死を見ること帰するがごとき生命の犠牲が要求される。それが、いわゆる全体主義であり、「極端な国家主義」である。勿論、この立場も、現在の苦痛が将来の福祉への道であり、現代の犠牲が子孫の幸福の条件であることを力説する。しかし、それが空手形ではないという保障は、どこにも存在しない。全体主義の社会では、それにもかかわらず一般民衆に対して、いざという場合の最大の犠牲を要求し得るために、鋭角的にそそり立つピラミッド型の権力組織が築き上げられる。このピラミッドの頂点に位する者は、全体の権威を身にまとい、絶対の権力を意のままに行使する独裁者である。それは、全体の権威からの距離によって個人の間に極度の価値差が認められる世界であり、ピラミッド的配分関係の底面に位する雑兵どもに対しては、滅私奉公の絶対命令が通用するところの、人間価値のインフレエション状態に外ならない。

民主主義は、もとより、かような世界観を排斥する。なぜならば、民主主義の立場は、あくまでも、人間を個人として尊重するという観点から離れないからである。この観点からいうならば、正しい社会生活とは、できるだけ多くの人々ができるだけ大きな幸福を享有する状態であるということができる。そういう状態を維持するために国家の存在が必要であると認める点では、民主主義は無政府主義と袂をわかつ。しかし、国家はただ、個人の活動がフェア・プレイの埒を越えた場合に権力を以て介入するにとどめ、幸福の追求は、できるだけ各人の自由な生活経営にまかせて置く方がよいと見るならば、その立場からはそれだけ団体主義の色彩が薄らぐことになる。そういう立場から、法や道徳の目的は、「最大多数の最大幸福」をもたらすことにあると主張したのが、ベンタムやミルによって代表されるイギリスの社会実利主義である。

この主張は、ドイツ流の理想主義哲学の立場からは、個人の幸福や快楽を実践生活の目標とすることによって、人間の崇高な精神的理想を冒瀆するものであると非難された。しかし、社会実利主義の重点は、「最大幸福」という点よりも、「最大多数」というところに置かれていると見らるべきである。なるべく多数の人々がなるべく多くの幸福を享受し得るということは、あらゆる社会制度の根本の狙いでなければならない。しかも、その幸福が、決して単なる物質的な幸福や肉体的快楽ではなくて、それより以上に精神的な福祉を意味するものであることは、特にミルの力説するところである。さような意味での福祉ができるだけ広く、でき得べくんばすべての人々に行きわたることを求めるのは、アリストテレスの正義思想を継承・布衍する高貴な社会理想主義に外ならない。人間平等の正義は、むしろ、ここにいたってきわまるといっても、決して過言ではない。「最大多数の最大幸福」とは、誠に単純な、しかし、誠に偉大な言葉である。この目標に到達するための手段については、きわめて複雑な問題と険しい見解の対立とが残されているにしても、この目標それ自身の真理性は、万人のひとしく認めるところであるといって差しつかえないであろう。マルクスが、完全な共産主義社会になってはじめて実現され得ると見た、「各人がその能力に応じて寄与し、各人がその需要に応じて享有し得る」という状態も、社会の理想の内容としては決してこれと本質を異にするものではないといわなければならない。

## 三

正義とは、あらゆる人々が共同生活の中で各人の価値に応じた地位を占め、その規律正しい協力によって、すべての人間が人間たるに値する平等の福祉を享有し得るような社会状態である。しかしながら、これは、正義の問題の解決ではなくて、その提出にすぎない。なぜならば、最も困難な問題は、むしろここからはじまるからである。

困難な問題がまず分岐するのは、「各人の価値に応じた地位」という場合の、その価値の定め方如何である。前に述べたように、配分的正義は、「各人にかれのものを」与えることを意味する。しかし、何が各人に与えらるべきかれのものであるかは、正義をかように定義しただけでは、まだ少しも示されていない。この点を明らかにしない以上、「各人にかれのものを与える」ということは、かれに与えらるべきものはかれに与えらるべきであるという、単なる無意味な同語反復にすぎない。問題は、各人にふさわしいかれのものが何であるか、である。それを決定するためには、まず、人間の価値を測定すべき尺度を明らかにする必要がある。しかるに、人間の価値を測定すべき尺度は、世界観の相違によって著しく左右される。したがって、それは、時代によって変化し、立場によって異なることを免れない。だから、各人にかれのものを与えるのが正しいということについては、何人も異議はないにしても、何が各人にふさわしいかれのものであるかについては、深刻な見解の対立が生ぜざるを得ない。

最も手近な事実によってこのことを具体的に明らかにして見よう。

太平洋戦争が惨憺たる敗北に終るにいたる前の日本では、人間の価値を測定する規準は、一にも国家二にも国家であった。国家は、価値の規準であるというよりも、むしろ、絶対の価値そのものであり、すべての国民に対してはこの絶対価値への奉仕と犠牲とが要求された。それ故にまた、国民の人間としての値打ちは、この絶対価値を擁護・高揚する度合いによって測られた。すなわち、それまでの日本では、最も「偉い人」として通用したのは、例えば、明治維新の元勲であり、日露戦争に勲功のあった武将であって、それらの人々は、生前には位人臣をきわめる殊遇が与えられ、死してのちもまたその功績をたたえる銅像が建ち、あるいは神社に祀られて、国民の崇敬の的となった。これらは、十指に満たない稀有の人物であり、稀有なるが故にますますその比類少ない価値をたたえられたのである。しかし、それ以外の場合にも、現実政治の面でどれだけ国家に役立つかが、人間の値ぶみをするための最も主要た尺度として月いられていた。官尊民卑・官僚万能の世の中では、容易に求められない大立者は「総理級の人物」であり、これに次ぐものは「大臣級の人物」と称せられた。それから下って、局長級・課長級となると、次第に人間の間の価値の傾斜は緩慢となり、それ以下は「その他大勢」として、人物評価の番附面には載らない一般庶民に属していたのである。

これらの一般庶民は、その一人一人を取って見れば、数でこなす値しかもたない。しかし、「極端な国家主義」の立場から見ても、かれらはともかくもプラスの値打ちを有する「員数」ではある。したがって、一人一人の値打ちはいうに足りないが、それが多数集まれば、国家のためになくてならぬ「人的資源」となる。そこで、海外発展のために人口増殖の必要が叫ばれ、産児制限論のごときは最も国策に反する邪説として排斥された。殊に、戦争の場合に国民の「数」が最大の力頼みにされたことは、いうまでもない。ただ、数多くあるものは代替性に富むから、その単価はもとよりきわめて低くなる。一般国民が、赤紙一枚によって何百万人となく戦場に駆りたてられ、一介の「消耗品」として続々と砲弾の下に斃れて行ったのは、人間単価の低落の極限を示したものといわなければならない。それでも、プラスの値打ちをもつものは、生きているうちはともかくも確かに人間であり、死ねば靖国神社の祭神となるが、更に下って国法を犯した犯罪者となると、もはやマイナスの価値のもち主として、人非人扱いを受ける。中でも、「万邦無比」の国体を変革しようと企てる「不逞」の共産主義者にいたっては、治安維持法によって重くその罪を断ぜられ、生きながら『獄中十八年』の苦しみを味わなければならなかった。これを、位人臣をきわめた銅像組と比較するとき、同じ人間であり、同じ日本人でありながら、その間には実に天地雲泥の相違がある。その極端な差別に眉をひそめ、あるいは切歯扼腕する者があったことも事実であるが、大部分の国民がそれを当然のこととして受け取り、各人の価値に応じた取りあつかいと見て怪しまなかったことも、また同様に事実であった。

それが、敗戦後の今日はどうであるか。戦争中は戦時内閣の首班または閣僚として権勢ならぶ者のなかったような人々は、いまいずこにあるか。それらの人々は、巣鴨の刑務所に配所の月を見、かつての軍国主義の総本山であった市ヶ谷の台上、世界の視聴を浴びて極東国際軍事裁判所の審理を受ける戦争犯罪人の身の上とはなったのである。これに反して、『獄中十八年』の主人公は、ポツダム勅令による治安維持法の撤廃、政治犯人即時釈放となって、同志の打ちふる赤旗に迎えられつつ豹のごとくに政界に躍り出で、左翼政党の指導者として活躍しつつある。桑田変じて碧海となるというも、中々に愚かであるといわざるを得ない。

これは、極端な国家主義が支配していた時代が、敗戦によって全体主義を「追放」する時代に切り替えられたために生じた、人間の価値規準の急転回である。しかし、同じように個人主義を基調とする民主主義の行われている世界にも、経済上の配分に関しては、それに劣らない正当性の尺度の大きな転換が見出される。しかも、その場合には、何を以て公正な配分とするかということが、人間平等の福祉を実現するための「方法」の問題と不可分に結びついて、事柄を一層複雑ならしめているのである。

西洋近代の民主主義は、第十八世紀の終り頃に相次いで起った二つの大事件を回転軸として、現実の国家制度の上に力強く浸徹して行った。その一つは、一七八三年のアメリカ合衆国の独立であり、他の一つは、一七八九年のフランス革命である。しかも、一七七六年に発表されたアメリカの独立宣言書は、すべての人間が平等に創造せられたということを、自明の真理となし、フランス革命の人権宣言もまた、自由の理念とならんで平等の理念を高くかかげ、人間平等の正義観に不抜の基礎を与えた。

ところで、その当時の平等とは、主として「法的形式」の上での平等であり、社会生活の基礎条件における差別の撤廃である。そうして、民主主義の時代思潮は、正しくこの点で、それに先立つ封建主義の諸制度と尖鋭的に対立する。すなわち、封建制度の下にあっては、人間の間に生れながらにして越えることのできない身分の差別が存在した。特権階級と庶民階級との間には、法的形式の上で格段の地位の相違があった。これは、人生競争のスタアトにおいて、すでに大きなハンディ・キャップ《ママ》をつけることを意味する。第十八世紀の民主主義は、まずこの封建的な身分の差別の不合理性を衝き、すべての人間を法の下に平等に取りあつかうような制度の確立を求めた。その要求を公法の上に実現したものが、庶民階級の政治への参加である。いいかえるならば、いわゆる参政権の特権階級から一般国民への拡大である。次に、同じ要求を私法の上に貫いた場合には、すべての人間の法主体としての地位の尊重となる。人間は、誰かれの別なく、生れながらにして私法上の権利を享有する資格をもつ。中でも、各人の生活設計の基礎をなす私有財産は、ひとしく法によって保護せられなければならない。また、すべての人間は法主体として意志の自由を有するものであるから、さような自由人と自由人との間の意志が合致した場合には、その契約の効果は国法によって確実に保障されなければならない。そこに、近代民法の基調をなす個人所有権尊重の精神と契約自由の原則とが確立される。かようにして、すべての国民の生活条件は、法的に見て同一の水準の上に平均され得たこととなった。

しかしながら、ここに確立された人間の平等は、どこまでも法的形式から見ての平等であって、経済的実質の上での平等ではない。それは、社会生活のスタアト・ラインでの平等であり、また、スタアト・ラインに関するかぎりでの平等である。したがって、同一の法的条件からスタアトした以上、それからあとは実力が物をいう自由競争の世界である。そこでは、才能のへだたりや努力の程度によって、優勝劣敗の法則の下に人々の間に貧富の差別ができることは免れがたい。特に、第十八世紀の民主主義と不可分に結びついていた経済上の自由主義は、この自由競争を国家権力によって制限することを不当としたために、適者生存の結果は一層著しく現れる。当時のイデオロギイからいうならば、人間はすべて、権力の干渉を許さぬ広い自由の領域を与えられている。この自由を活用し、自己の能力を磨き、精励事にあたる者が、事業に成功するのは、あたり前である。それによって蓄積された富は、かれの才能と勤勉とに対する自然の報酬である。これに反して、無為無能であって、しかも怠惰な人間が、事業に失敗し、勤め先を失い、貧窮の生活に甘んぜざるを得ないのも、これまた天の配剤であり、身から出た錆である。故に、人々は、自由競争の結果として生ずる財産上の不均衡は、何ら平等の理念に反するものではなく、むしろ、人間の才能と努力とに応じて「各人にかれのものを」与える、配分的正義の現れに外ならないと考えたのである。

これは、自由経済の根柢をなすイデオロギイであって、経済上の劣敗者に対しては誠に残酷な考え方であるように見える。しかし、第十八世紀から第十九世紀前半にかけての民主主義思想から見れば、かような制度こそ国民のなるべく多数に利益をもたらす、最も合理的な国民経済の運用方式であると信ぜられていた。

なぜならば、すべての人間はそれぞれ自己の幸福を求める。しかるに、何を幸福な生活であると見るかは、人々によって一様ではない。したがって、幸福の追求は各人の自由にまかせて置くのが最も適当である。そうして置けば、各人が自己の利益を求めて事業に精励するから、社会の経済活動は自らにして活潑になる。国家は、ただ、経済上の取引きを円滑ならしめるところの自由な契約の効果を確実に保障し、国民の勤勉努力によって得られた財産を不当な侵害から保護して行けばよい。かような自由経済は、実力競争によって発達するのであるから、一面に落伍者が出ることは免れ難いところである。しかし、そこでは他面また、最も優れた経営能力を有する者が指導的立場に立つことになるから、国民経済の水準は全体として向上し、国利・民福を増大せしめることができる。イギリスの社会実利主義の思想家たちが、かくのごとき構想の下に、「最大多数の最大幸福」という目標と経済上の自由放任主義とを結びつけたのは、確かに理由のあることであり、それが第十九世紀の前半におけるイギリスの経済的発展に与って力があったことは、否定できない。

けれども、私益追求の自由を認めるならば、自らにして公益をも増進させることができるという自由経済の根本観念は、この経済形態が資本主義経済として高度化するにおよんで、やがて蔽うべからざる破綻を示すにいたった。

自由経済は、契約自由の原則に立脚すると同時に、所有権の自由を基礎として運営される。所有権者は、自己の所有する財産を自由に運用して、「生産財貨」を獲得し、これを利用して自由に企業を経営する。かように、企業の原動力として私有せられた生産財貨が、すなわち「資本」である。しかるに、資本は、それが蓄積されればされるほど利潤を吸収する力が強くなり、法の保護の下に加速度に資本家の富を増殖する。その場合、その資本家が有能・勤勉であるか、無能な遊蕩児であるかは、資本のこの自己増殖作用にはかならずしも必然のかかわりをもたない。これに反して、資本から見離された者は、いかに卓越した才能をもち、いかに業務に精励しても、「働けど働けどなおわが暮し楽にならざり、じっと手を見る」という境遇に沈淪せざるを得ない。しかも、資本は、その規模に比例して、幾何級数的に万能の力を発揮する。したがって、健全な中産階級の大部分は、大企業との自由競争に敗れて、無産階級に顚落する。加うるに、資本家と無産勤労大衆との間の雇傭の関係は、契約自由の原則によって、いよいよ前者の立場に有利に、後者の立場にとって不利に展開する。なぜならば、前者は、その提供する雇傭条件をがえんじない労働者があれば、いくらでも他に代りを求め得る「自由」を有するのに反して、後者は、提供された不利の条件を甘受しないかぎり、明日のパンに生きる「自由」をも失うからである。かくて、すべての国民にひとしく与えられた筈の「法的形式」の上での平等は、「経済的実質」の上では貧富の間の極端な急傾斜を生み出すこととなった。それが何で公正な配分であり、正義の保障であり得ようか。これに対して、第十九世紀の中葉以来、高度資本主義の宿弊を攻撃し、無産勤労大衆の地位の向上を図ろうとする社会主義的な運動が澎湃として起って来たのは、歴史の必然的な動きであったといわなければならない。

もっとも、「社会主義的」という言葉にも、色々なニュアンスがあって、決して一様に論ずることはできない。厳密に社会主義といえば、資本の私有、すなわち、生産財貨の私有を禁止する立場である。しかし、資本の私有を禁ずるといっても、その範囲には広狭さまざまな程度がある。すべての生産財貨を公共の手に移し、あらゆる産業の国有を断行するのは、徹底した社会主義であるが、最も公共性の大きい土地について私有を禁ずるだけでも、立派に社会主義政策として通用する。あるいは、私有財産権の制度そのものは認める建前を維持していても、重要産業の国営を行うならば、それも社会主義といい得るし、国営とまで行かずに、国家管理の程度にとどめる場合にも、見方次第では社会主義的と形容することができよう。それが社会主義的であるか、修正資本主義であるかは、結局において程度の問題であり、その間に劃然たる限界線は引き得ない。そうして、それは同時に、社会主義そのものの中にも、種々の強度の度合いが存することを物語っている。

更にまた、資本主義から社会主義への切りかえをいかなる方法で行うかという問題になると、一層深刻な見解の対立が現れて来る。すなわち、民主主義の常道たる多数決原理に立脚し、他の立場の政党と議会での数を争いつつ、合法的に経済機構の改革をすすめて行こうとするのは、社会化された民主主義であり、「社会民主主義」である。これに対して、民主主義に内在する相対主義の寛容性を排斥し、革命による資本主義崩壊の必然性を強調し、しかるのちに、プロレタリアアトの独裁によって徹底した社会主義政策を行おうとするのは、マルクスおよびレエニンの線に沿う「共産主義」である。しかも、現実の左翼思想の政治イデオロギイには、方法論的に見てもさまざまな種類があり、虚々実々の駆け引きがあって、それらが資本主義政策に立脚する保守陣営と対立しつつ、三つ巴の葛藤をつづけているのが、人間共同生活の現段階の姿であるということができよう。

それであるから、正義が配分の公正であり、人間の価値に応じて各人にかれのものを与えることを意味するという原理は、二千年来確立されているにもかかわらず、何が公正の配分であるかという実質論、および、どうして公正の配分を実現するかという方法論になると、無限に複雑な問題が展開するのである。人類は、この問題をめぐって争いつづけて来たし、現にこの問題の解決のために闘っているし、将来もまた、この問題を中心として深刻な悩みを継続して行くであろう。そうして、その間に、一方では次々に新たな解決の指針が発見されつつあると同時に、他方では問題の場面が国内社会から国際社会・人類全体へと拡大されて来たために、解決は一層困難の度を加えているといわなければならない。

ところで、問題の解決が困難であれば、人は焦燥を感ずる。そこに、既存秩序の重圧を一挙にして破砕しようとする矯激な政治動向が鬱積して来る。その帰結は、暴力革命であり、戦争である。しかし、正義とともに秩序を重んずるところの法は、かような動向をば死力をつくして阻止しなければならない。故に、法の求めるものは、正義と秩序との調和である。もしも、あまりにも矛盾の多い現実から見て、調和という美しい言葉がふさわしくないとするならば、法が不断の目標とするものは、正義と秩序との妥協である。妥協の秩序を維持しつつ、維持された秩序を通じて一歩一歩と人間平等の正義に近づいて行く以外に、法のとるべき態度はあり得ないのである。

## 四

以上の一般的な考察に立脚しつつ、ここで、日本の新憲法に現れた人間平等の理念に対象を限定して見ることとしよう。それを検討することは、新憲法がいかなる人間共同生活のあり方を正しいとしているかを、原理的に明らかにすると同時に、現在の日本の当面している諸問題に、若干の照明を投げかける所以ともなるであろう。

前に述べたように、配分の公正という点から見た人間平等の理念には、二つの意味がある。その一つは、法的形式の上における人間の平等である。かような平等が正義への大きな前進であることは、疑いを容れない。しかし、人がかつてこの平等だけで事足りると考えた時代があったのは、それから先の自由競争によって生ずる貧富のへだたりをば、各人の能力に応ずる正しい配分と見たからに外ならない。その根柢には、私益は公益と調和するという楽観主義の世界観が横たわっているのである。これに対して、第二の意味での平等は、法的形式の上だけの平等がかえって深刻な配分の不公正を招くという事実に基づいて、経済的実質の上における各人の利害の不均衡を除去することを求める。この立場から見れば、私益追求の自由を無制限に放任するときは、公益は破壊され、多数の幸福を犠牲にするという結果を免れない。そこで、私益獲得の貪婪性に強力な抑制の枠をはめ、勤労大衆の正当な利益を擁護しようとするのが、第二の意味の平等の狙いに外ならない。

ところで、人間平等の理念について見られるこの二段の思想上の変化は、西洋では約百年の間隔を置いて行われたということができる。

すなわち、第一の、法的形式の上での平等が実現したのは、第十八世紀の終りであり、そのきっかけとなったものは、アメリカ合衆国の独立およびフランス革命である。これに対して、第二の、経済的実質の上での平等への転換は、さような歴史的大事件を契機として一挙に遂行された訳ではない。封建的階級社会から市民的平等社会への回転にくらべれば、第二の変化の速度は緩漫であり、或る意味では、今日もなお一進一退の途上にあるということができる。もっとも、資本主義打倒運動の急先鋒たる共産党宣言が発表されたのは、一八四八年にさかのぼるが、革命の「予言」たる共産党宣言と、革命の直後の「凱歌」たる人権宣言とでは、歴史の上で占める比重においてもとより格段の相違がある。歴史上の現実の変化としては、先進資本主義国家たるイギリスが、ベンタム流の個人・自由主義から社会主義的な動向に推移し、さかんに労働立法が行われるようになったのに、一八七〇年代以降である。これに次いで、アメリカでは、一八九〇年頃から資本主義の高度化にともなう各種の社会問題が起り、金権政治の弊害を除いて、民主主義を真の「人民のための政治」たらしめようとする革新主義が、新たな時代をリイドするようになった。これを大体として形式の平等から実質の平等への転換期と見るならば、それは、形式の平等の確立された時期から数えて、あたかも一世紀の間隔があったといって差しつかえないであろう。

これに対して、今日の日本は、これらの二つの意味での人間の平等を、いいかえれば、これら二つの人間平等の理念に立脚する二つの民主主義を、一挙にして学び取らなければならない立場に置かれている。

勿論、明治維新後の日本にも、或る程度までの民主主義の発達が見られなかった訳ではない。明治憲法は、或る点まで国民に参政権を賦与したし、日本民法は、国民の私法上の地位にとも角も形式上の平等性を与えた。そうして、丁度、第一期の民主主義から第二期の民主主義への世界的な過渡期に際会した日本では、いわゆる普通選挙への政治的努力がなされたと同時に、私法の基本概念についても、社会主義的な動向の擡頭とともに、所有権の社会化とか契約自由の原則の制限とかいう問題が、かなり活潑に論ぜられるようになって来たのである。ところが、第一次世界大戦後の浮ついた好況と、後進資本主義国家としての根本的な焦燥とがからみ合って、過去二十年来の日本には政治動向の病理的な変調が現れた。そうして、第一段階の民主主義も成熟せず、第二段階の民主主義を嚙みしめる余裕もないうちに、この政治の病理動向は、スロオ・バット・ステディイの民主主義に見かぎりをつけ、ぬれ手に粟をつかむための軍国主義へと走った。その結果は、同じく後進資本主義の焦燥に駆られるヨオロッパの全体主義諸国家との結託となり、遂に、ドイツやイタリイとともに第二次世界大戦の敵役を買って出るの愚を演じて、今日の敗戦の運命を自ら招いた。かくて、すべてが御破算となり、すべてがふり出しに戻った日本は、改めて民主主義的平等を、しかも、そのＡＢＣとともにＸＹＺを、併せて一度に習得しなければならないこととなったのである。

いまいう通り、人間平等のＡＢＣは、いままでの日本にも或る点まで制度化されていたのである。しかし、フランス革命を単に西洋史の一頁として学んだにすぎない日本人は、西洋諸国民が百五十年前に血と涙とを以てたたかい取った法的平等をば、もう一度根柢にさかのぼって、わがものとしなければならない。第一段階の民主主義すら成熟しなかったために、封建制度の残滓がいたるところにこびりついている日本の社会が、まず以て身につける必要があるのは、個人としての人間尊重の精神である。その意味で、日本国民は、何はともあれ真の意味での個人主義をマスタアしなければならぬ。

しかし、西洋に発達した正しい個人主義は、決して公共性の立場を忘れた唯我主義ではない。公共の地盤の上に立つ個人は、すべて公共の福祉のために奉仕すべき大きな責任を担っているのでなければならぬ。現代の社会化された民主主義と、人間の実質的平等の理念とは、正にこの公共性の自覚と個人の社会的責任感との上に築かれているのである。故に、日本が戦争中の極端な国家主義の反動として、第十八世紀型の個人主義的民主主義にのみ走ることは、大きな時代錯誤であると同時に、国家の再建をいたずらに遅らせるおそれがある。いいかえると、西洋での百五十年の時代のへだたりを現在に圧縮して、現段階での民主主義をあやまりなくとらえるためには、個人の尊厳性を自覚すると同時に、健全な公共性の観念を培うことが何よりも必要なのである。

だから、日本の新憲法の中には、民主主義の歴史的変遷に現れた人間平等の二様の理念が、平行してかかげられている。それらは、百年の——いまからいえば百五十年の——時代をへだてた二つのイデオロギイであるために、両者の平行は、見方によっては矛盾ともなり、対立ともなる。それを、矛盾・対立に陥らしめることなく、巧みに両立・調和させて行くところに、新憲法の志向する日本の政治の「正しさ」があるということができるであろう。

第一の、人間の法的な平等を高らかに宣言している新憲法の条文は、第十一条・第十三条・第十四条・第二十九条、等である。

すなわち、新憲法は、第十一条を以て国民の基本的人権を保障し、それが「侵すことのできない永久の権利」として、現在および将来の国民に与えられることを明らかにしている。国民の基本的人権を重んずることは、いいかえれば、国民を個人として尊重することに外ならない。そこで、第十三条は、「すべて国民は、個人として尊重される」といい、「生命、自由及び幸福追求に対する国民の権利については、公共の福祉に反しない限り、立法その他の国政の上で、最大の尊重を必要とする」と言明する。中でも、国民の現実生活の上での幸福を基礎づけるものは、財産権である。したがって、第二十九条には、「財産権は、これを侵してはならない」という規定があり、公共の福祉に反しないかぎり、私有財産制度を保護する趣旨を明示している。かように、基本的権利の保証を受けるものは、一部の国民ではなくて、国民のすべてでなければならない。国民の中に、人種や身分や門地によって社会的地位の差別を設けることは、封建主義である。故に、第十四条は、国民の一部に法的特権を認めることを否定し、華族制度の撤廃を定め、すべて国民は、「法の下に平等」であると宣言する。これらの規定は、その根本の性格から見て、第十八世紀型の民主主義における人間平等の理念に立脚しているといって差しつかえあるまい。

しかしながら、新憲法は、もとより第十八世紀の憲法ではなくて、現代の最も新らしい国家組織法の一つである。したがって、そこには、かような法的形式の上での人間の平等を保障するだけではなく、第二の、経済的実質の上における国民の平等を実現するために、色々な工夫が凝らされている。

それには、まず、経済上の自由競争には限度があって、いかに不利な立場に置かれた者といえども、人間の人間たるに値する生存権を奪われることがないという原則が確立されなければならない。そこで、新憲法は、第二十五条を以て、「すべて国民は、健康で文化的な最低限度の生活を営む権利を有する」と規定する。健康で文化的な生活を国民に保障するところの憲法は、それにふさわしい社会福利施設の向上・発達に努力するように、政府を義務づけているのである。しかし、第二十五条の意味するところは、単にそれだけではない。「最低限度の生活」とはどの程度の生活であるかは、これだけでは明らかでないが、それが経済上人間としての需要をとも角も満たし得る水準であることは、疑いない。したがって、この条文を生きた規定たらしめるためには、広汎にわたる社会政策・経済政策上の考慮を必要とするに相違ない。

一体、人間の経済生活における富の配分の不自然な急傾斜を緩和し、すべての国民が人間らしい生活を営むことを可能ならしめるためには、大別して二つの手段がある。

その一つは、社会の富を一点に吸収する傾向のある資本の自己増殖力に対して、強力な法的抑制を加えるという方法である。それには、資本そのものを否定する徹底した社会主義から、私企業の公共性を強調して、これに国家的統制を加える程度にとどめる政策にいたるまで、種々さまざまな段階があることは、前に述べた通りである。しかし、資本主義の基礎の上に経済の社会化を行おうとする場合にも、かつては絶対の尊重に値するものと考えられていた私所有権の上に、公共の福祉の立場から大なり小なり制限が加えられることは、いうまでもない。財産権の不可侵性を明示しつつ、その内容は公共の福祉に適合するように法律で定むべきことを規定している第二十九条は、大体としてこの線の上にあるということができよう。そればかりでなく、新憲法の第十二条は、憲法の保障する権利の濫用を禁じ、常に公共の福祉のためにこれを利用する責任を国民に負荷している。これを財産権だけについて見るならば、新憲法のこの態度は、「所有権は義務づける」と宣言したドイツ・ワイマアル憲法第百五十三条の規定と、共通の精神に立脚するものと解せられ得る。

しかし、公共の福祉の立場から財産権に義務をともなわしめ、その趣旨に基づいて私企業を統制するのは、経済的実質の上で国民の平等を図るという点から見ると、むしろ間接的な措置である。これに対して、この目的を直接に達成するためには、すべての国民に勤労の義務を課すると同時に、勤労階級を失業の脅威から護り、すすんで、その地位を向上させるようにして行かなければならない。故に、新憲法第二十七条は労働の基本憲章をかかげて、「すべて国民は、勤労の権利を有し、義務を負う」と規定する。そうして、「賃金、就業時間、休息その他の勤労条件に関する基準は、法律でこれを定める」と約束する。いうまでもなく、これは雇傭に関する契約自由の原則に対する重大な制限であり、これによって劃期的な労働基準法の制定を見たのである。しかし、勤労階級の地位を積極的に向上させるためには、勤労者に自らそれを実行し得るだけの力を与えるに如くはない。勤労階級は、資本家にくらべて無力であり、経済上の弱者であるといわれる。けれども、弱者といわれる勤労階級も、ただ一つ、優に資本の万能力に対抗し得るだけの力をもっている。それは、かれらのもつ「働く手」であり、働く手をもつ者の団結の力である。労働者の「団結権」および「団体交渉権」こそ、資本家に対してその地位を向上せしめる最も有力な挺子でなければならぬ。故に、新憲法は、第二十八条を以て勤労者のこの二つの権利を保障した。それによって労働組合法が制定され、各職能にわたって労働組合が活潑な活動をするようになって来たことは、改めていうまでもないところであろう。

かようにして、一方では資本が貪婪な利潤吸収の求心力を野放図もなく発揮することを抑え、他方では労働者にあまねく利益が配分せられるような遠心力を作用させれば、不健全な貧富の急傾斜はそれだけ緩和され、実質的な人間平等の正義を妨げる障壁はそれだけ低められる筈である。財閥の解体、農地の改革、資本集中の排除、等の措置は、労働組合の発達の促進と相俟って、新憲法の狙いがどこにあるかをよく物語っている。

けれども、経済の再建を以て焦眉の急とする今日の日本では、左翼思想の公式論によって資本主義機構に急激な改革を加えると、生産を停頓させ、インフレエションを激化せしめ、遂には元も子もなくするおそれがある。殊に、いわゆる労働攻勢に拍車をかけ、ストライキを階級闘争の武器として濫用することは、国民生活に重大な脅威を与える。これに対して、新憲法第十二条の権利濫用の禁止の精神に立脚するならば、公共の福祉を破壊するような団体交渉権の行使は、法的にこれを許さないものとすることができるであろう。新憲法は、一面では、財産権の濫用を禁じ、これを公共の福祉のために活用することを義務づけている。しかし、他面では、それは労働者の団体交渉権にも限界があることを示し、公共の福祉に反するような仕方でこれを行使することを戒めている。そういう解釈の根拠を第十二条に求めることができるとするならば、この規定の精神は一つの双刃の剣であり、将棋でいえば、両睨みの角であり、攻防兼備の飛車にも譬えることができるであろう。

こうした新憲法の中間的性格は、第二十七条の労働権・労働義務の規定にも現れている。この権利と義務とは、確かに憲法の明文に示されてはいる。しかし、それは、はたして厳密な法的権利・義務であろうか。すべて国民は勤労の権利を有するというが、現実に失業者が出た場合、国家はこれに対していかなる保障を与えようとするのであろうか。もしも、新憲法のかかげる勤労権が完全雇傭の確実な保障によって裏づけられていないならば、それは希望であり、政策の方針ではあっても、法的に担保された権利とは見なしがたいであろう。同様に、勤労の義務にしても、それが強制をともなうことによって、はじめて真の法的な義務となる。これに反して、ただ、国民のすべてが勤労の義務を負うというだけでは、道徳上の義務づけ以上に多く出でないといわなければならない。新憲法は、そのいずれの方向にすすむべきかを、今後の「国民の総意」にまかせて、きわめて幅の広い枠だけを決めているにとどまるのである。

これを以て見るならば、新憲法は、大体として資本主義と社会主義との中間に政治の「正しさ」の目標を置いているということができるであろう。かような、或る意味で中途半端な態度は、社会主義の方向に徹底することを「正しい」とする立場からは、すこぶる物足りないと感ぜられるに相違ない。

しかしながら、政治は生きものである。或る時代、或る国家の国民生活を、与えられた歴史の諸条件の下で、特に現実の国際的な環境の下で、どういう風に規律して行くのが「正しい」かは、単なる公式論では解決され得ない。そこで、新憲法は、人間平等の福祉を目ざす二つの方式の間に、非常に融通の利く枠取りを描くにとどめて、その時々の政策の中心をその中のどの辺に置くかは、国民の支持の多数によって決定せしめて行こうとするのである。そうして、その方が、一挙に或る方向につきすすんで、抜きさしのならぬ破目に陥るよりも、正義と秩序との穏健な調和を求める賢明な方針であるとしているのである。そこに、民主主義の弾力性に富んだ理性を見出す者のみが、新憲法のよき理解者であり、聡明な運用者たり得るであろう。

## 五

人間平等の福祉は、正しい共同生活秩序の永遠の目標である。この目標の内容は、単なる「平等」ではなくて、平等の「福祉」でなければならない。いかに平等が実現され得ても、それが生命の維持すらむずかしい「困窮の平等」であるならば、それを以て正しい人間共同生活のあり方とする訳には行かない。孔子は、「寡きを憂えずして、均しからざるを憂う」といったが、その寡さも、生存条件の最低水準を割る寡さとなれば、「国を有つ者」は大いにこれを憂えざるを得ない。一簞の食、一瓢の飲、陋巷にあって道徳の精進に悟入した顔回の「楽しみ」は、正に精神的幸福の極致であるが、一簞の食、一瓢の飲にも事欠くにいたれば、顔回といえどもその楽しみに安住することはできないであろう。フィヒテは、仰いで文化の蒼空を眺める余裕をもつことを、すべての人々に与えらるべき人間の人間らしい生活であるとなした。しかし、その根柢には、各人が安んじて勤労に従事し、衣食住にわたってモデレエトな生活が保障せられることを、絶対に必要であるとしたのである。

故に、社会秩序の正しいあり方は、或る程度以上の経済的生活水準の上にのみ築かれ得る。その経済水準を向上せしめるのに、資本主義が有効であるか、社会主義が適当であるかは、きわめて微妙な分岐点であり、白熱の論争の的である。確かに、資本主義の高度化は、富の配分をはなはだしく不公正ならしめる結果を招いた。それは、衆目の一致して認めるところである。しかし、その反面、資本主義が国民経済の繁栄の原動力たる役割りをはたしたという事実も、また否定され得ない。これに対して、社会主義が配分の不公正を是正しようとする力強い政治動向であることもまた、万人のひとしく認める点である。けれども、社会主義が、生産の面で資本主義と同様の、あるいはそれ以上の効率を上げ得るものであるかどうかについては、なお多分に疑問が残されている。社会主義が、生産の向上のために、企業の公営とか勤労者による自主的管理とかいうような理論上整備された方式を用意していることは、いうまでもない。けれども、企業を国営にした場合、官僚統制の弊害をいかにして阻止するか、職場を勤労者の自主的管理にゆだねた場合、はたしてボスの独裁に陥るおそれがないかどうか。そこには、多くの未知数の点がある。資本主義の場合にも、企業家の公共観念とか、商人の商業道徳とかというものが必要であることは、もとよりであるが、しかし、何といっても、そこでは私益追求の赤裸々な意慾がそのまま経済発達の強大な推進力であり得た。しかるに、社会主義の生産方式は、いずれも、経営の衝にあたる人々のきわめて高度の公共心と責任感とを要件としている。現実の人間が社会主義の規格通りの道義的存在ではない以上、はたしてその描く計画が、その描く計画通りに実現され得るかどうか。そこに疑問があるところに、社会主義がそのままただちに正しく運用され得るとはいい切れぬ大きな理由があるのであろう。

しかも、さような理論闘争のどちらに分があるにせよ、現実の問題に即していうならば、経済の再建と興隆とは、もはや一国経済を以ては到底賄い切れない段階に到達しているのである。いいかえると、単一の国民経済として運用されているかぎり、資本主義にせよ、社会主義にせよ、公共の福祉を或る水準以上に維持することは不可能なのである。それは、単に敗戦国だけの事柄ではない。少数の例外を除いては、戦勝国についてもそれと同様のことが、事実として認められなければならない。今日の経済は、国際経済であり、将来のそれは、世界計画経済である。一つ一つの国家の国民生活は、世界経済の一環として適当に位置づけられることによって、はじめて最低限度の水準を維持することができ、人間の人間たるにふさわしい将来への希望をもつことが可能となる。したがって、資本主義か社会主義かということは、一国内部の抽象論によってなければならない。

決定さるべき問題ではなく、世界経済のどの動向にしたがうかの問題として、広い視野の下にきわめて現実的に考慮せられ

このことは、同時に、人間平等の理念がもはや単なる国家内部の共同生活秩序の規準ではなくて、世界人類的の幅をもつものとなっていることを意味する。正義は、一時代・一民族の理念ではなく、永遠の課題であり、人類全体に行きわたるべき理想である。故に、アメリカ合衆国の独立宣言書は、すべてのアメリカ国民の平等を高唱する代りに、「すべての人間」が平等に創造せられたということを、「自明の真理」としてかかげた。同様に、ベンタムが「最大多数の最大幸福」を道徳および政治の最高の目的とした場合にも、それをイギリス国民の「最大多数」に限定する趣旨でなかったことは、明らかである。更にまた、フィヒテは、すべての国民に人間としての人間らしい生活を保障することを、「理性国家」の任務としたのであるが、それと同時に、すべての現実国家がさような理性国家としてならび存するという構図の中に、「永久平和」の理想を描いた。正義の求めるものは、世界を場所とする公共の福祉であり、人類すべてに対しての配分の公正でなければならぬ。しかも、この目標への接近は、世界経済の裏づけなしには一歩も前進し得ない。

しかし、人間平等の正義が、その当然到達すべき最も広い場面にまで拡大せられて来たということは、問題が遂に最も複雑な、最も困難な、最も深刻な段階に到達したことを物語っている。一方からいうと、すでに人類の生活が世界経済によって賄われなければならない状態に達している以上、政治の面で各の国家が鬩を高くして対立しているのは、大きな時代錯誤であるともいえる。そこで提唱せられるのは、主権国家の枠を外す世界国家または世界連邦の構想である。けれども、他方からいうと、各の民族がそれぞれ政治上の自治を要求し、それぞれ独立の国家生活を営んでいるという事実には、今日といえども依然として強靱な必然性があることを認めざるを得ない。しかも、それらの国家群の間に、現実の利害と政治上のイデオロギイとがからみ合って深い溝ができ上って来れば、世界経済の円滑な運用はおろか、法の死守しようとする国際社会の秩序と平和とすら、ふたたび不可能となるおそれがある。世界正義への前進か、人類破滅への接近か。この恐るべきオルタネエティヴを前にして、今日の世界構造における正義と秩序とのバランスは、そもそもどこに求められようとしているか。全人類が悩みを同じうする世界史最大の問題が、そこに切実な現実性を以てくりひろげられているのである。

# 国際民主主義と国際連合

## 一

民主主義は、いうまでもなく、国内政治の原理である。それは、一定の立場から国家存立の意義を説明し、国家の組織を明らかにし、国法の定立およびその運用の筋道を定め、国家の政治が何によって、何のために行わるべきであるかの規準を確立しているのである。

しかし、今日の世界史の段階に立って見ると、民主主義はもはや単なる国内政治の原理たるにとどまらない。それは、同時に国際政治の原理となり、世界構造の根柢たるの意義をもつにいたっている。これを、国内政治原理としての一般の民主主義から区別して、「国際民主主義」と名づけることができるであろう。

だから、ここで国際民主主義と呼ぶものは、単に民主主義の精神が国際的なひろがりをもつようになったという事実を指すのではなく、国際社会の基本構造が民主主義的な国内社会と同様の原理に立脚するようになって来ていることを意味するのである。国内社会は「個人」を単位とし、国際社会は「国家」を単位とする。しかも、国家を単位とする国際社会の組織原理の中に見出される民主主義的な性格が、ここにいう国際民主主義に外ならない。

国内政治の原理としての民主主義は、平等な個人の概念から出発する。民主主義のかかげるものは、人間平等の理念である。勿論、現実の人間は決して実質的に平等ではない。才能や経験の大小、人格や教養の高下においては、社会に生活する人々の間に非常に大きなへだたりがあることも稀でない。民主主義は、もとよりこの事実を無視する訳ではない。アリストテレスのいう通り、正義は平等であるが、平等とは、すべての人間を押しなべて頭割りにひとしく取りあつかう「平均的正義」だけを意味するのではなく、人々をその値するところに応じて待遇し、各人にかれにふさわしい精神的栄誉と物質的報酬とを与える「配分的正義」が、これと平行して実現されることを意味する。民主主義のかかげる理念は、かような意味での平等である。したがって、それは、人間の間に実質上の相違が存することを排斥するものではない。それが確立しようとするのは、法の下における人間の平等であり、その排斥しようとするものは、身分や門地や人種による人間の差別待遇である。封建的な身分の差別を撤廃し、万人ひとしく平等な個人としての資格にもとづき、各人それぞれの能力に応じて社会の組織と国政の運用とに参与するというのが、民主主義の第一の根本原理である。

それと同じく、国際民主主義は、国際社会を構成するすべての国家が、法の前には平等であるという観念に立脚する。さように、社会構成の単位の原則的な平等を以て建前としている点では、国際民主主義も国内民主主義と軌を一にしているといわなければならない。世界に存在する国家の間には、規模の大小、人口の多寡、文化水準の高低、経済上・軍事上の実力の強弱から見て、事実上もとより非常に大きなへだたりがある。広大な領土と、豊富な資源と、卓越した軍備とを有する強大国もあり、倭小・繊弱な雛型国家もある。しかし、それらの国家が或る一定の条件を備えているかぎり、おしなべてこれを「主権国家」と見なし、法の前でのその平等を認めるというのが、国際民主主義の立場である。その意味で、国際民主主義は、国内政治上の民主主義の考え方を、国際社会の上にあてはめたものであるといって差しつかえないであろう。

しかも、国際民主主義と国内民主主義との間に認められる共通性は、単に両者がともに社会構成員の「法の前の平等」を原則とするという点だけにはとどまらない。両者は、それと同時に、いずれも法を尊重し、法にもとづかない政治や、法を破る実力行動をあくまでも排斥するという精神において、全く同一の建前を堅持しようとする。

すなわち、民主主義は国政の原理であり、国家の政治は権力によって行われる目的活動であるが、その政治上の権力は、かならず法の規準にしたがって行使せられなければならない。しかも、国家の法は、目に見えぬ神の意志や、専制君主もしくは独裁者の意志によって作られたものではなく、広く国民の参与を求め、国民の総意にもとづいて定立された政治の準則でなければならない。かような要求に立脚している点で、民主主義は、専制主義や独裁主義から截然と区別される。国民の総意にもとづいて定立された法には、もとより国民自ら服従すべき義務がある。しかし、法は、国民の生活規準であると同時に、否、それにもまして、政治上の権力行使の筋道である。したがって、いかなる権力者といえども、民意によって制定された法を重んじ、その示す軌道にしたがって政治を行わなければならぬ。その意味で、民主主義の根本精神は、法の格守であり、秩序の尊重であり、法治主義でなければならぬ。

それと同様に、国際民主主義もまた、法によって力を規律することを要求する。国際社会に行われる法は、国際法である。国際法の法源には、国家間の条約があり、国際的な慣行があり、広く行われている法の一般原則がある。これらの法源は、国際社会を構成する諸国家が、互にその拘束にしたがう義務があると認め合うことによって、国際法となる。国家間の条約といえども、単にその条約を結んだ国々だけの合意によって法となるのではなく、その更に根柢に、「合意は拘束する」という原則があって、それが国際社会にも行わるべきものと認められていればこそ、客観的な法たるの効力を発揮することができる。その意味で、国際法もまた、国際社会の構成員たる諸国家の「総意」にもとづいて通用しているといわなければならない。かように、国際社会の総意にもとづいて成立した法によって大国たると小国たるとを問わず、すべての国家の行動が規律せられるのである。この規律を無視することが許されるならば、国際社会の秩序はたちまちにして破壊される。国際社会には、さらぬだに深刻な利害関係の対立がわだかまっている。したがって、国際社会は、常に戦争の危機を孕んでいる。さればこそ、国際民主主義は、すべての国家が国際法を尊重し、国際秩序の維持に真剣に協力することを要求する。いいかえるならば、戦争の必然性を肯定し、武力の行使をば政策実行のための不可欠の手段と見る考え方を、断乎として排斥する。その法治主義において、その秩序第一主義において、国際民主主義は国内民主主義と全く同じ精神に立脚しているということができる。

しかしながら、この秩序第一主義の精神を実現するための方法がどこまで整備されているかという点になると、国内社会と国際社会との間にはなお格段の開きがある。いいかえると、その点では、国際民主主義は国内民主主義にいまだ遠く及ばない。

なぜならば、一つの社会の中に法が有効に行われ、それによって共同生活の秩序と平和とが確実に保たれ得るためには、権力によって法の執行にあたる者と、法によって行使された権力に服する者との、立場の区別が確立されていなければならない。法によって秩序の安定が保たれている社会には、法にもとづく権力行使の組織が発達していなければならない。しかるに、この法の執行のための「組織」が、国際民主主義の場合にはまだまだ本質的に未発達の状態にあるからである。

一般の民主主義は、「国家」という組織社会の中で行われる政治の原理である。これに反して、国際社会には、国家において見られるような整然たる組織は最初から存在しない。したがって、国際法の執行については、国内法の場合のような的確な筋道が確立されるようにいたっていない。国際民主主義は、国際社会の構成員の平等の原則に立脚していること、ならびに、法によって政治上の権力行使の筋道を定めていること、の二点では、国内政治上の民主主義と全く同じ精神に則っている。しかし、一番大切な、法の執行のための組織をもつという点においては、国内政治の原理として発達して来た一般の民主主義とは、いまだ到底同日に談ずることはできない。そうして、国際法の法としての弱さと、国際政治の動揺常ならざる不安定性とがよって来るところは、正にその点にある。

社会の構成員の本質的な平等の原則に立脚しながら、しかも、法の執行を確実ならしめるために、その社会の中に権力行使の組織をもつということは、一般の民主主義にとっても確かに一つの「問題」である。なぜならば、前に述べたように、権力行使の組織が設けられれば、そこに当然に、権力の行使に当る者と、その者の行使する権力に服従する者との間の、立場の相違が生じて来る。この立場の相違は、命令する立場と服従する立場との相違であるという意味で、明らかに「上下の関係」である。したがって、その関係は、社会構成員を本質的に平等なものとして取扱うという民主主義の出発点と矛盾するように見えるからである。

しかしながら、この問題は、国内民主主義にとっては一つの「理論的」な問題であって、「実際的」な問題ではない。いいかえると、権力行使の組織を作ることが人間平等の理念に矛盾するかどうかにこだわって、命令・服従の上下秩序を設けることを躊躇する必要はない。何となれば、国家という制度、ならびに国家における権力・服従の上下秩序は、民主主義が発達する遥かに前から、人間の政治生活のあり方としてすでに確立していたからである。民主主義は、人間の政治的な自覚が発達する前から、すでに強大な権力行使の組織として存在していた国家の制度をば、理論的に是認し得るような仕方で跡づけ、これをその理念に適うように合理的に改革して行けばよかったのである。西洋近世の政治思想がこの目的のために考案したものは、「国家契約」の理論であった。それによれば、国家における権力行使の上下秩序は、国民がさような上下秩序の必要を認め、自らすすんで政府の権力に服従するという一致した意志をもつことによって、はじめて民主的な制度として是認されるというのである。この考え方を押しすすめれば、結局、すべての権力の淵源は国民の意志にあるという「国民主権主義」に帰著する。あらゆる政治上の決定は、最後には国民の意志によって与えられるのであり、かような主権的な政治意志の構成には、一切の国民が同一の資格で参与し得るのでなければならぬ。この根本前提さえ確立されていれば、一般の国民が現実政治の上でいかにいわゆる「被治者」の立場に立っても、その政治の現実は決して人間平等の出発点と矛盾することはない。政府は上に立って命令し、国民はその命令の下に服従していても、政府の権力行使の更に上には主権者としての国民全体の意志が儼存する。民主主義は、かような理論構成によって国家制度の存立の根拠を説明し、人間平等の「理念」

と政治上の上下組織の「現実」との間の矛盾を解決した。

これに反して、国際社会には、国家に比せられ得るような権力行使の組織は存在しない。「世界国家」というものは、「思想」としては古くからあったが、それは飽くまでも「思想」として存在したにすぎない。世界は、法の執行にあたるべき「政府」のない社会である。世界政府が存在しないから、国際法の執行には、国際社会の構成員たる各の国家があたらなければならない。法の執行は、権力の行使であり、法によって権威づけられたところの実力行動である。そういう実力行動を各国家がそれぞれの立場から買ってでるのであるから、その行動がはたして法の執行であるのか、あるいは、全く反対に法を破る不法行為であるかの限界が、きわめて不明確である。いいかえると、自己の利益のために他国に対して侵略を行おうとする国家も、その行動をば「自衛」とか「制裁」とかいう名目を以て粉飾することができる。したがって、戦争が起った場合、その武力行使の適法性・不法性の「烏の雌雄」を決め難い。しかし、そういう状態をそのままにして置いて、しかも国際社会の平和が確立されることを期待するのは、百年河清を待つに等しい。故に、国際法が的確に効力を発揮し、それによって国際社会が一つの法治社会となるためには、国際法の執行にあたるべき組織を作り上げることが先決問題である。国内政治と違って、国際政治は、これからそういう法執行の組織を作って行かなければならぬ。その意味で、国際法組織がいかなるものであるべきかは、決して単なる「理論」の問題ではなく、一日もゆるがせにできない「実際」の問題であるといわなければならない。

勿論、理論的にだけ事柄を考えるならば、国際社会の場合にも、国内社会の場合と同様に、統一された超国家的な政府を設けて、それに強力な法執行の役割を演ぜしめるのが、最も賢明な方法であるに相違ない。ストア学派の昔から、「世界国家」(civitas maxima)ということが論ぜられて来たのは、この意味で当然である。殊に、戦争の規模が幾何級数的に拡大し、その惨禍が測り知り得ないほどに深刻化して来た現代では、大きな戦争の終ったあとには、かならず世界国家論が提唱される。第一次世界大戦ののちにもそうであったし、第二次大戦の終った直後の今日も、正にそうである。この考えによれば、この際、思い切って主権国家の枠を外し、世界を単一の政治社会に統合し、少くとも世界連邦の組織を築き上げて行く以外には、恒久平和の基礎を確立する方法はないということになる。それとともに、従来の民族国家の国家性は影が薄くなり、国際社会は厳密には「国際社会」としての性格を喪失するにいたるのが、世界政治の志向すべき目標であるということになる。

しかしながら、今日の世界政治の動向は、理論として提唱され、力説されているところの、この世界国家建設の方向にはむかっていない。なぜならば、民族国家の枠を外すということは、少くとも世界史の現段階では、なおいうべくして行われ難いからである。世界の現実が、多数の主権国家の併存する状態にある以上、この現実から世界国家に飛躍する構想は、いかに理論上立派な理由をもっていても、実際問題を解決する指標とはなり難い。世界国家の思想は、「理論としては」(in thesi) 正しいけれども、「実際には」(in hypothesi) 採用し得ない、といったカントの言葉は、百五十年後の今日といえども、いまだに真実たることを失わないのである (Kant: Zum ewigen Frieden, 1795, Cassirers Gesamtausgabe, Bd. VI, S. 442)。それでは、現代の国際政治は、世界国家の建設に代るいかなる方法によって国際法の実効性を基礎づけ、国際平和を確保するという目的を達成しようとしているか。——この問いに答えるものは、いうまでもなく、「国際連合」である。

国際連合は、主権国家平等の原則に立脚している。したがって、それは、主権的な民族国家の枠を外すことを前提とする世界国家ではない。国際連合の機関の中でも特に重要な役割を演ずる安全保障理事会は、主だった連合国の「代表者」の組織であって、連合諸国家の立場を超越する「国際政府」とは見なされ得ない。しかも、それにもかかわらず、安全保障理事会の議決は法的決定としての意味をもち、その結果として侵略国家に対して武力制裁に訴える必要が生じた場合には、連合諸国家はその武力制裁に協力する義務を負うことになる。この義務は、形式上は各連合国によって負担されるのであるが、実際には、制裁を有効に行い得るだけの強大な実力を備えた少数の国々が、国際秩序維持のためのほとんど全責任を負うことになるであろう。そうした国々は、武力制裁の場合だけでなく、平時においても国際政治の動向を指導することになるであろう。それらの国々は、安全保障理事会を構成するという「法形式」の面においてばかりでなく、むしろ、国際政治の「事実」の上において、法執行の担当者となって行くであろう。それは、とりもなおさず、国際社会における事実上の「上下秩序」の成立を意味する。この事実上の上下秩序によって国際社会の法の執行が円滑に運転され得るか否かが、国際連合組織の成否の分岐点となるといってよい。それは、いいかえるならば、世界国家の形式を踏むことなしに、しかもそれに代るべき国際秩序維持の効果を挙げようとする国際民主主義の狙いである。

故に、国際民主主義は、法執行のための「形式的」な上下組織を確立しようとしない点では、国内民主主義と趣を異にしてはいるけれども、その欠陥をば、「実質的」な国際上下関係によって補おうとしている点では、これと大差のない方向に発達して行こうとしているように見える。したがって、国際連合をば、かような意味での国際民主主義の具現と見ることが、現在および近い将来での世界構造の本質を正当に把握する所以であるといって差しつかえないであろう。

## 二

国際連合という形で国際政治の中に結晶しつつある国際民主主義の性格を明らかにし、それがこういう形を採らざるを得ない理由を理解するためには、国際社会の構造を規定する各種の因素を分析する必要がある。それらの因素はもとより多様・複雑であるが、ここでは、主として政治上の世界観と、それに対応する国際法の理論構成と、国際社会における国家の位置、の三つを取り上げて考察して見ることとしよう。これらの三つの因素は、各々それ自体の中に深刻な対立を含むと同時に、三つの因素相互の間にも複雑な矛盾を孕んでいる。これを織りまぜて検討して行くことによって、それらの矛盾・対立の妥協を図りつつ、国際政治の理念とその現実とを結びつける道が、現在としては、いままでに述べて来たところの国際民主主義以外にはあり得ない所以を明らかにしようというのが、これからの論述の主題に外ならない。

まず第一に考察の対象として取り上げられなければならないのは、政治上の世界観における「個人主義」と「団体主義」の対立である。この対立する二つの理念は、国内政治の方向を左右する大きな力をもつばかりでなく、国際政治の上にも決定的な影響を及ぼす原理として、互にあるいは反撥し、あるいはもつれ合いつつ、ギリシヤ時代以来、世界史の発展を織りなす縦糸・横糸のような役割を演じて来た。

個人主義の世界観は、不可還元的な個人の価値から出発する。したがって、一切の制度の目的をば個人の立場を尊重するにあると見る。すでに個人の価値を不可還元的な絶対なものと見る以上、個人と個人との間に乗り越え得ない価値の差別を認めることは許されない。だから、個人主義のかかげる理念は、人間の平等である。人間がおしなべて平等に尊重せらるべきであるならば、身分の差別や民族の相違によって人と人との間にわけへだてを認めることも、また否定されなければならない。そこから出て来るものは、一方では国内政治上の封建的階級制度の打破であり、他方では国際政治上の普遍・人類主義への発展である。個人主義は、国境の彼方、海洋の彼岸にも、皮膚の色や言語や習俗のことなる社会の中にも、同じような愛情を以て結ばれ、同じように利害のもつれによって対立する人間を見出した。すべての人間をばわれと同じ人間の魂の持ち主として尊ぼうとするのは、人類愛である。人間の魂をすべてにあまねく行きわたる神の恩寵によって救済しようとするのは、世界宗教である。更にまた、すべての人間をば、同じく生活のために利害を打算する目的主体と見、そこを利用しつつ、利益を生むところへはどこまでも自由交換経済の網を押しひろげて行こうとするのは、世界経済である。世界宗教と世界経済とは、同じ個人主義の世界観から出発しつつ、互に連繋を保って発達し、民族性の障壁や特殊主義の限界を乗り越えて、次第に世界の構造を普遍化して来たのである。

故に、個人主義は普遍主義であり、「普遍・個人主義」である。それ以上にはもはやわかち得ない窮極の個別者と、その外にはもはや拡大される余地のない最後の普遍世界とは、コインティデンチヤ・オポジトウルムとして反対の極致において結びついているのである。この反対の極致の結びつきは、その中間にあるすべての特殊性の限界を相対化する。民族の特殊性に拘泥せず、国家の障壁を低めることを要求するのは、普遍・個人主義の著しい特徴である。世界国家の構想がこの世界観を基礎とするものであることは、改めていうまでもない。

しかしながら、個人主義は、それにもかかわらず国家を肯定し、国家を必要とする。勿論、個人主義の徹底した形態として、国家を否定する無政府主義がない訳ではない。しかし、それは、人間が公法的な上下秩序を必要としないまでに強い社会連帯の本性を有すると見る楽観主義の人生観に立脚するか、しからずんば、国家の権力組織がかもし出す邪悪に対する痛烈な憎悪を根柢とするか、いずれかの場合である。それ以外の場合、すなわち、人間をば神にも悪魔にも愛されるものとする個人主義の形態は、個人を尊重すればこそ、その個人の権益の保護者として国家の権力組織が不可欠であることを認める。そうして、理想的な存在者としての人間は、各自の利益を保全するための手段として国家制度が必要であることを互に承認し、すすんで人間自然の自由の一部を犠牲にして、国家権力の統制に服しているのであると考える。前にも触れた国家契約の理論が、それである。故に、国家契約説は、もとより国家肯定論である。しかし、相対的な国家肯定論である。国家は、決して固有価値の担い手ではなく、唯一の固有価値の主体たる個人の生活を擁護するための手段に外ならない。そのための的確な方法は、国民の意志によって作られた法を、厳正に適用・執行して行くことである。しかるに、法は権力によって執行される。したがって、国家には権力行使を掌る政府がなければならぬ。しかし、政府に権力が与えられている理由は、それによってすべての個人の権利と自由とを保障して行くためである。権力の行使は、この目的の範囲内に限定せらるべきであり、その範囲もまた、必要な最小限度にかぎられなければならない。そういう風に考えるのは、国家の肯定ではあるが、消極的な国家の肯定である。それが、国家契約説を通じて具体的に表現された個人主義の国家観であった。

ところが、かような消極的な国家観には、やがて個人主義そのものの立場から重大な修正が加えられなければならなくなって来た。

前にもいう通り、個人主義は、すべての個人価値の「平等」の理念に立脚する。それは、さしあたりは、人間の法的な平等を意味する。しかし、個人主義は、すべての個人に対して平等とともに「自由」を保障しようとする。その意味では、個人主義は同時に自由主義である。国家の存在理由が消極的な形で肯定せられるのは、個人主義のもつ自由主義の面がその国家観の上に強く反映している場合に外ならない。しかるに、個人にできるだけ多くの自由活動の範囲を認め、国家権力の干渉をできるだけ局限された限度に手びかえさせることにすれば、その結果として激甚な自由競争が起る。それは、人間の間に著しい実質上の不平等をもたらす。中でも、自由経済の結果として生ずる経済的な不平等は、個人主義の出発点たる平等の理念と根本から矛盾するほどの深刻さを示すにいたった。その弊害は、単なる法的な機会均等主義によってはもはや到底救済され得ない。むしろ、各人に対して法的に平等の機会が保障されているという形式そのものが、その形式の下にますます増大する実質上の不平等をば、単に表面的に糊塗する悪質な欺瞞にすぎないといって非難・攻撃されることにもなる。この高度資本主義の宿弊を是正するためには、逆に国家権力の統制を強化して、幾何級数的に猛威をふるう資本の力を抑え、経済上の弱者を救済することが必要になって来る。国家が個人の利益を保護するための手段である点に変りはないにせよ、その国家のもつ手段価値は、もはや単に消極的に肯定されるのではなく、積極的に評価されざるを得なくなる。それは、資本主義の高度化とともに——空手形と化し去ろうとする人間平等の理念を擁護するために——現れた、個人主義的国家観の著しい変貌であるといわなければならない。

個人主義の世界観の枠の中においてさえ、国家価値肯定の態度の積極化をうながさざるを得なくなって来た同じ事情は、もともと超個人的な共同体の固有価値を高くかかげる団体主義の世界観にとっては、自己の立場を飛躍的に強化して、普遍・個人主義に対して攻撃を加える絶好の機会となった。

団体主義は、一方では個人・自由主義と対立し、他方では普遍・人類主義に反対する。それは、普遍・個人主義が世界の大勢であった時代には、その大勢に圧倒される「保守主義」にすぎなかった。個人主義の政治原理としての民主主義が最初に勢よく世界に拡まって行った頃には、団体主義の政治組織は、「専制主義」であり、「封建制度」であるとして非難の的となった。しかるに、個人主義・自由主義の描く上昇線が社会経済上の矛盾に逢著してたじろぎ、民主主義の陣営内にブルジョア民主主義・社会民主主義・共産主義の三つ巴の分裂が生ずるに及んで、団体主義は俄然生気を取りもどし、逆転して普遍・人類主義の牙城に総攻撃を加える立場に廻った。この総反攻は、いくつかの国々の国内政治の面では、民主・自由主義を排撃する独裁主義の動向となって現れ、国際政治の面では、民主主義的な先進資本主義国家を中心として確立された国際秩序を変革しようとする激しい闘争にまで発展するにいたったのである。

団体主義の世界観は、民族とか国家とかいうような団体が超個人的な共同体として実在することを認め、これを絶対の価値にまで高める。団体は個人に先立って実存する全体であり、個人を超越する生命を有し、個人の全存在をその部分として規定する。したがって、個人は民族や国家の存立・発展のために奉仕すべき手段であって、それ自身としての目的をもつものではない。個人主義から見れば、個人あっての国家であるが、団体主義からいえば、国家あっての個人である。個人主義の国家観は国家契約説によって表現されているが、団体主義の国家観を代表する理論は、国家有機体説である。しかるに、有機体の部分には、全体の生存にとって欠くべからざるものと、しからざるものとの差別が歴然と認められる。したがって、団体主義の社会秩序の指導原理は、「平等」ではなくて、「階層」である。国王が君臨し、独裁者が威令を布くのは、こうした国家の構造から見れば当然のこととなる。しかも、有機体を構成する部分の間に価値の階層が存する結果として、一般の個人は、最高・絶対の権威者に対して忠誠をつくし、必要とあればその生命をも犠牲とすることが要求される。背に腹は替えられぬという俗語の趣旨が、ここでは「忠君」とか「滅私」とか「奉公」とかいうような道徳にまで高められる。かように、十把ひとからげの一般大衆に対して滅私奉公を要求する最高の権威者といえども、君主個人・独裁者個人として人民の上に卓越するのではなく、その卓越した地位の背景には、普遍的生命をもつ国家全体・民族全体の後光が光り輝いているのである。故に、団体主義の価値観の窮極にあるものは、結局、個人を超越した普遍者に帰着する。その意味で、団体主義は全体主義であり、超個人主義であり、更にその意味での普遍主義であるといわなければならない。

しかしながら、団体主義は普遍主義であるといっても、それは、個人主義から出発する普遍主義とは根本の性格を異にしている。なぜならば、個人主義がその反対の極致において結びつく普遍主義は、限界のない普遍主義であり、「普遍・人類主義」である。これに反して、団体主義が普遍主義であるというのは、もとよりさような普遍・人類主義の意味ではない。団体主義が絶対の価値にまで高める民族や国家は、その部分たる個人に対する全体であり、特定の民族、特殊の国家の立場に限定された普遍者である。それらの全体は、限定された普遍者として、限界のない普遍・人類主義と対立する。その立場は、普遍主義ではあるが、ヘエゲルによって説かれたような「特殊・普遍主義」である。いいかえれば、世界全体とか人類全体とかいうものの全体性を否定する「特殊・全体主義」である。それ故に、団体主義は、自己の立場を普遍主義と呼ぶことにも反対する。シュパンの全体主義が、自らの理論をUniversalismusと名づけたために、ナチス思想からうとまれたといわれる所以も、そこにある。団体主義は、自民族中心主義であり、自国家絶対主義である。そうした特殊の立場が、開かれた普遍主義と反撥し、これに対して闘争的な態度にいでたことは、もとより偶然でない。

故に、この反撥は、単なる世界観の上での反撥たるにとどまらず、たちまちにして現実政治の上の闘争となって現れた。というよりも、現実政治の闘争がこの世界観の対立を利用し、これに拍車をかけた。

しかも、特殊・全体主義は、普遍・個人主義と対立するばかりではない。特殊・全体主義は、特殊の民族を中心とし、特定の国家を絶対とするが故に、必然的に他の特殊・全体主義とも対立することとならざるを得ない。世に絶対なものは二つとはあり得ない以上、自己を絶対とする国家は、かならず他の国家を自己よりも低い価値のものと見、それを自己の目的の手段として利用しようとするに相違ない。その必然の帰結は、全体主義国家相互の間の衝突である。それにもかかわらず、全体主義の国家が他の全体主義国家と結んで、いわゆる「枢軸」を形づくったのは、いうまでもなく、民主主義の諸国家に対して攻撃を加えるための、単なる方便にすぎない。

かような全体主義国家群の共同攻撃を受けた国々は、いきおい国家の力を一層強化して、この攻撃を阻止し、すすんでこれを粉砕する体制を整えざるを得ないこととなった。かくて、個人主義の世界観を基調とする国々も、高度化された国家主義の形態に推移することを余儀なくされ、もともと国家主義であった国々は、いわゆる「極端な国家主義」(ultranationalism)にまで奔騰した。ただ、個人主義に立脚する国家主義は、いかに国家の価値を積極的に肯定するようになっても、その根本の態度においては、人間の個人としての生活を尊重するという本義を堅持しているのに反して、最初から団体主義を基調とする国家主義は、ますます以て国家のために個人の生活を犠牲とすることを厭わない。前者の場合には、戦争の危機に備えるためにいかに政府主脳部の執行権を強化することがあっても、その臨戦政治体制の根拠を国民の総意に置くという建前を堅持して変らないのに対して、後者は、危機の切迫を名として民主主義の根柢を破壊し、国民多数の声を封じて完全な独裁政治を強行するにいたった。故に、民主主義の国家と反民主主義の国家とは、同じく戦争の必要に備えて外観上かなりに近似した政治形態を採るにいたっても、その根本においては遂に妥協を許さぬ世界観の対立に立脚する。その結果は、遂にあらゆる力を傾注して雌雄を決する未曽有の大戦争となって爆発するにいたったのである。

この戦争がいかなる規模を以て戦われ、いかなる過程を経て民主主義国家群の完勝に帰したかは、もとよりここに改めて述べる必要はない。この勝敗の決は、特殊・全体主義のかかげる力の哲学を完膚なきまでに崩壊せしめた。その点では、新らしい時代は普遍・個人主義の飛躍的な向上を予想せしめる。

しかし、戦争に備えるために強行された民主主義諸国家の国家主義体制は、戦争の終結とともにただちに解消されてしまうものとは思われない。しかも、戦後における人類全体の最大の関心事たる平和の基礎の確立という仕事は、一般に国家を弱体化せしめることによってではなく、むしろ逆に、強大な国家の実力を背景としてはじめて有効に遂行され得るであろう。その意味からいっても、今後の国際平和政策の進展が国家主義の目に見えるような退潮と平行して行われるであろうと期待するのは、単純な観念論にすぎないという誹りを免れない。故に、国家主義の大幅の退潮を前提とする世界国家論は、世界史の現段階においては、なお現実から遊離した抽象論であるといわざるを得ない。逆にいうならば、今後の世界構造を規定する現実的な鍵は、普遍主義と国家主義との妥協の上に成立する国際民主主義に求める外はないといわなければならない。

## 三

国際民主主義は、もとより特殊・団体主義とは反対の立場であるが、さりとて、それは決して単純な普遍・個人主義を拠りどころとするものでもない。普遍・個人主義を貫くならば、主権国家の枠を外す世界国家の建設が唯一の論理的な帰結となって来なければならぬ。しかるに、現実の国際政治の指導原理たる国際民主主義は、世界国家を志向するものとはいい得ない。なぜならば、それは主権国家の平等の原則を認め、世界をば多数の主権国家間の合意を基礎とする「国際社会」として規律して行こうとしているからである。

しかしながら、国際民主主義が実現しようとする国際法秩序の確立という目的から見るならば、国家の主権というものをいかに処理するかは、きわめて重大な問題となる。何となれば、主権を以て国家意志の最高性・不羈独立性を意味するものとすれば、国際法はいつ国家の主権意志によって蹂躙されるか測り知り得ないという危険にさらされるからである。しかし、さればといって、国家の主権を否定することは、国際政治の現実から遊離した世界国家または世界連邦の構想が、そのまま現実的であると考えることを意味するであろう。そこで、国際政治の上に国際民主主義を正しく位置づけるためには、国際法上の国家主権概念をめぐる問題の葛藤をときほぐして行くことが必要となる。そうして、この場合にも個人主義と団体主義との間の世界観的な対立が、反撥する両極の力として強く作用していることが知られるであろう。

前に述べたように、個人主義の世界観は、人間存在の価値の重点を個人に置く。したがって、その立場は、国家を肯定はするが、個人の利益の保護者たる手段価値としてのみこれを肯定する。しかし、その反面、国民の福祉をできるだけ高い水準において維持するためには、国力の伸展を図り、国富の増進に力める必要が生ずる。特に、とめ度《ママ》もなく利潤を追求する資本主義経済は、国家の力を利用して、国境の外に資源を漁り、広く世界に市場を開拓することを求めてやまない。元来は個人主義の世界観を基調とする先進資本主義の国々が、まず競って富国強兵策を採り、後進資本主義の国々もまたそのひそみに倣い、そこに展開された激しい植民地争奪戦をめぐって、個人主義と国家主義との呉越同舟のごとき、奇妙な組み合せを示したのは、正にそうした事情によるのである。

ところで、並び存する多数の国々が、かぎりある地表の上に互にその勢力を伸張し、既得の利権を他国の蚕食から守ろうとひしめき合う結果は、武力に訴えて自己の利慾を貫こうとする戦争にまで発展することを免れない。戦争は、一つの国家が他の国家の上に優越しようとする露骨な実力の衝突である。これに勝った国は、その結果として大きな利益を得る場合もあるが、勝利のために戦争の危険を冒す者は、二分の一の公算において敗北の悲運を喫することを覚悟しなければならない。諸国家がその打算の故にあえて武力行動に訴えることを差しひかえているのは、平和の状態である。その打算にもかかわらず、勝利の公算を目あてに危険な骰子をふる国があれば、現実の戦争が起る。しかし、戦争はもとより永続する状態ではない。勝敗の決が定まり、もしくは国々が共に戦いに疲れれば、やがては平和の関係に立ち戻る。しかも、平和の関係に立ち戻り、退いて守る立場に復帰しても、各の国家は、その捷ち獲たところの、もしくはその残されたところの利権が、他の国家によって侵害されることを断じて許すまいとする。近世の国際政治史は、そうした戦争と平和の交替のくりかえしであった。そうして、かような戦争と平和の交替の間に、次第に近代国家の縄張りが定まり、その縄張りの中での自国の力の排他的支配の主張と、その縄張の外での他国の力の支配の容認とが並び存するにいたった。それが国家の主権であり、主権国家相互の間の他の国家の主権の承認に外ならない。

それであるから、個人主義は、その純粋のイデオロギイ的性格のみからいえば、国家の垣根を乗り越えた普遍・人類主義にまで発展する必然性を有するにもかかわらず、個人の利益を擁護・促進する手段として国家の力に頼らざるを得ないために、次第に国家主義の比重を増大せしめ、逆に普遍・人類主義の実現を妨げるという結果をもたらしたのである。さような国家主義の比重増加の法的表現が、国家主権の主張である。

けれども、強大な実力によって広汎な勢力範囲を確立してしまった国家にとっては、法を破る可能性を孕む国家主権の強い主張は、自国にとっては不必要であり、他国に許しては危険である。そこで、そういう国家においては、国家の主権の上に国際法の権威を卓越せしめ、既成の国際秩序の安定を図ろうとする思想が勢力を占めて来る。それは、いいかえれば、普遍・人類主義の復興である。そうして、自己の主権の主張によって何ものをも得る見込みのない群小国家が、この動向に追随する。これに反して、要すれば既成の秩序を破ってもその利権の拡張を図ろうとする国々は、国家主権の権威を国際法の上に置き、その自信と自負との上に自国家中心の世界構造の夢を描こうとする。それは、とりもなおさず、いわゆる「極端な国家主義」にまで高められた団体主義の擡頭に外ならない。国際法上の国家主権の問題は、かくして、国際法か国家主権かという二者択一の矛盾関係にまで尖鋭化して来る。

確かに、純粋に論理的につきつめて考えるならば、国家の主権性と国際法とは互に相容れ得ない矛盾概念であるといわなければならないであろう。なぜならば、もしも主権の概念をば国家意志の最高性もしくは国家権力の絶対性を意味するものと解するならば、最高なものは規律せられ得ず、絶対なものは拘束されることがない筈であるから、国際法による国家意志の拘束は否定されなければならない。それは、いいかえれば、国際法の否定に外ならない。これに反して、国際法を認め、国際法による国家意志の拘束を肯定するならば、それにもかかわらず国家意志が最高・絶対であるとはいい得ないことになる。それは、いいかえれば国家主権の否定である。かくて、国家と国際法との関係は、国家主権を認めて国際法を否定するか、しからずんば、国際法を認めて国家主権を否定するか、そのいずれか一つでなければならないというディレンマに陥らざるを得ない。

このディレンマを正面から取り上げて、これに透徹した法論理的な構成を与えたのは、ケルゼンの純粋法学である。

ケルゼンによると、法学の対象としての国家は、一つの統一的な法規範の体系に外ならない。この、国家という法規範の体系の中心には、すべての国法規範を生み出す法創造の淵源がなければならない。それは、「根本規範」であり、「始源規範」である。かように、すべての法規範の創造の根源となる根本規範が、一つの国家に固有のものであって、それ以上の法定立の権威をもたぬと考えられる場合には、そこに国家の主権があるといわれる。しかるに、法的思惟は、すべての法現象をば単元的に統一された法世界として把握することを求める。したがって、もしも一つの国家の中に最高の――主権的な――法定立の淵源があるということになれば、その国家の法規がすべてこの淵源から派生したものであるのはもとよりのこと、他の国々の法も、更にまた国家と国家との関係を規律する国際法も、ことごとくその国家の根本規範の委任を受け、それによって法と認められたかぎりにおいてのみ法たる効力をもつものと見做される。それは、自国家法を中心とする一切の法秩序の単元的構成の理論であり、国際法に対する国内法優位の法思想に外ならない。これに反して、もしも国家の法の淵源はそれ以上に遡ることのできぬ最高性をもつものではなく、国家を超越する法定立の唯一・最高の根源から派生したものであるとするならば、国際法こそすべての法規範を包括する単一の全体法秩序であり、一つ一つの国法体系は、この全体法秩序の部分的秩序にすぎないということになる。それは、国際法優位の単元的法理論構成であって、この理論の下においては、もとより国家の主権性は否定されなければならない。

ケルゼンは、かような二つの法理論構成の類型を対立せしめた上で、そのいずれの一つを選ぶかは、結局は世界観的な立場の問題であると説いた。すなわち、主観主義の立場を採れば、国内法優位の理論が選ばれ、外国法も国際法も、自国家法がこれを法として認証しているが故にのみ法たる効力をもつものとなり、つまりは国際法の「国際法」としての性格が否定されることになる。これに反して、客観主義の世界観に立脚すれば、国際法の国家に対する優越が基礎づけられ、国家の主権は国際法と矛盾する概念として排斥されることになるというのである（Kelsen : Das Problem der Souveränität und die Theorie des Völkerrechts, S. 314 ff.）。

ケルゼンによって描き出されたこれら二つの法的世界像は、法の論理を純粋に展開せしめて得られた理念型であって、そのいずれによっても実在する国際法と国内法の関係をありのままに説明することはできない。しかし、それだけにまた、両者は、国際法および国家主権の問題に対する二つのつきつめた「理論」の対立を、誇張された鮮かさを以て図式化しているといい得るであろう。

その中で、国内法優位の理論構成を代表する古典的な学説は、ヘエゲルの国家絶対主義の主張である。

ヘエゲルによれば、法の理念は自由であり、自由の理念を完全に実現しているものは、国家の普遍意志である。故に、国家の普遍意志は法の最高の段階である。国家の意志が法の最高段階であるというのは、国家を越えた国際社会には、もはや真の意味での法はないということに外ならない。国家意志が法の理念たる自由を完全に実現しているというのは、国家よりも高い立場にあって、国家の自由を拘束する規律はあり得ないということを意味する。そこから必然的に出て来るものは、国際法の否定である。だから、かれは、法をばすべて「国家の法」という単一範疇の中に包括した。その中で、国内の組織を定めているいわゆる国内法は「内的国法」(inneres Staatsrecht)である。これに対して、国家間の約定のように、普通に人が国際法と呼んでいるものは、対外関係に関する国家の法、すなわち「外的国法」(äusseres Staatsrecht)である。国際法は外的国法であり、外的国法も国家の法の一種に外ならないのであるから、それは国家意志そのものの現れであって、国家意志を規律する規範ではない。いいかえるならば、それは、国家がこれを認め、これに準拠して行動する意志をもっているかぎりにおいてのみ、法として行われるものであるにすぎない。国家間の約定といえども、一つの国家がこれに従う意志をもたないならば、もはや法ではなくなる。対手国に約定を守ることを要求する国家にとっては、その約定は法であるが、約定を無視しようとする国家から見れば、その約定を破ることが法である。なぜならば、国家の意志は最高度に実現された自由であり、法を守るも破るも、その意のままでなければならないからである(Hegel: Grundlinien der Philosophie des Rechts, § 330 ff.)。

かような考え方から導かれる帰結は、戦争不可避論であり、戦争肯定論である。もしも国家間に国家の意志を拘束する客観的な法がなく、国家の間に成立した取り決めも、国家がこれを守る意志がある間だけ効力をもつにすぎないとすれば、国際紛争の絶えることはないであろう。しかも、国家間に紛争が起った場合には、国家以上の客観的な立場からこれを裁く裁判官は存在しないのである。あるのはただ、仲裁に乗り出そうとする第三国であるにすぎない。しかし、第三国が仲裁に乗り出すのもその国家の意志によるのであり、その仲裁にしたがうのもしたがわないのも、紛争当事国の自由であるならば、その調停が成り立つという必然性はあり得ない。調停が成立せず、紛争当事国はそれぞれその主張を貫こうとすれば、その結果は戦争あるのみである。カントは、世界平和の基礎を確立するために、国際連盟を組織するという提案を試みた。しかし、国際連盟も諸国家間の約定によって成り立つものであり、連盟に加入するのも、連盟から脱退するのも、連盟の規定を守るのも、破るのも、結局は各国家の自由意志によるものである以上、それによって戦争を防止し得ると考えるのは、一つの空想でしかあり得ない。かくて、戦争は不可避である。むしろ、「世界理性」は、必然的な戦争を通じて、最も力強く逞しい国家とそうでない国家とをふるい分け、この選ばれた国家に交替して世界史を運載するという使命を負荷し、それによって永遠の自己実現の歩みをつづけて行くのである。ヘエゲルは、かようにして国際法を否定し、戦争は避けられ得ないという現実をば、そのままに理性的なものであるとして説いた（ヘエゲル・前掲書、三三三節以下）。

しかしながら、戦争を肯定するヘエゲルの理性は、ヘエゲルの理性であって、人類の理性ではない。人類の理性は、いつになっても戦争が絶えないという現実にかかわらず、平和の確立を希求する。否、戦争の規模がますます拡大され、その惨禍がいよいよ測り知れないものとなって行けば行くだけ、それだけ強く、それだけ高く平和の理念をかかげる。平和の理念を国際政治の指導理念とする立場からいうならば、国家の上に立って国家の行動を規律するところの法秩序が基礎づけられなければならぬ。いかに強大な国家の恣意によっても破るべからざる国際法の権威を確立しなければならぬ。ところで、国際法をば国家の恣意によって左右することのできない権威ある法秩序たらしめるためには、国家意志の最高性・絶対性を否定しなければならない。いいかえれば、国家の主権性を否定しなければならない。人間の理性は、永久平和の理念を定立する。しかるに、平和の確立の根本前提はゆらぎない国際法秩序の建設である。そうして、国際法の建設に際して、まず取除かれなければならない障害物は、国家の主権概念である。客観主義の世界観によって国際法を統一的な法秩序と見ようとするかぎり、国家の主権性の否定に到達しなければならないと説いたケルゼンの法論理は、「論理」としては正に理の当然であるといわなければならないであろう。

## 四

しかしながら、ケルゼンのように国際法優位の単元法秩序を論理的につきつめて構成して見たところで、それによって権威ある国際法が「実定法秩序」として確立されたことにはならない。

法は規範である。規範としての法は、行われなければならないという要求をもつ。それが、法の規範論理的な「妥当性」である。すでに国際法が国家間の関係を規律する規範である以上、それは、国家の意志の如何にかかわらず妥当するものでなければならない。国家が条約を無視し、侵略行動に出でようとしても、そういう行動は許され得ないというところに国際法の妥当性がある。妥当する国際法は、国家の意志を規範論理的に拘束する。国際法によって拘束された国家の意志は、もはや最高・絶対ではない。故に、国家の主権性は、妥当する国際法の下においては規範論理的に否定される。かように説くのは、規範論理としては誠に首尾一貫した主張である。

けれども、それは、規範論理としての整合性を備えた国際法理論たるにとどまって、実定的な国際法がその通りに動くという保障にはならない。法は妥当性を備えているばかりでなく、同時に「実効性」を発揮しなければならない。実効性のない法は、不法行為によって弊履のように破られる。実効性をもたない国際法は、机上の空文である。国際法をば平和の堅固な防壁として築造するための先決問題は、国家主権を規範論理的に否定することではなく、国際法の実効性を何によって裏打ちするかということでなければならない。

それでは、法の実効性は何によって裏打ちされるか。規範としての法が、現実に的確に行われるという保障は、そもそもどこに求められ得るか。

法は、規範として行われなければならないが故に行われるのではなく、規範を破ることを許さない力があることによって、はじめて実定法としての効力を発揮するのである。故に、法の実効性の根源は「実力」である。その実力が法によって権限を与えられているという意味からいえば、それは「権力」である。国家内部の法は、国家の権力によって有効に行われる。責任を追求し、不法を救済し、犯罪を処罰する権力があって、それがいつ何時でも法の規定する通りに発動するという保障があればこそ、国内生活の平和と秩序が保たれる。それでは、国際法は、それと同じような権力の裏打ちを、何に、何処に求めることができるであろうか。

この問題に対する解答は、「現実的」に与えられなければならない。なぜならば、観念の世界においていかに国際社会の権力中枢を探し求め、もしくは、人間の頭の中に国際社会の権力組織を構想して見ても、紙に描かれた仁王は現実の世界平和の門を守る番人とはならないからである。そこで、法を執行するに足りるべきレディイ・メイドの力を求めるならば、国際法の世界でもそれは国家の実力以外にはあり得ない。国家の力は、これまでは、往々にして国際法を破る兇暴な狼として怖れられた。これを法の檻の中に封じ込もうとするのは、国家主権否定論の動向である。しかし、狼の猛威を封ずる国際法の作用を実効力あるものたらしめるためには、ひるがえって、やはり国家の力を頼りとしなければならない。国際法は、国家の上にあってその行動を規律すべき規範でありながら、しかも、その実効性の根拠は、これを国家の実力に仰がなければならないのである。

これは、もとより、誠に危険な力の転用である。国家の力に対して不信感を抱く立場から見れば、それは、狼をして群羊の番をさせるにひとしいことになるであろう。事実また、従来の国際法でも、法の執行は主として国家の実力行動に委ねられていた。条約に違反した国家に報いるに、それと同じ程度の条約違反行為を以てする「復仇」、もしくは、不法な侵略行為に対して反撃を加える「戦争」は、国際不法行為に対する制裁として意義づけられ、したがって、その本来もつ不法性が阻却されるというのが、これまでの国際法学の通説であった。しかし、国家の実力によってその国家の国際法上の権利を擁護せしめるというのは、国際法が、国家発達以前の中央集権の確立されていない未開社会の法秩序と同じ段階にとどまっていることを意味する。未開社会でもまた、不法の侵害に対して法を守る手段は、被害者が加害者に加える復讐のような私力救済以外には存在しなかったのである。けれども、さような私力救済の制度においては、各の法主体の行う実力行動が、はたして法の執行なのか。あるいは、それ自身が不法の侵害行為であるのかのけじめを立てることが、きわめて困難である。殊に、国家の行う実力行動にいたっては、自衛か侵略か、適法か不法かの鑑別は、ほとんど不可能である場合が多い。少くとも、いままでの国際法は、そういう状態に低迷していた。武力を以て強引な政策を貫こうとする国家は、そこを利用して被害妄想狂のように自衛の必要を誇張し、本質的な不法にさえ法の粉飾を施そうとしてはばからなかったのである。

ここで、人は、ふたたび世界国家の思想に立ち戻ろうとする強い関心を抱くであろう。これまでの国際法が頼りにならなかったのは、法の下に秩序を守って行動すべき一般の法主体と、特に法の執行を掌るべき立場にある権力主体との分化が行われていなかったためである。秩序を破壊する行動と、破壊された秩序を恢復するための行動とが、どちらも国家の実力の行使となって現れるために、結局は強い者が勝ち、勝った者が秩序の擁護者であったとして通用することになる。そういう状態に置かれているために、実力のある国家はますますその実力を蓄積して、戦いに勝つ備えを固めようとする。それが名目上は「国防」のための軍備であり、実際にもまた「防衛」を目的とした武装であっても、そうした軍備をもつことそのことが、戦争への大きな誘因となる場合が少くない。寄らば斬るぞと身構えているものは、やがて、隙あらば斬って先制の利を収めようとする衝動に駆られる。故に、国際強制秩序の維持という仕事を国家の手に委ねているかぎり、戦争の脅威が常に人類の身辺に迫っていることを免れない。

だから、さような状態から断乎として訣別し得る唯一の道は、国際法の執行のための世界政府を作って、国際法をば、いままでのような平盤な私法秩序の構造から、立体的な公法秩序に組織し直すことあるのみである。そうなれば、在来の国家は、もはや主権国家・独立国家ではなくなり、少くとも連邦内の支邦か、更にすすんでは、国家内部の地域行政区劃のごとき位置にまで低められるであろう。それと同時に、国際社会も国際法も、ともに厳密な意味での「国際性」を喪失し、前者は世界単一の政治社会に、後者はこの世界政治社会の単一法秩序となるであろう。この世界国家の構想は、ケルゼンによって説かれた国際法優位の単元法秩序構成の政治社会面でのコロラリイに外ならないのである。

前にも述べた通り、かような世界国家論は、思想としてはきわめて古い由来をもつが、それが今日改めて強く人の心に訴える所以は、単に第二次の世界大戦が人類の福祉に未曽有の破壊作用を及ぼした直後であるためばかりではない。歴史の現段階には、世界政府もしくはそれに類似した組織を必要とする事情が、次第に熟しつつあると考えられるからである。中でも、現代の社会経済は、国家単位の国民経済から急速に世界経済の段階へと発展しつつある。したがって、地球上の資源の賦存状態と、世界諸地方の特色のある生産能力と、各民族の需要の状態とを睨み合せて、世界全体の計画経済を確立することは、きわめて望ましいことである。しかるに、各の国家が依然として単一の政治社会として対立しつつあるのは、もはや時代錯誤であり、世界経済の円滑な流通を妨げる大きな障壁であるといわなければならない。故に、この際、思い切って国家の枠を外して世界政府を樹立し、その政府の手によって世界全体の生産と配分とを規律し、以て全人類に通ずる公共の福祉の増進を図るべきであるというのは、確かに一応も二応も理由のある主張であるということができるであろう。

しかしながら、それにもかかわらず、国際政治の動向が、いまのところこの種の構想の示す線を志向する気配を見せる様子がないのは、現在の世界が国家を単位とする国際社会としての構造を有するという、動かすべからざる事実そのものによるのである。

国家という組織体には、人為的な制度が多分に含まれている。しかし、その根柢に横たわっているものは、固有の伝統・習俗・言語・文化を有する民族共同体である。この民族共同体は、一方からいうと、国家の政治的統一性によって永い歴史の過程の中に徐々に形作られたものであるが、他方からいえば、民族結合の有機性が国家的統一の基礎をなして、遠く今日に及んでいるのである。かようにして成り立っている民族が、国家としての政治的統一を保っている場合に、そこに国民意識が生れる。民族が国民としての自覚の下に統一のある活動を営むということは、今日といえども、あらゆる文化的建設の地盤であるといわなければならない。各の民族が、それぞれ特色のある文化国民として、その特殊性を保ちつつ、相寄り相補って一つの世界を形作っているところに、人類文化の多様の統一が存するのである。単に文化建設の面ばかりではない。現在切実な問題となっている世界経済といえども、個人から世界への直接の結びつきによってではなく、各民族の国家的統一を媒介とすることによって、かえって、よくその多角性と綜合性とを発揮することができよう。逆にいうならば、それぞれの民族国家が、その国民経［欠字］的特殊性を維持しつつ、自助・自頼の精神を以て人類全体の福祉に協力するところにこそ、世界経済の円滑な発展が期待され得るであろう。太平洋戦争後の東洋に、多年の懸案であった新らしい民族国家が続々として誕生しつつあるという事実は、民族の自主性の否定ではなく、かえってその尊重が、依然として世界の大勢であることを物語っているといわなければならない。

これに対して今日ただちに世界国家の構想を以て国際社会の現実に臨むためには、かように強い必然性を有する民族の自主性を犠牲にする覚悟を必要とする。しかも、その覚悟は、世界中の諸民族が時を同じうして一斉に固めなければならない。さようなことが、一体、実際に行われ得るであろうか。否、さような提案は、そもそも現実の国際政治の上で、一体誰が行おうとするであろうか。かりに、現在最も強大な実力を有する国家の一つがその提案を持ち出そうとしたとしよう。そうして、その提案にしたがって、世界政府の樹立ということが真面目に考慮せられることになったと仮定しよう。そうなれば、その提案国家は、自己の抱いている経済理念や文化政策を以て世界政治を一貫して行おうとするであろう。しかし、政治や経済の根本理念について険しい対立の存する今日、それとは別個の信念を堅持する他の国々が、その根本の点でこれに譲歩するということは、奇蹟として以外には起り得ない。それを奇蹟以外に行い得るものがあるとすれば、それは実力であり、武力である。かくて、現実に世界国家を作り上げようとする企図は、結局において一つの世界制覇主義に帰着する。そこで、思想を露払いとし、武力を後詰めとする世界単一政治経済社会建設の企図が、無気味な重圧感を以て国際政治の上にのしかかろうとする。それを反撥しようとする他の指導勢力が、同じ世界制覇主義の疑惑を受けることを潔しとしない以上、民族国家の自主性を尊重する現在の世界構造の建前を堅持することとなるのは、理の当然というべきであろう。

だから、万一不幸にして新らしい大戦が起り、現存の国家の縄張りが全く破壊され、その廃墟の上に全く新たな単一政治組織を作り上げなければならなくなった場合はいざ知らず、さような破局を極力避けつつすすむ国際政治の前途ほど近くに、世界国家の姿を展望することは不可能である。いいかえれば、現段階の世界構造の指導原理は、一方では、国家主権平等の原則を維持しつつ、他方では、それらの国家の中に、国際法の執行を主としてつかさどる立場が分化することを認める、国際民主主義に帰着せざるを得ないのである。

国際民主主義は、世界秩序を一挙に安泰な基礎の上に置くために、国家主権を否定し、国家の枠を外そうとするものではない。さればといって、国家主権を無制限に肯定することにより、国際社会を強力な国家の主権意志の跳梁にまかせて置こうとするものでは、もとよりない。その点では、国際民主主義は、ケルゼンによってそのディレンマを鋭く指摘され、世界史の事実がくりかえしてその失敗を実証して来たところの、国際法と国家主権の二つを並び立たしめようとする試みを、なおかつ断念せずにつづけて行こうとする態度であるということができる。

ただ、今日の国際民主主義が、これまでの脆弱な国際法秩序と大いに趣を異にしているのは、諸国家の主権平等の原則を認めながら、しかも、その国家の行動の中に、国際法の執行としての意味をもつものと、そうでないものとのけじめが、最初からはっきりつくように工夫してあるという点である。

すなわち、すべての国家の主権国家性を否定して、その上にそそり立つ世界政府を設けないかぎり、国際法の実効性の根拠が結局やはり国家の実力に仰がれなければならないことには、昔も今も変りはない。しかし、そのために、国際法の効力を担保すべき国家の実力行動と、国際法を破りつつある不法の武力行使との区別がつきかねるところに、これまでの国際法秩序の致命的な欠陥があった。そこで、今日の国際民主主義は、すべての国家が遵守すべき国際法上の準則――国際社会規範――を確立すると同時に、その準則が破られた場合、いかなる手つづきを経ていかなる制裁がその上に加えらるべきかの準則――国際強制規範――を、あらかじめ別途に規定して置くという方法を採る。そうして置けば、或る国家の武力行動が、法を破る不法なのか、不法に対する制裁なのかについて、まぎれの生ずるおそれがなくなるであろう。かように国際社会規範と国際強制規範との区別を截然と立てて置けば、後者に準拠する国家行動のみが、国際法の執行行為として意味づけられることとなり、それを、法的根拠のない――したがって、不法な――実力行動から明らかに識別することが可能となるであろう。

ところで、実際問題にあたってこのけじめをはっきりさせるためには、国際社会の中に、或る国家の行動が国際社会規範に違反する不法行為であることを裁定し、これに対して制裁を発動せしめる必要があることを決定する、一つの権威ある組織がなければならない。もしも国際社会が単一政治社会たる世界国家になれば、世界政府が当然にこの役割りを演ずる筈である。しかし、国際社会を国際社会の状態のままに据え置くところの国際民主主義の場合には、この組織もまた、いくつかの特定国家の合議体として構成する外に、方法はない。かような合議体こそ、国際法の執行を主としてつかさどる中枢機構でなければならぬ。この機構が、国際不法行為の存否を公正に、かつ的確につきとめ、その決定にしたがって国際法上の制裁が迅速に、かつ有効に発動するようになるかどうかが、国際民主主義の下に国際法の実効性が強い裏づけを与えられたことになるか否かの分岐点である。しかも、実際上は、この合議体を構成する選ばれた国々の中でも特に強大な実力を有する国家が、議事を正しく指導し、世界秩序維持のために特に大きな責任を負うことが、平和の担保の前提となるであろう。そのかぎりにおいて、国際民主主義は、国際法の執行について主たる責任を負う国家が、他のもろもろの国家から事実上分化して来ることを予想する。

このことは、主権国家の平等の原則と決して矛盾するものではない。丁度、一つの国家の内部において、国民の中の適任者が選ばれて政府の要人となり、一般の国民に対して法の執行にあたることが、すべての国民の法の下での平等の原則と何ら矛盾するものではないのと同様に。また、それは、それ以外のもろもろの国家を隷属・卑屈の地位に押し下げる所以でもない。丁度、政府の指令に服従する民主国家の国民が、そのために人間としての尊厳性を寸分たりとも損われることがないのと同様に。

## 五

第二次世界大戦の末期に成立した国際連合は、大よそ右に述べたような国際民主主義の精神に立脚しているということができる。したがって、それは、世界国家の建設を目標とするものではなく、国際社会の国際社会たる現状に即しつつ、世界国家に代って平和の基礎を確立しようとしているのである。その意味では、カントが自己の構想した国際連盟について認めたのと同じように、国際連合もまた、理論としては正しいが実際にはなお実現不可能な状態にある世界国家の代用品たるの域を脱していないといわなければならない。

勿論、国際連合は、第一次世界大戦の直後にできた国際連盟にくらべると、色々な点ではるかに強力にその任務を遂行することができるように仕組まれている。国際連盟が、国家間の政治的紛争を裁定し、国際平和を維持して行く上からいってきわめて微力であり、戦争の防止に遂に失敗した歴史にかんがみて、国際連合がその轍をふむまいとしている以上、そこにそれだけの進歩があることは当然である。しかし、それにもかかわらず、国際連合の構成は決して完全ではない。むしろ、そこにはなお、連合の使命の達成を妨げるおそれのある欠陥がある。この欠陥は、今日すでに色々な点にはっきりと現れて来ている。しからば、国際連合もまた、代用品は代用品だけの値打ちをしか発揮することができず、平和が維持され得るとしても、それは法を以て力を規律することによってではなく、依然として偶然的な力と力とのバランスに頼る外はないのであろうか。それとも、国際連合の弱点を補強し、その中に盛り上げられた国際民主主義の精神を生かして、これを今後の世界秩序の支柱たらしめることが可能であろうか。全人類注視の問題の焦点がそこにある。

国際連合は、国際民主主義の精神に立脚して、諸国家の主権平等の原則から出発する。その根本の態度を宣明しているのが、国際連合憲章第二条の一の「本機構はその一切の加盟国の主権平等の原則に基礎を置く」という規定である。国際連合は、諸民族・諸国民を統合する平和と協力のための組織であるが、国家主権を否定し、国家の枠を外そうとする世界国家の構想を背景とするものではないことは、この規定によって明確に示されている。しかし、ここに認められている平等の主権とは、もとより法の拘束を超越する国家意志の至高性ではない。国家の主権は、法の上にある力ではなく、逆に、国際法の規律こそ一切の国家主権の上に位する。故に、連合に加盟するすべての主権国家は、国際連合憲章にかかげる国際社会規範にしたがう義務を負わねばならぬ。特に、加盟国相互の国際紛争をば平和的方法によって解決すべきこと、他の国家の領土や独立に対し実力による脅威を与えてはならぬこと等は、憲章第二条に規定する最も重要な、加盟国の義務に外ならない。

国際連合は、一方では、かような意味での主権平等の原則を前提とするが、他方また、これらの国際社会規範の規定にもかかわらず平和に対する脅威が発生した場合、迅速かつ有効に安全保障の措置を実施し得るように、連合機構の中に一つの中枢組織を設ける。それが安全保障理事会であることは、いうまでもない。勿論、国際連合には、安全保障理事会の外にも、総会をはじめとして、それぞれ重要な任務を有する多くの機関がある。しかし、その使命が特に重く、その権限が特に大きい点で、それらの諸機関の中でも際立った地位を占めているのは、安全保障理事会である。その意味で、この理事会は、国際連合の中核体としてその成否の鍵を握るものということができる。

国際連合憲章第二十三条によれば、安全保障理事会は加盟国中の十一ヶ国を以て組織され、アメリカ合衆国・イギリス・ソヴィエト連邦・フランス・中華民国は常任理事国たるべきものと定められている。連合の第一の目的たる国際平和の確保のための有効な行動は、すべてこの安全保障理事会の決定によって行われるのである。国際連合総会といえども、これに対しては補助的な役割りを演ずるにすぎない。なぜならば、総会は、国際平和の維持についての一般原則を審議はするが、その審議の結果を自ら執行する機関ではなく、単に加盟国や安全保障理事会に対して勧告を行うにとどまるし(憲章第十一条)、国際紛争が現に安全保障理事会によって取り上げられている間は、原則としてこれに関する勧告をもなし得ないからである(第十二条)。かように、安全保障理事会が総会よりもはるかに優越する地位を占めている点は、国際連合の大きな特色である。国際連盟では、総会と理事会とに、ほぼ同様の地位が与えられていた。これに対して、国際連合は、平和の維持についての主たる責任を安全保障理事会に負わしめ、理事会は連合加盟国に代ってこの任務の遂行にあたるべきものとしているのである（第二十四条）。したがってまた、安全保障理事会の決議は、連合加盟国のすべてに対して拘束力をもつ。いいかえれば、加盟国は理事会の決議を受諾し、かつこれを履行すべき義務を負う（第二十五条）。これらの点から見て、安全保障理事会は、世界政府をもたない今日の国際社会において、或る程度までその欠陥を補う公式の法執行機関であると見ることができよう。

安全保障理事会のつかさどる主たる任務は、その名の示す通りに、安全の保障であり、平和の確保である。この目的のために、理事会がまず努力すべき仕事が、国際紛争の平和的解決であることはいうまでもない。だから、理事会は、紛争当事国に対して、必要に応じ平和的解決のための適当な手段によるべきことを要求する（第三十三条）。

しかし、最も重要な問題は、それらの努力にもかかわらず、現実に平和を破壊したり、侵略行為に出でたりする者があった場合の措置である。そういう場合、安全保障理事会は、第一に、さような行為が存在するか否かを決定する（第三十九条）。つづいて、さような事態が存在すると認定した場合に、これを阻止し、事態の悪化を防ぐために、必要な各種の措置を決定し、紛争当事国にこの決定にしたがうべきことを要求する（第四十条・第四十一条）。それらの措置を以て足りない場合には、更にすすんで武力行動を以て臨むことができる（第四十二条）。安全保障理事会の行うこれらの決定は、国際連盟の理事会のように単なる勧告の意味しかもたないものではない。その決定は、すべての連合国に対する拘束力をもつ。したがって、連合加盟国は、その決定を受諾し、これを実行し、必要な場合には共同して武力制裁に協力する義務を負わねばならぬ。故に、これらの一連の規定は、国際連合によって定立された国際強制規範であり、それによって、国際社会規範に違反する不法の武力行使と、これに対して法を執行するための武力制裁とが、明らかに区別され得るようになっているのである。

それでは、かくのごとくに重大な意味をもつところの安全保障理事会の決定は、いかにして下されるか。国際連合は、この問題についても、国際連盟に比して原理的には大きな進歩を示した。しかし、今日、国際連合がはたして安全保障の機構として充分に有効に活動し得るか否かが疑われている所以が、その進歩にもかかわらず、正にこの点に存するということは、誠に遺憾であるといわなければならない。

すなわち、国際連盟の場合には、理事会の決定は原則として全会一致を必要とした。だから、ただ一国の反対があっても、決定を下すことが不可能とならざるを得なかった。その結果、連盟理事会は、重要な問題について何ら積極的な措置を講ずることができなかった。これに反して、国際連合の安全保障理事会の決定は、多数決によって下される。連合憲章第二十七条の規定によれば、安全保障理事会が決議を行うためには、総数十一の理事国のうち七理事国の賛成のあることが必要とされる。これは、約三分の二の多数にあたる。そこに、決議の慎重を期する精神と、多少の反対を押し切っても必要な措置を採用し得るようにしようという趣旨とが、併せ盛られているのである。全会一致を要件としては、小田原評定に日を暮らしても、重大な問題について決定に到達することはむずかしい。なぜならば、問題が重大であればあるほど、利害の対立が著しくなり、全理事国の意見の一致を見る見込みがなくなるからである。それを、約三分の二の多数で事を決し得るものとしたのは、確かに連合憲章の連盟規約に対する大きな進歩であるということができる。

しかし、問題は、その必要な賛成七票の内容である。これについては、憲章第二十七条は、手続き上の事項とそれ以外の事項とを区別し、前者の場合には、単に七理事国の賛成を要件としているのに反して、後者の場合には、「常任理事国の同意投票を含む七理事国の賛成投票」を必要とするものと規定する。手続き上の事項といえども重要でない訳ではないが、それよりも遥かに重要で深刻なのが「それ以外の事項」に属することは、いうまでもない。しかも、侵略行為の有無とか、事態の悪化を防止する措置とか、断乎たる武力制裁の発動とかいう最も重大な問題については、アメリカ合衆国・イギリス・ソヴィエト連邦・フランス・中華民国の五常任理事国の意見が合致しないかぎり、有効な決定に到達できないのである。いいかえると、これらの五大国は、安全保障理事会の決定について、常に「拒否権」を行使することができるのである。しかるに、複雑・微妙な国際的大問題について五大国の見解の一致を期待することの困難さは、全会一致を期待することの至難さと、実際には大差ないといわなければならない。そうして、もしもそれがそうであるとすれば、国際連盟の全会一致主義を棄てて多数決原理を採用した国際連合の苦心も、実際の運用の上では見るべき進歩を意味し得なかったということになるおそれがある。国際連合の活動の効果について今日早くも抱かれつつある疑惑が、主としてこの欠陥に胚胎することは、周知の通りである。

元来、民主主義の運用は多数決によるのが一般の原則である。社会の構成員のなるべく多数の意見を徴し、対立する意見の中のどれを採用するかを多数決によって定めるというのが、民主主義の定石である。しかりとすれば、国際民主主義の精神を基調とする国際連合としても、最後まで多数決主義を以て終始するのが、一貫した態度であるといわなければならない。勿論、重大な国際問題について、国際政治の上に重要な役割りを演ずる国々の間に意見の一致を見ることは、最も望ましいことである。しかし、もしもそれが求めて得難い事柄であるとするならば、しかも、安全保障理事会の迅速・積極の活動が国際連合の任務の建成に何よりも大切であるならば、理想の要求よりも現実の必要を重んじて、理事会のすべての決定を、単なる十一分の七の多数決によるものと定めるべきであったと思われる。連合憲章の修正は、総会総構成国の三分の二の多数で採択せられ得ることになっているが、これについても、安全保障理事会のすべての常任理事国を含む総加盟国の三分の二の批准が必要とされるから（第百八条）、この点の規定の改正はおそらく至難であろう。しかし、不幸にしてこの欠陥のために将来の連合の活動が麻痺状態に陥るおそれがあるとするならば、国際社会全体の輿論によって何らかの打開の道を講ずべきであろう。なぜならば、国内民主主義が「国民の総意」を基礎とするがごとくに、国際民主主義もまた「全人類の総意」をこそその運用の基礎とすべきものだからである。

## 六

国際連合によって具体化されつつある国際民主主義は、戦争の防止と平和の保障とを第一の目的とする。勿論、国際連合は戦争の防止だけを唯一の目的としている訳ではない。連合憲章第一条によれば、国際連合の目的は四つある。その第一は、国際平和および安全の維持である。第二は、各国間の友好関係の促進である。第三は、経済的・社会的・人道的問題についての国際協力の達成である。第四は、国際的共同活動の中枢機構を形作ることである。しかし、これらの四つの目的のうち、第二および第三は、現在のところでは国際平和にともなう副次目的たる地位に置かれているといってさしつかえない。更に、第四の、国際的共同活動の中心を形作るという目的は、国際連合の組織化そのものによって達成されている訳であるから、特に独立の目的としてかかげるまでもないということができる。とすれば、連合存立の最大・最高の目的は、第一の国際平和および安全の維持に帰着するといわなければならない。

目的の面から見た国際連合のこの性格は、そのままに連合の組織の上にも現れている。国際連合の主要な機関は、総会・安全保障理事会・経済社会理事会・信託統治理事会・国際司法裁判所および事務局である（第七条）。しかし、前にも述べた通り、その中で最も重要な役割りを演ずるものは、安全保障理事会である。その他の二つの理事会のうち、経済社会理事会は経済的・社会的・人道的問題についての国際協力の促進にあたり、信託統治理事会は信託統治に関する事務を処理する。ともに連合の重要な機能を分掌するには相違ないが、その政治的比重においてはもとより安全保障理事会に及ばない。また、総会は、国際連合の活動の全般にわたって論議・検討を行う権限を有するけれども、安全保障理事会のように平和と安全の維持について拘束力のある決定をすることはできない。更に、国際司法裁判所も、国際紛争の解決に対して或る程度の機能を営むことが期待されるが、政治的な問題の解決は挙げて安全保障理事会の決定に委ねられざるを得ないであろう。故に、国際連合は、事実上安全保障理事会を中心とする国際平和機構である。連合の全生命は、かかってこの理事会による国際安全保障の成否に存するといっても、決して過言ではない。

かように、国際連合が国際平和の維持にその目的論的性格の全焦点を集中しているのは、国際社会の現実から見て、もとより当然である。国際社会は、あまりにも秩序の破れ易い社会である。少くとも、いままでの国際法は、あまりにも脆弱な秩序であった。したがって、国際政治にとっては、秩序の安定・平和の維持ということほど大切な理念はない。何はともあれ秩序を維持するということは、今日の国際社会を支配する一つの「定言命令」である。国際民主主義が、したがって国際連合が、他の問題をあと廻しにしても、平和の確保という目的にむかって全智能をしぼり、全精力を傾注しているのは、正にしかあるべき態度であるといわなければならない。

しかしながら、一般に民主主義についていうならば、民主政治の目的は決して単なる「秩序の維持」のみにかぎられている訳ではない。民主主義は、決してただ、秩序さえ安定していればそれでよいとして満足しているものではない。事実また、秩序の安定という役割りからのみ見るならば、民主主義の外に政治の方法がない訳ではない。西洋中世の神権政治は数百年にわたって社会の秩序を安定せしめた。日本の封建政治は、徳川三百年の平和を保つことに成功した。それにもかかわらず、神権政治や封建主義が排斥せられ、民主主義が世界普遍の政治の指導原理となるようになって来たのは、民主主義の求めるものが決して単なる秩序の安定ではなくて、「常に進歩する秩序」だからである。民主主義は、秩序を重んずるが、単に固定した秩序を重んずるのではなくて、秩序を通じて常に秩序以上の高い理念を追求してやまないのである。その理念とは何か。それは外でもない。社会公共の福祉の実現であり、すべての人間にとって人間らしい生活を保障するという目標である。民主主義は、「人民の政治」であり、「人民による政治」であるという。しかし、それだけではない。民主主義の最高の目的は、「人民のための政治」たる点にある。それは、もとより、人民の中の少数のため、一部の階級のための政治ではなく、人民すべてのための政治でなければならぬ。民主主義のかかげる人間平等の理念は、窮極においては、政治のもたらす福祉享有の平等である。民主主義は、この理念をかかげることによって尊く、この目的に奉仕することによってのみ、公法秩序における人類普遍の原理たるに値する。

民主主義は、常に人間の平等を目ざし、社会的配分の公正を志向して発展する。したがって、その法秩序は、固定・硬直した秩序ではなくて、流動・進展する組織である。いかにすれば公共の福祉を増進せしめ得るか。どうすれば配分の関係を公正に規律して行くことができるか。そういう問題について国民が活潑な言論をたたかわせ、あるいは現状を大いに改革し、事情に応じては保守勢力に政治指導の実権を委ねることもできるような、高度の弾力性を備えた秩序たることが、民主国家の法の卓越した特色であるといわなければならぬ。

しかるに、この点についての視野を国際政治の面にまでひろめて行くと、そこに、国内政治とは大いに趣を異にした事情の存することが知られるであろう。

というのは、国家を単位として構成された国際社会は、国土の広狭、資源の多寡から見て、きわめて不公平な配分関係に立脚している。したがって、いつの世にも、現状について深刻な不満を抱く国家の絶えることがない。しかしながら、一つの国家を満足せしめるような現状の変更は、直接に、かつ具体的に他の国家の利益を侵害することなしには行われ得ない。それ故に、国際社会で一たび現状の変更を認めるとなると、そこに必ずかぎりない紛争が起る。そうして、その結果は、ほとんど不可避的に戦争にまで発展する。国際社会での大きな現状の変更は、これまで、ほとんどすべて直接・間接に戦争を通じて行われた。だから、現状の変更をあえて断行しようとする国家は、直接の武力行使によるか、しからずんば武力を背景とする強圧外交によって、その目的を達成して来たのである。しかし、さような方法による現状の変更は、国際配分の関係を公正化する代りに、ますますその不公正を増大せしめるという結果を招く。故に、現段階における国際政治は、よしんば国際配分の現状がいかに不公平であるにしても、戦争は絶対に防止されなければならないという定言命令にもとづいて、国際社会のスタトス・クオをできるだけ動かすまいとする方針に帰著しつつある。今日の国際法においては、武力を背景とする現状変更の企図はすべて「平和の脅威」であり、武力に訴えての現状の打破はすべて「侵略行動」である。しかも、そうした方法に訴えないでの現状の変更は、事実上ほとんど不可能である以上、国際法秩序はいきおい静止・固定した秩序とならざるを得ない。そこに、いかに同じ民主主義を基調としようとしても、国際法秩序がこの重大な一点において国内法秩序と著しくことなる相貌を呈せざるを得ない所以がある。

しかしながら、民主主義の根本精神は普遍・人類主義である。国家の発展、民族の隆昌は、その手段であり、その中間段階たるべきである。したがって、公共の福祉の享有を全人類に及ぼすことは、民主主義の永遠の理想でなければならぬ。普遍・個人主義の立場からいえば、絶対・至高なるべき個人価値の平等は、国境を越え、民族のへだてを絶して、世界全体にまで押しひろめられなければならぬ。そうであるとすれば、国際民主主義は、単なる現状維持によって固定した平和を維持することに満足すべきではない。しかも、領土や資源の関係において国家間の配分関係を変更しようとすることが、平和の確保という観点から見て手をふるるべからざるタブウであるとすれば、「国家」の間の配分の関係は動かすべからざるものとして置いて、別の方面から「人間」の間の配分の公正を図らなければならない。それには、世界経済の綜合計画を確立し、世界全体の生産・配給・消費の関係を円滑に統制し、全人類の境遇を人間の人間らしい生活水準にまで高めるように努力して行くという一途あるのみである。いいかえれば、政治単位としての国家の枠はそのままにして置いて、経済に関する全世界の計画中枢・指導本部を設け、各国家の経済活動にそれぞれその処を得しめるという工夫が必要である。それなくしては、いかに安全保障理事会を中心とする国際強制秩序を強化しても、真の恒久平和の基礎を確立することは覚束ないといわなければならない。その意味からいって、国際連合の経済社会理事会は、安全保障理事会に対する単なる副次的存在たる立場にとどまることなく、将来すすんで世界計画経済の中枢たる積極的な政治機能を発揮することが望まれる。

およそ、法には二つの根本の任務がある。一つは社会秩序の維持であり、他の一つは公正な配分の実現である。正しい秩序は、これら両者を併せ含むものでなければならない。現在の国際連合が、国際社会においてこれら二つの法の任務をどこまで遂行し得るかについては、なお幾多の疑問がある。しかし、国際政治の諸問題を処理する原理が国際民主主義以外にはないとすれば、滑り出しから難航をつづけつつある国際連合を補強し、その欠陥を修正して、この任務を遂行するだけの力をもったものに仕上げて行くより外に道はない。それは、大規模な戦争を自ら戦い抜くだけの力をもたない地球上の大多数の国家——その中には、第二次大戦の戦敗国はもとより、多くの戦勝国も含まれている——にとっては、文字通り死活の問題である。それらの諸国民が、安んじて世界経済の建設に協力し、各自の特質を発揮して人類文化の発達に寄与し得るためには、国際連合が正しい世界秩序の確乎たる支柱となることが、根本の前提となる。現在の日本には、この問題について何ら正式の発言権もないが、本来自由な学問および思想の世界では、これに対して今から研究と批判とを重ねて置くことを怠ってはなるまい。

附録論文

# ノモスとアジール――尾高朝雄の法哲学についての試論

藤崎　剛人

これから来たるべきものが、単に尺度がない状態だったりノモスに敵対的な虚無であったりするのではない。古い力と新しい力の無慈悲な闘争の中にもまた新しい尺度が生じる。そして、意義深い調和が達成されるのである。

――カール・シュミット

## 安保関連法案と「違法の後法」

二〇一四年、第二次安倍晋三政権が、集団的自衛権を容認する安保関連法案を閣議決定したこと受け、野党・市民団体を中心に大きな反対運動が巻き起こった。これまでの政府の解釈では、自衛権については、日本国憲法上は個別的自衛権しか認められていないとされていた。この解釈の変更に対して、多くの憲法学者がこれを憲法違反だとして反対を表明した[1]。

集団的自衛権に反対する市民たちは、「立憲主義を守れ」というスローガンを打ち出した。これまでの政府は、集団的自衛権は憲法上認められないという解釈を踏襲してきたはずである。したがって、もしそれを変更するならば時間をかけた議論と幅広いコンセンサスが必要であるはずだ。にも拘わらず、閣議決定で唐突に解釈変更を行うという安倍政権の強硬手段は重大なルール違反であり、立憲主義の危機として捉えられたのだ。

憲法解釈はひとつの規範であって、それ自体に拘束力があり、内閣が変わったからといって勝手気ままに変えてよいものではない。しかし一方で、法には解釈がつきものであり、必要ならば解釈を変更したり覆したり、時には法そのものを変更しなければいけないこともあるはずだ、というのも一つの言い分である。法典は不磨の大典であってはいけない。しかしまた法には一定の継続性を保障する安定性も必要であろう。内閣が、政治的に都合が悪いからといって、数の力にものを言わせ、それまでの法や法解釈の拘束から脱しようと試みるなら、国家の法的安定性は損なわれてしまうだろう。

この法の安定性と法の変遷に関するジレンマはもちろん今に始まったことではなく、歴史上さまざまな事件において浮上してくる問題であった。ここで、ひとつの事例を紹介したい。

一九二五年、男子普通選挙法が成立する。しかし、この法は一九一九年における選挙法改正の際の付帯決議に反していた。普通選挙法自体は歓迎すべきことだったので、当時の憲法学者たちがこの問題を曖昧に処理しようとする中、当時は若手の憲法学者だった清宮四郎は「違法の後法」という論文によって、誠実に思考すれば違法であるとしか言えない普通選挙法が正当な法であることについて、憲法学的に立証しようと試みた[2]。

清宮四郎が参照したのは、ドイツの法学者ゲオルク・イェリネックの憲法変遷論である。ある法規範の改定や新設は、しばしば既存の法規範に反するかたちで行われる。法は規範であり、人はその規範に従って日々の生活を行う。しかし、流転する人の世の現実は他方で、古い規範を無効化し、新たな規範を生み出しもする。イェリネックはこの法を撤廃し、新たな法を生み出す力のことを「事実の規範力」と呼んだ。

清宮はこの「事実の規範力」を用いて、一九二五年の普通選挙法という「違法の後法」の正当化を行う。折しも普選運動が華やかなりし頃である。一九一九年に原敬が改正した直接国税三円以上という条件は早くも実情と合わなくなっていることは明白であり、普通選挙法が制定されるのはまさに「事実の規範力」にかなうことだった。この進歩を今更後退させようと考える人間はほとんどいない。従って、この「違法の後法」は合法なのである。

「事実の規範力」は、法の変遷と法の一貫性を同時に保たせるための理屈としてとても便利である。だがその一方で、「事実の規範力」の濫用は、他方で規範の力の弱体化をまねく危険性もある。規範が現実とあっていない場合は規範のほうを変えなければいけないのだ、ということでは、規範を制定する意味がなくなってしまうだろう。たとえば、日本ではどこの企業でもサービス残業を含む長時間労働が常態化しているのだから労働基準法は廃止してしまえばいいという経営者がたまにいるが、そんなことでは労働者の生活は守られまい。いかなる場合でも「事実の規範力」を持ち出せば強引な法変遷もそれで良いというわけにはいかないのである。

さて、集団的自衛権を認める解釈改憲を支持する人々は、膨張する中国や朝鮮民主主義人民共和国の核武装を根拠にそれを正当化している。これはつまり国際環境の変化に憲法解釈を合わせよということで、まさに「事実の規範力」を主張しているのと同義であろう。もちろん集団的自衛権を認めない立場の者も、別の「事実」をもってこれに反駁することができる。たとえば、集団的自衛権によってむしろ日本が紛争に巻き込まれやすくなるというリスクや、シビリアン・コントロールの弱化による軍事セクターの暴走リスクなどである。だがいずれにせよこれらの議論は「事実」をめぐる闘争にしかならない。「立憲主義」を守れという、規範をめぐる闘争はそもそもどこへ行ってしまうのか？　それは単なる教条主義的なスローガンにすぎないのか？　しかし当然ながら、事実の問題だけが重要で規範などどうでもよいというなら、憲法という規範の意味はなくなる。立憲主義を守れという議論を前景化させるためには、事実と規範の相互関係について、事実的問題のみならず、規範的問題も語る方法が必要である。時局によっては、規範を事実に合わせるのではなくて、事実がどうだろうと規範を守り抜き、事実を規範に合わせていかなければならぬと力を込めて言わなければならないのである。しかしある種のプラグマティズムが支配する現代の日本では、そのようなことを口に出せばたちまち「お花畑」の理想主義者か頭カチコチの教条主義者というレッテルを貼られ、罵倒されてしまうという風潮がある。こうした状況下において、規範を守れという主張はいったいどのようにすれば説得力を持てるのだろうか？

現行憲法下での集団的自衛権行使に反対する「立憲デモクラシーの会」のメンバーである憲法学者石川健治は、朝日新聞で、当時安倍内閣が進めようとしていた憲法九六条の「お試し改憲」を辛辣に批判した[3]。憲法改正のための手続きを定めた憲法九六条は、憲法九六条を根拠として改正できない。発議要件のハードルの高さは多数派の独裁を防ぐための民主主義手続きを定めたルールである。それを多数派の都合の良いように軟性化するのは、サッカーのプレイヤーが自身の都合の良いようにサッカーのルールを変えようとするのと同じである。したがって、政府自民党が目論んでいる九六条の「お試し改憲」は、政治に携わる者が有しているべき「政治の矩」に反する憲法に対する「革命」である。

石川は、数の力でもってあらゆることを押し通そうとする政府に対して、いかなる実力でもっても曲げてはならぬ立憲国家の根幹があると説き、事実的なものによる規範の軽視に水を差したのであるが、彼の用いている「政治の矩」という言葉は、法哲学者の尾高朝雄からの引用である[4]。石川健治は「コスモス――京城学派公法学の光芒」や「イン・エゴイストス――憲法学から見た公共性」[5]など、尾高朝雄に関係する研究を多数発表している。尾高朝雄のノモス主権論は法学界の内外で大きな論争を巻き起こしてしまい、死後五〇年以上たったいまもなお、ひとつの危険物として扱われている気配もある。だが、法と事実のあり方がいままでになく問われている昨今の状況下で、彼の思想をもう一度紐解いてみることは、どこまで同意するかは別として、現代に生きる我々にとっても有益であろう。

## 法の窮極にあるもの

『法の窮極に在るもの』をはじめとする尾高朝雄の戦後の一連の著作は、事実と規範の動的な相互関係について、ひとつの決着をつけ、規範の優位を宣言するための試みだといえよう。『法の窮極に在るもの』の結論をいってしまえば、「法の窮極」にあるのは「正しい政治」を導く矩としての法だということになる。それは『天皇制と国民主権』では「ノモス」と呼ばれている。「法の窮極にあるもの＝政治の矩＝ノモス」を追求することによって、彼は事実と規範の緊張関係を解きほぐし、和解させようとしたのである。ところで、「政治の矩たる根本の法」とは何だろうか。

法の窮極には政治があるが、政治の更に窮極には「政治の矩としての法」の存することが認められなければならぬ。政治は法に対して優位に在るが、しかし、法に対する万能の優者ではない。法を作り、法を動かす政治は、政治の矩にしたがって法を作り、法を動かさなければならないという意味で、政治の矩たる根本の法に制約されているのである。(6)

上記引用部だけを読むと、それはいわゆる「自然法」のことだと解釈したくなる。だが、『法の窮極に在るもの』を読んだ者であれば、著者は繰り返し、自然法との混同を避けようとしていることが分かるだろう。(7)尾高の議論を単純な規範主義、あるいは自然法論の焼き直しと捉えることはできない。自然法論と、基本的には自然法を認めない実定法論（法実証主義）の対立において、尾高は一貫して自らを実定法論者だと認識している。この自己認識を尊重するならば、彼が主張する「政治の矩たる根本の法」は、限りなく自然法のような理念法に近いとしても、あくまで実定法論の枠内にとどまっているはずのものなのである。

法実証主義者といえば、いわゆる「ラートブルフ・テーゼ(8)」で示されているように、法の理念的側面について関心が無い人々として考えられがちである。だが尾高は、実定法論者として、あるいは実定法論者にも拘わらず、現実の秩序に「理念」の痕跡を見出そうとしていた。

しかし、法学という学問体系に「理念」を組み込むという作業はもちろん単純な話ではない。一体、どうすれば科学的に、理念と現実を結びつけることができるのか。たとえば困っている人は助けなければならないという道徳があったとして、その困っている人とは誰かが常に問題となっている。何かを漠然と困っている人など頭の中にしかいない。「困っている人」は常に具体的な何かに対して困っている。「困っている人」について何も定義しなかったらその範囲は曖昧になり、大して困ってない人も助けなければならなくなるかもしれない。逆に厳密に定義しようとすればするほど、それは人によって喧々諤々の大論争になってしまう。「困っている人」とはひとつの価値であって、いかなる方法を用いたとしてもその判断は恣意的であるという誹りを免れない。

こうした認識の問題、理念と現実の不一致と、それがゆえに生じる恣意性の問題は、古代から人類の大問題であり、プラトンのイデア論をはじめとする様々な哲学的思考の母といっても過言ではない。もし理念は理念、現実は現実であるならば、理念的なものを実定法論の中に組み込む法理学を構想する尾高の野望は最初からつまずいてしまう。そして尾高のウィーン留学時代の師ハンス・ケルゼンは、まさに法実証主義の立場において、理念を法体系のうちに内在させるような法学的思考を否定していた。尾高法哲学は、まずこの師匠の議論を克服しなければならなかったのである。

## 法も国家も実在する

「法の理念」はどこまでいってもSollen（当為）の世界にあり、それに対して現実はSein（存在）の世界である。尾高はこの公理を、師であるケルゼンに学んだ。ケルゼンはオーストリア出身のユダヤ人法学者で、一九一九年からウィーン大学の教授となった。またこの頃、ハプスブルグ君主国の崩壊によって誕生したオーストリア共和国の憲法を起草している。尾高朝雄は留学中、ウィーンのケルゼンのもとで学んでいる。ケルゼンは一九三〇年からドイツのケルン大学に招聘されるが、ナチス政権の誕生によって追われるように職を去り、スイスを経てアメリカへ移住し、そこで没した。

新カント派哲学の影響を受けているケルゼンの法哲学は、この二つの世界の架橋不可能性を前提におく。彼は、一般的な新カント派の方法に沿って、科学を自然科学と社会科学に分ける。自然科学は因果性についての学問である。たとえばものが落ちるのはなぜかという問いに対して、現実を観察し、推論と実験を繰り返した結果、ニュートンは重力という原因に辿りついた。しかし法学のような社会科学では、ある法が妥当するのはなぜかという理由を現実から引き出すことはできない。たとえば夫婦同姓は（一部の保守論客にとってはまことに残念なことながら）夫婦同姓が生物学的な自然の摂理だからそうなっているわけではない。夫婦同姓という制度は、あくまで夫婦は同姓であるべきという一つの価値に由来するのである。ある特定の価値を持たない法や制度は無い。しかし法学という科学それ自体は、そのような価値から自由でなければならない。従って、自然法のようなあらかじめ措定された価値を前提に法を探求することは法学ではない。すなわち、ケルゼンは法学を徹底的に実定法のみを管轄する学問と捉え、因果性や心理学の世界に関わるような不純物を取り除いていくのである。それによって誕生するのが「純粋法学」である。(9)

「～すべき」という法の理念を、法の中に読み込むことを拒否するとすれば、ある法が妥当する根拠は、別の法、その法の上位の法にしか求められない。たとえば、我々は刑法に殺人罪の規定があるのは、人を殺してはいけないという理念的な規範があるからだと漠然と考えている。しかしケルゼンの議論に従えばそうではない。彼によれば、むしろ「～すれば～する」という強制規範こそ、法の本質なのである。つまり人を殺してはいけないという規範が人を殺した者は懲役何年という法規範をつくるのではない。むしろ人を殺した者は云々という具体的な強制規範があって初めて、人を殺してはいけないという理念的な規範は導かれる。これが、ケルゼンのいう第一次規範（例えば刑法の殺人罪）と第二次規範（例えば一人を殺すなかれ」）の区別である。従って法の妥当性の根拠は、理念ではなく、その法に正統性を与えている上位の法によるしかない。そしてその上位の法にも当然、さらに上位の法があるので、法の体系はピラミッド型に連なる構造をなす。この「純粋法学」の構造に従えば、国家の様々な機関（内閣や省庁、議会、裁判所等々）の正統性の根源は実定法における最高規範、すなわち憲法のみである。様々な国家の機関は憲法によって権限が授けられているのであり、憲法以外において自らの存在の根拠を説明できない。したがって国家の本質はピラミッド型をした法の体系そのものである。

ところでケルゼンによれば国家の憲法はいかにして妥当性を持つのか。論理的に考えれば、憲法も法であり、法の妥当性は上位の法のみなのであるから、憲法も何がしかの上位の法によってその妥当性が正統づけられるはずである。その憲法の上位法を、ケルゼンは「根本規範」と呼んだ。ただし、この「根本規範」は「純粋法学」の一貫性を保つために置かれた形式的な規範であり、我々が憲法の上位法といったときに想像しがちである「自然法」や「憲法制定権力」のような内実を伴った概念ではないことに注意する必要がある。

憲法の妥当性が「根本規範」という思考実験でしか説明できない以上、ケルゼンの「純粋法学」は、すでに確立された法秩序を体系的に分析する手法としては優れている一方で、法が不測の力でつくられたり、変更されたりする現実の動きについては上手く説明することができないと評価されている。だが、その説明を無理にしようとすればどうなるのか。学問上の仮説である「根本規範」を越えて、さらなる法がつくられる源泉を探したとすればどうなるのか。それは結局、例の「事実の規範力」に帰結してしまうのである。[10] さらに彼の第一次規範と第二次規範の区別も、純粋法学のための技術としては理解できるにせよ、我々の感覚には反している。

従って、規範としての法が、その法を変遷させていく力を持つ事実の世界とどのような関わりを持つかについて問いを立てる者は、その部分がブラックボックス化しているケルゼンの法哲学では物足りなくなる。もちろん、尾高朝雄もその一人であった。[11] 京都大学で社会学を学んだ尾高にとって、法がそれ自体の目的を持たないとはどうしても考えられなかったのである。

ケルゼンの法哲学に付随するもうひとつの問題がある。それはむしろ「法」なるものを扱うあらゆる研究に共通する問題なのだが、つまり実定法の実在性の問題である。実定法は自然法とは違い、実在するということになっている。しかし、それは一体、どのようにして実在しているのだろうか。筆者の目の前には実家から送られてきたメロンがある。手で触ればざらざらした表面の感覚が伝わるし、匂いを嗅げば北海道の大地がつくりあげた甘い香りがする。しかし、法はメロンのように手で触れたり臭いを嗅いだりすることはできない。法律の条文を紙に書いて読み上げることはできる。しかし、たとえば筆者がその辺のチラシに法の条文らしきものを書きなぐり、これが実定法だと主張しても全ての人に無視されるに違いない。一方で、日本国が制定し官報に記載された法律は、日本国内においては概ね通用しているようにみえる（もちろん、個別的には形骸化してしまった法律もあろうが）。しかし「日本国内」とは何を意味しているのか？ 国家も、我々が手を触れたり臭いを嗅いだりすることができない存在である。国境地帯にはせいぜいフェンスと監視塔があるだけであるし、日本を囲む広い海にはそれさえもない。たとえ海の向こうの大統領が構想するがごとく何千キロにもわたって壁を築いたとしても、地図に引かれている ような「国境」それ自体をつくることはできないのである。今 目の前に「国家」を連れてきてくれと言うことは、屏風の虎を 追い出すよりも難しい。法も国家も、幽霊と同様に結局は人間 の頭の中だけにしかいない。

しかし、だからといって国家は「実在」していないのだとい うことはできない。我々は国家が実在していると考えているか らこそ、国家に税金を払い、危急の場合には当然に国家の庇護 を要求する。国家はメロンのようには実在してはいないが、確 かに別のあり方で、排他的に実在している。もし筆者が国家だ から皆は私に税金を払えとSNSで要求しても、せいぜい哀れ に思った人がアマゾンのポイントを恵んでくれるだけにすぎ ないだろう。

国家も法体系もひとつの観念上の実在である。それは経験則 においては確かに実在しているのだが、目に見えるように実在 しているわけではない。だが、いかにして理念が実在の法へと なっていくのかという問いについて考えるならば、そもそも国 家や法体系が実在しているとはどういうことなのか、という問 いに一応の結論を出しておかなければならない。そのための手 段として尾高朝雄が利用したのは現象学であった。

尾高が留学していたころの戦間期のドイツ語圏では、当為と 存在を厳密に峻別しようとする新カント派哲学の諸問題への 解答として、現象学に注目が集まっていた。彼はフライブルク にいた現象学者エトムント・フッサールに師事することによっ て、自身の法哲学に現象学の知見を導入した。オーストリアお よびドイツ留学中に書かれた尾高朝雄の『社会団体理論の基 礎』[12]は、国家の「実在」の問題を扱っている。さらにこの著作 を基にして、彼は一九三六年、学位論文として『国家構造論』 を著した。

尾高は、フッサール哲学の成果を次のようにとらえる。フッ サールによれば、実在の根源は、「多様なる意識の志向作用の 統一体として単一自我に対して構成された対象」である。しか し、それだけでは単なる独我論に終わってしまう。それらの意 識作用が競合することによって、その対象が共同的に定立され ることによって初めて、それは客観的実在性にまで高められて いく。フッサールは、何かを志向する意識をノエシス、志向さ れた対象をノエマと呼び、両者の統一を目指した。前者は主観 精神、後者は客観精神である。そして主観精神と客観精神は、 主観的な志向の複合体としての「意味の世界」において仲介さ れるのである[13]。

> われわれの住んでいる精神の世界、文化の世界は、かよ うに無数・無限の個人精神の協同作業によって創造され、 かようにノエマ的な共同財として客観化されたところの 「意味」の世界である。現象学は、実在界をば、かくのご とくに「意味に満たされた世界」として示した[14]。

実在性の定礎を具体的個物か精神的概念かの対立ではなく、 意識するものとされるものの関係性のうちに見出すのであれ ば、メロンが実在するのと同様に国家も実在するといっても良い。それによって、法や国家が主観としての当為の世界から、客観としての実在の世界へと移るための架け橋ができることになる。主観的世界と客観的世界の間にあるのは虚無の空間ではなく、多数の人々の意識が結集した「意味に満たされた世界」である。それを経由することによって、法や国家は「多数主観の永い共同作業に基いて客観的に構成された精神成態[15]」として実在性を持つのである。一方、皆が日本国の法を遵守し、筆者が勝手に作った法を無視するのは、客観的な実在性の強度の違いに由来するということで説明がつく。

こうした作業を通して当為と存在との間に橋をかけることによって、ようやく「法の理念」が実定法へと降りていく道筋が定まる。人々の主観性が共同定立された「意味の世界」は、理念と現実の法を仲介する[16]。法の理念という潜勢力はそれを通して現実の力となっていくのである。すなわち、「法の理念」が現実化することとは、法の理念が単なる個人的な目標をこえて、様々な人々を通して、社会の多数の人々にとっての達成せられるべき目標となり（つまり実在する理念となり）、彼らの欲求や行動を方向付けるものになることである[17]。こうして、尾高は法の制定過程をブラックボックス化することなく、法理学的に説明づけようとした。

## 法をつくるのは理念である

ある「法の理念」が政治的な目標となり、人々がその実現のために振る舞うと、法は定立される。そして、「行為規範」「強制規範」「組織規範」としてそれぞれ定立された法が統一的に秩序付けられた共同体、それが「国家」であり、『実定法秩序論』では、尾高はそれを「目的共同体」と呼んでいた[18]。さまざまな目的を政治的に実現させるための共同体という点で、国家は会社や町内会や同人サークルなどの他の共同体に対して優越性を持つのである。

法の理念が現実化するときにはたらく力は尾高によれば「政治の力」である[19]。政治は、いかなる理念も実現可能な現実の力を持たなければ無意味だ、ということを前提とする。そして、理念の実現を企図し、そのために様々な手段を用いる。経済や道徳などの他のカテゴリーに対して、政治は法を作る力として優越するのである。またこの点で、尾高朝雄はいわゆる自然法論を退ける。旧来の理念としての自然法は「法の窮極にあるもの」ではない。それは崇高な理念ではあるが、あくまで理念にすぎない。尾高にとって、理念は意識の相互作用を通して現実に降りていかない限り、実行力をもたない。従って、旧来の自然法は法ではなくむしろ道徳に属するのである。必要なのは、「自然法理念の政治化[20]」なのである。

しかし、ひとくちに「政治の力」と言っただけでは、具体的にそれがどのような力であるかは、当然ながら明らかにはならない。たとえば現代の日本で「あの人には政治の力がある」と言ったとすると、それは「あの人には立場や財産や学識を利用して、人を多少無理矢理にでも屈服させてしまうような実力がある」という意味になるだろう。しかしそれではやはり「事実の規範力」である。尾高はもちろん政治の事実力を認めるが、他方でそれが持つ理念の力も重要であると考えている。すなわち安直な実力決定論ではない。ある法が特定の場所において通用しているのは、統治権力にその法を通用させるだけの実力があるからだ、とは単純にはいえない。なぜなら統治権力があまりにも非道な法を押しつけようとした場合、いかにその統治権力に強大な実力があったとしても、遅かれ早かれそのような権力は民衆の力によって打倒されてしまうということは歴史が証明しているからだ。政治的実力があるからといって、法を好きなように押しつけられるわけではないのである。

人々が理念としての法を実現させようとしたとき、民主主義制度を採用することになるのは歴史の必然といえるだろう。支配者の恣意的な気分によって定められた法律は、理念の実現とはいえないからだ。ところで、多数の民衆に支持されて成立した法律ならば理念の実現といえるだろうか。尾高は、民主主義論についてはラートブルフの影響を強く受けており、民主主義の意思決定の手段としての多数決を肯定する。[21] だが他方で、多数決の決定が常に正しいといえるわけではないとも考えていた。「民衆の力」といえども誤ることはあるからだ。民主主義は理念の実現のための必要条件であって十分条件ではない。支配者の力にせよ民衆の力にせよ、実力説では理念の実体化としての法の発展や変遷を肯定しえない。近年の例でいえば、死刑の廃止がそれに当てはまるだろう。死刑廃止国はいまや世界の多数に及んでいるが、多くの国ではそれは死刑の存続を望む世論を制してトップダウンで行われた。だが、そうした国では死刑の廃止はいまや多くの国民に受け入れられている。理念としての法の実現のためには、「数」の力だけではなく、その「質」も必要なのである。尾高は以下のように述べている。

> 民主主義の政治決定を左右する「数」の契機をば、内容の如何にかかわらない、単なる「数」のままに放任して置かないで、その「質」を不断に向上させ、多数で決定したことができるだけ正しい立法意志の理念に合致するように仕向けて行くより外に道はない。（中略）それを措いて現実の立法意志を理念としての国民の総意に接近せしめて行く方法はない。[22]

多数派が多数派であることに満足し、多数決の正当性を根拠に少数派を迫害するようなことはあってはならない。政治的な決定は多数派の意志ではなく、ルソー的「一般意志」＝「正しい立法意志」としての「国民の総意」でなければならない。[23]「政治の力」は、多数派にも少数派の意見に耳を傾けさせるための原則でなければならないのだ。

政治決定の「質」を向上させるための力、つまり法の窮極にある「政治の力」、それこそが、法の理念の普遍的側面と特殊的側面の調和としての「政治の矩」なのである。尾高はラートブルフにならって、法の普遍的な目的は、「各人に各人のものを」平等に配分する正義（配分的正義）だと考えた。それは「公共の福祉」という言葉で表される。だが、「各人に各人のものを」あるいは「公共の福祉」の基準は一律に定めることはできない。それは各時代や場所、文化によってそれぞれ異なるのであり、それぞれの事情に応じてつくられる法は特殊的なものにならざるをえない。したがって「公共の福祉」という法の普遍目的と、その実現過程における法の特殊化を調和させることが「政治の矩」であり、それこそが、民主政治において常にすでに追求されるはずの根本的な方針なのである[24]。

従って、尾高にとって実定法の個別理念と、その個別理念と現実とを正しく調和させる「政治の矩」は、階層的関係にある。「政治の矩」も個別理念も理念である。だが、数々の理念の調整を目的とするという点で、「政治の矩」のほうが優位にある。この構想そのものは、すでに述べたように人間活動の様々な目的を調和して実現を図る「目的共同体」としての国家というコンセプトとして、以前からあったものである。

だが、諸目的の調和を国家という具体的で集権的な団体に直接的に求める「目的共同体」概念と、直接的にはそれを人々の意識の中に求め、国家は間接的に登場してくる「政治の矩」という概念では、位相が異なる。前者は法理学の立場から国家を記述したものという性格が強いが、後者は「ノモス主権」というコンセプトと結びついて、より啓発的な政治哲学となってくるのである。この重要な変更はいかなる動機に由来するのか。我々はついに「ノモス」という鍵概念について探求をしなければならなくなった。

## 「ノモス主権論」の素性

そもそも尾高は「ノモス」という概念の着想を、いかなる箇所から得たのか。ノモス（nomos）は古典ギリシア語で法を表すノモイ（nomoi）の複数形であり、古代ギリシアの詩人ピンダロスの断片詩に記されている「ノモスは万物の王（nomos basileus）」という成句で知られている。それは伝統的に自然本性のことを示す「ピュシス」と対置され、実定法を表す言葉として用いられてきた[25]。「政治の矩」を自然法ではなくあくまで実定性をもった概念であることを強調する尾高が、この概念と同義で「ノモス」と使うのはそれほど驚きではないかもしれない。そして尾高の直接的な参照先としては、二〇世紀ドイツの法学者カール・シュミットが用いたノモス概念を上げることができる[26]。

カール・シュミットは、一九三四年に出版された『法学的類型の三種類』において、ヘルダリーンによるピンダロス断片の翻訳詩「至高のもの」を引用し、規範主義と決断主義、その結合としての実証主義に対して、シュミット独自の法学的思考である「具体的秩序」の優越性を論じた[27]。尾高文庫[28]にある『法学的類型の三種類』に引かれた多数の傍線や書き込みや、『法の窮極に在るもの』における言及量から考えて、彼がこの本から「ノモス」という概念を拝借したことについてはほぼ間違いなさそうである。また「原典」にもあたったらしく、尾高文庫の蔵書リストにはヘルダリーンのピンダロス断片の翻訳がある。

では、尾高はシュミットのノモス論を、いかに自らの議論において受容したのだろうか。シュミットによれば、法学的思惟には三種類ある。規範主義、決断主義、具体的秩序思考である。この論文における彼の意図は、彼がイェリネックやケルゼンをもって代表させている、規範主義と決断主義の結合としての「実証主義」を仮想敵として、それに対して、シュミット自身の立場である具体的秩序思考の優位を示すことにある。

「法の支配」を掲げる規範主義的思考は「当為」の領域に属する制定法のみを法学的思考の対象とするので、「事実」の領域に属する具体的な状態から生まれる秩序の生成と運動について全く汲み取ることができない。それに対して決断主義は、主権者が行う決定こそが法をつくり、法を解釈するというものである。決定以前にはただカオスがあり、決定によって秩序が生まれる。紛争事件は裁判官の決定によってはじめて解決されるし、国家の問題は主権者（権力者）の決定によって解決されるのである。[29]

シュミットにとって実証主義は、規範主義と決断主義の結合である。まず主権者の決定によって規範が生まれ、それから規範による支配らしきものが始まる。このような図式のせいで、実証主義者は法に関する実際の問題を扱うときは、その都度その都度の権力者のつくった法を所与のものとして扱うだけの単なる現状追認主義者となる。

シュミットにとって、法の背後にあるカオスに手を付けられない法実証主義はまったく問題にならない。その代わりに彼が支持するのは具体的秩序思考である。シュミットによれば、この思考は、[30]フランスの行政法学者オーリウの制度論に着想を得たというが、[31]実際にそれと内容面でどこまで一致しているのかは検討の余地があるだろう。シュミットがここで言っている「具体的な秩序」とは、それぞれの民族が持つ固有の文化や制度といったものであり、法はそうした民族の内面的秩序に源泉を持つ。具体的秩序は規範と決断を止揚する。すなわち、法を変遷させる力も、法の変化に対抗する力も、すべて民族の「生き生きとした」生活の中から生み出されるということなのである。この思考によって、法を変遷させる力をカオスではなくひとつの秩序として説明づけることができる。

尾高朝雄は、『法の窮極に在るもの』の中で、シュミットの議論について詳しく説明している。[32]一方、かの法哲学者はシュミットの『法学的類型の三種類』の内容そのものについては、受け入れることはできなかった。彼は同書で展開されているシュミットの具体的秩序思考に対して、法の特殊共同体的側面を強調したことに対して一定の評価を与えるものの、全体としては「単に学説史に現れたその種の理論を簡単に跡づけているだけであって、自説の積極的な展開は与えておらない」[33]「民族固有の法の特殊性にのみ執着するかような理論は、徒らに懐古的であって進歩性に乏しい」[34]と手厳しく批判している。そして、シュミットの決断主義から具体的秩序思考への「転向」は彼のナチス政権への迎合を示しているとみなし、「法の名を藉りて政治の恣意を遂げようとする悪質の謀略であると言わなければならない。さような政治は、もとより「政治の矩」にかなうものではない」[35]と退けている。

ただし、民族や国土に根差した特殊的な法＝ノモスというアイデア自体は、ノモスには特殊性と普遍性の双方が必要だと考える尾高の議論においては全く退けられるべきものではなかったであろう。彼は一九三七年の『国家構造論』で、あらゆる国家社会の定礎におかれるのは基盤社会であると述べている。基盤社会とはすなわち民族と土地である。[36]尾高はそのような基礎のもとに定礎された国家の特殊性を表わす象徴として、日本においては天皇がふさわしいと考えているのである。当然ながら現代の観点からは尾高の民族論はやや古めかしい印象を受けざるをえない。しかし、少なくとも、彼がノモスという言葉をシュミットの「民族固有の法」としての使用法から密輸入したと考えても不思議ではない。[37]

だが、かの法哲学者がシュミットを読んで、ノモスという言葉に惹かれたのは恐らくそれだけではあるまい。ここで注目されるべきなのは、尾高がこの概念を自分自身の議論に反映させるのは、第二次世界大戦後だということである。法の目的が調和であるということについては、一九四二年に出版された『実定法秩序論』で既に言及されており、[38]前節で述べたような「目的共同体」に繋がっていく。また、この著作ではシュミットの具体的秩序論にも若干の記述があるということから、彼は既にこの時点で『法学的類型の三種類』を読んでいたはずである。しかしこの段階ではまだノモスについての言及は見られない。立憲君主(天皇)の地位についても、統治権の主体とみなすか(『実定法秩序論』[39])、代表としての性格を否定し、国民統合を担う象徴として特化するか(「新憲法における国民主権と天皇」[40])、という、その時代の憲法の性格による違いはあるが、いずれにせよ前者はいまだノモスとは結び付けられていない。従って、一九四二年から一九四七年の「天皇制と国民主権」の間に、彼がノモスという概念を自分の議論の中に持ち出さざるを得なかった契機があったということになる。その契機とは一体何であったのか? 恐らくそれは内的にではなく外的に訪れたに違いない。すなわち、「敗戦」と、大日本帝国の喪失の経験である。

## 「統合」と「国体」

日本国憲法は、日本人自らが内発的に制定したものではなく、日本の敗戦の結果、外発的に成立したものである。従って、当時からその制定過程が問題となっていた。政府は、ポツダム宣言の受諾は日本の「国体」変更を認めるものではない、と一貫して主張していた。ところで、日本国憲法は形式的には大日本帝国憲法の改正として成立している。しかし、天皇主権から国民主権への変更は明らかに「国体」の変更といえる。また、憲法学では当時から今に至るまで、憲法改正限界説が多数説である。憲法改正限界説とは、憲法において国家の根幹に関わる条文は、たとえ改正条項があっても変更できない、という学説である。この説に従えば、主権者の交代という重大な事態は当然ながら憲法改正の限界に抵触するだろう。

従って、日本国憲法を矛盾なく正統づけるためには、必然的に「国体の護持」「日本国憲法の正統性」「憲法改正限界説」のどれかを諦めなければならないことになる。いわゆる「佐々木草案」の起草者である佐々木惣一は、憲法改正無限界説に立つものの、日本国憲法は改正条項に違反した「押し付け憲法」であったとして、新憲法に反対した。他方で宮沢俊義の八月革命説は、ポツダム宣言の受諾によって法学上の革命(天皇国家から民主国家へ）が起こっていたと主張するものである。それは事実上「国体の護持」を犠牲にして他の二つを生かすものであった。

一方尾高のノモス主権説は、この三つの条件すべてを一応は網羅している。尾高朝雄は憲法改正限界説を支持している。また、彼は新しい日本国憲法を良きものと考え護持しようとしていた（その後の行動から理解できる）。だがその一方で、国体の変更という事実も認めることはできなかったのである。(41) 彼のノモス主権説に従えば、たとえ主権者が天皇から国民に交代したとしても、真の主権はノモスにあることは変わらず、国体は変更されていない。従って憲法改正限界説に抵触するような日本国憲法の正統性の危機は訪れていないのである。

ノモス主権説はもちろん、当時の憲法学者たちの総攻撃をうけた。しかし、そうまでしてかの法哲学者が日本の「国体」を守ろうとしたということは重要である。「国体」と聞くと我々はあの禍々しい『国体の本義』を連想する。そして何もそのようなものを後生大事に擁護しなくても、それが消滅してしまうのならば結構なことではないかと考える。もちろん尾高も主権者の交代としての「国体」変更は認めている。だが、尾高の考える国家にとって、それとは別の、国家の継続性としての「国体」は無くてはならぬものであった。(42)

なぜ「国体」(43)が必要なのか。彼は最高の審級としての主権概念に懐疑的である。主権が君主から国民に代わったというだけでは民主主義は保障されない。主権というのは制約されない力であるから、「国民の意志」でさえあれば個人の自由も侵害できるし、極端な場合ファシズムでもよいということになりかねない。主権の所在は何らかの主体でなければならないから国民に主権があるということ自体は構わないけれども、それは正しき政治というノモスによって制約されている。したがってノモスの主権は国民主権に先行しており、国民意志はノモスの意志に一致することを目指す。(44)

ただし、単にノモスの主権と言っただけでは抽象的すぎる。既に述べたように、尾高は実定法学者である。したがって、何らかの存在によってそれを具象化しなければならない。それが天皇である。ノモスの主権を維持し、正しき政治の矩に主権者を従わせるためには、「国民統合の象徴」が必要なのである。

これまで述べてきたように、尾高の考えに従えば、「目的共同体」としての国家が実在するためには、法の体系や人々を支配するための実力があるだけでは不十分である。法や制度や権力が絶えず変遷してく中で単一の共同体としてのアイデンティティを保つために、国家は人々の共同主観として定立していなければならない。それぞれの人々の目標を実現するための資源分配装置として、国家が有効に機能することを人々が信じなければならない。つまり、人々が国家を志向したければならない。

これもまた既に述べたことであるが、ケルゼンの国家像はピラミッド型をした法の体系そのものであり、いったん成立してしまえばそれは所与のものとして存在し、まさに砂漠のピラミッドのように、静かで動かないもののようにみえる。だが、尾高のように法や制度の更新を国家の存在証明のうちに組み込もうとするならば、国家の動態的側面もまた考えなければならない。国家の存在とその統一性は、流転する人の世の中で日々挑戦を受けており、絶えず再確認される必要があるのである。

ここで尾高が参照したのは、ドイツの国法学者ルドルフ・スメントである。尾高と同じくフッサール現象学の影響を受けているスメントは、尾高と同様に国家を精神的現実と捉える。スメントによれば、国家とは不変の静態などではなく、絶えざる更新や再生産が行われうる動態なのである。そして彼は、『憲法と憲法律』（一九二八年）の中で、そのような視点から国家を観察する「統合理論」を提唱した。(45)

スメントによれば、動態としての国家を政治的単一体として維持するものは人民の統合である。さらに、もし人民が国家に無関心になり国家的問題についての興味を失えば、国家は崩壊し、独裁権力への道を開いてしまう。それを防ぐためには、人民に国家の一員として自覚を持ってもらわなければいけない。(46)

ばらばらな人民を国家に統合するための方法を、スメントは「機能的統合」「事物的統合」「人格的統合」の三つに区分する。機能的統合は、たとえば国会議員の選挙のように人民に政治参加の可能性を開くこと通して達成される。事物的統合は国旗・国歌のような象徴的事物を通して達成される。そして人格的統合は、国家を指導する人物を通して達成されるのである。

尾高朝雄はスメントについて、不断の統合そのものが国家だとするのは誤りだったと批判する一方で、統合理論それ自体は評価している。(47)そして日本において統合の危機が訪れたとき、彼にとっての国民統合の手段は、象徴天皇だったのだろう。敗戦後、それまで信奉してきた価値の拠り所を失った日本社会はアノミーになり、社会的な虚脱状態が生じるのではないか、ということが彼の問題意識の中にあった。(48)それを防ぐためには、これまでの価値に代わって意味の世界を充足させる具体的な理念が必要であったのだ。そしてその理念によって、日本国民は統合させられなければならない。くしくも戦後日本において天皇制は「国民統合の象徴」として存置された。マックス・ヴェーバーの議論に即するなら、象徴天皇は「カリスマ支配」の支配無き「カリスマ」である。それは尾高にとってノモスを人格的に象徴するにふさわしい統合の象徴であった。(49)

## アジールとしてのノモス

尾高朝雄にとって、「ノモス」は正しき政治へと人々を志向させる法である。尾高は立憲民主主義の理念が日本社会において根付き繁栄していく確証を、法の世界に求めた。ノモスの世界があることによって、人は理念と現実を結びつけることができる。このような図式そのものの中に、尾高が「ノモス」という言葉をシュミットから借用した理由がまたひとつ見て取れる。

「ここで、法律（Gesetz）たるノモスが規律（Zucht）であるのは、その中で人間が自分自身および神と出会う形態である限りにおいてである。規律そして法律たるノモスは教会であり、国法であり、古くから受け継がれてきた掟であり、これらは単なる人工物よりも厳密に、生き生きとした諸関係を保持してきた。かかる諸関係の中でこそ、一民族は時とともに自分自身と出会ってきたし、また今でも出会い続けているのである。」

これはピンダロスの「至高のもの」の詩に対するヘルダリーンの注釈である。カール・シュミットはこの箇所を、自らの具体的秩序思考を説明するために引用した[50]。尾高朝雄が所持していた『法学的思惟の三種類』ではこの部分に鉛筆で印が加えられており、関心を誘ったようである。

ノモスは単なる法律ではなく、神と人が出会う場でもある。また人はノモスにおいて自分自身にも再び出会うのだ。皆がノモスとしての天皇を仰ぎ見ることで、その中に「正しき政治」を確認できるという尾高のノモス論と似ているとはいえないだろうか。少なくとも尾高が自身の論をイメージしていく中で、ヘルダリーンのこの注釈を補助線としていた可能性は大いにありそうである。

もしそうであるならば、尾高が「ノモス／政治の矩」論を主張しなければならなかった動機について、文学的想像力を働かせることで、ある仮説を立てることができる。それは、ノモスとは尾高朝雄にとって「アジール」ではなかったか、という説である。

ヘルダリーンが翻訳したピンダロス断片の別の一つに「アジール」という詩がある。

最初に
良き忠告者テミスを
天の神々は、黄金の馬にのって
塩の大洋のわきを通って
時たちは、
オリンポスの聖なる梯子へと
きらめく還帰へと、導いた、
救済者の年長の娘となすために
すなわちゼウスの。
彼女は、善なる者は、しかし、
黄金に縁取られた、きらめく果実をみのらせた安らぎの場
を産んだ[51]。

最後の「安らぎの場を産んだ。」という箇所は、原文のギリシア語では「ホーライを産んだ。」となっている[52]。ホーライとはギリシア神話における法の女神で、これを「安らいの場」と訳し、「アジール」というタイトルをつけたのはヘルダリーンの主張である[53]。

ヘルダリーンは、この詩に以下の注釈をしるしている。

テミスの息子である人間が、いかにして自己を定位するのか。その精神が、完全なものを求める感覚を有するがゆえに、天においても地においても安らぎを見出せなかったが、運命においてついに、古来の規律（Zucht）の痕跡を

たよりに、神と人間とは再び互いを認識し合う。根源的な欠乏を想いつつ、人間は自分自身を維持できるところで喜ぶのである。

テミスは秩序を愛する者であり、人間のアジールを、静寂なる安らぎの場を産んだ。いかなるよそものも、それに抗することはできない。なぜなら、そこでは自然の働きと生が集中しており、また安らぎの場を取り巻いて感知する者が、かつてそれが経験したことを思い浮かべて、同じようにそれを経験するからである。(54)

この注釈をシュミットが引用した「至高のもの」の注釈と比較することで、ヘルダリーンの考えるノモスの本性がより詳細に明らかになる。「アジール」注釈で示されたZuchtが、「至高のもの」の注釈で示されたZucht（＝ノモス）と同じものを指していることは明白だろう。そのZuchtをたよりに、神と人間は出会うのである。そして人間はその場において自己を保つことができる。そして、その場所はまさに「安らぎの場＝アジール」なのである。

アジールとは、一般的な意味としてはいかなる強大な統治権力でも侵すことのできない聖なる区域のことで、権力に追われている人でもそこに逃げ込んでしまえばひとまず身の安全を保障される場所である。他方で強大な支配者、サイコロの目以外は何でも思うがままになる実力の持ち主にとっては、それは苦々しい存在でもある。アジールは、荒れ狂う不法の力に対抗できる法の力を持っているのである。

ヘルダリーン崇拝者を自認し、「ここで、法律たるノモスが規律（Zucht）であるのは、その中で人間が自分自身および神と出会う形態である限りにおいてである。」という一文を、自らの法学的思考に即したかたちで引用したシュミットは、さらにそれから一四年後、ナチス協力の責任を問われ公職から追放される。一九四八年一一月七日の日記に彼は以下のように記している

状況（状況を認識せよ！ 実存主義的な命令法その1）

1 ヨーロッパ法学は法の最後のアジールである。
2 ヨーロッパ法学は流謫（im Exil）にある。
3 我々は亡命政権（Exilregierung）に属する。(55)

シュミットは、現在のヨーロッパが英米およびソビエトロシアという「二つの普遍主義」によって東西から圧迫されており、その二つの普遍主義が極端化することによるカタストロフの可能性に脅かされていると考えていた。実際、一九四六年には「鉄のカーテン」演説があり、名実ともにヨーロッパは東西に分裂した。ヨーロッパが秩序を失いカオス化していく不安に苛まれるシュミットの「たより」は、ヨーロッパという空間に存在したはずの「大地のノモス」たる「ヨーロッパ公法」の痕跡であった。そのような文脈でかの日記の記述を読むと、彼にとってヨーロッパ法学（公法）＝ノモスはまさに「最後のアジール」であり、「自己を定位」する「安らぎの場所」に他ならなかったであろう。(56) シュミットはヘルダリーンの詩を自らの

境遇およびヨーロッパ法学の置かれている状況に重ねて読んだのではないか。

ヘルダリーンがこの詩を翻訳した時期は、ちょうどフランス革命後に発生したヨーロッパ全土を巻き込んだ戦争の時代であった。自らの拠って立つ基盤が崩壊していく中、安らぎの場を求めて、法にアジールを求めるその深層心理は、一九世紀の詩人と二〇世紀の法学者を結びつけたかもしれない。

そしてかの法哲学者もまた、「ノモス」という言葉を採用することによって、法にアジールを求めていたのかもしれない。新憲法とともに生まれ変わった日本国はこれから力強く自由と民主主義を発展させていくのだと信じていた者たちにとっては、象徴天皇にわざわざ滅びるべき「国体」概念を担わせようとする尾高のプロジェクトはとんでもないものに映っていただろう。だが、尾高はシュミットと同じく忍び寄るカオスへの恐怖を持っていた。彼が事実上執筆した文部省著作教科書『民主主義』では、自由と民主主義を守るためには民衆の自覚と参画が必要であるという警告が随所に見られる(57)(58)。方法的な限界から、民主主義は多数決を採用するほかはない。だが、その多数決がよからぬ方向へと向かわないための保険が必要である。

尾高にとって、崇高な理念は「意味の世界」に通して実在化するのであった。この「意味の世界」に横たわるノモス空間は、神々と人が邂逅する、法の女神の名前がつけられた空間、「アジール」を想起させる。人々が、事実から出発して、正しき政治を共同定立していくことが「政治の矩」である。民衆は「政治の矩」としてのノモスを自覚し、時の権力者ではなくノモスのもとに統合する。そこにおいて民衆は理念と再会し、国民としての自己を見出すのである。その意味でのノモスはまさに「アジール」に他ならないだろう。

## おわりに

二〇一七年現在、日本政府は閣議決定という魔法の杖を手に入れたかのようである。それは集団自衛権が合憲か違憲かから、首相夫人が公人か私人かまで、自由自在に決められる。この魔法の杖の権能は、各種世論調査や選挙結果によって正当付けられる。いかなる魔法を行使しても、彼らは魔法使いの地位から引きずり落とされることはないだろうと確信しているのである。

このような日本政治の状況下で、ノモス主権論をめぐって争われた尾高・宮沢論争を改めて読んでみると、従来の見立てとはまた違った感覚が生じてくる。この論争は宮沢の勝利で終わったと言われている。しかし、本当にそうだったのだろうか？　尾高は俄かに同意しがたい主張を展開してまで、国家の「主権」を国民という生々しい人間たちから引きはがし、無生物の「ノモス」に与えようとした。もちろん、法の理念の優位を徹底させるために天皇という処方箋は適切かという問題は残るが、その試みについては好む好まざるにかかわらず、結果的に先見性のあるものとなってしまった。実際、一九世紀から二〇世紀にかけての主にドイツにおける人文諸科学を総結集して筋道立てられた、法をつくる力の頂点に実力ではなく「政治の矩」を掲げる尾高法哲学は、基本的な部分で今なおアクチュアルであろう。

もちろん、尾高朝雄の法哲学には「毒」が含まれており、手放しで褒めることができない。ここでどうしても付け加えなければならないのは、尾高朝雄自身は戦時中、「大東亜戦争」に対する積極的な協力者になり、戦後に立憲民主主義者に「(再)転向」した後も、それに対する反省を行っていないということである。[59]『天皇制と国民主権』第四章にみられる天皇像もいかにもロマン主義的であって、まともに受け入れるには抵抗がある。それ自体としての天皇論とナショナリズムに関しては、やはり今読むと古さが目立つ。

だが、作者の人格とその思想を自由に切り離して読むこともまた読者の特権である。たとえば、歴史的にけして拭い去ることのできない色のついてしまった天皇を祭りあげるのはやめて、現代風にアレンジされた「天皇なきノモス」を構想したってよいのである。[60]ある新聞記事によれば、[61]現代日本の高校生の多くが「法の支配」について誤った理解をしているという。もしそうであるならば、それは教育政策の問題であり、そうした政策を是認する日本社会の「法の支配」の軽視という問題につながるだろう。そのような風潮があるとすれば、再び実力が支配する世の中に陥らないための保険を用意しようとした尾高の法哲学はけして古びておらず、歴史に埋もれさせてしまうのはあまりにも惜しい。

いずれにせよ、「ノモス主権論」は過ぎ去ろうとしない過去である。アジールとしてのノモスは危機の時代において焦点化される。だとすれば、「立憲主義」の危機が存在する限り、それは何度でも我々の背後に忍び寄る。規範の支配が消滅し、カオスが訪れることを恐れたとき、我々は「安らぎの場」を求める。それが好ましいことであるかどうかは別として。かの有名な金言を少し変えれば、次のように言うことができるだろう。すなわち、「ノモスが存在しない時代は不幸だが、ノモスを必要とする時代はもっと不幸である。」

ふじさき・まさと　東京大学大学院総合文化研究科地域文化研究専攻博士課程。専門は思想史。特にカール・シュミットの公法思想を研究中。

## 注

（1）「安保法案　憲法学者アンケート」朝日新聞二〇一五年六月三〇日付。

（2）清宮四郎『憲法の理論』有斐閣、一九六九年、七五頁。

（3）「96条改正という「革命」」朝日新聞二〇一三年五月三日付。

（4）酒井哲哉編『「帝国」日本の学知――岩波講座1』岩波書店、二〇〇六年、所収。

（5）長谷部恭男、金泰昌編『公共哲学〈12〉法律から考える公共性』東京大学出版会、二〇〇四年、所収。

（6）本書一一六頁。

（7）例えば、田中耕太郎の批判に対して再反論を試みた「法の窮極にあるものについての再論」（本書二〇八頁）。

（8）法実証主義者は法の理念を無視し法の形式にのみ関心があるので、ナチスに対して抵抗が出来なかったとするグスタフ・ラートブルフの説（Gustav Radbruch, Gesetzliches Unrecht und übergesetzliches Recht, in : Süddeutsche Juristen-Zeitung Jahrg. 1, Nr. 5（August 1946）, Heidelberg, S. 105-108）。このテーゼは広く受け入れられ、戦後の自然法思想の復権に一役買っているのだが、一方で法実証主義悪玉論については批判もある（Dieter Deiseroth, War der Positivismus schuld? — Anmerkungen zum Thema Juristen und NS-Regime achtzig Jahre nach dem 30. Januar 1933, in : Betrifft JUSTIZ Nr. 113, März 2013, S. 5-10.）。

（9）ケルゼンの純粋法学については、Hans Kelsen, Reine Rechtslehre, der 2. Auflage., Mohr Siebeck, 2017（長尾龍一訳『純粋法学　第二版』岩波書店、二〇一七年）、Allgemeine Staatslehre, Franz Steiner Verlag, Stuttgart, 2009（清宮四郎訳『一般国家学』岩波書店、二〇〇四年）を参照。

（10）尾高もまさにこの点についてケルゼンの議論に批判を加えている（本書五六頁参照）。

（11）本書一〇〇頁。

（12）Otaka Tomoo, Grundlegung der Lehre vom sozialen Verband, Springer, Berlin, 2013（1. Aufl., 1932）。この著作の邦訳は無い。

（13）尾高朝雄『国家構造論』岩波書店、一九三九年、一〇二頁以下。

（14）本書二七五頁。

（15）『国家構造論』一一八頁。

（16）むしろ理念とは「高次の客観精神の世界にそそり立っている「意味」」なのである（本書二七五頁）。

（17）本書二二頁。

（18）尾高朝雄『実定法秩序論』岩波書店、一九四二年、四一四頁。

（19）本書九二頁以下。

（20）本書四一頁。

（21）尾高の民主主義論については、本書二九九頁からの『数の政治と理の政治』参照。特に多数決については三二三頁以下。

（22）本書一六三～一六四頁。

（23）本書一五八頁。

（24）本書一一一頁以下。

（25）ノモスとピュシスの関係を論じた著名なノモス研究の著作に、Felix Heinemann, Nomos and Physis, Darmstadt, 1942（邦訳『ノモスとピュシス――ギリシア思想におけるその起源と意味』みすず書房、一九八三年）があるが、『法学的思惟の三種類』はそれ以前に出版されている。『ノモスとピュシス』については、シュミットには戦後の論文に言及がある一方で、この本を尾高が読んだ形跡はない。

（26）本書五三頁の注を参照。「ノモスは万物の王」という成句がシュミットの著作から引用されている。

（27）Carl Schmitt, Über die drei Arten des rechtswissenschaftlichen Denkens, Duncker & Humblot, Berlin, 1934, S. 14. 邦訳は、長尾

龍一編『カール・シュミット著作集I』慈学社出版、二〇〇七年、三四六頁以下。
(28) 東京大学駒場キャンパスにある図書室。東京大学法学部の彼の研究室にあった蔵書が移されている。
(29) シュミットは決断主義の思想家として知られている。だがここで彼は、それまでの自身の立場に反するかのような叙述を行っている。
(30) オーリウについては、小島慎司『制度と自由――モーリス・オーリウによる修道会教育規制法律批判をめぐって』岩波書店、二〇一三年、参照。
(31) Schmitt, A. a. O., S. 54.
(32) 本書五五頁以下。「ノモス」という言葉について論じられている部分があるが、ここではどちらかといえば「法主権説」の文脈で語られていることには注意が必要である。
(33) 本書一四七頁。
(34) 本書一四八頁。
(35) 本書一四九頁。
(36)『国家構造論』三〇八頁。
(37) カール・シュミットが「ノモス」というテーマそれ自体に本格的に取り組むのは、第二次世界大戦以降である。彼は一九五〇年の著作『大地のノモス』を筆頭に、「ノモス・取得・名前」「取得・分配・扶養」など、ノモスをテーマとした論稿を多数著している。それらの主題は「ノモス」の根源は「土地の取得」にあるということである。しかし、尾高朝雄が戦後のシュミットに言及したことはなく、尾高文庫の蔵書リストにもそうした著作は無い。
(38)『実定法秩序論』四〇〇頁以下。
(39) 前掲五六六頁。
(40) 尾高朝雄『天皇制の国民主権とノモス主権論』書肆心水、二〇一四年、一八二頁以下。
(41) もっとも、「国体」変更を認めなかったのは尾高だけではなく、当時の政府も「憧れの中心」としての天皇を基盤とする「国体」は継続しているとして、「国体」の変更についての態度を曖昧にしていたことは注意しておかなければならない。前掲三四頁以下も参照。
(42) ドイツ語で憲法を表すVerfassungや、英語で憲法を表すconstitutionもどちらも「からだ」という意味を含む。もちろん「国体」という言葉を今の世で復活させる必要はないとしても、けして変更しえない国家の根幹部分という点では憲法という概念の中には「国体」の意味が含まれている。カール・シュミットの「絶対的意味の憲法」概念も参照せよ(Carl Schmitt, Verfassungslehre, Duncker & Humbolt, Berlin, 2003, S. 3-11)。
(43)『天皇制の国民主権とノモス主権論』五五頁以下。
(44) 前掲一三〇頁以下。
(45) Rudolf Smendt, Verfassung und Verfassungsrecht in : Staatsrechtliche Abhandlungen und andere Aufsätze 2. Aufl., Duncker & Humblot, Berlin, 1968, S. 118ff.
(46) Smendt, Das Problem der Institutionen und der Staat in : Staatsrechtliche Abhandlungen und andere Aufsätze, S. 516.
(47)『国家構造論』三二九頁。
(48)『天皇制の国民主権とノモス主権論』二〇五頁。
(49) 尾高は、新憲法における天皇が、政治的実権を一切持たない、つまり「代表」としての性格を持たない「純然たる象徴」であるからこそ、「常に正しい統治の理念」として具象化しうるとしている(『天皇制の国民主権とノモス主権論』第五章「新憲法における国民主権と天皇」参照)。
誤解の無いように述べておくが、筆者は天皇を日本のノモスとみなす尾高の構想それ自体には、やはり無理があると考えている。『天皇制の国民主権とノモス主権論』第四章に書かれているような天皇制の歴史は、控えめに言っても歴史学的に正統なものであるとは言えないし、むしろ尾高の信仰告白に近いものだろう。もしそのようなファンタジーを「かのように」の理論として認めるとしても、それでもなお天皇制は日本固有の極めて具体的な制度であることには変わりがない。天皇制に日本特殊的な法秩序のみならず、普遍的な法秩序の理念までもを帯びさせるには、天皇の身体はあまりにも生々しい臭いを放っていると言わざるをえない。たとえばカール・シュミットにとってのノモスは、あくまで特殊理念である。特定の土地を名指すために与えられている固有名が、ノモスの根源なのである。天皇という固有名から我々が想起する「共同定立」されたイメージをいかにして克服し、法の普遍的な理念を象徴させることができるのか。たとえば尾高と同じくドイツの人文科学を下敷きにした藤田省三の天皇制批判（『天皇制国家の支配原理』）に対してどのように回答するのか。尾高朝雄はそれについては何も語ってはいないのである。

(50) Über die drei Arten des rechtswissenschaftlichen Denkens, S. 17.

(51) Friedrich Hölderlin, Der Tod des Empedokles Aufsätze • Übersetzungen • Briefe, Insel Verlag, Frankfurt am Main, 1979, S. 673.

(52) 西山達也「アジールとしての翻訳――ヘルダリーン「ピンダロス断片」とハイデガー」、『ハイデガー・フォーラム』、第4号、二〇一〇年。ヘルダリーンの詩それ自体の背景や解釈については、こちらを参照してほしい。

(53) ギリシア語原典からの翻訳は、ピンダロス（内田次信訳『祝勝歌集・断片選』京都大学学術出版会、二〇〇一年を参照。

(54) Hölderlin, A. a. O., S. 673.

(55) Carl Schmitt, Glossarium : Aufzeichnungen aus den Jahren 1947 bis 1958, Duncker & Humblot, Berlin, 1991, S. 206.

(56) シュミットは自分自身を「ヨーロッパ公法の最後の自覚的な代理人」とみなしていた。Carl Schmitt, Ex Captivitate Salus, Greven Verlag, Köln, 1950, S. 75.

(57) たとえば、文部省著作教科書『民主主義』、径書房（復刻版）、一九九五年、九二頁以下。

(58) 宮沢俊義は、尾高朝雄の追悼論文集で、民主主義は「ほととぎすの卵」のようなもので、常に民衆が注意を向けていないと独裁政治に道を開いてしまうという尾高の比喩を肯定的に引用している（尾高朝雄教授追悼論文集刊行委員会編『自由の法理』有斐閣、一九六三年、八九頁以下）。

(59) 尾高朝雄の戦争責任や植民地支配責任については、姜海守「帝国日本の「道義国家」論と「公共性」――和辻哲郎と尾高朝雄を中心に」（『アジア文化研究　三八』二〇一二年、七五頁以下）や金昌禄「尾高朝雄と植民地朝鮮」（酒井哲哉、松田利彦編『帝国と高等教育――東アジアの文脈から』国際日本文化研究センター、二〇一三年、六一頁以下）を参照。

(60) むろん、「天皇なきノモス」の構想は困難な道である。ノモスが普遍理念と特殊理念の調和であるならば、その特殊理念の所在が問題になる。尾高朝雄はカルチュラル・スタディーズを知らなかった。だが二一世紀に生きる我々は、シュミットや尾高のように「民族」という言葉を軽々しく扱ってはいけないことを知っている。他方でグローバリズム一辺倒ではまさにノモスの「調和」に反する。「天皇なきノモス」の実現は、特殊理念としてのノモスを、どこに、どのように位置づけることができるかにかかっている。

(61) 「自白強要は仕方ない？　高校生7割が肯定的　1千人調査」朝日新聞デジタル二〇一七年四月九日付。

## ま　行



## や　行



## ら　行



## わ　行



## A～Z

## な　行



## は　行

## た　行

## さ　行

# 索　引

## あ　行



## か　行

**尾高朝雄**（おだか・ともお）

1899年生、1956年歿。法哲学者。朝鮮に生まれ東京に育つ。1923年東京帝大法学部卒業後、京都帝大文学部哲学科で学ぶ。京城帝大助教授、東京帝大法学部教授（法理学、のち法哲学講座担任）を歴任。欧米留学時代（1928年から1932年）にはウィーンでケルゼンに、フライブルクでフッサールに師事。1956年5月ペニシリン・ショックのため急逝。代表的著書に『国家構造論』（学位論文、1936年）『実定法秩序論』（1942年）『法の窮極に在るもの』（1947年）『法の究極にあるものについての再論』（1949年）『数の政治と理の政治』（1949年）『自由論』（1952年）『国民主権と天皇制』（増補版1954年）がある。また在欧中にオーストリアで刊行したGrundlegung der Lehre vom sozialen Verband〔社会団体理論の基礎〕（1932年）はドイツ、オーストリアで高く評価され現在も刊行中（Springer刊）。

**ノモス主権への法哲学**

法の窮極に在るもの
法の窮極にあるものについての再論
数の政治と理の政治

刊　行　2017年5月
著　者　尾高　朝雄
刊行者　清　藤　洋
刊行所　書 肆 心 水

135-0016 東京都江東区東陽 6-2-27-1308
www.shoshi-shinsui.com
電話 03-6677-0101

ISBN978-4-906917-67-9 C0032

乱丁落丁本は恐縮ですが刊行所宛ご送付下さい
送料刊行所負担にて早急にお取り替え致します

**既刊**　尾高朝雄著　ノモス主権論の核心を示す

# 天皇制の国民主権とノモス主権論

政治の究極は力か理念か

ノモス主権論をめぐる宮澤俊義との論争を増補した一九五四年版『国民主権と天皇制』の改題新版。実力概念から責任概念へと改鋳された主権を提唱する。

**第一部**　国民主権と天皇制
第1章　新憲法をめぐる国体論議
　新憲法による国民主権主義の宣言　新憲法成立の経過　国体に関する論議
第2章　主権概念の批判
　実力としての主権　法の理念としての主権　法の理念と現実の権力意志
第3章　国民主権の原理
　国民主権主義と君主制　国民主権主義と国家契約説　法の理念としての国民の総意
第4章　天皇統治の伝統
　天皇統治の実体　天皇統治の理念　現実政治による天皇統治の理念の悪用
第5章　新憲法における国民主権と天皇制
　国民の総意による政治　象徴としての天皇　新憲法における国民主権と天皇制の調和

**第二部**　ノモス主権論をめぐる論争
第6章　ノモスの主権について
第7章　事実としての主権と当為としての主権

Ａ５判上製　本体六三〇〇円＋税